KB161793

프롬(1900~1980)

유대인 거주지역 게토 프랑크푸르트암마인. 프롬은 이곳에서 유복한 유대 상인의 아들로 태어나 철저한 유대교 분위기 속에서 자랐다. 프롬이 12살 무렵 이웃에서 홀아버지를 모시고 사는 아름다운 여인이, 아버지가 죽자 함께 묻어달라는 유언을 남기고 죽었다. 뒷날 프로이트 학설을 접하고 그것이 '오이디푸스 콤플렉스'라는 사실을 알게 된다.

프랑크푸르트 대학교 프롬은 이 대학과 뮌헨 대학에서 심리학·사회학을, 하이델베르크 대학에서 사회학을 배우고, 1922년 〈유대교 두 종파의 사회심리학적 연구〉 논문으로 철학박사 학위를 받았다.

▲컬럼비아 대학교 뉴욕, 맨해튼
프랑크푸르트에서 쫓겨난 사회연구
소는 1933년 컬럼비아 대학 사회조
사연구소로 부활한다. 프롬은 기관
지 〈사회연구〉에 활발하게 기고활동
을 했으나 1939년 연구소를 탈퇴하
게 된다.

◀〈콜로노스의 오이디푸스〉 장 아리
에, 1798.
소포클레스의 3부작은 〈오이디푸스
왕〉〈콜로노스의 오이디푸스〉〈안티
고네〉인데, 프로이트의 오이디푸스
의 학설 바탕이 된 것은 〈오이디푸
스 왕〉이었다. 프롬은 오이디푸스가
죄를 범한 사람으로 묘사되고 있다
는 점을 도저히 이해할 수가 없다고
말하며 이 수수께끼를 풀기 위해 나
머지 두 작품을 보아야 한다고 생각
했다. 오이디푸스 신화의 핵심은 근
친상간이 아니라 모권제의 원리와
부권제 원리의 상극이라 말하고 〈오
이디푸스 왕〉에 대한 프로이트의 해
석은 모순된다고 비판했다.

《자유에서의 도피》(1941) 표지

세계사상전집047

Erich Fromm

TO HAVE OR TO BE
THE ART OF LOVING
ESCAPE FROM FREEDOM

소유냐 삶이냐/사랑한다는 것/자유에서의 도피

에리히 프롬/고영복·이철범 옮김

동서문화사

소유냐 삶이냐/사랑한다는 것/자유에서의 도피
차례

To Have Or To Be

소유냐 삶이냐

이철범 옮김

지켜야 할 도(道)는 존재하는 것이다.

노자

사람이 생각해야 할 일은, 무엇을 할 것인가가 아니라 자기가 어떤 존재인가이다.

마이스터 에크하르트

그대의 존재가 적으면 적을수록, 그대가 생명을 표현하는 일이 적으면 적을수록—그대는 그만큼 많이 소유하고, 그대의 생명은 그만큼 많이 소외된다.

카를 마르크스

머리말

이 책은 지금까지의 내 저술활동을 두 가지 방향에서 더듬는 것이다. 우선, 지금껏 급진적인 인도주의 입장에서 전개한 나의 정신분석을 더욱 확대시켜, 인간의 기본적인 두 성격, 이기심과 이타심(利他心)을 집중적으로 분석했다. 이어서 이 책의 마지막 1/3을 차지하는 제3편에서는, 내가 《건전한 사회 *The Sane Society*》와 《희망의 혁명 *The Revolution*》에서 다룬 주제를 다시 추진한 것이다. 이미 다른 문제를 반복하는 것이 불가피하게 되었지만, 새로운 시점(視點)과 이를 더욱 확대한 여러 개념이 이 변변찮은 일의 근간을 이루고 있다. 나의 지난 저작에 익숙한 독자들도 얻는 바가 있으리라 기대한다.

실은 이 책의 제목과 전에 나온 두 책의 제목은 거의 같다. 즉 가브리엘 마르셀(Gabriel Marcel)의 《존재와 소유 *Being and Having*》와 발타자르 슈테헬린(Balthasar Staehelin)의 《소유와 존재 *Haben und Sein*》가 그것이다. 이들 세 책은 다 같이 인도주의 정신으로 씌었지만 주제에 대한 접근방법은 크게 다르다. 마르셀은 신학적 철학적 견지에서 썼다. 반면 슈테헬린의 저서는 현대과학의 물질주의에 관한 건설적 논의이며, 현상분석(Wirklichkeitanalyse)에 대한 하나의 기여(寄與)다. 이 책은 두 존재양식의 경험적, 심리학적, 사회적 분석을 다루고 있다. 이러한 문제에 관심 있는 독자라면 마르셀과 슈테헬린의 저서를 읽어 보라(나는 최근까지 마르셀의 저서가 영문번역으로 출판되어 있는 것을 몰랐다. 그래서 그 대신 베벌리 휴즈(Beverley Hughes)가 나를 위해 준비해 준 뛰어난 영문번역으로 이 책을 읽었다.). 이 책이 보다 쉽게 읽히도록 주석은 그 수나 길이를 최소한으로 줄였다.

문체상 밝혀 두고 싶은 것은, 총칭으로 쓰이는 'man'과 'he'의 용법에 관한 것이다. 모든 '남성 중심'의 말은 되도록 피하려고 했다. 이러한 언어 사용이 생각보다 훨씬 중대한 의미를 갖는다는 점을 깨닫게 해 준 마리온 오도미로크

(Marion Odomirok)에게 고맙다. 성 차별적인 언어 사용 문제에서 우리가 뜻을 같이 할 수 없었던 것은 단 한 가지였다. 바로 종(種)으로서의 '호모 사피엔스'를 가리키는 용어인 'man'이었다. 'man'은 오래전부터 인도주의적인 차원에서 쓰인 말로, 분명 종(種)으로서의 인간을 뜻한다고 믿는다. 독일어에는 이러한 곤란이 없다. 성의 구별 없이 인간을 가리킬 때에는 'Menash'라는 말을 쓰면 되기 때문이다. 그러나 영어의 'man'도 독일어의 'Menash'와 마찬가지로 인간 또는 인류를 뜻하는 것으로서, 성의 구별 없이 쓰이고 있다. 귀에 거슬리는 말을 대신 쓰는 것보다 'man'의 그 성과 무관한 의미를 부활시키는 쪽이 현명하다고 생각한다. 요컨대 이 책에서는 성을 구별하지 않는 것을 분명히 할 때 대문자를 써서 'Man'이라고 했다.

이제 이 책을 쓰는 데 도움을 준 몇몇 사람에게 고마움의 뜻을 표하는 즐거운 일만 남았다. 우선 많은 면에서 크나큰 보탬을 준 라이너 풍크(Rainer Funk)에게 감사한다. 그는 오랜 시간의 논의를 통하여 기독교 신학의 미묘한 점을 이해할 수 있도록 해주었고, 싫어하는 법 없이 신학 분야의 문헌을 가르쳐 주었다. 또 원고를 여러 차례에 걸쳐 읽어 주었다. 그의 뛰어나고 건설적인 시사(示唆)는 그의 비판과 아울러 내용을 풍부하게 만들고, 또 몇 가지 잘못을 고치는 데도 크게 도움이 되었다. 마리온 오도미로크에게도 더 없는 고마움을 전한다. 그녀는 날카로운 교정(校正)으로 이 책을 훨씬 나아지게 해주었다. 여러 종류의 원고를 양심과 인내로써 끈기 있게 타이프함과 아울러 문체와 표현에 대해 많은 조언을 해준 조안 휴스에게도 고맙다. 마지막으로 여러 벌의 원고를 읽고 언제나 귀중한 통찰과 현명한 지적을 아끼지 않은 애니스 프롬(Annis Fromm)에게도 감사를 표한다.

1976년 6월 뉴욕에서 E. F.

위대한 약속, 그 좌절과 새로운 선택

1 환상의 종말

'무한한 진보의 위대한 약속'—자연의 지배, 물질적 풍요, 최대다수의 최대행복, 방해받지 않는 개인의 자유 보장—은 산업시대가 시작된 이래 각 세대의 희망과 신념을 유지시켜 왔다. 확실히 우리의 문명은 인류가 자연을 능동적으로 지배하기 시작하면서 비롯되었다. 지배는 산업시대가 오기까지는 제한된 것이었다. 우리가 능동적으로 지배할 수 있다고 느끼게 된 것은, 산업이 진보하여 동물과 인간의 에너지 대신 우선 기계 에너지가, 뒤이어 핵 에너지가 쓰이고, 다시 인간의 두뇌 대신 컴퓨터가 쓰이게 되면서부터이다. 즉 우리는 무한한 생산, 나아가서는 무한한 소비의 방향으로 향하고 있는 것이다. 기술이 우리를 전능(全能)하게, 과학이 우리를 전지(全知)하게 만들었다. 우리는 신(神)이 되어 가고 있었던 것이다. 자연계를 인류의 새로운 창조를 위한 단순한 건축 재료로 씀으로써 제2의 세계를 만들어 내는, 지고(至高)의 존재인 신으로 말이다.

남자 그리고 점차 여자도 새로운 자유의 감각을 경험했다. 그들은 자기생활의 주인이 되었다. 봉건적인 쇠사슬은 끊어지고 사람들은 모든 속박에서 벗어나 하고 싶은 일을 할 수 있게 되었다. 무엇보다도 사람들이 그렇게 느꼈다.

이것이 설사 상류계급과 중류계급에 제한된 즐거움이라도, 그들이 달성한 것을 통해 산업화가 지금의 속도로 계속된다면, 마침내 사회의 모든 구성원에게 새로운 자유가 미치리라는 신념이 있었다. 사회주의와 공산주의는 '새로운' 사회와 '새로운' 인간을 목표로 하는 운동에서 재빨리 모습을 바꾸어, 모든 사람의 부르주아적 생활, 미래의 '보편화된 부르주아' 남녀를 이상으로 하는 운동이 되었다. 누구나 다 부와 안락을 달성하면 그 결과로써 누구나 다 무제한의 행복을 누릴 수 있다고 믿은 것이다. 무한한 생산, 절대적인 자유, 무제한의 행복, 이 세 가지가 '진보'라는 새로운 종교의 핵(核)을 형성하고, 새로운 '진보된 지상 도시'가 '하나님의 하늘 도시'를 대체하게 되었다. 이 새로운 종교가 그 신자들에게 정력과 활력과 희망을 준 것은 조금도 놀라운 일이 아니다.

'위대한 약속'의 장대함과 산업시대의 놀라운 물질적, 지적 달성을 마음에 그려 보라. 그래야 비로소 그 좌절에 대한 실감이 오늘날 일으킨 충격을 이해할 수 있다. 산업시대는 확실히 그 위대한 약속을 다하지 못했다. 더욱더 많은 사람들이 다음과 같은 사실을 깨달아 가고 있다.

(1) 모든 욕구의 무제한적인 만족은 복리(福利)를 가져다주는 것이 아니며, 행복에 이르는 길도 아니고 최대의 쾌락에 이르는 길도 아니다.

(2) 자기 생활의 독립된 주인이 된다는 꿈은, 우리 모두가 관료제도라는 기계의 톱니바퀴가 되어, 생각, 감정, 기호(嗜好)가 정치와 산업 그리고 그것들이 지배하는 매스컴에 조작당하고 있다는 사실에 눈뜨기 시작했을 때 끝나 버렸다.

(3) 경제적인 진보는 여전히 풍요한 국가에만 국한되어, 풍요한 국가와 가난한 국민들의 간격은 더욱 벌어졌다.

(4) 기술의 진보 그 자체가 생태학적(生態學的)인 위험과 핵전쟁의 위협을 낳았으며, 그중 어느 하나가 또는 양쪽이 모든 문명 그리고 어쩌면 모든 생명에 종말을 가져올지도 모른다.

1952년 알베르트 슈바이처 박사가 노벨 평화상을 받기 위해 오슬로를 방문했을 때, 세계를 향해 이렇게 외쳤다.

"과감히 현상(現狀)에 직면하십시오. 인간은 초인(超人)이 되었습니다. 그러나 초인적인 힘을 가진 이 초인은 초인적인 이성(理性)의 수준에까지 오르지는 못했습니다. 힘이 커짐에 따라 그는 점점 가련한 인간이 되어 갑니다. 초인이 되면 될수록 비인간적이 된다는 사실에 우리는 양심을 불러 일깨워야만 합니다."

2 위대한 약속은 왜 좌절되었는가

'위대한 약속'의 좌절은 산업주의에 본질적으로 내포된 경제적 모순과는 별도로, 산업 체제의 주요한 심리학적 전제(前提) 두 가지에 의해 그 안에 짜 넣어져 있었다. 그것은 다음과 같다. (1) 인생의 목표는 행복, 즉 최대한의 쾌락이며, 이는 사람이 느끼는 어떤 욕망이나 주관적 요구까지도 만족시키는 것이라야 한다(철저한 쾌락주의). (2) 자기중심주의와 이기심 그리고 탐욕은 이 체제가 기능을 발휘하기 위해 꼭 필요한 것으로, 조화와 평화를 가져온다.

역사상 어떠한 시대이든 풍족한 사람이 철저한 쾌락을 누려온 것은 잘 알려진 사실이다. 무한한 자본의 소유자, 이를테면 로마나 르네상스 시대의 이탈리아 여러 도시며 18, 19세기 영국이나 프랑스에 살았던 엘리트는 무한한 쾌락 속에서 인생의 의미를 찾아내려고 했다. 그러나 철저한 쾌락주의가 뜻하는 최대한의 쾌락은 어느 시대의 어느 집단이 누린 것일 뿐이다. 17세기 이전에는 중국, 인도, 근동(近東), 유럽의 위대한 '인생의 교사들'이 복리 이론으로서 그것을 표명한 일이 한 번도 없었다. 단 한 사람을 제외하고 말이다.

그 단 한 명은, 소크라테스의 제자였던 그리스의 철학자 아리스티포스(기원전 4세기 전반)이다. 그의 가르침에 의하면, 인생의 목적은 가장 알맞은 육체적 쾌락을 경험하는 것이며, 행복이란 이제까지 누린 쾌락의 총계(總計)였다. 그의 철학에 대해 우리가 알 수 있는 얼마 없는 지식은 디오게네스 라에르티오스가 전한 것이다. 그러나 그것만으로도 아리스티포스가 유일무이한 참 쾌락주의자란 사실을 분명히 하기에 충분하다. 그에게는 욕구가 존재한다는 사실이, 욕구를 만족시키고 나아가서는 인생의 목적인 '쾌락'을 실현하는 권리의 근거가 되는 것이었다.

아리스티포스 유의 쾌락주의 대표자로서 에피쿠로스를 들 수는 없다. 에피쿠로스에게는 '순수한' 쾌락이 최고의 목적이었다. 그에게 쾌락이란 '고통의 부재(不在, aponia)'와 '영혼의 고요함(at ataraxia)'을 뜻했다. 에피쿠로스에 의하면, 욕구를 만족시키는 쾌락은 인생의 목표가 될 수 없다. 이 같은 쾌락은 반드시 불쾌를 동반하고, 그로 인해 인간은 그 참 목적인 고통의 부재에서 멀어지게 되기 때문이다(에피쿠로스의 이론은 많은 점에서 프로이트의 이론과 비슷하다). 하지만 에피쿠로스는 아리스토텔레스의 입장과는 반대되는 일종의 주관주의를 대표한 것으로 보인다. 다만 이는 에피쿠로스의 견해에 관한 모순된 기록이 허용하는 범위 안에서, 단정적인 해석을 해본 것이다.

다른 위대한 교사들은 아무도 '욕구가 존재한다는 사실이 윤리적 규범을 구성한다'고 가르치지 않았다. 그들은 인류에게 가장 알맞은 복리(vivere bene)가 무엇이냐는 문제에 전념했다. 그들은 기본적으로, 그 만족이 주관적이고 순간적인 쾌락을 가져다 줄 뿐인 욕구와, 인간성에 뿌리박고 있어 그 실현이 인간을 성장시켜줌과 동시에 행복(eudaimonia)을 낳는 욕구를 구별했다. 다시 말해, 그들이 전념하는 바는 '순수하게 주관적인 욕구와 객관적으로 타당한 욕구를 구별하는 일'이었다. 전자의 일부는 인간의 성장에 해로우며, 후자는 인간성에 필요한 요소와 일치했다.

'인생의 목표는 모든 욕구의 충족'이라는 이론은 아리스티포스 이래, 17, 18세기 철학자에 의해 처음으로 분명히 표명되었다. 그것은 '이익'이 '영혼의 이익'(성경의 저자들이 그리고 후세의 스피노자가 그러하듯이)이 아니라, 물질적·금전적인 이익을 뜻하게끔 되었을 때 쉽게 생기는 개념이었다. 그때 중류계급은 정치적 속박뿐만 아니라 모든 사랑과 연대(連帶)까지도 던져 버리고 자신을 위해서만 존재해야 한다고 생각했다. 그것이 더욱 자신답게 되는 길이라 믿었기 때문이다.

홉스에게는 행복이란 하나의 탐욕(cupiditas)에서 다른 탐욕으로 나아가는 끊임없는 추이(推移)였다. 라 메트리는 적어도 행복의 환상을 준다는 이유로 마약까지도 권장했다. 마르키 드 사드에게 잔혹한 충동을 만족시킨다는 것은, 바로 그런 충동이 존재하며 만족을 갈망하기 때문에 정당한 것이었다. 이런 사람들은 시민 계급이 최종적으로 승리를 거둔 시대를 산 사상가였다. 귀족이 철학이론으로 정립하지 못한 채 관습으로 누려 오던 것이 시민 계급의 이론과 관습이 된 것이다.

18세기 후로는 많은 윤리학적인 이론이 전개되어 왔다. 그중 어떤 흐름은 '공리주의(功利主義)'처럼 보다 훌륭한 체제를 갖춘 쾌락주의였다. 그리고 다른 한 흐름은 칸트, 마르크스, 소로 그리고 슈바이처처럼 반쾌락적인 체계였다. 그런데 현대는 제1차세계대전 끝 무렵부터 철저한 쾌락주의의 관습과 이론으로 흐르고 있다. 무한한 쾌락의 개념은, 규율 잡힌 노동이라는 이상과 기묘한 모순을 낳았다. 이는 일에 대한 집념을 윤리적 규범으로 받아들이는 동시에, 여가 시간에는 온전히 태만한 것을 이상으로 한다는 모순과 비슷하다. 한쪽으로는 일관작업의 벨트컨베이어와 관료제도적 일과(日課)가 있고, 다른 한쪽으로는 텔레비전·자동차·섹스가 있어서 이 모순된 조합(組合)을 가능케 한다. 일에 완전히 집중하는 것은 완전히 놀기만 할 때와 마찬가지로 사람의 기분을 이상하게 만든다. 이 둘을 배합했기 때문에 그들은 살 수 있는 것이다. 게다가 이 모순된 태도는 모든 어떤 경제적 필연성에 대응한다. 즉 20세기의 자본주의는 일과로서의 공동작업만이 아니라, 생산되는 상품과 서비스를 최대한 소비하는 데 바탕을 두고 있다는 것이다.

인간성이라는 것이 있는 이상 철저한 쾌락주의는 행복을 가져다주지 못한다. 이는 이론적으로 고찰했을 때 그 이유와 함께 명백해진다. 설사 이론적으로 분석하지 않더라도, 여러 데이터를 보면, '우리의 행복의 추구 방식'이 복리를 낳지 못한다는 사실을 매우 똑똑히 알 수 있다. 우리 사회는 유별나게 불행한 사람들의 집합이다. 우리는 고독하고, 불안하며, 억울하고, 파괴적이고, 의존적이어서, 한쪽에서는 그토록 애써 아끼는 시간을 다른 한쪽에서는 마구 허비하며 기뻐한다.

우리가 지금 살펴보는 것은 지상 최대의 사회적 실험이다. 과연 쾌락(능동적 감성, 복리, 기쁨에 대립하는 수동적 감정으로서의)이 인간존재에 대해 만족할 만한 해답이 될 수 있는가? 이 물음에 대답하기 위한 실증인 것이다.

현대는 역사상 처음으로 쾌락이 소수자의 특권에 그치지 않고, 인구의 절반 이상이 누리는 것이 된 시대이다. 그런데 이 실험은 벌써 그 물음에 대해 부정적으로 대답하고 있다.

산업시대의 제2의 심리학적 전제, 즉 개인적 이기주의의 추구는 조화와 평화 그리고 모든 인간의 복리 증대를 가져다준다는 전제도 마찬가지로 잘못된 것으로 판명되었다. 이 또한 이론적 근거와 검증된 데이터를 통해 증명된 것이다.

이 원리는 고전학파의 위대한 경제학자들 중에서 단 한 사람, 데이비드 리카도(David Ricardo)만 배척했다. 그렇다고 이것을 옳다고 할 수 있는가? 이기주의자는 행동만이 아니라 성격과도 관계되는 것이다. 그것이 뜻하는 바는 이러하다. 나는 모든 것을 나 자신을 위해서 원한다, 공유(共有)하는 것이 아니라 소유하는 것이 쾌락을 준다, 나는 탐욕스러워야 하는데 왜냐하면 내 목표가 소유하는 것이어서 내가 가진 만큼 내가 존재하기 때문이다. 나는 다른 모든 사람

즉 내가 속이고 싶은 고객이나 해치우고 싶은 경쟁자나 착취하고 싶은 노동자에게 적의를 품어야만 한다. 욕망에는 한이 없기 때문에 나는 결코 만족할 수 없으며, 보다 많이 가진 사람을 부러워하고 보다 적게 가진 사람을 두려워해야만 한다. 그러나 나는 이러한 모든 감정을 억압해야만 한다. 그것은 내가(자신에 대해서나 다른 사람에 대해서나) 모든 사람이 그렇듯이, 미소를 띤 이성적이고 성실하고 친절한 인간인 것처럼 보여야 하기 때문이다.

소유하려는 열망은 끝날 줄 모르는 계급투쟁을 초래할 것이 틀림없다. 공산주의자는 그들의 체제가 계급을 폐지함으로써 계급투쟁을 종식시켰다고 말했다. 하지만 이는 허구다. 왜냐하면 그들의 체제는 무한한 소비 원리에 입각해 돌아가기 때문이다. 누구나가 보다 많이 갖기를 바라는 한, 계급 형성과 계급투쟁이 있기 마련이다. 그리고 지구 전체로 보면 국제 전쟁도 피할 수 없다. 탐욕과 평화는 서로 용납하지 않는다.

18세기에 극단의 변화가 일어나지 않았다면, 철저한 쾌락주의와 무한한 자기중심주의는 경제행동을 주도하는 원리로 떠오르지 못했을 것이다. 중세사회에서는 원시사회나 고도로 발달한 사회와 같이 경제행동을 '윤리'가 결정했다. 스콜라 신학자에게 가격이나 사유재산과 같은 경제적 범주는 도덕신학에 속했다. 신학자는 그들의 도덕률(道德律)을 새로운 경제 요청에 편입시킬 형식(예를 들면 토마스 아퀴나스가 '적정가격'의 개념을 수정했듯이)을 찾아낼 수 있었지만, 경제행동은 여전히 '인간' 행위이므로 인도주의적 윤리의 모든 가치에 종속되는 것이었다. 그러나 몇몇 단계를 거쳐 18세기의 자본주의는 극심한 변화를 겪는다. 즉 경제행동이 윤리학을 비롯한 인간의 모든 가치와 분리되었던 것이다. 사실 경제기구는 자율적 실체로서 인간의 요구나 의지와는 관계없는 것으로 생각되었다. 그것은 독자적인 법칙에 따라 움직이는 체제였다. 노동자의 괴로움은 확대일로를 걷는 대기업의 성장 때문에 점점 더 많이 무너져가는 소기업과 마찬가지로, 하나의 경제적 필연으로서, 유감스럽지만 자연법칙의 결과처럼 받아들여야만 하는 것이었다.

이 경제 체제의 발전을 결정하는 것은 이미 '무엇이 인간에게 도움이 되는가'가 아니라 '무엇이 체제의 성장에 도움이 되는가' 하는 물음에 대한 답이었다. 이 해석을 다음의 보조적인 해석이 지탱해 주었다. 즉 체제가 인간에게 요구하는 자질—자기중심주의, 이기심, 탐욕—은 인간이 날 때부터 갖추고 있으므로, 이러한 자질을 기르는 것은 체제만이 아니라 인간성 자체이기도 하다는 해석이다. 자기중심주의, 이기심, 탐욕이 존재하지 않는 사회는 '원시적'이고, 그 주민들은 '어린아이 같다'고 여겨졌다. 사람들은 이러한 특성이 산업사회를 출현시킨 근본적인 원인이 아니라 사회환경의 산물임을 인정하지 않았다.

중요성함이라면 결코 뒤지지 않는 또 하나의 요인은, 사람들이 자연에 대해 심각하게 적대적이 되었다는 것이다. 우리는 '자연의 변종'이다. 존재 자체로 자연에서 사는 동시에, 타고난 이성으로 자연을 초월하는 한편, 자신의 목적을 위해 자연을 정복하고 변형시켰다. 이렇게 인류와 자연의 조화라는 메시아적 이상을 버렸기 때문에 마침내 정복은 더욱더 파괴적인 의미를 띠게 되었다. 그리고 이러한 정복욕과 적대감때문에, 우리는 천연 자원도 한계가 있어 결국은 고갈된다는 사실, 그리고 자연이 인간의 강한 욕망에 역습을 해오리란 가능성을 보려고 하지 않았다.

산업사회는 자연을 경멸한다—기계로 만든 것이 아닌 모든 것, 그리고 기계 제조자가 아닌 모든 사람(최근에는 일본인과 중국인을 제외한 유색인종)을 혐오한다. 현대인은 기계적인 것, 강력한 기계, 생명이 없는 것에 이끌리는 동시에 더욱더 파괴로 치닫고 있다.

3 인간변혁의 경제적 필연성

지금까지 우리의 사회 경제체제, 즉 우리의 생활방식이 낳은 성격과 특성은 병적이어서 결국은 병든 인간, 나아가서는 병든 사회를 낳는다는 점을 살펴보았다. 그런데 이와는 전혀 다른 관점, 즉 이러한 경제적·생태학적 파국을 대신할 제2의 주장이 있다. 그것은 인간의 근본적·심리학적 변혁을 지지한다. 이 제안은 로마클럽의 위탁으로 쓴 두 개의 보고서로, 하나는 D.H. 메도우스(Meadows)의 것이고, 다른 하나는 M.D. 메사로빅(Measarovic)과 E. 페스텔(Pestel)의 것이다. 이들 보고서는 다 같이 세계적인 규모의 과학기술적·경제적·인구적 경향을 다루고 있다. 메사로빅과 페스텔의 결론에 따르면, 온 세계를 아우르는 극단적·경제적·과학기술적 변혁만이 '최종적으로 전 지구에 광범위하게 미치는 파국을 피할 수 있는' 것이다. 그들이 그 명제(命題)의 증거로 열거한 데이터는 이제까지 이루어진 것 가운데 가장 세계적인 규모를 자랑하며, 체계적인 연구에 기본을 두고 있다(그들은 메도우즈의 연구보다 극단적인 경제적 변혁을 주장한다). 이러한 경제적 변혁은 이를테면 새로운 윤리나 자연에서 생겨난 인간의 새로운 가치와 태도에 따라, 또는 나의 표현에 따르면 '인간 성격의 지향점이' 근본적으로 변화함에 따라 비로소 가능해진다. 메사로빅과 페스텔이 말하는 것은 그들의 보고서가 발표되기 전과 후에 다른 사람들이 말한 것을 그저 확인한 데 지나지 않는다. 새로운 사회의 개막은 그것을 발달시키는 과정에서 인간도 발달해야 한다는, 좀 더 조심스럽게 말하자면, 현대 '인간'의 성격구조에 근본적인 변혁이 일어나야 한다는 점을 필수 조건으로 한다는 것이다.

유감스럽게도 이 두 보고서는 바로 우리 시대의 특징이라 말할 수 있는 수량화, 추상화, 비인격화의 정신으로 쓰였다. 뿐만 아니라 모든 정치적·사회적 요인을 완전히 제외시켰는데, 이러한 요인이 없으면 어떠한 현실적인 계획도 도저히 세울 수 없다. 그러나 이 보고서들은 귀중한 데이터를 제공하고, 처음으로 인류의 경제적 상황을 비롯해 그 갖가지 가능성과 위험을 다루었다. 새로운 윤리와 자연에 대한 새로운 태도가 필요하다는 그들의 결론은, 이 요청이 그들의 철학적 전제와 너무도 상반되므로 도리어 한층 귀중한 것이다.

이러한 보고서의 정점에 있는 것이 E.F. 슈마허(Schumacher)이다. 그는 경제학자이자 급진적인 인도주의자이기도 하다. 급진적인 인간변혁을 요구하는 그의 요청은 두 가지 근거에 기본을 두고 있다. 첫째, 현재의 사회질서는 우리를 환자로 만든다는 것이고, 둘째, 우리가 사회 체제를 급진적으로 변혁하지 않으면 경제적 파국으로 치닫는다는 것이다.

인간이 근본적으로 변혁해야 하는 까닭은 윤리적·종교적인 요청이나, 현대 사회의 병적인 특성에서 기인한 심리학적인 요구 때문만은 아니다. 그것이 바로 인류 생존의 조건이기 때문이다. 올바른 삶의 태도는 이제 단순히 윤리와 종교의 요청을 충족시키는 것이 아니다. 오늘날에는 역사상 처음으로 '인류의 육체적 생존이 인간 마음의 급진적 변혁과 밀접한 관련을 맺게 되었다.' 그러나 인간 마음의 변화는 극단적인 경제적·사회적 변혁을 토대로 한다. 이러한 기초 위에서만 인간의 변화에 대한 기회와 용기 그리고 이상이 움틀 것이다.

4 파국을 대신할 선택은 있는가

이제까지 언급한 데이터는 모두 발표되어 잘 알려진 것이다. 그런데 놀랍게도 인간은 운명의 마지막 선고를 피하기 위해 어떤 진지한 노력도 하지 않고 있다. 자기 개인의 일이라면, 미치광이가 아닌 이상 자신의 존재를 위협하는 것을 눈앞에 두고 가만히 있지 않을 것이다. 그러나 공적인 일에 종사하는 사람들은 사실상 아무 일도 하지 않으며, 자기 운명을 그들의 손에 맡긴 사람들은 이를 허용하고 있다.

모든 본능 가운데 가장 강력한 생존본능마저 우리에게 아무런 동기를 주지 못하는 이유는 무엇인가? 이에 대한 가장 명확한 설명의 하나는, 지도자들이 파국을 피하기 위한 여러 효과적인 일들을 많이 하는 듯 보이기 때문이라는 것이다. 끝도 없는 회의와 결의, 군비축소를 위한 회담은 문제를 인식하고 해결하기 위해 뭔가 하고 있다는 인상을 준다. 그러나 어떤 작은 변화라도 일어났는가? 다만 지도하는 자나 지도를 받는 자나 길을 알아서 바른 방향으로 행진하고 있다는 겉모양을 갖춤으로써, 그들 양심과 생존에 대한 염원을 마비시키고 있을 뿐이다.

또 다른 설명은, 체제가 낳은 이기심 때문에 지도자들이 개인적 성공을 사회적 책임보다 중시하게끔 된다는 것이다. 정치 지도자나 재계의 경영자가, 자신에게는 이익을 주지만 공동체에는 해롭고 위험한 결정을 내려도 이미 아무도 놀라지 않는다. 사실 이기심이 현대의 윤리를 지탱하는 기둥의 하나일진대, 그들이라고 다른 짓을 할 리 있겠는가. 그들은, 자기와 배우자와 자식들의 생명에 관계된 이해관계만 추구하는 한, 탐욕이 (굴복과 마찬가지로) 사람을 어리석게 만든다는 사실을 깨닫지 못하는 듯 보인다(J. 피아제(Piaget),《아동의 도덕 판단(The Moral Judgement of the Child)》 참조). 일반 대중도 마찬가지다. 그들은 개인적인 일에 이기적으로 전념하는 나머지 개인적인 영역을 벗어나는 모든 일에 거의 주의를 기울이지 않는다.

우리의 생존본능이 무력화된 데 대한 또다른 설명은, 요구되는 생활방식의 변혁이 너무 극단적이므로, 사람들이 지금 치러야만 하는 희생보다는 앞으로 닥칠 파국을 택한다는 것이다. 아서 케스틀러가 스페인 내란 중에 했던 경험은 이 보편적인 태도를 잘 설명해준다. 케스틀러가 친구의 쾌적한 별장에 머물 때,

프랑코군의 진격 소식이 전해졌다. 그들은 밤 사이에 도착할 예정이었다. 그들에게 잡히면 케스틀러는 총살될 운명이었다. 달아나면 생명은 건지겠는데 그날 밤은 춥고 비가 내렸다. 그리고 집안은 따뜻하고 아늑했다. 결국 그는 머물러 있다가 포로가 되었다. 그리고 몇 주일이나 지난 뒤에 그에게 호의를 베푼 언론인들의 노력 덕분에 거의 기적적으로 생명을 건졌던 것이다. 또한 대수술을 받아야 하는 중병이라는 진단이 내려질까 겁나서 검사를 받느니 차라리 죽음의 위험을 무릅쓰겠다는 사람에게서도 이런 행동을 볼 수 있다.

이 외에도 생사에 관계된 문제에서 인간이 보여주는 치명적인 수동성에 관한 설명이 또 있는데, 이것이야말로 내가 이 책을 쓰게 된 이유의 하나이다. 바로 기업자본주의, 사회민주주의나 소비에트적 사회주의, 또는 기술적·정치적인 '미소 짓는 파시즘'을 대신할 모델은 없다는 견해이다. 이 생각이 일반화된 까닭은 새로운 사회 모델의 실현가능성을 연구하고, 그에 대한 실험을 할 만한 노력이 희소하기 때문이다. 사회개조의 문제가 한 부분만이라도, 현대의 최고 두뇌가 전념하는 대상인 과학·기술과 대치되지 않는 한, 새롭고 현실적인 선택을 생각할 만한 상상력은 생겨나지 않을 것이다.

이 책의 주된 논제는 두 개의 기본적인 실존양식, 즉 '소유'와 '존재'의 분석이다. 제1장에서는 이 두 가지 양식의 차이를 대체적으로 살펴보았다. 제2장에서는 독자가 자신에게 쉽게 대입할 수 있는 일상의 예를 몇 가지 들면서 이 차이를 뚜렷하게 했다. 제3장은 성경 및 마이스터 에크하르트의 저작에서 보이는 소유와 존재에 대한 견해를 제시했다. 그 이후 몇 장이 다루는 것은 가장 곤란한 문제, 즉 소유양식과 존재양식의 차이 분석으로, 경험적인 데이터를 바탕으로 이론적인 결론을 정립하려고 시도했다. 여기까지는 주로 기본적인 실존양식의 개별적인 면을 다루었다. 이에 비해 마지막 몇 장은 '새로운 인간'과 '새로운 사회'의 형성에 이러한 양식이 어떻게 관련되는지 다루고, 인간을 약하게 만드는 불행과 세계를 파국으로 이끄는 사회 경제적 발달에 대한 대안을 제시했다.

제1편
소유와 존재의 차이에 대한 이해

제1장
일반적 살핌

.

1 소유와 존재의 차이점 중요성

소유냐 존재냐, 이 선택은 상식에 호소할 수 있는 문제가 아니다. 소유는 누가 보더라도 우리 생활의 정상적인 기능이다. 살아가기 위해서는 물건을 가져야만 하기 때문이다. 게다가 사물을 즐기기 위해서는 사물을 소유해야만 한다. 갖는 것—그것도 더욱 많이 갖는 것—을 최고의 목적으로 하고, '그는 백만 달러의 가치가 있다'는 말이 허용되는 문화에서, 어떻게 소유와 존재 중 하나를 택할 수 있겠는가. 그뿐만이 아니다. 존재의 본질 그 자체가 소유하는 것으로 치부되니, 아무것도 갖지 않은 사람은 아무것도 아닌 존재로 여겨질 것이다.

위대한 '인생의 교사들'은 소유와 존재 사이의 선택을 사상의 중심 문제로 삼아 왔다. 붓다는 인간 발달의 최고단계에 이르기 위해서는 소유를 갈망하지 말라고 설파했다. 예수도 '누구든지 제 목숨을 구원하고자 하면 잃을 것이요, 누구든지 나를 위하여 제 목숨을 잃으면 구원하리라. 사람이 만일 온 천하를 얻고도 자기를 잃든지 빼앗기든지 하면 무엇이 유익하리요(누가복음 9장 24~25절)'라고 가르쳤다. 마이스터 에크하르트는 아무것도 갖지 않고 자신을 열어 '공허(空虛)'로 하는 것, 자아(自我)에 방해를 받지 않는 것이 정신적인 부와 힘을 달성하기 위한 조건이라고 했다. 또한 마르크스는 사치가 가난 못지않은 악이며, 우리의 목적은 많이 존재하는 것이지 많이 소유하는 것이 아니라고 가르쳤다(내가 여기서 언급하는 마르크스는 철저한 인도주의자인 참다운 마르크스지, 소비에트의 공산주의가 위조한 거짓 마르크스가 아니다).

나는 소유와 존재의 구별을 여러 해에 걸쳐 고찰했다. 더불어 정신분석학적 방법으로 개인과 집단을 구체적으로 연구함으로써 그 경험적인 기초를 찾았다. 그 결과 다음과 같은 결론이 나왔다. 소유와 존재의 차이는, '생명에 대한 사랑'과 '죽음에 대한 사랑'의 차이인 동시에, 인간 실존의 가장 중대한 문제라는 것이다. 아울러 경험적, 인류학적, 정신분석적 자료를 토대로 분석해 보면, 소유와 존재는 경험의 기본적인 두 형태로, 그 강도(強度)가 개인의 성격과 온갖 유형의 사회적 성격의 차이를 분명히 결정짓는다는 것이다.

2 갖가지 시적 표현의 실례

소유양식과 존재양식의 차이를 이해하기 위해, 스즈키 다이세쓰(鈴木大拙)가 《선(禪)에 대한 강의》에서 언급한 비슷한 시 두 편을 예로 들어 보자. 하나는 일본 시인 바쇼(芭蕉, 1644~1694)의 하이쿠(俳句)이며, 다른 하나는 19세기 영국 시인 테니슨(Tennyson)의 시이다. 두 시인은 비슷한 경험, 즉 산책하며 본 꽃에 대한 반응을 적고 있다. 먼저 테니슨의 시를 보자.

> 갈라진 암벽에 피는 꽃이여
> 나는 그대를 갈라진 틈에서 뽑아낸다.
> 나는 그대를 이처럼 뿌리째 내 손에 들고 있다.
> 작은 꽃이여—만일 내가 이해할 수 있다면
> 그대가 무엇인지, 뿌리만이 아니라 그대의 모든 것을—
> 그때 나는 신이 무엇인지 인간이 무엇인지 이해할 수 있으리

바쇼의 하이쿠를 번역하면 다음과 같다.

> 자세히 살펴보니
> 냉이꽃이 피어 있네
> 울타리 밑에!

이 두 시의 차이는 뚜렷하다. 테니슨은 꽃을 보고 그것을 '소유'하길 바란다. 그는 꽃을 '뿌리째 뽑아낸다.' 그리고 꽃이 신과 인간의 본성에 대한 통찰을 줄 수도 있으리란 지적(知的) 사색에 빠진다. 하지만 꽃은 관심을 받은 결과로 생명을 빼앗긴다. 이 시에서 테니슨은 생명체를 해체하여 진실을 찾으려는 서구 과

학자의 모습을 담고 있다.

바쇼의 꽃에 대한 반응은 전혀 다르다. 그는 꽃을 꺾기를 바라지 않는다. 꽃에 손을 대지도 않는다. 다만 그것을 자세히 살펴볼 뿐이다. 스즈키는 다음과 같이 쓰고 있다.

아마도 바쇼는 시골길을 걷다가 울타리 밑에서 사람의 눈에 잘 띄지 않는 무엇을 본 것 같다. 그래서 좀 더 가까이 다가가서 자세히 들여다보고는, 그것이 길 가는 사람도 쳐다보지 않는 보잘것없는 야생초임을 알게 된다. 이것이 이 하이쿠가 보여주는 단순한 사실이다. 특히 일본어로 'かな(가나)'라고 울리는 마지막 두 음절만 빼면 이렇다 할 시적인 감정도 표현되어 있지 않다.

이 조사(助詞)는 종종 명사, 형용사, 부사에 붙여 쓰는데 감탄, 찬양, 슬픔, 기쁨 등의 감정을 나타내고, 영어로 옮길 때는 감탄 부호로 쓰면 아주 잘 어울린다. 이 하이쿠에서는 구(句) 전체가 이 부호로 끝나는 것이다.

테니슨은 아무래도 사람과 자연을 이해하기 위해서 그 꽃을 소유해야 한다고 생각했던 것 같다. 그러나 그가 꽃을 '소유'함으로써 꽃은 파괴되고 만다. 바쇼가 바라는 것은 '보는 것'이다. 그것도 그저 바라볼 뿐만 아니라 꽃을 살려주고 꽃과 하나가 되는 것이다. 테니슨과 바쇼의 차이는 괴테의 다음 시로 충분히 설명된다.

찾아낸 꽃

나는 홀로
숲속을 헤맸다.
무엇을 찾을까
정처없이

나무 그늘에서 찾아낸 한 송이 꽃

반짝이는 별과 같고
아름다운 눈동자와 같은

꺾으려는 손을 보고
꽃은 상냥하게 말했다.
어째서 나를 꺾으려 하세요?
곧 시들어 버릴 텐데.

나는 그것을
뿌리째 파내어
아름다운 정원에다 심으려고
집으로 가져왔다.

그리고 조용한 곳에 꽃을 다시 심었다.
이제 그 꽃은 많이 자라
꽃을 피우게 되었다.

괴테는 그저 목적도 없이 걸어가다가 아름다운 작은 꽃에 이끌린다. 그는 그것을 꺾었던 테니슨과 같은 충동을 느꼈다고 시인한다. 그러나 테니슨과는 달리 그 행위가 꽃을 죽이는 것임을 깨닫는다. 괴테에게 꽃은 싱싱하게 살아 있는 존재이므로 그 꽃의 말을 듣는다. 그리고 테니슨과 바쇼와는 다른 방법으로 문제를 해결한다. 바로 꽃을 '뿌리째' 파내어 다시 심는 것이다. 따라서 그 생명은 파괴되지 않는다. 괴테는 말하자면 테니슨과 바쇼 사이에 있다. 결정적 순간, 그에게는 생명의 힘이 단순한 지적 호기심보다도 강하게 작용한 것이다. 이 아름다운 시에서 괴테가 자신의 자연 연구 개념의 핵심을 표명하고 있음은 두말할 나위도 없다.

테니슨과 꽃의 관계는 소유양식에 속한다. 이는 물질의 소유가 아니고 지식의 소유이다. 반면 바쇼와 괴테의 꽃에 대한 관계는 존재양식에 속한다. 이 책에서 '존재'란 무엇을 '소유'하거나 '소유하려고 갈망'하지도 않으면서 즐거워하고, 자기의 능력을 생산적으로 사용하며, 세계와 '하나가 되는' 실존 양식이다.

자연을 몹시 사랑했던 괴테는 인간의 해체와 기계화에 대항하여 투쟁한 탁월한 투사 중 한 사람이다. 그는 많은 작품에서 소유에 대립되는 존재를 표현했다. 특히 《파우스트》는 존재와 소유(메피스토펠레스가 소유를 대표한다) 간의 갈등을 극적으로 기술한 작품으로, 다음의 짧은 시에 존재의 특징을 아주 명료하게 담고 있다.

재산

나는 아노라, 내 것이라고는 아무것도 없음을
다만 내 영혼으로부터 거침없이 흘러나오는
사상만이 있음을.
그리고 사랑에 찬 운명이
마음속 깊은 곳에서부터 나를 즐겁게 하는
모든 고마운 순간만이 있음을.

존재와 소유의 차이는 본질적으로 동양과 서양의 차이는 아니다. 사람을 중심으로 한 사회와 물건을 중심으로 한 사회의 차이다. 소유의 지향(指向)은 서구 산업사회의 특징이며, 거기서는 돈과 명성과 힘에 대한 탐욕이 인생의 지배적인 주제를 이룬다. 그다지 소외되지 않은 사회—이를테면 중세 사회, 주니(Zuni) 인디언이나 아프리카의 부족사회처럼 근대의 '진보' 사상에 영향을 받지 않은 사회—에는 각기 바쇼(芭蕉)가 있다. 아마 산업화가 2, 3세대 진행되면 일본인도 그들의 테니슨을 갖게 될 것이다. 서양인이 (융이 생각한 것처럼) 선(禪)과 같은 동양적인 체계를 충분히 이해할 수 없는 것이 아니라, 현대의 '인간'이 재산과 탐욕이 배제된 사회정신을 이해할 수 없는 것이다. 실제로 마이스터 에크하르트의 가르침(바쇼나 선처럼 이해하기 힘들다)과 불타의 설법은, 같은 언어의 두 가지 방언에 지나지 않는다.

3 어법의 변화

소유와 존재에 중점을 두는 비율에 어떤 변화가 생긴 것은, 과거 2, 3세기 동안에 서구의 여러 언어에서 명사의 사용이 빈번해진 반면 동사의 사용이 줄어든 현상에 뚜렷이 나타나 있다.

본디 물건을 표시하는 것은 명사다. '나는 물건을 가지고 있다'고 표현할 수 있다. 이를테면 '테이블, 의자, 집, 책, 자동차를 가지고 있다'라고 말할 수 있는 것이다. 한편 능동성과 과정을 나타내는 것은 동사이다. 이를테면 '나는 있다', '나는 사랑한다', '나는 원한다', '나는 미워한다'로 쓸 수 있다. 그러나 어떤 행동을 소유한다고 표현하는 일이 점점 빈번해지고 있다. 즉 명사 대신 동사가 쓰이는 것이다. 그러나 행동을 명사와 결부된 '소유하다'라는 말로 표현하는 것은 언어의 오용(誤用)이다. 왜냐하면 과정이나 능동성은 소유할 수 있는 것이 아니라 단지 경험할 수 있는 것이기 때문이다.

선인의 관찰 : 뒤 마르세 – 마르크스

이 혼란이 가져온 나쁜 결과는 이미 18세기에 예견되었다. 뒤 마르세[1](Du Marsais)는, 사후에 발표된 저작 《진정한 문법의 원론 *Les Veritables principes de la Grammaire*, 1769)》에서 이 문제를 매우 정확하게 설명했다. "'나는 시계를 가지고 있다'라는 이 예문에서 '나는 가지고 있다'라는 표현은 그 본디의 뜻으로 이해되어야만 한다. 그러나 '나는 생각을 가지고 있다'라는 예문에서 '나는 가지고 있다'라는 표현은 모방(模倣)에 불과하다. 그것은 빌어온 표현이다. '나는 생각을 가지고 있다'라는 말은 '나는 생각한다', '나는 이러이러한 방법으로 생각해 낸다'라는 뜻이다. '나는 욕망을 갖는다'라 함은 '나는 탐낸다'를 뜻하고, '나는 의도를 갖는다'라 함은 '나는 바란다'를 뜻한다."(뒤 마르세에 대한 언급은 노엄 촘스키 박사의 가르침에 따름)

뒤 마르세가 명사를 동사의 대용으로 쓴 이 같은 현상을 관찰한 지 1세기 뒤, 마르크스와 엥겔스는 《성스러운 가족》에서 같은 문제를 보다 철저하게 다

---

1) 원문에는 뒤 마레(Du Marais)로 되어 있으나 문법학자, 뒤 마르세(1675~1756)를 말하는 것으로 보인다.

루었다. 에드가 바우어의 '비판적인 비판'에 대한 그들의 비판[2) 속에는 사랑에 관한 짧지만 아주 중요한 논설이 들어 있는데, 거기에는 바우어의 다음과 같은 말이 씌어 있다.

사랑은 잔혹한 여신(女神)이다. 이 여신은 모든 신들처럼 한 인간의 모든 것을 소유하기를 원하며, 그가 자기의 영혼뿐 아니라 육체적인 자아까지도 희생하지 않으면 만족하지 않는다. 이 여신의 숭배는 괴로움이다. 이 숭배의 극치는 자기희생이고 자살이다.

마르크스와 엥겔스는 이에 대답한다. "바우어는 '사랑하는 인간' 혹은 '인간의 사랑'을 '사랑의 인간'으로 바꾸어 놓음으로써 '사랑'을 여신으로, 그것도 '잔혹한 여신'으로 변모시킨다. 이리하여 그는 사랑을 인간과 떨어진 것으로 분리시켜 그것을 독립된 실체(實體)로 만들었다." 마르크스와 엥겔스는 여기서 명사를 동사 대신으로 쓰는 경우의 결정적인 요인을 지적하고 있다. '사랑'이라는 명사는 사랑이라는 행위의 추상화(抽象化)에 지나지 않으며, 인간과 격리되고 만다. 사랑하는 인간은 사랑에 속한 인간이 된다. 사랑은 여신이 되고, 인간이 자기가 사랑하는 마음을 투사(投射)하는 우상(偶像)이 된다. 이 소외(疎外)의 과정에서 인간은 사랑을 경험할 수 없게 되며, '사랑'이라는 여신에게 굴복함으로써만 자신의 사랑하는 능력과 접촉하게 된다. 능동적으로 느끼는 일몰이 되기를 멈추고 그 대신 우상의 소외된 숭배자가 된 것이다. 그리고 우상과의 접촉을 잃은 그를 맞이하는 것은 파멸이다.

현대의 용법

명사를 동사 대신 쓰는 이 경향은, 뒤 마르세 이후 2백 년 동안 그도 도저히 상상할 수 없을 만큼 만연되었다. 아래의 예는 약간 과장된 것일지 모르지만 오늘날 언어의 전형적인 쓰임을 보여준다. 정신분석의의 도움을 구하러 온 한 여성이 다음과 같은 문장으로 대화를 시작했다.

---

2) 《성스러운 가족》에는 "비판적인 비판의 비판, 브루노 바우어와 그의 반려자를 반박함"이라는 부제가 붙어 있다. 에드가는 브루노의 같은 책, 제4장 참조.

"선생님, 저는 문제를 가지고 있습니다. 저는 불면증을 가지고 있습니다. 아름다운 집, 훌륭한 아이들, 행복한 결혼 생활을 가지고 있지만 많은 고민을 가지고 있습니다."

몇십 년 전이라면 환자는 '저는 문제를 가지고 있습니다'라는 말 대신 '저는 괴로워하고 있습니다'라고, **또 불면증을 가지고 있습니다** 대신 **'잠을 이룰 수가 없습니다'**라고 그리고 '행복한 결혼 생활을 가지고 있습니다'라는 말 대신 '저는 행복한 결혼 생활을 하고 있습니다'라고 말했을 것이다.

이러한 오늘날의 어법(語法)은 극심한 소외현상이 만연해 있음을 보여준다. '나는 괴로워하고 있습니다' 대신에 '나는 문제를 가지고 있습니다'라고 말함으로써 주관적인 경험은 배제된다. 경험자인 내가 소유한 '그것'으로 대치되는 것이다. 나는 나의 가정을 내가 가지고 있는 무엇으로, 즉 문제로 변형시키고 말았다. 그러나 '문제'란 온갖 종류의 곤란을 추상적으로 표현한 것이다. 나는 문제를 '가질' 수 없다. 왜냐하면 그것은 소유할 수 있는 물건이 아니기 때문이다. 그러나 그것은 나를 가질 수 있다. 바꿔 말하면 나는 '나 자신'을 '문제'로 변모시킨 것이며, 지금은 나의 창조물의 소유물이 된 것이다. 요컨대 이 같은 어법은 감추어진 무의식의 소외를 드러낸다.

물론 다음과 같은 반론도 할 수 있다. 불면증은 목의 아픔이나 치통처럼 육체적인 증상이므로, 불면증을 '갖는다고' 말하는 것은 목의 아픔을 갖는다고 말하는 것과 마찬가지로 정당하다고. 그러나 역시 차이는 있다. 목의 아픔이나 치통은 다소 강해질 수 있는 육체적인 감각이지만 정신적인 성질은 거의 없다. 사람은 목의 아픔을 가질 수 있다. 왜냐하면 목을 갖고 있기 때문이다. 또 치통을 '가질' 수 있다. 왜냐하면 이를 갖고 있기 때문이다.

이에 반해서 불면증은 육체적인 감각이 아니라 잠을 잘 수 없다는 정신 상태이다. 만일 '잠을 잘 수 없다'는 말 대신 '불면증을 갖고 있다'고 말한다면, 이는 잠을 방해하는 걱정, 불안, 긴장의 경험을 보류해 두고 정신적 현상을 마치 육체적 증상인 것처럼 다루고 싶어 한다는 뜻이다.

또 다른 예로 '나는 너에 대한 지극한 사랑을 갖고 있다'고 말하는 것은 무의미하다. 사랑은 소유할 수 있는 물건이 아니라 하나의 '과정'이며, 사람이 주체가 되는 내적 행위이다. 나는 사랑할 수 있다. 나는 사랑하고 '있을' 수 있다.

그러나 사랑할 때 내가 '갖고' 있는 것은……아무것도 없다. 실제로 갖고 있는 것이 적으면 적을수록 더 많이 사랑할 수 있는 것이다.

4 용어의 기원

'갖는다(to have)'는 말은 단순한 표현이기 때문에 속기 쉽다. 모든 인간은 무엇인가를 가지고 있다. 육체,[3] 옷, 집—나아가서 현대인은 자동차, 텔레비전, 세탁기 등을 갖고 있다. 아무것도 갖지 않고 산다는 것은 사실상 불가능하다. 그렇다면 어째서 소유가 문제가 될까? '소유'의 언어사(言語史)는 이 말이 확실히 문제임을 나타낸다. 소유가 인간존재의 극히 자연스러운 범주라고 믿는 사람들은 많은 언어에 '갖는다'는 말이 없다는 사실을 알면 놀랄 것이다. 이를테면 히브리어에서는 '나는 갖고 있다'를 *jesh li*(=it is to me '그것은 내게 있다')라는 간접적인 형태로 표현해야만 한다. 사실 소유를 '나는 가지고 있다'가 아니라 이런 식으로 표현하는 언어 쪽이 지배적이다. 흥미롭게도 여러 언어의 발달사를 보면 '그것은 내게 있다'라는 짜임이 먼저 있고, 뒤에 '나는 갖고 있다'는 짜임이 이어진다. 에밀 벵베니스트(Emil Benveniste)가 지적하듯이 그 반대 방향으로 진화하는 일은 없다.[4] 이 사실은 갖는다는 말이 사유 재산의 발달과 밀접한 관계를 맺고 있으며, 재산의 기능성이 지배적인 사회, 즉 사용하기 위해 소유하는 사회에서는 그 말이 존재하지 않는다는 점을 시사해 준다. 사회 언어학적 연구를 더 진행시키면 이 가설이 타당한가, 또 어느 정도 타당한가를 알 수 있을 것이다.

'소유'가 비교적 단순한 개념인 반면, '존재' 또는 '존재한다'는 형식은 그만큼 더 복잡하고 어렵다. '존재(being)'라는 말은 몇 가지 다른 방법으로 쓰이고 있다.

(1) 보조동사(copula)로서—예를 들면 '나는 키가 크다(I am tall.)' '나는 희다(I am white.)' '나는 가난하다(I am poor.)'처럼 실체를 확인하는 문법적 표시로 쓰

---

3) 여기서 잠깐 언급해 두어야 할 문제는, 육체에 대해서도 존재의 관계가 성립한다는 사실이다. 우리는 육체를 살아 있는 것으로 경험한다. '나는 육체를 갖고 있다' 대신 '나는 육체이다'라고 표현할 수 있지 않은가. 느끼고 인식하는 모든 일은 육체의 이 '존재'라는 경험을 얻기 위한 시도이다. 〔원주〕
4) 언어학적인 인용은 벵베니스트에게서 얻었다. 〔원주〕

인다. (대개의 언어는 이런 뜻의 'to be'에 해당하는 말이 없다. 스페인어는 주어의 본질에 속하는 영속적 특징을 나타내는 말 *ser*와, 본질이 아닌 우연적인 특징을 나타내는 말 *estar*를 구별한다).

(2) 동사의 수동태로서—이를테면 '나는 맞는다(I am beaten.)'는 내가 타인의 행위의 객체(客體)이며, '나는 때린다(I beat.)'에서처럼 내 능동성의 주체가 아님을 의미한다.

(3) 존재한다는 뜻으로서—존재를 나타내는 'to be'는 보조동사인 'to be'와는 다른 용어이다. 벵베니스트가 일러주듯이 "이 두 말은 지금까지 공존해 왔고 지금도 공존할 수 있다. 다만 그 뜻이 전혀 다르다."

벵베니스트의 연구는 보조동사로서보다도, 그 자체로 의미가 있는 동사로서의 'to be'에 새로운 빛을 던져 주고 있다. 인도 유럽어족(語族)[5]에서, 'to be'는 어근(語根) es로 표현되고 그 의미는 '존재한다, 실제로 발견되다'이다. 존재와 실제는 '시종일관 진정으로 참다운 것'이라고 정의된다(산스크리트어에서 sant는 '존재하는' '진짜' '참다운'이라고 정의한다. 최상급은 sattama로 '최상의'란 의미이다). 이처럼 그 기원을 살펴보면, '존재(being)'란 말은 주어와 서술된 속성의 연결고리 그 이상이다. 즉 어떤 현상을 나타내주는 '기술적'인 용어 이상의 말인 것이다. 그것은 어디 있는 누구 또는 무엇이라는 존재의 현실성을 나타내며, 또 그 신뢰성과 진실성을 의미하기도 한다. 누구 또는 무엇이 '있다(is)'는 말은 그 사람이나 물건의 본질을 말해 준다. 즉 그것은 그 사람의 (그녀의, 그것의) 확실성과 진실을 표현한다. 어떤 사람이나 어떤 물건이 있다는 것은 그 사람의 (그녀의, 그것의) 본질을 나타내는 것이지 겉모습을 언급하는 것은 아니다.

(1) 존재나 소유는 '나는 자동차를 갖고 있다' '나는 희다' 또는 '나는 행복하다' 같은 문장이 보여주는 한 주체의 특질을 뜻하는 것이 아니다. 그것은 두 가지 기본적인 실존양식이고, 자아와 세계에 대한 두 가지 다른 종류의 지향형(orientation)이며, 또 사람의 사고·감정·행위의 총체를 지배하는 두 가지 다른 종류의 성격 구조이다.

(2) 소유양식에서, 세계와 나는 소유하고 점유하는 관계이다. 따라서 나 자신

---

5) 영어, 독일어, 프랑스어, 러시아어, 페르시아어, 산스크리트어 등 많은 언어를 포함하는 대 어족.

을 포함한 모든 사람, 모든 물건을 내 '재산'으로 만들고 싶어 한다.

(3) 존재양식에서는 존재의 두 가지 형태를 확인해야만 한다. 하나는 뒤 마르세의 말에 예시되어 있듯이 '소유'와 대조를 이루는 형태로, 살아 있다는 것, 세계와 진정 결부되어 있다는 것을 뜻한다. 다른 하나는 '보이는 것(appearing)'과 대조를 이루는 형태로, 존재(being)의 어원에 예시되어 있듯이(벵베니스트) 거짓된 겉모습과는 반대로 사람 혹은 물건의 진정한 본성, 참된 실재이다.

5 존재의 철학적 개념

'존재'의 개념에 대한 논의가 더욱 복잡해지고 있다. 이는 존재가 몇 천 권이나 되는 철학서의 주제가 되었고, '존재란 무엇인가?'가 서양 철학의 결정적인 문제 중 하나가 되었기 때문이다. 이 책에서는 존재 개념을 인류학적·심리학적 관점에서만 다루겠지만, 이 주제에 대한 철학적 논의는 인류학적인 문제와도 관계가 있다. 소크라테스 이전부터 현대에 이르는 철학의 역사에서 존재의 개념이 어떻게 발달했는지 간단히 소개하는 것도 이 책의 한계를 벗어나는 일이다. 그러므로 다만 한 가지 결정적인 점만을 언급하겠다. 그것은 '생성의 과정, 능동성, 운동이 존재의 요소'라는 개념이다. 게오르크 지멜이[6] 주장한 존재는 곧 변화란 생각, 즉 존재는 '생성(生成)'이란 견해는 서양 철학의 초기와 절정기에 활동했던 가장 위대하면서 가장 비타협적인 대표자 두 사람의 지지를 받고 있다. 그들은 바로 헤라클레이토스와[7] 헤겔[8]이다.

파르메니데스[9]와 플라톤[10] 그리고 스콜라 학파의 '실재론자'[11]들은, 존재가 영원불변한 실체이며 생성과 반대되는 개념이라고 주장했다. 이런 사상은 사고(관념 : 이데아)가 궁극적 실재라는 관념론적인 견해가 뒷받침되어야 비로소 의미가 있다. 만일 사랑의 이데아(플라톤이 말하는 의미에서의)가 사랑한다는 경험

---

6) Simmel, Georg(1858~1918) : 독일의 철학자, 사회학자.

7) Herakleitos(B.C. 535?~475?) : 그리스의 철학자.

8) Hagel, Georg Wilhelm Friedrich(1770~1831) : 독일 고전 철학의 대표.

9) Parmenides : 5세기 무렵의 그리스 철학자. 엘레아 학파의 시조.

10) Platon(B.C. 427~347) : 그리스 철학자.

11) 스콜라학파의 실재론은 플라톤의 이데아론을 계승하여, 보편적인 관념이 개개의 사물에 앞서 실재한다고 했다.

보다 더욱 실재성(實在性)을 지닌다면, 관념적인 사랑은 영운불변하다고 말할 수 있을 것이다. 그러나 존재하고, 사랑하고, 미워하고, 괴로와하는 인간의 현실에서 출발한다면 존재는 동시에 생성이며, 변화하는 일이다. 생물은 생성할 때만 존재할 수 있다. 또한 변화할 때만 존재할 수 있다. 변화와 성장은 생명의 과정에 내재하는 특질인 것이다.

생명을 실체(實體)가 아니라 과정으로 보는 헤라클레이토스와 헤겔의 근본적인 개념은, 동양 세계에서는 불타의 철학 속에서 볼 수 있다. 불교 사상은 사물이든 자아든 어떠한 지속적이고 영속적인 실체의 개념도 받아들일 여지가 없다. 과정 이외에는 아무것도 실재(實在)하지 않는다[12] 오늘날의 과학사상은 철학적인 '과정사고(課程思考)'의 모든 개념을 발견했고, 그것을 자연과학에 응용함으로써 부활시켰다.

6 소유와 소비

소유양식과 존재양식의 몇 가지 간단한 실례를 논하기 전에, 소유의 또다른 형태인 '합체(合體, incorporating)'에 대해서 말해야겠다. 이를테면 먹거나 마심으로써 어떤 물건을 합체시키는 행위는 그것을 소유하는 원초적인 형태이다. 유아는 원하는 것을 입속으로 집어넣는 경향이 있다. 이는 아직 그 이외의 형태로 소유물을 지배할 수 있을 만큼 육체가 발달되지 않았기 때문에 선택한 소유 형태이다. 또 여러 식인풍습에서도 이와 같은 합체와 소유의 결부를 볼 수 있다. 다른 인간을 먹음으로써 그 사람의 힘을 얻는다고 믿는 것이다.—식인 습관은 노예를 획득하는 것과 마술적으로 똑같은 가치를 지닌다.—용감한 인간의 심장을 먹음으로써 그의 용기를 획득하고, 토템 동물을[13] 먹음으로써 그것이 상징하는 신성(神聖)을 얻는다.

물론 대부분의 대상은 육체적으로 합체될 수 없다(이 일이 가능하더라도 몸 밖

---

12) 별로 알려지지는 않았지만 체코슬로바키아에서 가장 뛰어난 철학자 중 한 사람인 Z 피셔(Z. Fiser)는 불교적인 과정의 개념을 진정한 마르크스주의에 결부시켰다. 유감스럽게도 이 책은 체코슬로바키아어로만 간행되었기 때문에 대부분의 서구 독자는 읽을 수가 없다(나는 개인적인 친분을 통해 알게 됐다). 〔원주〕

13) Totem Animal : 미개 사회에서 부족, 씨족과 특별한 관계를 맺는다고 여겨 신성시하는 동물.

으로 배출되는 과정에서 다시 상실되고 말 것이다). 그러나 '상징적'이고 '마술적'인 합체도 있다. 만일 내가 어떤 신이나 아버지 또는 동물의 이미지와 합체했다고 믿으면 그것은 제거할 수도 없고 배출할 수도 없다. 나는 대상을 상징적으로 삼키고 그것이 내 속에 상징적으로 존재한다고 믿는 것이다. 예를 들면 프로이트는[14] 초자아(超自我, super ego)를 이렇게 설명했다. '잠재의식에 새겨진, 아버지의 금지와 명령의 총화이다.' 권위, 제도, 관념, 이미지도 똑같은 방식으로 받아들일 수 있다. 나는 이것들을 내면에 '갖고' 영원히 보호하는 것이다. ('투사(introjection)'와 '동일화(identification)'는 흔히 동의어로 쓰이지만 그것들이 과연 같은 과정인지 아닌지는 결정짓기 어렵다. 적어도 모방 혹은 복종이라는 말을 쓰는 편이 나을 때에는 막연히 '동일화'를 써서는 안 된다.)

이 밖에도 생리적인 욕구와 무관해서 한도를 알 수 없는 형태의 합체가 여럿 있다. 소비주의는 온 세계를 삼키려는 욕망을 품고 있다. 소비자는 우유병을 달라고 울부짖는 영원한 젖먹이이다. 이는 알코올 중독이나 마약 중독 같은 병리 현상(病理現象)에서 뚜렷이 나타난다. 우리가 이 두 가지 중독을 특히 문제 삼는 까닭은 이것이 중독자가 사회적 의무를 이행하는 데 방해가 되기 때문이다. 반면 강박적인 끽연이 이런 비난을 피할 수 있는 이유는 그것이 중독의 정도에서 뒤지기 때문이 아니라, '다만' 당사자의 수명을 줄일 뿐, 사회생활에는 방해가 되지 않기 때문이다.

여러 형태의 일상적인 소비주의에 대해서는 이 책의 뒷부분에서 더 자세히 다루었다. 다만 여기서 한마디 해 둘 것은 여가에 관한 한 자동차, 텔레비전, 여행, 섹스가 오늘날 소비주의의 주된 대상이라는 점이다. 우리는 그것을 '능동적 여가활동'이라고 부르지만, 오히려 '수동적 여가활동'이라고 부르는 편이 나을 것이다.

요컨대 소비는 소유의 한 형태이며, 그것도 오늘날의 풍요한 산업사회에서 가장 중요한 소유 형태일 것이다. 소비의 특질은 다의적(多義的)이다. 그것은 우선 불안을 제거해 준다. 갖고 있는 것은 빼앗길 염려가 없기 때문이다. 그러나 그것은 또 많이 소비할 것을 요구한다. 왜냐하면 이전의 소비는 욕구충족 기능

---

14) Freud, Sigmund(1856~1939) : 오스트리아의 정신의학자. 정신분석의 창시자.

을 상실했기 때문이다. 현대의 소비자들은 다음과 같은 공식으로 자신의 존재를 확인할 것이다. '나는 존재한다=나는 갖고 있다=나는 소비한다.'

제2장

일상경험에서의 소유와 존재

우리는 재산을 취득하고 이익을 올리는 데 전념하는 사회에 살고 있다. 따라서 존재양식의 증거는 좀처럼 찾아보기 힘들다. 대부분의 사람들은 소유양식이 가장 자연스러운 실존양식이며, 심지어는 받아들일 수 있는 유일한 생활양식이라고 생각한다. 이 모든 상황이, 사람들이 '존재' 양식의 본질을 깨닫고, 나아가 소유는 하나의 방향을 제시하는 것에 지나지 않는다는 사실을 이해하지 못하게 방해하고 있다. 그럼에도 불구하고 이 두 개념은 인간 경험에 뿌리박고 있다. 그 어느 쪽도 순전히 머릿속에서만 추상적으로 검토해서는 안 될 일이고, 또 그렇게 검토될 수도 없는 일이다. 두 가지 다 구체적으로 다루어야만 한다. 모두 우리의 일상생활에 반영되어 있기 때문이다. 소유와 존재가 일상생활에 어떻게 나타나 있는가? 아래의 간단한 예가 이 두 가지 양자택일적인 실존양식을 이해하는 데 도움이 될 것이다.

1 학습

소유양식에 젖어 있는 학생들은 강의에 귀를 기울이고, 그 말의 논리적 구조와 의미를 이해하며, 되도록이면 그것을 모두 공책에 적는다. 필기한 것을 외워 훗날 시험에 합격하기 위해서이다. 그러나 그 내용이 그들의 개인적인 사상체계의 일부가 되어 그것을 풍요롭게 하고 확장시키지는 못한다. 학생들은 그 대신에 들은 말을 사상 혹은 전체적인 이론의 고정된 몇 가지 집합으로 변모시켜 그것을 저장한다. 요컨대 학생 각자가, 강사가 창조했거나 다른 문헌에서 인용한 내용을 수집했을 뿐, 강의 내용과는 여전히 무관한 것이다.

소유양식에 익숙한 학생들의 목표는 단 한 가지, '배운 것'을 고수하는 일이다. 그래서 배운 내용을 단단히 기억하거나 공책을 소중히 보관한다. 그들이 어떤 새로운 것을 만들어 내거나 창조할 필요는 없다. 아니 오히려 소유형들은 어떤 주제에 관한 새로운 사상이나 관념을 접하면 당황한다. 왜냐하면 새로운 정보는 기존의 정보에 의혹을 품도록 하기 때문이다. 실제로 소유를 세계와 관계 맺는 주요한 형태로 삼고 있는 사람에게, 쉽게 핀으로(혹은 펜으로) 고정시킬 수 없는 관념은 두려운 것이다. 성장하고 변화하며 따라서 지배할 수 없는 다른 모든 것과 마찬가지로 말이다.

반면 존재양식으로 세계와 맺어진 학생들은 학습 과정에서 전혀 다른 특질을 보인다. 우선 그들은 모든 강의에, 비록 그것이 첫 수업이라 할지라도 백지 상태(tabula rasa)로 출석하는 일은 없다. 그 강의가 다룰 모든 내용을 미리 짐작하고 있기 때문에 그들의 머릿속에는 나름의 어떤 의문과 문제가 있다. 그들은 그 제목에 대해서 충분히 생각했으므로 강의에 관심이 있다. 또한 말과 관념의 수동적인 저장소가 되는 일 없이 귀를 기울이고 듣는다. 아울러 이것이 가장 중요한데, 강의 내용을 능동적이고 생산적인 방법으로 받아들이고 반응한다. 경청은 사고 과정을 자극한다. 새로운 의문, 새로운 관념, 새로운 전망이 그들 머릿속에서 탄생한다. 그들이 귀를 기울이는 것은 하나의 살아 있는 과정이다. 그들은 강사의 말을 관심 있게 경청하며, 들은 데 반응하여 자발적으로 생명을 얻는다. 단지 집으로 가져가서 기억할 수 있는 지식을 습득하는 것이 아니다. 강의를 통하여 영향을 받고 변화하는 것이다. 강의를 들은 뒤의 그는 강의를 듣기 전의 그가 아니다. 물론 이는 강의가 자극을 주는 소재를 제공했을 때 비로소 가능하다. 공허한 이야기로는 존재형인 학생들에게 아무런 반응을 일으킬 수 없다. 그럴 때 이 학생들은 차라리 자신의 사고 과정에 전념하는 편이 훨씬 나을 것이다.

여기서 잠시 '관심(interests)'이란 단어를 언급해야겠다. 이 말은 현대의 용법에서는 닳고 낡은 표현이 되어 버렸다. 그 본질적인 의미는 어근, 즉 '그 속에 있다' 혹은 '그 사이에 있다'란 뜻의 라틴어 *inter-esse*에 포함된다. 이처럼 능동적인 의미의 관심은 중세 영어에서는 'to list'(형용사는 listy, 부사는 listily)라는 용어로 표현되었다. 현대영어에서 'to list'는 'a ship lists(배가 기울다)'와 같이 오직 공간적인 의미에서만 사용되며, 본디의 정신적인 뜻은 부정적인 'listless(무관심한)'에 있을 뿐이다. 'to list'는 예전에는 '능동적으로 노력하다', '정말 관심을 갖다'라는 뜻이었다. 그 어근은 'lust〔욕망〕'의 어근과 같지만, 우리를 몰아세우는 욕망이 아니라 '자유롭고 능동적인 관심 또는 노력'이다. 'to list'는 《미지의 구름(*The Cloud of Unknowing*, 이블린 언더힐〔Evelyn Underhill〕편집)》의 성명 미상의 저자(14세기 중반)가 사용하는 중요한 표현의 하나이다. 영어가 이 말을 부정적인 의미로 굳혔다는 사실은 14세기에서 20세기에 이르는 사회정신의 변화를 특징짓는다.

2 기억

기억은 소유양식에도, 존재양식에도 있다. 이 두 가지 형태의 기억에서 가장 중요한 것은 결합의 '종류'이다. 소유양식의 기억에서 결합은 전적으로 기계적이다. 한 단어와 다음 단어의 결합이, 그 결합이 이루어지는 빈도에 따라 결정되는 것처럼 말이다. 아니면 서로 상반된 것의 결합, 어떤 한 점에 집중하는 개념의 결합, 또는 시간, 공간, 크기, 색채와의 결합, 혹은 어떤 주어진 사상체계 속에서의 결합처럼 순전히 '논리적'일 수도 있다.

반면 존재양식의 기억은 말, 관념, 광경, 회화, 음악 등을 '능동적으로' 생각해내는 것이다. 즉 기억해야 할 단일 정보와, 그것과 연관 있는 다른 많은 정보를 연결하는 것이다. 존재양식에서의 결합은 기계적인 것도 아니고, 순수하게 논리적인 것도 아니며, 오로지 살아 있다. 하나의 개념이 다른 개념과 연결되는 것은 사람이 그러한 말을 찾을 때 동원하는 생산적 사고(또는 감정) 때문이다. 간단한 예를 들어 보자. 만일 내가 '고통' 혹은 '아스피린'이라는 말로 '두통'이라는 말을 떠올린다면, 논리적이고 극히 평범한 연상이 된다. 그러나 만일 '스트레스' 혹은 '분노'라는 말로 '두통'을 연상한다면, 이는 내가 주어진 정보를 그 현상을 연구하는 동안에 얻은 통찰, 즉 가능성 있는 결과와 결부시킨 것이다. 이 후자의 기억은 그 자체에서 어떤 생산적 사고를 구성하고 있다. 이러한 살아 있는 기억의 가장 뚜렷한 예가 바로 프로이트의 '자유연상(自由聯想)'이다.

정보를 수집하길 좋아하지 않는 사람들은 기억력을 충분히 발휘하려면 강력하고 직접적인 관심이 필요하다는 사실을 알 것이다. 이를테면 오랫동안 잊고 있던 외국어 단어를 기억해 내는 일이 죽고 사는 문제와 연관되어 있는 때라면, 결국엔 기억하고야 말지 않는가. 경험에 비추어 봐도 그렇다. 나는 기억력이 특별히 뛰어나지 않다. 그래도 2주일 전이든 5년 전이든 꿈을 분석해주었던 사람과 다시 얼굴을 맞대고 그에게 온 생각을 집중해 보면, 그가 꾼 꿈을 기억해 낸다. 5분 전까지만 해도 마치 그 꿈을 들은 적도 없다는 듯 전혀 기억해내지 못했던 사람이 말이다.

존재양식에서의 기억은 일찍이 보았거나 들은 무엇을 소생시키는 것을 의미한다. 이 생산적인 기억을 경험하기 위해서는 전에 보았던 사람의 얼굴이나 풍경을 마음속에 그려보기만 하면 된다. 다만 어느 경우에도 금방 생각해 낼 수는 없을 것이다. 우리는 그 주제를 다시 창조하여 그것을 머릿속에 소생시켜야 한다. 이러한 종류의 기억은 언제나 어렵다. 얼굴이나 풍경을 완전하게 생각해 내려면 이전에 그것을 충분히 집중해 봐 두어야만 하기 때문이다. 그러나 그러한 기억이 완전히 떠오를 때 생각난 것은 마치 자기 앞에 실제로 있는 듯 보인다. 사람은 꼭 살아있는 듯 생생하며, 풍경은 실제인 듯 산뜻하다.

소유양식에 젖은 사람들이 어떤 인물이나 풍경을 기억하는 방법은 대체로 사진을 보는 방식과 같다. 사진은 어떤 인물이나 광경을 확인할 때 기억을 보조하는 역할만 할 뿐이다. 사진이 자아내는 일반적인 반응은 "그때, 그 사람이다", "그래, 여기는 간 적이 있다" 정도이다. 사진은 대부분의 사람들에게 하나의 '소외된' 기억이다.

종이에 맡겨진 기억은 또 다른 형태의 소외된 기억이 된다. 사람들은 알아두고 싶은 것을 적어 놓음으로써 그 정보를 '소유'하고 있다고 확신한다. 따라서 그것을 머리에 새기려 하지 않는다. 그러나 공책을 잃었을 때, 정보의 기억도 사라진다. 기억 능력은 떠나 버렸다. 왜냐하면 저장된 기억이 공책의 형태로 나의 구체화된 일부가 되었기 때문이다.

현대인들이 기억해야 할 정보가 많다는 사실을 고려하면, 어느 정도는 공책에 기록할 수밖에 없을 것이다. 그러나 기억하기를 기피하는 경향이 상식을 넘어서고 있다. 기억하기 위해 기록하는 행위는 우리의 기억력을 감퇴시킨다. 자기 자신을 돌이켜봄으로써 가장 쉽게 그리고 가장 잘 관찰할 수 있지 않은가. 그러나 다음의 몇 가지 전형적인 예도 도움이 될 것이다.

흔한 예는 가게에서 볼 수 있다. 요즘 점원은 두세 품목의 간단한 덧셈도 하지 않고 바로 계산기를 사용한다. 또 다른 예를 학교 강의실에서 볼 수 있다. 교사들이 관찰한 바에 따르면 강의 한마디 한마디를 빠짐없이 받아 적는 학생은, 자신의 이해력을 신뢰해서 최소한의 요점만 기억하는 학생보다 대부분 이해력이나 기억력이 뒤진다고 한다. 그리고 음악가라면 누구나 평소에 악보를 보고 연주하는 사람이 악보 없이 연주하려면 많은 어려움을 겪는다는 사실을 안다. (기억력이 남달랐던 것으로 유명한 토스카니니는[1] 존재양식형 음악가의 좋은 예이다). 마지막 예로서, 멕시코에서 관찰해보니, 문맹자나 글을 별로 쓰지 않는 사람들이 산업화된 국가의 잘 읽고 쓰는 사람들보다 기억력이 훨씬 뛰어났다. 이는 무엇보다 읽고 쓰는 능력이란 결코 널리 선전되는 것처럼 바람직한 자세만은 아니라는 사실을 시사해 준다. 사람들이 읽고 쓰는 기술을, 단순히 자신의 경험 능력과 상상력을 약화시키는 정보를 보는 데만 사용할 경우 특히 그렇다.

3 대화

소유양식과 존재양식의 차이는 두 가지 대화의 예에서 쉽게 관찰할 수 있다. 의견이 다른 A와 B가 전형적인 대담식 논쟁을 하고 있다. 이때 두 사람은 각자 자신의 의견과 동일화된다. 이들에게 중요한 것은 자기의 의견을 지켜주는 보다 합리적인 주장을 찾아내는 일이다. 양쪽 모두 자기의 의견이 바뀌거나, 또 상대방의 의견이 달라지길 기대하지 않는다. 사실 그들은 모두 자신의 의견이 변할까 봐 두려워하고 있다. 의견은 곧 자신의 소유물이므로, 그것의 상실은 빈곤을 의미하기 때문이다.

논쟁이 아닌 대화일 경우에는 좀 다르다. 유명하고 덕망 있는 데다 뛰어난 자질까지 갖춘 사람, 혹은 무언가 유익한, 즉 직장을 부탁할만하거나 사랑이나 존경을 해주었으면 하는 사람을 누구나 만나보았을 것이다. 그때 우리는 그 중요한 만남을 위해 미리 준비하게 되며, 적어도 약간은 불안하기 마련이다. 상대방의 관심을 끄는 화제는 무엇일까, 대화의 첫머리를 어떻게 열까를 생각해 두는 것이다. 어떤 사람은 자신의 대화 계획을 미리 전체적으로 짜두기도 한다. 또 자기가 '가지고' 있는 것, 즉 과거의 성공, 인간적인 매력(또는 그것이 더 효과적일 때에는 상대방을 위압하는 능력), 사회적 지위, 연고 관계, 외모와 차림새

---

1) Toscanini, Arturo(1867~1957) : 이탈리아 출생의 미국 교향악단 지휘자.

등에 관해 생각함으로써 자기 자신을 단단히 무장한다. 요컨대 마음속에서 자기의 가치를 저울질하고, 그 평가를 바탕으로 다음 대화에서 자기의 상품을 전시하는 것이다. 이런 일을 썩 잘해내는 사람은 많은 이들에게 좋은 인상을 준다. 하지만 이 인상 중의 일부는 그 사람의 연기에서, 나머지 대부분은 사람들의 판단력의 빈곤에서 나온 것이다. 만일 그가 그다지 훌륭한 연기자가 아니라면, 그 연기는 어색하고 작위적이고 지루해 별로 관심을 끌지 못할 것이다.

이와 대조적인 유형이 어떤 방식으로든지 미리 준비하거나 무장하지 않은 채 사태에 임하는 사람들이다. 그들은 자발적이고 생산적으로 반응한다. 자신에 관해서도, 자기의 지식이나 지위에 관해서도 잊어버리고 만다. 자아에 방해를 받지도 않는다. 그들이 상대방과 그의 생각에 대하여 충분히 반응할 수 있는 것은 바로 이러한 이유 때문이다. 또한 어떤 것도 고집하는 일이 없으므로 새로운 관념을 얼마든지 생산해낼 수 있다.

소유형은 자신이 가진 것에 의존하는 반면 존재형은 자신이 '존재한다'는 사실, 살아 있다는 사실, 그리고 반응할 용기만 있다면 뭔가 새로운 것이 탄생된다는 사실에 의존한다. 그들은 자기가 소유한 것에 대한 불안함 때문에 자신을 괴롭히는 일이 없으므로 대화할 때 매우 활기차다. 이 활기는 전염되기 쉬워 가끔 상대방이 자기중심성을 초월하게 하는 데 도움이 된다. 이리하여 대화는 상품(정보, 지식, 지위)의 교환이 아니라, 이미 누가 옳은가 하는 문제를 초월한 나눔이 된다. 대결자들은 함께 춤추기 시작하며 승리 또는 슬픔—둘 다 무익하다—을 안고 돌아서는 것이 아니라 기쁜 마음으로 헤어진다(정신분석학적 치료의 핵심은 담당의사가 이 활기를 줄 자질이 있느냐이다. 아무리 정신분석적으로 해석하더라도 치료하는 분위기가 답답하고 지루하다면 아무런 효과가 없다).

4 독서

대화에서 말한 내용은 독서에도 똑같이 적용된다. 독서는 저자와 독자의 대화이며, 또 대화여야만 하기 때문이다. 물론 직접 대화할 때 이야기 상대가 중요하듯이 독서에서는 누구의 책을 읽느냐가 중요하다. 예술성이 없는 값싼 소설을 읽는 것은 한낮의 꿈처럼 헛되다. 그것은 생산적인 반응을 허용하지 않기 때문이다. 그 문장은 마치 텔레비전의 쇼처럼, 아니면 텔레비전을 보면서 우적 우적 먹는 감자튀김처럼 삼켜질 것이다. 그러나 발자크[2]의 소설 같은 책은 내적인 참여와 더불어 생산적으로, 즉 존재양식으로 읽을 수 있다. 그러나 이것도 아마 대부분의 경우에는 소비의 소유양식으로 읽힐 것이다. 독자들은 호기심이 발동하면 줄거리를 궁금해 한다. 주인공이 사느냐 죽느냐, 여주인공은 유혹당하느냐 저항하느냐 그리고 그 결말은 무엇이냐를 알고 싶어 한다. 이때 소설은 독자를 흥분시키는 일종의 전희(前戲)로서만 도움이 될 뿐이다. 행복한 또는 불행한 결말에 다다르면 독자의 경험은 절정에 달한다. 결말을 알았을 때 그들은 마치 자신의 경험에서 그 결말을 찾아낸 것처럼 현실적인 전체 스토리를 소유하는 것이다. 그러나 그들은 아무것도 인식한 바가 없다. 또 소설 속의 인물을 이해함으로써 인간성에 대한 통찰력을 심화시키거나 자기 자신에 대해 깨달은 것도 아니다.

철학이나 역사를 주제로 한 책에 관해서도 마찬가지다. 우리가 철학 서적이나 역사 서적을 읽는 방법은 교육을 통해 형성—더 적절하게 말하면 변형—된다. 학교는 학생들에게 '문화적 재산'을 어느 정도 주는 것을 목표로 삼으며, 학생들은 학교 교육이 끝날 때 적어도 그 최소량을 '가지고 있다'고 증명한다. 학생은 책을 읽고 저자의 주요 사상을 외우라고 교육 받는다. 이로써 플라톤, 아리스토텔레스,[3] 데카르트,[4] 스피노자, 라이프니츠,[5] 칸트, 하이데거,[6] 사르트르[7] 등을 '안다'. 고등학교에서 대학까지의 여러 수준이 다른 교육의 차이는 주로 획득한 문화적 재산의 양에 있으며, 그 양은 학생이 졸업한 뒤에 소유하길 기대하는 물질적 재산의 양에 대개 비례한다. 이른바 우수한 학생이란 여러 철학자들이 말한 바를 가장 정확하게 외우는 학생인 것이다. 그들은 박물관의 박식한 안내인과 같다. 그들이 배우지 않은 것이라면 이러한 재산적 지식을 초월한 것이다. 철학자에게 질문하고 그들과 말하는 법, 철학자의 모순과 그들이 어떤 문제를 무시하거나 논점(論點)을 회피하고 있다는 것을 알아차리는 법, 그

---

2) Balzac, Honoré de(1799~1850) : 프랑스의 소설가.

3) Aristoteles(384~322) : 그리스의 철학자.

4) Descartes, René(1596~1650) : 프랑스의 철학자.

5) Leibnitz, gottfrded Wilhelm von(1646~1716) : 독일의 철학자.

6) Heidegger, Martin(1889~1976) : 독일의 철학자.

7) Sartre, Jean Paul(1905~1980) : 프랑스의 철학자이자 작가.

시절 새로웠던 사상 혹은 '상식'이었기 때문에 저자가 채택할 수밖에 없었던 것을 구별하는 법, 저자가 단지 머리로만 말할 때와 머리와 마음으로 말할 때를 분별하는 법, 그리고 저자가 진짜인지 가짜인지 알아 내는 법. 이러한 것들을 학생들은 배우지 않는다. 그리고 아직도 많은 것을 배우지 않는다.

반면 존재양식에 따라 사는 독자는 가끔 높은 평가를 받는 책조차도 전혀 가치가 없거나 극히 적은 가치밖에 없다는 결론에 도달할 수 있다. 때로는 어떤 책을 저자보다도 더 잘 이해할지도 모른다. 저자는 자신이 쓴 모든 것이 다 똑같이 중요하다고 생각할 테니 말이다.

5 권위

소유양식과 존재양식의 차이에 대한 또 다른 예는 권위의 행사에서 볼 수 있다. 그 차이의 결정적인 요소는 '권위의 소유'와 '권위의 존재'이다. 우리는 모두 적어도 일생의 어느 단계에서는 권위를 행사한다. 자식을 키우는 부모는 자식을 위험에서 보호하고 여러 상황에서 어떻게 행동해야 하는지 충고해주기 위해서—원하든 원하지 않든 간에—권위를 행사해야만 한다. 가부장제 사회에서는 여성 역시 남자의 권위 아래 있다. 우리의 사회처럼 관료적이고 계급적인 집단에서는 구성원 대부분이 권위를 행사한다. 단 가장 낮은 사회 계층은 권위의 대상에 불과하다.

'권위'가 전혀 다른 두 가지 의미를 내포하는 용어라는 점을 인식하느냐 아니냐, 여기에 두 가지 실존양식의 권위를 이해하는 열쇠가 있다. 즉 그것은 '합리적인 권위'일 수도 있고, '비합리적인 권위'일 수도 있다. 합리적인 권위는 능력에 바탕을 두고 있으며, 그것에 의존하는 사람의 성장을 돕는다. 반면 비합리적인 권위는 힘에 바탕을 두고 있어, 그것에 종속되는 사람을 착취하는 데 이용된다(나는 이 차이를 《자유에서의 도피 *Escape from Freedom*》에서 논했다).

가장 원시적인 사회, 즉 수렵과 식량 채집을 하던 사회에서는 이 일을 할 능력이 있다고 인정받는 인물이 권위를 행사했다. 이러한 능력이 어떠한 자질에 근거를 두고 있는가 하는 것은 그때그때의 사정에 달려 있지만, 거기에는 경험, 지혜, 관용, 숙련, 외모, 용기 등이 포함되었을 것이다. 이들 부족사회에는 보통 영원한 권위란 없으며, 권위는 필요에 따라 나타난다. 또 전쟁, 종교적 행사, 분쟁 조정과 같은 각기 다른 분야에 각기 다른 권위가 있다. 권위의 기초가 되는 자질이 소멸하거나 약화될 때 권위 그 자체는 끝난다. 이와 매우 유사한 형태의 권위는 능력이 육체적인 힘이 아니라 경험이나 지혜와 같은 자질을 바탕으로 확립되는 수많은 원시사회에서 관찰할 수 있다. JMR 델가도(J.M.R. Delgado, 1967)는 원숭이를 대상으로 매우 교묘한 실험을 한 결과, 우두머리 원숭이가 일시적으로라도 자질을 상실하면 그 권위는 끝난다는 것을 보여주었다.

존재의 권위(being-authority)는 사회적 기능을 다할 수 있는 능력뿐 아니라, 고도의 자기 성장과 완성을 달성한 인격에도 바탕을 두고 있다. 그런 인물은 권위를 자연스럽게 드러낸다. 따라서 명령을 내리거나 협박하거나 매수할 필요가 없다. 그들은 행동이나 말을 주로 하는 것이 아니라, 자기를 있는 그대로 표현하여 인간이 어떤 존재인가를 보여 주는 고도로 계발된 사람들이다. 위대한 인생의 교사들은 이러한 권위자였다. 또 그들만큼 완성미는 없더라도 그에 가까운 인물을 지식층이든 아니든 모든 사람들 속에서 또 모든 다른 문화 속에서 찾아볼 수 있다. (교육의 문제가 여기에 달려 있다. 만일 부모가 좀 더 내적으로 성장하고 중심을 잡는다면 권위주의 교육과 방임주의 교육 사이의 대립 따위는 없을 것이다. 아이들은 이런 존재의 권위가 필요하기 때문에 그런 권위자에게 대단히 열성적으로 반응한다. 반면 아이들에게는 노력하라고 채근하면서 정작 자신은 아무 노력도 하지 않은 어른의 압력이나 방임이나 과잉보호에는 반항한다.)

수렵민과 식량 채집민의 사회보다 훨씬 크고 복잡한, 계급 질서에 바탕을 둔 사회가 형성되면 능력을 바탕으로 한 권위는 사회적 지위를 바탕으로 한 권위에 자리를 물려준다. 이는 현존하는 권위가 전부 무능하다는 의미가 아니라 능력이 권위의 본질적 요소가 아니게 되었음을 뜻한다. 우리가 다루는 것이 군주제의 권위자—거기서는 제비뽑기와 같은 유전자가 능력의 자질을 결정한다—이든, 살인이나 배신으로 권위를 빼앗는 데 성공한 파렴치한 권위자이든, 또는 현대 민주주의에서 흔히 볼 수 있듯이 사진을 잘 받는 외모나 선거자금 덕분에 선출된 권위자이든 간에, 이 모든 경우에서 능력과 권위 사이에는 거의 아무런 관계도 없다.

그러나 어떤 능력에 바탕을 두고 확립된 권위라 해도 중대한 문제가 있다. 즉 어느 지도자는 한 분야에는 유능할지 모르지만 다른 분야에는 무능할지도 모른다는 것이다. 예를 들면 어떤 정치가는 전쟁을 수행하는 데에는 탁월할지라도 평화시에는 무력할 수 있다. 또 초기에는 정직하고 용감한 지도자가 나중에 권력의 유혹에 굴복해 이런 자질을 잃을 수도 있고, 노령(老齡)이나 육체적 질병 때문에 능력이 감소될 수도 있다. 마지막으로 어떤 권위를 판단하는 문제에서는, 선전 전문가가 창조해낸 이미지로만 후보자를 알아야 하는 우리 체제의 사람들 몇 백만보다, 작은 부족의 구성원들 몇 십 명이 더 유리하다는 사실을 알아야 한다.

능력을 형성하는 자질을 잃게 된 이유가 무엇이든 간에, 크고 계급적으로 조직된 사회 대부분에서는 권위의 소외(疎外) 과정이 일어난다. 진짜이든 명목만이든 간에 최초에 있었던 능력은 권위의 제복이나 칭호로 변모한다. 만일 권위자가 어울리는 제복을 입고 있거나 걸맞은 칭호로 불린다면, 이러한 외적인 권위의 표시가 진짜 능력과 그 자질을 대신하게 된다. 국왕—이러한 유형의 권위를 상징하는 것으로 이 칭호를 쓰자면—은 어리석거나 부도덕하거나 사악할지라도, 완전히 무능할지라도, 권위의 존재이기에 권위를 갖고 있다. 그가 그 칭호로 불리는 한 그는 그럴만한 자질이 있다고 생각되는 것이다. 가령 임금님이 벌거숭이라 해도 사람들은 모두 그가 아름다운 옷을 입었다고 믿을 것이다.

제복이나 칭호가 능력을 구성하는 참된 자질이란 생각은 저절로 생긴 것이 아니다. 권위의 상징을 가진 사람들과 거기서 이익을 얻는 사람들이, 그들에게 종속하는 사람들의 현실적인 즉 비판적인 사고를 둔화시켜 허구(虛構)를 믿게끔 했기 때문이다. 그러나 지각 있는 사람은 누구나 선전기관의 책략을 알고 비판적 판단력을 파괴하는 방법을 안다. 또한 대중이 얼마나 쉽게 상투적인 문구에 현혹돼 복종해버리는지, 얼마나 의존적이어서 자신의 눈과 판단력을 의심하고 단지 침묵해버리는지 알고 있다. 대중이 믿는 허구가 대중의 현실을 보는 눈을 가리고 마는 것이다.

6 지식

지식의 영역에서 소유양식과 존재양식의 차이는 다음 두 가지 정식(定式)으로 표현된다. '나는 지식을 가지고 있다'와 '나는 알고 있다'. '지식을 가지고 있다'는 것은 이용할 수 있는 정보를 손에 넣어 간직함을 뜻한다. '알고 있다'는 것은 기능적인 것이며, 생산적인 사고 과정의 한 부분이다.

존재양식으로 살아가는 사람들의 지식의 특질—인식—에 대해서는 불타, 유대 예언자들, 예수, 마이스터 에크하르트, 지그문트 프로이트, 카를 마르크스와 같은 사상가들의 통찰을 통해 보다 깊이 이해할 수 있다. 그들은 인식이 우리의 평생에 느끼는 지각의 기만성을 깨닫는 일에서부터 시작된다고 했다. 즉 우리가 보고 있는 물질적 현실 세계의 모습이 '참으로 현실적인' 것과 다르다는 말이다. 중요한 점은 대부분의 사람이 반은 깨어 있고 반은 꿈꾸고 있으며, 참되고 자명하다고 생각하는 것의 대부분이 사회의 암시적인 힘이 만들어놓은 환상임을 모르고 있다는 사실이다. 따라서 인식은 환상을 깨뜨리는 것과 환상에서 '깨어나는 것(Ent-täuschung)'에서 시작된다. 인식이란 근원까지, 나아가서는 원인에까지 도달하기 위해 표면을 꿰뚫는 것을 뜻한다. 즉 현실의 적나라한 모습을 '보는 것'이다. 인식은 진실을 소유하는 것이 아니다. 그것은 진실에 좀 더 가까이 접근하기 위해 끊임없이 표면을 꿰뚫고, 비판적이고 또 능동적으로 노력하는 태도이다.

이 창조적인 관통의 특질은 히브리어의 *Jadoa*에 표현되어 있다. 그것은 남성의 성적 관통의 뜻으로, 알고 사랑하는 것을 말한다. 각자(覺者) 불타는 "깨어나라, 물질에 대한 갈망이 행복을 가져온다는 환상에서 벗어나라"고 설파했다. 유대의 예언자들은 "깨어나라, 너희의 우상은 너희 손으로 만들어낸 것에 불과한 환상임을 알라"고 호소했다. 예수는 "진리가 너희를 자유케 하리라!"[8]고 말했다. 마이스터 에크하르트는 그의 인식의 개념을 여러 번 표현했다. 이를테면 신에 관해 이야기할 때는 "지식은 어떤 특정된 사고라기보다 오히려 모든 덮개를 벗겨 버리는 것이다. 이기심을 버리고, 벌거숭이로 신에게 달려가 그와 접촉하며 그를 끌어안는 일이다."라고 했다. ('벌거숭이'와 '벌거숭이로'라는 말은, 그와 같은 시대를 살며 《미지의 구름》이란 저서를 남긴 미상의 저자와 마찬가지로, 마이스터 에크하르트가 즐겨 사용한 표현이다.) 마르크스에 따르면 "환상이 필요 없는 조건을 만들어내기 위해서는 환상을 파괴해야만 한다." 프로이트의 자기 인식 개념은 무의식적인 현실을 깨닫기 위해 환상(합리화)을 파괴한다는 관념에 바탕을

---

8) 요한복음 8장 32절.

두고 있다(계몽주의의 마지막 사상가인 프로이트는 20세기적인 시각이 아니라 18세기 계몽주의 철학의 의미에서 보면 혁명적인 사상가라고 할 수 있다).

이들 사상가는 모두 인간을 구제하는 데 전념했으며, 사회적으로 용인된 사고 유형에 비판적이었다. 그들에게 인식의 목표는 '절대적 진실'의 확실성, 즉 그것만 있으면 안심할 수 있다는 그 무엇이 아니라 '인간 이성의 자기 확인 과정'이었다. 무지(無知)도 '알고' 있는 사람에게는 지식과 마찬가지로 좋은 것이다. 왜냐하면 이러한 종류의 무지는 무사고(無思考)의 무지와는 다르며, 무지와 지식은 모두 인식 과정의 일부이기 때문이다. 존재양식에서 가장 알맞은 지식은 '더 깊이 아는 것'이다. 그러나 소유양식에서 그것은 '더 많은 지식을 소유하는 것'이다.

우리의 교육은 일반적으로 사람들이 지식을 소유하도록 훈련하는 데 애쓰고 있으며, 그 지식은 그들이 후일 갖게 될 재산 혹은 사회적 위신과 대체로 비례한다. 그들이 받는 것은 최소한 그들이 일을 하는 데 불편이 없을 만큼 필요한 양이다. 여기에 더하여 그들 각자에게는 자존심을 높이기 위한 '사치스러운 지식을 모은 꾸러미'가 주어지는데, 각자의 꾸러미의 크기는 그 인물이 얻게 될 사회적 위신과 일치할 것이다. 학교는 이 지식의 꾸러미를 생산하는 공장이다. 학교는 학생들에게 인간 정신의 최고 위업들을 전달한다고 주장하지만, 대부분의 대학은 이러한 환상을 기르는 데 재주가 있을 뿐이다. 인도의 사상이나 예술에서부터 실존주의나 초현실주의에 이르기까지 방대한 지식의 메뉴에서 학생들은 이것저것을 조금씩 섭취한다. 이런 그들에게 자발성과 자유의 이름으로 하나의 주제에 집중하라든가, 심지어 책 한 권을 통독하라고 강하게 권유하는 것은 볼 수 없다(이 학교 제도에 대한 이반 일리히(Iban Illich)의 급진적인 비판은 그 허다한 결점에 초점을 맞추고 있다).

7 신념

종교적·정치적 또는 개인적인 의미의 신념은 그것이 소유양식에서 사용되느냐 아니면 존재양식에서 사용되느냐에 따라 전혀 다른 의미가 된다.

소유양식에 따른 신념은 아무런 합리적인 증명도 없는 대답을 갖는 것이다. 그것은 다른 사람이 창조한 일정한 방식으로 성립되었으며, 그 다른 사람이란 보통 관료들이다. 우리는 그들에게 굴복하고 있기 때문에 그 방식을 받아들이는 것이다. 그 신념은 관료들의 실제적인(또는 단지 상상적인) 권력 때문에 확실해 보인다. 그것은 하나의 규모가 큰 집단에 가입하기 위한 입회증이며, 스스로 생각하여 결정을 내리는 어려운 일을 면제해주는 면죄부이다. 우리는 '소유하는 자는 복이 있나니(beati possidentes)'란 신념을 내건 무리와 한패, 즉 복된 소유자의 한 사람이 되는 것이다. 신념은 소유양식을 따르는 사람들에게 확신을 준다. 그것은 궁극적이고 확고부동한 지식을 선언한다고 주장하지만, 그것이 믿어지는 이유는 그 신념을 전파하고 지키는 사람들의 권력이 확고부동해 보이기 때문이다. 사실 자신의 독립성을 포기하는 것만으로 확신을 얻을 수 있다면 누군들 이 신념을 마다하겠는가?

신은 본디 우리가 자신의 내부에서 경험할 수 있는 가장 높은 가치의 상징이다. 그런데 그 신이 소유양식에서는 하나의 우상이 된다. 예언자의 시각으로 보면 우상은 인간이 만들어낸 '사물'일 뿐이며, 인간은 여기에 자기의 힘을 쏟아부음으로써 자신을 약화시키고 만다. 즉 우리는 자신의 창조물에 복종하며, 그 결과로 소외된 형태의 우리 자신과 접촉하게 되는 것이다. 우상은 하나의 사물이기 때문에 나는 그것을 '소유'할 수 있지만, 아울러 내가 그것에 복종함으로써 '그것'이 '나'를 소유하게 된다. 일단 신이 우상이 되어 버리면, 신에게 있다고 일컬어지는 여러 가지 속성은 소외된 정치적 강령과 마찬가지로 개인의 경험과는 거의 관계가 없어진다. 우상은 '자비로운 신'으로 찬양될지도 모르지만, 어떤 잔악 행위가 그 이름으로 자행될지도 모른다. 인간적인 결속으로 소외된 신념이 더없이 비인간적인 행위를 저지르는 데도 이에 대한 어떠한 의혹도 일지 않는 것을 보면 알 수 있지 않은가. 신념은, 소유양식에 젖어 확신을 갖길 원하는 사람들, 감히 스스로 찾아 나서려고도 하지 않으면서 인생의 해답을 원하는 사람들을 받쳐주는 버팀대이다.

이와 달리 존재양식에서의 신념은 전혀 다른 현상이다. 우리는 신념 없이 잘 살 수 있을 것인가? 젖먹이는 어머니의 가슴을 반드시 믿지 않을까? 우리는 모두 다른 생물을, 우리가 사랑하는 사람을, 그리고 나 자신을 신뢰하지 않을까? 우리는 생활 규범이 타당하다는 신념 없이 잘 살 수 있는가? 실제로 신념이 없으면 우리의 삶은 메마르고 절망적일 것이며, 존재의 핵심까지 두려움에 시달릴 것이다.

존재양식에서의 신념은 우선 어떤 관념을 믿는 것이 아니라(그런 경우가 있을 수도 있지만) 하나의 내적지향이며 태도이다. 사람이 신념을 '갖는다'고 말하는 것보다는 사람이 신념 '속에 있다'고 말하는 편이 더 나을 것이다. (믿음의 대상으로서의 신앙(*fides quae creditur*)과 믿는 주체로서의 신앙(*fides qua creditur*)의 신학적인 구별은 신념의 '내용'과 신념의 '행위'의 차이와 유사하다) 사람은 자신에 대해서도 남에 대해서도 신념 속에 있을 수 있으며, 종교적인 인물은 신에 대한 신앙 속에 있을 것이다. 구약성경의 하나님은 무엇보다도 먼저 우상의 부정이며, 사람이 가질 수 있는 신들의 부정이다. 동양의 왕권을 떠올리게 하는 이 개념에서, 신은 애초부터 그 자신을 초월하고 있다. 신에게는 이름이 있어서는 안 된다. 즉 신에 대해서는 어떠한 이미지도 만들어서는 안 된다.

후에 유대교와 기독교가 발전하는 가운데서 신의 완전한 비우상화를 이루려는 시도는 계속되었다. 아니, 그들에게는 신의 속성조차 입에 담을 수 없는 것이 자명했기에 우상화의 위험과 싸워야 했다. 또 기독교 신비주의에서 매우 급진적인 시도도 있었다. 《디오니시우스[9]의 위서(僞書)》의 저작자에서 《미지의 구름》의 이름을 알 수 없는 저자와 마이스터 에크하르트에 이르기까지―신의 개념은 유일한 것, '신성(神性)'(비물(非物))이 되는 경향이 있고, 이리하여 베다[10]와 신 플라톤주의적 사고에서 표현된 견해와 결부된다. 신에 대한 이러한 신앙은 인간 내면에서 일어나는 신성의 경험으로 보증된다. 그것은 연속적이며 능동적인 자기 창조의―또는 마이스터 에크하르트가 말했듯이 그리스도가 끊임없이 우리 안에서 새롭게 태어나는―과정이다.

나 자신에 대한, 타인에 대한, 인류에 대한, 완전히 인간적일 수 있는 우리의 능력에 대한 나의 신념도 확신을 내포하고 있다. 그러나 그것은 나 자신의 경험에 근거를 둔 확신이지, 그것을 믿으라고 명령하는 권위에 복종해서 나온 결과가 아니다. 그것은 트집을 잡을 수 없는 합리적인 증거로 증명할 수 없지만, 경

___

9) Dionysius : 5세기 무렵의 신비주의 작가. 실제로 정확한 이름은 밝혀지지 않았지만, 한 세기에 걸쳐 실존한 동명의 인물―신약성경 〈사도행전〉에서 언급되는 바울의 제자―과 혼동되었기 때문에 이렇게 불린다.

10) Vedas : 고대 인도의 바라몬 교의 경전.

험적이고 주관적인 증거 때문에 자신이 확신하는 진실에 대한 믿음이다. (신념을 표현하는 히브리어는 *emunah*이며, 지금도 쓰고 있는 '아멘(amen)'은 '틀림없이'를 뜻한다.)

만일 내가 어떤 사람이 성실하다고 확신한다 해도 그의 마지막 날까지 그의 성실성을 증명할 수는 없을 것이다. 엄밀히 말하면, 가령 그가 죽음의 순간까지 성실했다 하더라도, 그가 더 오래 살았더라면 그의 성실성이 더럽혀졌을지도 모른다는 실증주의적인 견해를 배제할 수는 없다. 나의 확신은 상대방에 대해서, 또 사랑과 성실성에 대해서 내가 알고 있는 깊은 지식에 근거를 두고 있다. 이러한 종류의 지식은 다만 내가 자아를 버린 채 상대방을 있는 그대로 보고, 그 속에 있는 힘의 구조를 인식하고, 그를 그만의 개성이 있으되 보편적인 인간성을 지닌 인격체로 바라보는 한에서만 가능하다. 그제야 나는 그가 무엇을 할 수 있고, 무엇을 할 수 없으며, 무엇을 하지 않을 것인가를 안다. 물론 이말은 내가 그의 장래의 모든 행동을 예언할 수 있다는 뜻이 아니다. 단지 성실성이나 책임감과 같은 기본적인 성격에 뿌리박고 있는 행동의 일반적인 경향만을 예언할 수 있다는 의미이다(나의 저서 《인간에게 있어서의 자유 *Man for Himself*》의 '성격과 특성으로서의 신앙의 장' 참조).

8 사랑

사랑 역시 소유양식에서 이야기되느냐, 아니면 존재양식에서 이야기되느냐에 따라 의미가 달라진다.

우리는 사랑을 소유할 수 있는가? 만약 가능하다면 사랑은 하나의 사물이어야 한다. 우리가 갖고, 점유(占有)하고, 소유할 수 있는 실체여야 한다. 그런데 '사랑'이란 사물은 없다. 사랑이란 추상 개념이며, 아마도 여신이고, 이방인일 것이다. 그러나 이 여신을 본 사람은 없다. 실제로는 '사랑한다는 행위'만이 존재할 뿐이다. 사랑하는 것은 생산적이고 능동적인 움직임이다. 그것은 인물, 나무, 그림, 관념을 존중하고, 알며, 반응하고, 확인하고, 누리는 행위이다. 또한 생명을 주며, 상대의 생명력을 증대시키는 활동이다. 아울러 자신을 새롭게 하고 확장시키는 하나의 과정이다.

그러나 소유하는 사람에게 사랑은 상대방을 구속하고 감금하며 지배하는 것을 의미한다. 그것은 생명을 주는 활동이 아니라 억누르고 약화시키고 숨막히게 하고, 죽이는 행위이다. 사람들이 사랑이라고 부르는 것은 대개 사랑하고 있지 않다는 현실을 숨기기 위해 둘러대는 말에 지나지 않는다. 자식을 참으로 사랑하는 어버이가 얼마나 될 것인가? 이는 아직까지도 전혀 가늠하지 못하는 문제이다. 로이드 데 모오스(Lloyd de Mause)는 과거 2천 년의 서양 역사 속에서, 자식에 대한 육체적 고문에서 정신적 고문에 이르는 잔혹 행위, 무관심, 완전한 사물화 그리고 사디즘을 발견할 수 있다고 했다. 너무나 충격적인 그의 견해를 보면, 부모가 자식을 사랑하는 것이 당연한 일이라기보다는 예외적인 사건이라고 해야 할 정도이다.

결혼도 마찬가지다. 사랑 때문에 결혼했든 과거의 전통적인 결혼처럼 사회적 편의나 관습에 따라 결혼했든 간에 참으로 사랑하는 부부는 예외처럼 보인다. 사실 사회적인 편의와 관습, 경제적 이해(利害), 자식에게 공동으로 보이는 관심, 그리고 상호 의존과 서로 미워하고 두려워하는 것이 의식상으로는 사랑으로 경험된다─두 사람은 지금 서로 사랑하고 있지 않으며, 과거에도 서로 사랑한 적이 없었다는 사실을 어느 한쪽 또는 양쪽이 깨달을 그때까지 말이다. 다행히 오늘날에는 이 점에 관해서 한 발 나아간 듯하다. 현대인들은 보다 현실적이고 냉정하게 되었으며, 이제 성적으로 이끌리는 것이 사랑을 의미한다거나 또 거리를 두고 있으면서 사이좋게 공동생활을 하는 것이 사랑의 표현이라고 느끼는 일은 없다. 이러한 새로운 견해 덕분에 사람들은 보다 정직해졌다. 사실 이로써 상대방도 보다 자주 바뀌게 되었지만 말이다. 그렇다고 사람들이 반드시 보다 빈번히 사랑하지는 않으며, 새로운 부부도 그전 부부와 마찬가지로 서로에게 무정할지도 모른다.

'사랑에 빠진다'에서부터 '사랑을 가진다'는 환상으로 변화하는 과정은 '사랑에 빠진' 부부들이 더듬는 역사 속에서 구체적으로 상세하게 관찰할 수 있다. 《사랑의 기술 *The Art of Loving*》에서 나는 '사랑에 빠진다'는 구절 속의 '빠진다'는 말 그 자체가 모순임을 지적했다. 사랑이 생산적인 능동성인 이상 우리는 사랑 속에 '있거나' 사랑 속을 '걸을' 수 있을 뿐이며, 사랑에 '빠질' 수는 없다. 왜냐하면 빠진다는 것은 수동성을 의미하기 때문이다).

구애(求愛) 기간 중에는 어느 쪽도 아직 상대방에게 자신이 없으며, 각기 상대방을 자기의 것으로 삼으려고 애쓴다. 양쪽 다 생기가 넘치고 매력적이고 흥미를 끌며 아름답기까지 하다—살아 있는 것은 항상 얼굴을 빛나게 한다. 어느 쪽도 아직 상대방을 소유하고 있지는 않다. 따라서 각자는 '존재'하는 것, 즉 상대방에게 주고, 상대방을 자극하는 데 정력을 쏟는다. 그러나 대체로 결혼을 기준점으로 사태는 근본적으로 변한다. 결혼은 각자에게 상대방의 육체, 감정, 관심의 독점적 소유를 인정한다. 이로써 이미 사랑은 '소유'하고 있는 어떤 것, 즉 하나의 재산이 되었기 때문에 상대의 환심을 살 필요가 없다.

두 사람은 사랑스러운 인간이 되려고 애쓰거나 사랑을 연출하려는 노력도 하지 않게 된다. 그들은 권태를 느끼게 되며, 따라서 그들의 아름다움은 사라지고 만다. 그들은 실망하고 당황한다. 이제는 예전의 그들이 아니란 말인가? 그들은 처음부터 잘못되어 있었을까? 이때 사람들 대부분은 상대방 속에서 변화의 원인을 찾으며 속은 것 같은 느낌을 받는다. 그들은 서로가 사랑하던 때의 그들과 똑같은 사람이 아니라는 것을 알지 못한다. 즉 사랑을 소유할 수 있다는 생각이 사랑을 버리게 한 훼방꾼임을 모르는 것이다. 이제 그들은 서로 사랑하는 대신에 함께 소유하는 것, 즉 돈·사회적 지위·가정·자식 등을 공유하는 것으로 만족한다. 이리하여 사랑에 바탕을 두고 시작한 결혼이 사이가 좋은 소유 형태로 변모해 버린다. 그것은 두 개의 자기 중심주의를 하나의 합동 자본으로 삼은 회사, 즉 '가정'이라는 회사이다.

어떤 부부가 지난날의 사랑한다는 감정을 회복하고 싶다는 열망을 억제할 수 없게 될 때, 두 사람 중 어느 한쪽이 새로운 상대(또는 상대들)라면 그 간절한 소망을 충족시켜 주리라는 환상을 품을지도 모른다. 그들은 자신이 갖고 싶은 것은 오직 사랑뿐이라고 느낀다. 그러나 그들에게 사랑이란 존재의 표현이 아니라, 그 이전에 스스로 숭배의 대상으로 삼은 여신이다. 그들이 사랑에 좌절하는 것은 당연하다. 사랑은 자유의 아들(프랑스의 옛 노래에 있듯이)이기 때문이다. 사랑의 여신의 숭배자는 결국 너무나 수동적으로 되어서 무료한 인간이 되고, 그나마 남았던 지난날의 모든 매력을 잃어버리고 만다.

결혼은 서로 사랑하는 두 사람에게 가장 좋은 해결책일 수 없다는 말이 아니다. 문제는 결혼에 있는 것이 아니라 남편과 아내의, 그리고 결국은 그들 사회의 소유구조에 있다. 집단 결혼, 파트너 교환, 집단 섹스 등과 같은 현대적인 형태의 공동생활을 제창하는 사람들은, 내가 이해하는 한에서는, 단지 사랑의 난점을 피하려고 끊임없이 새로운 자극으로 지루함을 잊으며, 한 사람을 사랑하기보다 많은 '애인들'을 '소유'하길 바라는 것에 불과하다(나의 저서 《인간 파괴성의 해부 *The Anatomy of Human Destructiveness*》제10장의 '능동성을 주는' 자극과 '수동성을 주는' 자극의 구별에 관한 논의 참조).

제3장

구약·신약성경 및 마이스터 에크하르트의 저작에 나타난 소유와 존재

1 구약성경

구약성경의 주요한 주제 가운데 하나는 다음과 같다. '그대의 소유를 버리고 모든 속박에서 벗어나라, 그리고 존재하라!'

유대 여러 부족의 역사는, 최초의 유대 영웅인 '아브라함'이 고향과 친척을 버리라는 명령을 받으면서 시작된다. "너는 너의 고향과 친척과 아비의 집을 떠나 내가 네게 보여 줄 땅으로 가라."(창세기 12 : 1) 아브라함은 자신의 소유—땅과 가족—를 버리고 미지의 세계로 가야만 했다. 그러나 그의 자손들은 새로운 땅에 자리를 잡고 새로운 씨족사회를 만들었다. 이러한 과정은 더욱 심한 속박으로 이어진다. 그들은 이집트에서 풍요해지고 강력해졌다는 이유로 노예가 된다. 그리고 유일한 신, 유목(遊牧) 시대의 조상들이 믿어 온 신을 잃고 우상, 즉 훗날 그들의 지배자가 된 부자(富者)들이 믿는 신들을 숭배한다.

두 번째 영웅은 '모세'이다. 그는 유대 민족을 해방시키고 그들의 나라(결국은 노예의 나라가 되어 버렸지만)가 된 땅에서 그들을 끌어내어, 황야로 데리고 나가 '축하'를 하라는 하나님의 명령을 받는다. 유대인들은 어쩔 수 없이 커다란 불안을 안고 지도자인 모세를 따라 황야로 간다.

황야는 이 해방에서 주요한 상징이다. 황야는 나라가 아니다. 거기에는 도시가 없다. 재물도 없다. 그곳은 필요한 것을 갖고 있는 유목민의 땅이다. 그리고 그들에게 필요한 것은 생활을 위한 필수품이지, 소유물이 아니다. 역사적으로 말하면 출애굽기의 기록에는 유목민의 전통이 뒤섞여 있다. 그리고 아마도 이 전통이 모든 비기능적인 재산을 반대하는 성향을 만들고, 또 자유로운 생활을 준비하는 장소로 황야를 택하게 했을 것이다. 이 같은 역사적 요인들은 자유와 무소유의 상징인 황야의 의미를 강조해 준다. 유대인 축제의 주요한 몇몇 상징들은 그 기원이 황야와 관련되어 있다. '누룩을 넣지 않은 빵'은 급히 떠나야 하는 사람들의 빵이자 방랑자들의 빵이다. 천막의 하나로 쉽게 허물 수 있는 '수카(Suka : 장막)'는 유랑자들의 집이다. 탈무드에[1] 정의되어 있듯이 그것은 살기 위한 '임시 주거'이지 점유하는 '고정 주거'가 아니다.

그러나 유대인들은 이집트의 고기 냄비를 그리워한다. 오래 살 수 있는 나라를, 가난할지라도 보장된 식사를, 눈에 보이는 우상을 그리워한다. 그리고 재산이 없는 황야 생활의 불안정함을 두려워한다. 그들은 말한다. "우리가 애굽 땅에서 고기 냄비 곁에 앉았던 때와 떡을 배불리 먹던 때에 여호와의 손에 죽었더라면 좋았을 것을 너희가 이 광야로 우리를 인도해 내어 이 온 회중이 주려 죽게 하는도다."(출애굽기 16 : 3) 이때, 다른 모든 해방사에서 그렇듯이 하나님은 사람들의 정신적인 약함에도 응답한다. 하나님은 그들에게 음식을 줄 것을 약속한다. 아침에는 '빵'을, 저녁에는 메추라기를 준비해주겠노라 한다. 단 하나님은 두 가지 중요한 계율(戒律)을 덧붙인다.

하나는, 각자 자기의 필요대로만 거두어야 한다는 것이다. "이스라엘 자손이 그같이 했더니 그 거둔 것이 많기도 하고 적기도 하나 오멜[2]로 되어 본즉 많이 거둔 자도 남음이 없고 적게 거둔 자도 부족함이 없이 각 사람은 먹을 만큼만 거두었더라."(출애굽기 16 : 17~18) 마르크스에 의해서 유명해진 저마다 필요에 따라 주어진다는 원리가 여기서 처음으로 공식화되고 있다. 부양받을 권리가 아무런 조건 없이 확립된 것이다. 여기서 하나님은 자식에게 먹을 것을 주어 기르는 어머니이다. 자식은 부양받을 권리를 확립하기 위해 아무 일도 할 필요가 없다.

두 번째 계율은 축재(蓄財)와 탐욕과 그리고 소유욕에 대한 계율이다. 이스라엘 사람들은 다음날 아침까지 아무것도 저축하지 말라는 명령을 받았다. "그들이 모세에게 순종하지 아니하고 더러는 아침까지 두었더니 벌레가 생기고 냄새가 난지라 모세가 그들에게 노하니라. 아침마다 각 사람이 먹을 만큼 거두었고 햇볕이 뜨겁게 쬐면 그것이 스러졌더라."(출애굽기 16 : 20~21)

---

1) Talmud : 유대교의 경전.
2) 유대교의 계량 단위.

샤바트(Shabbat : 안식일)를 지킨다는 개념도 음식을 모은다는 것과 관련해 도입되었다. 모세는 유대인들에게 금요일에는[3] 평상시의 음식량보다 두 배를 모으라고 말한다. "엿새 동안은 너희가 그것을 거두되 일곱째 날은 안식일인즉 그날에는 없으리라."(출애굽기 16 : 26)

안식일은 성경의 여러 개념 가운데서 가장 중요한 것으로 훗날 유대교의 중요한 개념이 된다. 그것은 십계명(十戒命) 가운데서 가장 엄격한 종교적 계명이다. 의례(儀禮)를 부정하는 예언자들도 안식일을 지키는 일만은 강조한다. 그것은 2천 년의 디아스포라[4] 생활 동안 지키기가 어렵고도 힘들었음에도 불구하고 줄곧 지극히 엄격하게 지켜온 계율이었다. 안식일이 유대인들에게는 생명의 원천(源泉)이었다는 사실은 거의 의심할 여지가 없다. 그들은 뿔뿔이 흩어져 무력해지고 자주 모멸과 박해를 받으면서도 안식일을 지킬 때에는 왕처럼 긍지와 존엄을 되찾았던 것이다. 그렇다면 안식일은 사람들을 노동의 무거운 짐으로부터 적어도 하루만은 해방시켜 준다는 세속적인 의미에서의 휴일에 불과한 것인가? 확실히 그것은 그렇다. 이 기능은 인간의 진화에서 위대한 혁신 중의 하나라는 존엄성을 안식일에 부여한다. 그러나 이것이 전부라면 안식일은 방금 설명한 중심적인 역할을 다하지 못했을 것이다.

이 역할을 이해하기 위해서는 안식일 율법의 정수까지 들어가야 한다. 그것은 육체적 혹은 정신적으로 노력하지 않는다는 의미의 휴식 그 자체가 아니다. 인간과 인간 사이 그리고 인간과 자연 사이에 완전한 조화를 회복한다는 의미에서의 휴식이다. 아무것도 파괴되어서는 안 되고 아무것도 건설되어서도 안 된다. 안식일은 인간과 세계 사이의 싸움에서 휴전일이다. 사회적 변화도 일어나서는 안 된다. 풀잎 하나를 뜯는 일까지도 이 조화를 파괴하는 행위로 간주되며, 성냥 한 개비를 켜는 일 역시 그렇다. 거리에서 아무것도(비록 손수건 정도의 가벼운 물건일지라도) 운반하지 못하게 금지되어 있는 것도 이 때문이다. 그러나 자기 집의 뜰안에서라면 무거운 짐을 운반하는 것도 허용되었다. 요컨대 짐을 운반하는 노력이 금지된 것이 아니라 어떤 물건을 하나의 사유지에서 다른 사유지로 옮기는 일이 금지된 것이다. 이는 그와 같은 이동이 본디 재산의 이동

---

3) 유대교의 안식일은 토요일이다.
4) Diaspora : 유대인이 세계 각지로 흩어져 나간 것을 말함.

과 같은 것이기 때문이다. 이처럼 안식일에는 마치 아무것도 '소유하지' 않은 듯 생활하며, 자기의 본질적인 힘, 즉 '존재'를 표현하는 것만을 추구했다. 다시 말해서 기도하고, 공부하고, 먹고, 마시고, 노래 부르고, 사랑을 하는 등 존재의 힘만을 쓴 것이다.

안식일은 기쁨의 날이다. 왜냐하면 사람은 안식일에 완전히 자기 자신이 되기 때문이다. 탈무드가 안식일을 메시아[5] 시대의 선구(先驅)라 부르고, 메시아 시대를 끝없는 안식일이라고 일컬은 것도 그 때문이다. 그날에는 재산이나 돈은 탄식이나 슬픔과 마찬가지로 금기(禁忌)이며, 시간이 타파되고 순수한 존재가 지배한다. 역사적으로 이 안식일의 전신(前身)인 바빌로니아의 샤파투(Shapatu)는 슬픔과 두려움의 날이었다. 오늘날의 일요일은 오락의 날이요, 소비의 날이며, 자기로부터 도피하는 날이다. 이제는 세계적으로 조화와 평화를 지키는 날로서 또 인간의 미래의 선구가 되는 인간적인 날로서 이 안식일을 회복할 때가 온 것이 아닐까?

메시아가 오리란 이상은 유대교가 세계 문화에 제공한 또 하나의 특별한 공헌이며, 본질적으로는 안식일의 이상과 같다. 이 이상은 안식일과 마찬가지로 유대인의 생명을 지탱하는 희망이었고, 2세기의 바르 코크바[6]로부터 오늘날에 이르기까지 메시아가 초래한 쓰디쓴 실망에도 불구하고 결코 포기된 적이 없는 소망이다. 안식일과 마찬가지로 그것은 하나의 역사상의 시대, 즉 소유는 무의미해지고, 공포와 전쟁은 이미 끝나고, 우리의 본질적인 힘의 표현이 삶의 목표로 나타나는 어떤 시대의 이상(理想)이다.[7]

출애굽기의 이야기는 비극적인 결말로 진행되어 간다. 유대인들은 '소유'없이 산다는 것에 견디지 못한다. 일정한 거주지가 없어도, 매일 하나님이 주는 음식 이외에 다른 먹거리가 없어도 살 수 있었지만, 눈에 보이는 '지도자'가 없으면

---

5) Messiah : 유대인이 믿는 구세주.

6) Bar Kochba : 하드리아누스(Hadrianus, Publius Aelius 76~138) 제황 시대에 로마에서 반란을 일으켰으나 결국 실패했다.

7) 나는 메시아의 시대의 개념을 《인도주의의 재발견 You Shall Be as Gods》에서 논했다. 안식일에 관해서도 그전에 쓴 저서를 비롯해 《잊어버린 언어 The Forgotten Language》의 '안식일 의식'이란 장에서도 논한 바 있다. (원주)

살 수 없었다.

이리하여 모세가 산 위에서 사라졌을 때 절망한 유대인들은 아론으로 하여금 그들이 숭배할 수 있는 어떤 눈에 보이는 이미지, 즉 황금 송아지를 만들도록 한다. 여기서 그들은 황금이나 보석류를 이집트에서 갖고 나오도록 허용한 하나님의 과오에 대한 보상을 받았다고 말할 수 있을 것이다. 황금과 더불어 그들은 부(富)에 대한 갈망을 그들 마음속에 지니고 나온 것이며, 절망의 순간이 닥치자 그들의 소유적인 구조가 다시 고개를 든 것이다. 아론은 그들의 황금으로 송아지를 만들어 준다. 그러자 그들은 말한다. "이스라엘아 너희를 애굽 땅에서 인도하여 낸 너희의 신이로다."(출애굽기 32 : 4)

이로써 한 세대의 사람들이 모두 죽어 버렸고, 모세마저도 새로운 땅에 들어가는 것이 허용되지 않았다. 그러나 새로운 세대 역시 조상들과 마찬가지로, 한 땅에 구속받지 않고 생활할 능력이 없었다. 그들은 새로운 땅을 정복하고, 적들을 절멸(絶滅)시켰으며, 적의 땅에 정착하고, 적의 우상을 숭배했다. 그리고 자기 부족의 민주적인 체제를 동양적인 전제정치 체제로 바꿨다. 그들은 확실히 규모는 적었지만 당시의 강대국들을 모방하는 데 열중했다. 그러나 혁명은 실패하고 말았다. 그 유일한 달성—그것을 달성이라 할 수 있다면—은 유대인이 이제는 노예가 아니라 지배자라는 것이다. 그들이 만일 혁명적인 사상가들이나 이상가들의 입을 통해 새로운 계시를 받지 않았더라면 오늘날에 와서는 근동(近東)의 역사서에 학자가 붙이는 각주(脚註) 정도로밖에 기억되지 않았을 것이다. 혁명적 사상가와 이상가들이 모세처럼 지도자로서의 무거운 짐을 지지 않았고, 특히 독재 권력을 어쩔 수 없이 휘두르지(예를 들면 고라가 이끄는 반역자들을 모세가 전멸시켰을 때처럼) 않아도 되었다는 것은 유대 백성들로서 다행한 일이었다.

이러한 혁명적 사상가들, 즉 유대의 예언자들은 인간의 자유에 대한 이상을 새롭게 했다. 이 자유란 사물에 속박당하지 않는 것이며, 인간의 손으로 빚은 작품인 우상에 굴복하지 않는 것이었다. 타협을 몰랐던 그들은 다음과 같이 예언했다. '만일 이스라엘 백성들이 땅에 지나치게 집착하여 자유로운 인간으로서 그 땅에서 살 수 없다면—즉 그 땅 속에 자기를 파묻지 않고는 그 땅을 사랑할 수 없게 된다면—그 땅에서 다시 추방당할 것이다.' 예언자들에게 그 땅에서의 추방은 하나의 비극이었으나, 동시에 궁극적인 해방으로 이르는 유일한 길이었다. 새로운 황야는 한 세대에 그치지 않고 많은 세대에 걸쳐 지속될 것이었다. 예언자들은 새로운 황야를 예언하면서도 어떤 땅의 원주민을 추방하거나 절멸시킬 필요가 없는, 평화와 풍요를 약속하는 메시아적 비전으로 유대인의 신앙을 지켰으며, 궁극적으로는 전인류의 신앙을 유지시켜 왔다.

유대 예언자들의 참된 후계자는 뛰어난 학자인 랍비(Rabbi)들이었다. 그중에서 가장 뚜렷한 존재가 디아스포라 첫 세대의 랍비 요하난 벤 자카이이다. 로마와의 전쟁(서기 70년)에서 패배해 유대 지도자들이 나라를 잃느니 차라리 모두 죽자고 결정했을 때, 랍비 자카이는 '배신'했다. 그는 몰래 예루살렘을 빠져나와 로마의 장군에게 항복했다. 그리고 대신 유대인의 대학을 창설하도록 허가해 달라고 요청했다. 이것은 풍요로운 유대 전통의 분수령이었으며, 그와 동시에 유대인들이 '가지고' 있던 모든 것, 즉 국가·사원·관료 조직적 성직자 계급과 군인 계급·제물로 바치는 동물·의례(儀禮) 등을 상실한 시작점이기도 했다. 그들은 모든 것을 잃었으며, 남겨진 것(집단으로서)은 오직 '존재'의 이상뿐이었다. 다시 말해서 알고, 배우고, 생각하고 그리고 메시아가 오기를 기다리는 일이었다.

2 신약성경

신약성경은 소유양식에 대한 구약성경의 이의(異議)를 계승하고 있다. 그 이의는 이전의 유대인이 제기한 것보다 더 철저하다. 구약성경은 가난하고 짓밟힌 계급의 소산이 아니라 유목하는 양치기나 독립적인 농부들에게서 나온 것이었다.

그로부터 천 년 후 탈무드라는 학문적인 작품을 만들어 낸 학식이 풍부한 바리새인들은 소수의 극빈층과 소수의 부유층을 포함한 중류 계급을 대표하고 있었다. 이 두 집단에 깊이 스며들어 있던 것은 사회정의의 정신이었으며, 가난한 사람들에 대한 보호였고, 과부나 소수 민족(gerim) 같은 모든 무력한 사람들에 대한 원조였다. 그러나 그들은 대체로 부(富)를 나쁘다고 평가하거나, '존재'의 원리에 어울리지 않는다고 비난하지는 않았다(루이스 핑켈시타인(Louis

Finkelstein)의《바리새인 *The Pharisees*》참조).

이에 반해서 초기의 기독교도들은 주로 가난하고 사회적으로 모멸당하고 짓밟히고 버림받은 사람들의 집단이었다. 그들은—구약성경의 몇몇 예언자들처럼—부자나 권력자를 심하게 비판했고, 부(富)와 세속적 권력과 성직의 권력을 순전한 악으로 여겨 타협하지 않았다(저자의《혁명적 인간 *The Dogma of Christ*》참조). 실제로 막스 베버가 말했듯이 산상수훈(山上垂訓)[8]은 커다란 노예 반란의 연설이었다. 초기 기독교도들의 분위기는 완전한 인간적 연대(連帶) 바로 그것이었으며, 때때로 그것은 모든 물질적인 재산의 자발적인 공동소유로 표출되었다(A.F. 우츠(A.F. Utz)는 초기 기독교도의 공동소유와, 사도 누군가가 아마도 알고 있었다고 생각되는 그 이전의 그리스인의 실례를 논하고 있다).

초기 기독교의 이 혁명적 정신은, 아직 유대교에서 분리되지 않았던 기독교 공동체들에 전파되었던 복음서의 가장 오래된 부분들 속에 아주 명백히 나타나 있다. (복음서 중에서 가장 오래된 이 부분들은 마태복음과 누가복음의 공통 전거(典據)로 재구성할 수 있다. 이것은 신약성경의 역사 전문가들 사이에서 'Q'(독일어의 *Quelle* '전거(典據)'에서)로 불린다. 이 분야의 기본적인 작업은 지그리트 슐츠(Siegried Schulz)가 마련했는데, 그는 'Q'의 오랜 전승과 보다 새로운 전승을 구별하고 있다.

이 복음서에서[9] 우리는 근본 원칙을 발견할 수 있다. 바로 탐욕과 소유에 대한 갈망으로부터 자유로워지고, 소유구조에서 완전히 벗어나야 한다는 것이다. 모든 적극적인 윤리적 규범은 존재와 공유(公有) 그리고 연대(連帶)의 윤리 속에 뿌리박고 있다. 이 기본적인 윤리적 입장은 타인과의 관계나 사물과의 관계에 모두 적용된다. 자신의 권리에 대한 철저히 부인(마태복음 5 : 39~42, 누가복음 6 : 29 이하)은, '원수를 사랑하라'는 훈계(마태복음 5 : 44~48, 누가복음 6 : 27 이하)와 마찬가지로, 구약성경의 '네 이웃을 사랑하라'보다 더욱 철저하게 타인에게 관심을 쏟고 모든 이기심을 완전히 포기할 것을 강조하고 있다. 남을 비판하는 것마저 금지하는 규범(마태복음 7 : 1~5, 누가복음 6 : 37 이하, 41 이하)은 자아를 잊고 상대방의 이익과 행복에 전적으로 전념하라는 원리를 더욱 확대한 것

8)《신약성경》마태복음 제5~7장. 누가복음 제6장 20~49절.
9) 이 분야에 관해서 자상한 가르침과 유익한 시사를 준 라이너 풍크에게 감사한다. 〔원주〕

이다.

또한 물건의 소유도 총체적으로 부인해야 한다. 가장 오래된 공동체는 재산을 철저히 부인하여, 부(富)를 축적하지 말라고 경고한다. "너희를 위하여 보물을 땅에 쌓아두지 말라. 거기는 좀과 동록이 해하며 도둑이 구멍을 뚫고 도둑질하느니라. 오직 너희를 위하여 보물을 하늘에 쌓아두라. 거기는 좀이나 동록이 해하지 못하며 도둑이 구멍을 뚫지도 못하며 도둑질도 못하느니라. 네 보물이 있는 그곳에는 네 마음도 있느니라."(마태복음 6 : 19~21, 누가복음 12 : 33 이하). 예수가 "가난한 자는 복이 있나니 하나님 나라가 너희 것임이요."(누가복음 6 : 20, 마태복음 5 : 3)라고 말한 것도 같은 정신에서이다. 실제로 초기 기독교는 가난하고 고통받는 사람들의 공동체였으며, 하나님의 구제계획에 따라 현행 질서가 궁극적으로 소멸할 때가 왔다는 묵시록적 신념에 차 있었다.

'최후의 심판'이라는 묵시록적 개념은 최후의 구제와 심판에 앞서 혼란과 파괴의 시기가 오리라는 것이었다. 이것 또한 그 시절 유대인들의 사회에 퍼져 있던 메시아 사상의 한 유형이었다. 그런데 그 시기가 어찌나 혹독한지, 탈무드를 쓴 랍비들이 하나님에게 메시아 이전의 시대에 살고 있는 자기들을 빼놓지 말라고 간청할 정도이다. 기독교에서 새로운 점은 예수와 그를 믿는 자들이 그 시대가 바로 '지금'(혹은 가까운 장래)이며, 그 시기가 예수의 출현과 더불어 이미 시작되었다고 믿는다는 것이다.

실제로 초기 기독교도들의 상황을 보면 오늘날 일어나고 있는 일들을 떠올리지 않을 수 없다. 적지 않은 사람들, 그것도 종교가보다도 오히려 과학자가('여호와의 증인'[10]은 예외이지만), 우리의 세계가 궁극적인 파국에 접어들고 있다고 믿는다. 이것은 합리적이며 과학적으로 주장할 수 있는 직관(直觀)이다. 그러나 초기 기독교도들의 상황은 전혀 달랐다. 그들은 권력과 영광의 절정에 있던 로마국의 한 작은 지역에 살고 있었다. 파국을 경고하는 조짐은 아무것도 없었다. 그러나 팔레스타인 지방에 사는 가난한 유대인의 이 작은 집단은 이 강력한 세계가 곧 붕괴하리라는 확신을 계속 붙들었다. 현실적으로 그들은 분명 잘못 생각하고 있었다. 예수의 재림(再臨)은 실현되지 않았기 때문이다. 그 결과

---

10) 성서에 바탕을 두고 여호와의 신앙을 설파하는 기독교의 한 파.

예수의 죽음과 부활은 복음서에서 새로운 긴 시대의 시작을 여는 것으로 해석되었고, 콘스탄티누스[11] 대제(大帝) 이후에는 예수의 중개적(仲介的)인 역할을 교황의 교회로 옮기려는 시도가 이루어졌다. 마침내 실질적으로는 교회가—이론적으로는 그렇지 못했지만 사실상으로는—새로운 긴 시대에 예수의 대리역을 하게 되었다.

이 소집단의 믿기 힘든 극단주의를 잘 이해하기 위해서는 대부분의 사람들보다 더욱 진지하게 초기 기독교를 대해야 한다. 그들은 오로지 자기들의 도덕적 확신에만 근거해서 당시의 세계에 대한 판단을 내렸을 것이다. 한편 가난하고 짓밟힌 사람들에 속하지 않는 유대인 대다수는 다른 길을 택했다. 그들은 새로운 시대가 시작되었다는 것을 믿기를 거부했고 계속 메시아를 기다렸다. 인류(유대인뿐만 아니라)가 종말론적인 의미에서가 아니라 역사적인 의미에서 정의와 평화와 사랑의 왕국을 이룩할 수 있는 단계에 도달했을 때 그 메시아는 오게 될 것이다.

새로운 쪽의 'Q' 전거(典據)는 초기 기독교가 더 발전한 단계에 그 기원을 두고 있다. 여기서도 역시 같은 원리를 발견할 수 있다. 악마가 예수를 시험하는 이야기는 그것을 아주 간결한 형태로 표현하고 있다. 이 이야기에서는 물건을 갖고 싶다는 욕망, 권력에 대한 갈망 같은 소유구조의 현현(顯現)들이 비난을 받는다. 최초의 시험—돌을 떡으로 바꾸어 놓으라는 것으로, 이는 물질에 대한 갈망을 상징적으로 표현한다—에서 예수는 이렇게 대답한다. "사람이 떡으로만 살 것이 아니요 하나님의 입으로부터 나오는 모든 말씀으로 살 것이라." (마태복음 4 : 4, 누가복음 4 : 4) 그러자 악마는 자연을 완전히 지배할 수 있는 힘, 즉 중력의 법칙을 거스르는 힘을 준다고 유혹한다. 그리고 마지막으로 지상의 모든 왕국을 지배하는 무한한 권력을 주겠다는 약속으로 예수를 시험한다.하지만 예수는 응하지 않는다(마태복음 4 : 5~10, 누가복음 4 : 5~12)(라이너 풍크는 이 시험은 황야에서 행해졌고, 그로써 출애굽기의 주제를 다시 다루게 되었다는 사실로 나의 주의를 환기시켰다.)

예수와 악마는 여기서 두 가지 정반대되는 원리의 대표자이다. 악마는 물질

---

11) Constantinus, Flavius Valerius(280?~337) : 기독교를 처음으로 공인하여 종교로 삼은 로마 황제, 재위 306~337.

적 소비와 자연 및 인간을 지배하는 힘의 대표자이고, 예수는 소유하지 않는 것이 존재의 전제(前提)라는 사상의 대표자이다. 세계는 복음서의 시대 이후, 악마의 원리에 따라왔다. 그러나 이러한 원리의 승리마저도 예수가 그 이전과 이후에 살았던 여러 위대한 '교사'들과 더불어 표명한, 존재의 완전한 실현을 이루고자 하는 간절한 소망을 깨뜨려 없앨 수는 없었다.

'존재'를 지향하기 위해 소유 지향을 물리친다는 윤리적 엄격주의는 에세네파와[12] 사해문서(死海文書)[13]를 낳은 유대인 공동체적 교단들 속에서도 발견된다. 기독교의 역사를 통해서 그것은 재산을 갖지 않고 가난하게 살겠다는 서약에 근거를 둔 교단들 사이에 존속되고 있다.

초기 기독교의 극단적인 개념의 또 다른 표현은—정도의 차이는 있지만—교부(敎父)들의 저작 속에서도 발견된다. 그들은 이 점에서 사유재산 대 공유재산의 문제에 관한 그리스 철학 사상의 영향을 받았다. 이러한 가르침을 상세히 논하는 것은 지면이 허용치 않으며, 이 문제에 관한 신학적 사회학적 문헌에 이르러서는 더욱 그러하다.[14] 비록 극단주의의 정도에는 상당한 차이가 있고 교회가 제도로서 강력해짐에 따라 덜 급진적인 견해로 기울지만, 초기 교회 사상가들이 똑같이 사치와 탐욕을 날카롭게 비난하고 부(富)를 멸시했다는 사실은 부정할 수 없다.

유스티누스는 2세기 중엽에 이렇게 썼다. "우리는 일찍이 부(동산)와 소유(토지)를 무엇보다도 좋아했다. 하지만 지금은 우리가 이미 갖고 있는 것을 공동재산으로 만들어 어려운 이웃들과 공유하고 있다."《디오그네투스에게 보낸 편지》[15](역시 2세기에 쓰임)에는 나라를 갖지 못한 것에 대한 구약성경의 사상을 연상케 하는 아주 흥미로운 구절이 있다. "어떤 낯선 나라도 그들(기독교도)의 조국이며, 모든 조국은 그들에게는 이방(異邦)의 땅이다."[16] 테르툴리아누스(3세

---

12) 기원전 2세기 무렵의 교단으로, 신비주의와 금욕주의가 특징.

13) 1947년 이래 사해 부근의 동굴에서 잇달아 발견된 구약성경 본문, 그 밖의 사본.

14) AF 우츠, O 실링(O. Schilling), H 슈마허(H. Schumacher)와 그 밖의 학자들의 글을 참조하라. (원주)

15) 저자 미상의 호교 문서.

16) 오토 실링의 저서에서 인용한 것이다. 다시 그가 K 파르너(K. Farner)와 T 좀머라드(T. Sommerlad)에서 인용한 부분을 참조하라. (원주)

기)[17]는 모든 장사는 욕심이 만들어 낸 것으로 정의내렸다. 따라서 탐욕과 인연이 없는 사람들 사이에서는 장사가 필요없다고 했다. 그는 장사는 항상 우상숭배의 위험을 안고 있으며, 탐욕이 모든 악의 근원이라고 언명했다.

다른 교부들과 마찬가지로 바실리우스[18]에게도 모든 재물의 목적은 사람들에게 봉사하는 데 있었다. 다음과 같은 질문은 그의 특성을 말해 준다. "남의 옷을 빼앗는 자는 도둑이라고 불린다. 그렇다면 그럴 만한 능력이 있는데도 가난한 사람들에게 옷을 주지 않는 자는 도둑이 아닌 다른 이름으로 불릴 자격이 있을까?" 바실리우스는 본디 물건의 공유를 강조했기 때문에 그가 공산주의적 경향을 대표한다고 이해하는 저자도 있다. 나는 이 간단한 소묘(素描)를 잉여 물자는 생산하지도 소비하지도 말아야 한다는 크리소스토모스[19](4세기)의 경고로 끝맺기로 한다. "나는 내 것을 쓴다고 말해서는 안 된다. 당신은 당신과 인연이 없는 것을 사용하고 있다. 멋대로이고 이기적인 사용은 당신의 것을 당신과 인연이 없는 것으로 만들어 버린다. 당신은 비뚤어진 마음으로 그것을 사용하고, 당신의 것을 써서 당신만이 사는 것을 옳다고 주장한다. 이것이 내가 그것이 당신과 인연이 없다고 부르는 이유이다."

사유재산을 비롯해 어떠한 소유물의 자기중심적인 사용도 부도덕하다는 교부들의 견해는 아직 몇 페이지 동안 계속해서 인용할 수 있을 것이다. 그러나 이 정도만으로도 구약성경의 시대에서 시작해 초기 기독교를 거쳐 그 뒤의 몇 세기 동안 소유 지향에 대한 거부가 끊임없이 지속되어 왔음을 알 수 있을 것이다. 공산제에 투쟁한 아퀴나스까지도 사유재산제도는 그것이 모든 사람들의 복리를 달성한다는 목적에 잘 이바지할 경우에만 정당화된다고 결론지었다.

특히 고전적 불교는 구·신약 성경 이상으로 자아, 영속하는 물질의 개념, 그리고 자기완성에 대한 갈망까지 포함해서 어떠한 종류의 소유에 대한 갈망도 버리는 것이 가장 중요하다고 강조한다.[20]

---

17) Tertullianus, Quintus Septimius Florens(160?~223) : 고대 로마의 작가. 주로 기독교 문학을 다룸.

18) Basilius(330?~?379) : 초기 기독교의 교부.

19) Chrysostomos(345?~407) : 그리스 교부 중의 한 사람.

20) 불교를 통찰하여 이해하고 싶다면 니야나포니카 마하테라(Nyanaponika Mahatera)의 저서, 특히 《불교적 명상의 마음 *The Heart of Buddhist Meditation*》과 《불교 사상의 길 *Pathways of Buddhist Thought ; Essays from the wheel*》을 보라. 〔원주〕

3 마이스터 에크하르트

에크하르트(1260~1327?)는 소유양식과 존재양식의 차이점을 어떤 교사도 능가할 수 없는 통찰과 명석함으로 서술하고 분석했다. 독일의 도미니크 수도회의 주요 인물인 에크하르트는 박식한 신학자였고, 독일 신비주의의 가장 위대한 대표자이자 가장 심오하고 철저한 사상가였다. 그의 최대의 영향력은 그가 독일어로 쓴 설교집[21]을 통해서 퍼졌다. 이 설교집은 그와 같은 시대를 살았던 사람들과 제자들뿐만 아니라, 그 이후의 독일 신비주의 사상가들에게까지 영향을 끼쳤으며, 또 오늘날에 와서도 무신론적이고 합리적이며 혹은 종교적인 인생철학에 대한 진정한 인도를 찾는 사람들에게 길잡이가 되어 주고 있다.

앞으로 인용할 에크하르트 저술의 출처는 요제프 L. 크빈트(Joseph L. Quint)의 에크하르트에 관한 위대한 저작 《마이스터 에크하르트, 독일어 저작집 Meister Eckhart, Die Deutschen Werke》(여기서는 '크빈트 D·W'라고 부름)과 그의 《마이스터 에크하르트 독일어 설교 논문집 Meister Eckhart, Deutsche Predigten und Traktate》('크빈트 D·P·T'라고 부름) 그리고 레이먼드 B 블래크니(Raymond B. Blakney)의 영역판 《마이스터 에크하르트 Meister Eckhart》(여기서는 '블래크니'라고 부름)이다. 주의해야 할 점은 크빈트 판(版)은 이제까지 진실성이 증명되었다고 생각하는 부분만을 수록하고 있는 반면, 블래크니의 텍스트(독일의 파이퍼 판에서 번역)는 크빈트가 아직 진실성을 인정하지 않는 저작도 포함하고 있다는 사실이다. 그러나 크빈트 자신도, 자기의 기준은 잠정적인 것으로 아마 이제까지 마이스터 에크하르트의 것이라고 추정되어 온 다른 많은 저작들도 앞으로 진실성이 인정될 것이라고 지적하고 있다. 출전(出典)의 주(註)와 함께 쓰여 있는 숫자는 세 가지 전거에 정해져 있는 에크하르트의 설교 번호이다.

에크하르트의 소유 개념

소유양식에 대한 에크하르트의 견해를 보여 주는 문헌으로 대표적인 것은 빈곤에 관한 그의 설교이다. 그것은 마태복음 제5장 3절의 "심령이 가난한 자

---

21) 그 시절의 학문적인 저술은 대개 라틴어로 되어 있다.

는 복이 있나니 천국이 그들의 것임이요"라는 구절에 바탕을 두고 있다. 이 설교에서 에크하르트는 "마음의 가난함이란 무엇인가?"라는 물음에 관해 논하고 있다. 우선 외적인 빈곤 즉 물질적인 빈곤도 미덕이며 권장할 만한 것이지만, 자기가 말하고자 하는 것은 그러한 종류의 빈곤이 아니라고 한다. 바로 '내적'인 빈곤, 즉 앞서 말한 복음서의 구절에 언급되어 있는 빈곤인 것이다. 그는 그것을 이렇게 정의했다.

"아무것도 '원하지' 않고 아무것도 '알지' 못하고 아무것도 '갖고 있지' 않는 자는 가난한 인간이다."(블래크니 28, 크빈트 D W 52, 크빈트 D P T 32)

아무것도 '원하지' 않는 사람이란 누구인가? 금욕적인 생활을 택한 사람이 그에 대한 보통의 대답이 될 것이다. 그러나 이것은 에크하르트가 의미하는 바가 아니며, 그는 아무것도 원하지 않음을 참회의 고행이나 외적인 종교 행위로 이해하는 사람들을 비난한다. 그는 이러한 개념에 찬성하는 사람들을 이기적인 자아에 집착하는 부류로 간주한다. "이러한 사람들은 겉모습 때문에 성자와 같다는 평판을 얻지만, 내면은 바보이다. 그들은 신의 진리의 참뜻을 모르기 때문이다."(크빈트의 텍스트에서 내가 번역했다)

에크하르트가 관심을 두는 문제는 불교 사상에서도 근본적인 문제가 될 만한 그런 욕망이다. 그것은 탐욕, 즉 물건과 자신의 자아에 대한 갈망이다. 불타는 이 욕망은 인간의 즐거움이 아니라 고통의 원인이라고 보았다. 에크하르트는 다시 이어 의지(意志)를 버리는 것에 대해서 말했는데, 이는 인간이 허약해야만 한다는 의미가 아니다. 그가 말하는 의지는 인간을 '움직이는' 의지, 즉 갈망과 동일한 단어이다. 그것은 참다운 의미에서의 의지는 아니다. 나아가 에크하르트는 인간이 신의 의지를 행하려고 해도 안 된다고까지 주장한다. 왜냐하면 이것도 일종의 갈망이기 때문이다. '아무것도 원하지 않는 사람은 무엇에 대해서도 탐욕을 품지 않는 사람이다.' 이것이 에크하르트의 비집착(非執着) 개념의 본질이다.

아무것도 '알지' 못하는 사람이란 어떠한 사람인가? 에크하르트는 그를 무지(無知)하고, 어리석으며, 교육도 받지 못하고, 교양도 없는 사람이라고 단정하는 것일까? 아닐 것이다. 왜냐하면 그는 교육받지 못한 사람들을 교육하는 일에 주된 노력을 쏟았고, 또 그 자신이 위대한 학식과 지식의 소유자이면서도 그러한 사실을 숨기거나 과소평가하려고 하지 않았기 때문이다.

'아무것도 알지 못한다'는 에크하르트의 개념은 지식을 '소유'하는 것과, '인식 행위' 즉 사물의 근본까지 나아가서 그 원인을 통찰하는 것과의 차이와 관계가 있다. 에크하르트는 어떤 특정한 사고와 생각하는 '과정'을 명백히 구별한다. 그는 신을 사랑하는 것보다 신을 아는 것이 더 나음을 강조하면서 이렇게 쓰고 있다. "사랑은 욕망 그리고 목적과 관계가 있다. 하지만 지식은 특정한 사고가 아니라 오히려 '모든 덮개를' 벗겨낸 채 이기심을 버리고 벌거숭이로 신에게 달려가 그와 접촉하고 그를 끌어안는 것이다."(블래크니, 단편 27, 크빈트는 에크하르트의 말을 옳다고 인정하지 않는다)

그러나 또 다른 차원에서(에크하르트는 여러 가지 차원에서 이야기를 하고 있다) 에크하르트는 훨씬 극단적이다. 그는 이렇게 쓰고 있다.

"다시 말하거니와 아무것도 모르는 사람은 가난하다. 나는 때때로 말해 왔다. 인간은 자기를 위해서도, 진리를 위해서도, '신'을 위해서도 살지 않는 것처럼 살아야만 한다고. 그러나 나는 여기에 다른 어떤 말을 덧붙여 다시 앞으로 나아가야만 한다. 이 빈곤에 도달하려는 인간은 자신을 위해서도 진리를 위해서도 또 신을 위해서도 살고 있지 않다는 것조차 모르는 사람과 더불어 살아야만 한다. 게다가 그는 신에 관한 지식도 자기 속에 존재하지 않을 정도로까지 모든 지식을 없애 버려야만 한다. 왜냐하면 어떤 인간의 존재가 신 밖에 있는 어떤 종(種)이라면 그의 속에는 다른 생명이 없고 그의 생명이 그 자신이기 때문이다. 그러므로 나는 말한다. 인간은 존재하지 않았던 때 그랬듯이 자신의 지식을 버리고, 오직 '신'이 뜻을 이루고 인간을 자유롭게 하도록 해야만 한다고."(블래크니 28, 크빈트 D W 52, 크빈트 D P T 32. 일부분은 크빈트의 독일어 텍스트에서 내가 번역했다)

에크하르트의 입장을 이해하기 위해서는 이러한 말의 참뜻을 파악해야 한다. "인간은 자신의 지식을 버려야만 한다"에서 그는 아는 '것'을 잊어야 한다는 의미가 아니라 안다는 '사실 자체'를 잊어야 한다는 뜻으로 말하고 있다. 이는 곧 지식을, 안정감을 주는 하나의 소유물로 보아서는 안 된다는 의미이다. 아울러 지식으로 충만해지거나 지식에 매이거나 지식을 갈망해서는 안 된다는 것이다. 지식은 도그마(敎條)의 특질을 띠어서는 안 된다. 도그마는 우리를 노예로 만들기 때문이다. 이 모든 것은 소유양식에 속한다. 존재양식에서 지식은 통찰하는 사고 행위—확신을 찾아내기 위해 결코 멈추는 일이 없다—이외에 아무것도 아니다. 에크하르트는 계속해서 다음과 같이 말한다.

"인간은 아무것도 소유하지 말아야 한다는 말은 무엇을 의미하는가? 이 점에 진지한 주의를 기울여 주기 바란다. 내가 자주 말한 바 있고 위대한 대가들이 동의하고 있는 바는 다음과 같다. '신'을 받아들일 만한 거처(居處)가 되고, '신'이 역사하기에 적합한 처소가 되기 위해서는 내적으로나 외적으로나 모든 '자신의' 소유물과 '자신의' 행동에서 자유로워야 한다. 인간이 물건과 생물 그리고 자기 자신과 신을 포기했어도, 신이 여전히 그 안에서 자신이 역사할 수 있는 장소를 발견하는 한, 인간은 가장 직접적인 빈곤에 처했어도 결코 가난하지 않다. '신'이 역사하기 위해 머물 장소를 인간이 보존하는 것은 신의 의도가 아니기 때문이다. 즉 신은 모든 행위와 더불어 신까지도 버릴 수 있는, 진정으로 가난한 마음을 인간에게 요구하는 것이다. 따라서 '신'이 자신의 영혼 속에서 역사하길 바란다면, 자신의 영혼을 신이 행동하는 장소가 되게 하라. 신은 그 일을 기꺼이 바랄 것이다……. 요컨대 영혼이 신이 일할 장소도 없을 만큼 가난해야 한다는 말이다. 어떤 장소를 보존한다는 것은 구별을 유지하는 일이다. 그래서 나는 '신'께 나를 당신에게서 해방시켜 달라고 기도한다."(블래크니, 230~231페이지)

에크하르트는 무소유의 개념을 이 이상 철저하게 표현하지 못했을 것이다. 우리는 무엇보다도 가진 물건이나 행위에서 자유로워져야 한다. 이 말은 아무것도 소유하지 않고 아무 일도 하지 말아야 한다는 뜻이 아니다. 우리의 소유에게는 물론이고 심지어 신에게조차 얽매이고 자유를 속박당해선 안 된다는 의미이다.

에크하르트는 또 다른 차원에서 소유의 문제에 접근하여 소유와 자유의 관계를 논한다. 인간의 자유는 소유물, 일 그리고 마지막에는 자아에 얽매이는 범위 안에 한정되어 있다. 우리는 자아에 얽매임(크빈트는 원문인 중세 독일어의 *Eigenschaft*를 *Ich-bindung* 혹은 *Ichsucht* 즉 '자아의 속박' 혹은 '병적 자기중심성'이라고 번역했다)으로써 자신을 저해하며 결실을 맺지 못하고, 자기실현도 방해를 받는다(크빈트 D P T, 서론 29페이지). D 미이드(D. Mieth)가 다음과 같이 주장하는 것은 전적으로 옳은 듯하다. '참된 생산성의 조건으로서의 자유는 자아를 버리는 것 이외에 아무것도 아니며, 그것은 타율적인 의미로서의 사랑이 모든 자아의 속박에서 자유로워지는 것과 마찬가지다.' 속박당하지 않고 물건이나 자아에 집착하려는 절망에서 해방된다는 의미로서의 자유는 사랑과 존재에 도달하기 위해서 자아의 속박, 자기 중심성, 즉 '소유양식'의 속박을 제거하는 일이다. 에 크하르트가 말하는 소유 지향의 성질에 관해서 미이드(1971)만큼 내 견해와 비슷한 생각을 표명한 저자는 보지 못했다. 그는 ' *Besitzstruktur des Menschen*(사람들의 재산 구조)'라는 표현을 쓰는데, 그것은 내가 이해할 수 있는 한에서는, 내가 '소유양식' 또는 '소유 실존 구조'라고 말하는 것과 똑같다. 그는 인간의 내적 재산구조의 타파에 관해서 말할 때 마르크스주의의 '수탈'[22]을 언급하면서 이 것이야말로 가장 급진적인 형태의 수탈이라고 덧붙였다.

소유양식에서 문제가 되는 것은 소유당하는 여러 대상이 아니라 인간인 우리의 전반적 태도이다. 우리에게는 모든 것이 다 갈망의 대상이 될 수 있다. 우리가 일상생활에서 사용하는 물건들, 재산, 의례, 선행(善行), 지식, 사상 등이 모두 말이다. 그것들은 그 자체로서 '나쁜' 것은 아니고 나빠지는 것이다. 즉 우리가 그것들에 집착할 때, 그것들은 자유를 해치는 쇠사슬이 되어 우리의 자기 실현을 방해하는 것이다.

에크하르트의 존재 개념

에크하르트는 '존재'를 서로 관련은 있지만 각각 다른 두 가지 뜻으로 사용하고 있다. 보다 좁게는 심리학적 의미로, 여기서 존재란 인간을 움직이는 '실제적인'이고 흔히 의식되지 않는 동인(動因)이다. 그것은 행위나 의견 자체, 즉 행동하고 생각하는 인물과는 유리(遊離)된 행위나 의견과 대조를 이루는 것이다. 크빈트는 에크하르트를 '영혼의 비범한 분석자(*genialer Seelenanalytiker*)'라고 불렀는데 이는 매우 잘한 평가인 것 같다. "에크하르트가 싫증을 내지 않고 계속하는 작업은 인간행동의 가장 은밀한 관계, 마음 가장 깊이 숨겨진 이기심이나 의도 그리고 의견의 움직임을 밝히는 것이다. 또한 감사와 보상을 열렬히 바라는 마

---

22) 여기서는 가진 자로부터 재산을 빼앗는 것을 말함.

음을 탄핵하는 일이다."(크빈트 D P T 서론 29페이지) 숨겨진 동기를 통찰하는 이 능력 덕분에 에크하르트가 프로이트 이후의 독자에게 호소하는 힘은 매우 크다. 왜냐하면 독자는 프로이트 이전의 산물로서 지금도 유행하고 있는 행동주의적 견해—금세기 초에 원자가 그렇다고 알려졌듯이 행동과 의견도 분할할 수 없는 두 가지 궁극적 데이터라는 단순한 주장—를 뛰어넘었기 때문이다. 에크하르트는 이 견해를 수많은 논술에서 표명했지만, 그중에서도 다음 글이 가장 특징적이다.

"사람은 무엇을 '해야' 하느냐보다는 자기가 무엇'인가'를 생각해야 한다……. 따라서 선(善)하게 '되는' 데 중점을 두도록 할 것이며, 행해야 할 일의 수(數)나 종류를 강조하지 않도록 주의해야 한다. 당신의 작업의 토대가 되는 기본적인 것을 오히려 중시해야 한다."

우리의 존재야말로 실재(實在)요, 우리를 움직이는 정신이며, 우리 행동을 추진하는 성격이다. 반면 우리의 동적인 핵심에서 떨어져 나간 행위나 의견은 실재성(實在性)이 없다.

두 번째 의미는 보다 광범위하고 근본적이다. 즉 존재는 생명이자 능동성이고, 탄생이자 재생이며, 흘러나가서 흘러 넘치는 것이며, 생산성이라는 것이다. 이러한 의미의 존재는 소유, 속박, 자기 중심주의의 반대이다. 에크하르트에게 존재는 분주하다는 현대적인 의미가 아니라, 자기 힘의 생산적인 표현이라는 고전적인 의미의 능동성이다. 그는 능동성을 '자기 밖으로 나오는 것'(크빈트 D P T 6, 번역은 프롬)이란 의미로 쓰며, 여러 가지 회화적(繪畫的)인 묘사로 표현하고 있다. 즉 존재를 '끓는' 과정, '낳는' 과정이라 칭하고 '자기 안에도 밖에도 흐르고 또 흐르는' 무엇이라고 부른다(E 벤쯔(E. Benz) 외에 크빈트 D P T 35페이지에 인용, 번역은 프롬). 때로는 능동성을 '달린다(running)'는 상징으로 나타낸다. "평화를 향해 달려라! 달리는, 평화를 지향하여 끊임없이 달리는 사람은 성스러운 인간이다. 그는 끊임없이 달리고 움직이고 달리면서 평화를 추구한다."(크빈트 D P T 8, 번역은 프롬) 능동성의 또 하나의 정의는 다음과 같다. 능동적으로 살아 있는 인간은 "채워짐에 따라 커지며 결코 채워지지 않는 그릇"과도 같다. (블래크니 233페이지. 크빈트는 진정이라고 인정하지 않는다.) 소유양식을 타파하는 것이 모든 진정한 능동성의 전제조건이다. 에크하르트의 윤리 체계에서 가장 큰 미덕은 생산적인 내적 능동성의 상태이며, 그 전제는 모든 형태의 자아 속박과 갈망을 넘어서는 일이다.

제2편

두 가지 실존양식 기본적 차이에 대한 분석

제4장
소유양식이란 무엇인가

1 취득적 사회 – 소유양식의 기초

우리는 사유재산과 이익 그리고 힘을 존재의 받침대로 삼고 그것에 의존하는 사회에 살고 있다. 따라서 판단이 극단적으로 치우쳐 있다. 취득하고 소유하고 이익을 올리는 것은 산업사회에 속한 개인의 신성하고도 빼앗길 수 없는 권리다.[1] 어떻게 해서 재산을 얻었느냐 하는 것은 문제가 되지 않는다. 또 재산을 소유한다고 소유자에게 어떤 의무가 더해지지도 않는다. 그 원리는 이렇다. "내 재산이 어디서 어떻게 나왔으며 또 그것을 어떻게 하느냐는 것은 나만의 문제다. 법을 범하지 않는 한 내 권리는 무제한이며 절대적이다."

이런 종류의 재산을 사유(私有=private) 재산(라틴어의 privare '앗는다'에서)이라고 부를 수 있는 근거는, 그것을 소유한 사람 혹은 사람들만이 그 주인으로서 그것을 사용하거나 즐길 권리를 다른 사람에게서 앗는 완전한 힘을 가진다는 것에 있다. 이러한 사적 소유권은 자연스럽고 보편적인 범주 안에 든다. 그러나 인류의 역사(선사시대를 포함해서) 전체, 특히 경제를 인생의 주요 관심사로 하지 않는 유럽 이외의 여러 문화를 생각하면, 그것은 사실 공통법칙이라기보다는 오히려 예외이다. 사유재산 외에 다음과 같은 것이 있다. 자기 축적 재산, 이것은 전적으로 자기가 일한 결과다. 한정재산, 이것은 동포를 원조할 의무에 한정되어 있다. 기능적 혹은 개인적 재산, 이것은 일하는 도구 혹은 즐기는 대상으로 성립된다. 공유재산, 이것은 이스라엘의 키부츠처럼 한 집단이 공동체 정신

---

1) R.H. 토니(R.H. Tawney)의 1920년의 저작인 《획득사회(*The Acquisitive Society*)》는 근대 자본주의와 사회적 인간적 변혁에 대한 선택을 이해하는 데 있어서, 지금도 독보적인 위치에 있다. 막스 베버, 브렌타노, 샤피로, 파스칼, 좀바르트, 클라우스 등의 저서도 산업사회가 인간에게 미치는 영향을 이해하기 위한 기본적 통찰을 제시한다. (원주)

에 따라 공유한다.

사회의 기능을 규정하는 규범은 그 구성원의 성격(사회적 성격)까지도 형성한다. 산업사회에서 그 규범은 재산을 취득하고 지키고 불리는, 즉 이익을 올리기 위한 염원으로, 재산을 많이 소유한 사람은 뛰어난 존재로서 칭찬을 받고 부러움을 산다. 그러나 대다수의 사람은 자본이나 자본재라는 참다운 의미에서의 재산이 없기 때문에 다음과 같은 어려운 문제에 부딪힌다. 재산을 취득하고 지키는 욕구를 어떻게 충족시킬 수 있는가, 아니, 처리할 수 있는가? 또 이렇다 할 재산도 없이 어떻게 재산의 소유자 같은 기분을 맛볼 수 있는가?

물론 누가 보아도 분명한 대답은 이러하다. 가령 재산이 없는 사람일지라도 무엇인가는 소유하고 있으니, 그 보잘것없는 소유물을 자본가가 그렇게 하듯이 소중히 다루는 것이다. 가난한 사람들도 자산가들처럼 현재 가지고 있는 것을 보존하고 조금이나마 늘리려는 소망(예를 들면 여기서 1센트, 저기서 2센트 절약해서)에 사로잡혀 있다.

아마 가장 큰 즐거움은 물건을 소유하는 것보다도 살아 있는 존재를 소유하는 데 있을 것이다. 가부장제(家父長制) 사회에서는 가장 미천한 계급의 가장 비참한 남자일지라도 재산의 소유자가 될 수 있었다. 그가 절대적인 지배자로서의 기분을 맛볼 수 있는 아내, 자녀들, 동물과의 관계에서 말이다. 적어도 가부장제 사회의 남자에게는 자녀를 많이 두는 것이 소유권을 획득하기 위해서 일하거나 자본을 투자할 필요 없이 인간을 소유하는 유일한 방법이었다. 아이들을 낳는 모든 고통이 여자의 몫임을 고려할 때 가부장제 사회에서 아이를 만든다는 것은 여성에 대한 노골적인 착취라는 점을 부정하기 힘들다. 그러나 어머니는 또 어머니대로 독자적인 형태의 소유권, 즉 아직 어린 자녀에 대한 소유권을 갖고 있었다. 이것은 끝없는 악순환이었다. 남편은 아내를 착취하고, 아내는 어린 자식을 착취하며, 청년기의 남자는 이윽고 연장의 남자들에게 끼어 여자를 착취했다.

가부장제 질서에 따른 남성의 주도권은 대략 6천 년에서 7천 년 동안 계속되어 왔으며, 아직도 극빈국이나 극빈층에서는 지배적이다. 그러나 비교적 풍요한 나라나 사회에서는 점차 줄어들고 있다. 사회의 생활 수준이 향상되는 시기와 정도에 따라 여성, 어린이, 청년의 해방이 진행되고 있는 것이다. 그런데 예부터 내려온 가부장제적 소유권이 점차 붕괴되어 갈 때, 완전히 발달한 산업사회의 평균적인 시민이나 가난한 시민은 재산을 취득하고, 지키고, 그리고 늘리는 그 욕구를 어디서 충족시킬 것인가? 이 대답은 소유권의 범위를 확대하여 친구, 연인, 건강, 여행, 미술품, 신(神), 자아 등을 그 속에 포함시킨다는 것이다. 재산에 관한 부르주아적 강박관념은 막스 슈티르너[2]가 멋있게 표현하고 있다. 그는 사람은 물건으로 변모하고 그들 서로의 관계는 소유권의 성격을 띤다고 했다. '개인주의'는 긍정적으로는 사회적 속박으로부터의 해방을 의미하지만, 부정적으로는 '자기 소유권' 즉 자신의 성공을 위해 자기의 정력을 투입하는 권리—그리고 의무—를 의미한다.

소유하고 있다는 느낌에서 가장 중요한 대상은 자아이다. 자아는 많은 것을 내포한다. 즉 신체, 이름, 사회적 지위, 소유물(지식을 포함해서), 자신에 대한 이미지, 타인에게 보이길 바라는 이미지 등이다. 자아는 지식이나 기술처럼 실제로 갖고 있는 자질과 우리가 현실의 핵 주위에 쌓아 올리는 어떤 종류의 가공의 자질과의 혼합물이다. 그러나 본질적인 점은 자아의 내용이 무엇인가 하는 것보다도 자아가 우리 각자가 소유하는 어떤 물건으로 느껴지며, 이 '물건'이 동일 감각의 기초가 된다는 점이다.

이 재산 논의에서 고려해야 할 점은, 19세기에는 강한 힘을 가졌던 어떤 중요한 형태의 재산에 대한 애착심이 제1차 세계대전이 끝난 후 수십 년 동안 쇠퇴하여 오늘날에는 거의 눈에 띄지 않게 됐다는 것이다. 옛날 사람들은 소유한 물건은 무엇이나 소중히 여겼고, 손질하여 쓸 수 있을 때까지 사용했다. '오래된 것은 아름답다!'가 '오래 쓰기' 위한 구입을 하던 19세기의 표어였다. 그러나 오늘날에 와서는 보존보다는 소비가 강조되고 있으며, 구입은 '쓰고는 내버리기' 위한 것이 되었다. 산 물건이건 자동차이건 옷이건 소도구이건 간에 그것을 잠시 쓴 뒤에는 싫증이 나서 '낡은 것'을 처분하고 최신형을 사기를 열망한다. 취득 → 일시적 소유와 사용 → 폐기(혹은 가능하면 더 좋은 형(型)과의 유리한 교환) → 새로운 취득, 이것이 소비형태의 악순환을 구성하고 있다. 현대의 표어는 '새로운 것은 아름답다!'라고 할 수 있을 것이다. 그리고 오늘날 소비

---

2) Stirner, Max (1806~1856) 독일의 철학자. 저서로 《유일자(唯一者)와 그의 소유》가 있다.

형태의 가장 두드러진 예는 자가용일 것이다. 오늘날은 '자동차 시대'라고 부를 수 있다. 이는 모든 경제가 자동차 생산을 중심으로 구축되어 있어, 우리의 모든 생활이 자동차 시장의 오름세와 내림세에 큰 영향을 받기 때문이다. 자동차를 소유한 사람들에게 자동차는 사활(死活)이 걸린 필수품이며, 아직 자동차를 갖고 있지 않은 사람들, 특히 사회주의 국가에 사는 사람들에게 자동차는 기쁨의 상징이다. 그러나 아무래도 자동차에 대한 애정은 깊고 오래 지속되는 것은 못 되고 잠깐 동안의 정사(情事)처럼 보인다. 소유주가 자동차를 자주 바꾸기 때문이다. 2년쯤 지나면, 아니 어떤 경우에는 1년밖에 안 되었는데도 차주는 '헌 차'에 싫증을 느끼고 새 차를 '잘 사기' 위해 물색하며 돌아다닌다. 물색에서 구입에 이르기까지 모든 거래는 일종의 게임과 같아서 때로는 속임수가 거래 성사의 열쇠를 쥐기도 한다. 그리고 '잘 산다'는 것 자체가 최종 목적인 최신형 자동차를 소유하는 것 못지않게 즐거움의 대상이 된다.

소유주가 자신의 소유물인 자동차를 이토록 하찮게 대한다는, 얼핏 보기에 매우 모순된 수수께끼를 풀기 위해서는 몇 가지 요인을 고려해야만 한다. 첫째로 소유주와 차 사이의 비인격적인 관계성이다. 차는 소유주의 마음에 드는 구체적인 물체가 아니라 지위의 상징이며, 힘의 연장이자, 자아의 구축자이다. 자동차를 취득함으로써 소유주는 실제로 새로운 자아의 단편(斷片)을 취득한 셈이다. 둘째로 새 차를 6년마다 아니라 2년마다 구입함으로써 소유주가 얻는 취득의 짜릿함이 증가된다는 것이다. 새 차를 자기 것으로 하는 행위는 처녀를 내 것으로 하는 행위와 같다—그것은 지배 감각을 강화하고, 그것이 빈번해질수록 짜릿함도 더욱 커진다. 셋째 요인은 자주 차를 산다는 것은 교환으로 '이익을 얻는' 빈번한 기회를 의미하며, 이것은 현대인들의 마음속 깊이 뿌리박고 있는 만족감이다. 넷째 요인은 매우 중요하다. 즉 새로운 자극을 경험하고 싶다는 현대인의 욕구이다. 오래된 자극은 곧 단조로워지고 고갈되기 때문이다. 앞서 자극에 대해서 논했을 때(《인간의 파괴성 해부 *The Anatomy of Human Destructiveness*》에서), '능동성을 주는 자극'과 '수동성을 주는' 자극을 구별하고 다음과 같은 정식(定式)을 시사했었다.

"자극이 수동성을 주면 줄수록 그 강도 및(또는) 종류를 바꿔야 한다. 반면 자극이 능동성을 주면 줄수록 그 자극성은 오래 유지되고 강도와 내용의 변화는 필요치 않게 된다."

다섯째 요인은 가장 중요한 것으로, 과거 1세기 반 동안에 사회의 성격이 '저축적'에서 '시장적(市場的)'으로 변화한 데 있다. 이 때문에 소유 지향성이 없어지는 것은 아니지만 그 특성이 상당히 수정되고 있다(이 시장적 지향의 발달은 제7장에서 논하겠다).

소유자적 감각은 다른 관계, 예를 들면 의사, 치과 의사, 변호사, 사장, 노동자와의 관계에서도 눈에 띈다. 사람들은 '우리 의사', '우리 치과 의사', '우리의 노동자'라고 말한다. 그리고 다른 인간뿐만 아니라 무수한 물건과 때로는 감정까지도 재산이라고 생각한다. 건강과 병을 예로 들어 보자. 어떤 사람들은 자기의 건강을 논할 때 소유자의 느낌으로 말한다. 그들에게는 '내' 병이며, '내' 수술이며, '내' 치료법이며, '내' 식이요법이며, '내' 약이다. 그들은 확실히 건강과 병은 재산이라고 생각하고 있다. 나쁜 건강에 대한 그들의 관계는 이를테면 주식시장에서 폭락하는 주식을 소유한 주주와 비슷하다.

이 외에도 관념이나 신조 그리고 습관까지도 재산이 될 수 있다. 예를 들어 매일 아침 똑같은 시간에 똑같은 메뉴의 아침을 먹는 사람은 누구나 그것이 조금이라도 달라지면 어쩐지 불안해진다. 그 이유는 소유물이 된 습관을 잃음으로써 안심감이 손실되기 때문이다.

소유의 실존양식을 이처럼 보편적인 현상으로 묘사한 것은 너무 부정적이고 단편적인 결론이라고 느껴질지도 모른다. 그러나 사실이 그렇다. 나는 현상을 되도록 분명히 묘사하기 위해 우리 사회에 만연한 이 태도를 먼저 묘사한 것이다. 그런데 이 묘사에 어느 정도 평형을 줄 수 있는 또 다른 요소가 있다. 이것은 젊은 세대 사이에서 자라나고 있는 태도로 대다수의 사람들과는 사뭇 다른 자세이다. 이 젊은이들에게서는 감춰진 형태의 취득과 소유가 아니라, 아무런 보상을 기대하지 않으면서 자기가 하고 싶은 일을 하는 데서 순수한 기쁨을 얻는 '오래 지속되는' 소비 패턴을 보게 된다.

이들 젊은이들은 먼 곳까지, 그것도 가끔 고생을 하면서 찾아가 좋아하는 음악을 듣고, 보고 싶은 장소를 보고, 만나고 싶은 사람들을 만난다. 여기서 그들의 목표가 그들의 생각만큼 가치가 있는지 없는지는 문제가 되지 않는다. 진지함, 준비성 또는 집중력이 부족하다 하더라도 이 젊은이들은 과감히 '존재하려고 할' 뿐 보상으로 무엇을 얻느냐, 무엇을 보존할 수 있느냐 하는 데에는 관심이 없다. 그들은 또 철학적·정치적으로는 가끔 단순하지만 구세대보다도 훨씬 성실해 보인다. 아울러 시장에서 팔릴 만한 상품이 되기 위해서 끊임없이 자신을 갈고닦지도 않는다. 그들은 고의이든 무의식이든 간에 언제나 거짓말을 함으로써 자신의 이미지를 보호하는 일이 없으며, 대다수의 사람들이 하듯이 진실을 억압하기 위해 정력을 소모하지도 않는다. 그리고 가끔 그 솔직함으로 연장자에게 감명을 준다. 왜냐하면 연장자들은 진실을 보거나 말할 수 있는 사람들을 몰래 찬양하고 있기 때문이다. 이러한 젊은이들 중에는 여러 가지 색채를 띤 정치적·종교적 집단의 구성원도 있고, 특정한 이데올로기나 교의(敎義)를 위해서가 아니라 다만 자신을 '모색하고 있을' 뿐이라고 말할 사람도 많다. 그들은 아직 자신이나 실제 생활의 지표가 될 목적을 찾아내지 못했을지 모르지만, 소유하고 소비하기 위해서가 아니라 자기 자신으로서 존재하기 위해 길을 찾고 있다.

그러나 나의 묘사 중에서 이 긍정적 요소는 수정이 필요하다. 이 젊은이들 (이들의 수는 60년대 말부터 두드러지게 줄고 있다) 중 다수는 '…로부터의' 자유에서 '…로의' 자유로 발전하지는 못했기 때문이다. 그들은 다만 반항했을 뿐 제한과 종속으로부터의 자유 이외에는 다른 지향점을 찾아내려는 시도를 하지 않았다. 자신의 부르주아 부모와 같은 '새로운 것은 아름답다!'는 표어 아래, 가장 훌륭한 정신이 담긴 사상을 포함한 모든 전통에 대해 거의 공포증적이라고도 할 수 있을 정도로 무관심했다. 일종의 단순한 자기도취에 빠져 발견할 만한 가치가 있는 모든 것은 스스로 발견할 수 있다고 믿었다. 기본적으로 그들의 이상은 다시 어린애가 되는 것이었다. 더욱이 마르쿠제[3] 같은 저자들이 거기에 맞추기 편리한 이데올로기를 만들어 내어, 그들의 궁극적인 목적이 성년으로의 발전이 아니라 사회주의와 혁명이 되게 했다. 아직 젊은 그들은 이 도취가 지속되는 한 행복했다. 그러나 그들 대부분이 이 시기 끝에서 마주한 것은 쓸쓸한 실망이었다. 그들은 근거 있는 확고한 신념도 얻지 못했으며, 자기의 내부에 중심을 바로 세우지도 못했다. 그리고 실망한 나머지 냉담한 인간이나 불

---

3) Marcuse, Herbert (1898~1979) 독일 출신의 미국 철학자.

행한 파괴의 광신자가 되어버렸다.

　그러나 큰 희망을 품고 출발한 사람들 모두가 실망으로 끝을 맺었다는 말은 아니다. 다만 유감스럽게도 그러한 사람이 얼마나 되는가를 알 길이 없다. 내가 아는 한에서는 어떠한 확실한 통계도, 근거 있는 추정도 지금은 찾을 수 없으며, 또 가령 있다 할지라도 개인을 평가하는 확실한 방법을 얻기란 거의 불가능하다. 오늘날에는 미국과 유럽의 수백만 명이 그들에게 길을 보여줄 수 있는 교사들과 접촉을 모색하고 있다. 그러나 대체로 가르침과 교사는 속임수가 아니면 과장된 자기 선전에 열중하여 타락했거나, 재정과 위신 상의 이해관계에 휘말려 있다. 이런 가짜 방법에서 진짜로 혜택을 입는 사람도 있을 것이며, 또 진지한 내적 변혁을 이루려는 것이 아닌 다른 의도에서 이런 방법들을 사용하는 사람도 있을 것이다. 그러나 이 모든 문제는 새로운 신봉자들의 상세한 양적·질적 분석을 한 뒤 비로소 분명히 할 수 있을 것이다.

　내 추정으로는 소유양식에서 존재양식으로의 변화에 진지하게 전념하고 있는 젊은이들(그리고 약간의 연장자들)이 여기저기 개별적으로 흩어져 있는 극소수에 그치지는 않을 것 같다. 꽤 많은 집단과 개인이 '존재'를 향해 나아가고 있음을, 대다수의 소유 지향을 초월한 새로운 경향을 대표하고 있음을, 그리고 역사적인 의의를 품고 있음을 나는 믿는다. 소수자가 역사의 발전 방향을 보여 주는 것이 이번이 최초는 아닐 것이다. 이 소수자의 존재는 일반적인 태도가 소유에서 존재로 변화하는 희망을 부여해 준다. 이 희망이 더욱 현실적인 까닭은 이들 새로운 태도의 출현을 가능하게 만든 몇 가지 요인은 역사적인 변화이며, 이것들을 되돌리기란 거의 불가능하기 때문이다. 그 변화란 여자에 대한 가부장의 지상권(至上權)의 붕괴이며, 자식에 대한 어버이의 지배권의 붕괴이다. 20세기의 정신적 혁명인 러시아 혁명이 실패한 (중국 혁명의 최종적인 결과를 판단하기에는 시기상조다) 반면, 여성 혁명, 어린이 혁명, 성(性) 혁명은 비록 초기 단계에 있지만 금세기의 성공적인 혁명으로 평가받고 있다. 이들 혁명의 원리들은 이미 수많은 사람들의 의식에 받아들여졌고, 옛 이데올로기는 날로 점점 더 우스꽝스러운 것이 되어 가고 있다.

2 소유의 본질

소유양식의 본질은 사유 재산의 본질에서 유래하고 있다. 이 실존양식에서 문제가 되는 것은 단지 내가 재산을 취득하는 것, 그리고 취득한 것을 지키는 무제한의 권리를 지니는 것뿐이다. 소유양식은 타인을 배제한다. 더욱 노력하여 자신의 재산을 지키거나 그것을 생산적으로 활용하는 것 이외에는 아무것도 요구하지 않는다. 불타는 이런 행동 양식을 '갈망'이라 평했고 유대교와 기독교는 '탐욕'이라 정의 내렸다. 그것은 모든 사람과 모든 사물을 어떤 죽은 것으로 변모시키고, 타인의 힘에 종속시키는 것이다.

'나는 무언가를 가지고 있다'는 문장은 주체인 '나'(혹은 그, 우리, 당신, 그들)와 객체인 '대상' 사이의 관계를 표현하고 있다. 거기에는 주체와 객체가 영속적이라는 뜻이 내포되어 있다. 그러나 주체에는 영속성이 있을까? 또 객체에도? 나는 죽을 몸이다. 나는 나의 소유를 보증해 주는 사회적 지위를 잃을지도 모른다. 객체 역시 영원하지 않다. 그것은 파괴될 수도 있고, 잃어버릴 수도 있으며, 또는 그 가치가 없어질 수도 있다. 무언가를 영속적으로 소유한다는 표현은 그 실체가 영원하고 파괴될 수 없는 것이라는 환상에 바탕을 두고 있다. 그러나 내가 모든 것을 가지고 있는 것처럼 보일지라도 나는—실제로는—아무것도 가지고 있지 않다. 내가 어떤 물건을 소유하고 지배하는 것은 삶의 과정에서 한 순간에 불과하기 때문이다.

궁극적으로 '나(주체)는 대상(객체)을 가지고 있다'라는 논술은 소유물인 대상을 통해 나를 정의하는 것이 된다. 주체는 '나 자신'이 아니라 '내가 가진 것이다'. 나의 재산이 나 자신과 동일시되는 것이다. '나는 나다'라는 논술의 밑바닥에 있는 사상은 '나는 X를 가치고 있기 때문에 나다'라는 것이며, 이때 X는 내가 관계하는 모든 자연계의 사물이나 인물과 똑같이, 내가 지배하고 영속적으로 내것으로 하는 힘에 의해서 나와 맺어진다.

소유양식에서는 나와 내가 가지고 있는 것 사이에 살아 있는 관계를 맺을 수 없다. 그것과 나는 물건이 되어 버리며, 나는 '그것'을 갖는다. 왜냐하면 나는 그것을 내것으로 하는 힘을 가지고 있기 때문이다. 그러나 또한 반대의 관계도 성립한다. 즉 '그것이 나를 소유하는' 것이다. 왜냐하면 내가 나임을 확인하는 감각은 내가 '그것'(그리고 가능한 한 많은 것)을 소유한다는 사실에 의존하고 있기 때문이다. 이렇듯 소유의 실존양식은 주체와 객체 사이의 살아 있는 생산적 과정을 통해 확립되는 것이 아니다. 그것은 객체와 주체를 모두 '물건'으로 만들어 버린다. 그 관계는 죽은 관계이다.

소유 – 힘 – 반항

자신의 본성에 따라 성장하려는 경향은 모든 생물에 공통된 것이다. 그러므로 우리는 자신이 타고난 구조가 결정하는 방식으로 성장하는 것을 방해하려는 어떠한 시도에도 저항한다. 이 저항이 의식적이든 아니든 간에 이를 돌파하기 위해서는 육체적 혹은 정신적인 힘이 필요하다. 생명이 없는 사물은 그 원자 구조와 분자 구조에 내재한 에너지로 어느 정도 그 물리적 조직의 제어(制御)에 저항한다. 그러나 사용되는 것에 반항해서 싸우지는 않는다. 반면 생명체는 타율적인 힘—우리의 구조에 반대되는 방향으로 우리를 구속하여 성장을 저해하는 경향을 지닌 힘—의 사용에 저항한다. 이 저항은 여러 가지 형태를 취할 수 있다. 현재적(顯在的), 효과적, 직접적, 능동적인 저항에서부터, 간접적, 무력적(無力的), 그리고 가끔 무의식적인 저항에 이르기까지 다양하다.

유아, 아동, 청년 그리고 성인은 의지를 자발적으로 표현하고, 지식과 진리를 열망하며, 사랑을 소망하는 일에 제한을 받는다. 사람은 자라면서 자신의 자발적이고 진정한 욕구와 관심 그리고 의지를 포기하고, 그 사회의 관습에 얽매인 의지, 욕구, 감정을 택하도록 강요받는다. 사회와 가정은 그 심리적·사회적 대리자로서 '한 사람의 의지를 어떻게 하면 그가 모르게 꺾을 수 있느냐'하는 어려운 문제를 해결해야만 한다. 그러나 교화(敎化), 보수(報酬), 징벌, 적당한 이데올로기 등의 복잡한 과정을 통해 이 과제는 대체로 매우 잘 해결된다. 따라서 대부분의 사람들은 의지 자체가 조건 지어지고 조작된다는 사실을 모른 채, 있다고 믿는다.

이 의지의 억제와 관련해 가장 곤란한 영역은 아마 성애(性愛)일 것이다. 여기서 우리가 다루어야 하는 것은 자연의 질서에 속하는 강력한 경향이며, 조작하기가 다른 많은 욕망의 경우만큼 쉽지 않은 욕구이다. 이런 이유로 사회는 인간의 다른 어떤 욕망보다도 한층 더 성적 욕망에 대항해 싸우려고 한다. 섹스(성)에 대한 비방의 근거는 도덕적인 것(섹스는 악이다)에서 건강상의 이유(자위

행위는 육체에 해를 준다)에 이르는 갖가지 형태가 있는데, 그것들은 여기서 열거할 가치도 없다. 교회는 산아 제한을 금하고 있는데, 이는 사실 생명의 신성함에 대한 배려가 아니라(그 배려가 있다면 사형이나 전쟁을 비난하는 데까지 이를 것이다) 생식에 도움이 되지 않는 섹스를 악으로 규정하고 꾸짖기 위해서이다.

섹스를 억제하기 위한 이제까지의 노력이 섹스 자체만의 억압을 위한 것이라고 하면 이해하기 어려울 것이다. 그렇다, 섹스를 비방하는 이유는 성이 아니라 인간의 의지를 꺾는 데 있다. 이른바 수많은 원시사회에는 아무런 섹스의 금기가 없다. 이들 사회는 착취와 지배 없이 기능(機能)하므로 개인의 의지를 꺾을 필요가 없는 것이다. 그곳에서는 섹스를 멸시하지 않아도 되며, 죄의식 없이 성관계의 쾌락을 맛볼 수 있다. 이들 사회에서 특기할 점은 이성적 자유가 성적 탐욕을 일으키지 않는다는 것, 비교적 짧은 기간 동안 성관계를 한 다음 부부가 될 수 있다는 것, 그리고 그 후에는 상대를 바꾸려 하지 않지만 사랑이 없어지면 자유로이 갈라설 수도 있다는 것이다. 이들 재산의 개념이 없는 집단에서 섹스의 즐거움은 '존재'의 표현이며, 성적 소유관계의 결과가 아니다. 내가 이렇게 말하는 것은 우리가 이들 원시사회와 같은 생활양식으로 돌아가야 한다는 뜻이 아니다. 그것은 우리가 바란다 해도 불가능한 일이다. 그 이유는 간단하다. 개인화 및 개인 간의 구별과 차이라는 문명의 산물은 한 사람에 대한 사랑에 원시사회의 그것과는 다른 특질을 부여하기 때문이다. 우리는 퇴보할 수 없다. 다만 전진할 수 있을 뿐이다. 중요한 점은 새로운 형태의 무소유가 모든 소유 사회의 특징적인 성적 탐욕을 제거하리라는 것이다.

성적 욕망은 독립된 하나의 현상(現象)이며, 인생의 매우 이른 시기에 표출되는 것이다. 자위를 금기시하는 것은 자녀의 의지를 꺾고, 자녀에게 죄의식을 느끼게 하며, 나아가서는 자녀를 한층 더 종속적으로 만드는 데 도움이 된다. 성적 금기를 깨려는 충동은 본질적으로 자유를 회복하려는 데 목적을 둔 반항의 시도이다. 그러나 성적 금기를 타파했다고 더 큰 자유가 찾아오지는 않는다. 그 반항은 말하자면 성적 만족 속에—그리고 반항자가 후에 느끼는 죄의식 속에 빠지고 만다. 무익한 반항에 종지부를 찍고 자유를 가져다주는 것은 내적 독립의 성취뿐이다. 이는 자유를 회복하려는 시도로서 금지된 일을 하는 모든 다른 행동에도 똑같이 적용할 수 있다. '실제로 금기는 성적 강박과 성적 도착(倒錯)

을 만들어 내지만, 성적 강박과 성적 도착은 자유를 만들어 내지 못한다.'

자녀의 반항은 여러 가지 다른 방식으로 나타난다. 예의 범절을 무시하는 태도, 너무 먹지 않거나 지나치게 먹는 행위, 공격과 사디즘, 그리고 수많은 자기 파괴적인 행위 등이 그것이다. 반항은 흔히 일종의 전면적 '태업(*slowdown strike*)'—세계에 대한 관심의 소거(消去), 태만, 수동에서부터 가장 병적인 형태의 완만한 자기 파괴에 이르기까지—으로 나타난다. 자녀와 부모 사이의 이 권력 투쟁의 결과가 데이빗 E 섹터(David E. Schecter)의 〈유아의 발달〉이라는 논문의 주제이다. 이 자료는 다음과 같은 사실을 보여 준다. '아동기와 그 이후의 성장 과정에 대한 타율적인 방해는 정신적 병리, 특히 파괴성의 가장 큰 근원이다.'

그러나 자유는 방임이나 방종이 아니라는 것을 분명히 이해해야만 한다. 인간은 특유의 구조로—다른 어떤 종(種)과 마찬가지로—되어 있으며, 이 구조를 통해서만 성장할 수 있다. 자유는 모든 지도 원리'로부터의' 자유를 의미하지 않는다. 그것은 인간 존재의 구조의 법칙(자율적 제한)에 따라 '성장하는' 자유이다. 그리고 가장 알맞은 인간 발달을 지배하는 법칙에 대한 준수를 뜻한다. 이 목적을 촉진시키는 권위는 어떠한 것이라도 '합리적 권위'이며, 이 촉진은 어린이의 능동성, 비판적 사고, 삶에 대한 신념의 동원을 도움으로써 달성된다. 반면 권위 자체를 위한 강요, 어린이의 특유한 구조의 목적에 도움이 되지 않는 타율적인 규범은 '비합리적인 권위'이다.

재산과 이익을 중심으로 한 태도인 소유양식은 필연적으로 힘에 대한 욕망(이라기보다는 필요)을 낳는다. 다른 산 인간을 지배하기 위해선 그들의 저항을 돌파하기 위한 힘이 필요하다. 사유 재산의 지배권을 유지하기 위해서는 타인으로부터 그것을 지킬 만한 힘을 사용해야만 한다. 그들은 우리와 마찬가지로 만족을 모르기 때문에 우리의 재산을 빼앗으려고 한다. 사유 재산을 소유하려는 욕망은 공공연하게 혹은 잠재적인 방법으로 타인의 것을 빼앗기 위해 폭력을 사용하려는 욕망을 낳는다. 소유양식에서는 행복은 타인에 대한 자기의 우월성 속에, 자기의 힘 속에, 그리고 궁극적으로는 정복하고 빼앗고 죽이기 위한 자기 능력 속에 있다. 반면 존재양식에서 행복은 사랑과 나눔과 베푸는 행위 속에 있다.

3 소유양식을 지탱하는 그 밖의 요인

'언어'는 소유 지향을 강화할 때의 중요한 요인이다. 어떤 인물의 이름—우리는 모두 이름이 있다(그리고 만일 현재의 비인격화가 계속된다면 아마 이름 대신 번호를 갖게 될 것이다)—은 그 혹은 그녀가 궁극적이고 불멸의 존재라는 환상을 낳는다. 인물과 이름은 서로 대등하다. 이름은 그 인물이 영속적이고 불후한 실체—과정이 아닌—라는 것을 명시(明示)하기 때문이다. 보통 명사도 똑같은 기능을 갖는다. 사랑·자랑·미움·기쁨은 언뜻 보기에 불변의 실체처럼 보인다. 하지만 사실은 실재성이 없을뿐더러 인간 내부에서 진행되는 과정에 우리가 관계되어 있다는 통찰을 흐리게 할 뿐이다. 아울러 '테이블'이나 '램프'와 같이 '물건'의 이름인 명사까지도 오해를 초래한다. 이런 말들은 우리가 불변의 실체에 대해서 말하고 있음을 보여 준다. 그러나 물건은 우리의 육체 조직 속에 어떤 감각을 일으키게 하는 에너지의 과정에 지나지 않는다. 그리고 이 감각은 테이블이나 램프와 같은 특정한 물건의 '자각'이 아니라, 학습이라는 문화적 과정 즉 어떤 감각에 특정한 표상(表象)의 형태를 띠도록 하는 과정의 결과이다. 우리는 테이블이나 램프와 같은 물건은 본 대로 존재한다고 단순히 믿는다. 사회가 우리에게 감각을 지각(知覺)으로 변모시키게끔 가르치고 있다는 사실을 모르는 것이다. 그러나 실상은 이런 지각이 우리가 주어진 문화 속에서 살아갈 수 있도록 주위의 세계를 조작하고 있다. 일단 이런 표상(表象)에 이름을 붙이고 나면 그 이름은 표상의 궁극적이고 불변하는 실재성을 보증하는 것처럼 보인다.

소유 욕구에는 또 다른 근거가 있다. 바로 '생물학적으로 주어진 살려는 욕망'이다. 우리가 행복하건 불행하건 간에 육체는 불멸을 구하려 노력하도록 우리를 재촉한다. 우리는 인간의 죽음을 경험을 통해 알고 있지만, 그럼에도 불구하고 불멸이라는 것을 자신에게 믿게끔 하는 해결을 찾는다. 이 소망은 여러 가지 형태를 띠어 왔다. 피라미드 속에 안치된 자기의 육체는 불멸할 것이라는 파라오[4]들의 신념, 초기의 수렵 사회의 행복한 수렵원[5]에서 볼 수 있는 사후 생활에 관한 갖가지 종교적 공상, 기독교와 이슬람교의 천국 등이 그 예이

---

4) Pharaoh : 고대 이집트 왕의 칭호.
5) 사후의 낙원을 가리킴.

다. 18세기 이후의 현대 사회에서는 '역사'와 '미래'가 기독교에서 믿는 천국의 대용물이 되었다. 명성, 고명(高名), 심지어 악명까지도—역사 기록의 각주(脚註)를 보증해 줄 만한 것은 무엇이든 간에 한 조각의 불멸을 형성한다. 명성에의 갈망은 한갓 세속적인 허영심에만 그치지 않고 있다. 그것은 이제 전통적인 내세의 존재를 믿지 않는 사람들에게 거의 종교와 같다(특히 정치적 지도자들에게서 두드러지게 나타난다). 사람들에게 알려지는 것이 불멸에의 길을 포장(鋪裝)하고, 선전 업자가 새로운 성직자가 된다.

그러나 다른 어떤 것보다도 재산의 소유가 불멸에의 갈망을 실현하는 데 큰 구실을 할 것이다. 소유 지향이 이토록 강력한 이유가 바로 그 때문이다. 만일 나의 '자아'가 내가 '가지고 있는' 것으로 구성되어 있다면, 가지고 있는 물건들이 불후의 것일 때 나도 불멸하게 된다. 고대 이집트에서부터 오늘에 이르기까지—미라로 실현된 육체적 불멸에서부터 유언을 통한 정신적 불멸에 이르기까지—사람들은 그들의 육체적·정신적 생애의 한계를 넘어 삶을 이어 왔다. 재산 처분은 유언의 법적 효력으로 장래의 몇 세대에 걸쳐 진행된다. 유산 상속법을 통해서 나는—재산의 소유인 한—불멸이 되는 것이다.

4 소유양식과 항문애적 성격

소유양식을 이해하는 데 효과적인 접근은 프로이트의 가장 뜻있는 발견 중의 하나를 상기하는 일이다. 즉, 모든 어린이는 프로이트가 '항문성애(anal-erotic)'라고 칭한 시기를 지난다는 것이다. 이 시기는 한낱 수동적으로 수용하는 유아기 및 그것에 이어지는 공격적 착취적 수용의 시기를 거친 후 성숙기에 달하기 전에 찾아온다. 프로이트의 발견에 의하면 이 시기는 사람의 발달 과정을 줄곧 지배하며 '항문애적 성격'을 발달시킨다. 항문애적 성격이란 자기의 중심 에너지를 돈과 물건뿐만 아니라 감정, 몸짓, 말, 정력까지도 소유하고 절약하며 축적하는 것에 돌리는 성격이다. 그것은 인색한 사람의 성격이며, 유별난 특성, 예를 들면 지나치게 규율적이라든가, 지나치게 꼼꼼하다든가, 지나치게 고집이 세다든가 하는 특성과 결부되어 있다. 이 개념의 중요한 면은 금전과 배설물—황금과 오물—사이의 상징적인 결부이다. 그는 수많은 실례를 들고 있다. 항문애적 성격을 아직 성숙에 도달하지 못한 성격으로 보는 그의 개념은 실은

19세기의 시민 사회에 대한 날카로운 비판이다. 그 사회에서는 항문애적 성격의 여러 가지 특질이 도덕적 행동의 규범을 구성함과 동시에 인간성의 표현으로 간주되었기 때문이다. '금전=배설물'이라는 프로이트의 등식(等式)은 의도된 바는 아니지만 말없는 가운데 시민 사회의 기능과 소유욕을 비판하는 소리이며, 《경제학·철학 원고》에 논술한 마르크스의 금전론에 견줄 만한 뜻매김이다.

이 문맥에서는 프로이트가 리비도[6] 발달의 특정 단계가 일차적이며 성격 형성이 이차적이라고 생각한 것은 별로 중요하지 않다(내 생각에 성격은 유년 시절에 주변 사람들과 맺은 인간관계의 결과이며, 특히 그 형성을 촉진하는 사회적 조건의 산물이다). 문제가 되는 것은 프로이트의 다음 견해이다. 즉 '소유에 대한 지배적인 태도는 완전한 성숙이 달성되기 이전에 나타나며, 만일 그 성향이 계속 나타나면 그것은 병적이다.' 다시 말해 프로이트는 소유에만 전념하는 것은 신경증이자 정신적으로 병든 상태라고 본 것이다. 따라서 대부분의 구성원이 항문애적 성격을 갖고 있는 사회는 병든 사회라는 말이 된다.

5 금욕주의와 평등

대부분의 도덕적·정치적 논의는 '가져야 하느냐, 갖지 말아야 하느냐' 하는 문제에 집중되어 왔다. 도덕적 곧 종교적 차원에서 이것은 금욕적 생활과 비금욕적 생활 사이의 선택을 뜻하며, 후자에는 생산의 즐거움과 무한한 쾌락이 포함되어 있었다. 만일 하나의 행위가 아니라 행위의 밑바닥에 있는 태도에 중점을 둔다면 이 선택은 그 뜻을 거의 잃는다. 금욕적 행동은 언제나 즐거움을 포기하는 데 구애되기 때문에 소유와 소비에 대한 강한 욕망의 부정에 불과할지도 모른다. 금욕적인 사람들은 이런 욕망을 억압할 수 있지만, 소유와 소비를 억제하려는 그 시도 자체가 소유와 소비에 구애되어 있다는 뜻일 것이다. 과잉 보상에[7] 따른 이 자기부정은 정신분석의 데이터가 보여 주듯이 매우 자주 일어난다. 파괴적인 충동을 억압하고 있는 광신적인 채식주의자, 살인 충동을 억압하고 있는 광신적인 인공유산 반대론자, '죄인'의 성향을 억압하고 있는 '미덕'의 광신자와 같은 유형이 여기에 해당한다. 여기서 문제는 어떤 신조 자체가

---

6) libido : (정신분석학에서) 인간 행동의 밑바탕을 이루는 성적 욕망.
7) 어떤 약점을 숨기기 위해 그 반대의 특성을 지나치게 강조하는 것을 말함.

아니라, 그것을 뒷받침하는 광신이다. 이것은 모든 광신과 마찬가지로 다른, 그것도 보통은 반대의 충동을 감추는 데 도움이 되는 것이 아닐까 하는 의문을 불러일으킨다.

경제 및 정치 분야에서는, 소득에 관한 무제한의 불평등과 절대적 평등 사이에서 이와 비슷한 오류의 양자택일을 볼 수 있다. 모든 사람의 소유물이 기능적이고 개인적이라면 누가 타인보다 좀 더 많이 가졌느냐 하는 것은 사회문제가 되지 않는다. 소유는 본질적인 것이 아니므로 부러움을 살 만한 것이 못 되기 때문이다. 반면에 각자의 몫이 엄밀하게 똑같아야 한다는 의미의 평등을 주장하는 사람들은 그들 역시 강한 소유 지향을 가지고 있음을 드러내는 것이다. 다만 엄격한 평등이라는 편견이 이를 가려줄 뿐이다. 이런 관계의 배후에 그들의 진정한 동기가 보인다. 그것은 바로 부러움이다. 아무도 자기보다 더 많이 가져서는 안 된다고 요청하는 사람들은, 이렇게 함으로써 누군가가 조금이라도 더 가질 경우 자기가 느낄 부러움으로부터 자신을 보호하는 것이다. 그러나 사치와 가난이 모두 근절되어야 진정한 평등이다. 평등이 뜻해야 하는 바는 물건한 조각에 이르기까지 똑같이 소유한 양적 균등이 아니라 각기 다른 집단이 서로 다른 생활 경험을 창조할 정도로 소득의 차이가 생기지 않는 것이다.

《경제학·철학 원고》에서 마르크스는 이것을 지적하며 '거칠고 천한 공산주의'라고 불렀다. 모든 영역에서 인간의 개성을 부정하는 이런 유형의 공산주의는 "시기심의 극치이며, 최소한의 소유라는 전제에 바탕을 둔 평준화의 완성에 불과하다".

6 존재적인 소유

우리가 여기서 문제 삼고 있는 소유양식을 완전히 이해하기 위해서는 또 다른 구분, 즉 '존재적인 소유'라는 구분을 알아두어야 한다. 그것은 인간이란 존재는 살아가기 위해서 어떤 물건을 소유하고, 지키고, 손질하여 사용하기를 요구하기 때문이다. 우리의 육체, 음식, 주거, 옷, 필수품을 생산하는 데 필요한 도구류가 이에 해당된다. 이런 형태의 소유는 인간 존재에 뿌리박고 있기 때문에 존재적인 소유라 불러도 좋을 것이다. 그것은 합리성을 지닌 충동이며, 그것이 요구하는 바는 생명을 유지하는 일이다. 존재적인 소유는 우리가 지금까지 다루어온 성격학적인 소유와 대조를 이룬다. 후자는 유지하고 지키려는 정열적인 동인(動因)이며, 선천적인 것이 아니라 생물학적인 종(種)으로서의 인류가 사회 조건의 영향을 받은 결과 발달한 것이다.

존재적인 소유는 '존재'와 충돌하지 않는다. 그러나 성격학적인 소유는 필연적으로 존재와 충돌한다. '정당'하고 '성스러운' 사람일지라도 그가 인간이라면 반드시 존재적인 소유를 바란다─그런데 보통 사람은 존재적인 의미에서 뿐만 아니라 성격학적인 면에서 소유하기를 바란다(《독자적 인간(*Man for Himself*)》에서 존재적·성격학적의 이분법(二分法)에 관해서 논의했으므로 그것을 참조하기 바란다).

제5장
존재양식이란 무엇인가

우리의 대부분은 존재양식보다 소유양식에 대해 더 많이 알고 있다. 그것은 우리 문학 속에서 소유양식 쪽을 훨씬 더 자주 접하게 되기 때문이다. 그러나 그보다 더 중요한 문제는, 존재양식을 정의하는 것이 소유양식을 정의하는 것보다 훨씬 곤란하다는 점이다. 이 두 가지 실존양식의 차이의 본질이 바로 그것이다.

소유가 관계하는 것은 물건이며, 물건은 고정되어 있어 '서술할 수 있다'. 반면 존재가 관계하는 것은 '경험'이며, 인간 경험은 원칙적으로 서술할 수 없다. 완전히 적을 수 있는 것은 우리의 페르소나(persona)—각자가 쓰는 가면(假面), 남에게 보이는 자아(ego)—이다. 왜냐하면 본디 이 페르소나는 물건이기 때문이다. 이것과는 대조적으로 살아 있는 인간은 죽은 이미지가 아니므로 물건처럼 묘사할 수는 없다. 사실 살아 있는 인간은 전혀 기록할 수가 없는 것이다. 확실히 나에 대해서, 내 성격에 대해서, 인생에 대한 나의 모든 태도에 대해서는 많은 이야기를 할 수 있다. 이 통찰에 찬 지식은 나 자신의, 혹은 타인의 정신 구조를 이해하고 묘사하는 데 크게 도움이 된다. 그러나 총체로서의 나, 나의 모든 개성, 그리고 지문처럼 나만이 갖고 있는 나의 본질은 가령 감정이입(感情移入)을 통해서라도 결코 완전히 이해될 수 없다! 그 까닭은 두 사람의 인간이 완전히 같은 경우는 없기 때문이다.[1]

함께 삶의 무도회(舞蹈會)에 참가하고 있는 한, 서로 살아 있는 관계를 맺는 과정에 있는 한, 타인과 나는 양자를 갈라놓은 장벽을 극복할 수는 있다. 그래

---

[1] 이 문제는 최고의 심리학자까지도 부딪히는 한계이다. 이 점에 관하여 나는 〈심리학의 한계와 위험〉(1959)이라는 논문에서 '부정적 심리학'과 '부정적 신학'을 비교하면서 자세히 논했다. 〔원주〕

도 두 사람의 완전한 동일화는 결코 달성될 수 없다.

하나의 행위마저도 완전히 기술하기란 불가능하다. 모나리자의 미소를 몇 페이지에 걸쳐 묘사했다 할지라도 글은 그림에 나타난 미소를 포착할 수 없다. 그것은 그녀의 미소가 표현할 수 없을 만큼 '신비롭기' 때문은 아니다. 모든 사람의 미소는 신비롭다(시장에서 볼 수 있는 일부러 익힌 가짜 미소가 아니라면). 그러나 그 누구도 타인의 눈에 나타나는 관심, 열광, 삶에 대한 희구(希求, biophilia), 혹은 미움, 자기도취, 그리고 사람을 특징짓는 얼굴의 여러 가지 표정, 걸음걸이, 자세, 말의 억양을 완전히 묘사할 수는 없다.

1 능동적이라는 것

존재양식에는 그 전제 조건으로서 독립, 자유, 비판적 이성이 있다. 존재양식의 근본적인 특징은 능동적이라는 것인데, 이는 바쁘다는 외면적 능동성이 아니라 자기의 인간적인 힘을 생산적으로 사용한다는 내면적 능동성이다. 능동적이라는 것은 자기의 능력이나 재능을, 그리고 모든 인간에게—그 정도는 다르지만—주어진 풍부한 인간적인 소질을 표현하는 것을 뜻한다. 그것은 자신을 새롭게 하는 것, 성장하는 것, 넘쳐 나오는 것, 사랑하는 것, 고립된 자아의 감옥을 초월하는 것, 관심을 갖는 것, 귀 기울여 듣는 것, 주는 것을 뜻한다.

이런 경험의 어느 것 하나도 언어로는 완전히 표현하지 못한다. 말이 경험을 채운 그릇이라면, 경험은 그릇에 넘쳐 나온다. 언어는 경험을 가리키지만 경험은 아니다. 경험한 것을 사상과 언어로 표현하는 순간 그 경험은 없어진다. 그것은 말라서 죽고, 한낱 사상으로 바뀌어 버린다. 그러므로 존재는 언어로는 기술할 수 없으며, 경험을 나누어 가짐으로써만 전달할 수 있다. 소유 구조는 죽은 언어가 지배한다. 그러나 존재 구조는 살아 있는, 표현할 수 없는 경험이 지배한다. (물론 존재양식에는 살아 있는 생산적인 사고도 있다.)

존재양식이라면 막스 훈치거(Max Hunziger)가 나에게 알려준 상징만큼 잘 설명해 주는 예도 없을 것이다. 푸른 유리에 빛을 통했을 때 파랗게 보이는 이유는 그것이 다른 빛깔을 모두 흡수해서 통하지 못하게 하기 때문이다. 즉 우리가 유리를 푸르다고 할 수 있는 까닭은 바로 그것이 푸른색의 파장(波長)을 보유하지 않기 때문이다. 즉 소유하고 있는 것이 아니라 방출하는 것이 이름을 결정하는 것이다.

우리가 소유양식, 다시 말해서 비존재(*nonbeing*) 양식을 줄이는—즉 안전감과 동일성을 찾아내기 위해 갖고 있는 것에 매달리거나, '그것을 안고' 있거나, 자아와 소유물에 집착하지 않는—만큼 존재양식은 나타날 수 있다. '존재'는 자기 중심이성과 이기심을 버릴 것을 요구한다. 혹은 흔히 신비주의자들이 말하듯이 자신을 '비우고' '가난하게' 하라고 한다.

그러나 소유 지향을 버릴 수 있는 사람이 몇이나 되겠는가. 존재양식을 선택하려는 시도는 어떠한 것이라도 심한 불안을 일으킨다. 모든 안전이 파괴되고, 헤엄을 칠 줄 모르는 사람이 대양(大洋)에 던져진 것 같은 느낌을 준다. 사람들은 재산이라는 목발을 버리고 나면 자기 본디의 힘으로 혼자 걷기 시작할 수 있다는 사실을 모른다. 그들을 주저앉히는 것은 혼자 힘으로는 걸을 수 없으리란 환상, 소유물이 받쳐주지 않으면 쓰러져 버릴 것이라는 상상이다. 그들은 한번 쓰러져 버리면 결코 다시 일어나 걸을 수 없을 것이라고 두려워하는 어린아이와 같다. 그러나 자연과 인간의 도움이 우리로 하여금 절름발이가 되도록 내버려 두지 않을 것이다. 소유라는 목발을 쓰지 않으면 쓰러져 버릴 것이라고 믿는 이들은 어느 정도 인간의 도움이 필요한 사람들이다.

2 능동성과 수동성

지금까지 기술한 존재는 능동적이라는 능력을 내포한다. 즉 수동성은 존재를 배제(排除)하는 것이다. 그러나 '능동적'이니 '수동적'이니 하는 표현은 가장 많은 오해를 받고 있는 말 중의 하나이다. 그 까닭은 오늘날 그것들의 의미가 고대와 중세에서 르네상스로 시작된 새로운 시대에 이르기까지 쓰여진 의미와 완전히 다르기 때문이다. 존재의 개념을 이해하기 위해서는 먼저 능동성과 수동성의 개념부터 명확하게 짚고 넘어가야 한다.

현대적 용법에서 능동성이란 보통 에너지를 소비해 눈에 보이는 결과를 낳는 행동의 특질이라고 정의된다. 예를 들면 토지를 경작하는 농부는 능동적이라고 불린다. 일관작업장에서 일하는 노동자도, 고객에게 물건을 사도록 권하는 판매원도, 자신이나 남의 돈을 투자하는 투자가도, 환자를 치료하는 의사도, 우표를 파는 우체국 직원도, 서류를 정리하는 관료도 능동적이라고 불린다. 이런 활동 중에 어떤 일은 다른 것보다 더 많은 관심과 집중을 쏟아야 할 수도 있으나, 이것이 '능동성'이란 측면에서 문제가 되지는 않는다. 한마디로 능동성이란 '사회적으로 유용한 변화를 낳는, 사회적으로 용인된 의도적 행동'이라고 정의할 수 있다.

현대적인 의미에서의 능동성은 단지 '행동'만을 가리킬 뿐 행동의 배후에 있는 인물을 가리키지는 않는다. 즉 노예와 같이 외적인 힘에 쫓겨서 능동적인 경우와 불안에 쫓기는 인물과 같이 내적 강박 때문에 능동적인 경우를 구별하지 않는다. 그들이 목수나 창작인, 과학자나 정원사처럼 일에 관심이 있든, 혹은 일관직업장의 노동자나 우체국 직원과 같이 자신의 일에 대해서 내적 관련이나 만족감이 없든 간에 문제가 되지 않는다.

능동성의 현대적 의미는 '능동성'과 단순한 '분주함'을 구별하지 않는다. 그러나 이 둘 사이에는 근본적인 차이가 있으며, 그것은 능동성에 관련된 '소외됨'과 '소외되지 않음'이라는 용어에 대응하고 있다. 소외된 능동성에서의 나는 능동적인 행동의 주체로서의 나를 경험하지 않는다. 오히려 내 능동성의 '결과'를 경험한다. 그것도 '저쪽'에 있는 어떤 것으로, 나와는 격리되어, 나를 초월해 나와 대립하는 어떤 것으로 경험한다. 소외된 능동성에서 나는 정말로 행동하지 않는다. 외적 혹은 내적 힘에 의해서 '움직여질' 뿐이다. 나는 능동성의 결과에서 이미 분리되고 만 것이다. 정신병리학 분야에서 관찰할 수 있는 소외된 능동성의 가장 적절한 예는 강박, 즉 강제 증상이다.

이런 증상을 보이는 사람들은 자신의 의지와는 상반되는 어떤 행동―예를 들면 걸음의 수를 세거나 어떤 글귀를 되풀이해서 외거나 어떤 개인적인 의식을 행하는 일―을 하도록 내적 충동의 강요를 받는다. 이들은 이 목표를 추구하는 일에서는 극단으로 능동적일 수 있다. 그러나 정신분석적 연구가 충분히 보여 주듯이 그들은 자기도 모르는 내적 힘에 의해 움직이고 있는 것이다. 소외된 능동성의 또다른 뚜렷한 예는 최면에 걸린 후의 행동이다. 최면 상태에서 이렇게 혹은 저렇게 하라는 암시를 받은 사람은 최면에서 깨어났을 때, 그 행동을 자기가 결정한 것이 아니란 사실도 모른 채 그대로 행한다. 자신이 최면술사의 명령을 따르고 있다는 사실을 인식하지 못하는 것이다.

이와 달리 소외되지 않은 능동성에서 나는 '나 자신'을 능동성의 '주체'로 경험한다. 소외되지 않은 능동성은 무엇인가를 생산하고, 그 생산물과의 관계를 유지하는 과정이다. 또한 나의 능동성은 나의 힘의 나타남이며, 나와 능동성과 능동성의 결과가 하나라는 의미도 내포하고 있다. 여기서는 이 소외되지 않은 능동성을 '생산적 능동성'이라고 부르겠다.[2]

이 '생산적'이란 말은 화가나 과학자의 창조력처럼 어떤 새로운 것, 혹은 독창적인 것을 창조하는 능력이 아니다. 이는 능동성의 산물이 아니라 능동성의 특질이다. 따라서 그림이나 과학 논문도 아주 비생산적인, 다시 말해 불모(不毛)의 작업일 수도 있다. 반면 한편 자기 자신을 깊이 의식하고 있는 사람, 한 그루의 나무를 그저 보는 것이 아니라 진실로 '보는' 사람, 혹은 시를 읽고 시인이 언어로 표현한 감정의 움직임을 자신의 내부에서 경험하는 사람, 이들은 아무것도 '생산'하지 않지만 매우 생산적일 수 있다. 즉 생산적 능동성은 내적 능동성의 상태를 나타내는 것이다. 따라서 반드시 예술 작품이나 과학기술이나 어떤 '유용한' 것의 창조와 결부되는 것은 아니다. 생산성은 정서적으로 불구(不具)가 아닌 한 모든 인간에게 주어진 성향이다. 생산적인 사람은 자신이 접하는 것은 무엇이든지 활기를 불어넣는다. 그는 자신의 능력을 낳으며 다른 사람들이나 사물에 생명을 부여한다.

'능동성'과 '수동성'은 각각 아주 다른 두 개의 의미를 내포할 수 있다. 단순한 분주함이라는 뜻의 소외된 능동성은 사실 생산성의 차원으로 보자면 '수동성'이다. 한편 분주하지 않다는 뜻에서의 수동성은 소외되지 않은 능동성일 수 있다. 오늘날 이것을 이해하기가 이토록 어려운 이유는 대부분의 능동성은 소외된 '수동성'인 한편, 생산적 수동성은 좀처럼 경험하지 못하기 때문이다.

능동성 – 수동성, 위대한 사상가들의 견해

'능동성'과 '수동성'은 산업 사회 이전의 철학적 전통에서는 현재와 같은 뜻으로 쓰이지 않았다. 이는 당연한 일로, 그때는 노동의 소외가 현재의 그것과 필적할 만한 정도에까지 이르지 못했기 때문이다. 따라서 아리스토텔레스와

---

2) 나는 《자유에서의 도피》에서 '자발적 능동성'이라는 용어를 썼고, 그 이후의 저서에서는 '생산적 능동성'이라는 용어를 썼다. (원주)

같은 철학자는 '능동성'과 단순한 '분주함'을 구별조차 하지 않았다. 아테네에서 소외된 노동은 모두 노예들의 몫이었기 때문에, 육체 노동을 포함하는 일은 *Praxis*(실천)의 개념에서 제외됐을 것이다. Praxis란 '자유로운' 사람이 행할 가능성이 있는 거의 모든 종류의 능동성만을 가리키는 용어로, 본디 아리스토텔레스가 사람의 자유로운 능동성을 나타내기 위해 사용했던 말이다(니콜라스 로브코비츠(Nicholas Lobkowicz)의 《이론과 실천(*Theory and Practice*)》참조).

이러한 배경에 따라 주관적으로 무의미하고 소외되고, 틀에 박힌 일상이 되어 버린 노동의 문제는 자유로운 아테네 시민들에게는 거의 제기될 수가 없었다. 따라서 그들의 자유가 함축하고 있는 것은 생산적이며 의미가 있는 능동성이었다. 그들은 노예가 아니었기 때문이다.

아리스토텔레스가 현재의 능동성과 수동성의 개념을 생각하지 않았다는 사실은, 그가 생각하는 가장 고귀한—정치적인 능동성까지도 초월한—형태의 실천, 즉 능동성이란 진리 탐구에 전념하는 '관조적 생활'이라고 했다는 점을 생각할 때 아주 뚜렷해진다. 그로서는 '관조(觀照)'를 비능동성의 한 형태라고 생각하는 것은 있을 수도 없는 일이었다. 아리스토텔레스는 관조를 우리의 최상의 부분, 즉 누스의[3] '능동성'이라고 생각한다. 노예도 자유인과 똑같은 감각적 쾌락을 즐길 수는 있다. 그러나 에우다이모니아(*eudaimonia*), 즉 '복리(福利)'는 쾌락에 있는 것이 아니라 '덕과 일치한 능동성'에 있다(《니코마코스 윤리학》1177a, 2이하).

아리스토텔레스의 사상과 마찬가지로 토마스 아퀴나스의 견해도 현대의 능동성의 개념과는 대조적이다. 아퀴나스 역시 내적 평온과 정신적 지식에 전념하는 생활, 즉 관조적 생활(*vita contemplativa*)이 인간 능동성의 최고 형태라고 했다. 그는 인간의 모든 능동성이 지향하는 목표가 복리이고, 인간이 자기의 정열과 육체를 제어할 수 있다면—이 조건이야말로 결정적이다—보통 사람의 일상생활 즉 능동적 생활(*vita activa*)도 유익하며, 복리(*beatitudo*)를 가져온다는 사실을 인정했다(토마스 아퀴나스《신학대전》2~2 : 182, 183과 1~2 : 4, 6).

그러나 관조적 생활과 능동적 생활의 문제는 이 점을 훨씬 초월하고 있다.

---

3) nous : 그리스어로 정신, 지성을 의미함.

다시 말해서 아퀴나스의 태도가 일종의 타협적인 데 반해 마이스터 에크하르트와 동시대 인물이었던 《미지의 구름》의 저자는, 능동적 생활의 가치를 날카롭게 부정했고, 에크하르트는 그것을 크게 찬양하는 견해를 분명히 피력하고 있기 때문이다. 그러나 이 모순은 겉보기만큼 그렇게 뚜렷하지 않다. 그 이유는 능동성은 궁극적으로 윤리적이고 정신적인 요구에 뿌리박고 있으며, 그것을 표현할 경우에만 '건전'하다는 데 두 사람이 모두 동의하기 때문이다. 이러한 이유에서 이들 모든 교사의 분주함, 즉 사람들의 정신적인 기초에서 떨어져 나간 능동성은 배척되어야 하는 것이다.[4]

스피노자는 한 인간으로서, 또 한 사상가로서 그보다 약 4세기 전인 에크하르트가 살았던 시대의 정신과 가치를 구현했다. 그런 한편 그 시대의 사회와 보통 인간에게 나타난 변화도 날카롭게 관찰했다. 그는 근대의 과학적 심리학의 창시자요, 무의식의 차원을 발견한 사람 가운데 하나였다. 이와 같은 통찰력으로 그는 어떤 선배 사상가보다 능동성과 수동성의 차이를 더 체계적이고 정확하게 분석했다.

《에티카(윤리학)》에서 스피노자는 능동성과 수동성(행동하는 것과 겪는 것)을 정신 작용의 두 가지 기본적인 면으로 구별한다. '행동하는 것'의 첫째 기준은 행위가 인간성의 결과로서 나오는 것이다. "우리의 내부나 외부에서 우리 자신이 타당한 원인이 되는 어떤 일이 행해질 때, 다시 말해서 우리의 내부나 외부에서 우리 본성의 결과로써 어떤 일이 생기고 그것이 본성만으로 명백하고 분명하게 이해될 때, 우리는 행동한다고 말한다. 반면 우리 내부에서 어떤 일이 이루어지고 혹은 우리 본성의 결과로써 어떤 일이 생기는데 우리가 부분적으로만 그 원인이 될 때, 우리는 겪는다(즉 스피노자의 의미에서는 수동적인 것)고 나는 말한다"(《에티카》 3, 정의 2).

현대의 독자는 이런 문장을 이해하기 힘들 것이다. '인간의 본성'이라는 용어는 논증할 수 있는 어떠한 경험적 사실에도 대응하지 않는다고 생각하는 데에 익숙해져 있기 때문이다. 그러나 스피노자는 아리스토텔레스와 마찬가지로 그렇게 생각하지 않는다. 말(馬)의 본성이 말의 특징이듯이 인간의 본성은 인간의

---

4) W 랑게(W. Lange), N 로브코비츠(N Lobkowicz) 그리고 D 미이트(D. Mieth)(1971)의 저작들에서 이 관조적 생활과 능동적 생활의 문제에 대해 더욱 자세한 통찰을 읽을 수 있다. [원주]

특징이라고 믿는다. 또 선 혹은 악, 성공 혹은 실패, 행복 혹은 고통, 능동성 혹은 수동성의 문제도 사람이 자기 종(種)으로서의 본성에 얼마나 적합한 실현을 달성할 수 있느냐와 관련되어 있다고 확신한다. 우리가 인간 본성의 전형(典型)에 접근하면 할수록 자유와 복리는 증대하는 것이다.

스피노자가 생각한 인간의 전형에서 능동성이라는 속성은 또 하나의 속성인 이성(理性)과 불가분의 관계에 있다. 우리가 우리 존재의 조건에 따라 행동하고, 이들 조건을 현실적이고 필연적인 조건으로 의식하는 한 우리는 우리 자신의 진실을 알고 있다. "우리의 정신은 때로는 행동하고 때로는 겪는다. 정신이 타당한 관념을 갖는 한 그것은 필연적으로 행동하고, 타당하지 않은 관념을 갖는 한 필연적으로 겪는다"(《에티카》 3, 정리 1).

욕망은 능동적 욕망(*actiones*)과 수동적 욕망(*passiones*)으로 나뉜다. 전자는 우리 존재의 조건(자연 그대로이며 병적인 왜곡이 아닌)에 뿌리박고 있으며, 후자는 여기서 벗어나 내부 혹은 외부의 왜곡된 조건을 원인으로 삼고 있다. 또 전자는 우리 자유의 정도에 따라 존재하며, 후자는 내부 혹은 외부의 힘을 근원으로 삼고 있다. 모든 '능동적 정서'는 필연적으로 선이다. '정열'5)은 선할 수도 있고, 악할 수도 있다. 스피노자에 따르면, 능동성, 이성, 자유, 복리, 기쁨 그리고 자기완성은 서로 결부되어 있어 떼어 놓을 수가 없다—수동성, 비합리성, 속박, 슬픔, 무력(無力) 그리고 인간성의 요청에 반하는 노력이 그렇듯이 말이다.(《에티카》 4, 부록 2, 3, 5. 정리 40, 42).

정열과 수동성에 관한 스피노자의 관념을 완전히 이해하려면 그의 사고의 마지막—그리고 가장 현대적인—단계에까지 추적해야만 한다. 다시 말해서 비합리적인 정열에 의해 움직이는 것은 정신적으로 병들었다는 것이 그의 생각이다. 가장 알맞은 성장을 하게 되면 우리는 그만큼 비교적 자유롭고 강하고 합리적이고 기쁨에 넘칠 뿐 아니라 정신적으로도 건강해진다는 것이다. 그러나 이 목표에 도달하지 못하는 경우 우리는 그만큼 부자유스럽고 약해지고 합리성이 결여되고 억압당한다는 것이다. 내가 아는 한 스피노자는 정신의 건강과 질환이 각각 올바른 삶과 그릇된 삶의 결과라고 주장한 최초의 근대 사상

---

5) passion에는 '수동'의 뜻도 있다.

가이다.

스피노자의 견해로는 정신 건강은 결국 올바른 삶의 결과이며, 정신 질환은 인간성의 요구에 따라 살고 있지 않다는 징후이다. "'탐욕스러운' 사람이 돈과 소유물만을 탐하고, 야심가가 명예만을 추구한다 해도 사람들은 그들을 불쾌하게 여기고 경멸할 뿐, 정신 이상이라고 생각하지 않는다. 그러나 '실제로' 탐욕과 야심 따위는 정신 이상의 하나이다. 보통 사람들은 이런 것을 '병'이라고 생각하지 않지만 말이다."《에티카》 4, 命題 40). 우리 시대의 사고와는 거리가 먼 이 말에서 스피노자는 인간성의 요구에 합당하지 않는 정열을 병적이라고 보고 있다. 실제로 그는 그것들을 정신병의 하나라고까지 부르고 있는 것이다.

스피노자의 능동성과 수동성의 개념은 산업 사회에 대한 가장 극단적인 비판이다. 돈이나 소유나 명성에 대한 탐욕을 원동력으로 움직이는 사람들을 정상적이고 사회에 잘 순응한다고 보는 오늘날의 신조와는 대조적으로, 스피노자는 그들을 매우 수동적이며 근본적으로 병든 사람이라고 보는 것이다. 스피노자가 생각한 능동적 인간은, 그 자신이 몸소 생활에서 체현(體現)했지만, 오늘날에 와서는 예외적인 인물이 되고 말았다. 오히려 그들은 이른바 정상적인 활동에는 거의 순응하지 않기 때문에 노이로제에 걸린 것이 아닌가 하고 여겨지는 형편이다.

마르크스는 《경제학·철학 원고》에서 '자유롭고 의식적인 능동성'(즉 인간의 능동성)은 '인간의 종(種)으로서의 성격'이라고 썼다. 노동은 그에게 인간의 능동성을 표현하며 인간의 능동성은 생명이다. 한편 마르크스에게 자본은 축적된 것, 과거, 그리고 결국은 죽은 것을 표현한다(《경제학 비판 요강》). 마르크스가 자본가와 노동자의 투쟁에 대해서 갖고 있던 감정적 전하(電荷)를 완전히 이해하기 위해서는, 그것이 그에게는 삶과 죽음, 현재 대 과거, 인간 대 사물, 존재 대 소유의 싸움이었음을 이해해야만 한다. 마르크스가 던지는 물음은 '누가 누구를 지배해야 할 것인가'—생자(生者)가 사자(死者)를 지배할 것인가, 아니면 사자가 생자를 지배할 것인가—였던 것이다. 따라서 사회주의는 생자가 사자를 이긴 사회를 나타내고 있었다.

마르크스가 자본주의에 가한 모든 비판과 그의 사회주의의 이상이 뿌리박고 있는 개념은, 인간의 자발적 능동성은 자본주의 체제에서는 마비되므로 인생의 모든 분야에서 능동성을 회복함으로써 완전한 인간성을 회복하는 데 목적을 두어야 한다는 것이다.

고전학파 경제학자들로부터 영향을 받은 여러 가지 정식화(定式化)는 있다 할지라도, '마르크스가 인간을 역사의 수동적인 대상으로 만듦으로써 인간에게서 그 능동성을 빼앗은 결정론자였다'는 상투적인 표현은 그의 사고와는 정반대되는 말이다. 이는 문맥에서 뽑아낸 몇몇 고립된 문장만이 아니라 마르크스를 제대로 읽은 사람이면 누구나 쉽게 납득할 수 있을 것이다. 마르크스의 견해는 그의 다음과 같은 말에 더없이 명확하게 표현되어 있다. "역사는 아무것도 하지 않는다. 그것은 어떠한 많은 부(富)를 가지고 있지도 않으며, '어떠한 투쟁도 하지 않는다'. 오히려 인간—현실의 살아 있는 인간—이야말로 모든 것을 행하고 소유하고 투쟁한다. '역사'가 마치 독립된 존재가 되어 자신의 목적을 수행하는 수단으로 인간을 사용하는 것은 결코 아니다. 오히려 역사는 자기의 목적을 추구하는 인간의 능동성에 지나지 않는다"(마르크스와 엥겔스 《성스러운 가족》).

현대인으로서 현대 능동성의 수동적인 성격을 알베르트 슈바이처만큼 통찰력을 갖고 감지(感知)한 사람은 없다. 그는 문명의 쇠퇴와 회복에 대한 연구에서, 현대인은 부자유스럽고 불완전하며, 집중력이 없고 병적으로 종속적인 데다 '참으로 수동적'이라고 결론 내렸다.

3 현실로서의 존재

지금까지 나는 존재의 뜻을 기술하기 위하여 그것을 소유와 대비시켜 왔다. 그러나 존재에는 또 다른 중요한 뜻이 있는데, 그것은 '보이는 것'과 대비시킴으로써 드러난다. 만약 내가 친절해 보이지만 그것이 착취성을 감추는 가면에 불과하다면, 만약 내가 용기가 있는 듯 보이지만 실제로는 매우 허영심이 강하거나 자학적인 성격이라면, 만약 내가 조국을 사랑하는 것처럼 보이지만 실제로는 나만의 이익을 추구한다면, 외관, 즉 나의 현재 행동은 나를 움직이는 진정한 힘과는 극단적으로 모순된다. 나의 행동은 나의 성격과 다르다. 나의 성격 구조가 행동의 진정한 동기(motivation)이며, 그것이 내 현실의 존재를 구성하고 있다. 나의 행동은 부분적으로는 나의 존재를 반영할지 모르지만, 그것은 보통 내가 가지고 있다가 목적을 위해 쓰는 가면에 불과하다. 행동주의는[6] 이 가면을 마치 신뢰할 수 있는 과학적인 자료처럼 다룬다. 진정한 통찰은 내적 현실에 촛점을 맞추지만, 그것은 보통 의식할 수도 직접 관찰할 수도 없는 것이다. 에크하르트가 '가면을 벗긴다'고 표현한 이 존재의 개념이 스피노자와 마르크스의 사상의 중심이며, 프로이트의 기본적인 발견이다.

행동과 성격의 엇갈림, 가면과 그것이 가리는 현실의 엇갈림은 프로이트가 정신분석에서 성취한 주요 성과이다. 그는 유년 시절에 억압된 본능적(본질적으로는 성적) 욕망을 밝히는 방법(자유 연상, 꿈의 분석, 감정전이(轉移),[7] 저항)[8]을 고안했다. 정신분석의 이론과 치료가 그 후 계속 발달하여 본능보다는 유년기의 대인관계와 관련된 충격적인 사건에[9] 중점을 두게 되었을 때에도 원리는 여전히 똑같았다. 즉 억압되는 것은 초기의, 그리고—내가 믿는 바로는—후일의 충격적 욕망과 공포이며, 개개의 증세나 보다 일반적인 불쾌감에서 회복되는 방법은 이 억압된 요소를 밝히는 데 있다는 것이다. 바꾸어 말하면 억압되는 것은 경험의 비합리적, 유아적, 개인적인 요소이다.

한편 정상적인, 다시 말해서 사회적으로 순응한 시민의 상식적인 생각은 합리적이며 심층 분석할 필요가 없다고 여겨지고 있었다. 그러나 이것은 전혀 잘못된 생각이다. 우리의 의식적인 동기·개념·신조는 거짓된 정보·편견·비합리적인 정열·합리화·선입관의 혼합물이다. 그 속에 진실의 작은 조각들이 여기저기 떠다니면서 모든 혼합물이 현실이며 참이라는 거짓된 확신을 심어 주고 있다. 사고 과정은 이 환상의 구정물을 그럴싸한 논리 법칙으로 조화시키려고 한다. 우리는 이러한 의식 수준이 현실을 반영한다고 상상한다. 그리고 그것은 우리가 삶을 조직화하는 데 쓰는 지도가 된다. 이 거짓된 지도는 억압되지 않는다. '억압되는 것은 현실의 지식이요, 진실한 것에 대한 지식이다.' 그래서 "무의식이란 무엇인가?"라는 질문에 대한 답은 틀림없이 다음과 같을 것이다. "비합리적

---

6) behaviorism : 심리학을 객관적인 과학으로 만들려면 객관적인 행동을 대상으로 해야 한다는 주의.
7) 유아기에 특정한 인물에 대해 품었던 감정을 후에 다른 인물에게 옮기는 것을 말함.
8) 억압된 사고나 감정을 의식화하려는 시도에 반하여 작용하는 내적인 저항을 가리킴.
9) 트라우마(trauma) : 후유증을 남길 만큼 강력한 정신적 쇼크.

인 정열을 빼놓으면 진실에 대한 지식은 거의가 다 무의식이다." 무의식은 근본적으로는 사회에 의해 결정되고, 사회는 비합리적인 정열을 낳으며 그 구성원들에게 갖가지 허구를 공급해 주고 나아가서는 진실을 합리성의 포로로 만들어 버리고 만다.

진실이 억압된다는 말은 물론 우리가 진실을 알고 있으면서 그 지식을 억압한다는 전제, 다시 말해 '무의식의 지식'이 존재한다는 전제에 바탕을 두고 있다. 내가 정신분석—타인의 그리고 나 자신의—에서 얻은 경험에 따르면 이것은 확실히 진실이다. 우리는 현실을 지각하며 또 지각할 수밖에 없다. 우리가 현실에 직면했을 때 감각이 보거나 듣거나 냄새 맡거나 접촉하기 위해 조직화되듯이, 이성은 현실을 인식하기 위해 즉 사물을 있는 그대로 보고 진실을 지각하기 위해, 조직화된다. 내가 가리키는 현실이란 물론 과학적인 도구나 방법이 있어야만 지각할 수 있는 종류는 아니다. 집중하여 '봄'으로써 인식할 수 있는, 특히 우리 자신과 타인의 내부에 있는 현실을 가리키는 것이다. 우리는 위험한 인물이나 완전히 신뢰할 수 있는 사람을 만날 때, 그 사실을 안다. 또 거짓말을 들었을 때, 착취를 당하거나 바보 취급을 당했을 때, 자신을 속였을 때 그 사실을 안다. 우리의 조상들이 별의 운행에 관해서 놀랄 만한 지식을 가지고 있었던 것처럼 우리는 인간 행동에 관해서 알아야 할 거의 모든 것을 알고 있다. 그러나 우리 조상들이 그 지식을 '의식하고' 이용한 데 반해 우리는 지식을 떠오르려는 순간 곧 억압한다. 왜냐하면 만일 그것을 의식한다면 인생이 너무나도 곤란한, 그리고 우리가 스스로 믿는 것처럼 너무나도 '위험한' 것으로 되기 때문이다.

이 말에 대한 증거를 찾기란 어렵지 않다. 그것은 우리가 타인과 자기 자신의 본질에 대한 깊은 통찰력을 발휘하는 허다한 꿈 속에 존재한다. 그러한 통찰력은 낮에는 절대로 얻을 수 없다(나의 《잊어버린 언어(*The Forgotten Language*)》에는 '통찰적인 꿈'의 여러 가지 보기가 포함되어 있다.) 그것은 제각기 일어나는 반작용, 즉 우리가 어떤 사람을 갑자기 전과는 전혀 다르게 보거나, 마치 지금까지 쭉 그렇게 알고 있었던 것처럼 느낄 때 입증된다. 그것은 고통스러운 진실이 의식의 표면에 떠오르려고 할 때 일어나는 저항 현상에서 발견할 수가 있다. 또 말을 더듬는다든지 어색한 표정을 짓는다든지, 최면상태에 빠진다든지, 혹은 자기가 항상 믿고 있다고 주장하던 것과 정반대되는 어떤 말을 방백(傍白)처럼 말하고는 곧 이것을 잊어버린 듯이 보일 때 발견할 수 있다.

실제로 우리 에너지의 상당량이 우리가 알고 있는 것을 우리 자신으로부터 감추기 위해 소비되고 있으며, 이런 억압된 지식의 양은 아무리 높이 평가해도 좋을 만큼 엄청나다. 탈무드의 전설은 이 진실 억압의 개념을 시적(詩的)으로 표현하고 있다. 아기가 태어나면 천사가 그 아이의 머리를 만져 태어나는 순간에 가지고 있던 진실의 지식을 잊게 한다는 것이다. 만약 그렇게 하지 않는다면 아이의 삶은 견디기 어려운 생활의 연속이 될 것이기 때문이다.

우리의 주요한 명제(命題)로 다시 돌아가자. '존재'는 거짓된 환상과는 대조적으로 현실과 관련이 있다. 이런 뜻에서 존재의 영역을 증대시키려는 모든 시도는 자기와 타인 그리고 주변 세계의 현실에 대한 통찰을 증대시킨다. 유대교와 기독교의 주된 윤리적 목적—탐욕과 미움을 극복하는 일—을 실현하기 위해서는, 불교의 중심을 이루고 유대교와 기독교에서도 중요한 자리를 차지하는 또 하나의 요인이 필요하다. 바로, 표면을 꿰뚫고 존재로 가는 길을 열어 현실을 통찰하는 것이다.

4 주고, 공유하고 희생하려는 의지

현대사회에선, 소유의 실존양식이 인간성에 뿌리박고 있으므로 사실상 바꿀 수 없는 것으로 여겨진다. 사람들은 근본적으로 게으르고, 선천적으로 수동적이며, 물질적 이익이나……굶주림이나……또는 징벌의 공포라는 자극을 받지 않는 한 어떤 일도 하려 들지 않는다는 정설 속에도 이와 같은 생각이 녹아들어 있다. 의심받는 일이 거의 없는 이 정설은 우리의 교육방법과 작업방식을 결정하고 있다. 그러나 이것은 사회적인 계약이 인간성의 요구에 따르고 있다는 이유를 들어 그 가치를 증명하려는 소망의 표현일 뿐이다. 과거와 현재의 여러 다른 사회 구성원들에게는 인간의 선천적 이기심이나 게으름이라는 개념이 공상처럼 들릴 것이다. 그 반대 개념이 우리에게 그렇게 들리듯이 말이다.

사실 소유의 실존양식과 존재의 실존양식은 모두 인간성의 가능성이다. 생존을 향한 우리의 생물학적 충동은 소유양식을 촉진시키려 하지만, 그렇다고 이기심과 게으름만이 인간의 본성은 아니다.

우리 인간에게는 날 때부터 깊이 뿌리박힌 존재하고 싶다는 욕구가 있다. 그것은 우리의 능력을 표현하고, 능동적으로 타인과 관계를 맺고, 이기심의 감옥에서 벗어나려는 욕구이다. 이 말의 진실성을 증명할 만한 증거는 너무나 많기 때문에 그것만으로도 쉽게 책 한 권을 메울 수 있으리라. D.O. 헵(D.O. Hebb)은 문제의 요지를 가장 일반적인 형태로 정식화(定式化)하여 이렇게 표현했다. "행동에 관한 유일한 난제는 능동성이 아니라 비능동성을 설명하는 일이다." 다음의 자료는 이 일반적인 명제의 증거이다.[10]

(1) 동물의 행동 : 실험과 직접 관찰 결과, 많은 종(種)이 물질적 보상이 주어지지 않을 때에도 어려운 일을 기꺼이 했다.

(2) 신경 생리학적 실험 : 신경세포에 내재(內在)하는 능동성을 분명히 밝혀 준다.

(3) 유아의 행동 : 최근의 연구는 유아에게 복잡한 자극에 능동적으로 반응하는 능력과 요구가 있음을 보여 준다─유아는 외부의 자극을 위협으로 느끼기 때문에 그 위협을 제거하기 위해서 공격성을 발휘한다는 프로이트의 가정과는 대조적인 발견이다.

(4) 학습 행동 : 아동과 청년이 게을러지는 이유는, 무미건조한 학습재료가 제공되어 그들의 진정한 관심을 불러일으키지 못하기 때문임을 보여준다. 만일 강제와 권태가 사라지고 학습 재료가 생생한 방식으로 제공된다면 놀랄 만한 능동성과 창의력이 발휘될 것이다.

(5) 작업 행동 : E 메이요(E. Mayo)의 고전적인 실험 결과에 따르면, 비록 매우 권태로운 작업일지라도, 아래처럼 인식하는 노동자는 그 일을 매우 흥미진진하게 한다고 한다. '나는 호기심과 협력심을 불러일으킬 만한 능력이 있으며, 게다가 생명력과 타고난 재능이 있는 인물이 행하는 실험에 참여하고 있다.' 이와 똑같은 결과가 유럽과 미국의 수많은 공장에서도 분명히 나타나고 있다. 경영자들이 생각하는 전형적인 노동자는 이러하다. '노동자는 능동적인 참여에는 관심이 없다. 그들이 원하는 것은 보다 높은 임금뿐이다. 그러므로 이익 분배는 보다 높은 생산성의 원인이 되지만 노동자의 참여는 그렇지 않다.' 여기서

---

10) 나는 이 증거의 일부를 《인간 파괴성의 해부(*The Anatomy of Human Destructiveness*)》에서 다루었다. (원주)

경영자가 생각하는 노동 조건은 그릇되지 않았다. 그러나 경험이 보여 주는 바에 따르면—많은 경영자가 이를 믿는다—노동자가 자신의 작업에 진정으로 능동적이 되고, 책임을 지며, 또 지식을 충분히 쌓는다면, 전에는 무관심했던 사람들도 크게 달라져서 놀랄 만한 창의성·능동성·상상력을 발휘하고 만족감을 얻게 된다는 것이다.[11]

(6) 사회 생활과 정치 생활에서 찾아볼 수 있는 풍부한 자료 : 사람들은 희생하기를 거부한다는 생각이 잘못되었다는 것은 잘 알려진 사실이다. 처칠은 제2차 세계대전이 시작되었을 때, 영국 국민에게 요청하는 것은 피와 땀과 눈물이라는 성명을 발표했다. 그는 국민들을 망설이게 하기는커녕 오히려 그들 마음속 깊이 자리잡고 있는 인간의 희생 욕구, 자신을 바치려는 인간의 바람에 호소했던 것이다. 적군이 인구 밀집 지역에 무차별 폭격을 감행했을 때 영국인이 보인—독일인이나 러시아인도 마찬가지였다—저항은, 공동의 고통이 그들의 기상을 꺾지 못했음을 보여준다. 그것은 오히려 그들의 저항을 강화시켰으며, 위협 폭격이 적의 사기를 꺾어 전쟁 종결에 도움이 된다고 믿었던 사람들의 생각이 잘못되었음을 입증했다.

그러나 희생이라는 인간적인 결의를 동원할 수 있는 시기는 평화시가 아니라 전쟁과 고통의 날이며, 평온한 시대에는 주로 이기심이 드러나는 모양이라는 것은 우리 문명에 대한 슬퍼해야 할 비판이다. 다행히 평화시에도 상황에 따라서는 헌신과 연대(連帶)를 위해 일어서는 개인이 있다. 노동자 파업, 특히 제1차 세계대전 전까지의 파업은 이처럼 본질적으로 비폭력적인 행동의 한 예이다. 노동자들은 더 높은 임금을 요구했지만 동시에 그들 자신의 존엄성과 인간적 연대를 경험하는 만족감을 위해 싸웠고, 혹심한 고난을 달게 받았다. 또한 그때의 파업은 경제적인 현상인 동시에 '종교적'인 현상이기도 했다. 이런 파업은 오늘날에도 일어나기는 하지만 요즘은 보통 경제적인 이유에서 감행된다—그리

---

11) 근간 예정인 《뛰어난 솜씨–새로운 기업 지도자들(*The Gamesman : The New Corporate Leaders*)》(저자의 호의로 원고를 읽을 수 있었다)에서 마이켈 맥코비(Michael Maccoby)는 최근에 행해진 몇 가지 민주적 참여 계획을 언급하는 동시에 특히 볼리바 계획에 대한 자신의 연구를 설명하고 있다. 볼리바는 또 다른 계획과 함께 맥코비가 현재 기획 중인 보다 광범위한 저작의 주제가 될 것이다. (원주)

고 최근에는 보다 나은 노동 조건을 요구하는 파업이 증가하는 추세이다.

주려는 욕구, 나누려는 마음, 기꺼이 희생하려는 의지는 아직도 간호원, 의사, 수도사, 수녀 등의 직업인들에게서 찾아볼 수 있다. 물론 이들 가운데서도 사람을 돕고 희생을 치르려는 목적을 말로만 떠벌리는 이들이 꽤 많다. 그러나 이들 가운데 많은 사람의 성향이 그들이 제창하는 가치와 일치한다. 우리는 이것과 똑같은 가치가 여러 세기에 걸쳐 종교적이거나 사회주의적이거나 혹은 휴머니즘적인 많은 공동체에서 주창되었음을 발견할 수 있다. 또한(대가 없이) 베풀려는 의지를 헌혈하는 사람들에게서, 또 자기의 목숨을 바쳐 타인의 생명을 구하는 많은 이들에게서 볼 수 있다.

진심으로 사랑하는 연인 사이에서도 주려는 의지는 생명력을 얻는다. '거짓된 사랑', 즉 이기심을 공유하는 관계는 사람을 더욱 이기적으로 만든다(주위에서 종종 볼 수 있는 모습이다). 그러나 진정한 사랑은 사랑의 능력과 베푸는 능력을 증대시킨다. 참마음으로 사랑하는 사람은 한 사람에 대한 사랑을 통해 전 세계를 사랑하는 것이다.[12)]

적지 않은 사람들, 특히 부유한 가정의 많은 젊은이들이 자신을 둘러싼 사치와 이기심을 견딜 수 없어 한다. 자녀들이 '원하는 것은 뭐든지 갖고 있다'고 생각하는 어른들의 기대와는 달리, 그들은 생기없는 고립된 생활에 반항한다. 그들이 갖고 싶은 것은, 그들이 갖지 못한 것이기 때문이다.

이에 대한 예를 과거의 역사에서도 찾을 수 있다. 로마제국의 부유층 자녀들은 가난과 사랑의 종교를[13)] 신봉(信奉)했다. 또 불타는 왕자로서 자신이 원하는 모든 쾌락과 사치를 누릴 수 있었지만, 소유와 소비는 불행과 고통을 가져온다는 사실을 깨달았다. 좀 더 최근의 예(19세기 후반)로는 러시아 상류 계급의 자

---

12) 주고 나누려는 인간 본래의 충동을 이해하는 데 가장 중요한 자료 중의 하나는 P. A. 크로포트킨(Kropotkin, pyotr Alekseevich)의 고전 《상호부조론》(1902)이다. 또 다른 중요한 저서 두 권으로는 리처드 티트머스(Richard Titmus)의 《선물 관계-인간의 혈액에서부터 사회 정책에 이르기까지(*The Gift Relationship* : From Human Blood to Social Policy)》 (저자는 사람들의 주려는 소망을 지적하고, 우리의 경제 체제 때문에 사람들이 주는 권리를 자유로이 행사할 수 없다고 강조한다)와 에드먼드 S 펠프스(Edmund S. Phelps)가 엮은 《이타주의와 도덕 및 경제이론(*Altruism, Morality and Economic Theory*)》을 들 수 있다. [원주]

13) 기독교를 가리킴.

녀였던 나로드니키(Narodniki)를 들 수 있다. 자신들이 속한 신분계급의 나태와 불공평한 생활을 더는 견디기 어렵다고 느낀 이 젊은이들은 가족을 버리고 가난한 소작인에게 가담했다. 그리고 그들과 함께 생활하면서 러시아 혁명 투쟁의 기초를 닦는 데 이바지했던 것이다.

우리는 이와 비슷한 현상을, 미국과 독일의 부유층의 자녀들 가운데서도 볼 수 있다. 그들은 풍족한 생활을 무의미하다고 생각한다. 그리고 그 이상으로 가난한 사람들에게 냉담하고, 자국중심주의로 점차 핵전쟁의 기류를 타는 이 세계의 풍조를 견딜 수 없어한다. 이리하여 그들은 가정환경에 등을 돌리고 새로운 생활양식을 찾는다─그리고 건설적인 노력이 성공할 가망이 보이지 않아 여전히 불만에 싸여 있다. 그들 대부분은 젊은 세대 가운데서도 본래 가장 이상주의적이고 감수성이 예민한 사람들이었으나, 전통, 성숙, 경험, 정치적인 지혜가 부족한 탓에 자포자기에 빠지게 된다. 아니면 자신의 능력과 가능성을 과대평가하는 자기도취에 빠져 불가능한 일까지도 폭력으로 달성하려고 한다. 그래서 이른바 혁명 집단을 결성하여 테러와 파괴로 세계를 구제하겠다는 기대를 하지만, 그것이 단지 폭력과 비인간성이라는 일반적 경향에 기여하고 있을 뿐이라는 사실을 깨닫지 못한다.

그들은 사랑하는 능력을 상실하고, 그 대신 자신의 생명을 희생하려는 소망을 갖게 되었다(자기희생은 이따금 사랑을 열망하면서도 사랑의 능력을 상실한 사람들의 해결책이 된다. 그들은 자기의 생명을 희생하는 데서 가장 고도의 사랑을 경험하는 것이다). 그러나 이들 자기희생적인 젊은이들은 '사랑의 순교자', 즉 삶을 사랑하기에 살기를 바라고, 자신을 배반하지 않기 위해 죽어야 할 때만 죽음을 받아들이는 사람들과는 크게 다르다. 현재 우리 사회의 자기희생적인 젊은이들은 피고인 동시에 원고다. 현대의 사회체제에서 가장 뛰어난 젊은이들 가운데 몇몇이 고립과 절망에 빠져 버리며, 그 절망에서 벗어나는 길은 파괴와 광신밖에 없음을 입증해 주고 있기 때문이다.

다른 사람들과의 일체화를 경험하려는 인간의 욕망은, 인간의 특징인 독특한 존재 조건에 뿌리박고 있으며, 인간 행동의 가장 강렬한 동인(動因) 가운데 하나이다. 본능적인 결정 요소의 최소화와 이성적 능력의 최대화를 조합함으로써 우리 인간은 본래 있었던 자연과의 일체성을 상실했다. 따라서 완전한 고립감—그것은 실로 우리를 정신이상에 빠지게 할 것이다—을 느끼지 않기 위해서는 동포와 자연과의 새로운 결합을 찾아내야만 했다. 다른 존재와의 결합을 원하는 이 인간의 욕구는 여러 가지 방식으로 경험된다. 즉 어머니, 우상, 부족(部族), 민족, 계급, 종교, 결사(結社), 직업적 조직과의 공생적 유대 속에서 말이다. 물론 이들 유대는 가끔 중복되며, 어떤 종파의 신자나 성난 폭도들에게서 볼 수 있는 것처럼, 혹은 전쟁 시 국민적 히스테리의 폭발처럼 망아적(忘我的)인 형태를 띨 때도 있다. 예를 들면 제1차 세계 대전의 발발은 이 망아적인 일체화의 가장 극단적인 형태 중 하나를 야기했다. 하룻밤 사이에 사람들은 평생 동안 확신했던 평화주의, 반군국주의, 사회주의를 포기해 버렸고, 과학자들도 일생에 걸쳐 훈련해온 객관성, 비판적 사고, 공정성을 내던진 채 커다란 '우리들'에게 가담했다.

다른 사람들과 결합하려는 욕망은 이상이나 확신에 바탕을 둔 연대라는 가장 고귀한 행동에서 뿐 아니라, 가장 저열한 종류의 행동 즉 사디즘이나 파괴 행위에도 나타난다. 그것은 또 순응하려는 욕구의 주된 원인이기도 하다. 인간은 죽음보다도 사회에서 따돌림당하는 것을 더 두려워하기 때문이다. 모든 사회에서 중요한 것은 그 사회경제적 구조 아래서 어떤 종류의 일체화와 연대가 조성되며, 또 그것이 어떤 종류의 일체화와 연대를 촉진시키느냐이다.

이런 고찰은, 인간에게 두 가지 상반되는 경향이 있음을 지적하는 듯하다. 한편은 '소유'—갖는—경향이며, 이것은 궁극적으로 생존에 대한 욕망이라는 생물학적 요인에 뿌리를 내리고 있다. 다른 한편은 '존재'—나누어 갖고, 주고, 희생을 치르는—경향이며, 이것은 인간 존재의 독특한 조건과, 다른 사람과 일체가 됨으로써 자기의 고립을 극복하려는 본능의 요구에 뿌리를 내리고 있다. 모든 인간 속에는 이 두 가지 모순된 노력이 존재한다. 둘 중 어느 쪽이 우위에 서는가는 사회구조, 즉 사회의 가치와 규범이 결정한다. 즉 소유에 대한 탐욕을 기르고 나아가서 소유의 실존양식을 육성하는 문화는 인간의 한쪽 잠재성과 맞닿아 있으며, 존재와 나눔을 키우는 문화는 인간의 다른 한쪽 잠재성과 맞닿아 있는 것이다. 우리는 이 두 가지 가능성 중 무엇을 키울지 결정해야 한다. 이와 동시에 그 결정이 우리가 사는 사회의 사회경제적 구조에 크게 좌우된다는 사실을 이해해야만 한다.

집단행동 분야에서, 내가 관찰을 통해 얻은 가장 확실한 추측은 다음과 같다. '단단히 굳어 변혁이 불가능한 것이 확실한 집단은 극소수에 불과하다. 대다수의 집단은 현실에서 양쪽의 가능성에 모두 영향을 받는데, 두 가능성 중 어느 편이 우위를 차지하고 억압당하느냐 하는 것은 환경에 달려 있다.'

이 가정(假定)은 널리 통용되는 정신분석학의 정설(定說), 즉 환경은 유아기에서 초기 아동기까지는 성격발달에 본질적인 변화를 일으키지만, 이 시기가 지나면 성격은 고정되어 외부 사건에 거의 영향을 받지 않는다는 주장과 모순된다. 이 정신분석의 정설이 찬성을 얻을 수 있었던 이유는 사회조건은 보통 변하지 않으므로 어린 시절의 기본 조건이 대개는 먼 훗날까지 그대로 계속되기 때문이다. 그러나 환경이 극단적으로 변했을 때, 즉 부정적 세력이 억제되고 긍정적 세력이 강화될 때, 행동이 근본적으로 변화된 예는 수없이 많다.

요약하면 나누고, 주고, 희생을 치르려는 욕구의 빈도와 강도는 인류라는 존재의 조건을 고려할 때 놀라운 것이 아니다. 정말 놀라운 것은 산업(또 그 밖의 여러) 사회에서 이기적인 행위가 일반적인 규정이 되고, 연대 행위가 예외가 될 정도로 이 욕구를 억압할 수 있었다는 점이다. 그러나 역설적이게도, 실로 이 현상이야말로 일체화에 대한 욕구에서 나온 것이다. 취득, 이익, 재산을 원리로 하는 사회는 소유지향성을 낳고, 일단 이 형(型)이 우위를 확립하면 아무도 그 밖으로 추방되거나 그 속에서 따돌림당하지 않기를 바란다. 이 위협을 피하기 위해서 모든 사람은 다수에 순응하지만 그들이 공유하는 것은 단지 상호 간의 적의뿐이다.

이기적인 태도가 우위를 차지한 결과 우리 사회의 지도자들은, 사람들이 물질적 이익에 대한 기대, 즉 보수만이 사람들에게 행동의 동기를 준다고 믿게 되었다. 아울러 사람들은 연대와 희생에 대한 호소에는 반응하지 않을 것이라고 확신하게 되었다. 따라서 전시(戰時)를 제외하고는 이런 호소를 할 때가 좀처럼 없으며, 이로써 이런 호소가 어떤 결과를 낳을지 관찰할 기회도 놓치고 말았다.

철저히 다른 사회경제적 구조와, 철저히 다른 인간성에 대한 시각만이, 매수(買收)가 사람들을 움직이는 유일한 방법(혹은 최선의 방법)이 아님을 보여 줄 수 있을 것이다.

제6장
소유와 존재의 새로운 측면

1 안정감 – 불안감

전진하지 않는 것, 지금 있는 곳에 머무는 것, 퇴보하는 것, 다시 말해서 가지고 있는 것에 의존하는 마음은 우리를 강하게 유혹한다. 왜냐하면 '소유한' 것은 이미 아는 것이기 때문이다. 우리는 그것을 고수함으로써 안심할 수가 있다. 우리는 미지의 것, 불확실한 것을 향해 발을 내딛기를 두려워하며 그 결과 그 일을 피한다. 일단 그 '발걸음'을 내디딘 '후'에는 예상외로 안전할 수도 있으나, 그전에는 저만치 보이는 새로운 국면이 매우 위험하게, 나아가서는 무섭게 보이기 때문이다. 오래된 것, 시험된 것만이 안전하다. 혹은 그렇게 보인다. 모든 새로운 발걸음은 실패의 위험을 내포하고 있으며, 그 점이야말로 사람들이 이토록 자유를 두려워하는 이유 중의 하나인 것이다.[1]

당연히 저마다의 삶에서 오래된 것, 습관화된 것은 각기 다르다. 어릴 때에는 오로지 육체와 어머니의 유방(근본적으로 아직 구별되지 않은)만을 '가지고' 있을 뿐이다. 다음 단계에서는 세계로 지향하는 데 착수하여, 세계 속에 자기를 위한 장소를 만드는 과정을 시작한다. 우리는 물건을 '소유'하길 원하기 시작하고 어머니, 아버지, 형제자매, 장난감을 '갖게' 된다. 좀 더 지나면 지식, 직업, 사회적 지위, 배우자, 자녀들을 '얻게 되며', 그리고 무덤 자리를 알아 두고, 생명보험에 들며, '유언장'을 작성함으로써 이미 일종의 내세(來世)까지도 '소유'하게 된다.

그러나 소유가 주는 안정감에도 불구하고 우리는 새로운 것에 대한 비전을 품은 사람들, 새로운 길을 개척하여 나아가는 용기 있는 사람들을 찬양한다.

---

1) 이것은 《자유에서의 도피(*Escape from Freedom*)》의 주제이다. 〔원주〕

신화에서 이런 존재양식을 상징적으로 나타내는 자가 영웅이다. 영웅이란 자신의 소유—토지, 가족, 재산—를 버리고 앞으로 나아가는 용기를 지닌 사람들이다. 그들 역시 두려움은 있었다. 하지만 그들은 두려움에 굴복당하지 않았다. 불교의 전통 속에서는 불타가 영웅이다. 그는 모든 소유물, 힌두교 신학에 포함된 모든 확신 그리고 신분, 가족을 버리고 집착하지 않는 생활을 향하여 나아갔다. 아브라함과 모세는 유대교의 역사에 나오는 영웅이다. 기독교의 영웅은 예수이다. 그는 아무것도 소유하지 않고,—세상 사람들의 눈에는—아무것도 아닌 존재로서 인류를 향한 완전한 사랑을 품고 행동했다. 그리스인의 세속적인 영웅들도 같은 기준, 즉 버리고, 전진하고, 불확실한 상황을 견디는 일에 동참했다.

우리가 이들 영웅을 찬양하는 이유는 그들의 모습이야말로 우리가—만일 가능하다면—바라는 삶의 자세라고 느끼기 때문이다. 그러나 두려움 때문에 그럴 수 있는 능력은 영웅에게나 있는 것이라고 믿어 버린다. 이로써 영웅은 우상이 되고, 우리는 자신과 나아가 능력까지 그들에게 넘겨준 다음 지금 있는 곳에 그대로 머문다—'우리가 영웅이 아니므로'.

이 논의는 어떻게 보면 영웅이 되는 것은 바람직한 한편 어리석고 자기의 이익에 반대된다는 뜻을 내포하는 것처럼 들릴지 모른다. 그러나 결코 그렇지 않다. 조심성 많고 무언가 소유하고 있는 사람들은 안정감을 느끼지만, 필연적으로 매우 불안정하다. 그들은 자신의 소유, 즉 돈·위신·자아—다시 말하면 자신의 외부에 있는 어떤 것—에 의존하고 있다. 만약 이런 것을 잃어버린다면 그들은 어떻게 되겠는가? 실제로 무엇이든 가지고 있는 것은 잃어버릴 수 있다. 그중에서도 재산을—보통은 그것과 함께 지위도, 친구도—잃어버릴 수 있다는 점은 가장 명백하다. 게다가 생명은 언제 어느 때 잃을지도 모르며, 머지않아 반드시 잃고 마는 것이다.

'나를 나의 소유라 가정한다면, 소유한 것을 잃었을 때의 나는 누구일까?' 그릇된 생활태도의 증인으로서 좌절과 무력감에 휩싸인 가련한 존재 이외에는 아무것도 아닐 것이다. 나는 가지고 있는 것을 잃을 수 있기 때문에 필연적으로 가지고 있는 것을 '잃을 것이라고' 항시 걱정하게 된다. 나는 도둑을, 경제적 변동을, 혁명을, 병을, 죽음을 두려워하고 사랑을, 자유를, 성장을, 변화를, 그리고 미지의 것을 두려워한다. 이리하여 만성 우울증에 걸려 건강을 잃을 뿐만 아니라, 소유하고 있는 다른 것들도 잃을까 두려워 끊임없이 걱정하게 된다. 또한 보다 자기를 잘 지키기 위해 더 많이 소유하려는 욕망 때문에 방어 태세를 취하게 되며, 고집스러워지고, 의심이 많아지고, 그리고 외로워진다. 입센은[2] 그의 작품 《페르 귄트(Peer Gynt)》에서 이 자기중심적 인물을 멋지게 묘사하고 있다. 이 작품에서는 '자기'의 일만으로 머리가 가득 차 있는 주인공은 극단적인 자기중심주의에 빠져 '욕망의 덩어리'인 자신이 곧 자기의 존재라고 믿었다. 임종(臨終)에 이르러서 그는 자기의 재산구조적인 존재를 위해 자기 자신이 될 수 없었다고, 자기는 알맹이가 없는 양파에 불과했다고, 한 번도 자기 자신이 아니었던 미완성의 인간이었다고 시인했다.

가진 것을 잃어버릴지도 모른다는 위험에서 생기는 걱정과 불안은 존재양식에는 없다. 만일 내가 '존재하는 나'이고, 소유하고 있는 내가 아니라면 아무도 나의 안정감과 주체성을 빼앗거나 위협할 수 없다. 나의 중심은 내 속에 있다. 나의 존재 능력과 자신의 본질적인 힘을 표현하는 능력은 내 성격 구조의 일부이며, 그것을 좌우하는 사람은 나다. 이것은 정상적인 삶의 과정에 꼭 들어맞으며, 물론 사람을 무력화하는 병이나 고문, 그밖의 강력한 외적 제한의 경우에는 꼭 들어맞지 않는다.

소유는 사용으로 감소되는 어떤 것에 바탕을 두고 있지만 존재는 실천으로 성장한다(불에 타면서도 사라지지 않는 '불타는 나무'[3]는 바로 이 역설에 대한 성서적 상징이다). 이성(理性)의 힘, 사랑의 힘, 예술적·지적 창조의 힘 등 모든 본질적인 힘은 표현되는 과정에서 성장한다. 쓴 것은 잃지 않고, 반대로 지키는 것을 잃게 된다. 존재의 안정감을 위협하는 유일한 요인은 나 자신 속에 있다. 즉 생명과 자기의 생산적인 힘에 대한 신념의 결여 속에, 퇴보적 경향 속에, 내적 나태와 자진하여 다른 사람에게 자신의 생명을 양도하려는 의지 속에 그 위협은 도사리고 있다. 이들 위험은 존재에 내재(內在)하는 것은 아니다. 그러나 소유에는 항상 내재하고 있다.

---

2) Ibsen, Henrik (1828~1906) 노르웨이의 극작가·시인.
3) 출애굽기 3:2 참조.

2 연대-적의

무엇인가를 사랑하고 좋아하고 즐기면서 그것을 '소유'하기를 바라지 않는다는 것은 스즈키(鈴木)가 일본과 영국의 시를 대비하여 언급한 말이다(제1장 참조). 서양 사람이 소유를 떠나서 즐거움을 경험하기란 실로 쉬운 일이 아니다. 그러나 우리와 전혀 인연도 없는 것은 아니다. 스즈키가 든 꽃의 예는 만일 산책자가 꽃이 아닌, 산이나 초원이나 어떤 물리적으로 제거할 수 없는 것을 보고 있다면 들어맞지 않을 것이다. 확실히 많은 사람들은 산을 판에 박힌 방식으로만 보려고 한다. 산을 '보는' 대신에 그 이름과 높이를 알려고 하는 것이다. 혹은 그 위에 오르고 싶어 할지도 모르지만 이것도 다른 형태로서의 산의 소유가 될 수 있다. 그러나 또 다른 일부 사람들은 진정으로 산을 보면서 즐길 수 있다. 음악을 감상할 때도 마찬가지이다. 즉 자기가 좋아하는 음악이 녹음된 음반을 사는 것도 그 작품을 소유하는 행위가 될 수 있는 것이다. 미술을 즐기는 대다수의 사람들도 실제로는 그것을 소유하고 있다. 그러나 소수의 사람들은 아마 지금도 진정한 기쁨을 느끼며 아무런 소유 충동도 없이 음악이나 미술에 반응하고 있을 것이다.

때로는 사람들의 반응을 그들의 얼굴 표정에서 읽을 수가 있다. 최근에 중국 서커스단의 멋진 곡예사와 마술사가 나오는 텔레비전 프로그램을 보았는데, 카메라는 군중 속의 개개인의 반응을 보여 주기 위해 되풀이하여 관객 쪽을 비쳐 주었다. 대개의 얼굴은 우아하고 활기 있는 재주에 반응하여 밝게 빛났고, 생기를 되찾아 아름다웠다. 다만 소수는 차갑고 무감동하게 보였다.

소유하기를 바라지 않고 즐기는 예는 어린아이에 대한 우리의 반응에서도 쉽게 볼 수가 있다. 여기에서도 또한 많은 자기기만적 행동이 일어나지 않는가? 우리는 어린아이를 사랑하는 역할을 하고 있는 자신을 보길 좋아하지 않는가? 그러나 이러한 의혹에도 불구하고, 아이에 대한 진정하고 산 반응은 결코 드문 것이 아니라고 믿는다. 그 이유 중의 하나는 이것이다. 대부분의 사람들이 어른에 대한 감정과는 대조적으로 어린아이를 두려워하지 않으므로, 그들에게는 자유롭게 애정을 표현할 수 있다고 느끼기 때문이다. 이런 자유로운 감정은 두려움이 방해하면 느낄 수 없는 것이다.

즐기면서도 소유의 갈망을 느끼지 않는 가장 적절한 예는 대인관계에서 찾아볼 수 있다. 남자와 여자가 서로 즐기는 데는 많은 이유가 있다. 서로 상대방의 태도, 취미, 사상, 기질 혹은 전인격을 좋아할지도 모른다. 그러나 자기가 좋아하는 것을 꼭 '소유'해야겠다는 사람은 이 상호 간의 즐거움의 결과가 항시 성적 소유의 욕구가 된다. 반면 '존재양식'이 우위를 차지하는 사람은 비록 상대방이 즐거움의 대상이 되고 성적인 매력이 있다 할지라도, 테니슨의 시의 용어를 빌린다면, '꺾지' 않는다.

소유를 중심으로 삼는 인물은 좋아하거나 찬양하는 인물을 '갖길' 원한다. 이는 어버이와 자식, 교사와 학생, 그리고 친구 사이에서도 볼 수 있다. 어느 쪽도 상대방과 단지 즐기는 것만으로는 만족하지 않는다. 상대방을 독점하고 사고 과정다. 따라서 서로 자기의 상대방을 역시 '소유'하길 바라는 사람들을 질투한다. 난파한 선원이 나뭇조각을 찾듯이—생존을 위해—상대방을 찾는다. 이러한 '소유'가 지배하는 관계는 답답하고 부담스러우며 갈등과 질투로 가득 차 있다.

좀 더 일반적으로 말하면, 소유의 실존양식에서 개인 간의 관계의 기본적인 요소는 경쟁, 적의(敵意), 공포이다. 소유 관계에서 적의의 요소는 그 관계의 본질에서 유래한다. 만일 '나=내가 가진 것'이기 때문에 소유가 내 정체성의 기초라면, 소유하려는 생각은 필연적으로 많이 소유하려는 욕망, 더 많이 소유하려는 욕망, 가장 많이 소유하려는 욕망을 낳을 것이다. 다시 말해서 '탐욕'은 소유 지향의 당연한 결과이다. 그것은 수전노(守錢奴)의 탐욕이 될 수도 있고, 이익을 추구하는 인간의 탐욕이 될 수도 있고, 난봉꾼이나 탕녀의 탐욕이 될 수도 있다.

그들의 탐욕을 구성하는 것이 무엇이든 탐욕스러운 인물은 결코 충분히 가질 수 없으며, '만족'할 수도 없다. 배고픔처럼 육체의 생리에 따라 극도에 이른 생리적 욕구와는 대조적으로 '정신적' 탐욕—가령 육체를 통해 만족될지라도 모든 탐욕은 정신적이다—은 포화점(飽和點)이 없다. 그것을 완전히 충족시켰다 할지라도 그것이 극복해야 할 내적 공허감, 권태, 고독, 우울은 충족되지 않기 때문이다. 더욱이 소유하고 있는 것은 이런저런 형태로 빼앗길 수도 있는 것이다. 따라서 그런 위험에 대비해 자기 존재를 강화하기 위해서 사람들은 더욱 많은 것을 소유해야만 한다. 이렇게 모두가 더 많이 갖기를 바란다면, 모든 사람은 자기의 소유를 빼앗으려는 이웃의 공격적인 의도를 두려워할 것이 틀림없다.

그러한 공격을 방지하기 위해서 사람은 스스로 더 강해져야 하며, 더 공격이 되어야만 한다. 게다가 아무리 대량으로 생산을 하더라도 '무한한' 욕망을 결코 따라갈 수 없으므로 가장 많은 것을 얻기 위한 싸움에서 개인 간에는 경쟁과 적의가 생길 것이 틀림없다. 그리고 이 싸움은 절대적으로 풍부한 상태에 도달될 수 있다고 해도 계속될 것이다. 육체적 건강을, 매력을, 소질을, 재능을 보다 적게 가진 사람들은 보다 많이 가진 사람들을 몹시 부러워할 것이기 때문이다.

소유양식과 그 결과인 탐욕이 필연적으로 인간끼리의 적의와 투쟁을 불러온다는 것은 개인과 마찬가지로 국가에도 적용된다. 왜냐하면 소유와 탐욕을 주된 동인(動因)으로 삼는 사람들이 국민을 구성하는 한 국가는 전쟁을 할 수밖에 없기 때문이다. 그들은 필연적으로 다른 국가의 소유를 탐낼 것이며, 전쟁이나 경제적 압력이나 위협 등으로 원하는 바를 얻으려고 할 것이다. 우선 보다 약한 국가에 대해서 이런 수단을 사용하고, 공격 대상인 국가보다 더 강력한 동맹을 결성한다. 국가가 약간의 승산(勝算)밖에 없을지라도 전쟁을 하는 이유는 경제적으로 고통을 받기 때문이 아니라 보다 많은 것을 소유하려는 욕망, 정복하려는 욕망이 사회정신 속에 깊이 스며들어 있기 때문이다.

물론 평화로운 시대도 있다. 그러나 항구적(恒久的)인 평화와 일시적인 평화 —힘을 규합(糾合)하고 산업과 군대를 재건하는 시기—, 다시 말해서 오랫동안 조화를 이루는 평화와 본질적으로는 휴전에 불과한 평화를 구별해야 한다. 19세기와 20세기에는 휴전의 시기가 있었다. 이 시대를 특징짓는 것은 역사 무대의 주역(主役)들 간의 만성적인 전쟁 구도이다. 국가들 간에 항구적인 조화를 이루는 평화는 소유 구조가 존재 구조로 대치되었을 때 비로소 이루어진다. 소유와 이익에 대한 노력을 조장하면서 평화를 구축할 수 있다는 생각은 환상이며, 더구나 위험한 환상이다. 왜냐하면 이것은 사람들에게 성격의 철저한 변혁이냐, 아니면 전쟁의 영속이냐 하는 분명한 선택에 직면해 있음을 인식하지 못하게 하기 때문이다. 이것은 실제로 예부터 내려온 선택이다. 지도자는 전쟁을 선택했고 사람들은 그를 따랐다. 이런 선택은 새로운 무기의 파괴력이 믿을 수 없을 만큼 증대한, 오늘날과 미래에는 이미 전쟁이 아니라—쌍방의 자살이다.

국제 전쟁에 적용되는 것은 계급투쟁에 대해서도 마찬가지로 진실이다. 계급 간의 투쟁은 본질적으로 착취하는 쪽과 착취당하는 쪽의 투쟁이며, 탐욕의 원리에 바탕을 둔 사회에서는 항상 존재해 왔다. 착취의 욕구와 가능성이 없던 사회, 또 탐욕스러운 사회정신이 없던 사회에서는 계급투쟁이란 없었다. 반면 어떠한 사회에서도, 가령 가장 부유한 사회일지라도 소유양식이 우위를 차지하면 반드시 계급이 생긴다. 이미 언급한 바와 같이 무한한 욕망이 있는 이상은 아무리 생산이 많아도 이웃보다 더 많은 것을 가지려는 모든 사람의 꿈을 따라갈 수 없다. 따라서 더 강하고 더 현명하고, 그 밖의 점에서 더 혜택을 받고 있는 사람들은 필연적으로 더 유리한 위치에 서려고 하며, 또 강제와 폭력 혹은 암시로써 보다 힘없는 사람들을 이용하려고 한다. 그러면 억압된 계급은 이러한 계급 구조를 뒤집어엎으려고 싸울 것이다. 계급투쟁의 폭력성은 줄어들 수도 있으나, 탐욕이 인간의 마음을 지배하는 한 사라지지는 않는다. 탐욕스러운 정신으로 충만한, 이른바 사회주의의 계급 없는 사회라는 관념도 탐욕스러운 국가끼리의 영속적 평화의 관념과 마찬가지로 환상이며, 또 위험하다.

반면 존재양식에서, 사적 소유(사유재산)에는 정서적인 중요성이 거의 없다. 왜냐하면 뭔가를 즐기기 위해서, 혹은 사용하기 위해서도 그것을 소유할 필요가 없기 때문이다. 존재양식에서는 몇 사람이—아니 몇백만 사람들이—같은 대상의 즐거움을 서로 나누어 가질 수가 있다. 왜냐하면 아무도 그것을 즐기기 위해 가질 필요가 없고 또 가지려고 하지도 않기 때문이다. 이것은 싸움을 피하도록 해줄 뿐 아니라 즐거움을 나누어 갖는다는 가장 심원(心遠)한 인간적인 행복의 한 형태를 창조한다. 사람들이 결합할 때 개성을 제한하지 않는 최선의 방법은 어떤 인물에 대한 찬양과 사랑을 나누는 것, 사상을, 음악을, 회화를, 상징을 나누는 것, 의식을 나누는 것—그리고 슬픔을 나누는 것이다. 나누어 갖는 경험은 두 개인 간의 관계에 생명을 부여하고, 또 그 생명을 유지시킨다. 그것은 모든 위대한 종교적, 정치적, 철학적 운동의 기초이다. 물론 이것은 각 개인이 진정으로 사랑하거나 찬양하는 한에서, 또 그 정도에 따라서 적용된다. 종교·정치 운동이 만성화될 때, 관료제가 사람들을 암시와 위협으로 관리할 때, 공유는 사라진다.

자연은 성행위에다가 이른바 즐거움을 나누는 원형—혹은 상징—을 설정해

두었지만 경험적으로는 성행위가 반드시 나누어 갖는 즐거움은 아니다. 행위자들은 흔히 너무나 자기도취적이고, 자기중심적이고, 소유욕이 강하기 때문에 단지 동시적 쾌락이라고는 할 수 있어도 나누어 갖는 쾌락이라고는 말할 수 없다.

그러나 다른 점에서 자연은 이토록 모호하지 않은 상징을 줌으로써 소유와 존재를 구별하고 있다. 남근(男根)의 발기는 완전히 기능적이다. 남성은 발기를 재산이나 영속적인 자질처럼 소유하는 것은 아니다. (얼마나 많은 남성이 그것을 '갖길' 원하는지는 누구나 추측할 수 있겠지만). 남근은 남자가 흥분 상태에 있는 동안만, 그 흥분을 일으킨 사람을 남자가 갈구하는 동안만, 발기해 '있는' 것이다. 만일 어떠한 이유로 무엇인가가 이 흥분을 방해하면 남자는 아무것도 '소유'하지 않게 된다. 게다가 다른 거의 모든 종류의 행동과는 대조적으로 발기는 위장할 수가 없다. 잘 알려지지 않았으나 가장 탁월한 정신분석학자의 한 사람인 조오지 그로데크(George Groddek)는 '남자는 결국 단 몇 분 동안만 남자일 뿐 나머지 대부분의 시간은 어린아이'라고 곧잘 논평했다. 물론 그로데크의 이 말은 남자의 존재 전체가 어린아이가 된다는 뜻이 아니고, 많은 남자들이 자기가 남자임을 증거로 내세우는 바로 그 측면만을 말한 것이다(내가 쓴 논문 〈성과 성격 (*Sex and Character*)〉(1943) 참조).

3 기쁨 – 쾌락

마이스터 에크하르트는 살아 있다는 것은 '기쁨'을 가져온다고 가르쳤다. 현대의 독자는 이 '기쁨'이라는 말을 보고, 에크하르트가 '쾌락'을 잘못 쓴 것이 아닐까 하고 오해하기 쉽다. 그러나 기쁨과 쾌락의 구별은 결정적이며, 존재양식과 소유양식의 구별에 관해서는 특히 그렇다. 이 차이를 충분히 인식하기가 쉽지 않은 이유는 우리가 '기쁨 없는 쾌락'의 세계에 살고 있기 때문이다.

쾌락이란 무엇인가? 이 말은 여러 가지 다른 뜻으로 쓰이지만 일반인의 머릿속에 있는 그 용법을 고려할 때, '(살아 있다는 뜻에서의)능동성이 필요 없는 욕망의 만족'이라고 정의하는 것이 가장 좋을 성싶다. 그런 쾌락은 극히 강렬한 것이 될 수도 있다. 사회적 성공을 거둠으로써 느끼는 쾌락, 돈을 많이 버는 데서 느끼는 쾌락, 복권이 당첨됨으로써 느끼는 쾌락, 절정의 성적 만족으로 느끼는 쾌락, 마음껏 먹는 데서 느끼는 쾌락, 경쟁에서 이김으로써 느끼는 쾌락, 음주·황홀·마약이 주는 흥분에서 오는 쾌락, 사디즘을 만족시키거나 살아 있는 것을 죽이거나 난도질하거나 하는 충동을 만족시키는 쾌락 등을 들 수 있다.

부자나 유명인이 되기 위해서는 바빠야 한다는 뜻에서 매우 능동적이어야 하지만 그것은 '내적 탄생'과는 거리가 멀다. 목적을 달성했을 때 그들은 두근거리며, '강렬한 만족'을 만끽하며, '절정'에 달했다고 느낀다. 그러나 어떤 절정인가? 아마 흥분의 절정, 만족의 절정, 황홀 혹은 광란의 절정일 것이다. 그들이 이런 상태에 도달하도록 하는 것은 그들의 정열이다. 그러나 이 정열은 인간적이기는 하지만, 본질적으로 인간의 문제에 대한 타당한 해결이 되지 않는 한 병적인 것이다. 그러한 정열은 인간에게 보다 큰 성장과 힘을 선사하는 것이 아니라 반대로 인간을 불구로 만드는 것이다. 철저한 쾌락주의자의 쾌락, 항상 새로운 욕망의 충족, 현대 사회의 환락은 서로 정도가 다른 흥분을 낳는다. 그러나 이것들은 '기쁨'을 가져오지 않는다. 사실 기쁨의 결여 때문에 항상 새롭고, 더 많은 자극적인 쾌락을 추구하게 되는 것이다.

이런 점에서 현대 사회는 3천 년 전의 유대인들과 같은 처지에 있다. 이스라엘 백성의 가장 사악한 죄악 중 하나에 대해 모세는 다음과 같이 말했다. '네가 모든 것이 풍족하여도 '기쁨'과 '즐거운 마음'으로 네 하나님 여호와를 섬기지 아니함으로'(신명기 28 : 47). 기쁨은 생산적 능동성에는 으레 붙어다니는 것이다. 그것은 갑자기 최절정에 이르렀다가 끝나 버리는 '절정의 경험'이 아니라, 오히려 고원(高原)이고, 인간의 본질적인 능력이 생산적으로 발휘될 때 동반하는 감정이다. 기쁨은 순간적인 망아(忘我)의 불꽃이 아니다. 기쁨은 존재와 함께 오는 빛이다. 쾌락과 가슴 설레는 짜릿함은 이른바 절정 뒤의 슬픔을 가져온다. 왜냐하면 순간의 환락이 그릇을 크게 하지는 못하기 때문이다. 그의 내적 힘은 증대되지 않은 것이다. 그는 비생산적인 활동의 권태로움을 타파하려고 시도했고, 잠시 동안은 자기의 모든 정력을—이성(理性)과 사랑을 제외하고—결합시켰다. 인간이 되지도 못했는데 초인이 되려고 시도했다. 승리의 순간까지는 성공한 것처럼 느끼지만 승리에 이어 깊은 슬픔이 엄습한다. 그의 내부에는 아무런 변화도 일어나지 않았기 때문이다. '교접 뒤의 동물은 슬프다.(*Post coitum animal triste est*.)'는 격언은 이와 똑같은 현상을 사랑이 없는 섹스와 관련지어 표현하고 있다. 그것은 강렬한 흥분의 '절정 경험'이 있기 때문에 쾌락에 차있다. 그러나 필연적으로 끝나고 나면 실망이 뒤따른다. 섹스의 기쁨은 육체적 교접인 동시에 사랑의 교접일 때 비로소 경험할 수 있는 것이다.

충분히 생각할 수 있듯이 '존재'를 인생의 목적으로 삼는 종교와 철학 체계에서는 기쁨이 중심적인 역할을 담당한다. 불교에서는 쾌락을 배격하고, 열반(涅槃)[4]을 기쁨의 상태라고 생각한다. 불타의 죽음에 관한 구전(口傳)이나 그림을 보면 이를 알 수 있다(불타의 죽음을 그린 유명한 그림에서 이것을 나에게 지적해 준 고(故) 스즈키 씨에게 감사한다).

구약성경과 그 이후의 유대교 전통은 탐욕의 충족에서 생긴 쾌락에 대해서는 경고하면서도, 기쁨을 존재를 동반하는 마음 상태로 본다. 시편의 마지막은 15편의 시가 하나의 거대한 기쁨의 찬가(讚歌)를 이루고 있다. 이 강렬한 성가는 두려움과 슬픔으로 시작해 기쁨과 즐거움으로 끝맺고 있다.[5] 안식일은 기쁨의 날이며, 메시아의 시대에는 기쁨이 지배적인 분위기가 될 것이다. 예언서는 다음과 같은 기쁨의 표현으로 가득 차 있다. "그때에 처녀들은 춤추며 즐거워하겠고, 청년과 노인은 함께 즐거워하리니 내가 그들의 슬픔을 돌려서 즐겁게 하며, 그들을 위로하여 근심으로부터 기쁨을 얻게 할 것임이라"(예레미야 31 : 13), "너희가 기쁨으로 구원의 우물에서 물을 길으리로다"(이사야 12 : 3). 그리고 하나님은 예루살렘을 "나의 기쁨의 성읍"(예레미야 49 : 25)이라고 부르고 있다.

이것은 탈무드에서도 똑같이 강조된다. "미츠바를[6] 다하는 기쁨만이 성령을 얻는 유일한 길이다"(베라코드 31·a). 기쁨은 너무나도 기본적인 것으로 간주되기 때문에, 탈무드의 율법에 의하면 사후 1주일이 채 되지 않은 근친자의 상(喪)도 안식일의 기쁨으로 중단되어야만 한다.

시편의 한 구절 "기쁨으로 하나님을 섬기라"를 표어로 삼은 하시딤[7] 운동은

---

4) nirvana : 도를 완전히 이루어 모든 중고(重苦)와 번뇌가 끊어진 해탈의 경지.
5) 나는 이 성가들을 《너희도 신처럼 되리라(*You Shall Be as Gods*)》에서 분석했다. 〔원주〕
6) Mitzvah : 유대교의 계율.
7) 기원전 3세기 무렵에 일어난 유대교의 일파로, '경건파'를 뜻함. 18세기에도 동명의 종파가 나

기쁨을 가장 중요한 요소의 하나로 하는 생활양식을 창조했다. 여기에서 슬픔과 우울은 뚜렷한 죄는 아니더라도 정신적인 잘못으로 간주되었다.

기독교의 발전에서는 복음(Gospel)이라는 말—'기쁜 소식'—이 즐거움과 기쁨이 차지하는 중심적인 위치를 보여주고 있다. 신약성경에서, 기쁨은 소유를 포기한 결과이며 슬픔은 소유물에 집착하는 자가 맛보는 기분이다(마태복음 13 : 44와 19 : 22를 보라). 예수의 많은 발언을 살펴보면, 기쁨은 존재양식에 따르는 삶의 보수물로 이해된다. 예수는 사도(使徒)들에게 마지막 말을 하면서, 최종적인 형태의 기쁨을 이야기하고 있다. "내가 이것을 너희에게 이름은 내 기쁨이 너희 안에 있어 너희 기쁨을 충만하게 하려 함이라"(요한복음 15 : 11).

앞에서 지적한 바와 같이 기쁨은 마이스터 에크하르트의 사상에서도 최고의 구실을 한다. 여기에 드는 그의 말에는 웃음과 기쁨이 지니는 창조적인 관념의 가장 아름다운 시적 표현이 하나 있다. "하나님이 그 영혼을 향해 웃고, 그 영혼이 하나님을 향해 웃음을 되돌릴 때, 삼위일체(三位一體)[8]의 신격(神格)이 탄생한다. 과장해서 말하면, 아버지가 아들을 향해 웃고 그 아들이 다시 아버지를 향해 웃음을 되돌릴 때, 그 웃음은 즐거움을 주며, 그 즐거움은 기쁨을 주고, 그 기쁨은 사랑을 주고, 그리고 사랑은 성령이 그 하나를 이루고 있는 삼위 일체의 신격을 준다"(블레크니 245페이지).

스피노자는 그의 인류학적·윤리학적 체계에서 기쁨에 최고의 지위를 부여한다. 그는 다음과 같이 말했다. "기쁨은 인간이 보다 작은 완성에서 보다 큰 완성으로 변해가는 일이다. 그리고 슬픔은 인간이 보다 큰 완성에서 보다 작은 완성으로 변해가는 일이다"(《에티카》 3, 정의 2, 3).

스피노자의 말을 완전히 이해하려면 이 말을 그의 전 사상체계의 문맥 안에 넣어 생각해 보아야만 한다. 우리는 타락하지 않기 위해서 인간성의 전형에 접근하도록 노력해야 한다. 즉 가장 알맞게 자유롭고 합리적이고 능동적이어야 하는 것이다. 우리는 우리가 될 수 있는 것이 되어야 한다. 이것은 우리 본성 속에 선천적인 가능성으로 내재해 있는 선(善)이다.

스피노자가 이해하는 '선'은 "우리가 설정한 인간성의 전형에 더욱 가까이 접

왔다.

8) 성부인 하나님, 성자인 예수 그리고 성령이 하나라는 교의.

근하게 하는 것이 확실한 모든 수단"이다. 또 그가 이해하고 있는 '악'은 "반대로……우리가 그 전형에 도달하지 못하도록 방해하는 것이 확실한 모든 수단"(《에티카》 4, 서문)이다. 기쁨은 선이며, 슬픔(*tristitia*—'탄식' '우울'이라고 번역하는 편이 낫다)은 악이다. 기쁨은 미덕이며, 탄식은 죄이다.

요컨대 기쁨은 우리가 우리 자신이 된다는 목적에 접근하는 과정에서 경험하는 것이다.

4 죄와 용서

유대교와 기독교의 사상에서 의미하는 죄에 대한 고전적 개념은 본질적으로 하나님의 의지에 '불복종'하는 것이다. 이것은 두 종교가 공통으로 믿고 있는, 최초의 죄(罪)의 기원인 아담의 불복종에 뚜렷이 나타나 있다. 이것을 아담의 모든 자손이 물려받은 원죄로서 이해하는 기독교 전통과 달리, 유대교의 전통에서는 이 행위를 단지 '최초의' 죄—아담의 자손은 결코 물려받지 않은—로서만 이해했다.

그러나 하나님의 명령이 무엇이든 간에 이에 불복종하는 것은 '죄'라는 견해에서는 두 종교가 일치했다. 이것은 놀라운 일이 못 된다. 성경의 이 부분에서 드러난 하나님의 이미지가 동양의 왕중왕[9]을 본뜬 엄격한 권위자임을 생각한다면 충분히 이해될 것이다. 또 다음 사실에서 그것은 더욱 뚜렷해진다. 바로 교회는 거의 최초부터 사회질서에 순응했다는 것이다. 오늘날의 자본주의에서와 마찬가지로 그 시절의 봉건주의 제도도 제 기능을 다하기 위해, 각 개인에게 이익이 되든 안 되든 법에 철저하게 복종할 것을 요구했다. 그 법이 얼마나 압제적이었느냐 혹은 관대했느냐, 또 그 법을 실시하는 방법이 무엇이었느냐는 중요하지 않았다. 정말 중요한 문제는 시민에게 무기를 휘두르는 법 집행 관리뿐만 아니라, 권위 자체를 두려워하게 해야 한다는 것이었다. 법에 대한 두려움만으로는 국가가 정상적인 기능을 발휘하는 데 충분한 토대가 되지 않았다. 시민이 이 두려움을 내면화해 불복종을 도덕적·종교적 의미의 죄로 변모시켜 느끼게 해야 했던 것이다.

---

9) King of Kings : 고대 동방의 여러 나라 왕이 사용한 칭호이며, 기독교에서는 신 혹은 그리스도의 뜻으로 쓰인다.

이처럼 사람들이 법을 존중하는 이유는 두려움뿐만 아니라 자기의 불복종에 대한 죄의식 때문이기도 하다. 죄의식은 권위 그 자체만이 부여할 수 있는 용서로만 극복할 수가 있다. 이런 용서의 조건은 죄인이 회개하고, 벌을 받아들임으로써 다시 굴복하는 것이다. 죄(불복종)→ 죄의식→ 새로운 굴복(벌)→ 용서라고 하는 연쇄(連鎖)는 각각의 불복종 행위가 한층 더 강화된 복종을 가져오기 때문에 악순환이다. 이런 일로 두려움을 느끼지 않는 사람은 극히 소수뿐이다. 그들의 영웅은 프로메테우스이다. 제우스가 가장 잔혹한 형벌로 그를 괴롭혔음에도 불구하고 프로메테우스는 굴복하지 않았으며, 또 죄의식을 느끼지도 않았다. 그는 신들에게서 불을 훔쳐 인간에게 주는 것이 동정의 행위임을 알고 있었다. 그러나 그는 복종하지 않았지만 죄도 범하지 않았다. 그는 인류의 다른 많은 애정 깊은 영웅(순교자)처럼 불복종은 곧 죄라는 등식(等式)을 극복했던 것이다.

그러나 이 사회는 영웅들로 이루어져 있지 않다. 소수자를 위한 다수자가 소수자의 목적에 봉사하며 찌꺼기에 만족하도록 하기 위해서는, 불복종은 곧 죄라는 의식을 양성해야만 했다. 국가도 교회도 그것을 양성했고, 양자는 협력했다. 양자 모두 자기의 계급 조직을 지켜야만 했기 때문이다. 국가는 불복종과 죄를 융합시키는 이데올로기를 얻기 위해 종교가 필요했다. 교회는 국가가 복종의 미덕을 갖추도록 훈련시킨 신자들이 필요했다. 양자는 모두 가족제도를 이용했는데, 그 기능은 아이가 그 독자적인 의지를 처음 보이는 순간부터(보통은 늦어도 대소변 가리기와 함께) 복종을 가르치는 것이었다. 장래 시민으로서 정상적으로 기능하도록 준비를 시키기 위해서 아이의 뜻을 꺾어 놓아야만 했던 것이다.

예로부터 내려오는 신학적·세속적 의미에서의 죄는 권위주의적 구조 속에서 나온 개념이며, 이 구조는 소유양식에 속한다. 여기서 우리가 복리에 도달하는 것은 자신의 생산적 능동성 때문이 아니라, 수동적인 복종과 그 결과인 권위에 대한 시인(是認) 때문이다. 우리는 지도자(세속적 혹은 정신적, 즉 왕이나 여왕 또는 신)를 '소유하며' 그 지도자에 대한 신앙을 '갖는다'. 우리는 안정감을 '갖는다'. 우리가 아무도 '아닌' 한 말이다. 굴복이 반드시 굴복으로만 의식되지 않는다는 사실, 그것은 부드러울 수도 엄격할 수도 있다는 사실, 정신적·사회적 구조가 전적으로 권위주의적이라고 할 수는 없으며 다만 부분적으로 그렇다는 사실을 잊어서는 안 된다. 우리는 기억해야 한다. 사회의 권위주의적 구조를 내면화할수록 소유양식 속에서 사는 것이 된다는 사실을 말이다.

알폰스 아우어(Alfons Auer)가 매우 간결하게 강조하듯이 권위, 불복종, 죄에 대한 토마스 아퀴나스의 개념은 인도주의적인 개념이다. 즉 죄는 비합리적인 권위에 대한 불복종이 아니라 인간의 '복리'를 침해하는 것이다.[10] 따라서 아퀴나스는 다음과 같이 말할 수 있었다. "우리가 우리 자신의 복리에 어긋나게 행동하는 것이 아니면 신을 욕되게 할 수 없다"《대이교도대전(對異敎徒大全)》3, 122). 이를 이해하기 위해서는, 토마스 아퀴나스에게 인간의 선(bonum humanum)을 결정하는 것이란 순수하게 주관적인 욕망의 독단도 아니며—스토아학파에게는 자연적인 것인—본능적으로 주어진 욕망도 아니며, 그렇다고 신의 독단적인 의지도 아니라는 점을 고려해야만 한다. 선(善)을 결정하는 것은 인간성 및 그것에 바탕을 두고 가장 적절한 성장과 복리를 가져다주는 규범에 대한 우리의 합리적인 이해이다. (교회의 충실한 아들로서, 또 혁명적 당파에 대항한 그 시절 사회질서의 지지자로서 토마스 아퀴나스는 비권위주의적 윤리의 순수한 대변자가 될 수 없었다는 점에 유의해야 한다. 그는 두 가지 종류의 불복종에 대하여 모두 '불복종'이라는 말을 사용해서 그의 입장에 내재하는 모순을 가렸다.)

불복종이라는 죄는 권위주의적 구조, 즉 '소유구조'의 일부이다. 그것은 '존재양식'에 뿌리박은 비권위주의적 구조에서는 전혀 다른 뜻이 된다. 이 다른 의미 역시 성경에 나오는 인간 타락의 이야기 속에 암시되어 있으며, 그 이야기를 달리 해석함으로써 이해할 수 있다. 하나님은 인간을 에덴동산에 살게 하고, 생명의 나무와 선악을 아는 나무에서 열매를 따먹지 말라고 경고했다. 그리고 "사람이 혼자 사는 것이 좋지 아니하니"라고 여겨 여자를 창조했다. 그리고 남자와 여자는 하나가 되도록 했다. 둘은 다 발가벗고 있었지만 "부끄러워하지 않았다." 이 구절은 예로부터 내려온 성적 관습, 즉 남자와 여자는 세상에 태어나면서부터 성기(性器)를 노출하면 부끄러워한다고 가정하는 관습의 입장

---

10) 아우어 교수의 미발표 논문 〈토마스 아퀴나스에 따른 윤리의 자율성〉(교수의 호의로 그 원고를 읽을 수 있었다)은 아퀴나스의 윤리적 개념을 이해하는 데 매우 도움이 된다. "죄는 신을 모독하는 것인가?"라는 문제에 관한 그의 논문도 마찬가지이다. 〔원주〕

에서 해석된다. 그러나 원문이 말하는 바가 이게 전부라고는 도저히 생각되지 않는다. 더 깊이 생각해 보면 이 구절은 다음과 같은 뜻을 내포한다고 할 수 있다. 남자와 여자는 서로를 분리된 타인이 아닌 한 몸으로 경험했기 때문에, 알몸으로 대했어도 부끄럽다고 생각하지 않았다는 것이다.

이 전인간적(全人間的) 상황은 타락 이후에 극단적으로 변한다. 남자와 여자는 완전한 인간이 된다. 즉 이성이 있고, 선악을 의식하고, 서로를 분리된 존재로 인식하며, 본래의 일체성이 깨어져서 서로 남이 되었다는 의식을 지닌 사람이 된 것이다. 그들은 서로 가까이 있지만 분리되어 멀리 떨어진 것처럼 느낀다. 이 세상의 가장 깊은 부끄러움을 느낀다. 즉 동료와 '발가벗은' 채 마주보는 동시에, 서로를 갈라놓은 말할 수 없는 심연(深淵)을 경험하는 수치를 느끼는 것이다. "그들은 '무화과 잎을' 허리에 감았다." 그리고 완전한 인간으로서의 만남, 즉 서로 상대방을 발가숭이로 보는 것을 피하려고 했다. 그러나 부끄러움은 죄의식과 마찬가지로 가린다고 사라지지 않는다. 그들은 서로 사랑의 손길을 뻗치지 않았다. 아마 육체적으로는 서로를 갈망했을 것이다. 그러나 육체적 결합이 인간의 분리됨을 풀어 주지는 못한다. 두 사람이 서로 사랑하고 있지 않음은 그들의 태도에 암시되어 있다. 즉 이브는 아담을 보호하려고 하지 않으며, 아담은 이브를 변호하기는커녕 벌을 면하기 위해 그녀를 죄인으로 몰았다.

그들이 범한 죄는 무엇인가? 분리되고 고립된 이기적인 인간으로서, 사랑의 결합 행위로 분리를 극복하지 못한 채 서로를 대한 것이다. 이 죄는 바로 우리 인간 존재 자체에 뿌리박고 있다. 자연과의 근본적인 조화—타고난 본능에 따라 생활이 결정되는 동물의 특성이다—를 박탈당하고, 대신 이성과 자의식을 얻었기 때문에 우리는 서로 타인에게서 완전히 격리되어 있음을 경험할 수밖에 없다. 가톨릭 신학에서는 서로 완전히 분리되고 격리되어 사랑의 중개도 없는 이 존재 상태를 '지옥'이라고 정의 내린다. 우리는 그것을 견딜 수 없다. 이 절대적 분리라는 고문(拷問)을 어떠한 방법으로든 극복해야만 한다. 굴복해서든 지배해서든, 혹은 이성과 의식을 침묵시켜서든 말이다. 그러나 이런 방법은 모두 일시적으로 성공할 뿐 진정한 해결로 가는 길을 가로막는다. 우리가 지옥에서 탈출하는 방법은 오직 하나, 자기중심성의 뇌옥(牢獄)을 뛰쳐나와 손을 뻗어 세계와 '하나'가 되는 것뿐이다. 만일 자기중심적인 분리가 중대한 죄라면,

그 죄를 보상하는 것은 사랑의 행위이다.

'보상(Atonement)'이라는 말 자체가 이 개념을 나타내고 있다. 그 어원은 중세 영어로 합체(合體)를 나타낸 'at-onement'[11]에서 유래하기 때문이다. 분리의 죄는 불복종의 행위가 아니므로 '사면'이 필요 없다. 그러나 고쳐야 하는 것임에는 분명하다. 그 치료약은 벌이 아니라 오직 사랑이다.

라이너 풍크가 지적해준 바에 따르면, 비합일(disunion)이라는 죄의 개념은 예수의 비권위주의적인 죄의 개념에 따르는 몇몇 교부(敎父)가 제시한 것이라고 한다. 그러면서 다음의 여러 예를(앙리 드 뤼박(Henri de Lubac)의 저서에서) 제시했다. 오리게네스[12]는 이렇게 말했다. "죄가 있는 곳에는 다양성이 있다. 그러나 미덕이 지배하는 곳에는 단일성(單一性)이 있고, 합일(合一, oneness)이 있다." 또 막시무스의[13] 말에 의하면, 아담의 죄로 말미암아 인류는 "내 것과 네 것 사이의 갈등도 없는 조화된 전체일 것인데, 모래 먼지와도 같은 개인들의 집합으로 변모했다." 아담이 파괴한 본디의 합일에 관한 이와 비슷한 견해를 성 아우구스티누스의[14] 사상에서도 찾아볼 수 있으며, 또 아우어 교수가 지적하듯이 토마스 아퀴나스의 가르침 속에서도 발견할 수 있다. 드 뤼박은 요약하여 이렇게 말한다.

"'회복'(Wiederherstellung)[15] 작용을 하는 구제는 잃어버린 합일의 부활로서, 즉 신과의 신비적 합일이자 동시에 인간 상호 간의 합일의 회복으로서 필요하다"(죄의 문제를 전체적으로 검토하기 위해서는《너희도 신처럼 되리라(You Shall Be as Gods)》의 '죄와 회오(悔悟)의 개념'도 참조할 것).

요컨대, 소유양식 나아가 권위주의적 구조에서는 불복종이 죄이며, 그것은 회오→ 벌→ 새로운 굴복이 되어 극복된다. 반면 존재양식, 즉 비권위주의적 구조에서의 죄는 해소되지 않은 소외이며, 이것은 이성(理性)과 사랑의 완전한 개화(開花)나 일체화를 통해서 극복된다.

---

11) '일체화(一體化)'를 뜻함.
12) Origenes (185?~254) 그리스 정교의 교부.
13) Maximus (580?~662) 증성자(證聖者)라 불렸음.
14) Augustinus, Aurelius (354~430) 초기 기독교의 교부 철학자.
15) Wiederherstellung : 모든 것이 최종적으로 신의 의지에 일치하는 것을 말함.

실제로 타락의 이야기는 어느 쪽으로도 해석할 수 있는데 그것은 이야기 자체가 권위주의적 요소와 해방적 요소의 혼합이기 때문이다. 그러나 그것들 자체에서 각각 불복종과 소외로서의 죄의 개념 자체는 완전히 대립되어 있다.

구약성경에 나오는 바벨 탑의 이야기도 같은 사상을 내포하고 있다. 인류가 여기서는 합일의 상태에 도달해 있으며, 그것은 모든 인간이 하나의 언어로 소통한다는 사실로 상징되고 있다. 힘을 추구하는 그들의 야망 때문에, 거대한 탑을 '소유하려는' 그들의 갈망 때문에, 사람들은 합일을 파괴하고 뿔뿔이 흩어진다. 어떻게 보면 바벨탑 건축은 제2의 '타락'이며, 역사상 인류가 범한 죄이다. 이 이야기는 신이 인간의 합일과 그에 수반되는 힘을 두려워하기 때문에 한층 이해하기 어려워진다.

"여호와께서 이르시되 이 무리가 한 족속이요 언어도 하나이므로 이같이 시작했으니 이 후로는 그 하고자 하는 일을 막을 수 없으리로다. 자, 우리가 내려가서 거기서 그들의 언어를 혼잡하게 하여 그들이 서로 알아듣지 못하게 하자" (창세기 11 : 6~7). 물론 이와 같은 난해성은 이미 타락의 이야기에도 존재한다. 거기서 신은 남자와 여자가 양쪽의 나무 열매를 먹었을 때 발휘하게 될 힘을 두려워하는 것이다.

5 죽음의 공포 – 삶의 긍정

앞에서 언급한 바와 같이, 자기 소유물을 잃을지도 모른다는 두려움은 소유에 바탕을 둔 안정감의 피하기 어려운 결과이다. 이제 이 생각을 한 걸음 더 전진시켜 보고자 한다.

'재산'에 집착하지 않고 나아가서 그것의 상실을 두려워하지 않기란 가능할지도 모른다. 그러나 생명 그 자체를 잃어버릴지도 모른다는 두려움—죽음에 대한 두려움은 어떠한가? 이것은 다만 노인과 환자만의 두려움일까? 아니면 모든 사람의 두려움일까? 죽어야만 한다는 사실은 우리의 생의 모든 부분에 스며들어 있는 것일까? 죽음의 두려움은 우리가 노령과 질병으로 생명의 한계에 접근함에 따라 더욱 강해지고 더욱 의식하게 되는 것일까?

이를 알기 위해서는 정신분석학자가 실행하는 대규모의 체계적인 연구가 필요하다. 그 연구에서는 이 현상을 유년기에서부터 노년기에 걸쳐 조사하고, 죽음에 대한 두려움의 의식적인 나타남뿐만 아니라 무의식적인 표출까지도 다루어야 한다. 이 연구를 개인적인 사례(事例)에 국한할 필요는 없으며, 현행되는 사회 정신분석의 방법을 사용해서 대집단을 조사할 수도 있을 것이다. 하지만 이런 연구 결과가 현재는 없으므로, 산재해 있는 데이터에서 잠정적인 결론을 끌어내어야만 한다.

아마 가장 의미심장한 데이터는 인간에게 깊이 새겨져 있는 불멸에 대한 욕망일 것이다. 이 욕망은 육체를 보존하려는 여러 의식(儀式)과 신앙에 나타난다. 현대, 특히 미국에서 볼 수 있는 사체(死體)를 미용(美容)시켜서 죽음을 부정하는 행위도 마찬가지로 단순히 죽음을 위장함으로써 죽음에 대한 두려움을 억압하려는 시도이다.

죽음에 대한 두려움을 참으로 극복하려면 오직 한 가지 방법—불타, 예수, 스토아학파의 철학자들, 마이스터 에크하르트가 가르친 방법—밖에 없다. 바로 생명에 집착하지 않는 것, 생명을 소유물로 삼지 않는 것이다. 죽음에 대한 두려움은 얼핏 더 이상 살지 못한다는 것에 대한 두려움처럼 보이지만 실은 그렇지 않다. 죽음은 우리와 관계가 없다고 에피쿠로스는[16] 말했다. "왜냐하면 우리가 존재하는 동안 죽음은 아직 우리 곁에 와 있지 않으며, 죽음이 닥쳐왔을 때는 이미 우리가 존재하지 않기 때문이다" 확실히 죽기 전에 일어날지도 모르는 고통과 아픔에 대한 두려움은 있겠지만, 이는 죽음에 대한 공포와는 다른 것이다. 이렇게 보면 죽음에 대한 두려움이 불합리한 것으로 보일지 모른다. 하지만 생명이 소유로서 경험될 때에는 그렇지 않다. 그때의 두려움은 죽음의 공포가 아니라 가지고 있는 것을 잃는 데 대한 공포이다. 내 육체, 내 자아, 내 소유물, 내 정체성을 잃는 데 대한 공포이며, 동일성을 잃고 '잃어버린' 자의 심연에 직면하는 공포이다.

소유양식 속에 있는 한 우리는 그만큼 죽음을 두려워해야 한다. 어떤 합리적인 설명도 이 두려움을 제거해 주지는 못할 것이다. 그러나 죽음을 앞둔 순간에도 그것을 줄일 수는 있다. 그것은 생명에 대한 유대를 다시 주장함으로써, 또 우리 자신의 사랑까지도 불태우는 다른 사람의 사랑에 반응함으로써 가능

---

16) Epicuros (B.C. 342?~270) 그리스의 철학자. 쾌락주의의 창시자.

하다. 죽음에 대한 공포를 없애는 일은 죽음을 준비함으로써가 아니라 '소유양식을 줄이고 존재양식을 증대시키려는 끊임없는 노력으로써 시작되어야 한다. 스피노자가 말한 바와 같이 "현명한 사람은 삶에 대해서 생각하고 죽음에 대해서는 생각하지 않는다."

어떻게 죽을 것인가? 이에 대한 가르침은 실제로 어떻게 살 것인가에 대한 가르침과 똑같다. 모든 형태의 소유에 대한 갈망, 특히 자아의 속박을 버리면 버릴수록 죽음에 대한 공포는 더욱 약해진다. 잃어버릴 것이 아무것도 없기 때문이다.[17]

6 지금, 여기 – 과거, 미래

존재양식은 지금, 여기(*hic et nunc*)에만 있다. 소유양식은 다만 시간 속에서만, 즉 과거, 현재, 미래 속에만 있다.

소유양식에서는 우리가 '과거'에 축적한 것, 즉 돈, 토지, 명성, 사회적 지위, 지식, 자녀, 기억 등에 얽매인다. 우리는 과거에 대해서 생각한다. 그리고 과거의 감정(혹은 감정처럼 생각되는 것)을 '되새김'으로써 느낀다. '이것이 감상(感傷)의 본질이다.' 우리는 과거이다. '나는 과거의 나다(I am what I was).'라고 말할 수 있는 것이다.

'미래'는 이윽고 과거가 될 것에 대한 예측이다. 그것은 과거와 마찬가지로 소유양식으로 경험한다. 그리고 "이 사람은 미래를 '가지고 있다'"라는 말로 표현되는데, 그 의미는 지금은 그것들이 없지만, 이윽고 많은 것을 소유하게 된다는 뜻이다. 포드 회사는 이런 광고 문구를 쓴다. "당신의 미래에는 포드가 있다" 이 말은 미래의 '소유'를 강조하고 있다. 마치 어떤 상거래에서 '선물(先物)'을 팔고 사듯이 말이다. 소유의 기본 경험은 과거를 다루는 경우거나 미래를 다루는 경우거나 마찬가지이다.

'현재'는 과거와 미래가 만나는 점이다. 시간의 국경에 있는 역이다. 그러나 그것이 연결하는 두 영역과의 질적인 차이는 없다.

---

17) 나는 이 논의를 죽음의 공포 그 자체에만 국한하고, 우리의 죽음이 우리를 사랑하는 사람들에게 미칠 괴로움을 상상하는 고통이라는 해결하기 어려운 문제에는 들어가지 않기로 한다. 〔원주〕

존재는 반드시 시간 밖에 있는 것은 아니지만, 그렇다고 시간이 존재를 지배하는 차원은 아니다. 화가는 물감, 캔버스, 붓과 씨름해야 하며, 조각가는 돌, 끌과 씨름해야 한다. 그러나 창조 행위, 그들이 창조하려는 것의 비전은 시간을 초월한다. 그것은 한순간에 혹은 많은 순간에 일어나지만, 그 비전 속에서 시간은 경험되지 않는다. 사상가들도 마찬가지이다. 그들이 사상을 적는 행위는 시간 속에서 일어나지만, 사상을 마음에 품는 것은 시간 밖에서 일어나는 창조적 사건이다. 존재의 모든 현상에 대해서도 같은 말을 할 수 있다. 사랑의 경험, 기쁨의 경험, 진리를 파악하는 경험은 시간 속이 아니라 지금 여기서 일어난다. 이 '지금 여기는 영원이다'. 즉 시간을 추월하고 있다. 그러나 영원은 일반적인 오해처럼 무한히 잡아늘인 시간은 아니다.

그러나 과거와의 관계에 대해서는 한 가지 중요한 한정(限定)을 설정해야만 한다. 여기서 언급한 것은 과거를 상기하고, 과거에 대해서 생각하고, 반추(反芻)하는 것이었다. 과거를 소유하는 이 양식에서 과거는 죽어 있다. 그러나 우리는 과거를 되살릴 수도 있다. 과거의 상황을 마치 지금 여기에서 일어나고 있는 것처럼 신선하게 경험할 수가 있다. 즉 과거를 재창조하고, 부활시킬 수가 있다(상징적으로 말하면 죽은 자를 부활시킬 수가 있다). 그러면 과거는 과거이기를 중지하고 지금 여기에 '존재한다'.

미래도 또한 마치 지금 여기에 있는 것처럼 경험할 수가 있다. 이런 현상은 미래의 상태가 자기의 경험 속에서 너무도 충분히 예측될 때 일어난다. 즉, '객관적'—외적인 사실에 있어서는 미래지만 주관적 경험으로서는 미래가 아닐 때 생기는 것이다. 이것이 진정한 유토피아적 사고(유토피아적 백일몽과는 대조적인)의 본질이다. 또한 미래를 현실로 경험하는 데 '미래'의 외부적인 실현을 필요로 하지 않는 진정한 신념의 기초이다.

과거, 현재, 미래, 즉 시간의 모든 개념이 우리의 생활 속으로 파고드는 이유는 우리의 육체가 있기 때문이다. 즉 제한된 일생, 끊임없이 신경을 써야 하는 육체의 요청, 우리의 생명을 지탱하기 위해서 이용해야만 하는 자연계의 성질, 확실히 우리는 영원히 살 수 없다. 죽어야 할 몸이기 때문에 시간을 무시할 수도 시간에서 벗어날 수도 없다. 밤과 낮, 잠과 깨어남, 성장과 노화의 리듬, 노동으로 생계(生計)를 유지할 필요성과 자신을 지켜야 할 필요성, 이 모든 요인들은 우리가 살기를 바란다면 시간을 '존중하도록 강요한다.' 그리고 육체도 우리에게 살기를 갈망하게 한다. 그러나 시간을 '존중하는' 것과 시간에 '굴복하는' 것은 별개의 문제이다. 존재양식에서 우리는 시간을 존중하지만, 시간에 굴복하지는 않는다. 그러나 이 시간의 존중은 소유양식이 지배할 때에는 '굴복이 된다.' 이 양식에서는 물건뿐만 아니라, 살아 있는 모든 것이 물건이 된다. 소유양식에서는 시간이 우리의 지배자가 된다. 그러나 존재양식에서 시간은 왕위(王位)를 상실하고, 이미 우리의 생활을 지배하는 우상이 되지 못한다.

산업사회에서 최고통치자는 시간이다. 현재의 생산 양식은 모든 행위가 정확하게 '시간대로' 진행되기를 요청한다. 일관작업의 벨트컨베이어뿐 아니라, 그렇게까지 노골적이 아니더라도 대부분의 활동이 시간의 지배를 받도록 진행된다. 게다가 시간은 단순한 시간일 뿐 아니라 '돈이다.' 기계는 최대한 이용되어야 하므로 자신의 리듬을 노동자에게 강요한다.

기계를 통해서 시간은 우리의 지배자가 되었다. 우리는 자유 시간에 한해서만 어떤 선택을 할 수 있을 뿐이다. 그러나 우리는 대개 일을 조직화하듯이 이 영역까지도 조직화한다. 혹은 완전히 게으름을 피움으로써 시간이라는 전제 군주에게 반항한다. 시간의 요청에 거역하는 일 이외에는 아무것도 하지 않음으로써 자신이 자유롭다는 환상을 펼치는 것이다. 하지만 실제로는 시간이라는 감옥에서 가석방된 것에 불과할 뿐이다.

제3편
새로운 인간과 새로운 사회

제7장

종교 성격 사회

이 장(章)에서 다룰 명제는 다음과 같다. 먼저, 사회의 변혁은 사회적 성격의 변혁과 상호작용을 한다. 다음으로, '종교적' 충동은 남자와 여자를 움직여 극단적인 사회적 변혁을 달성하는 데 필요한 에너지를 공급한다. 마지막으로, 이로 인해 인간의 마음속에 근본적인 변혁이 일어났을 때, 새로운 헌신의 대상이 등장해 현재의 헌신의 대상을 대신했을 때, 비로소 새로운 사회가 시작된다는 것이다.[1]

1 사회적 성격의 기초

이들 고찰의 출발점은, 보통 개인의 성격 구조와 그가 속해 있는 사회의 사회경제적 구조가 서로 의존하고 있다는 주장이다. 나는 개인의 정신적 영역과 사회경제적 구조와의 혼합을 '사회적 성격'이라고 부른다.(오래전 1932년에 이 현상을 표현할 때는 '사회의 리비도 구조'라는 말을 썼다) 한 사회의 사회경제적 구조는, 그 구성원이 해야 할 일을 점차 바라게끔 그들의 사회적 성격을 만들어 낸다. 동시에 사회적 성격은 사회의 사회경제적 구조에 영향을 미치게 되어 사회구조를 한층 견고히 해 주는 시멘트의 작용을 하든가, 혹 특별한 경우에는 사회구조를 두들겨 부수는 다이너마이트 작용을 한다.

사회적 성격과 사회구조와의 관계는 결코 정적(靜的)인 것이 아니다. 왜냐하면 이 관계에서 이 두 가지 요소는 다 같이 끝없는 과정이기 때문이다. 어느 한쪽 요인의 변화는 양자 모두의 변화를 뜻한다. 많은 정치적 혁명가가 믿고 있

---

1) 이 장은 나의 전 저서, 특히 《자유에서의 도피》(1941)와 《정신분석과 종교(*Psychoanalysis and Religion*)》(1950)에 크게 의존했다. 이 두 저서에는 모두 이 문제에 대한 풍부한 문헌 가운데 가장 중요한 여러 책들이 인용되어 있다. 〔원주〕

는 것은, 첫째로, 정치경제적 구조를 철저하게 변혁해야 하며, 둘째로, 그러면 거의 필연적으로 인간의 정신이 변화되리라는 것이다. 즉 새로운 사회가 일단 확립되면 이로써 반자동으로 새로운 인간이 탄생하리라는 것이다. 그러나 그들이 미처 몰랐던 것이 있다. 바로 새로운 엘리트 또한 옛 엘리트와 같은 성격의 동기로 움직였으므로, 혁명이 낳은 새로운 사회정치적 제도 속에 옛 사회의 여러 조건을 되살려 놓으리란 점이다. 따라서 혁명의 승리는 결국 혁명의 패배가—완전한 사회경제적 발달을 위한 길을 연 역사적 단계로서는 패배가 아니지만—될 것이다. 프랑스혁명과 러시아혁명이 그 전형적인 예다.

주목할 점은, 혁명에 기여하는 인물의 성격은 중요하지 않다고 생각했던 레닌이, 말년에 스탈린의 성격적 결함을 날카롭게 꿰뚫어 보고 스탈린을 자신의 후계자로 삼지 말라고 유언을 남긴 것이다.

이 반대편에는 이런 주장이 있다. 첫째로 인간의 본성이—의식, 가치, 성격이—변해야 하고, 그런 다음에 비로소 참으로 인간적인 사회를 구축할 수 있다는 것이다. 그러나 인류의 역사는 그들의 주장이 잘못됐음을 증명하고 있다. 순수한 정신적 변혁은 항상 개인적인 영역에 그치고 조그만 오아시스에 한정되었으며, 또 정신적인 가치의 설교와 그 반대인 가치의 실천이 연결될 때 그것은 완전히 무력했기 때문이다.

2 사회적 성격과 '종교적' 요구

사회적 성격은, 사회가 요구하는 형태의 성격유형을 충족시키고, 성격 조건에 제한받는 개인의 행동 요구를 만족시키는 것 외에, 더 나아간 뜻깊은 기능이 있다. 바로 어떤 인간의 날 때부터의 종교적 요구까지도 충족시켜야 한다는 것이다. 분명히 하기 위해 말하자면, 내가 여기서 쓰고 있는 종교라는 말은 반드시 신(神)의 개념이나 우상과 관련된 체계를 가리키는 것이 아니다. 그것은 종교처럼 방향이 설정되어 있는 테두리와 헌신의 대상을 제공하는 모든 것을 가리킨다. 사실 이 넓은 의미에서는, 과거 혹은 현재의 어떤 문화도, 또 아마 미래의 어떤 문화도 종교가 없다고 보지 못할 것이다.

이 '종교'의 정의는 그 특정한 내용을 아무것도 말해주지 않는다. 사람들은 동물, 나무, 황금과 돌의 우상, 눈에 보이지 않는 신, 고상한 인물, 혹은 악마와 같은 지도자를 숭배할지도 모른다. 그들의 종교가 가져다주는 것은 파괴성이나 사랑 혹은 지배나 연대(連帶)의 발달일지도 모른다. 그것은 그들의 이성(理性)의 힘을 증진시킬지도 또는 마비시킬지도 모른다. 그들은 자신들의 체계를 세속적인 영역의 것과는 다른 종교적인 체계로서 의식할지도 모른다. 또 자기들은 종교가 없다고 생각하고, 힘과 돈과 성공과 같은 어떤 종류의 세속적인 목표에 헌신하는 행위를 실제적인 것, 편의적인 것에 대한 관심 이외에는 아무것도 아니라고 해석할지도 모른다. 문제는 종교냐 아니냐가 아니고, 어떤 종류의 종교냐—인간의 발달과 특히 인간 능력의 개화(開花)를 촉진하는 종교냐, 아니면 인간의 성장을 마비시키는 종교냐—하는 것이다.

어느 특정 종교가 행동에 동기를 주는 힘이 있을 때, 그 종교는 단순히 교의(敎義)와 신앙의 총계가 아니다. 그것은 개인의 특정한 성격구조에, 또 어떤 집단의 종교인 경우 사회적 성격에 뿌리를 내리고 있다. 이리하여 종교적 태도는 성격 구조의 일면으로 볼 수 있다. 왜냐하면 우리는 헌신하기 위해서 존재하며, 헌신은 행동에 동기를 주기 때문이다. 그러나 개인은 가끔 그들 개인적 헌신의 현실적 대상을 미처 깨닫지 못하고, '공공의' 신앙을, 그들 자신만의 생각이기는 하지만 실지로 믿고 있는 종교와 혼동한다. 예를 들어, 만일 한 남자가 사랑의 종교를 외치면서 힘을 숭배한다면, 힘의 종교가 그의 숨은 종교이며, 이른바 공공의 종교, 이를테면 기독교는 이데올로기에 불과하다.

종교적 요구는 인류라는 종(種)의 존재를 위한 기초적인 조건에 뿌리박고 있다. 인류는 단독으로 하나의 종이다. 침팬지나 말이나 제비가 각각 하나의 종인 것처럼 말이다. 각 종은 특유한 생리학적·해부학적 특징에 따라 정의를 내릴 수 있고, 또 실지로 그렇게 정의되고 있다. 인류에 대해서는 생물학적인 관점에서 일반적인 합의(合意)가 있다. 나는 인류—즉 인간성—는 정신적으로도 정의할 수 있다고 시사했다. 동물계의 생물학적 진화에서 인류가 출현하는 시점은 동물 진화의 두 가지 경향이 합쳐질 때다. 한 가지 경향은, 본능(여기서 말하는 '본능'이란 학습을 배제한다는 시대에 뒤떨어진 것이 아니고 유기체적 동인(動因)이란 뜻이다)으로 행동을 결정하는 정도가 끊임없이 낮아지는 것이다. 본능의 성질에 대한 견해가 많은 논쟁을 일으키고 있다는 점을 고려하더라도, 높은 진화의 단계에 도달한 동물일수록 계통발생적으로 계획된 본능에 따라 결정되는 행동이 적어진다는 점은 널리 인정되는 견해이다.

본능으로 행동을 결정하는 정도가 끊임없이 저하하는 과정은, 하나의 연속 선상에 나타낼 수 있다. 그 끝에는 가장 낮은 형태의 동물 진화가 있으며, 이 경우에는 본능으로 결정하는 정도가 가장 높다. 이것은 동물 진화에 따라 감소되다가, 젖먹이 동물에 이르러 어느 수준에 이른다. 또 영장류(靈長類)로 발달하는 동안 다시 감소되는데, 여기서 원숭이와 유인원 사이에는 커다란 차이가 있다(R. M. 여키즈(R.M. Yerkes)와 A. V. 여키즈(A.V. Yerkes)가 고전적인 연구(1929)에서 보여 준 것처럼). 사람(Homo) 종에서는 본능에 따른 결정은 최저 한도에 이르고 있다.

동물 진화에서 찾아볼 수 있는 또 한 가지 경향은 뇌(腦), 특히 신피질(新皮質)의 성장이다. 여기서도 진화를 하나의 연속으로 나타낼 수 있다. 한쪽 끝에는 진화의 정도가 가장 낮은 동물이 있다. 그들은 신경구조가 원시적이며, 신경세포의 수가 비교적 적다. 그리고 다른 끝에는 호모 사피엔스가 있다. 그들은 뇌구조가 복잡하며, 특히 신피질은 영장류인 우리 조상과 비교했을 때 3배나 크고, 신경세포 사이의 연결조직은 실로 엄청난 수에 이른다.

이들 데이터를 고려하면, 인간이란 진화 도중 본능적 결정이 최저로, 뇌의 발달이 최고로 된 때에 출현한 영장류라고 할 수 있다. 최저의 본능적 결정과 최고의 뇌 발달과의 배합은 동물 진화 과정에서 지금까지 유래가 없으며, 생물학적으로 말해서 완전히 새로운 현상을 낳고 있는 것이다.

이렇듯 인간은 본능의 명령에 따르는 능력은 부족한 반면, 자의식·이성·상상력—가장 영리한 영장류의 도구적 사고 능력까지 초월한 새로운 자질—이 있기 때문에, 살아남기 위해서는 방향이 설정된 테두리와 헌신할 대상이 필요했다.

우리의 자연적·사회적 세계의 지도—세계 그리고 그 속의 우리 위치를 그린 지도로, 구조와 내적 결합력이 있다—가 없으면, 인간은 혼란에 빠져서 목적과 일관성을 가지고 행동할 수 없을 것이다. 왜냐하면 자신을 방향 짓는 방법도 없고, 각 개인에 부딪혀 오는 모든 인상을 조직화하기 위한 기준이 되는, 고정된 한 지점을 찾아낼 방법도 없기 때문이다. 이 지도 덕분에 세계는 우리에게 의미 있어 보이며, 주위 사람들과 의견을 일치시킴으로써 자기 생각에 확신이 생긴다. 설사 지도가 틀렸더라도 그것은 심리학적인 기능을 한다. 그러나 지도가 완전히 틀린 적은 없다―또 완전했던 적도 없다. 그것은 항상 충분한 근사치로서 현상을 설명하고, 삶의 목적에 도움이 되어 왔다. 인생의 습관이 모순과 비합리성에서 벗어나 자유로울 때만 지도는 현실과 일치된다고 말할 수 있는 것이다.

인상적인 사실은 이러한 방향설정의 테두리가 존재하지 않는 문화는 찾아볼 수 없다는 점이다. 이것은 개인도 마찬가지다. 가끔 이러한 총합적인 그림을 부인하고, 인생의 온갖 현상과 사건마다 자신의 판단력이 이끄는 대로 반응한다고 믿는 사람이 있다. 그러나 그들이 자기 철학을 당연한 것으로 생각하는 까닭은, 다만 그것이 상식에 불과하기 때문이다. 즉 그들은 자신의 모든 개념이 일반에게 받아들여진 표준 테두리에 바탕을 두고 있음을 모르는 것이다. 이는 얼마든지 쉽게 밝힐 수 있는 일이다. 이러한 인물은 자기의 것과 근본적으로 다른 인생관에 직면하면, 그것을 '미치광이 같다'라든가, '비합리적'이라든가, '철부지' 같다고 판단하면서, 자신은 완전히 '논리적'이라고 생각한다. 기준 테두리에 대한 뿌리 깊은 요구는 특히 어린아이 경우 분명하다. 일정한 나이에 달한 아이들은 가끔, 이용할 수 있는 얼마 안 되는 데이터를 가지고 용케도 자신의 방향 설정을 위한 테두리를 만들어낸다.

그러나 지도만으로는 행동의 지표가 충분하지 못하다. 우리에게는 어디로 가야 할지를 가르쳐 주는 목적도 필요하다. 동물에게는 이러한 문제가 없다. 그들의 본능이 모든 것을 지시하기 때문이다. 그러나 우리는 본능적 결정이 사라진 자리 위에, 뇌를 통해 나갈 수 있는 많은 방향을 생각할 수 있다. 그러므로 우리에게 필요한 것은 전면적인 헌신의 대상, 즉 모든 노력의 초점이 되고, 모든 사실상의―선언한 것만이 아니고―가치의 기초가 되는 토대가 필요하다. 이러한 헌신의 대상이 필요한 이유는 에너지를 한 방향으로 모으기 위해서이며, 온갖 의심과 불안에 시달리는 우리의 고립된 존재를 초월하기 위해서이며, 인생의 의미를 찾는 우리 요구에 대답하기 위해서다.

사회경제적 구조와 성격구조 그리고 종교적 구조는 서로 떨어질 수 없다. 만일 종교 체계가 널리 보급된 사회적 성격과 일치하지 않으면, 즉 종교 체계가 사회적 관습과 갈등을 하게 된다면, 그것은 이데올로기에 지나지 않는다. 우리

는 그 배후에 있는 현실의 종교적 구조를 찾아야 한다. 그것을 종교적 구조로
—종교적 성격구조에 내재하는 인간적 에너지가 다이너마이트 작용을 하여,
주어진 사회경제적 조건을 약화하는 데 도움이 될 경우는 별개로 하고—의식
하지 못하고 있을지라도 말이다. 그러나 지배적인 사회적 성격에도 항상 개인적
인 예외가 있듯이, 지배적인 종교적 성격에도 개인적인 예외가 있다. 그들은 흔
히 종교 혁명의 지도자가 되고, 새로운 종교의 창시자가 된다.

  '종교적' 성향은 모든 숭고한 종교적 경험의 핵심으로, 이들 종교가 발달하
는 과정에서 거의가 왜곡되어 왔다. 각 사람이 자신의 개인적인 성향을 어떻게
의식하느냐는 문제가 되지 않는다. 그들은 자신이 그렇게 생각지 않더라도 종
교적일 수 있다—혹은 자신은 기독교라고 생각해도 비종교적일 수 있다. 우리
에게 종교의 개념적이고 제도적인 면 이외에, 그 경험적 내용을 나타내는 말은
없다. 따라서 주관적인 성향의 경험에 대해서는 인용부호를 써서 '종교적'이라
고 했다. 즉 '종교적'이라는 말은 그 인물의 '종교성'을 표현하는 개념적 구조와
아무런 상관도 없는 것이다.[2]

  ### 3 서구세계는 기독적인가

  역사 서적과 일반적인 의견에 따르면, 유럽에서 처음으로 기독교로 개종한
것은 콘스탄티누스 황제 치하에 있던 로마 제국에서였다. 그리고 뒤이어 '독일
인의 사도' 보니파키우스[3]의 전도로 북유럽의 이교도들이 개종했고, 8세기에는
다른 나라들이 이어 개종했다고 한다. '그러나 유럽은 참으로 기독교화된 적이
있었던가?'

  이 질문에 대해서는 일반적으로 긍정적인 대답을 하고 있다. 하지만 좀 더 면
밀히 분석해 보면 유럽의 기독교 개종은 대개가 속임수였다. 다시 말해 12세기
에서 16세기까지의 개종은 지극히 제한되어 있었던 것으로, 이 시기를 전후하
여 수세기 동안 이루어진 개종은 대부분 이데올로기로의 개종이며, 어느 정도
는 교회에 대한 진지한 굴복이라고 말할 수 있다. 즉 순수한 기독교적인 운동

---

2) 무신론적인 종교 경험이라는 주제를 에른스트 블로흐(Ernst Bloch, 1972) 이상으로 깊이 또 대
   담하게 다룬 사람은 없다. (원주)
3) Bonifacius(672~754). 영국의 수도사. 독일을 중심으로 전도하다가 순교.

도 있었으나, 그것을 제외하면 개종은 마음의 변혁, 다시 말해서 성격구조의 변혁을 의미하는 것은 아니었다.

앞서 말한 4백 년 동안에 유럽은 기독교화되기 시작했다. 교회는 기독교의 목적과 원리를 시장가격, 빈민구제에 적용하도록 했다. 이때 이단적인 색체를 띤 지도자와 교파도 출현했다. 이들은 사유재산에 대한 비난을 포함하여 그리스도가 설교한 원리로 복귀하기를 요청하는 신비주의의 영향을 받았다. 마이스터 에크하르트에 이르러 절정에 이른 신비주의는 이 반권위주의적인 휴머니즘 운동에서 결정적인 역할을 했다. 그 가운데서 여성이 신비주의를 가르치거나 배울 경우에도 중요성을 부여한 것은 결코 우연이 아니다. 세계 종교와 단순하고 비교조주의적인 기독교의 관념이 많은 기독교 사상가들에 의해 표명되었다. 심지어는 성서에 나오는 하나님의 관념마저 의문의 대상이 되었다. 르네상스 시대의 신학적·비신학적 휴머니스트들은 그들의 철학과 그들이 그린 유토피아에서 13세기의 경향을 계승했다. 사실 중세 후기(중세 르네상스)와 르네상스 시대를 분명히 갈라놓는 분계선은 없다. 르네상스의 전성기와 후기의 정신을 보여주기 위해 프레데릭 B. 아르츠(Frederick B. Artz)의 요약적 묘사를 인용해 보자.

중세의 위대한 사상가들은, 사회면에서, 신의 눈으로 볼 때에는 모든 인간이 평등하며 가장 신분이 낮은 사람까지도 무한한 가치를 지니고 있다고 생각했다. 경제면에서는, 노동은 타락이 아니라 존엄의 근원이며, 어떤 인간도 자기의 복리와 무관한 목적을 위해 이용되어서는 안 되며, 정의(正義)가 임금(任金)과 가격을 결정해야 한다고 가르쳤다. 정치면에서는, 국가의 기능은 도덕적인 것이며, 법률과 그 집행에는 기독교의 정의 관념이 스며들어야 하며, 지배자와 피지배자의 관계는 언제나 상호 의무에 입각해야 한다고 가르쳤다. 국가, 재산, 가정은 이를 지배하는 사람들에게 신이 맡긴 것으로, 신의 목적을 속히 이루는 데 쓰여야 한다. 마지막으로, 중세의 이상은 모든 국민과 민족이 하나의 커다란 공동체의 일부라는 강력한 신념을 내포했다. 괴테가 말했듯이 "국민 위에 인류가 있다." 혹은 이디드 캐벨[4]이 1915년, 사형 전날 밤에 그녀가 가지고 있던 《그

---

4) Edith Cvaell(1865~1915). 영국의 간호원. 제1차 세계대전 때 영국, 프랑스, 벨기에 병사들의 탈주를 도와 준 혐의로 독일군에게 총살을 당했다.

리스도를 본받아》[5)]의 여백에 썼듯이 "애국심만으로는 부족하다."

　실제로, 만일 유럽의 역사가 13세기의 정신으로 계속되었더라면, 그것이 과학적인 지식과 개인주의의 정신을 서서히 진화시켜 왔더라면, 우리는 지금 행복할지도 모른다. 그러나 이성(理性)은 조작적(操作的)인 지성으로, 그리고 개인주의는 이기심으로 타락하기 시작했다. 기독교화의 짧은 시기는 끝나고, 유럽은 본디의 이교(異敎)로 되돌아간 것이다.

　기독교의 여러 분파는 서로 견해가 아무리 다를지라도 하나의 믿음만은 같다. 바로 인류를 향한 사랑 때문에 자신의 생명을 바친 구세주, 예수 그리스도에 대한 신앙이다. 그는 사랑의 영웅이며, 권력 없는 영웅이자 힘과 소유를 탐하지 않는 영웅이었다. 그는 존재의 영웅, 베푸는 영웅, 나누어 갖는 영웅이었다. 이러한 면은 가난한 사람들뿐만 아니라, 자신의 이기심 때문에 질식할 지경이었던 로마의 일부 부녀자들의 마음에까지도 깊이 호소하는 바가 있었다. 지적(知的)인 관점으로 보면 기껏해야 단순하다고 생각될 정도였지만 예수는 사람들의 마음을 뒤흔들었다. 이 사랑의 영웅을 믿는 신자는 수십만에 달했는데, 그들 가운데 다수가 생활태도를 바꾸거나 스스로 순교자가 되었다. 기독교의 영웅은 순교자였다. 유대교의 전통에서는 신 또는 동포를 위해 자기의 생명을 바치는 것이 최고의 성취였기 때문이다.

　순교자는 그리스와 게르만의 영웅들로 대표되는 이교(異敎)의 영웅들과 정반대이다. 이교 영웅들의 목표는 정복하고, 승리하고, 파괴하고, 강탈하는 것이며, 그들의 삶을 충족시키는 것은 자부심, 권력, 명성, 뛰어난 살인의 기량(技倆)이었다(성 아우구스티누스는 로마의 역사를 강도단의 역사에 비유했다). 또 그들에게 인간의 가치는 권력을 획득하고 고수하는 용기에 있었고, 그래서 그들은 싸움터에서 승리의 순간에 기꺼이 죽었다.

　호메로스(호머)의 《일리아드》는 정복자와 도적을 미화한 서사시이다. 순교자의 특징은 '존재'하고, 주고, 나누어 갖는 것인데 반해, 영웅의 특성은 '소유'하고, 착취하고, 강요하는 것이다(여기에 덧붙여 둘 것은, 이교 영웅의 형성은 모권 중

---

5) 중세의 신비주의 사상가 토마스 아 켐피스(Thomas á Kempis 1380?~1471)의 저서로 성경 다음으로 꼽히는 기독교의 고전이다.

심 사회에 대한 가부장제의 승리와 관련이 있다는 점이다. 남자가 여자보다 우위에 선 것은 최초의 정복 행위이며, 최초의 착취적인 힘의 행사였다. 남자가 승리를 거둔 뒤, 모든 가부장제 사회에서 이런 원리가 남자의 성격의 기초가 되었다).

우리의 발달에 있어서, 서로 용납하지 못하고 대립하는 이 두 가지 전형 가운데 무엇이 아직도 유럽에 널리 퍼져 있을까? 우리 자신과 거의 모든 사람들의 행동과 정치적 지도자들을 되새겨 보면, 우리에게 좋고 가치 있는 것에 대한 전형(典型)이 이교의 영웅이라는 사실을 부인할 수 없다. 유럽과 북아메리카의 역사는 기독교로의 개종에도 불구하고 정복과 자만과 탐욕의 역사이며, 우리의 최고의 가치는 남들보다 강해지고, 승리하고, 남들을 정복해서 착취하는 것이다. 이 가치들은 '남자다움'이라는 이상과 일치한다. 그래서 싸우고 정복할 수 있는 사람만이 남성이고, 힘을 강하게 행사하지 못하는 사람은 누구나 약자이며 남자답지 못한 것이다.

유럽 역사가 정복, 착취, 권력, 제압의 과정임은 증명할 필요도 없다. 이는 거의 모든 시대의 특징이었으며, 어떤 인종도 계급도 이를 뛰어넘은 일이 없다. 이와 같은 폭력은 아메리카 인디언의 경우처럼 대량 학살을 일으켰고, 십자군 전쟁과 같은 종교적 기도(企圖)도 예외는 아니었다. 이런 행동은 단지 경제적이고 정치적인, 표면적인 동기에서 유발된 것일까? 노예 상인들, 인도의 지배자들, 인디언을 죽인 무리들, 중국인에게 아편을 수입케 한 영국인들, 1·2차 세계 대전의 선동자들, 그리고 다음 전쟁을 준비하고 있는 무리는 모두 마음속으로는 기독교도였을까? 아니면 대부분의 사람들은 여전히 기독교도로 남아 있는데, 지도자들만이 탐욕스러운 이교도였을까? 만약 그렇다면 우리는 보다 용기를 낼 수 있을 것이다. 그런데 유감스럽게도 그렇지가 않다. 지도자들은 보다 많은 것을 얻을 수 있었기 때문에 때로는 추종자들보다 더 탐욕스러웠던 것이 사실이지만, 그때나 지금이나 정복하고 승리하려는 소망이 사회적 성격의 일부가 아니었다면 그들은 자신의 계획을 실현할 수 없었을 것이다.

과거 2세기 동안 여러 전쟁에 참가했던 사람들의 격렬하고 광적인 열광을 돌이켜보기만 해도 충분하다—수백만 명이 '최강국', '명예', 혹은 이익이라는 이미지를 지키기 위해 범국민적 자살의 위험을 무릅쓰기로 결의한 사실을 떠올리기만 하면 된다. 또 다른 예로서는 이른바 평화에 도움이 된다는 현대 올림픽 경기를 지켜보는 사람들의 광기 어린 내셔널리즘을 생각해 보면 족하다. 실제로 올림픽의 인기 그 자체가 서구 이교의 상징적인 표현이다. 올림픽은 이교의 영웅, 즉 승자와 가장 강한 자, 가장 강하게 자기를 주장하는 자를 찬양하는 한편, 그리스 올림픽을 모방한 현대 올림픽을 특징짓는 장삿속과 선전의 더러운 혼합을 무시하고 있다. 기독교 문화에서 올림픽을 대신하는 것은 수난극이다. 그러나 그것도 현재에는 단 하나, 오버아머가우[6]의 유명한 수난극만이 관광객 사이에서 회자될 뿐이다.

지금 말한 것이 모두 진실이라면, 어째서 유럽인과 미국인은 기독교를 현대에는 어울리지 않는다며 깨끗이 포기하지 못할까? 여기에는 몇 가지 이유가 있다. 예를 들어 사람들이 규율을 잃고, 나아가서는 사회적 결합을 위협하는 것을 막기 위해서는 종교적인 이데올로기가 필요하다. 그런데 더 중요한 이유가 있다. 바로 위대한 박애자인 동시에 자기를 희생하는 신인 그리스도를 굳게 믿는 사람들은 이 신앙을 소외된 경험으로 바꾸어 '자기들을 대신하여' 사랑해 주는 예수로 만들 수 있다는 것이다. 예수는 이렇게 해서 우상(偶像)이 된다. 예수에 대한 신앙은 인간 자신을 사랑하는 행위의 대용이 된다. 이로써 단순하고도 무의식적인 공식이 나온다. "그리스도는 우리를 대신하여 온갖 사랑을 해준다. 따라서 우리는 그리스의 영웅적 행동을 계속해도 구원을 받는다. 그리스도에 대한 소외된 '신앙'은 그리스도를 '본받는' 일의 대용이기 때문이다." 기독교 신앙이 인간의 탐욕스러운 태도에 대한 손쉬운 구실이 된다는 것은 두말할 나위도 없다. 인간에게는 사랑이라는 극히 뿌리 깊은 요구가 있기 때문에 늑대와 같은 행위는 필연적으로 죄악감을 일으키게 된다고 나는 믿는다. 그런데 사랑에 대한 신앙을 공언(公言)함으로써, 자신에게 전혀 사랑이 없다는 무의식적인 죄악감에서 오는 고통을 어느 정도는 느끼지 않아도 되는 것이다."

산업종교

중세 이후의 종교적, 철학적 발달을 이 책에서 다루기는 너무도 복잡하다. 따라서 그 특징만 다루자면, 두 가지 원리의 투쟁이라고 말할 수 있다. 즉 신학

---

6) Oberammergau : 독일 남부의 작은 마을. 17세기 이래 10년에 한 번씩 상연되는 수난극으로 유명하다.

적 또는 철학적 형태를 띤 기독교 정신적 전통과, 이른바 '산업주의와 사이버네 틱스[7] 시대의 종교'가 발달하면서 여러 가지 형태를 띠고 나타난 우상 숭배와 비인간성의 이교적 전통의 대립이다.

중세 후기의 전통을 이어받은 르네상스의 휴머니즘은, 중세가 끝난 이후 최초로 위대하게 꽃피어 난 '종교적' 정신이었다. 인간의 존엄성, 인류의 화합, 정치와 종교에 있어서의 보편적인 합일 사상은 휴머니즘 정신 속에서 자유롭고 거침없이 표현되었다. 17세기와 18세기의 계몽사상은 휴머니즘의 또 다른 위대한 개화를 보여준 것이다. 칼 베커(Carl Becker, 1932)는 계몽주의 철학이 13세기의 신학자들이 보이는 종교적 태도를 어느 정도까지 표현하고 있는지를 보여주고 있다. "이 신념의 근본을 검토하면, 계몽사상가들이 도처에서 중세 사상으로부터 입은 은혜를 자기도 모르게 밝히고 있음을 발견할 수 있다."

계몽주의 철학이 낳은 프랑스혁명은 정치혁명 이상의 것이었다. 토크빌[8]이 특히 언급했듯이(베커의 인용) 그것은 "정치혁명이긴 했지만 종교 혁명과 같은 기능을 이행했을뿐더러 어떤 의미에서는 그와 같은 양상까지도 띠었다. 이슬람교처럼 그리고 또 프로테스탄트의 반역(反逆)처럼 그것은 국가와 국민 경제를 넘어 설교와 선전을 통해 퍼져나갔다."

19세기와 20세기의 급진적인 휴머니즘에 대해서는 산업시대의 이교에 대한 휴머니즘의 항의를 논할 때 언급하기로 하겠다. 우선 그 논의(論議)의 기초를 마련하기 위해 휴머니즘과 함께 발달해 왔으나 역사의 현시점에서는 우리를 멸망시키려고 하는 새로운 이교에 눈을 돌려야겠다.

'산업 종교'의 발달을 위한 최초의 기초를 마련해 준 변화는 바로 루터가 교회의 모계적(母系的)인 요소를 배제한 일이었다. 불필요한 우회처럼 보일지 모르겠으나 잠시 이 문제에 관해 논해야겠다. 왜냐하면 이것은 새로운 종교와 새

---

7) Cybernetics : 인간두뇌학이라고 번역된다. 인공적인 것(예를 들면 기계)과 자연적인 것(예를 들면 동물) 속에 통신과 제어와 비슷한 성질이 존재함을 노버트 위너(Norbert Wiener 1894~1964)가 통찰·간파하여, 그 모든 것을 체계적으로 표현한 책《사이버네틱스(*Cybernetics*)》가 1948년 출간된다. 사이버네틱스는 여기에서 처음 쓰인 용어로, 넓은 의미로는 삼라만상을 정보와 제어의 차원에서 통일적으로 인식한 기계론적 세계관 내지 우주관을 말한다. 좁은 의미로는 기계와 생물의 경계 영역 중 정보 처리와 제어에 관계가 있는 학문을 말한다.

8) Alexis Charles Henri Maurice Clérel de Tocqueville(1805~1859). 프랑스의 정치가이자 사상가.

로운 사회적 성격의 발달을 이해하는 데 중요하기 때문이다.

사회는 두 가지 원리, 즉 부계중심(혹은 가부장제나 모계중심(혹은 가모장제)에 따라 조직되어 왔다. J.J. 바하오펜과 H. 모이건이 처음으로 보여 준 것처럼 모계 중심의 원리는 애정 있는 사회상을 중심으로 하고 있다. 즉 모성의 원리는 '조건 없는 사랑'인 것이다. 어머니가 자식을 사랑하는 것은 그들이 그녀를 기쁘게 하기 때문이 아니라 그들이 그녀의(혹은 다른 여자의) 자식이기 때문이다. 그렇기 때문에 어머니의 사랑은 훌륭한 행동으로 얻어지거나 또는 죄를 범함으로써 잃어버리는 것이 아니다. 모성애는 '자비'와 '동정'—히브리어로는 *rachamim*이며, 그 어원은 *rechem*, 즉 '자궁'—이다.

이와는 반대로 부성애는 '조건부'이다. 그것은 자녀의 훌륭한 행동에 따라 좌우된다. 아버지는 자기를 가장 많이 닮은 자녀, 즉 자기의 재산을 물려주고 싶은 자녀를 가장 사랑한다. 아버지의 사랑은 잃어버릴 수도 있지만 회오(悔悟)와 새로운 굴복을 통해서 되찾을 수도 있다. 아버지의 사랑은 '정의(正義)'이다.

여성=모성과 남성=부성의 두 가지 원리는 모든 인간 속에 존재하는 남성적인 면과 여성적인 면에 대응하며, 특히 모든 남녀의 자비 '그리고' 정의에 대한 요구에 대응하고 있다. 인간의 가장 뿌리 깊은 동경을 하나의 형(型)으로 표현하면, 그것은 두 개의 극—모성과 부성, 여성과 남성, 자비와 정의, 감정과 사고, 자연과 지성—이 하나가 되고, 양극이 대립을 피하고 그 대신 서로 영향을 주고받는 상태가 된다. 이런 결합은 가부장제 사회에서는 충분히 실현될 수 없지만, 가톨릭 교회에는 어느 정도 존재하고 있었다. 성모 마리아, 모든 것을 사랑하는 어머니로서의 교회, 모성상(母性像)으로서의 교황과 신부는 모성적인 사랑, 조건 없는 사랑, 모든 것을 용서하는 사랑을 나타내고 있었다. 그런데 그것과 아울러 권력으로 지배하는 교황을 정점으로 하는 엄격한 가부장제적인 관료제(官僚制)의 부성적(父性的)인 요소가 공존하고 있었다. 생산 과정에서 자연과의 관계 역시 종교 체제의 모성적인 요소와의 관계와 일치했다. 직공과 마찬가지로 농부의 일도 자연에 대해 절대적이며 착취적인 공격은 아니었다. 그것은 자연과의 협동이었다. 자연의 약탈이 아니라 자연을 그 자체의 법칙에 따라 변모시키는 일이었다.

루터는 북유럽에다 도시의 중류계급과 세속적인 군주에 바탕을 둔 순수한 가부장제 형태의 기독교를 확립했다. 이 새로운 사회성격의 본질은 가부장제적 권위에 대한 굴복이었고, '노동'이 사랑과 시인(是認)을 얻는 유력한 방법이라는 것이었다.

이로써 정면은 기독교이지만, 그 배후에서는 '산업 종교'라는 새로운 '비밀' 종교가 일어났다. 그것은 근대사회의 성격 구조에 뿌리박고 있으며, '종교'를 모방하지 않는다. 또한 진정한 기독교와는 완전히 모순된다. 이 산업 종교는 사람을 경제의 노예로, 그들 자신의 손으로 만든 기구의 노예로 전락시켰다.

산업 종교는 새로운 사회적 성격에 바탕을 두고 있다. 그 중심은 강력한 남성적 권위에 대한 공포요 굴복이며, 불복종에 대한 죄악감의 양성이고, 이기심과 상호 대립이 판을 치면서 빚어진 인간 유대의 소멸이었다. 산업 종교에서 '신성한 것'은 노동, 재산, 이익, 권력이었다. 그 일반 원리의 한계 내에서 이 종교는 개인주의와 자유를 촉진시키기는 했지만, 기독교를 엄밀한 가부장제적인 종교로 변모시킴으로써 산업 종교를 기독교적 용어로 포장했다.

'시장적 성격'과 '사이버네틱스 종교'

현대 인간 사회의 성격과 비밀 종교를 이해하는 데 가장 중요한 사실은 자본주의의 초기에서 20세기 후반에 걸친 사회적 성격의 변화이다. 권위주의적=강박적=저축적 성격은 16세기에 발달하기 시작하여 19세기 말까지는 적어도 중류계급에서 계속 우위를 차지하던 성격 구조였는데, 서서히 '시장적 성격'과 혼합되거나 혹은 그것으로 대치되었다(여러 가지 성격 지향의 혼합에 관해서는 《독자적 인간(Man for Himself)》에서 논했다).

이 현상을 시장적 성격이라고 부르게 된 이유는 개개인이 자신을 상품으로, 자기의 가치를 '사용가치'가 아니라 '교환가치'로 경험하는 데 바탕을 두고 있기 때문이다. 살아 있는 인간은 '인간 시장'에 나온 상품이 된다. 평가의 원리는 인간 시장에서도 상품 시장에서도 마찬가지이다. 다른 점이 있다면 전자는 인간을, 후자는 상품을 내놓았다는 것뿐이다. 두 시장 모두에게 중요한 것은 교환가치이며, 사용가치는 필요조건이기는 하지만 충분조건은 아니다.

성공의 전제 조건으로서, 숙련도 및 인간적인 자질과 개성과의 비율은 때에 따라 다르지만 '개성 요인'이 항상 결정적인 역할을 한다. 성공을 크게 좌우하는 것은 때에 따라 시장에서 얼마나 자신을 잘 팔 수 있느냐, 얼마나 자기의 개성을 잘 선전하느냐, 얼마나 멋지게 자신을 포장하느냐 하는 문제이다. 즉 자신이 얼마나 쾌활한지, 건전한지, 공격적인지, 믿음직한지, 야심찬지, 나아가서 가정 배경은 어떠하며, 어떤 사교 클럽에 속해 있으며, '형편 좋은(right)' 사람을 얼마나 알고 있느냐 하는 문제에 달려있다. 요구되는 개성 유형은 어느 정도까지는 그 사람이 일하려고 하는 특정한 분야에 좌우된다. 증권업자, 세일즈맨, 비서, 철도 경영자, 대학 교수, 호텔 지배인은 각기 다른 종류의 개성을 매물(買物)로 삼아야 한다. 하지만 그 이전에 이런 차이와는 관계없이 하나의 조건, 즉 수요(需要)가 있다는 것을 충족시켜야만 한다.

자기 자신에 대한 태도를 형성하는 것은 주어진 일을 완수하기 위한 능력과 소양만으로는 충분치 않다. 성공하기 위해서는 다른 사람들과의 경쟁에 이겨야만 한다. 만일 자신이 아는 것과 할 수 있는 것만으로도 충분히 생계를 꾸려나갈 수 있다면 사람의 자존심은 그 능력, 다시 말해서 자신의 사용 가치와 비례할 것이다. 그러나 성공은 자신의 개성을 얼마나 잘 팔 수 있느냐에 따라 크게 좌우된다. 사람은 자신을 판매자인 동시에 팔리는 상품으로 경험한다. 따라서 우리는 인생이나 행복에 관한 생각이 아니라 팔기에 적합한 상품이 되는 일에 전념한다.

시장적 성격이 목표로 삼는 것은 이러한 인간 시장의 모든 조건 아래에서 바람직한 인물이 되기 위한 완전한 순응이다. 이러한 유형의 사람은(19세기 사람들이 가지고 있었던 것처럼) 고집할 만한 '자아', 즉 자신만의 변화하지 않는 자아를 가질 수도 없다. 따라서 "나는 당신이 원하는 바로 그 사람이오"라고 이야기할 수 있도록 끊임없이 자아를 변형시킨다.

시장적 성격 구조를 가진 사람은 단지 최대의 능률로 사물을 움직이고 하는 것 외에는 아무런 목적도 없다. '왜' 그렇게 빨리 움직여야 하는가? 왜 최대의 능률로 일해야 하는가? 이런 질문에 그들은 그럴싸한 대답도 하지 못한 채 그저 "더 많은 제품을 만들기 위해"라고 합리화할 것이다. 그들은 인간은 '왜' 사는가, 인간은 '왜' 다른 방향이 아니라 이 방향으로 가는가 하는 철학적이고 종교적인 물음에는 (적어도 의식적으로는) 아무런 관심도 기울이지 않는다. 커다란 그리고 늘 변화하는 자아(ego)를 갖고 있지만 아무도 자기(self), 핵심, 정체성의 감각을 인식하지 않는다. 현대 사회에 드리워진 '정체성의 위기'는, 구성원들이 저마다 '자기'가 없는 도구로 전락하고, 회사 '혹은 다른 거대한 관료제 조직'의 일원으로서만 자신을 증명함으로써 빚어진 것이다. 진정한 자기가 없는 곳에는 정체성도 없다.

시장적 성격에는 사랑도 미움도 없다. 이런 '낡아빠진' 정서는 거의 완전히 두뇌의 수준에서 기능하고, 감정은 선한 것이든 악한 것이든 시장적 성격의 주된 목적을 방해하기 때문에 모두 피한다는 성격 구조에는 적합하지가 않다. 그런데 그 주된 목적이란 물건을 팔고 교환하는 것이다. 더 정확히 말하자면 '거대한 기계'의 일부가 되어 있는 인간이 그것의 논리에 따라 '기능'하는 것이며, 자신이 얼마나 잘 기능하고 있는지를 관료제의 승진제도로 아는 일 외에는 아무런 의문도 제기하지 않는 것이다.

시장적 성격의 사람은 자신에 대해서도, 다른 사람에 대해서도 아무런 깊은 애착이 없다. 따라서 깊은 의미에서의 동정심이라는 것도 없는데, 그 이유는 그들이 이기적이기 때문이 아니라 다른 사람과의 친밀도가 아주 약하기 때문이다. 이것은 그들이 생태학적 파국을 초래할 수 있는 핵무기의 위험을 매우 잘 알면서도 왜 그 문제에 관심이 없는지에 대한 설명이 될 수도 있다. 자기 자신의 생명과 연결되는 위험성에 관심을 기울이지 않는 것은 그들이 매우 용기가 있거나 이기심이 없기 때문이라고 설명할 수 있을지도 모른다. 그러나 손자에게마저 관심이 없는 것을 보면 이런 대답은 설득력이 없다. 이 정도 수준의 관심 결여는, 그들이 가장 가까운 사람들에 대한 정서적인 유대마저도 상실한 결과이다. 사실 시장적 성격에서 친밀한 사람은 아무도 없으며, 그것은 심지어 자기 자신과도 마찬가지이다.

현대의 인간은 소비하기를 좋아하면서도, 어째서 구입한 물건에 이렇게도 애착이 없을까? 이 난문(難問) 또한 시장적 성격의 현상 속에서 가장 의미 깊은 대답을 찾을 수 있다. 시장적 성격은 애착심을 결여하고 있기 때문에 이러한 유형의 사람은 물건에 대해서도 역시 무관심하다. 중요한 것은 물건이 주는 위신이나 위안이지, 물건 자체에는 아무런 실체(實體)도 없다. 물건은 전적으로 소비의 대상이다. 그리고 그것은 친구나 애인에게 대해서도 마찬가지이다. 누구에게 대해서도 물건 이상으로 깊은 유대감이 없기 때문에 그들마저도 소비의 대상인 것이다.

시장적 성격의 사람은 주어진 환경 아래에서 알맞게 기능하는 것을 목적으로 삼기 때문에 세계에 대해서 주로 두뇌로 반응한다. '이해'한다는 의미에서의 이성(理性)은 호모사피엔스만의 독특한 자질이다. 실제적 목적을 성취하기 위한 도구로서의 '조작적(操作的) 지성'은 동물과 인간에게 공통적이다. 그런데 이성 없는 조작적 지성이 위험한 이유는, 그것이 이성적으로 보면 자기 파괴적인 방향으로 사람들을 움직이기 때문이다. 실제로 제어되지 않는 조작적 지성이 우수하면 할수록 그것은 위험해진다.

순전히 과학적이고 소외된 지성이 한 인간에게 미치는 비극을 뚜렷이 밝힌 사람은 다름 아닌 과학자 찰스 다윈이었다. 자서전에 따르면 그는 30세가 될 때까지 음악과 시와 회화에 열중했는데, 그 뒤로는 이런 취미를 완전히 잃어버리고 말았다.

"내 머리는 많은 사실의 수집물을 으깨어 일반 법칙을 끌어내는 일종의 기계가 되어 버린 듯하다……. 이러한 취미의 상실은 행복의 상실인 것이다. 그것은 우리 본성의 정서적인 부분을 약화시킴으로써 지성을 해칠 것이며, 보다 확실하게는 도덕성을 해칠 것이다."(E.F. 슈마허의 저서에 인용되어 있으니 참조하기 바람)

다윈이 여기서 기술한 과정은 그의 시대 이후 지금까지 급속도로 진행되어 왔으므로, 이제는 이성과 감정의 분리가 거의 완벽하게 이루어졌다. 그런데 특히 흥미로운 점은, 가장 엄격하고 혁명적인 과학(예를 들면 이론 물리학)에 종사하는 지도적 연구자들 대부분은 이성적으로 타락하지 않았다는 사실이다. 그리고 그들은 철학적이고 정신적인 문제에 깊은 관심을 보였다는 점이다. A. 아인슈타인, N. 보어,[9] L. 실라르드,[10] W. 하이젠베르크,[11] E. 슈뢰딩거[12]와 같은 사람들이 바로 그들이다.

---

9) Niels Henrik David Bohr(1885~1962). 덴마크의 물리학자. 1992년 원자구조론으로 노벨 물리학상을 받았다.
10) Szilard, Leo(1898~1964). 헝가리 태생의 미국 물리학자.
11) Heisenberg, Werner(1901~1976). 독일의 물리학자.
12) Schrödinger, Erwin(1887~1961). 오스트리아의 물리학자.

두뇌에 의한 조작적 사고가 지배함으로써 정서적 생활은 위축되었다. 정서적 생활은 발육이 나쁜 어린이 수준 이상으로 발달하지 못했다. 필요치도 않았거니와, 오히려 가장 알맞은 기능에 방해가 된다고 여겨졌기 때문이다. 그 결과 시장적 성격은 정서적인 문제에 관한 한 묘하게 단순해졌다. 시장적 성격의 사람은 '정서적 인물'에게 끌리는 경우도 있지만 그들의 단순함 때문에 그가 성실한 사람인지 사기꾼인지를 판단하지 못한다. 이 사실은 어째서 그토록 많은 사기꾼들이 정신적·종교적 분야에서 성공할 수 있는가를 설명해 줄 것이다. 또한 어째서 강한 감정을 표출하는 정치가가 시장적 성격의 사람들에게 호소력이 있는지—또 어째서 시장적 성격은 진짜 종교적인 인물과 강한 종교적 정서를 위장한 선전원을 구별할 수 없는가—에 대한 대답이 되기도 할 것이다.

'시장적 성격'이라는 표현은 결코 이 유형을 설명하는 유일한 용어가 아니다. 이 유형을 '소외된 성격'이라는 마르크스의 용어로 표현할 사용할 수도 있다. 이 성격의 인물은 자신의 일뿐만 아니라, 자기 자신으로부터 다른 사람으로부터 심지어는 자연으로부터도 소외되어 있다. 또 정신의학 용어로 말하자면 시장적 성격은 '정신분열증'이라고 부를 수도 있을 것이다. 그러나 이 용어는 약간 오해를 사기 쉽다. 왜냐하면 다른 정신분열자들과 함께 생활하면서 일을 성공적으로 해내는 정신분열자는 이런 증세로 정상적인 환경에서 느낄 불안감을 알지 못하기 때문이다.

이 책의 원고를 마지막으로 교정 보고 있을 때, 얼마 후에 발간될 예정인 마이켈 맥코비의 《뛰어난 솜씨―새로운 기업 지도자들》을 원고로 읽을 기회를 얻었다. 이 통찰적인 연구에서 맥코비는 미합중국에서 가장 경영 상태가 좋은 대기업 두 곳을 골라 그 경영자와 지배인과 기술자 250명의 성격 구조를 분석했다.

그가 발견한 많은 사실은 내가 사이버네틱스적 인물의 특징으로 서술한 것, 특히 정서적인 분야가 제대로 계발되지 않은 채 두뇌적 성질만 우월한 인물에 대해 서술한 부분을 뒷받침해 주었다. 맥코비가 기술한 경영자와 지배인들이 미국 사회의 지도자들이며 또한 앞으로 지도자가 되리라는 점을 생각할 때, 그의 발견이 시사하는 사회적 중요성은 크다.

다음은 맥코비가 한 사람마다 3회 내지 20회에 걸쳐 개인 면담을 한 결과로,

이 집단의 성격 유형을 뚜렷이 묘사하고 있다.[13]

이해에 대한 깊은 과학적 관심. 일에 대한 역동적인 감각. 활기 있음 … 0%
집중력이 뛰어남. 다른 사람의 원기를 북돋아 줌. 장인적(匠人的)임. 그러나
사물의 본성에 대한 깊은 과학적 관심 없음 ……………………………… 22%
일 자체가 관심을 자극하지만 그 관심은 자립적이 아님 …………… 58%
적당히 생산적임. 집중력이 떨어짐. 일에 대한 관심은 본질적으로 도구적
이며 안정과 수입을 확보하기 위해서임 ………………………………… 18%
수동적. 비생산적. 산만함 ……………………………………………………… 2%
일과 현실 세계를 거부함 ……………………………………………………… 0%
합계 100%

이 자료에서 보면 두 가지 특징이 눈에 띈다. (1) 이해(이성)에 대한 깊은 관심
이 없다. (2) 대부분의 사람에게 일에 대한 자극은 자립적이지 않고, 본질적으
로 경제적 안정을 확보하기 위한 수단이라는 것이다.
이것과 완전히 대조적인 그림이 맥코비의 이른바 '사랑의 척도'이다.

애정 깊음. 긍정적임. 창조적인 자극성이 있음 …………………………… 0%
책임감 있음. 따뜻함. 상냥함. 그러나 깊은 애정은 없음 ………………… 5%
다른 사람에 대한 적당한 관심. 사랑의 가능성이 비교적 많음 …… 40%
평범한 배려. 고상함. 역할은 지향함 …………………………………………… 41%
수동적임. 애정 없음. 무관심 …………………………………………………… 13%
생명의 거부. 완고한 마음 ……………………………………………………… 1%
합계 100%

이 연구에서는 5%가 마음이 '따뜻하고 상냥함'으로 나타나 있지만, 깊은 애

---

13) 이하 부분은 허락을 받고 게재함. 이와 비슷한 주제의 연구서로 이그나시오 밀란(Ignacio Millan)의 《멕시코 경영자들의 성격(*The Character of Mexican Executives*)》이 근간 예정이라니 참고하기 바람. (원주)

정을 특징으로 한다고 말할 수 있는 사람은 한 명도 없다. 표에 기재된 다른 사람들은 적당한 관심을 보이거나 평범한 배려를 하거나 혹은 애정이 없거나 아니면 생명을 분명히 거부하고 있다. 사실 두뇌는 뛰어났는데, 그에 비해 정서는 계발되지 않았다는 것은 참으로 놀라운 일이다. 시장적 성격의 '사이버네틱스 종교'는 그와 같은 전체적 성격 구조와 일치한다. 불가지론(不可知論) 혹은 기독교라는 가면을 쓴, 완전히 이교적인 종교를 사람들은 의식하지 못하고 있다. 이 이교를 기술하기 어려운 이유는 그것을 추론(推論)하는 일이 다만 사람들의 행동—그리고 행하지 않는 것—을 통해서만 가능하고, 종교에 관한 그들의 의식적 사고와 종교 조직을 통해서는 불가능하기 때문이다. 언뜻 보아 가장 뚜렷한 현상은 '인간'이 전통 종교의 신이 한 최초의 창조를 대신하여 '제2의 세계 창조'를 위한 능력을 획득했기 때문에 스스로 신이 되었다는 것이다. 이것은 또 다음과 같이 정식화할 수도 있다. '우리는 기계를 신으로 삼고, 그 기계에 봉사함으로써 신에 가까운 존재가 되었다.' 어느 정식을 택하든 그것은 문제가 되지 않는다. 문제는 인간이 실제로는 최대의 '무력' 상태에 있으면서, 과학과 기술에 결부된 자신을 '전능'하다고 상상한다는 점이다.

사이버네틱스 종교의 이와 같은 측면은 우리가 좀 더 희망에 찬 발전을 하고 있던 시기와 맞아떨어졌다. 그러나 우리가 이 세계에 대한 정서적인 반응이 결여된 상태에서 우리 자신을 고립화하면 할수록, 아울러 파국적 종말을 피할 수 없는 것으로 보면 볼수록, 이 새로운 종교는 그만큼 더욱 해로운 것이 된다. 우리는 기술의 주인이 되기를 그만두고 그것의 노예가 된다. 그리고 한때는 창조의 중요한 요소였던 기술이 파괴의 여신(인도의 여신 칼리처럼)이라는 또 하나의 모습을 드러낸다. 인간들은 남녀를 불문하고 자기 자신은 물론 자녀들까지도 기꺼이 이 여신에게 희생 제물로 바치고 있다. 그러나 의식적으로는 아직도 보다 나은 미래에 대한 희망에 매달리면서, 사이버네틱스적 인간은 자신이 파괴의 여신의 숭배자가 되었다는 사실을 숨기고 있다.

이 명제에는 여러 종류의 증거가 있지만, 다음 두 가지가 가장 설득력 있다. 먼저, 강대국들(또 별로 강하지 않은 몇몇 나라에서까지)은 엄청난 파괴력을 지닌 핵무기를 계속 생산하고 있으며, 아직까지도 모든 핵무기의 재료를 공급하는 원자력 공장을 없애는 등의 건전한 해결책에 이르지 못했다. 그리고 생태학적인 파국의 위험에 종지부를 찍기 위한 대책도 거의 강구되지 않고 있다. 요컨대 인류의 생존을 위한 진지한 계획은 전무한 상황인 것이다.

4 휴머니즘의 항의

사회적 성격이 비인간화되고 산업 종교와 사이버네틱스 종교까지 생겨나자, 이에 대한 반항으로 새로운 휴머니즘이 출현했다. 이것은 중세 후기에서 계몽주의 시대에 걸쳐 일어났던 기독교적 휴머니즘 및 철학적 휴머니즘에 뿌리를 내리고 있다. 이 항의는 범신론적(凡神論的) 또는 비유신론적(非有神論的)인 철학적 정식(定式)뿐만 아니라 유신론적인 기독교적 정식 속에서도 나타났는데, 상반되는 두 입장에서 이루어졌다. 하나는 정치적으로 보수적인 입장을 취한 낭만주의자들이고, 다른 하나는 마르크스 사회주의자들과 그 밖의 사회주의자들(몇몇 무정부주의자들)이다. 우파도 좌파도 산업 체제와 그것이 인간에게 끼치는 해악을 비판하는 일에는 의견을 같이 했다. 프란츠 폰 바아더(Franz von Badder)와 같은 가톨릭 사상가나 벤저민 디즈레일리[14] 같은 보수적인 정치 지도자가 때로는 마르크스와 같은 방법으로 이 문제를 논했다.

이 양쪽의 차이는 인간이 물건으로 변모하는 위험에서 인류를 어떻게 구원하느냐, 이 방법에 있었다. 우파인 낭만주의자들은, 어느 정도 한정되긴 했지만, 산업 체제의 끝이 없는 진보를 저지하여 이전 사회질서의 형태로 되돌려 놓는 것이 유일한 방법이라고 믿었다.

한편 좌파의 항의는, 때로는 유신론적인 때로는 비유신론적인 입장에서 표현되었지만, '급진적 휴머니즘'이라고 부를 수 있을 것이다. 사회주의자들은 경제적 발달은 멈출 수 없을 뿐 아니라 사회질서를 이전의 형태로 되돌려 놓을 수도 없다고 믿었다. 따라서 인류를 구제하는 유일한 길은 전진을 계속하여 사람들을 소외로부터, 기계에 대한 굴복으로부터, 비인간화의 운명으로부터 해방시키는 새로운 사회를 만드는 데 있다고 했다. 사회주의는 중세의 종교적 전통과, 르네상스 이후의 과학적 사고와 정치적 행동의 정신을 모두 종합한 체제이다. 그것은 불교처럼 '종교적' 대중 운동이었으며, 세속적이고 무신론적인 표현

---

14) Benjamin, Disraeli(1804~1881). 영국의 정치가. 수상을 지냈음.

을 하면서도 인간을 이기심과 탐욕에서 해방시키는 것을 목표로 삼는 변혁이었다.

내가 마르크스 사상을 어떻게 특정 짓느냐를 설명하기 위해 적어도 간단한 주석을 붙여두어야겠다. 왜냐하면 소련의 공산주의와 서구의 개량된 사회주의의 손에서 마르크스 사상은 만민을 위해 부(富)를 쟁취하는 것을 목표로 삼는 물질주의(유물론)로 완전히 왜곡되었기 때문이다. 헤르만 코헨,[15] 에른스트 블로흐[16]를 비롯한 많은 학자들이 과거 몇십 년 동안 말해 온 것처럼, 사회주의는 예언자적인 메시아니즘의 세속적인 표현이다. 이를 밝히는 가장 좋은 방법은 마이모니데스[17]의 법전에서 메시아 시대를 특징 지은 그의 말을 인용하는 일일 것이다.

현자(賢者)와 예언자가 메시아 시대를 동경한 이유는 무엇인가? 그것은, 이스라엘이 세계를 통치하기 위해서도 아니고, 이교도를 지배하고 다른 국민들의 찬양을 받기 위해서도 아니고, 먹고 마시고 즐거워하기 위해서도 아니었다. 그들의 간절한 소망은 이스라엘이 그 누구의 압박도 방해도 받지 않은 채 율법과 그 지혜에 전념하고, 그럼으로써 다가올 세계에서 값진 삶을 누리는 것이었다.

메시아 시대에는 기근도 전쟁도 질투도 언쟁도 없을 것이다. 생활에 도움이 되는 물건[18]은 거리에 넘칠 것이며, 생활의 위안은 모든 사람의 손에 들어갈 것이다. 전 세계는 오직 주님만을 알려고 전념할 것이다. 이리하여 이스라엘 사람들은 매우 현명해지고, 지금은 감추어진 일을 알게 되며, 인지(人智)가 미치는 한 창조주를 이해하게 될 것이다. 성서에도 씌어 있지 않은가. "물이 바다를 덮음 같이 여호와를 아는 지식이 세상에 충만할 것임이라."(이사야서 11 : 9)

---

15) Hermann, Cohen(1842~1918). 독일의 철학자. 신칸트학파의 하나인 마크부르크학파의 창시자.

16) Ernst, Bloch(1885~1977). 독일의 철학자.

17) Maimonides(1135~1204). 유대의 철학자·율법학자.

18) 예일 대학 출판부 발행의 허시먼(Hershman)에는 '은혜'로 번역되어 있는데, 나는 히브리어의 원문에 따라 이렇게 번역했다. 〔원주〕

여기에서 역사의 목적은 인간의 지혜와 신의 지식을 연구하는 데 전념할 수 있도록 하는 것으로, 권력도 아니고 사치도 아니다. 메시아 시대는 세계 평화가 이루어지고 시기(猜忌)가 사라지며 물질적으로 풍부해지는 날이다. 이 묘사는 마르크스가 그의 《자본론》 제3권 맨 끝부분에서 표명한 인생의 목적과 매우 흡사하다.

자유의 영역은 필요와 외적 효용으로 노동이 강요되지 않을 때 겨우 시작된다. 당연한 일이지만, 그것은 엄밀한 뜻에서 물질적 생산의 영역을 초월한 곳에 존재한다. 미개인이 자신의 욕구를 충족시키기 위해서 그리고 자신의 생명을 유지하고 연장하기 위해서 자연과 싸워야 하듯이, 문명인도 그렇게 해야만 한다. 게다가 그는 모든 형태의 사회에서 또 모든 가능한 생산 양식에서 그렇게 해야만 한다. 그의 발달과 아울러 이 자연적 필요성의 영역은 확대된다. 왜냐하면 그의 욕구가 증대하기 때문이다. 그러나 그와 동시에 생산력도 증대하며, 그로 인해서 이 욕구는 충족된다. 이러한 영역에서의 자유는 다만 다음과 같은 일로만 이루어질 수 있다. 바로 사회화된 인간, 즉 합동 생산자들이 자연과의 관계를 합리적으로 공동으로 관리하는 것이다. 그리고 이 일을 인간성에 가장 적당하며 가장 어울리는 조건 아래서, 최소한의 에너지를 이행하는 것이다. 그러나 필요의 영역은 언제나 남아 있다. 그것을 초월해야 그 자체를 목적으로 하는 인간적 힘의 발달, 즉 진정한 자유의 영역이 펼쳐지기 시작한다. 자유의 영역은 저 필요의 영역을 바탕으로 해야만 비로소 꽃필 수 있다. 노동 시간의 단축은 그 기본 전제이다(강조 표시는 프롬).

마르크스는 마이모니데스처럼—그리고 기독교 및 다른 유대교에서 가르치는 구원과는 대조적으로—궁극적이고 종말적인 해결을 자명한 것으로 보지 않았다. 인간과 자연 사이의 모순은 여전히 남아 있지만, 필요의 영역은 가능한 한 인간의 관리 아래 놓인다. "그러나 필요의 영역은 언제나 남아 있다." 그 목적은 "그 자체를 목적으로 하는 인간적인 힘의 발달이며, 진정한 자유의 영역"(강조는 프롬)이다. "전 세계는 오직 주님만을 알려고 전념할 것이다"라는 마이모니데스의 견해가 마르크스에게는 "그 자체의 목적인 인간적인 힘의 발달"

인 것이다.

인간 실존의 두 가지 다른 형태인 소유와 존재는 새로운 '인간'의 출현에 대한 마르크스 사상의 중심에 있다. 이 두 가지 양식을 놓고 마르크스는 경제학적 범주에서 심리학적 및 인류학적 범주로 나아갔다. 심리학적 및 인류학적 범주는 신구약 성경과 에크하르트를 논했을 때 보았듯이 동시에 기본적인 '종교적' 범주이기도 하다. 마르크스는 이렇게 썼다.

"사유 재산은 우리를 너무나도 어리석고 편협한 인간으로 만들었다. 따라서 어떤 대상이 우리의 것이 될 때는, 단지 우리가 그것을 소유할 때이고, 그것이 우리의 자본으로서 존재할 때이고, 혹은 그것을 직접 먹고, 마시고, 입고, 그 속에 사는 등 요컨대 어떤 방법으로 '이용'하는 시간뿐이다…… 이리하여 '모든' 육체적이고 지적인 감각은 '모두' 다 소외된 감각, 즉 '소유' 감각으로 대치되었다. 인간은 그의 모든 내적인 부(富)를 낳기 위해서 이 절대적인 빈곤에 빠져야만 했다."(소유의 범주에 관해서는 헤스(Hess)의 논문〈21 보겐(*Einundzwanzig Bogen*)〉 참조.)[19]

존재와 소유에 관한 마르크스의 개념은 그의 다음과 같은 문장에 요약되어 있다. "당신의 '존재'가 희미하면 희미할수록, 그리고 당신이 생명을 적게 표현하면 할수록—당신은 그만큼 더 많이 '소유하게' 되고, 당신의 생명은 그만큼 더 소외된다.…… 경제학자는 생명과 인간성에 관해서 당신에게 빼앗아 간 모든 것을 돈과 부(富)의 형태로 되돌려 준다."

마르크스가 여기서 말하고 있는 '소유 감각'은 실로 에크하르트가 말하는 '자아의 속박'과 같으며, 사물과 자아에 대한 갈망임에 틀림없다. 마르크스가 언급하고 있는 것은 존재의 소유양식이지 소유 그 자체, 소외된 사유재산 그 자체가 아니다. 목적은 사치도 부도 아니며 또한 가난도 아니다. 사실 마르크스는 사치도 가난도 모두 악덕으로 보았다. 이 악덕에서 벗어나는 것이 내적인 부를 낳기 위한 전제 조건이다.

---

19) 이 부분과 다음의 구절은 마르크스의 《경제학·철학 원고》에서 인용한 것임. 나는 이 책을 《마르크스의 인간관(*Marx's Concept of Man*)》에서 번역한 바 있다. 〔원주〕

그렇다면 이 '낳는다'는 행위란 무엇인가? 이는 우리의 능력을 그것에 대응하는 대상을 향해 능동적으로 그리고 소외되지 않고 표현하는 것이다. 마르크스는 다시 계속해서 말한다. "세계에 대한 그의〔인간의〕모든 '인간적'인 관계—보고, 듣고, 냄새 맡고, 맛보고, 만지고, 생각하고, 관찰하고, 느끼고, 바라고, 행하고, 사랑하는 것—요컨대 개인의 모든 기관은…… 그 대상적 행동〔대상에 대한 행동〕으로 이 대상을 제 것으로 만든다. 인간적 현실을 소유하는 것이다." 이것은 '존재양식'에 있어서 제 것으로 만드는 형태이지 소유양식의 형태는 아니다. 마르크스는 이 소외되지 않는 능동성의 형태를 다음과 같이 표현했다.

'인간'은 '인간'이고, 그의 세계에 대한 관계가 인간적인 관계라고 가정해 보자. 그때 사랑을 끌어낼 수 있는 것은 사랑뿐이며, 신뢰를 끌어낼 수 있는 것은 신뢰뿐이다. 그 밖의 것도 마찬가지이다. 만일 당신이 예술을 즐기고 싶다면 당신은 예술적인 소양이 있는 인물이 되어야 한다. 만일 남에게 영향을 주길 바란다면 당신은 정말 남을 자극하고 격려할 힘을 지닌 인물이 되어야 한다. 인간과 자연에 대한 당신의 관계 하나하나가 그 대상에 대한 '실재적이고 개인적인' 생명의 특정한 표현이어야 한다. 만일 당신이 사랑하는 상대에게서 사랑을 불러일으키지 못한다면, 즉 사랑을 주는 사람으로서의 자신을 '나타냄'으로써 사랑받는 사람이 되지 못한다면, 당신의 사랑은 무능하고 불행한 것이다.

그러나 마르크스의 사상은 이윽고 왜곡되었다. 그 이유는 아마도 그가 백 년은 일찍 태어났기 때문일 것이다. 마르크스와 엥겔스는 자본주의가 그 가능성의 한계에 도달했기 때문에 혁명이 임박했다고 생각했다. 그러나 마르크스가 죽은 뒤 엥겔스가 말했듯이, 그들은 완전히 오판했던 것이다. 그들은 자본주의 발달의 절정에서 그들의 새로운 가르침을 선언했다. 그러나 자본주의가 쇠퇴하고 궁극적인 위기가 시작되기까지는 다시 백 년 이상이 걸릴 것이라는 점을 예견하지 못했다. 자본주의의 절정기에 퍼진 반자본주의 사상이 성공을 거두기 위해서는 자본주 정신으로 완전히 변모되어야 했다는 것은 역사적 필연성이었다. 그리고 이 같은 일은 실제로 일어났다.

서구의 사회 민주주의자와 그들과 철저히 대립하는 소련 안팎의 공산주의

자는, 사회주의를 최대한의 소비와 최대한의 기계 사용을 목적으로 하는, 순전히 경제적인 개념으로 변모시켰다. 소박하고 개방적인 흐루시초프는 그의 '굴라쉬' 공산주의[20] 개념을 통해 본심을 비쳤다. "사회주의의 목표는 자본주의가 소수자에게만 주는 소비의 즐거움을 전 국민에게 골고루 주는 것이다." 사회주의와 공산주의는 부르주아적인 물질주의의 개념 위에 세워졌다. 이를 위해서 마르크스의 초기 저서(대개 '젊은' 마르크스의 '이상주의적'인 오류라는 오명이 씌워졌지만) 가운데 몇몇 구절은 서구의 복음서처럼 엄숙하게 암송되었다.

마르크스가 자본주의의 절정기에 살았다는 사실은 또 다른 결과를 가져왔다. 즉 마르크스는 시대의 아들로서 부르주아적인 사고와 실천 속에 퍼져 있던 태도와 개념을 수용할 수밖에 없었던 것이다. 이를테면 그의 저서뿐만 아니라 그의 인품에서도 보이는 어떤 권위주의적인 경향은, 사회주의 정신보다는 가부장적인 부르주아 정신을 바탕으로 형성된 것이다. 그는 '공상적' 사회주의에 반하는 '과학적' 사회주의를 건설하는 데 고전학파 경제학자들의 이론에 따랐다. "경제는 인간의 의지와는 전혀 무관하며, 그 자체의 법칙에 따른다." 이런 경제학자들의 주장처럼 마르크스도 사회주의는 경제법칙에 따라 필연적으로 발달한다는 것을 증명해야 할 필요성이 있음을 깨달았다. 그 결과 그는 인간의 의지와 상상력을 충분히 고려하지 않음으로써, 이따금 결정론(決定論)으로 오해받기 쉬운 공식들을 전개시키는 경향을 보였다. 이 같은 의도하지 않은 양보 때문에 마르크스의 체계는 자본주의와 기본적으로는 다르지 않게 왜곡되는 과정을 쉽게 밟았던 것이다.

만약 마르크스가, 자본주의가 급속도로 쇠퇴하기 시작하는 오늘날에 그의 사상을 공표했다면 그가 말한 진정한 의미가 사람들을 움직였을 것이며, 어쩌면 승리까지도 거두었을 것이다. 단 이와 같은 역사적 억측이 허용된다면 말이다. 그런데 현실적으로는 '사회주의'니 '공산주의'니 하는 말조차도 모호해졌다. 마르크스의 사상을 대표한다고 주장할 정도의 사회주의 혹은 공산주의 정당이라면 적어도 다음과 같은 전제가 있어야 할 것이다. (1)사회주의는 어떤 의미에서도 소비에트 체제가 아니며, (2)관료제적이고 물질 중심적이며 소비 지

---

20) 보다 많은 소비 물자의 생산과 생활 수준의 향상을 강조하는 공산주의. 굴라쉬(goulash)는 헝가리식 스튜를 가리킴.

향적인 사회 체제와는 양립할 수 없고, (3)자본주의 체제와 마찬가지로 소비에트 체제를 특징짓고 있는 물질주의와 두뇌 편중 현상과도 양립할 수 없다는 것이다.

사회주의의 부패는 다음의 사실을 설명해준다. 즉 진정한 급진적 휴머니즘은 마르크스 사상과 아무런 관계도 없었던, 아니 그것에 반대하기까지 했던—그중에는 일찍이 공산주의 운동의 멤버로 활약했던 사람도 있었다—집단이나 개인이 주창했다는 것이다.

마르크스 이후의 급진적 휴머니스트들을 여기서 모두 언급할 수는 없다. 다만 그들의 사상 가운데 몇 가지 예를 들어 보자. 이들 급진적 휴머니스트들의 개념은 저마다 크게 차이가 있고, 때로는 완전히 모순되는 경우도 있지만, 모두 다음과 같은 생각과 태도를 공유하고 있다.

(1) 생산은 경제체제의 요청이 아니라 인간의 현실적인 요구에 부응해야 한다.

(2) 인간과 자연 사이에 착취가 아닌 협동이라는 새로운 관계를 확립해야 한다.

(3) 서로의 대립을 연대(連帶) 의식으로 바꾸어 놓아야 한다.

(4) 모든 사회적 계약의 목표는 인간의 복리와, 불행의 방지여야 한다.

(5) 최대한의 소비가 아니라, 복리를 조장하는 건전한 소비를 지향해 노력해야 한다.

(6) 개인은 수동적이 아니라 능동적으로 사회 생활에 참여해야 한다.[21]

알베르트 슈바이처는 서구 문명의 위기가 임박했다는 극단적인 전제(前提)에서 이렇게 말했다. "누구의 눈에도 명백한 것은 우리가 문화적으로 자기 파괴의 과정에 있다는 사실이다. 지금 남아 있는 것도 벌써 안전하지 못하다. 그것이 아직 남아 있는 이유는 다른 것을 이미 굴복시킨 파괴적인 압력을 아직 접하지 않았기 때문이다. 그러나 그것도 역시 자갈(Geröll) 위에 세워져 있다. 다

---

21) 사회주의 휴머니스트의 견해에 관해서는 내가 편집한 《사회주의 휴머니즘(*Socialist Humanism*)》을 참조. [원주]

음에 오는 산사태(Bergrutsch)가 그것을 휩쓸어 버릴 것이다. 현대인의 문화적 능력이 보잘것없어진 까닭은 그를 둘러싼 환경이 그를 초라하게 만들고 정신적으로 상처를 입혔기 때문이다."[22]

슈바이처는 산업 시대의 인간을 자유가 없고, 불완전하며, 인간성을 상실한 위험한 존재라고 특징 지으면서 다음과 같이 말을 이었다.

조직이 발달된 사회는 엄청난 힘을 '인간'에게 미친다. 따라서 인간은 사회에 대한 의존도가 커져 스스로 정신적(geistig)인 생활을 영위할 수 없을 정도가 되었다. 이리하여 우리는 새로운 중세(中世)로 들어갔다. 전체의 보편적 의지에 의해서 사상의 자유라는 기능을 빼앗기고 말았다. 왜냐하면 많은 사람들이 자유로운 개인으로서 생각하길 포기하고 자신이 속한 집단의 인도를 받기 때문이다. 사상의 독립을 희생함으로써 우리는—달리 될 수도 없겠지만—진실에 대한 신념을 잃어버렸다. 우리의 지적이고 정서적인 생활은 해체되었다. 공적인 일들을 지나치게 조직화함으로써 마침내는 아무것도 생각하지 않는 조직이 되어 버린 것이다(강조는 프롬).

그는 산업사회의 특징에는 자유의 결여뿐 아니라 '과잉 노력(Überanstrengung)'도 있다고 보았다. "2, 3세기 동안 많은 사람이 '인간'으로서가 아니라 '일하는' 존재로서만 살아왔다."

인간의 실질(實質)은 발육부진이 되고, 그와 같은 미숙한 부모의 손에 길러지는 어린아이는 인간으로서 성장하는 데 필요한 본질적인 요인이 결여되고 만다. "이윽고 그 역시 어른이 되어서는 과잉 노동을 강요받고 천박한 오락에 넘어가는 일이 점점 많아진다…… 절대적인 수동성, 자신을 외면하고 잊는 것이 그의 육체가 요구하는 바이다."(강조는 프롬) 결론적으로 슈바이처의 주장은 노동을 줄이고, 과잉소비와 사치를 경계했다.

프로테스탄트 신학자인 슈바이처는 도미니코 수도사인 에크하르트와 마찬

---

22) 이 구절과 이하에 나오는 슈바이처의 문장은 《문화의 쇠퇴에 대한 철학의 책임(*Die Schuld der Philosophie an dem Nidergang der Kultur*)》에서 인용했으며, 내가 번역했다. 이 책은 1923년에 처음 간행되었는데, 1900년부터 1917년에 걸쳐 단편적으로 씌어진 것이다. 〔원주〕

가지로 주장했다. 바로 '인간'의 임무는 세상사와 동떨어진 정신적인 자기중심 주의의 분위기 속에 틀어박히는 일이 아니라, 능동적인 생활을 하면서 사회의 정신적 완성에 기여하도록 애쓰는 일이라는 것이다.

"현대인 가운데 인간적이고 윤리적인 정조(情操)를 그대로 간직한 사람이 그렇게도 없다면, 이는 개인의 도덕성을 조국의 제단에 끊임없이 바쳤기 때문이다. 사람들은 오히려 집단과 끊임없이 활발한 교류를 하면서 그 집단을 완전케 하는 힘을 주어야 한다."(강조는 프롬)

그는, 현재의 문화적·사회적 구조는 파국을 향해 돌진하고 있으며, 거기서 태어나는 것은 다만 "옛 르네상스보다 훨씬 규모가 큰" 르네상스뿐이라고 했다. 또한 절망을 원치 않는다면, 우리는 새로운 신조와 태도로 자기 혁신을 꾀해야 한다고 결론지었다.

"이 르네상스의 본질적인 것은 합리적 사고가 인간에게 주는 능동성의 원리이며, 그것은 인간이 만들어 낸 합리적이고 실용적인 유일한 역사 발달의 원리가 될 것이다…… 나는, 만일 우리가 생각하는 인간이 되기로 결심한다면 이러한 혁명이 일어날 것이라 확신한다."(강조는 프롬)

슈바이처는 신학자이자 '생명의 경외'를 윤리의 기초로 삼은 일로 가장 잘 알려진 철학자이다. 이 때문에 그가 산업사회의 가장 급진적인 비판자의 한 사람으로서 그 진보와 만인의 행복이라는 신화를 비난했다는 사실은 무시되어 왔다. 그러나 그는 인간 사회와 세계가 산업화된 생활의 관습 때문에 쇠퇴하고 있음을 인식했다. 금세기 초에 이미 인간의 약함과 의존성을 보았으며, 또한 일에 대한 집념이 끼치는 파괴적 영향과, 노동과 소비를 보다 줄여야 하는 필요성을 깨닫고 있었다. 그는 연대 의식과 생명의 경외를 토대로 조직된 집단생활의 르네상스를 꽃피워야 한다고 주장했다.

이 슈바이처 사상의 소개를 끝내기 전에 지적해 두어야 할 점이 있다. 슈바이처는 기독교의 형이상학적 낙관주의와는 대조적으로 형이상학적으로 회의론자였다는 사실이다. 이 점이 바로 '인생은 지고(至高)의 존재가 준, 보증된 아무런 의미도 없는 것'이라는 불교사상에 그가 그처럼 매료되었던 이유 중의 하나이다. 그는 다음과 같은 결론에 이르렀다.

"인간이 세계를 있는 그대로 받아들인다면, 거기에 '인간' 및 인류의 목표와 목적과 뜻이 통하는 의미를 부여하기란 도저히 불가능하다."

　유일하게 가치 있는 생활 방식은 이 세계에서 능동적으로 살아가는 것이다. 일반적인 능동성이 아니라 이웃에게 주고 이웃을 동정하는 능동성이다. 슈바이처는 이 대답을 그의 저서와 실천하는 삶을 통해서 몸소 보여주었다.

　불타, 에크하르트, 마르크스 그리고 슈바이처의 사상에는 두드러지는 유사점이 있다. 즉 소유 지향을 포기하라는 철저한 요청, 완전한 독립성의 주장, 형이상학적인 회의론(懷疑論), 신이 없는 종교성,[23] 그리고 동정과 인간적 연대의식을 바탕으로 한 능동적인 사회참여 요청 등이다. 그런데 이들 교사는 때때로 지금 말한 요소를 의식하지 못했다. 이를테면 에크하르트는 그의 비유신론을 인식하지 못했고, 마르크스는 그의 종교성을 알아채지 못했다. 특히 에크하르트와 마르크스에 관해서는 해석의 문제가 매우 복잡하기 때문에, 사랑에 입각한 능동주의의 비유신론적 종교를 충분히 소개하기란 불가능하다. 그러나 이 종교가 이들 교사를 새로운 인간의 필요에 알맞은 새로운 종교의 창시자로 만든 것이기에, 이 책의 속편에서 이들의 사상을 분석해 볼까 한다.

　인간의 철저한 내적 변혁만이 경제적 파국을 대신하는 유일한 선택이다, 이는 우리 시대의 초개인적이고 기계론적인 태도를 완전히 넘어서지 못해 급진적인 휴머니스트라고 부를 수 없는 저자들(예를 들면 로마 클럽의 위탁으로 두 개의 보고서를 작성한 사람들)까지도 주장하는 바이다. 메사로빅과 페스텔은 요청한다.

　"새로운 세계의식을…… 물질 자원을 사용할 때의 새로운 윤리를…… 정복보다는 조화에 바탕을 둔, 자연에 대한 새로운 태도를…… 미래 세대와의 일체감을……. '인간'은 이 지구상에 존재한 이래 처음으로 자기가 할 수 있는 일을 하지 않도록 요청받고 있다. 경제적·과학 기술적 진보를 억제하든가, 적어도 그것을 종전과는 다른 방향으로 이끌어가야 하는 것이다. 또 인간은 자기의 번영을 불행한 사람들과―자비의 정신에서가 아니라 그것이 필요하다는 정신으로―나누어 가지라는 이 지구상 모든 미래 세대의 요청을 받고 있다. 그리고 전 세계적인 체제의 유기적인 성장에 전력을 집중하도록 요청받고 있다. 인간은 이

---

23) 슈바이처는 E.R. 야코비(E.R. Jacobi)에게 보낸 편지에 이렇게 썼다. "사랑의 종교는 세계를 지배하는 인격 없이도 존재할 수 있다."《성스러운 빛(*Divine Light*)》 2, No.1, 1967) 〔원주〕

를 태연히 거부할 수 있을까?"

그들은 이런 기본적인 인간 변혁이 없다면 "호모사피엔스의 운명은 다한 것이나 다름없다"고 결론을 내렸다.

그러나 이 연구에는 몇 가지 결함이 있다. 내 생각에 가장 치명적인 결함은, 어떤 변혁을 방해하는 정치적이고 사회적이고 심리적인 요인을 고려하지 않은 점이다. 일반적으로 필요한 변혁의 방향을 지적할 뿐, 그들 제안의 현실적인 장애를 고려하는 진지한 시도가 계속되지 않는 한 그것은 무익하다(로마 클럽이 전반적인 목적을 달성하기 위한 필수조건인 사회적이고 정치적인 변혁의 문제와 씨름해 주길 바란다). 그러나 이들 보고서 작성자들은 처음으로 전 세계의 경제적 요구와 자원 문제를 보여 주려고 시도했다. 또 내가 서문에서 쓴 것처럼 처음으로 윤리적 신념의 결과로써가 아니라 경제적 분석의 합리적인 결과로써 인간의 윤리적인 변혁을 요청했다.

과거 몇 년 동안 미국과 독일에서는 꽤 많은 저서들이 이와 같은 요구, 즉 우선 우리의 생존 그 자체를 위해서, 이어 우리의 복리를 위해서 경제를 인간의 요구에 종속시키라는 요청을 했다(내가 읽거나 검토한 이 같은 책들은 대충 35권에 이른다. 그러나 입수할 수 있는 수는 적어도 그 갑절은 된다). 이들 저자들은 대부분 다음과 같은 점에서 의견이 일치했다. 소비의 물질적인 증대는 반드시 복리의 증대를 뜻하지 않으며, 사회적 변혁에는 성격학적·정신적 변혁을 수반해야 한다. 그리고 인간이 천연자원을 낭비하고, 생존을 위해 생태학적인 환경을 파괴하는 일을 그만두지 않는다면, 백 년 안에 파국이 온다는 사실을 예상할 수 있다는 것이다. 이제 이 새로운 인도주의적 경제학을 대표하는 뚜렷한 예를 몇 가지 들어보자.

경제학자인 E.F. 슈마허(Ernst Friedrich Schumacher)는 그의 저서《작은 것이 아름답다(*Small is Beautiful*)》에서 우리의 실패는 성공의 결과이며, 우리의 기술은 실재 인간의 요구에 종속되어야 한다고 시사했다. 그는 이렇게 썼다.

"생활 내용으로서의 경제는 생명을 빼앗는 병이다. 왜냐하면 무한한 성장은 유한한 세계에 적합하지 않기 때문이다. 경제를 생활의 내용으로 삼지 말아야 한다는 것은 인류의 모든 위대한 교사들이 가르쳐 왔다. 그리고 오늘날 그 점이 명백해졌다. 이 생명을 빼앗는 병을 좀 더 자세하게 알고 싶다면, 알코올 중독이나 마약 중독처럼 중독 현상을 생각해 보라. 이 중독이 좀 더 이기적인 형태로 나타나든가 이타적인 형태로 나타나든가, 또 거친 물질적 방법으로 만족을 취하든가 아니면 예술적이고 문화적이고 과학적인 세련된 방법으로 만족을 취하든가 하는 것은 큰 문제가 아니다. 은종이로 포장했어도 독은 독이다. 만일 정신적 문화, 즉 내면적인 인간의 문화가 무시된다면, 그때야말로 이기심은 '인간'을 지배하는 힘으로서 남아 있을 것이다. 또 이 같은 지향에는 인류애의 체제보다도 이기심의 체제 쪽이 자본주의와 마찬가지로 더 어울린다."

슈마허는 산업화되지 않은 나라들의 요구에 부응하는 소규모 기구(機構)들을 고안함으로써 자신의 원리를 실행에 옮겼다. 그의 저서가 해마다 인기를 더해가고 있다—그것도 대대적인 광고 때문이 아니라 독자의 입을 타고—는 사실은 특히 주목할 만한 일이다.

파울 에를리히(Paul Ehrlich)와 앤 에를리히(Anne Ehrlich)는 슈마허와 비슷한 생각을 지닌 미국인이다. 두 사람은 공저인 《인구, 자원, 환경–인간 생태학의 세계(*Population, Resources, Environment* : Issues in Human Ecology)》에서 '현 세계의 상황'에 대해 다음과 같은 결론을 제시하고 있다.

(1) 현재의 과학 기술과 행동 양식을 고려해 볼 때, 지구는 인구과잉 상태에 빠져 있다.

(2) 엄청난 인구의 절대 수와 높은 인구 증가율은 인류의 모든 문제를 해결하는 데 주된 장애물이다.

(3) 종래의 방법으로 식량을 생산하는 인간의 능력은 거의 한계에 도달했다. 공급과 분배의 문제는 이미 인류의 절반 정도를 영양불량 혹은 영양실조로 몰아넣은 결과를 초래했다. 매년 천만 내지 2천만의 사람들이 굶주림으로 죽어가고 있다.

(4) 식량 생산을 좀 더 증대시키려고 하면 환경의 악화가 촉진되고, 이로써 다시 지구의 식량 생산 능력을 '감소시키는' 결과를 초래할 것이다. 지금 환경 황폐가 본질적으로 역행할 수 없는 단계에까지 와 있는지 어떤지는 분명하지 않다. 그러나 지구가 인간의 생명을 지탱할 능력은 영구적으로 손상되었을지도 모른다. 이러한 환경 악화의 주된 원인은 자동차, 살충제, 무기질소 비료와

같은 과학 기술의 '성공'이다.

(5) 인구 증가는 세계적으로 치명적인 역병의 만연과, 핵전쟁의 가능성을 증가시킬 것이라는 근거가 있다. 이 둘 모두 인구 문제를 '사망률로 해결'하는 바람직하지 못한 결말을 지을 수도 있다. 나아가 이 두 요인은 문명의 파괴와 심지어는 호모사피엔스를 파멸로 몰고 갈 잠재이다.

(6) 인구·식량·환경 위기를 구성하는 복잡다단한 문제를 해결할 만병통치 과학 기술은 없다. 다만 오염의 감소, 커뮤니케이션 및 토지 생산력의 관리 등의 분야에 과학 기술을 올바르게 응용한다면 크게 도움이 될 것이다. 그러나 근본적인 해결은 인간 태도의 극적이고 급속한 변혁에 있다. 특히 번식, 경제 성장, 과학 기술, 환경, 분쟁의 해결에 관한 태도에서 이런 변화가 나타나야 한다(강조는 프롬).

최근에 나온 E. 에플러(E. Eppler)의 《종말이냐 변혁이냐(*Ende oder Wende*)》도 언급할 만한 가치가 있는 저서 중 하나이다. 에플러의 사상은 슈마허의 사상만큼 급진적이라고 볼 수는 없지만, 그와 유사하다. 바덴뷔르템베르크주(州)의 사회민주당 지도자이자 성실한 프로테스탄트인 그의 입장은 특히 흥미로울 것이다. 내 두 권의 저술, 《건전한 사회(*The Sane Society*)》와 《희망의 혁명(*The Revolution of Hope*)》도 같은 내용을 담은 것이다.

생산 제한의 사상이 항상 금기로 되어 왔던 소련권 저자들 사이에서조차 성장 없는 경제를 고려해야 한다는 소리가 일기 시작하고 있다. 독일 민주 공화국의 이단적인 마르크스주의자 W. 하리히(W. Harich)는 세계 경제의 정적(靜的)인 균형을 제안했는데, 그 자체만으로 평등을 보장할 수 있으며, 생물계에 미치는 손상의 위험을 피할 수 있다고 했다. 1972년에는 소련의 가장 유명한 자연 과학자, 경제학자, 지리학자들이 모여 인간과 그 환경에 대해 논했다. 그들의 협의 사항에는 로마 클럽의 연구 결과가 있었고, 그것을 그들은 공감과 경의를 갖고 고찰했으며, 동의하지는 않았지만 그 연구에 꽤 많은 장점들이 있음을 지적했다.

인도주의적 사회 개조를 지향하는 이들 여러 가지 시도의 바탕에는 모두 휴머니즘이 흐르고 있다. 휴머니즘에 대한 가장 중요한 인류학적, 역사학적 표현은 L. 멈퍼드[24]의 《권력의 펜타곤(*The Pentagon of Power*)》이라는 책과 그의 이전 저서들 가운데서 발견할 수 있다.

---

24) Lewis, Mumford(1895~1990). 미국의 문명 비평가.

제8장

인간변혁의 조건과 새로운 인간의 특색

인간의 성격이 근본적으로 소유양식에서 존재양식으로 변해야만 우리가 심리적, 경제적 파국에서 벗어날 수 있다. 이 전제가 옳다고 가정하면 다음과 같은 의문이 생긴다. 대규모의 성격 변혁은 가능한가? 만일 그렇다면 그것은 어떻게 실현할 수 있는가?

다음과 같은 조건이 뒷받침해 준다면 인간의 성격은 변화할 수 있을 것이다.

(1) 우리는 고통스러워하고 있으며 그 사실을 안다.

(2) 우리는 불행의 원인을 인식하고 있다.

(3) 우리는 불행을 극복하는 방법이 있음을 인정한다.

(4) 우리는 불행을 극복하기 위해서는 현재의 생활 습관을 바꾸어야 하며, 어떤 생활 규범을 따라야 하는지 안다.

이 네 가지 조건은 불타의 가르침의 기초를 이루는 네 가지 숭고한 진리[1]와 상응하고 있다. 그러나 그 진리는 특정한 개인적·사회적 환경에 따른 인간의 불행이 아니라, 인간 존재의 일반적 조건과 관련이 있다.

불타의 방법을 특정 짓는 변혁의 원리는 마르크스의 구제(救濟) 사상에서도 기초가 되고 있다. 이를 이해하기 위해서는 마르크스의 다음 말을 알아두어야 한다. "공산주의는 최종 목표가 아니라, 인간을 비인간적으로─물질, 기계 그리고 자신의 탐욕의 노예로─만드는 사회경제적 정치적 조건에서 인간을 해방시키는 역사 발전의 한 단계이다."

마르크스의 첫 번째 단계는, 그의 시대에서 가장 비참한 계급이었던 노동자

---

1) 사성제(四聖諦), 혹은 사제(四諦)라 불리는 석가의 가르침. 인간 세계에 나타나는 고뇌의 원인을 깨닫고, 이상의 상태에 이르는 방법을 설교한 것. 고제(苦諦), 집제(集諦), 멸제(滅諦), 도제(道諦)를 이른다.

들에게 그들이 고통을 받고 있다는 '사실'을 보여 주는 것이었다. 그는, 노동자의 눈을 가리는 모든 환상을 파괴하려고 애썼다. 그의 두 번째 단계는, 이 고통의 원인을 밝히는 것이었다. 그는 그 원인이 자본주의의 본질과, 자본주의 체제가 낳는 탐욕·인색함·의존성에 있다고 지적했다. 노동자가 겪는 고통(그들만의 고통은 아니지만)의 원인에 대한 이 분석에서 마르크스 저작의 주된 주제, 즉 자본주의 경제의 분석이 태어났다.

그의 세 번째 단계는, 이 고통을 낳는 조건을 제거하면 그 고통도 제거할 수 있음을 입증하는 것이었다. 네 번째 단계에서, 그는 낡은 체제가 필연적으로 만들어낼 수밖에 없었던 고통, 그것이 없는 새로운 생활 관습과 새로운 사회체제를 제시했다.

프로이트의 치유 방법도 본질적으로는 같은 것이었다. 환자들이 프로이트의 진찰을 받은 이유는 그들이 고통을 당하고 있었기 때문이며, 또 그들 자신이 고통을 받고 있다는 '사실'을 알았기 때문이다. 그러나 그들은 보통 자신이 무엇 때문에 고통을 받는지는 몰랐다. 따라서 정신분석학자들이 처음 해야 하는 일은, 환자들이 그들의 고통에 관해 갖고 있는 환상을 버리고 불행의 실제적인 요인이 무엇인지 알 수 있도록 도와주는 일이다. 개인적 혹은 사회적 불행의 본질을 진단하는 것은 해석의 문제이며, 여러 해석자의 의견이 다를 수도 있다.

그러나 불행의 원인에 관한 환자 자신의 상상은 대개 진단에 필요한 자료로선 믿을 만한 것이 못 된다. 결국 정신분석의 본질은 환자가 자신이 불행의 '원인'을 깨달을 수 있도록 도와주는 일인 것이다.

이 같은 지식의 결과로써 환자는 다음 단계, 즉 불행은 그 원인을 제거하면 치유될 수 있다는 통찰에 도달했다. 프로이트의 견해에 따르면, 이것은 유아기에 있었던 어떤 사건의 억압을 제거하는 것을 의미했다. 그런데 전통적인 정신분석은 내가 제시한 조건 가운데 네 번째 조건의 필요성에 관해서는 본질적으로 동의하지 않는 것 같다. 많은 정신분석학자들은 환자가 억압받는 것에 대해 통찰하면, 그 자체로 치료 효과가 있다고 생각하는 듯하다. 확실히 그런 일은 흔하다. 환자가 히스테리나 강박증과 같은 특정한 증상으로 고통받을 때는 특히 그렇다. 그러나 일반적인 불행으로 인한 괴로움 때문에 성격의 변화가 필요한 사람들은 '지향하는 성격에 따라 생활 관습을 바꾸지 않는 한' 어떤 지속적인 효과를 얻을 수 없다고 나는 믿는다. 이를테면 세상이 끝나는 날까지 개인의 의존성을 분석하여 많은 통찰을 얻었다 해도, 이런 깨달음을 얻기 전에 살았던 상황에 그대로 머무른다면 아무 소용도 없다는 것이다. 간단히 예를 들어, 어떤 부인의 고통이 아버지에 대한 의존성에서 비롯된다고 하자. 이때 그녀가 그 의존성보다 깊은 원인을 통찰했다 할지라도 생활 습관을 바꾸지 않는한, 가령 아버지에게서 떨어지거나, 아버지의 친절을 거절하거나, 이들 실제적인 독립 수단에 포함되는 모험과 고통을 선택하거나 하지 않는 한, 그녀는 진짜로 변하지 않을 것이다. '실천과 유리된 통찰은 아무런 효과도 없다.'

새로운 인간

새로운 사회의 기능은 새로운 '인간'의 출현을 촉진시키는 일이다. 새로운 '인간'이란 아래와 같은 성격 구조를 지닌 존재이다.

(1) 완전하게 '존재'하기 위해 모든 소유 형태를 스스로 포기하려는 의지가 있다.

(2) 안정감, 정체성 자각 그리고 자신감이 있다. 이 요소들의 기초는 자기의 '존재' 형태로서 관계를 맺고자 하는 바람, 관심, 사랑, 주변 세계와 연대하려는 욕구이다. 세계를 소유하고, 지배하고, 나아가 자기 소유물의 노예가 되려는 욕구가 아니다.

(3) 자기 이외의 어떠한 인간이나 사물도 자신의 인생에 의미를 부여하지 못함을 안다. 철저히 독립하고 사물에 집착하지 않는 것이 동정과 나눔에 헌신하는 가장 완전한 능동성의 조건이 된다는 사실을 인정한다.

(4) 지금 자신이 있는 곳에 완전히 존재한다.

(5) 저축과 착취하는 일에서가 아니라 주고 나누는 데서 기쁨을 얻는다.

(6) 생명의 모든 현상을 사랑하고 존경한다. 그것은 물건과 권력과 모든 죽어 있는 것이 아니라, 생명과 그 성장에 관련된 모든 것이 신성(神聖)하다는 지식 속에서 찾을 수 있다.

(7) 탐욕, 미움, 환상을 되도록이면 줄이도록 애쓴다.

(8) 우상을 숭배하거나 그릇된 환상을 품지 않는다. 이미 환상이 필요 없는 경지에 도달했기 때문이다.

⑼ 사랑의 능력을 비판과 감상이 아닌 사고 능력과 함께 발달시킨다.

⑽ 자기도취(나르시시즘)를 버리고 인간 존재에 내재하는 비극적 한계를 받아들인다.

⑾ 자기와 이웃의 완전한 성장을 인생 최고의 목적으로 삼는다.

⑿ 이러한 목적에 도달하기 위해서는 수양과 현실을 존중하는 것이 필요함을 안다.

⒀ 또한 어떠한 성장도 그것이 구조 속에서 이루어져야만 건전함을 안다. 아울러 생명의 속성이 되는 '구조'와 비생명(no-life), 즉 죽은 것의 속성이 되는 '질서'와의 차이도 알게 된다.

⒁ 상상력을 개발한다. 견딜 수 없는 환경에서 도피하기 위함이 아니라, 현실의 가능성을 예측하여 견딜 수 없는 환경을 제거하기 위해서이다.

⒂ 다른 사람을 속이지 않는다. 그리고 다른 사람에게 속지도 않는다. 천진하다는 말은 몰라도 단순하다는 말은 어울리지 않는다.

⒃ 자기 자신을 안다. 자신이 알고 있는 자기뿐만 아니라 자신이 모르는 자기까지도—자신이 모르는 것에 대해서는 막연하게 알겠지만.

⒄ 자신이 모든 생명체와 하나임을 인식한다. 그렇게 함으로써 자연을 정복하고 지배하고 착취하고 약탈하고 파괴한다는 목표를 포기하고, 오히려 자연을 이해하고 자연과 협력하도록 노력한다.

⒅ 자유를 방종이 아니라 자기 자신이 되는 가능성으로 이해한다. 다시 말해 탐욕스러운 욕망의 덩어리가 아니라 성장이냐 쇠퇴냐, 삶이냐 죽음이냐의 양자택일에 직면한 순간에도 미묘한 균형을 유지하는 구조로서 자유를 받아들인다.

⒆ 사악함과 파괴성은 성장에 실패함으로써 나타나는 필연적인 결과임을 안다.

⒇ 이 모든 자질의 완성에 다다른 사람들은 몇 안 된다는 사실을 알지만, 꼭 '목표에 도달하겠다'는 야심은 없다. 그와 같은 야심도 탐욕과 소유의 형태임을 알기 때문이다.

㉑ 어디까지 도달할 수 있느냐는 운명에 맡기고 항상 성장하는 삶의 과정에서 행복을 찾아낸다. 그 이유는 최선을 다해 완전하게 산다는 것은 자기가 무

엇을 달성할 수 있느냐 하는 걱정을 할 필요가 없을 정도로 만족감을 주기 때문이다.

오늘날의 사이버네틱스적, 관료제적 산업주의—그것이 '자본주의'이건 '사회주의'이건 간에—속에 사는 사람들이 '갖는' 실존 형태를 타파하고 '있는' 실존 형태의 부분을 증대시키기 위해 무엇을 할 수 있느냐 하는 것은 이 책의 한계를 넘어서는 주제이다. 실제로 그 내용만으로도 책 한 권이 족히 필요할 테고, 《존재의 기술(*The Art of Being*)》이라는 제목이 어울릴 것이다. 최근 행복과 잘사는 삶에 이르는 길에 관한 책이 많이 출판되었다. 그중에는 유용한 것도 있지만, 나머지 대다수는 불안에서 벗어나려는 사람들의 소망에 영합해 새로운 시장을 개척하는 것들이며 그 기만성으로 유해한 것이 되고 있다.

제9장

새로운 사회의 특색

1 새로운 인간과학

새로운 사회를 창조하기 위해서는 무엇보다 이러한 시도가 직면할 수밖에 없는, 극복하기 힘든 어려움을 깨달아야 한다. 그러나 우리는 이 어려움을 그저 막연하게 의식할 뿐이다. 이 점이 변혁을 위한 노력에 거의 손을 놓고 있는 이유 중 하나일 것이다. "어째서 불가능한 일을 성취하려고 그토록 애를 쓰는가? 지금 나아가는 방향으로 가면 지도에 있는 안전과 행복의 땅에 도달할 수 있다고 생각하며 행동하는 편이 낫지 않겠는가?" 많은 사람이 이렇게 생각한다. 그러나 절망하는 무의식 위로 낙관주의의 가면을 쓰는 사람들이 반드시 현명한 것은 아니다. 희망을 버리지 않은 사람이라도, 진실로 현실주의자가 되어 모든 환상을 버리고 어려움을 완전히 인식했을 때에야 비로소 성공할 수 있다. 이러한 침착성이 깨어 있는 '이상주의자(utopian)'와 꿈꾸는 '몽상가(utopian)'를 구별하는 것이다.

새로운 사회의 건설을 위해서 해결해야 할 난점은 무엇일까? 그중 몇 가지만 들어 두겠다.

⑴ 산업적 생산양식을 지속함에 있어 다음 문제를 해결해야만 한다. 어떻게 하면 전적인 집중화를 피할 수 있느냐, 즉 어떻게 하면 낡은 형(型)의 파시즘, 아니 일어날 가능성이 더 큰 과학 기술에 의한 '미소 짓는 파시즘'으로 전락하지 않아도 되느냐?

⑵ 종합적인 계획을 고도의 분권화(分權化)와 연결시키고, 지금은 거의 허구가 되어 버린 자유 시장 경제를 버려야만 한다.

⑶ 경제적 파탄의 위험에서 벗어나기 위해, 무한한 성장의 목적을 버리고 선

택적인 성장을 추구해야만 한다.

(4) 물질적 이익이 아니라 다른 정신적인 만족이 효과적인 동기가 되는 노동 조건과 풍조를 만들어 내야 한다.

(5) 과학적 진보를 촉진함과 동시에, 이 진보가 실제로 응용될 때 인류를 위험에 빠뜨리지 않도록 해야 한다.

(6) 사람들이 최대한의 쾌락을 추구하는 욕망의 충족이 아니라 복리와 기쁨을 맛볼 수 있는 조건을 만들어야 한다.

(7) 개인에게 기본적인 안정감을 제공하는 한편 그들이 관료제에 의존하여 살아가는 일이 없도록 해야 한다.

(8) 노동에서의 개인의 창의(어차피 그것은 이미 거의 존재하지 않지만)가 아니라 생활 속에서 개인의 창의를 회복해야 한다.

기술의 발달에서 몇 가지 난점이 극복하기 어려운 것처럼 보였듯이 위의 난제들도 지금은 뛰어넘지 못할 성싶다. 그러나 기술상의 난관을 어렵지 않게 넘었음을 생각해 보라. 그 까닭은 관찰의 원리와 자연의 지식이 자연을 지배하는 조건이라고 선언하는 새로운 학문이 확립되었기 때문이다(프랜시스 베이컨의 《노붐오르가눔》.[1] 17세기의 이 '새로운 학문'은 오늘날에 이르기까지 산업화한 여러 나라의 가장 뛰어난 사람들을 매혹시켰으며, 인간의 두뇌가 오랫동안 꿈꿔 온 기술적인 유토피아를 실현시켜 주었다.

그러나 그로부터 3세기가 지난 오늘날, 우리는 전혀 다른 새로운 학문을 원하고 있다. 응용 사회 개조학의 기초로서 휴머니즘적 인간 과학이 필요한 것이다.

'기술적 유토피아'—이를테면 하늘을 나는 것—는 새로운 자연과학을 통해 실현되었다. 이제는 메시아 시대의 인간적 유토피아를 현실화할 때이다. 그곳에서는 하나가 된 새로운 인류가 연대(連帶)와 평화 속에 살고, 경제에 의해서 모든 것이 결정되지 않으며, 전쟁도 계급투쟁도 없다. 그러나 먼저 우리가 기술적

---

1) Francis Bacon, (1561~1626) 영국의 철학자. 그가 아리스토텔레스의 논리학서 《오르가눔 (Organum)》에 맞서 쓴 《노붐오르가눔(Novum Organum, 1620)》은 '신기관(新機關)'이라고 번역된다. 책명은 새로운 학문의 도구를 의미하며, 과학적 귀납법을 제창했다.

유토피아를 실현하기 위해 쓴 것과 같은 정력과 지성과 열의를 인간적 유토피아에 쏟아 부어야 할 것이다. 쥘 베른[2]의 과학소설을 읽는 것만으로 잠수함을 만들 수는 없다. 선지자의 예언서를 탐독하는 것만으로 인도주의적인 사회를 건설할 수도 없다.

자연과학이 지배하는 이때, 새로운 사회과학으로의 이런 변혁이 과연 일어날 것인가? 이는 아무도 모른다. 만일 일어난다면 우리에게는 아직 생존의 기회가 있다. 혁신이 일어나느냐 일어나지 않느냐는 다음의 한 가지 요인에 달려 있다. 바로 유능하고 훈련된, 동정심 있는 숱한 지식인 남녀가 인간 정진에 대한 새로운 도전에 매료되느냐, 그리고 '자연에 대한 지배가 아니라 기술에 대한 지배, 전 인류는 아니더라도 서구 사회의 생존을 위협하는 비합리적인 사회 세력과 관습에 대한 지배'라는 앞으로의 목적에 사로잡히느냐 하는 것이다.

우리의 미래는, 탁월한 사람들이 현재의 위기를 깨닫고 새로운 휴머니즘적 인간 과학에 전심하기 위해 그들의 힘을 동원하느냐 않느냐에 달려 있다. 이런 사람들의 협력만이 이 책에 나온 여러 문제를 해결하고, 다음에 논할 모든 목적을 달성하는 데 도움이 된다.

'생산수단의 사회화' 같은 전체적 목표를 지닌 청사진은 주로 사회주의의 부재(不在)를 은폐하기 위한 사회주의자와 공산주의자의 빈말이 되고 말았다. '프롤레타리아 독재'니 '지적 엘리트의 독재'니 하는 독재가 막연히 오해받기 쉬운 말이라는 점에서는 '자유시장 경제'와 '자유' 국민이라는 개념에도 뒤지지 않는다. 마르크스에서 레닌에 이르는 초기의 사회주의자와 공산주의자는 사회주의 혹은 공산주의 사회에 대한 구체적인 계획이 없었다. 이것이 사회주의의 커다란 약점이었다.

존재의 기초가 될 새로운 사회를 건설하기 위해서는 많은 기획, 모델, 연구, 그리고 실험을 통해 '필요한 것과 가능한 것 사이의 간격을 메우기 시작해야 한다'. 이것은 결국 대규모의 장기 계획이자 그 첫 단계의 단기적인 안이 될 것이다. 문제는 이 일에 종사하는 사람들의 의지와 휴머니즘적인 정신이다. 사람들이 미래의 비전을 보는 동시에 그것을 달성하기 위한 구체적 방법으로서 어

---

2) Jules Verne, (1828~1905) 프랑스의 공상과학 소설가.

떠한 일이 단계적으로 행해질 수 있다는 점을 알게 되면, 공포 대신 용기와 열의를 발휘하게 될 것이다.

사회의 경제와 정치가 인간의 발달에 종속되는 것이라면, '새로운 사회의 모델은 소외되지 않은 존재 지향(存在指向)적 개인이 요구하는 것에 따라 결정되어야만 한다'. 그러면 인간은 비인간적 빈곤—지금도 사람들 대부분의 주된 문제이다—속에서 살지 않게 되며, 또—산업화 세계의 부유층처럼—생산과 소비의 끊임없는 증대를 요구하는 자본주의의 내재적 법칙에 따라 소비인(*Homo consumers*)이 되도록 강요당하지도 않을 것이다. 인간이 자유로워지고 병적인 소비로 산업을 살찌지 못하게 하려면 경제 체제의 철저한 변혁이 필요하다. 즉 인간을 병들게 해야만 비로소 경제가 건강해지는, 현재의 사태에 종지부를 찍어야만 한다. 사람을 위해 건강한 경제를 만들어야 하는 것이다.

• 이러한 목적으로 향하는 데 중요한 첫 단계는 생산을 건전한 소비를 위한 방향으로 돌리는 것이다.

"'이익'을 위한 생산이 아니라 '사용'을 위한 생산"이라는 전통적인 공식만으로는 불충분하다. 어떤 종류의 사용을 가리키는 것인지, 다시 말해 건강한 사용인지 병적인 사용인지가 분명하지 않기 때문이다. 여기서 극히 곤란한 실제적인 의문이 제기된다. 어느 요구가 건강하고 어느 요구가 병적인가를 누가 결정할 것인가? 여기서 한 가지 사실만은 확실하다. 국가가 최선이라고 결정한 것—가령 그것이 실제로 최선일지라도—을 결코 시민에게 소비하라고 강요할 수 없다는 점이다. 그렇다고 관료제의 틀에서 소비를 강제로 막는다면 사람들은 더욱더 소비에 굶주리게 될 것이다. 건전한 소비는 점점 많은 사람들이 소비 패턴과 생활 태도를 바꾸고 싶어 할 때만 가능해진다. 또한 습관화된 소비 패턴보다 더 매력적인 소비 패턴을 제공함으로써 비로소 실현된다. 이것은 하룻밤 사이에 일어나거나 어떤 법령의 힘으로 이루어지는 것이 아니다. 오직 점진적인 교육 과정이 필요한데, 여기서 중요한 것이 정부의 역할이다.

국가의 기능은 병적이고 쓸데없는 소비에 반하는 건강한 소비 규범을 확립하는 것이다. 이는 원칙적으로 가능하다. 미국의 식품의약국이 그 좋은 예이다.

이 기관에서는 여러 분야의 과학자들이 장기간에 걸친 실험 끝에 어떤 식품과 의약품이 해로운가를 결정한다. 그 밖의 상품이나 사업에 대한 평가도 이와 같은 방법으로, 심리학자, 인류학자, 사회학자, 신학자 그리고 여러 사회 집단이나 소비자들로 구성된 위원회에서 결정할 수 있을 것이다.

그러나 무엇이 생명을 촉진하고, 무엇이 생명을 해치는가를 검토하기 위해서는 FDA의[3] 모든 문제를 해결할 때와는 비교가 안 될 만큼 광범위하고 깊은 연구를 해야 한다. 이 새로운 '인간'과학에서는 인간 욕구의 본질이라는, 지금껏 거의 손을 댄 적이 없었던 문제에 관해 기초적인 연구가 이루어져야 할 것이다. 우리가 결정해야 할 일은 다음과 같다. 어떤 요구가 우리의 유기체(有機體)에서 연유된 것이며 어느 것이 문화 과정의 결과인가? 무엇이 개인 성장의 표현이고 무엇이 산업이 개인에게 강요한 합성품인가? 무엇이 '능동화'하고 무엇이 '수동화'하는가? 어느 것이 병리(病理)에 뿌리박고 있으며, 어느 것이 정신적 건강에 뿌리박고 있는가?

현재의 FDA와는 대조적으로, 새로운 인도주의적 전문가 집단의 결정은 강제성을 띠지 않고 지표(指標)로서의 구실만을 할 뿐 나머지는 모두 시민의 토의에 맡기게 될 것이다. 우리는 이미 건강에 유익한 식품과 건강에 해로운 식품의 문제에 관해서는 충분히 알고 있다. 이와 마찬가지로 전문가들의 연구 결과는 다른 모든 건전한 욕구와 병적인 욕구에 대한 사회의 인식을 높이는 데 도움이 될 것이다. 그러면 사람들은 대부분의 소비가 수동성을 낳으며, 소비주의를 통해서만 충족되는 속도와 새로움에 대한 욕구는 불안감 즉 내적인 자기도피의 반영임을 알게 될 것이다. 또한 끊임없이 다음에 해야 할 일을 모색하거나 최신의 소도구를 찾아 사용하는 것은 자신이 자기, 혹은 다른 사람에게 접근하는 것을 막는 수단에 불과하다는 사실을 깨닫게 될 것이다.

정부는 바람직한 상품이나 사업을 추진하는 계획에는 이익을 올릴 수 있을 때까지 조성금(助成金)을 대줌으로써 앞서 말한 교육 과정을 크게 촉진시킬 수 있다. 아울러 건전한 소비를 위한 대규모 교육 운동을 진행해야 한다. '건전한 소비 욕구를 자극시키는 이러한 협력이 소비 패턴을 바꿀 것이기 때문이다.' 비

---

3) Food and Drug Administration : 미국 식품의약국의 약칭.

록 현재의 산업이 사용하는 세뇌적인 광고 수단을 쓰지 않더라도—이것은 필수 조건이다—이러한 노력이 산업의 선전에 비해 별로 뒤지지 않는 효과를 가져오리란 우리의 기대는 결코 헛되지 않을 것이다.

"무엇이 복리를 증진시키는가?"이 원리에 따라서 선택적 소비(혹은 생산)를 하자는 계획에는 일반적으로 다음과 같은 반론이 제기되었다. 자유시장 경제하에서도 소비자가 바라는 바를 분명히 손에 넣을 수 있으므로 선택적 소비를할 필요가 없다는 것이다. 이러한 논법은 소비자가 자신에게 유익한 것만을 원한다는 가정(假定)에 바탕을 두고 있는데, 이는 물론 누가 보아도 명백히 잘못되어 있다(마약, 아니 담배의 경우에도 이러한 주장을 하는 사람은 아무도 없을 것이다). 이러한 논법이 분명히 무시하고 있는 가장 중요한 사실은, 생산자가 소비자의 욕구를 결정한다는 점이다. 기업 간의 경쟁도 경쟁이지만, 광고가 낳는 전체적인 효과는 소비에 대한 갈망을 자극하는 것이다. 모든 회사가 광고를 통해서이러한 기본적인 영향을 미치려는 점에 있어서는 상부상조하고 있다. 사는 사람은 몇 가지 품종 중에서 선택한다는 기이한 특권을 이차적(二次的)으로 행사할 뿐이다. 소비자의 욕구는 전능(全能)한 것이라고 주장하는 사람들 대부분이제기하는 실례 중 하나는 포드의 '에드셀'[4]의 실패이다. 그러나 에드셀이 성공하지 않았더라도, 에드셀의 광고가 '자동차를 사도록 하기 위한 선전'이었다—불운한 에드셀 덕분에 다른 모든 차종(車種)은 이익을 보았다—는 사실은 달라지지 않는다. 게다가 산업은 인간의 건강에는 보다 유익하지만 산업에는 보다 이익이 적은 상품을 생산하지 '않음'으로써 소비자의 기호를 좌우하고 있다.

• 건전한 소비는, 대기업의 주주나 경영자가 기업의 이익과 발전에만 입각하여 생산을 결정하는 권리를 우리가 대폭 제한할 수 있을 때 비로소 실현된다.

이런 변혁은 서구 민주주의의 조직을 바꾸지 않더라도 법률을 통해 실현시킬 수 있다(이미 공공의 복지를 위해 재산권을 제한하는 많은 법률이 있다). 문제는생산의 방향을 결정하는 힘이지 자본의 소유권이 아니다. 일단 광고의 암시력

---

4) Edsel ; 포드(Ford, Henry 1863~1947)가 큰 기대를 걸고 생산했으나 팔리지 않은 자동차의 이름.

에 종지부가 찍히면 결국 소비자의 기호가 무엇을 생산해야 되는가를 결정할 것이다. 새로운 요청을 충족시키기 위해서는 현존하는 기업이 시설을 바꾸어야 하는데, 그것이 불가능할 때에는 정부가 필요한 자본을 투자해 새로운 생산품과 사업을 만들어야만 한다.

이러한 모든 변혁은 서서히, 그것도 주민 대다수의 동의하에서만 비로소 이루어진다. 그것은 오늘날의 자본주의와도, 소련의 중앙집권적 국가 자본주의나 스웨덴의 종합 복지적 관료제와도 다른, 새로운 형태의 경제체제가 될 것이다.

대기업들은 처음부터 그러한 변혁과 싸우기 위해서 거대한 힘을 이용할 것이 분명하다. 이런 대기업의 저항을 타파할 수 있는 것은 오로지 건전하고 압도적인 소비 욕구뿐이다.

시민이 '소비자의 힘'을 보여 줄 수 있는 효과적인 방법의 하나는, 전투적인 소비자 운동을 조직하여 '불매동맹'을 무기로 사용하는 일이다. 이를테면 미국의 자동차 소비 인구의 20%가 이제 자가용을 사지 않겠다는 결정을 했다고 가정하자. 그 결정의 이유는 다음과 같다. 뛰어난 대중교통에 비하면 자가용은 낭비적이고 생태학적으로 유독하며 심리학적으로 유해한 것—인위적인 권력감각을 낳고, 부러움을 증대시키고, 자기 도피를 돕는 마약—이기 때문이다. 그것이 자동차 산업에는 물론 석유 회사에도 얼마큼 큰 경제적 위협이 되는가는 경제학자만이 측정할 수 있겠지만, 이런 불매운동이 일어났다고 하면 자동차 생산을 중심으로 한 국민경제가 큰 곤란을 겪게 되리라는 것은 명백하다. 물론 미국 경제가 중대한 위기에 빠지기를 바라지는 않는다. 하지만 이런 위협을 할 수 있다면(예를 들어 자동차 사용을 한 달 동안 하지 않는다면) 생산의 변혁을 일으킬 만큼 강력한 수단을 소비자가 쥔 것이 된다.

불매동맹의 커다란 이점은 정부의 어떤 조치도 필요 없으며, 이에 대항하기가 어렵고(정부가 시민에게 사고 싶지도 않은 물건을 사도록 강요하지 않는 한), 정부의 조례(條例)에 따라 실시하기 위해서 시민 51%의 찬성을 기다릴 필요도 없다는 점이다. 그 이유는 단지 20%의 소수일지라도 변혁을 일으키는 데는 매우 강력한 힘을 행사하기 때문이다. 불매동맹은 정치적 경향이나 슬로건도 쉽게 뛰어넘고, 자유주의나 좌익의 휴머니스트뿐만 아니라 보수주의자까지도 참여할 수 있을 것이다. 하나의 동기 즉 건전하고 인간존중을 바탕으로 하는 소비 욕구가 모두를 하나로 만들기 때문이다. 대기업 경영자나 정부는 이 불매운동을 중지시키기 위해 우선, 급진적이고 휴머니즘적인 소비자 운동의 지도자들과 개혁 사항을 놓고 교섭할 것이다. 이때 그들의 방식은 기본적으로 노동자 파업을 회피하거나 끝내게 하기 위한 교섭과 같을 것이다.

여기서 문제는 소비자에게 다음을 일깨워 주는 일이다. (1) 소비주의에 대한 소비자 자신의 반무의식적인 거부감과, (2) 휴머니즘 정신을 지닌 소비자 운동이 일단 조직화되었을 때의 잠재적인 힘이다. 이런 소비자 운동은 참 민주주의의 발로(發露)가 되어, 저마다 직접 자기를 표현하고 능동적이며 소외되지 않는 방식으로 사회 발달의 방향을 바꾸려고 할 것이다. 게다가 이 모든 일은 정치적인 슬로건이 아니라 개인적인 경험에 그 바탕을 둘 것이다.

그러나 아무리 효과적인 소비자 운동이라도 대기업의 힘이 오늘날처럼 강대한 이상 충분한 힘을 발휘할 수 없을 것이다. 대기업이 그 막강한 지배력을 정부에 대해서도(이것은 나날이 커지고 있다), 국민에 대해서도(세뇌로 사상을 지배함으로써) 행사하고 있기 때문이다. 이 현상을 타파하지 않는 한, 기술주의적 파시즘이나 사고할 줄 모르는 살찐 로봇의 사회—우리가 두려워하는 '공산주의'라는 이름의 사회 유형—에 아직 존재하는 민주주의의 잔재마저 굴복할 운명에 놓여 있는 것이다. 미국에는 반(反)트러스트의 여러 법령에 표현되어 있듯이 대기업의 힘을 제한하는 전통이 있다. 강력한 여론만이 이런 법률의 정신을 초강대 법인 세력에 적용해, 그들을 좀 더 작은 단위로 해체시킬 수 있을 것이다.

• 존재에 바탕을 둔 사회를 이룩하기 위해서는 모든 사람이 경제·정치에 능동적으로 참여해야 한다. 산업적, 정치적 참여 민주주의를 완전히 실현해야만 비로소 소유의 실존양식에서 해방될 수 있다.

이러한 요청은 급진적 휴머니스트 대부분의 공통된 주장이다.

'산업민주주의'란 다음과 같은 것을 뜻한다. 산업 조직을 비롯한 대규모 조직의 생활에서 각 구성원은 능동적인 역할을 한다. 각 구성원은 충분한 정보를 제공받고 방침 결정에 참여해야 한다. 개인의 작업 과정, 건강, 안전을 위한 방책의 단계에서부터 시작해(이것은 이미 스웨덴과 미국의 몇몇 기업에서 시도되어 성공을 거두고 있다), 결국은 보다 높은 단계로 나아가 기업의 전반적인 정책 결정에 이르기까지 참가하는 것이다. 여기에서 중요한 점은 노동조합의 간부가 아니라 피고용자 개개인이 대표로 나오는 것이다. 또한 산업민주주의에서는 기업이 단순히 경제적이고 기술적인 조직에 머무르지 않고 그 생활과 기능 방법에 모든 구성원을 능동적으로 참여시킴으로써 참여 정신을 가질 수 있는 사회 조직이어야 한다는 것이다.

'정치적 민주주의'의 실현에도 같은 원리가 적용된다. 민주주의가 권위주의의 위협에 저항하기 위해서는 수동적인 '관객 민주주의'에서 능동적인 '참여 민주주의'로 변모되어야 한다. 거기서는 공동체의 일이 시민 각자에게 그들의 개인적인 일만큼 친근하고 중요한 것이 되며, 더 나아가서는 공동체의 복리가 각 시민의 사적인 관심사가 된다. 사람들은 공동체에 참여함으로써 더욱 흥미있고 자극적인 생활을 하게 된다.

실제로 참된 정치적 민주주의는 생활이 바로 이와 같이 '흥미로운' 것이 되는 민주주의라고 정의할 수 있다. 바로 그런 특성 때문에 참여 민주주의는—'인민민주주의'나 '중앙집권적 민주주의'와는 대조적으로—비관료제적이며, 선동적인 정치가의 출현을 사실상 배제하는 풍조(風潮)를 낳는다. 참여 민주주의 실현을 위한 방안 수립은 18세기에 민주주의 조직을 완성하던 일보다 훨씬 더 어려울 것이다. 많은 인재들이 참여 민주주의 건설을 위한 새로운 원리와 실현방법을 입안하기 위해서 거인과 같은 힘을 기울여야 할 것이다.

이러한 목적을 달성하기 위해 고려할 수 있는 많은 제안 중의 하나로, 내가 20년 전에 저술한 《건전한 사회》에서 논했던 제안을 되풀이해 말하고자 한다. 즉 수십만의 면접 집단(각각 약 5백 명의 구성원으로 이루어진다)을 만들고, 그것을 토의와 결정을 위한 상설 기구로 삼아 경제, 외교, 정책, 보건, 교육, 복지 분야의 기초적인 문제를 다루도록 하는 것이다. 이들 집단에게는 관련된 모든 정보(이 정보의 성격에 관해서는 나중에 기술하겠다)가 제공되고, 그들은 이 정보를 놓고 토의하고(외부의 아무런 영향을 받지 않고) 논점(論點)에 관해서 투표하게 된다(오늘날의 과학 기술에 힘입어 이들 투표는 모두 하루 안에 집계될 것이다). 그러면 이들 집단의 전부가 하원(下院)을 형성할 것이며, 그들의 결정은 다른 정치 기관의 결정과 더불어 입법에 결정적인 영향력을 행사할 것이다.

"어째서 이런 복잡한 계획을 세우는가? 여론조사로도 짧은 시간 안에 전 국민의 의견을 알아낼 수 있을 텐데." 하는 말이 나올지도 모른다. 그러나 이런 반론(反論)은 의사표시에서 가장 문제가 되는 한 면을 언급하고 있다. 여론 조사의 기초가 되는 '의견'이란 무엇일까? 그것은 사람들이 충분한 정보도, 비판적인 숙고도, 토의도 없이 내뱉는 견해에 그치는 것이 아닐까? 게다가 여론조사에 응하는 사람들은 자신의 '의견'이 중요시되지도 않고 따라서 아무런 효과도 없으리란 사실을 안다. 정치적 선거의 투표는 반최면술적인 기교로 사고력을 무디게 하므로, 어찌 보면 여론조사보다 더 나쁘다고 할 수 있다. 선거는 후보자의 소망과 포부가—정치적인 논점이 아닌—만들어내는 애태우고 조마조마한 소프 오페라(soap opera)[5]가 된다. 투표자는 자기가 좋아하는 후보자에게 투표를 함으로써 이 드라마에 참여할 수도 있다. 많은 국민이 이 제스처에 참가하기를 거부한다 하더라도, 대부분의 사람들은 검투사(劍鬪士) 대신 정치가들이 싸우고 있는 현대적인 로마식 원형극장의 구경거리에 열중한다.

진정한 신조를 형성하기 위해서는 적어도 다음의 두 가지 요건이 필요하다. 바로 '충분한 정보'와, '자신의 결정이 효과가 있다는 지식'이다. 무력한 방관자의 의견이란, 한 사람의 신조가 아니라 하나의 게임에 참여하는 것이며, 어떤 담배가 다른 담배보다 좋다고 하는 견해와 별반 다르지 않은 주장이다. 따라서 여론조사나 선거에서 표명되는 의견은 인간의 판단력 차원에서 볼 때 최상의 것이라기보다는 최악의 것이다. 이런 사실은 사람들이 최상의 판단을 내린다고 볼 수 있는 다음 두 가지 예만으로도 확인된다. (a) 사사로운 일(조지프 슘페터가[6] 분명히 지적한 것처럼 특히 비지니스에서)을 결정할 때, (b) 배심원이 되었을 때—배심원은 보통 시민들로 구성되어 있으며, 가끔 매우 복잡하고 이해하기 어려운 사건에 대해 결정을 내려야 한다.

그러나 모든 관련 정보를 제공받으며 광범위한 토론을 할 기회가 있다. 또한 그들의 판결이 재판을 받고 있는 사람의 생명과 행복을 결정한다는 사실을 잘 안다. 따라서 그들의 결정은 대개 고도의 통찰력과 객관성을 보여 준다. 이

---

5) 라디오나 텔레비전에서 주간에 방송하는 가정 주부 대상의 멜로드라마. 원래는 비누 회사들이 스폰서가 되는 경우가 많았기 때문에 이렇게 불린다.

6) Schumpeter, Joseph Alois(1883~1950) 오스트리아 출신의 미국 이론경제학자.

와는 대조적으로 정보가 없는 반 최면 상태의 힘없는 사람들은 진지한 신조를 표명할 수가 없다. 정보도 없고, 토의도 없고, 자기 결정에 영향력을 불어 넣을 힘도 없다면, 아무리 민주적으로 의견을 제시했다 해도 그것은 스포츠 경기에서 박수를 치는 일이나 매한가지다.

• 정치에서 능동적인 참여가 가능하려면 산업과 정치 전반에 걸쳐 최대한의 분권화를 이루어야 한다.

현행 자본주의에 내재하는 논리에 따르면, 기업과 정부는 점점 커져 마침내는 최고 수뇌가 관료제 기구를 통해 중앙집권적으로 관리하는 거인이 된다. 휴머니즘 사회의 필요조건 중 하나는 이러한 중앙집권화의 과정이 중지되고, 대규모의 분권화가 이루어지는 것이다. 여기에는 몇 가지 이유가 있다. 만일 사회가 멈퍼드가 명명한 '거대한 기계'로 변모된다면, 즉 사회 전체가 그 속에 살고 있는 사람들까지 중앙집권적으로 통제하는 하나의 커다란 기계처럼 되어 버린다면, 결국은 파시즘을 피할 수 없게 된다. 왜냐하면, (a) 사람들은 순한 양이 되고, 비판적인 사고 능력을 상실하고, 무력감에 휩싸이고, 수동적이 되어, 필연적으로 무엇을 해야 할 것인가를—그리고 그 밖에 '그들'이 모르는 모든 것을—'아는' 지도자를 동경하게 되고, (b) 접근할 수 있는 사람이라면 누구나 그저 필요한 누름단추만 누르면 그 '거대한 기계'를 움직일 수 있기 때문이다. '거대한 기계'는 자동차와 마찬가지로 본디 자동적이다. 자동차의 경우 핸들을 잡는 사람은 그저 필요한 누름단추를 누르고, 핸들을 돌리고, 브레이크를 걸고, 그 밖에 몇 가지 비슷한 부속품에 약간의 주의를 기울이기만 하면 된다. 자동차나 그 밖의 기계에 부착된 많은 부품은 이 거대한 기계에서는 여러 단계의 관료체제에 해당한다. 평범한 지성과 능력의 소유자라 할지라도 일단 권력의 자리에 앉으면 쉽게 국가를 움직일 수 있는 것이다.

정부의 기능은 주(州)—이것 또한 거대한 복합체이다—에 위임되어서는 안 된다. 그것은 비교적 작고, 사람들이 서로를 알고 판단할 수 있으며, 따라서 공동체 관리에 능동적으로 참여할 수 있는 지역 자치 단체에 위임되어야만 한다. 산업의 분권화는, 기업 내부의 작은 부서에 보다 큰 권한을 부여해, 거대한 기업을 소규모 단위로 분할시킴으로써 이룰 수 있다.

• 능동적이고 책임지는 참여를 위해서는 또한 휴머니즘적 행정이 관료주의적
행정을 대신해야 한다.

지금도 대부분의 사람들은 모든 종류의 대규모 관리가 필연적으로 '관료제
적', 즉 소외된 형태의 관리가 될 수밖에 없다고 믿는다. 그들은 관료제적 정신
이 얼마나 인간을 마비시키는지, 또 그것이 얼마나 인생의 모든 분야에 퍼져 있
는지를 깨닫지 못하고 있다. 관료제적 정신은 의사와 환자, 남편과 아내 관계
에 마저 불분명하게나마 침투해 있다. 관료제적 방법은 (a) 인간을 마치 물건처
럼 다루고, (b) 물건을 질적인 관점에서가 아니라 양적인 관점에서 관리함으로
써 수량화와 지배를 한결 쉽고 값싸게 하는 방법이라고 정의 내릴 수 있다. 관
료제적 방법은 통계 자료를 이용해 지배한다. 즉 관료들은 결정을 내릴 때, 눈
앞에 서 있는 살아 있는 인간에 대해서가 아니라 통계적인 자료에서 얻은 고정
된 규칙에 대해서 반응하는 것이다. 그들은 통계적으로 가장 실정에 가깝다고
생각되는 사례에 따라 문제점을 해결하기 때문에, 그 틀에 꼭 들어맞지 않는 5
내지 10%의 사람들은 손해를 봐도 어쩔 수 없다고 생각한다. 또한 개인적인 책
임을 두려워해 규칙의 배후에 숨는다. 그들의 안정감과 자부심은 규칙에 충성
하는 데 있지, 인간 마음의 법칙에 충실하려는 데 있지 않다.

관료의 극단적인 예가 바로 아이히만[7] 이다. 그가 수십만의 유대인을 죽인
이유는 그들을 미워해서가 아니다. 그는 누구를 미워하지도 않았다. 그저 "의무
를 다했을" 뿐이다. 유대인을 죽이라는 지시를 받았을 때도, 유대인을 독일 밖
으로 빨리 추방하라는 명령을 받았을 때도 단지 의무에 충실했던 것이다. 그
에게 중요한 것은 단지 규칙을 지키는 일뿐이었다. 그는 규칙을 어겼을 때만 죄
의식을 느꼈다. 그의 진술(이 진술 때문에 그의 입장은 한층 나빠졌다)에 의하면,
단지 어렸을 때 꾀부려 쉰 일과 공습 때 피난 명령을 어긴 두 경우에만 죄의식
을 느꼈다고 한다. 이것은 물론 아이히만을 비롯한 관료들에게 다른 생물을 지

---

7) Eichmann, Adolf : 제2차 세계대전 때 유대인 학살을 지휘했던 악명 높은 나치스 친위대 장교.

배할 때 만족감을 얻는 사디즘의 요소가 없었다는 의미는 아니다. 그러나 이러한 사디즘의 경향은 관료들의 인간적 반응의 결여와 규칙 숭배에 비하면 이차적인 요소에 불과하다.

모든 관료가 아이히만 같다는 말은 아니다. 첫째, 관료 지위를 차지하고 있는 많은 사람들이 성격학적인 의미에서의 관료는 아니기 때문이다. 둘째, 대개의 경우 관료적 태도가 그 인간 전체를 지배하고 그의 인간적인 면을 제거하는 데까지는 아직 이르지 못했기 때문이다. 그러나 관료 속에는 많은 아이히만이 있다. 그들이 아이히만과 다른 점이 있다면 수천 명의 사람들을 죽일 필요가 없었다는 점뿐이다. 병원의 관료가 먼저 의사의 지시가 있어야 한다는 병원의 규칙 때문에 위독한 환자를 거절했다면, 그의 행위는 아이히만이 했던 것과 조금도 다를 바 없다. 또 관료제 법규의 어떤 조항을 위반하기보다는 피보호자를 굶주리도록 내버려 두기로 결정한 사업가의 행위도 마찬가지이다. 이러한 관료적 태도가 관리자에게만 있는 것은 아니다. 의사, 간호원, 교사, 대학 교수—아내를 대하는 많은 남편들, 또 자식을 대하는 많은 부모들이 그렇듯이—의 내면에도 그것이 도사리고 있다.

살아 있는 인간이 일단 숫자로 환원되면 진짜 관료는 철저히 잔인한 행동을 범할 수 있다. 그것은 그들의 행동에 비례할 만큼의 지독한 잔인성 때문이 아니라 상대방에게 아무런 인간적인 유대도 느끼지 못하기 때문이다. 관료는 사디스트보다 지독하지는 않지만 더 위험하다. 왜냐하면 그들의 내부에는 양심과 의무의 갈등마저 없기 때문이다. 그들의 양심은 '실제로' 자신의 의무를 다하고 있다면 거리끼지 않는다. 감정이입과 동정의 대상으로서의 인간은 그들에게 존재하지 않는 것이다.

오래된 기업이나 복지 기관, 병원, 교도소 같은 커다란 조직 등에는 불친절한 구시대적 관료가 아직도 존재한다. 그곳에서는 단 한 사람의 관료가 가난 같은 이유로 무력해진 사람들에게 꽤 큰 권력을 휘두를 수 있다. 한편 현대산업의 관료는 사람들에게 권력을 휘두르는 데 다소의 즐거움을 느낄지 모르지만 불친절지도 않고 사디즘의 경향도 거의 없을 것이다. 그러나 여기서도 역시 우리는 그들 속에서, 사물—즉 '체제'로, 그들은 이것을 신뢰하고 있다—에 대한 저 관료적 충성을 찾아낼 수 있다. 그들에게 회사는 가정이며, 회사의 규칙은 '합리적'이기 때문에 신성하다.

그러나 낡은 형태의 관료이건 새로운 형태의 관료이건 간에 참여 민주주의 체제에서는 존재할 수 없다. 관료제의 정신은 개인의 능동적인 참여정신과 어울릴 수 없기 때문이다. 새로운 시대의 사회 과학자는 단순한 규칙의 적용이 아니라, 사람들과 상황에 대한 반응(response, 책임(resbonsibility)을 반영한)에 따라 움직이는 새로운 형태의 비관료제적 행정 체계를 세워야 한다. 비관료제적인 행정은 관리자에게 자발성의 여지를 주고, 절약 만능이 되지 않도록 하면 '실제로' 가능하다.

존재적 사회의 확립에 성공하느냐 못하느냐는 다른 많은 방책과도 관련이 있다. 다음 제안이 나의 독창적인 생각이라고 주장하지는 않겠다. 오히려 나는 이러한 제안의 거의 모두가 휴머니스트들을 통해 이미 여러 형태로 제시된 바 있다는 사실에 용기를 얻고 있다.[8]

(1) 산업적이고 정치적인 광고에서 모든 세뇌적인 방법은 금지되어야 한다.

이 세뇌 방법이 위험한 이유는, 우리가 필요로 하지도 원하지도 않는 물건을 사도록 강요할 뿐 아니라, '만일' 우리가 완전히 제정신이라면 필요로 하지도 원하지도 않을 정치가를 선택하도록 하기 때문이다. 그런데 우리는 최면술 같은 선전 때문에 제정신이 아니다. 이 끊임없이 증대하는 위험과 싸우기 위해서 '정치가도, 상품도 모든 최면술 같은 선전을 못하도록 해야만 한다'.

광고와 정치 선전에 쓰이는 최면적 방법은 정신 건강, 특히 명석하고도 비판적인 사고와 정서적 자주성에 매우 위험하다. 철저히 연구해 보면, 마약중독이 끼치는 해는 현대의 세뇌 방법이 낳는 폐해의 몇 분의 일에도 미치지 못한다는 사실이 밝혀지리라 믿는다. 잠재의식에 대한 암시에서 반최면술적인 방법—예를 들면 끊임없는 반복 혹은 성적(性的)인 욕망에 호소하여 합리적 사고를 빗나가게 하는 방법("저는 린다예요. 올라타 주세요!")[9]—에 이르기까지 세뇌 방식도 다양하다. 순전히 암시적인 방법을 폭격처럼 쏟아내는 광고, 특히 텔레비전 광고는 인간을 어리둥절하게 만든다. 이성과 현실 감각에 대한 이러한 공격은 장

---

8) 이 책의 과중한 부담을 덜기 위해서 비슷한 제안을 하고 있는 많은 문헌들을 밝히지 않았다. 〔원주〕

9) 미국 항공 회사의 텔레비전 광고.

소, 날짜, 시간을 불문하고 개인에게 항상 퍼부어진다. 텔레비전을 시청하는 긴 시간 동안, 도로에서 드라이브를 하거나 후보자가 정치 선전을 하고 있을 때 등등 이러한 암시적인 방법이 지니는 독특한 효과는 우리의 정신을 흐리멍덩하게 만들고, 믿는 것도 믿지 않는 것도 아닌, 현실감각을 잃은 듯한 분위기를 자아내는 것이다.

집단 암시란 독의 사용이 중지되면, 마약 중독자가 마약을 끊었을 때 경험하는 금단 증상과 거의 다를 바 없는 금단 효과가 소비자에게 나타날 것이다.

(2) 풍요한 나라와 가난한 나라의 격차를 좁혀야 한다.

이 격차가 계속되고 더욱 깊어지면 파국이 초래되리라는 것은 거의 의심할 여지가 없다. 가난한 나라의 국민은 산업화된 세계의 경제적 착취를 이제 숙명으로 받아들이지 않는다. 소련은 아직도 위성국들을 옛날과 같은 식민지주의적인 방법으로 착취하면서도, 그들의 저항을 서구에 대한 정치적인 무기로 사용하고 있다. 석유값의 인상은 원료를 싸게 팔고 완제품을 비싸게 사야만 하는 체제에 종지부를 찍으라는 식민지 국민들의 요청의 시작—그리고 상징—이었다. 역시 같은 의미에서, 베트남 전쟁은 서양이 식민지 민족들을 정치적·군사적으로 지배하는 시기가 끝났음을 알리는 상징이었다.

이 격차를 메우기 위해 아무런 결정적인 조치도 취하지 않는다면 어떻게 되겠는가? 유행병이 백인 사회의 요새 속에 퍼지든가, 아니면 기근으로 말미암아 실의에 빠진 가난한 나라의 국민들이 산업화된 세계의 동조자들의 도움을 받아 파괴 행동을 자행할지도 모르며, 심지어는 조그마한 핵무기나 생물학 무기를 사용해 백인 사회에 대혼란을 가져올 것이다.

이 파국의 위험은 공복, 기아, 질병을 낳는 조건을 제어함으로써 비로소 피할 수 있다—이를 위해서는 산업화된 나라의 원조가 반드시 필요하다. 이러한 원조는 풍요한 나라들의 경제적인 이해관계나 정치적인 편의 같은 조건을 떠나 무상으로 주어져야 한다.

이는 자본주의의 경제적, 정치적 원리가 아프리카와 아시아에 미쳐야 한다는 생각과도 무관함을 의미한다. 물론 경제적인 원조를 제공하는 '가장' 효과적인 방법(예를 들면 사업이나 자본 투자)은 경제 전문가들이 결정해야 할 문제이다.

그러나 진정한 전문가 자격을 지닌 사람들만이 이러한 목적을 위해서 일할 수 있다. 그들은 뛰어난 두뇌뿐만 아니라 상냥한 마음도 갖추고 가장 적절한 해결책을 모색하는 사람들이다. 이러한 전문가들을 초빙하고 또 그들의 권고에 따르기 위해서는 소유 지향이 크게 약화되고 연대감과 사랑(동정이 아닌)의 감각이 생겨야만 한다. 여기서 말하는 사랑은 이 지구상의 동포뿐만 아니라 후손에 대한 사랑까지도 뜻한다. 실제로 여전히 지구의 자원을 강탈하고 환경을 오염시키며 핵전쟁의 준비를 계속하는 행위보다도 우리의 이기심을 더 잘 드러내 주는 것은 없다. 우리는 후손에게 이처럼 파손된 지구를 서슴없이 유산으로 물려주려 하고 있다.

내적 변모는 과연 일어날 것인가? 아무도 모른다. 그러나 세계가 알아두어야 할 한 가지 분명한 사실은, 이러한 변화가 일어나지 않으면 가난한 국민과 풍요한 국민의 충돌이 수습할 수 없을 지경에까지 이르게 되리란 점이다.

(3) 오늘날 자본주의 사회와 공산주의 사회의 불행 대부분은 연간수입 보장 제도를 도입함으로써 없어질 것이다.[10]

이 생각의 핵심은 모든 인간이 일하든 일하지 않든 간에, 절대적인 권리로서 굶주림에서 벗어나고 주거를 제공받는다는 것이다. 인간은 살아가는 데 기본적으로 필요한 것보다 많이 받을 필요도 없지만 그것보다 적게 받아서도 안 된다. 이러한 권리가 현대에서는 새로운 개념의 표명이 될 것이다. 그러나 기독교에서는 애초부터 강조해 온 바이며, 많은 '원시' 부족들이 실천하고 있는 매우 오랜 규범이다. 인간은 '사회에 대한 의무'를 다하느냐 다하지 않느냐에 관계없이 생존을 위한 절대적인 권리를 지닌다. 이는 우리가 반려동물에게는 인정하면서 같은 인간에게는 인정하지 않는 권리이다.

개인적인 자유의 영역은 이러한 법률을 통해 크게 확대될 것이다. 타인(이를 테면 부모, 남편, 사장)에게 경제적으로 의존하는 사람이라도 누구나 굶주림에 대한 불안에 시달리지 않을 것이며, 이제까지와는 다른 인생을 꿈꾸는 인재들은 잠시 빠듯한 생활을 감수할 마음만 있다면 원하는 바를 이룰 수 있을 것이다. 현대의 복지국가는 이러한 원리를 거의 받아들였다. 그러나 '거의'라는 말은 실은 '진짜가 아니다'란 의미이다. 관료제가 아직도 사람들을 '관리'하고, 지배하

---

10) 나는 이것을 1955년 《건전한 사회》에서 제안했다. 1960년대 중반의 어느 학술 토론회에서도 같은 제안을 한 바 있다. [원주]

며, 치욕스럽게 하고 있다. 그러나 연간수입보장제도는 어떠한 사람에 대해서도 검소한 방과 최저한의 음식을 얻으려면 증명서를 내야 한다고 요구하지 않는다. 이리하여 낭비적이며 인간의 존엄성을 훼손하는 관료제로 복지 계획을 관리할 필요는 없게 될 것이다.

연간수입보장제도는 자유와 독립을 실제로 보장할 것이다. 그 때문에 이 제도가 착취와 지배에 입각한 어떠한 체제에도, 특히 여러 형태의 독재 체제에는 받아들여질 수 없는 것이다. 단순한 형태의 무료 상품(이를테면 무료 수송(輸送)과 무료 우유 배급 등) 제공조차 끈질기게 거부해 온 것이 소련 체제의 특징이다. 무료 의료는 예외지만 이것도 외관뿐이다. 왜냐하면 무료 의료는 분명한 조건에 하나가 성립될 때에만 제공되기 때문이다. 바로 병이 들어야 한다는 것이다.

대규모의 복지 관료제를 운영하기 위해 현재 쓰이는 비용을 생각해 보라. 그리고 육체적, 특히 정신적인 질병, 범죄성, 마약 중독(이 모든 것은 압제와 권태에 대한 여러 형태의 항의이다)[11]을 치료하는 데 드는 비용을 생각해 보라. 누구든 원하는 사람에게 보장 수입을 제공하는 데 드는 비용이, 현재 우리 사회의 복지 체제를 유지하는 데 드는 비용보다 적을 것이다. 이러한 생각은 "인간은 선천적으로 게으르다"고 믿는 사람에게는 실행 가능성이 없고 위험한 것으로 여겨질 것이다. 그러나 그러한 상투적인 말은 근거가 없다. 그것은 무력한 사람들에 대한 권력의식을 합리화시켜 주는 슬로건에 불과하다.

(4) 여성은 가부장제에서 해방되어야 한다.

여성이 가부장의 지배에서 해방되는 것은 인간적인 사회의 기본조건 중 하나이다. 남성의 여성 지배는 지금으로부터 약 6천 년 전에 세계의 여기저기서 시작되었다. 그 시기는 농업의 잉여 생산물로 노동자의 고용과 착취, 군대의 조직화, 강력한 도시국가의 건설이 가능하게 되었을 때였다.[12] 그 이래로 중동과 유럽 사회를 비롯한 대부분의 세계 문명은 여성을 굴복시킨 '남성 연합'에 정복당했다. 인류사에서 여성에 대한 남성의 이러한 승리는, 남성의 경제력과 그

---

11) 정신적인 요인으로 신체적인 질병이 유발됨을 말함.

12) 나는 《인간 파괴성의 해부(*The Anatomy of Human Destructiveness*)》에서 초기의 '가모장제'와 그에 관련된 문헌을 언급한 바 있다. (원주)

들이 만든 군사기구에 입각한 것이었다.

양성(兩性) 간의 투쟁은 계급 간의 투쟁만큼이나 오래된 것이지만 그 형태는 한결 복잡하다. 왜냐하면 남성은 여성을 일하는 동물로서 뿐만 아니라 어머니로서, 애인으로서, 또 위안자로서도 필요로 해왔기 때문이다. 양성 간의 투쟁형태는 이따금 공공연하고도 잔인하지만 대부분은 잠재적이다. 여성은 보다 뛰어난 힘에 굴복하면서도 여성 특유의 무기로 반격했다. 그 주된 형식이 남성을 조롱하는 일이었다.

인류의 절반이 다른 절반에게 정복됨으로써 양성 모두는 헤아릴 수 없이 숱한 피해를 입어 왔고, 또 지금도 입고 있다. 남성은 승자의, 여성은 패자의 특징을 띠고 있다. 남녀의 관계는, 오늘날까지도 또 남성우월주의에 의식적으로 반기를 든 사람들 사이에서까지도, 남성이면 우월감을 느끼고 여성이면 열등감을 느낀다는 해악에서 풀려나지 못하고 있다(무조건 남성 우월을 믿었던 프로이트는 유감스럽게도 여성의 무력감은 남근(男根)을 갖지 못한 것에 대한 실망 때문이며, 남성이 불안을 느끼는 이유는 보편적인 '거세 공포' 때문이라고 가정했다. 이 현상에 대해 우리가 문제시하는 것은 양성 간 투쟁의 징후이지 생물학적, 해부학적 차이는 아니다).

남성의 여성에 대한 지배가 한 집단의 다른 무력한 집단에 대한 지배와 매우 유사하다는 것을 많은 자료가 제시하고 있다. 한 예로서, 백 년 전 미국 남부에 살았던 그때의 흑인의 모습과 그리고 오늘날도 마찬가지인 여성의 모습이 얼마나 유사한지 생각해 보자.

흑인과 여자는 흔히 어린애로 비유되었다. 즉 그들은 감정적이고 단순하며 현실감각이 없기 때문에 안심하고 결정을 맡길 수 없다고 보았다. 또 책임감은 없지만 매력적이라고 여겨졌다(프로이트는 여기에다가 여자의 양심[초자아(superego)]은 남자만큼 발달하지 못했고, 자기도취는 남자보다 강하다는 항목을 추가했다).

보다 약한 자에게 권력을 행사하는 것은 비산업화된 국민·어린이·청년에 대한 지배의 본질임과 동시에 현행 가부장제의 본성이기도 하다. 한창 성행하는 여성해방운동이 극히 중대한 의미를 지니는 까닭은 그것이 현대사회(자본주의사회이건 공산주의사회이건)의 기초가 되어 있는 권력의 원리를 위협하기 때문이다. 물론 이는 여성이 의미하는 해방이란 남성이 다른 집단을 지배하는 힘, 이를테면 식민지를 지배하는 권력 따위를 여성이 공유하길 바라지 않는다는 전제에서 출발한다. 만약 여성해방운동이 역할과 기능 면에서 반권력의 대표자로 자리매김할 수 있다면, 여성은 새로운 사회건설을 위한 투쟁에 결정적인 영향을 끼치게 될 것이다.

해방을 위한 토대는 이미 세워지고 있다. 아마도 후세의 역사가는 20세기의 가장 혁명적인 사건이 여성해방의 시작과 남성 지상권의 몰락이었다고 보고할 것이다. 그러나 여성해방을 위한 투쟁은 이제 막 시작되었을 뿐이며, 남성의 저항 역시 만만치 않다. 남성은 여성에 대한 모든 관계(성적 관계를 포함하여)를 자신들의 우월성에 바탕을 두고 맺어왔으며, 남성 우월의 신화를 받아들이길 거부하는 여자들을 앞에 두고 이미 불안을 느끼고 있다.

여성해방운동과 밀접하게 관련되어 있는 것이 젊은 세대의 반권위주의적인 경향이다. 이 반권위주의는 60년대 말에 절정을 이루었다. 그 후 몇몇 변화 과정을 거친 뒤 지금에 와서는 '체제'에 대한 반항아 대부분이 본질적으로 다시 선량해졌다. 그러나 부모와 그 밖의 권위에 대한 지난날의 숭배는 풀이 죽어버렸으며, 권위에 대한 과거의 '외경'은 결코 되살아나지 않을 것이다.

이 권위에서의 해방과 같은 선상에 있는 것이 섹스에 관한 죄의식에서의 해방이다. 요즘은 확실히 섹스를 입에 담기를 꺼리거나 죄악시하는 경향이 사라진 듯하다. 섹스 혁명에 있는 여러 측면의 상대적인 가치에 대해 사람들의 의견이 아무리 다르더라도 이 한 가지만은 확실하다. 섹스는 이미 사람들을 겁주지 못한다는 사실, 이제는 죄의식을 부채질하기 위해, 나아가서는 굴복을 강요하기 위해 섹스를 이용할 수 없게 되었다는 사실이다.

(5) 최고 문화회의를 설립해, 정부와 정치가 그리고 시민에게 필요한 모든 정보를 제공해주는 직무를 담당하게 해야 한다.

문화회의는 그 나라의 지적, 예술적 엘리트의 대표자로서, 의심할 여지 없이 성실한 사람들로 구성되어야 한다. 그들은 새롭게 확대된 형태의 FDA의 구성을 결정할 것이며, 정보 전파를 책임질 사람들도 선출할 것이다.

문화의 각 부문에서 누가 뛰어난 대표자냐 하는 것에 대해서는 사람들의 의견이 충분히 일치해 있으므로, 이러한 회의에 적합한 멤버를 찾아내는 일은 어렵지 않으리라 믿는다. 물론 결정적으로 중요한 것은 이 회의에 정설(定說)이 된 견해에 반대하는 사람들, 이를테면 경제학·역사학·사회학의 '급진파(急進派)'와 '수정주의(修正主義)'의 대표자들도 참석시켜야 한다는 점이다. 가장 어려운 문제는 회의 멤버를 '찾는' 것이 아니라 '선택하는' 일이다. 왜냐하면 그들을 일반 투표로 선출할 수도 없고, 그렇다고 정부가 임명할 수도 없기 때문이다. 그러나 그 밖에도 선출 방법은 찾아낼 수 있을 것이다. 예를 들면, 3, 4명을 핵으로 시작해 크기를 서서히 늘려 최종적으로 50명에서 100명 정도의 규모가 되게 한다는 식으로 할 수 있다. 한편 이러한 문화회의는 여러 가지 문제에 관한 특별 연구를 위탁받을 수 있도록 충분한 자금을 확보해야 한다.

(6) 효과적인 정보를 효과적으로 보급하는 체제도 확립되어야 한다.

'정보'는 효과적인 민주주의 형성에서 결정적인 요소이다. '국가의 안전'을 위한다는 구실로 정보를 숨기거나 속이는 일은 중지되어야 한다. 그러나 이러한 불법적인 정보의 은닉이 없다 하더라도 현재 일반 시민에게 주어지는 정말 필요한 정보의 양이 거의 없다는 것이 문제다. 또한 이는 일반 시민에게만 적용되는 말이 아니다. 풍부한 예가 보여 주듯이 대부분의 선출된 의원, 정부와 국방군의 관계자, 재계(財界)의 지도자 들도 충분한 정보를 제공받지 못할 뿐 아니라, 여러 정부 기관이 퍼뜨리고 보도기관이 그대로 전하는 매우 거짓된 정보를 제공받고 있다. 유감스럽게도 지금 말한 사람들은 기껏해야 전적으로 조작된 지성을 갖고 있을 뿐이다. 그들은 배후에서 작용하는 힘을 이해하지 못한다. 따라서 우리가 지겹도록 들어온 이기심과 부정직은 그만두고라도, 앞날의 발전 방향을 판단하는 능력마저 결여되어 있는 것이다. 그러나 세계가 직면한 파국의 문제를 해결하기 위해서는 정직하고 영민한 관료가 되는 것만으로는 충분하지 않다.

몇몇 '대형' 신문사를 제외하면 정치, 경제, 사회 분야의 사실적 정보를 접하는 것마저도 극히 제한받고 있다. 이른바 거대 신문은 보다 많은 정보를 제공하는 동시에, 그에 못지않게 잘못된 정보도 많이 제공한다. 모든 뉴스를 공평하게 발표하지 않는다든가, 본문과 일치하지 않거나 왜곡된 제목을 붙인다든가, 언뜻 보기에는 그럴싸한 교훈적인 내용의 사설로 당파성을 위장한다든가 하는 방법으로 말이다. 실제로 신문, 잡지, 텔레비전, 라디오는 사건을 원료로 뉴스라는 상품을 생산한다. 팔리는 것은 뉴스뿐이므로, 보도 기관은 어느 사건이 뉴스이며 어느 사건이 뉴스가 아닌지를 결정한다. 따라서 좋은 정보라는 것도 기껏해야 표면적인 기성품이며, 시민에게 사건의 이면을 통찰하고 보다 깊은 원인을 알아낼 기회를 주는 일은 거의 없다. 뉴스 판매가 하나의 장사인 한 신문이나 잡지는(무절제할 정도로) 판매성이 높고, 광고주의 비위를 거슬리지 않는 기사를 실을 수밖에 없을 것이다.

　정보에 바탕을 둔 의견이나 결정이 가능하도록 하려면 정보의 문제를 다른 방법으로 해결해야만 한다. 그 예로 한 가지만 들어보자. 최고문화회의의 가장 중요한 기능 중 하나는, 전 국민의 요구에 부응하고 참여 민주주의의 집단 토의 기능에 기초가 될 만한 모든 정보를 모으고 보급하는 것이다. 이러한 정보는 정치적 결정이 행해지는 모든 영역에서 가장 중요한 사실과 핵심적인 선택안을 포함하고 있어야 한다. 특히 중요한 것은 의견이 일치하지 않을 경우, 소수 의견과 다수 의견을 모두 발표하여 이 정보가 모든 시민, 특히 이웃 집단의 손에 들어갈 수 있도록 하는 일이다. 최고문화회의는 이 새로운 보도 담당자들의 일을 감독할 책임을 진다. 물론 라디오와 텔레비전은 이러한 정보를 보급하는 데 중요한 역할을 할 것이다.

　(7) 과학적인 연구는 산업과 군사상의 응용에서 분리되어야 한다.

　지식욕에 어떤 제한을 가하면 인간의 발달은 저해된다. 그렇다고 과학적 사고(思考)의 모든 결과를 실제로 이용한다면 극히 위험한 일이 될 것이다. 많은 관찰자가 강조하듯이 유전학, 뇌신경외과학, 정신의약학 등의 분야에서 발견한 것을 잘못 활용하면 인간에게 심각한 해를 줄 수 있다. 그러나 이런 오용은 실제로 일어나고 있다. 산업 및 군사 관계자가 적당하다고 생각하는 모든 새로운 이론적 발견을 자유로이 이용할 수 있는 한, 이는 피할 수 없는 일이다. 산업상 이익과 군사적인 효용이 과학적 연구의 응용을 결정하는 일은 중지되어야 한다. 이를 위해서는 관리위원회를 설치해, 새롭게 발견한 어떠한 이론도 응용하기 전에 이곳의 허가를 받도록 해야 한다. 이와 같은 관리위원회는 산업, 정부, 군부로부터—법률적으로나 심리적으로나—완전히 독립되어야 한다. 이 관리위원회를 임명하고 감독할 권리는 최고문화회의가 갖게 될 것이다.

2 새로운 사회 – 실현 가능성은 있는가

세계의 많은 지역에 기근을 초래할 수 있는 기상이변 같은 자연현상은 제쳐 두고라도, 기업의 권력, 국민 대다수의 냉담함과 무력함, 거의 모든 나라의 정치 지도자의 무능력, 핵전쟁의 위협 그리고 생태학적인 위험을 고려할 때, '이 사회가 구제될 만한 가능성은 있겠는가?' 상거래의 관점에서 본다면, 그와 같은 가능성은 없다. 이성이 있는 사람이라면 승산이 2퍼센트밖에 없는데 자기의 전 재산을 걸거나, 이윤을 낼 가능성이 거의 없는 사업에 많은 자본을 투자하지는 않을 것이다. 그러나 사느냐 죽느냐 하는 문제가 되면 모든 가능성은 그것이 아무리 작다 할지라도 '현실적인 가능성'으로 옮겨져야만 한다.

물론 인생은 운에 맡기는 도박도, 장사도 아니다. 그렇다면 구원이 현실적으로 얼마나 가능한지를 충분히 인식하기 위해서는 다른 예를 들어야 할 것이다. 의술의 경우를 보자. 가령 환자가 살아날 가망이 거의 없을 때, 책임감 있는 의사라면 "이제 가망이 없습니다"라고 말하거나 고통을 덜어 주는 진통제만을 쓰지는 않을 것이다. 오히려 환자의 생명을 구하기 위하여 동원할 수 있는 모든 방법을 강구할 것이다. 병든 사회의 경우도 그 이하의 태도를 기대할 수는 없다.

오늘날 사회의 구제 가능성을 생명의 관점에서가 아닌 내기나 장사의 관점에서 판단하는 것은 상업사회 정신의 특징이다. 아무것도 느끼지 못하면서도 일이나 오락에 몰두하는 것은, 오늘날 유행하는 테크노크라시[13]적 견해에 따르면 결코 중대한 잘못이 아니다. 이 시각으로는 결국 기술주의적 파시즘이 등장한다 해도 별로 나쁘지 않을 것이다. 그러나 이것은 지나치게 얕은 생각이요, 희망적인 관측일 뿐이다. 기술주의적 파시즘은 필연적으로 파국을 초래할 것이다. 비인간화된 인간은 결국 미쳐서 장기적으로는 활력에 찬 사회를 유지할 수 없을 것이며, 단기적으로는 핵무기나 생물학 무기의 자살적인 사용을 억제할 수 없을 것이다.

그러나 우리의 용기를 북돋아 주는 몇 가지 희망이 있다. 그 첫째는 메사로빅과 페스텔, P. 에를리히와 A. 에를리히를 비롯한 여러 저자들이 주장해 온 다

---

13) 테크노크라시(technocracy) : 1923년 무렵 미국에서 제창됨. 한 나라의 산업 자원의 지배와 통제를 전문 기술자에게 일임하자는 주의.

음 진리를 인정하는 사람이 늘고 있다는 사실이다. 즉 '순수히 경제적인 근거에서 말하더라도' 서구 세계를 전멸시키고 싶지 않다면 새로운 윤리와 자연에 대한 새로운 태도, 인간의 연대(連帶)와 협력이 필요하다는 것이다. 이 이성에 대한 호소는 정서적, 윤리적 고찰은 차치하고라도 적지 않은 사람의 마음을 동원할 것이다. 이를 가볍게 보아서는 안 된다. 역사적으로 여러 국민이 자신들의 사활(死活)이 걸린 문제에 반하는 행위, 또는 생존에까지도 반하는 행위를 여러번 되풀이해 온 것이 사실이다. 하지만 그러한 일이 가능했던 까닭은 사람들이 "사느냐 죽느냐" 하는 문제는 그들과 관계가 없다는 지도자의 말에 설득당하고, 또 그들 스스로 그렇게 믿었기 때문이다. 만약 그들이 생명에 대한 위협을 깨달았다면, 반드시 방어했을 것이다.

또 하나의 희망적인 조짐은 현재 우리 사회체제에 대한 불만의 목소리가 높아지고 있다는 사실이다. 점점 많은 사람이 세기의 불안(la malaise du siécle)을 느끼고 있다. 자신들의 억울한 상태를 감지(感知)하고, 그것을 억압하려는 모든 노력에도 불구하고 그것을 의식한다. 그들은 고립의 불행과 무리살이 공허함, 무력함과 생활의 무의미를 느끼고 있다. 많은 사람들이 이러한 모든 것을 매우 분명히 의식적으로 감지하고 있다. 그렇게까지 분명하게 느끼지 못하는 사람이라도 누군가 그것을 말해 주기만 하면 완전히 의식하는 것이다.

세계 역사상, 이제껏 공허한 쾌락을 누릴 수 있는 사람은 소수의 엘리트 계층뿐이었다. 그들은 권력을 잃지 않기 위해서는 생각하고 행동해야 한다는 사실을 알았기 때문에 본질적으로는 제정신을 유지했다. 그러나 오늘날에 와서는 공허한 소비생활이 경제적으로나 정치적으로 무력하며 개인적인 책임도 거의 없는 중류계급 전체의 것이 되었다. 서구 세계의 사람들 대부분은 소비자로서의 혜택을 알고 있다. 그러나 이제는 그 혜택을 입으면서도 그것으로는 불충분하다고 생각하는 사람의 수가 늘고 있다. 또한 많이 소유한다고 행복해지는 것은 아니라는 사실도 발견하기 시작했다. 전통의 윤리적 교훈이 시험대에 오르고, 그것이 경험을 통해 확인되고 있는 것이다.

그러나 옛 환상이, 중류계급이 누리는 사치의 혜택을 받지 못한 사람들에게 그대로 남아 있다. 서양의 중하층 계급과 '사회주의' 국가의 대다수 국민처럼 '소비에 의한 행복'을 실현하지 못한 사람들 속에는 이 부르주아적 꿈이 가장 생생하게 살아 있는 것이다. 탐욕과 시기는 극복할 수 있다는 주장에 대한 가장 중대한 반론(反論) 중 하나, 즉 그것들은 인간의 본성에 뿌리박고 있다는 견해는 검토할수록 그 설득력을 잃는다. 탐욕과 시기가 이토록 강한 이유는 그 선천적인 강도(强度) 때문이 아니라, 다 같이 이리가 되자는 세상의 압력에 저항하기 어렵다는 데서 기인한다. 사회의 풍조를 바꾸고 시인 혹은 부인(否認)의 가치관을 바꾸기만 하면 이기심에서 이타심으로의 변혁은 어렵지 않게 이루어질 것이다.

이리하여 우리는 존재 지향이 인간성에 잠재하는 강한 가능성이라는 전제에 다시 도달한다. 소유자만이 소유양식에 완전히 지배되고 있으며, 또 다른 극소수의 사람들이 존재양식에 완전히 지배되고 있다. 둘 다 우위를 차지할 가능성이 있고, 어느 쪽이 우위를 차지하느냐는 사회 구조에 달려 있다. 주로 존재 지향이 지배하는 사회에서는 소유 경향은 말라 죽고 존재양식이 자란다. 우리 사회처럼 주로 소유 지향이 지배하는 사회에서는 그 반대 현상이 일어난다. 그러나 새로운 실존양식은, 비록 억압되어 있기는 하지만, 언제나 이미 존재하고 있다. 어떠한 사울도[14] 개종하기 전에 바울적 요소가 없다면 바울이 될 수 없는 것이다.

사회 변화에 있어서 새로운 것이 장려되고 낡은 것이 배척되는 현상은 실제로 소유에서 존재로 저울대가 기우는 것이다. 게다가 이것은 새로운 '인간'은 낡은 인간과 천지 차이라는 문제가 아니다. 그것은 방향 전환의 문제이다. 새로운 방향으로 한걸음 내디디면 바로 다음 것이 뒤따르며, 방향을 옳게만 잡았다면 시작은 반인 것이다.

다시 우리에게 용기를 북돋아 주는 제3의 측면으로 고려할 것은, 역설적이지만 대다수의 국민을—그들의 지도자까지 포함하여—특징짓는 소외의 정도와 관련이 있다. 앞서 시장적 성격을 논했을 때 지적했듯이, 소유하고 저축하는 탐욕은 단순히 잘 기능하고, 자신을—아무것도 아닌—상품으로 교환하려는 경향으로 수정되었다. 이런 시장적 성격이 소유물, 특히 자아에 필사적으로 집착하는 저축적 성격보다도 더 변화하기 쉽다.

---

14) Saul : 사도 바울의 개종하기 전의 이름.

백 년 전에는 대부분의 주민이 '독립생활자'로 구성되어 있었기 때문에, 변화의 최대 장애는 재산과 경제적인 독립의 상실에 대한 공포와 저항이었다. 마르크스가 살았던 시대는 노동자 계급이 유일한 대규모의 종속 계급이었다. 또 마르크스의 생각으로는 그들이 가장 소외된 계급이었다. 그러나 오늘날에 와서는 주민의 거의 대부분이 '종속적' 생활을 하고 있다. 사실 일하는 모든 사람이 피고용인이다(1970년도의 미국 국세 조사 보고에 따르면 16세 이상의 전 노동 인구 중 불과 7.28%만이 자영업자 즉 '독립생활자'이다). 그리고—적어도 미국에서는—육체노동자들만이 전통적인 중류계급의 저축적 성격을 아직도 보유하고 있다. 그 결과 그들은 오늘날 보다 소외된 중류계급에 비해 변혁이 더 어렵다.

이러한 모든 사실은 매우 중요한 정치적 결과를 초래했다. 즉 사회주의는 모든 계급의 해방—계급 없는 사회—을 지향하며 노력했는데, 직접 호소하는 상대는 '노동자 계급', 즉 육체적 노동자들이었다. 그런데 오늘날의 노동자 계급은 백 년 전에 비해 그 수가 한결 적어졌다. 따라서 사회민주주의의 여러 정당은 권력을 획득하려면 중류계급에 속하는 많은 사람들의 지지가 필요해졌다. 이 목적을 달성하기 위해서는 사회주의적 이상을 품은 계획에서 자유주의적 개혁을 제창하는 계획으로 노선을 변경해야 했다. 그런 한편 사회주의는 노동자 계급을 휴머니즘적인 변혁의 지렛대로 삼음으로써 필연적으로 다른 계급에 속하는 사람들의 적개심을 불러일으켰다. 다른 계급들은 자신들의 재산이나 특권이 노동자에게 약탈당할까 봐 두려워했기 때문이다.

오늘날 새로운 사회의 호소는 소외로 고통받는 모든 사람들, 모든 피고용자들, 그리고 자신의 재산을 위협받지 않는 모든 사람에게 향하고 있다. 다시 말해, 그것은 소수자를 넘어서 다수의 사람들과 관련되어 있는 것이다. 새로운 사회는 어느 누구의 재산도 약탈하지 않을 것이며, 수입에 관해서는 가난한 사람들의 생활수준을 높여 줄 것이다. 최고경영자들의 높은 급료를 끌어내릴 필요는 없겠지만, 만일 이 체제가 잘 진행되어 나가면 그들도 구시대의 상징으로 남기를 원하지 않을 것이다.

게다가 새로운 사회의 이상은 모든 정당의 기본선(基本線)과 맞닿아 있다. 많은 보수파는 그들의 윤리적이고 종교적인 이상을 잃지 않았고(에플러는 그들을 '가치의 보수파'라고 부른다), 많은 자유주의자와 좌파도 마찬가지이다. 각 정당은 자기들이야말로 휴머니즘의 참다운 가치를 대변한다고 믿게 함으로써 유권자들을 이용한다. 그러나 모든 정당의 배후에는 두 가지 진영밖에 없다. '우려하는 사람들'과 '우려하지 않는 사람들'이다. 만일 우려하는 진영의 모든 사람이 당파적인 상투어를 버리고 모두 같은 목적을 지향한다는 사실을 깨닫는다면, 변혁의 가능성은 지금보다 훨씬 크게 보일 것이다. 국민의 대부분이 당파적인 충성과 당의 슬로건에는 차차 흥미를 잃어가고 있으므로 더욱 그러하다. 오늘날의 사람들이 동경하는 것은 지혜와 신조와 신조를 따라 행하는 용기 있는 사람이다.

그러나 이러한 희망들에도 불구하고 인간적·사회적 변혁의 가망성은 여전히 희박하다. 우리의 유일한 희망은 새로운 이상의 매력이 주는 격려뿐이다. 체제를 바꾸지 않는 한, 이런저런 개혁을 제안한다 해도 결국은 헛일이다. 그것은 강한 동기라는 추진력을 지니지 못했기 때문이다. 사실 '공상적'인 목적이 오늘날 지도자들의 '현실주의'보다도 더 현실적이다. 새로운 사회와 새로운 '인간'의 실현은 다음의 모든 조건이 충족되었을 때 비로소 가능해진다. 바로 이익·권력·지성의 옛 동기가 존재·나눔·이해의 새로운 동기로, 시장적 성격이 생산적인 사랑의 성격으로, 사이버네틱스 종교가 새로운 급진적 휴머니즘으로 대치되어야 하는 것이다.

유신론적인 종교에 독실하지 않은 사람들에게 결정적인 문제는, 종파도 교리도 제도도 없는 인도주의적 종교성으로 전향하는 일이다. 이 종교성은 불타에서부터 마르크스에 이르는 무신론적인 종교성 운동을 통해 여러 해에 걸쳐 준비되어 온 것이다. 우리가 직면한 문제는 이기적인 물질주의냐, 기독교적인 신의 개념이냐 하는 선택이 아니다. 사회생활 자체가—일과 여가와 개인적인 관계의 모든 면에서—'종교 정신'의 표현이 되어 독립된 종교는 필요치 않게 되어야 한다. 새로운, 무신론적인, 제도화되지 않은 '종교성'에 대한 이 요청은 현행 종교에 대한 공격은 아니다. 그러나 로마의 관료제와 함께 시작된 로마 가톨릭 교회가 복음서의 정신에 따라 '스스로' 개종되어야 함을 뜻하는 것은 분명하다. 또한 '사회주의 여러 나라'가 '비사회주의화'되어야 한다는 의미가 아니라, 그들의 가짜 사회주의를 진정한 휴머니즘적 사회주의로 대치해야 함을 뜻한다.

중세 후기의 문화가 번창한 것은 사람들이 '신의 도시'란 이상을 추구했기 때문이다. 근대사회가 번창한 것은 사람들이 '지상의 진보된 도시'라는 이상의 격려를 받았기 때문이다. 그러나 이 이상은 오늘날 '바벨탑'의 이상에까지 타락했다. 그것은 당장 무너지기 시작해 끝내는 모든 사람을 그 폐허 속에 묻어 버릴 것이다. 만일 신의 도시가 정(正)이고 지상의 도시가 반(反)이라면 합(合)—즉 중세 후기의 정신적인 핵심과, 르네상스 이후의 합리적인 사고 및 과학 발달의 합—은 현대의 대혼란을 대신하는 유일한 선택이다. 이 합이 바로 '존재의 도시'이다.

The art of loving

사랑한다는 것

고영복 옮김

아무것도 모르는 사람은 아무것도 사랑하지 않는다. 아무것도 할 수 없는 사람은 아무것도 이해하지 못한다. 아무것도 이해하지 못하는 사람은 아무런 가치도 없다. 그러나 이해할 줄 아는 사람은 사랑할 줄도 주목할 줄도 인식할 줄도 안다. ……어떤 것에 대한 지식이 늘면 늘수록 그것에 대한 사랑도 또한 커진다. ……딸기가 익을 때 다른 모든 과일도 같이 익는다고 생각하는 사람은 포도에 대해서는 아무것도 모른다.

파라셀수스

머리말

이 책에서 사랑의 기술을 쉽게 배울 수 있으리라 기대했던 사람은 누구나 실망하게 될 것이다. 《사랑한다는 것》을 통해 제시하고 싶은 것은, 오히려 사랑이란 저마다의 성숙도에 관계없이 누구나 쉽게 탐닉할 수 있는 그러한 감정이 아니라는 점이기 때문이다.

독자들이여, 자기의 모든 인격을 최선을 다해 계발하고, 그 열매를 맛보고 말리라는 다짐으로 애쓰지 않는다면, 사랑을 위한 모든 시도는 반드시 실패할 것이다. 또한 이웃을 사랑하는 마음, 진실한 겸손과 용기와 신념, 그리고 규율이 없이는 결단코 사랑의 만족을 음미할 수 없을 것이다.

이러한 자질이 보기 드문 우리 문화에서는 사랑하는 능력의 완성도 또한 낮게 마련이다. '내 주변에 진실한 사랑을 하는 사람이 몇이나 되는가?' 자문해보라. 자신이 어디에 살고 있는지 쉽사리 알게 될 것이다. 그러나 어렵다는 사실이, 이 과업을 달성하기 위한 조건이나 난점이 무엇인가를 알려하는 노력을 포기하도록 만드는 변명이 될 수는 없다.

불필요한 복잡함을 피하기 위하여 전문적인 용어는 되도록 쓰지 않으려고 노력했다. 그리고 같은 이유에서 사랑에 대한 참고 문헌도 가능한 한 줄였다.

여기서 밝혀 두고 싶은 또 한 가지는 이미 출간된 나의 여러 저서에서 피력되고 있는 사상들이 이 책에서도 어느 정도 반복된다는 점이다.

이러한 일을 피하려고 노력했지만 결국 만족할 만한 해결책을 발견하지 못했다. 특히 《자유에서의 도피 *Escape from Freedom*》, 《독자적 인간 *Man for Himself*》, 《건전한 사회 *The Sane Society*》 등에 익숙한 독자는 이들 저서에서 표현되고 있는 사상들이 이 책에서도 되풀이되고 있음을 종종 발견할 것이다.

하지만 《사랑한다는 것 *The Art of Loving*》은 결코 이미 나온 저서들의 요약이 아니다. 이 책은 전에 발표된 사상 이상의 많은 사상을 전개하고 있다. 당연한 일이지만, 이전의 사상이라 하더라도 여기서는 모두 '사랑한다는 것'이라는 하나의 주제로 새롭게 재조명되고 있으니.

에리히 프롬

제1장
사랑은 기술인가?

사랑은 하나의 기술인가? 그렇다면 사랑에는 지식과 노력이 필요하다. 혹은 사랑은 하나의 유쾌한 감각인가? 그리하여 운이 좋은 사람만이 기회를 잡아 사랑에 '빠지게 되는' 것인가? 이 작은 책은 사랑을 하나의 기술로 보는 전자의 전제에 기초하고 있다. 그러나 의심할 것도 없이 오늘날 대다수의 사람들은 후자의 관점을 믿고 있다.

그러한 사람들이 사랑을 중요하지 않게 생각한다는 뜻은 아니다. 그들도 사랑을 갈망하며, 행복한 사랑과 불행한 사랑을 다룬 수많은 영화를 관람하고, 사랑을 읊는 수백 가지 시시콜콜한 유행가에 귀를 기울이고 있다. 그러나 어느 누구도 사랑에 대하여 배워 두어야 할 무언가가 있다고 생각하는 사람은 없다.

이러한 특이한 태도는 그것을 뒷받침하는 몇 가지의 전제—개별적이거나 또는 몇 가지가 합쳐진—에 기초하고 있다. 대부분의 사람들은 사랑의 문제를 사랑하는 것, 즉 자신의 사랑할 수 있는 능력의 문제로 보기보다는 주로 사랑받는 문제로 생각하고 있다. 그러므로 이들에게는 어떻게 하면 사랑을 받을 수 있으며, 또 어떻게 하면 사랑스럽게 되는가 하는 것이 문제이다. 이러한 목적을 추구하기 위하여 그들은 몇 가지 방법을 따른다. 그 하나는 특히 남자들이 사용하는 방법으로, 성공을 하거나 사회적 지위가 허용하는 한 최대의 권력과 부(富)를 누리는 것이다. 또 다른 하나는 주로 여자들이 택하는 방법으로, 몸매와 옷차림을 맵시 있게 가꿈으로써 매력적으로 보이게 하는 것이다. 그리고 마지막 방법은 남녀가 다 같이 쓰는 것으로서, 호감을 사는 예절이나 재미있는 대화를 나누는 방법을 계발하고, 항상 남에게 도움이 되며, 겸손하고 모나지 않게 행동하는 것이다. 자신을 사랑스럽게 만드는 이와 같은 여러 가지 방법은, 성공하기 위하여 친구들을 얻고 또 사람들에게 영향력을 발휘하는 방법과 같다. 사실 현대인의 대부분은 무엇보다도 '사랑스럽다'의 의미를 인기와 성적 매력의 혼합체로 생각하고 있다.

사랑에 대하여 배울 것이 없다는 태도의 배후에 도사린 두 번째 전제는, 사랑의 문제를 '능력'이 아니라 '대상'이라고 가정하는 것이다. 사람들은 '사랑하는 것'은 간단한 일이지만, 사랑할 만한—혹은 사랑을 받을 만한—올바른 대상을 발견하기가 어렵다고 생각한다. 이러한 태도가 현대 사회의 발전 때문이라는 것에는 몇 가지의 이유가 있다. 그 하나는 '사랑의 대상'의 선택과 관련하여 20세기에 일어난 커다란 변화를 들 수 있다. 빅토리아 왕조 시대에는, 많은 전통적인 문화에서와 마찬가지로, 사랑은 결혼으로 이어지는 개인의 자발적인 경험이 아니었다. 그와는 반대로 결혼은 각각의 가문에 의해서든 또는 중매인을 통해서든, 또는 그러한 중개가 없더라도 오직 관습에 따라서 성립되었다. 결혼은 사회적 고려의 기초 위에서 결정되었고, 사랑은 결혼이 이루어진 다음에야 발전되는 것으로 생각되었다.

서구 세계에서 낭만적인 사랑의 개념이 거의 보편화되기 시작한 것은 지난 몇 세대 동안의 일이었다. 미국에서도 이러한 재래의 관습적인 사고방식이 전혀 없었던 것은 아니지만, 대다수의 사람들은 결혼의 길잡이가 될 '낭만적인 사랑'을 추구하고 있다. 사랑에 있어서 자유라는 이러한 새로운 개념은 '기능'의 중요성에 비하여 '대상'의 중요성을 크게 부각시키는 작용을 했을 것이다.

이러한 요인과 밀접하게 관련된, 현대 문화의 또 다른 특성을 지적해 보자. 우리의 전체적인 문화는 구매욕(購買欲)과 상호 유리한 교환이라는 관념에 근거하고 있다. 현대인의 행복은 상점의 진열장을 바라본다든지 현금이나 월부로 살 수 있는 것은 뭐든 사들이는 데 있다. 그녀는 사람 또한 같은 방법으로 본다.

매력적인 이성이 바로 그들이 구하고 있는 상품인 것이다. '매력적'이라는 것은 보통 '개성(個性)의 시장(市場)'에서 인기가 있고 많은 사람이 찾는 요소를 하나로 모은 양질의 상품 꾸러미를 의미한다. 무엇이 그를 특히 매력적으로 만드는가 하는 것은 신체적으로 뿐만 아니라 정신적으로도 그 시대의 유행에 좌우된다. 1920년대에는 술을 마시거나 담배를 피우는, 즉 억세고 성적 매력이 있는 여자가 매력적인 여자였다. 그러나 오늘의 유행은 보다 가정적이고 수줍어하는 것을 으뜸으로 꼽는다. 19세기 말이나 금세기 초에 살았던 남자는 매력적인 상품 꾸러미가 되기 위해서 진취적이고 야망이 있어야 했다—오늘날에는 사교적이고 관용적이어야 한다. 어찌 되었든 간에 사랑에 빠진다는 느낌을 받을 수 있는 상대는 자신과 교환할 수 있는 범위 내의 인간 상품뿐이다. 내가 물건을 사러 시장에 나간다고 하자. 대상은 사회적인 가치의 관점에서 볼 때 바람직한 것이어야 하고, 동시에 그 대상은 나의 공개된, 또는 숨겨진 자산(資産)과 잠재력을 고려하여 나를 원해야 한다. 이와 같이 두 사람은 자신들의 교환가치의 한계를 고려하여, 시장에서 가장 좋은 대상을 발견했다고 느낄 때 사랑에 빠지게 된다. 흔히 부동산을 살 때와 마찬가지로 장래 발전될 가능성이 있는 숨겨진 잠재력이 이러한 매매 계약의 성립에 상당한 역할을 하기도 한다. 이러한 시장적 성향이 만연하고 물질적 성공이 높이 평가되는 문화에서는, 인간의 사랑 방식이 상품과 노동시장을 지배하고 있는 교환 방식과 동일한 유형을 따르고 있다는 것도 별로 놀랄 만한 일이 못 된다.

사랑에 대하여 아무것도 배울 것이 없다는 가정(假定)으로 유도하는 세 번째 잘못은, 사랑에 '빠지는' 최초 경험을 사랑하고 '있는' 지속적인 상태, 더 적절히 표현하면 사랑 속에 '머물러 있는' 상태와 혼동한다는 데 있다. 만약 우리 모두가 흔히 그러하듯이, 지금까지 서로 낯설었던 두 사람이 갑자기 그들 사이의 벽을 무너뜨리고 가까워진다든지 서로 일체감을 느낀다면, 이 하나 되는 순간은 일생에서 가장 유쾌하고 가장 흥분된 순간이 될 것이다. 사랑의 고갈로 소외되고 고독했던 사람들에게 이는 실로 놀랍고도 기적과 같은 일이다. 이러한 갑작스러운 친밀의 기적은 흔히 성적인 매력과 성(性)의 성취에 의해 시작되거나, 그것과 결부될 때 더욱 조장된다. 그러나 이러한 종류의 사랑은 그 본질 때문에 오래 지속되지 못한다. 두 사람이 서로 잘 알게 되면 그들의 친밀감에서 그 기적적이었던 감정은 점차 사라진다. 그리고 마침내는 적대감이 생기고 실망하며 권태를 느끼게 되어 최초의 흥분의 자취마저 증발되고 만다. 그러나 처음에 그들은 이 모든 일을 전혀 알지 못한다. 실제로 이렇게 정신 나간 상태—즉 서로에게 '미친' 상태—의 강도(强度)를 사랑의 강도라고 생각한다. 그렇지만 그 느낌은 단지 그들이 전에는 얼마나 고독했던가를 증명하는 것일 뿐이다.

이러한 태도—사랑보다 더 쉬운 일은 없다는 태도—는 이와 반대되는 충분한 증거가 있음에도 불구하고 사랑에 대한 일반적인 견해로 자리 잡아왔다. 다른 활동이나 사업에 있어서는 사랑처럼 그렇게 거대한 희망이나 기대를 품고 시작했다가 실패하고 마는 일은 거의 찾아볼 수 없다. 사람들은 다른 일이라면 실패의 이유를 연구하고 어떻게 하면 더 잘할 수 있을까를 배우려고 애쓰든가, 아니면 그 행동을 포기할 것이다. 그런데 사랑의 경우에는 포기란 불가능한 일이다. 그러므로 사랑의 실패를 극복하는 적합한 방법은 오직 하나밖에 없다. 즉 실패의 이유를 조사하고 이를 통해 사랑의 의미를 연구하는 것이다.

제1단계로 해야 할 일은 생활이 하나의 기술인 것과 같이, 사랑도 하나의 기술임을 깨닫는 일이다. 만약 우리가 사랑을 어떻게 하는가를 배우기를 원한다면, 음악이나 예술, 건축, 혹은 의학이나 공학의 기술 등과 같은 어떤 다른 기술을 습득하고자 할 때와 똑같은 방법으로 시작해야 한다.

이런 기술을 습득하는 데 거쳐야 할 꼭 필요한 단계들은 무엇인가? 기술을 습득하는 과정은 편의상 두 가지로 나눌 수 있다. 하나는 그 이론을 완전하게 아는 것이고, 다른 하나는 실천을 열심히 하는 것이다. 만약 내가 의술을 배우고 싶다면, 우선 인간의 신체와 각종 질병에 대한 지식을 알아야 한다. 그러나 이 모든 이론을 다 알았다고 의술에 능숙해진 것은 아니다. 이론적인 지식에 실제의 경험이 더해져야 한다.

즉 실행의 결과를 하나로 융합해 자기 나름의 직관을 얻을 때까지, 수많은 실천을 거친 후에야 비로소 이 분야에서 숙련가가 되는 것이다. 직관을 얻는 것이야말로 숙련가가 되기 위한 핵심이다. 그러나 이론과 실천 이외에도 어떠한 기술이든지 그 분야의 숙련가가 되는 데에는 제3의 요인이 따라야 한다. 바로 그 기술의 숙련가를 궁극적 목표로 삼아야 한다는 것이다. 이 세상에서 그 기술보다 더 중요한 것은 어느 것도 없어야 한다. 이것은 음악에 대해서도, 의학에 대해서도, 건축에 대해서도, 그리고 사랑에 대해서도 마찬가지이다. 여기에 현대인들이 실패를 거듭하면서도 왜 사랑의 기술을 배우려고 하지 않는가 하는 의문에 대한 해답이 있다. 사랑에 대한 뿌리 깊은 갈망이 있음에도, 다른 모든 것들이 사랑보다 더 중요하다고 생각하는 것이다. 즉, 우리는 성공·지위·돈·권력 등과 같은 목적을 어떻게 달성하는가를 배우기 위해 모든 에너지를 쏟는 반면, 사랑하는 기술을 배우기 위해서는 힘을 전혀 쓰지 않고 있다.

사람들은 오직 돈이나 지위를 얻는 데 도움이 되는 것만이 배울 만한 가치가 있다고 생각한다. 정신에는 이득을 주지만 현대의 물질적 관점에서는 전혀 이익이 없는 사랑, 이것은 많은 에너지를 소비해 얻을 만한 것이 전혀 못 되는 일종의 사치에 불과한가?

　비록 그렇다 할지라도 다음 논의에서는 앞서 논한 바와 같이 사랑의 기술을 두 부분으로 나누어 다루고자 한다. 첫 부분에서는 사랑의 이론—이는 이 책의 대부분을 차지하게 될 것이다—을, 둘째 부분에서는 사랑의 실천을 살펴볼 것이다. 다른 분야에서와 마찬가지로 사랑에서도 실천에 대해서는 별로 할 말이 없다.

제2장
사랑의 이론

1 사랑, 인간 실존에 대한 문제의 해답

사랑에 대한 모든 이론은 인간의 이론, 즉 인간의 실존에 대한 이론에서 시작되어야만 한다. 동물에게서도 사랑이라든가 혹은 사랑이라고 볼 수 있는 어떤 점을 발견할 수 있다. 그러나 그러한 동물의 애정은 주로 그들의 본능적 장치의 일부분에 지나지 않는다. 이러한 본능적인 부분은 인간에게도 약간이나마 남아 있다. 그러나 인간이 동물과 본질적으로 다른 점은 동물 세계—본능적인 적응의 세계—로부터 벗어났고, 자연을 초월했다는 사실이다. 물론 인간이 자연에서 완전히 벗어난 것은 아니다. 인간은 자연의 일부이다. 그렇지만 일단 자연으로부터 떨어져 나온 이상, 그곳으로 완전히 되돌아갈 수가 없다. 한번 낙원—즉 자연과 하나였던 원초적 상태—으로부터 떨어져 나온 인간은 설사 되돌아가려고 하더라도, 번쩍거리는 칼을 가진 케루빔에게 길이 막힐 것이다. 인간은 영원히 잃어버린 전인간적(前人間的)인 조화(調和) 대신에, 오직 자신의 이성을 발전시켜 인간적인 새로운 조화를 발견함으로써 전진할 수 있을 뿐이다.

인류 전체든 한 개인이든 간에, 인간은 태어나는 순간 본능이 지배하는 명확한 세계에서 불명확하고 불확실한 개방적인 상황으로 내던져진다. 확실한 것은 오직 과거와, 미래에 맞이하게 될 죽음뿐이다.

인간에게는 천부적으로 이성이 주어져 있다. 인간은 '자기를 인식하는 생명체'이다. 자기 자신과 동료를 알고 있으며, 자신의 과거와 미래의 가능성을 알고 있다. 이렇게 자신을 독립적인 실재로서 인식하고, 자신의 짧은 인생을 의식한다. 또한 자기의 의지와는 상관없이 태어났고, 자신의 의지와는 반대로 죽는다는 사실을 알고 있다. 사랑하는 사람보다 자기가 먼저, 또는 자기보다 그 사람이 먼저 죽을 것을 알고 있다. 또 자신이 고독하다는 것을 알고 있으며, 자연이나 사회의 힘 앞에서 자신이 무력하다는 것을 알고 있다. 이처럼 통일성 없는 고립된 생활은 견디기 어려운 감옥으로 변한다. 이러한 감옥으로부터 빠져나와 다른 사람들과 이런저런 형태로 접촉하지 않는다면, 미쳐 버릴 것이다.

고립되었다는 의식은 불안을 야기한다. 그것은 실로 모든 불안의 근원이다. 고립되어 있다는 것은 나의 인간적 힘을 사용하는 능력을 모두 차단당하거나 상실함을 의미한다. 그러므로 고립되어 있다는 것은 무력하고, 세계—즉 사물과 인간—에 능동적으로 관여하지 못한다는 것을 의미한다. 이는 외부 세계의 작용에 대응할 수 없다는 뜻이다. 이처럼 고립은 극심한 불안의 근원이며, 수치심과 죄악감을 일으킨다. 고립에 따르는 수치심과 죄악감은 성경에 나오는 아담과 이브의 이야기에서 잘 표현되고 있다. 아담과 이브가 '선악을 아는 지혜의 나무 열매'를 먹은 후, 즉 불순종한 뒤에(불복종의 자유가 없다면 그곳에는 선과 악도 없다), 그들은 자연과의 본래적인 동물적 조화로부터 벗어나 인간으로 새롭게 태어났다. 그제야 그들은 '자신들이 벌거벗었다'는 사실을 알았고, '그것을 부끄럽게' 생각했다. 이렇게 오래되고 원초적인 신화는 19세기의 허울뿐인 정숙함의 도덕관을 내포하는 것인가? 그 이야기의 초점은 그들이 성기를 보고 당황했다는 점인가? 결코 아니다. 이 이야기를 빅토리아 왕조적인 정신으로 이해한다면 우리는 다음과 같은 주요한 초점을 잘못 이해하는 셈이다.

남녀는 자신과 상대방을 알고 난 후에, 비로소 그들이 서로 다른 성(性)에 속해 있다는 점에서 다르다는 사실을 알게 된다. 그들은 서로 분리되어 있음을 인식하는 한편 상대방을 타인으로 생각했다. 왜냐하면 아직 서로 사랑하는 법을 배우지 못했기 때문이다(이는 아담이 이브를 감싸 주기는커녕 책망함으로써 그 자신을 옹호하려고 했다는 사실로 증명된다). '인간이 사랑을 통한 재결합 없이 서로 분리되어 있음을 인지하는 것은 수치심의 근원이 된다. 그것은 동시에 죄악감과 불안의 근원이 되기도 한다.'

인간의 가장 심오한 욕구는 고립을 극복하여, 자신이 갇힌 고독의 감옥으로부터 해방되는 것이다. 이 일에 완전히 실패하면 미쳐 버리는 수밖에 없다. 왜냐하면 완전한 고립에 대한 공포심은, 고립된 느낌이 사라질 정도로 외부 세계를 잊고 자기 세계에 틀어박혀야만 극복할 수 있기 때문이다. 그러면 인간을 고립시키는 대상인 외부 세계가 사라져 버리지 않는가.

모든 시대 모든 문화에 걸쳐 인간은 하나의 동일한 질문에 직면하게 된다. 즉 어떻게 이 고립을 극복하며, 어떻게 결합할 수 있는가? 또한 어떻게 하면 자신만의 동떨어진 생명을 초월하여 타인과 일체화될 수 있는가? 이러한 문제는 동굴 속에 살고 있는 원시인에게도, 양떼를 돌보는 유목민에게도, 이집트의 농부에게도, 페니키아의 상인에게도, 로마의 군인에게도, 중세의 수도사에게도, 일본의 사무라이에게도, 현대의 사무원이나 공장의 직공에게도 공평하게 주어진다. 문제는 동일하다. 왜냐하면 그것이 같은 근원인 인간의 상황이나 실존 조건에서 발생하기 때문이다. 그러나 문제는 같아도 해결 방법은 제각각이다. 동물 숭배, 인간의 희생, 군사적인 정복, 사치, 금욕적인 포기, 강제 노동, 예술적인 창조, 신의 사랑 또는 인간의 사랑을 통해서 등 그 방법은 실로 다양하다—그것이 바로 인간의 역사이다. 하지만 방법이 많다고 그 해답도 무수한 것은 아니다. 그와는 반대로, 문제의 핵심을 벗어난 다소 불충분하고 사소한 차이점들을 무시한다면, 지금까지 다양한 문화 속에 살아왔던 사람들이 발견했던 해결 방법은 사실 한정되어 있다는 점이 보일 것이다. 종교나 철학의 역사는 다양하지만 역시 그 수가 제한되어 있다.

이 해답은 그 사람이 한 개인으로서 얼마나 고립되어 있는가에 달려 있다. 어린아이의 경우 '나'라는 의식은 발달해 있지만 아직도 미숙하여 어머니와의 일체감을 느끼고, 어머니가 있는 한은 어떠한 고독감도 느끼지 못한다. 어린아이의 고독감은 어머니의 신체, 즉 어머니의 젖가슴, 어머니의 피부 등을 통해 치유될 수 있다. 그러나 고립이나 '나'라는 개인에 대한 의식이 강해지면 어머니의 신체적 존재만으로는 충분하지 못하며, 또 다른 방법으로 고립된 느낌을 극복하고자 하는 욕구가 발생한다.

마찬가지로 인류도 여명기에는 아직 자연과 일체감을 느끼고 있었다. 흙과 동식물도 아직은 인간의 세계에 속해 있었다. 인류는 동물과 그 자신을 동일시했다. 동물의 가면을 쓰거나 동물 신(神) 혹은 토템 동물을 숭배한 것도 그런 이유에서이다. 그러나 인류가 이러한 원시적인 속박에서 벗어나면 벗어날수록 자연계로부터 그 자신을 고립시키게 되며, 또 고독감에서 빠져나오려는 새로운 방법을 발견하려는 욕구도 더욱 강해졌다.

이러한 목적을 달성하는 방법의 하나는 모든 종류의 주신제(酒神祭)와 같이 진탕 마시고 떠드는 것이다. 이러한 상태는 자동적으로 유도되는 경우도 있고, 때로는 환각제와 같은 약의 도움을 받는 때도 있다. 원시 종족에서 볼 수 있는 많은 의식(儀式)들은 이런 해결 방법의 생생한 예다. 황홀경의 흥분 상태에서는 외부세계가 사라지고, 이와 동시에 그것으로부터의 고립되었다는 감정도 자취를 감춘다. 이러한 의식은 대부분 공동으로 행해지므로 그 집단과의 일체성은 더욱 증가한다. 그 점이 이 해결 방법을 더욱 효과적으로 만든다. 이러한 마시고 떠드는 해결 방법과 밀접하게 관련되어 있는 것이 성적 체험이다. 성적 오르가슴은 광희의 축제에서 맛볼 수 있는 흥분 혹은 어떤 종류의 약품의 효과와도 비슷한 상태를 만들어 낼 수 있다. 집단 성적 난행의 의식은 원시 의식의 일부였다. 한바탕 이런 의식을 행하고 나면 인간은 얼마 동안 고독감에 고통스러워하는 일 없이 지내는 듯 보였다. 그러나 불안감의 긴장은 또다시 서서히 쌓이고 그것은 이러한 의식을 반복함으로써 다시 감소되었다.

　이처럼 흐드러지게 마시고 떠드는 행사에 부족 사람 전원이 참가하는 한 그들은 불안과 죄악감을 느끼지 않았다. 그 행사에 참여하는 것은 올바르며 미덕이기도 했다. 왜냐하면 그것은 모든 사람이 공동으로 행하며, 주술사나 성직자가 인정하고 요구하는 행사이기 때문이다. 그러므로 죄악감이나 수치감을 느낄 이유는 전혀 없는 것이다. 그러나 그런 집단의식이 사라진 사회에서, 개인이 위와 같은 방법을 선택하면 문제가 발생한다. 알코올 중독이나 마약 중독 등은 광희의 축제를 행하지 않은 문화에 살고 있는 사람들이 선택하는 해결 방법이다. 사회적으로 유형화된 해결 방법에 참여하는 사람들과는 대조적으로, 이러한 사람들은 죄악감과 자책감으로 고민하게 된다. 알코올이나 마약을 통해 고독감으로부터 도망치려는 노력이, 그 광란의 황홀감이 사라진 후에는 더욱 심한 고독감으로 돌변한다. 그리하여 더 자주, 더욱 심하게 알코올이나 마약에 의존하게 되는 것이다.

　성행위라는 해결 방법은 이와는 다소 다르다. 어느 정도까지는 고독감을 극복하는 자연적이고 정상적인 형태이며 또한 고립감의 문제에 대한 부분적인 해답이 되기도 하기 때문이다. 그러나 고독을 다른 방법으로는 해결하지 못하는 많은 사람들에게, 성적인 오르가슴의 추구는 알코올 중독이나 마약 중독의 경우와 별로 다를 바가 없는 기능을 하게 된다. 그것은 고독감이 빚는 불안으로부터 도피하고자 하는 절망적인 시도이며, 결과적으로 전보다 더 강한 고독감을 자아내는 몸부림이다. 왜냐하면 사랑이 없는 성관계는 두 사람 사이의 간격을 찰나의 순간 메웠다가 사라지고 말기 때문이다.

흥분 상태에 의한 결합에는 세 가지 특성이 있다. ⑴ 격렬하고 심지어는 난폭하기까지 하며, ⑵ 정신과 육체를 모두 아울러 전(全)인격적으로 일어나고, ⑶ 일시적이고 주기적이라는 점이다. 과거와 현재를 통틀어 인간이 고독을 극복하는 해결책으로 가장 많이 선택한 것은, 집단·관습·관례·신앙에 동조하는 형식의 합일이었다. 이는 흥분 상태에서 행하는 합일과는 정반대이다. 여기서 우리는 다시 상당한 역사적 발전을 발견하게 된다.

원시 사회에서 집단은 그 규모가 아주 작았다. 그것은 단지 혈연이나 토지를 공유하고 있는 사람들로 구성되었다. 그러나 문화가 발전함에 따라 집단도 확대된다. 집단은 이제 '폴리스'(도시국가)의 시민, 커다란 주의 시민, 교회의 성원으로 구성된다. 가난한 로마인까지도 '우리는 로마인이다'라고 말할 수 있는 데에 자긍심을 느꼈다. 로마인과 로마제국은 그의 가족이자 가정이었으며, 세계였다. 또한 현대의 서양 사회에서도 집단에 동조하는 것은 고독을 극복하는 보편적인 수단이다. 집단에 동조하는 행위는 한 개인의 자아를 극도로 사라지게 하고, 그를 집단의 일원으로 만든다. 만약 내가 모든 사람과 마찬가지라면 내가 다른 사람과 다르다는 느낌이나 생각이 전혀 없으며, 관습이나 의복이나 사고도 집단의 그것에 동조한다면 나는 구제되는 것이다.

즉 고독감이라는 무서운 체험으로부터 구원받는 것이다. 이러한 동조를 유발하기 위하여 독재적인 체제는 위협이나 공포를 사용하기도 한다. 민주적인 나라에서는 암시와 선전을 사용한다. 이 두 체제 사이에는 실로 커다란 차이가 있다. 민주주의에서는 비동조(非同調)가 가능하며 실제로 그것이 결코 완전히 없어질 수 없다. 전체주의 체제에서는 극소수의 특별한 영웅들이나 순교자들만이 복종을 거절할 수 있다. 그러나 이러한 차이에도 불구하고 민주적인 사회에서도 압도적인 동조 현상이 일어나고 있다. 일체감을 얻으려면 해답이 꼭 필요한데, 다른 방법이 없는 한 집단에 동조하는 것이 가장 좋기 때문이다. 고립되고 싶지 않다는 욕구가 얼마나 깊은가를 안다면 다른 사람과 다르다는 두려움의 정도, 즉 일반 대중과 조금이라도 떨어지는 것이 얼마나 큰 공포인지 이해할 수 있을 것이다. 집단에서 벗어나는 것을 두려워하는 이유는, 집단에 동조하지 않았을 때 실제적 위험을 겪을지도 모른다고 생각하기 때문이라고 설명하는 사람도 있다. 그러나 실제로는, 적어도 서구 민주주의 사회에서는 사람들이 강제로 동조되기보다는 자발적으로 동조하기를 원하고 있다.

대부분의 사람들은 동조하기를 원하는 자신의 욕구조차도 깨닫지 못한다. 그들은 자신이 자기 생각이나 성향에 따라 사는 개인주의자이며, 자신의 사고 결과 현재의 의견을 낼 수 있고, 자기의 의견이 대다수의 다른 사람의 의견과 같은 것은 우연의 일치라고 착각하며 사는 것이다. 모든 의견의 일치는 그들의 생각이 옳았음을 증명하는 것으로 된다. 그러나 개성을 느끼고 싶은 욕구가 아직도 약간은 남아 있는데, 이것은 아주 적은 차이로 만족된다. 색다른 핸드백이나 스웨터의 머릿글자, 공화당에 반대하여 민주당을 지지하는 일, '슈라이너' 회(會)에 가입하는 대신 '엘크스'회에 가입하는 것 정도면 자신은 남과 다르다고 주장하기에 충분하다. 실제적으로는 거의 아무런 차이가 없는데도 그것은 다르다라고 내세우는 광고 표어는, 남과 달라지고 싶어 하는 비통한 욕구를 나타내고 있다.

차이를 제거하고자 하는 경향이 증가하는 것은 가장 진보된 산업사회에서 전개되고 있는 바와 같이 평등의 체험이나 그 개념과 밀접하게 관련되어 있다. 평등이란 개념은 종교적인 관점에서는 우리 모두가 신의 자녀이며, 누구나 인간으로서 고귀한 자질을 갖추었고, 또한 모두 하나라는 것을 의미했다. 아울러 개인들 간의 차이는 존중되어야 한다는 것을 의미했다. 우리 모두가 하나인 동시에 저마다 독특한 개체이며, 또 그 자신이 하나의 우주라는 것도 진리였다. 그와 같은 개인의 독특성에 대한 확신은 이를테면 탈무드(유대교의 율법)의 한 구절에서 다음과 같이 표현되고 있다. '누구든지 한 생명을 구한 자는 전 세계를 구한 자와 같으며, 한 생명을 망하게 한 자는 전 세계를 망하게 한 자와 같다.' 개성의 발전을 위한 한 조건으로서의 평등은 서구 계몽철학에도 내포되어 있었다. 그것은—칸트가 가장 명백하게 정식화했다—어떤 사람도 타인의 목적을 위한 수단이어서는 안 된다는 것을 의미했다. 모든 사람은 그 자신이 유일한 목표라는 면에서 평등하며 결코 남의 도구가 될 수 없다는 것이다. 계몽사상의 이러한 관념을 추종하여, 여러 사회주의 사상가들은 평등을 착취의 폐지라고 정의했다. 즉 그 방법이 잔인하든 '인도적이든' 간에 인간이 인간을 이용하는 일을 근절하는 것이 평등이라는 것이다.

현대의 자본주의 사회에서 평등의 의미는 변화되었다. 여기서의 평등은 기계화된 인간의 평등을 말하고 있다. 즉 자신의 개성을 상실한 사람들의 평등을 말하는 것이다. '오늘날의 평등은 일체성이라기보다는 동일성을 의미한다.' 그것은 추상의 동일성이다. 즉 같은 일을 하며, 같은 오락을 즐기고, 같은 신문을 읽고, 같은 생각을 하는 사람들의 동일성이다. 이러한 면에서 본다면 우리가 진보의 결과라고 찬양하던 몇 가지 성과, 즉 남녀평등과 같은 것들에 대해서도 약간 회의적으로 관찰해야 한다. 내가 남녀평등에 반대하는 것은 결코 아니다. 단지 평등의 긍정적인 면에만 시선을 빼앗겨서는 안 된다는 것이다. 남녀의 차이를 없애고자 하는 경향 때문에, 남녀가 평등해진 것은 남녀 사이의 차이점이 사라졌기 때문이라는 오해가 발생했다. 계몽 철학의 '영혼에는 성별이 없다'는 명제는 일반적인 관념이 되었다.

성의 양극성은 사라지고 있으며, 이와 더불어 이러한 양극성에 기반을 둔 에로틱한 사랑도 사라져 가고 있다. 남녀는 양극에 위치한 존재로서 평등해야 하는데, 그저 하나로 통일되어 버린 것이다. 현대사회는 이러한 몰개성적 평등 사상을 설교하고 있다. 왜냐하면 현대사회라는 거대한 집합체가 마찰 없이 부드럽게 돌아가려면 알갱이가 고른 인간 원자가 필요하기 때문이다. 한편, 모두 동일한 명령에 복종하면서도, 저마다 자신의 욕구에 따른다고 확신한다. 현대의 대량생산이 상품을 표준화하듯이, 현대사회의 구조는 인간을 표준화하고 있다. 그리고 그 표준화를 일컬어 '평등'이라 하고 있다.

동조에 의한 결합은 강렬하지도 격렬하지도 않다. 그것은 조용하고 일상적으로 움직이며, 바로 이러한 이유 때문에 고독으로 인한 불안을 해소하는 데 불충분할 때가 많다. 현대 서구 사회에서 볼 수 있는 알코올 중독, 마약 중독, 강박적인 섹슈얼리즘, 자살 등의 경우는 대중 동조의 상대적 실패를 말해주는 증상들이다. 더구나 이의 해결 방안은 주로 정신적인 것이며 육체적인 것과는 관계가 없다. 이러한 까닭에 주신제의 해결책과 비교해서 다소 부족하다. 그러나 민중 동조에도 이점이 하나 있다. 바로 발작적이 아니라 영구적이라는 점이다. 개인은 3~4살 때 동조하는 방법을 배우며, 그 후 결코 대중과의 접촉을 상실하지 않는다. 한 사람의 최후의 큰 사회적 의식인 장례식까지도 엄격한 사회적 관습에 따라 행하여진다.

고립 불안을 해소하는 방법으로서의 동조와 더불어 현대 생활의 근간을 이루는 또 하나의 요소, 즉 일상적인 노동과 오락도 고려되어야 한다. 흔하디 흔한 인간은 육체노동자나 사무원 또는 관료적 권력의 일부인 경영자가 된다. 그는 자발성이 거의 없으며, 그의 일은 노동 조직에 따라 이미 정해져 있다. 그리고 그 조직은 꼭대기에서 밑바닥까지 아무런 차이도 없다. 그들은 조직의 전체적인 구조 속에서 이미 정해져 있는 과업을 규정된 속도로 규정된 방법에 의해서 수행할 따름이다. 심지어는 감정까지도 규정되어 있다. 즉 쾌활성, 인내성, 신뢰도, 야망, 그리고 아무 마찰 없이 누구와도 사귈 수 있는 능력까지도 이미 정해진 것이다.

오락도 철저하지는 않지만 같은 방법으로 거의 규정화되어 있다. 책들은 독서 클럽이, 영화들은 영화 제작자나 극장주가, 광고 표어들은 스폰서들이 제시하는 선택지일 뿐이다. 휴식의 방법도 거의 획일화되어 있다. 일요일의 드라이브, 텔레비전 시청, 카드놀이, 사교 파티 등 거의 일정한 형태로 정해져 있다. 태어나서 죽을 때까지, 월요일에서 다음 월요일까지, 아침부터 저녁까지 모든 행동은 이미 기성품이 되었다. 이렇게 일상의 그물 속에 붙잡혀 있는 인간이 자기는 인간이고 독특한 개인이라는 것, 그리고 희망과 절망, 슬픔과 두려움, 사랑에의 갈구, 공허와 고립에 대한 공포 등을 가지고 있으면서도 오직 하나의 생의 기회만을 부여받은 존재라는 점을 어떻게 잊지 않을 수 있겠는가!

결합을 이루는 세 번째 방법은 예술가나 직공의 '창조적인 활동'에 있다. 어떠한 종류의 창조적 일이든 간에, 창조적인 인간은 자기 자신을 외부 세계를 대표하는 물질과 결합시킨다. 목수가 책상을 만든다든지, 세공사가 보석을 세공한다든지, 농부가 곡식을 거둔다든지, 화가가 그림을 그린다든지 등의 모든 창조적인 작업에서, 그 일을 하는 사람과 대상은 하나가 된다. 인간은 그 창조의 과정에서 세계와의 일체감을 맛보는 것이다. 그러나 이것은 내가 계획하고 생산하며, 내 노동의 결과를 내가 볼 수 있는 그러한 생산적인 작업에만 적용된다. 그런데 현대의 노동자는 어떤가. 끝없는 벨트컨베이어 앞에 놓여 있으므로 작업하는 대상과의 일체감을 맛볼 수가 없다. 그저 기계나 관료적 조직의 부속물이 되어 버린 것이다. 그는 이미 본래의 그가 아니다. 따라서 동조 이상의 일체감은 얻지 못한다.

생산적인 작업에서 성취된 결합은 상호 인간적인 것은 아니다. 주신제적인 융합에서 성취된 결합은 일시적이다. 집단에 동조함으로써 성취된 결합은 오직 허위의 결합일 뿐이다. 그러므로 그것들은 실존 문제에 대한 부분적인 해답에 불과하다. 완전한 해답은 상호 인간적인 결합, 타인과의 융합, 즉 사랑에 있다.

이러한 상호 인간적인 융합의 욕구는 인간의 가장 강력한 욕구이다. 그것은 가장 기본적인 정열이자, 인류를, 씨족 또는 가족 사회를 하나로 뭉치게 하는 힘이다. 그것을 성취하는 데 실패하는 것은 곧 정신이상이나 파괴—자기 파괴 또는 타인의 파괴—를 의미한다. 인간은 사랑이 없이는 단 하루도 존재하지 못한다.

그런데 만약 상호 인간적인 결합의 달성을 '사랑'이라고 부른다면, 우리는 상당히 곤란한 처지에 빠지게 된다. 융합은 여러 가지 다른 방법으로 성취할 수 있다. 그리고 그 차이들은 사랑의 여러 다양한 형태의 차이점 못지않게 중요하다. 그러한 것들을 모두 사랑이라 부를 수 있겠는가? 그렇지 않다면 사랑이란 오직 특별한 결합 형태만을 위한—지난 4천 년 동안 서구나 동양의 역사 속에서 나타난, 위대한 휴머니즘적 종교나 철학의 모든 체계에서 가장 이상적인 덕만을 위한—단어인가?

의미론적 난점으로 인하여 그 해답은 오직 임의적(任意的)인 것이 될 수밖에 없다. 문제는 우리가 사랑에 대하여 이야기할 때 어떤 종류의 결합을 말하는가를 아는 것이다. 우리는 사랑을 실존 문제에 대한 성숙한 해답으로 이해하고 사용하는가? 그렇지 않으면 공생적인 결합이라고 할 수 있는 미숙한 형태의 사랑을 말하는가? 다음 페이지에서 나는 오직 전자의 형태만을 사랑이라고 부를 것이다. 그러나 우선은 후자의 '사랑'부터 토의해 보기로 한다.

공생적인 결합은 임신한 어머니와 태아와의 관계를 통해 생물학적으로 확인할 수 있다. 그들은 둘이지만 아직은 하나이다. 그들은 '함께'(공생적으로) 살며 서로를 필요로 한다. 태아는 어머니의 일부분이며, 또 어머니로부터 필요한 모든 것을 받는다. 어머니는 태아의 모든 세계이며, 또 태아를 양육하며 보호한다. 그리고 어머니 자신의 생명도 또한 태아로 인하여 강화된다. '정신적'인 공생적 결합에서의 두 몸은 독립적이지만, 심리학적으로는 같은 종류의 애착심이 존재한다.

공생적인 결합의 수동적인 형태는 복종이며, 임상 용어를 사용한다면 마조히즘이다. 마조히스트는 자기를 지시하고 인도하고 보호해 주는 다른 사람의, 말하자면 자신의 생명이자 산소가 되어 주는 사람의 일부가 됨으로써 고립된 느낌이나 참기 어려운 고독감으로부터 도피하려고 한다. 그를 복종시키는 힘은 그것이 사람의 것이든 신의 것이든 점점 커진다. 상대는 모든 것이고 마조히스트는 상대의 일부분이라는 점을 제외하고는 아무것도 아니다. 하지만 그는 상대의 일부분이기 때문에 위대한 것의 한 부분이요, 힘의 그리고 확실함의 한 부분인 것이다. 마조히스트는 결정을 할 필요도 없으며, 어떠한 위험도 없다. 그는 결코 외롭지 않다. 그러나 그는 독립되어 있지 않다. 인격에 통합성이 없으며 아직 완전히 태어나지도 못했다. 종교적인 맥락에서 숭배의 대상은 우상이라고 불린다. 마조히즘적인 사랑 관계라고 하는 세속적인 맥락에서도 본질적인 메커니즘은 우상 숭배의 그것과 동일하다. 마조히즘적인 관계에는 육체적이고 성적인 욕구가 혼합되어 있다. 이 경우에 그것은 정신이 참여하는 복종뿐만이 아니라 그의 몸 전체가 참여하는 복종이기도 하다. 마조히즘적인 복종은 운명에 대한, 질병에 대한, 리드미컬한 음악에 대한, 또는 마약이나 최면적인 황홀경에 대한 주신제적인 몰아 상태일 수도 있다. 이러한 모든 경우에 그 사랑은 자신의 통합성을 포기하게 만들고, 자신을 다른 사람이나 어떤 물건의 도구로 만든다. 그는 생산적인 활동에 의해 생(生)의 문제를 해결할 필요가 없다.

공생적 융합의 '능동적' 형태는 지배이며, 마조히즘에 대응하는 심리학 용어를 사용한다면 '사디즘'이다. 사디스트는 고독감과 감금상태의 강박감으로부터 도피하기 위하여 다른 사람을 그 자신의 일부분으로 만들기를 원한다. 그는 자기를 숭배하는 다른 사람을 끌어들임으로써 자신을 팽창시키고 강화한다.

마조히스트가 사디스트에게 의존하듯이 사디스트는 복종적인 사람에게 의존한다. 이 양자는 의존할 사람 없이는 살아갈 수 없다. 그 차이는 단지 사디스트는 명령하고 착취하며 상처를 입히고 굴욕을 주는 것이고, 마조히스트는 명령을 받으며 착취당하고 상처를 입으며 굴욕을 당하는 것이라는 사실뿐이다.

이것은 현실적인 의미에서는 상당한 차이이다. 그러나 이 차이는 보다 깊은 정서적인 의미에서의 '불완전한 융합'이라는 두 성향의 공통성보다 결코 크지 않다. 만약 이 점을 이해한다면, 어떤 사람이 보통 여러 상이한 대상에 대하여 사디즘적으로뿐만 아니라 마조히즘적으로도 반응하고 있다는 사실을 발견하더라도 별로 놀랍지 않을 것이다. 히틀러는 대중에게 사디스트로서 군림했지만, 운명이나 역사에 대해서 그리고 자연의 보다 높은 힘에 대해서는 마조히스트로서 복종했다. 패배한 뒤 자살한 그의 최후는, 전체적 지배라고 하는 그의 꿈과 같이 그의 특징을 잘 나타낸다.[1]

공생적인 결합과는 대조적으로 성숙한 사랑은 개인의 통합성과 개성을 유지하는 조건하에 이루어지는 결합이다. 사랑은 인간에게 하나의 능동적인 힘이며, 인간을 그의 친구들로부터 분리시키는 장벽들을 파괴시키는 힘이고, 그를 다른 사람과 결합시키는 힘이다. 사랑은 그로 하여금 고립감과 고독감을 극복케 하는 한편, 그의 개성과 통합성을 지켜 준다. 사랑은 두 사람이 하나인 동시에 둘이라는 역설을 성립시킨다.

만약 우리가 사랑을 '활동'이라고 한다면, 우리는 활동이라는 말의 모호성에서 오는 곤란에 직면하게 된다. 현대에서 활동이란, 보통 에너지를 소비함으로써 기존의 상황을 변화시키는 행동을 말한다. 어떤 사람이 사업을 하거나 의학을 공부하거나 끊임없는 벨트컨베이어 앞에서 노동을 하거나 책상을 만들거나 혹은 스포츠에 참여할 때 그는 활동적이라고 간주된다. 이러한 모든 활동의 공통점은 그 목표가 외부 세계에 존재한다는 사실이다. 그 활동의 동기는 중요치 않다. 예를 들어, 어떤 사람은 심한 불안감과 고독감 때문에, 또 어떤 사람은 야망 혹은 돈에 대한 야심으로 끊임없이 일에 몰두한다. 이 모든 경우에서 그 사람은 정열의 노예이고, 실은 충동되어 행동한다는 점에서 '수동자'이다. 그는 '행위자'가 아니라 수난자이다.

반대로 자기 자신과 세계와의 일체성을 경험하는 일 외에는 아무런 목표나 목적도 없이 조용히 앉아서 관조하는 사람은, 아무 일도 하지 않는다는 것 때문에 '수동적'이라고 생각된다. 그러나 사실 이렇게 정신을 집중시켜 명상하는

---

1) 사디즘과 마조히즘에 대한 보다 상세한 연구는 내가 쓴 《자유에서의 도피(*Escape from Freedom*, Rinehart & Company, New York, 1941)》를 참조할 것.

것은 가장 고도의 활동이며, 내부적인 자유와 독립의 조건하에서만 가능한 정신 활동이다.

활동의 현대적 개념 중 하나는, 외적인 목표의 달성을 위해 에너지를 사용하는 것이다.

그리고 또 하나의 개념은 외부의 변화가 어떻든 관계없이 인간의 본래의 힘을 사용하는 것을 말한다. 활동의 이와 같은 후자의 개념은 스피노자가 가장 명백하게 정식화했다. 그는 감정을 능동적 감정과 수동적 감정으로, 또 '행동'과 '정열'로 구분했다. 능동적인 감정을 행사할 때 인간은 자유로워지며 자기 감정의 주인이 된다. 그러나 수동적인 감정으로 행동할 때는 어떤 무엇에 충동되며, 자기 자신이 깨닫지 못하는 동기의 노예가 된다. 그리하여 스피노자는 덕과 힘은 하나이며 또 동일한 것이라는 주장에 도달한다.[2] 선망, 질투심, 야망, 탐욕 등은 정열이다. 한편 사랑은 행동이며 인간 힘의 실천이다. 이 힘은 오직 자유로운 상태에서만 표출되며, 결코 어떤 강요로도 행사되지 않는다.

사랑은 수동적인 감정이 아닌 능동적 활동이다. 그것은 '스스로 발을 들이는' 것이지 '빠져 버리는' 것이 아니다. '사랑은 주는 것이지 받는 것이 아니다.' 우리가 흔히 쓰는 이 말에 사랑의 능동성이 잘 나타나 있다.

그렇다면 주는 것이란 무엇인가? 이 질문에 대한 대답은 간단한 듯 보이나 실제로는 상당히 모호하고 복잡하다. 가장 널리 퍼져 있는 오해는 주는 것이란 무언가를 '포기'하고, 빼앗기고, 희생하는 것이란 생각이다. 성격이 수용적이고 착취적이며 소유적인 수준을 넘어서지 못한 사람은 준다는 행동을 이렇게 오해한다. 한편 타산적인 사람은 주는 것을 좋아하지만, 그 대신 받을 건 받아야 한다는 주의다. 받는 것이 없이 주기만 한다면 속았다고 생각할 것이다.[3] 또 비생산적인 사람은 준다는 것을 하나의 손해로 생각한다. 그러므로 대부분 주기를 거부한다. 그런데 어떤 사람들은 희생이라는 의미에서 준다는 것을 하나의 미덕으로 삼는다. 그들은 준다는 것이 고통스럽다는 바로 그 이유 때문에 주어야 한다고 생각하고, 준다는 것의 미덕은 희생을 감수하는 바로 그런 행동에

---

2) 스피노자 《윤리학》 제4장 정의 8 참조.

3) 이러한 성향에 대한 상세한 논의는 나의 저서 《독자적 인간(*Man for himself*, Rinehart & Company, New York 1947)》 제3절 pp.55~117 참조하라.

있다고 믿는다. 받기보다 주기가 더 좋다는 그들의 규범은, 기쁨의 달콤함보다 박탈당하는 괴로움이 더 나음을 뜻한다.

생산적인 사람은 준다는 것을 이와는 전혀 다른 의미로 받아들인다. 준다는 것은 자기 힘을 표현하는 가장 고도의 방법이다. 베풂, 바로 그 행동에서 자신의 강함과 부와 그 역량을 경험한다. 이렇게 생명력과 권력을 과시하는 경험은 기쁨으로 그를 충만케 한다. 그는 충만한 생명력을 소비하며 살아 있다는 기쁨을 느끼는 것이다.[4] 주는 것은 받는 것보다 더 기쁜 일이다. 왜냐하면 그것은 박탈이 아니라 생명력의 표현이기 때문이다.

이러한 원리를 여러 가지 상황에 적용시켜 그 타당성을 확인해 보자. 가장 기본적인 예는 성(性)의 영역에 있다. 남성의 성적인 절정은 준다는 행동에 있다. 남성은 여성에게 자기 자신을, 즉 성기(性器)를 준다. 오르가슴을 느낄 때 그는 여성에게 자신의 정액을 준다. 성적인 능력이 있는 한 그것을 주지 않을 수 없다. 만약 줄 수 없다면 그는 성적 불구자이다. 여성의 경우에도 약간 복잡하기는 하지만 그 과정은 별로 다름이 없다. 여성 역시 자기 자신을 준다. 자신의 중심의 문을 열며 받는 행위 속에서 그녀는 자신을 주는 것이다. 만약 여성이 이와 같은 주는 행위를 하지 못하고 오직 받기만 한다면, 그녀는 불감증 환자이다. 여성의 주는 행위는 애인으로서의 기능이 아니라 어머니의 기능으로 다시 일어난다. 여성은 자기를 자신의 배 속에서 자라는 아이에게 주며, 또 유아에게 그의 젖을 주며, 자신의 몸의 따뜻함을 준다. 주지 않는다는 것은 오히려 고통일 것이다.

물질적인 영역에서의 준다는 것은 부유함을 의미한다. 많이 '가지고' 있는 사람이 부유한 것이 아니라 많이 주는 사람이 부유한 것이다. 무엇을 잃지나 않을까 하면서 걱정을 하는 소유형은, 심리학적으로 말해서, 얼마나 많이 가지고 있는가와는 관계없이 가난하고 궁상맞은 사람이다. 반면 기분 좋게 줄 수 있는 능력을 가진 사람은 누구나 부유한 사람이다. 그는 자신이 이웃에게 뭔가를 줄 수 있는 사람이라고 실감한다. 다만 생존에 필요한 최저의 물질밖에 못 가진 사람은 물질적인 것을 주는 행동을 즐길 수 없을 것이다. 그런데 최소한

---

4) 스피노자가 제시한 기쁨의 정의와 비교하라.

도의 필요란 어느 정도인가는 그가 무엇을 소유하고 있는가에도 달려 있지만, 그의 성격에도 많이 좌우된다. 가난한 사람들이 부자들보다 더 기꺼이 준다는 것은 잘 알려진 사실이다. 그럼에도 불구하고 어떤 한계점을 넘은 빈곤은 준다는 것을 불가능하게 한다. 그리고 이 빈곤으로 인해서 직접적으로 고통을 받기 때문만이 아니라 준다는 기쁨을 잃어 버리기 때문에, 가난한 사람은 품위가 없어진다.

그러나 가장 중요한 베풂은 물질이 아니라 매우 인간적인 영역에 있다. 인간적인 영역에서 우리는 타인에게 물질이 아닌 무언가를 준다. 그는 자신을 주고, 자기가 가지고 있는 것 중에 가장 귀한 것, 즉 생명을 준다. 이것이 타인을 위하여 자신의 생명을 희생한다는 의미만은 아니다. 자신 안에 살아 있는 모두를 아낌없이 주는 것, 그의 기쁨을, 흥미를, 이해를, 지식을, 유머를, 슬픔을 주는 것이다. 이와 같이 생명을 줌으로써 그는 다른 사람을 풍족하게 하며, 또한 자신의 생명감을 높이 북돋움으로써 타인의 생명감을 일으킨다. 그는 받기 위하여 주는 것이 아니다. 주는 것 그 자체가 최상의 기쁨인 것이다. 그런데 그가 준 무언가는 상대에게 반드시 영향을 미치고, 그 영향으로 생겨난 무언가는 그에게 되돌아온다. 진실로 줌으로써 되돌아온 것을 그는 받지 않을 수 없다. 준다는 것은 어떤 사람을 주는 사람으로 만들고 그로 인해 기쁨을 함께 나눔을 의미한다. 주는 행동에서 무엇인가가 새로이 탄생된다. 그리고 두 사람은 서로를 위하여 태어난 자신의 생명에 대하여 감사하게 된다. 특히 사랑에 대하여 언급될 때 이것은 다음을 의미한다. 즉 사랑은 사랑을 생산해 내는 힘을 뜻하며, 무능하다는 것은 사랑을 만들어 내는 능력이 없음을 뜻한다는 것. 이러한 사상은 마르크스가 훌륭하게 표현했다.

즉 인간을 인간으로, 그리고 온 세계의 인간관계를 인간적 관계라고 가정한다면 당신은 사랑을 사랑만으로, 신용을 신용만으로 바꿀 수 있을 것이다. 다른 관계도 마찬가지다. 만약 당신이 예술을 즐기고자 한다면 당신은 예술을 애호하는 훈련이 되어 있는 사람이어야 한다. 또 당신이 다른 사람들에게 영향력을 미치고자 한다면 당신은 진실로 다른 사람들에게 자극적이고 촉진적인 영향력을 지닌 사람이어야 한다. 인간과 자연에 대한 당신의 모든 관계는, 당신의 의지의 대상에 상응하는 당신의 실제적이고 개인적인 생활의 확정적인 표현이어야 한다. 만약 당신이 사랑을 낳지 못하는 사랑을 한다면, 또 사랑하는 사람으로서의 생의 표현이란 관점에서도 당신이 자신을 사랑받는 사람으로 만들지 못한다면, 당신의 사랑은 무능하고 불행할 것이다.[5]

주는 것이 받는 것을 의미하는 것은 사랑에서만은 아니다. 선생은 학생들에게 배우는 점이 있고, 배우는 관객에게 자극을 받으며, 정신분석가는 환자를 통해서 마음의 평화를 얻는다. 단, 이런 현상은 그들이 서로를 대상으로 취급하지 않고, 순수하고도 생산적으로 관계 맺을 때에만 일어난다.

주는 행위로서의 사랑의 능력은 그 사람의 성격 발달 정도에 좌우된다는 사실을 새삼 강조할 필요는 없다. 사랑하기 위해서는, 성격이 생산적 수준까지 도달해야 한다. 이 단계에서 그 사람은 의존성과 나르시시즘적(自己愛的)인 전능(全能), 타인을 착취하고자 하는 욕구 혹은 뭔가 소유하고자 하는 욕망 등을 극복한다. 또 그는 자신의 인간적인 힘을 신뢰하게 되며, 목표 달성을 통해 자신의 힘에 의지하는 용기를 얻게 된다. 이러한 자질이 부족한 사람은 자기 자신을 주는 일, 즉 남을 사랑하는 것을 두려워하게 된다.

주는 것 이외에도 사랑의 능동성은, 모든 형태의 사랑에 공통적으로 들어있는 기본 요소들을 통해서도 드러난다. 그 요소들이란 바로 배려, 책임, 존경 그리고 지식이다.

배려는 자녀에 대한 어머니의 사랑에서 가장 뚜렷하게 나타난다. 만약 어머니가 육아를 게을리하는 모습을 본다면, 아기에게 젖을 먹이고 목욕을 시키고 육체적인 안정을 주는 일을 소홀히 하는 모습을 본다면, 그녀가 자식을 사랑한다고 말한들 믿지 못할 것이다. 반면에 그녀가 아이를 정성스레 돌보는 모습에서 우리는 감동을 받을 것이다. 그것은 심지어 꽃이나 동물들에 대한 사랑에 있어서도 별로 다를 바가 없다. 만일 자기는 꽃을 사랑한다고 말했던 여

---

5) 카를 마르크스(Karl Marx)의 초기 저서집(*Die Frühschriften*, Alfred Kröner Verlag, Stuttgart, 1953)에서 간행된 《국민 경제학과 철학(*Nationalökonomie und Philosophie*, 1844, 에리히 프롬 번역)》 pp. 300, 301. 참조.

성이 꽃에게 물 주기를 잊어버린 것을 보았다면, 우리는 그 여자가 진실로 꽃을 사랑하는지 의구심이 들 것이다. 사랑이란 그 대상의 생명과 성장에 대한 능동적인 관심을 말한다. 이런 능동적인 관심이 결여된 곳에는 사랑이 피어날 수 없다.

사랑의 이러한 요소는 〈요나서(書)〉에 아주 잘 묘사되어 있다. 하나님은 요나에게 니느웨로 가서 그곳 백성들에게 만약 사악한 행실을 고치지 않는다면 벌을 받게 될 것이라고 경고하도록 명하셨다. 요나는 니느웨 사람들이 회개하고 하나님의 용서를 받는 것을 두려워한 나머지 그 임무를 수행하지 않고 도망쳐 버렸다. 그는 율법과 정의에 대해서는 밝았으나 사랑이 부족한 사람이었다. 그러나 요나는 도망가다가 큰 물고기에게 삼켜진다. 이것은 물론 그의 사랑과 우애심의 결여가 그를 고립과 감금의 상태로 몰아넣었음을 상징한다. 하나님은 그를 구해 주고 니느웨로 가도록 했다. 그는 이에 순종하여 니느웨 백성들에게 설교했다. 그러자 그가 두려워하던 바로 그런 일이 일어났다. 니느웨 사람들이 죄를 회개하고 행실을 고치자, 하나님이 그들을 용서하고 그 도시를 파괴하지 않기로 결정하신 것이다. 요나는 상당히 노하고 실망했다. 그는 자비가 아니라 '정의'가 시행되기를 바랐기 때문이다. 마지막에 그는 하나님이 태양의 뜨거움을 피할 수 있도록 자라게 한 넝쿨의 그늘 밑에서 휴식을 취한다. 그러나 이내 하나님이 그 덩굴을 시들게 하자 낙심하여 하나님께 화를 내며 불평을 했다. 이에 하나님은 다음과 같이 답했다. "네가 수고도 아니했고 재배도 아니했고 하룻밤에 났다가 하룻밤에 말라 버린 이 박넝쿨을 아꼈거든, 하물며 이 큰 성읍 니느웨에는 좌우를 분변하지 못하는 자가 십이만여 명이요 가축도 많이 있나니 내가 어찌 아끼지 아니하겠느냐?"

하나님의 대답은 상징적으로 해석되어야 한다. 하나님 사랑의 본질은 어떤 것을 위한 '노동'과 어떤 것을 '키우는 것'이다, 즉 사랑과 노동은 불가분적이라는 것을 요나에게 설명하고 있다. 사람들은 그가 노력을 기울이는 것을 사랑하며, 또 그가 사랑하는 것을 위하여 노력을 기울인다.

배려와 관심은 사랑의 또 다른 측면, 즉 책임의 측면을 의미한다. 오늘날의 책임은 흔히 의무를 가리키는 것으로, 외부로부터 그에게 부과된 어떤 일을 가리키는 것으로 해석되고 있다. 그러나 참된 의미의 책임은 완전히 자발적인 행동이다. 그것은 타인의 표현되거나 표현되지 않은 요구에 대한 나의 반응인 것이다. 책임이 있다는 것은 반응할 능력이 있다거나 준비가 되어 있음을 의미한다. 요나는 니느웨의 백성들에게 책임을 느끼지 않았었다. 그는 가인과 마찬가지로 "내가 내 동생의 보호자입니까?"라고 물었던 것이다. 그러나 사랑하는 사람은 다음과 같이 대답할 것이다. "동생의 일은 그만의 것이 아니라 나의 일이기도 하다." 그는 그 자신에 대하여 책임을 느끼는 것과 같이 동포에게도 책임을 느낀다. 어머니와 아기의 관계에서 이러한 책임은 주로 신체적인 욕구를 채워 주는 것을 뜻한다. 성인들 사이의 사랑에서는 책임이란 주로 다른 사람의 정신적인 욕구와 관계된다.

만약 사랑의 제3 구성 요소인 존경이 없다면 책임은 지배 또는 소유욕으로 쉽게 타락할 것이다. 존경은 단순히 두려움이나 경외심이 아니다. 그것은 어원(語源)에 따른다면 사람을 있는 그대로 보고, 그의 독특한 개성을 지각할 줄 아는 능력을 말한다. 존경이란 타인이 있는 그대로 성장하고 발전하도록 배려하는 것이다. 그러므로 착취의 부재(不在)를 의미한다. 나는 사랑하는 사람이 그 자신을 위하여 그 자신의 방식대로 성장하고 발전하기를 원한다. 만약 내가 어떤 사람을 사랑한다면 나는 그 혹은 그녀와 하나인 것을 느낀다. 이때 있는 그대로의 그와 하나인 것을 느끼는 것이지 이용 대상으로써 나에게 필요한 그와 하나가 되는 것은 아니다. 존경이란 오직 내가 독립을 성취했을 때만, 내가 똑바로 서서 부축 없이 걸을 수 있을 때만, 또 어떤 사람을 지배하거나 착취하지 않을 때만 분명코 가능하다. 존경은 자유가 있어야 비로소 존재한다. '사랑은 자유의 산물'이라고 프랑스의 노래가 말하듯이, 사랑은 자유의 아들이지 결코 지배의 아들이 아니다.

사람을 존경한다는 것은 그 사람을 모르고는 불가능하다. 즉 배려와 책임도 지식의 인도를 받지 않을 때에는 맹인과 마찬가지이다. 한편 지식도 배려하는 마음 없이는 무가치하다. 지식에는 많은 층이 있다. 사랑의 한 축을 이루는 지식은 주변에서 머무르지 않고 중심부로 뚫고 들어간다. 나 자신에 대한 관심을 초월하여, 다른 사람을 그의 시선으로 볼 수 있을 때에만 그를 진정으로 알 수 있다. 예를 들어 어떤 사람이 화가 났을 때 그가 그것을 겉으로 드러내지 않아도 나는 그가 화났음을 알 수 있다. 나는 그보다 더 깊게 그를 알지도 모른다. 즉 그가 걱정하고 있음을, 그가 외로움을 느끼고 있음을, 그리고 그가 죄악감에 시달리고 있음을 안다. 그리고 그의 노여움이 보다 깊은 어떤 감정의 표현에 불과하다는 것을 알며, 또 그가 걱정하고 당황하는 것을 알며, 그가 화난 사람이라기보다는 괴로워하는 사람임을 안다.

지식과 사랑 문제 사이에는 보다 근본적인 하나의 관계가 존재한다. 어느 한 사람이 고립감의 감옥으로부터 벗어나기 위하여 다른 사람과 융합하고자 하는 기본적인 욕구는, 인간의 비밀을 알려고 하는 또 하나의 인간적 욕구와 밀접하게 관련되어 있다. 단순히 생물학적인 면에서도 생명은 하나의 기적이며 비밀이지만, 인간적인 면에서도 인간은 그 자신에게나 동료들에게나 무한히 알 수 없는 하나의 신비이다. 우리는 우리 자신을 알고 있다. 그러나 아무리 노력을 기울여도 아직 우리 자신을 잘 알지 못한다. 우리는 우리의 동료들을 안다. 그러나 아직도 그들을 잘 모른다. 왜냐하면 우리는 하나의 물건이 아니며, 우리의 동료도 물건이 아니기 때문이다. 우리가 우리 자신의, 또는 다른 누구의 심층(深層)에 도달하고자 하면 할수록, 알고 싶은 목표는 더욱더 우리에게서 멀어진다. 그래도 우리는 인간 정신의 신비 속으로, 그 인간 자체의 가장 깊숙한 핵심 속으로 파고들지 않을 수 없다.

그 신비를 아는 한 가지 극단적인 방법이 있는데, 그것은 타인을 힘으로 완전하게 지배하는 폭력적 방법이다. 그 힘은 그에게 우리가 원하는 것을 행하게 하고 우리가 원하는 것을 느끼게 하고 우리가 원하는 것을 생각하게 하여 그를 하나의 물건, 즉 우리의 물건, 우리의 소유물로 만들도록 하는 힘이다. 알고자 하는 이러한 시도의 궁극적인 단계는 극단적인 사디즘이며, 인간을 괴롭히는 욕구이며 능력이다. 즉 그를 괴롭히며, 그 괴로움으로 인해 그의 비밀을 누설하게 강요하는 힘인 것이다. 인간의 비밀에 파고들고자 하는 이러한 갈망, 그것이 타인이건 우리 자신의 비밀이건, 그 속에는 깊고 강렬한 인간의 잔인성과 파괴성의 본질적인 동기가 있는 것이다. 이러한 생각을 이사크 바벨이 아주 간결한 방법으로 표현하고 있다. 그의 작품에서 한 동료 장교는, 러시아의 내란 때 옛 상관을 밟아 죽인 뒤 이렇게 말한다.

총을 쏨으로써—나는 이렇게 말하고 싶다—총을 쏘면 단지 그놈을 저세상으로 보낼 수 있을 뿐이다. 총살로써는 어디서 어떻게 되었는지 모르는 그 놈의 영혼을 결코 죽일 수 없다. 그래서 나는 수고를 아끼지 않고 한 시간 이상 그를 밟았다. 당신이 알다시피 나는 생명의 실재가 어떤 것인지 그리고 생명이 인체의 어디에서 어떻게 존재하는지 알고 싶다.[6]

우리는 이와 같은 알고자 하는 행동을 아이들에게서 아주 뚜렷하게 볼 수 있다. 아이들은 어떤 것을 알기 위하여 그것을 분해한다. 또 어떤 때는 동물을 잡아 놓고 그것을 분해한다. 나비의 신비를 알고자 나비의 날개를 잔인하게 떼어 놓는다. 이러한 잔인성 자체는 보다 깊은 어떤 것, 즉 어떤 사물과 생명의 신비를 알고자 하는 욕망의 동기를 받은 것이다.

'신비'를 아는 또 다른 방법은 사랑이다. 사랑은 상대에게 능동적으로 침투하는 것이다. 알고자 하는 나의 욕구는 결합에 의하여 달성된다. 융합의 행동에서 나는 당신을 알며, 나 자신을 알며, 모든 인간을 다 안다. 그리고 나는 아무것도 모른다. 살아 있는 모든 것에 대한 지식은 인간에게 가능한 오직 한 가지 방법, 즉 결합의 경험을 통해서만 알 수 있다. 생각만으로는 알고 있는 것이 아니다. 사디즘은 그 비밀을 알고자 하는 욕구에 의하여 동기화되었지만 아직도 이전과 마찬가지로 모르는 상태에 남아 있게 된다. 나는 다른 것을 조각조각 분해하지만, 내가 한 일이라고는 고작 그것을 파괴한 것뿐이다. 앎의 유일한 방법은 사랑이며, 우리는 결합을 통해 지적 욕구를 채운다. 사랑하는 행위 속에서, 즉 나 자신을 주며 타인에게 침투하는 행위 속에서 자신을 발견하며, 자신을 깨우치며, 우리라는 두 사람을 발견하고, 인간을 발견한다.

우리 자신을 알고 또 동료들을 알고자 하는 열망은 델포이의 신탁인 '너 자신을 알라'에도 표현되어 있다. 그것은 모든 심리학의 주요 동기이기도 하다. 그러나 그 욕망이 인간의 모든 것 또는 그 가장 깊은 곳의 비밀을 알고자 하는한, 그 욕구는 보통 종류의 지식, 즉 단지 사고에만 의존하는 지식으로는 결코 만족되지 못한다. 비록 우리가 우리 자신에 대하여 지금보다 천 배 이상을 더 안다 하여도 결코 그 밑바닥까지 미치지는 못할 것이다. 우리의 동료가 우리에

---

6) 바벨(I. Babel), 《소설 선집(*The Collected Stories*, Criterion Books, New York, 1955)》

게 수수께끼로 남아 있는 것과 같이 우리 자신도 여전히 수수께끼로 남아 있는 것이다. 완전한 지식에 달하는 오직 한 가지 방법은 사랑이다. 왜냐하면 이 행위는 사고를 초월하고 말을 초월하는 것이기 때문이다. 그것은 결합이라는 체험 속으로 과감하게 뛰어드는 행위다. 다만 사고에 의한 지식, 즉 심리학적인 지식도 사랑의 완전한 지식을 얻기 위해 꼭 필요하다. 내가 그에 대하여 품고 있는 환상이나 비합리적으로 왜곡된 상(像)을 극복하고 그의 진실된 실체를 알기 위해서는 타인과 나 자신을 객관적으로 알아야만 한다. 오직 내가 인간을 객관적으로 알 수 있을 때에만, 그의 궁극적인 본질을 사랑의 행동을 통해 알 수 있는 것이다.[7]

인간을 안다는 문제는 하나님을 안다는 종교적인 문제와 병행한다. 전통적인 서구 신학(神學)에서의 이 시도는 사고를 통해 하나님을 알고자 했고, 하나님에 대하여 어떤 정의를 내리려고 했다. 즉 사고를 통해 하나님을 알 수 있다고 생각한 것이다. 뒤에 설명하겠지만 일신교(一神敎)는 결국 신비주의로 귀결된다. 신비주의에서는 사고를 통해 하나님을 알고자 하는 시도는 포기되었고 대신에 하나님에 대한 지식 따위는 들어갈 여지도 없고 또 그럴 필요도 없는, 하나님과의 결합의 경험이 중시된다.

인간과의 결합 혹은 종교적인 하나님과의 결합은 결코 비합리적인 것이 아니다. 오히려 알베르트 슈바이처가 지적한 바와 같이 합리주의의 산물이며 그것의 가장 대담하고도 급진적인 결과이다. 그것은 우리의 지식에는 우연이 아닌 근본적 한계가 존재한다는 인식에 근거한다. 또한 우리가 결코 인간이나 우주의 신비를 파악하지 못할 것이라는 지식이며, 그럼에도 사랑의 행위에서 그것을 알 수 있다고 하는 지식이다. 과학으로서의 심리학에는 한계가 있다. 그리고 신학의 귀결이 신비주의인 것처럼 심리학의 궁극적인 귀결은 사랑이다.

배려·책임·존경 그리고 지식은 상호 의존적이다. 이들은 성숙한 사람, 즉 그

---

7) 이상의 진술은 현대 서구 문화에서 심리학의 역할을 정립하는 데 중요한 의미를 지닌다. 심리학의 급격한 대중성은 확실히 인간의 지식에 대한 관심을 가리키는 것이다. 하지만 그 현상은 오늘날 인간관계에서 사랑이 근본적으로 결여되어 있음을 보여 주는 반증이기도 하다. 따라서 심리학적 지식은 사랑을 향한 일보 전진이라기보다는 사랑의 행동에 대한 완전한 대체물이 되었다.

자신의 힘을 생산적으로 발전시킬 수 있는, 그리고 그가 노력한 것만큼만 기대하는, 또 전지전능한 자기애적인 꿈을 포기하고 오직 순수하게 생산적인 활동만이 줄 수 있는 내적인 힘에 근거한 겸손을 체득한 사람에게서만 발견할 수 있는 태도의 징표이다.

지금까지 나는 사랑을 인간의 고립을 극복하는 해결책이자, 결합에의 욕망을 만족시키는 것으로서 설명해 왔다. 그러나 보편적이고 실존적인 결합 욕구 외에도 보다 독특하고 생물학적인 것, 즉 남성과 여성의 양극(兩極) 간의 결합을 원하는 욕망이 있다. 이러한 양극의 사상은 원래 남성과 여성은 하나였으며 그것이 반으로 갈라졌고, 그때부터 각 남성은 그가 잃어버린 여성이라는 반을 찾아서 그 여성과 다시 결합한다는 신화에 가장 잘 표현되어 있다(원래 남성과 여성이 하나였다는 이 사상은 아담의 갈비뼈로 이브가 만들어졌다는 성경 이야기에도 나타나 있다. 그런데 이 이야기에서는 가부장주의 때문에 여성이 남성에 비해 2차적인 존재로 여겨졌다). 이 신화가 의미하는 것은 실로 명백하다. 성적인 양극화는 인간에게 이성(異性)의 결합이라고 하는 특수한 방법으로 결합하도록 유도한다. 남성적 원리와 여성적 원리라는 양극성은 남자 사이와 여자 사이에서도 역시 존재한다. 생리학적으로 남성과 여성이 서로 상대의 호르몬을 가지고 있듯이, 심리학적인 의미에서도 두 성은 역시 양성적이다. 그들은 그들 자신 속에 수용원리와 침입원리, 물질원리와 정신원리를 다 가지고 있다. 남성 그리고 여성은 그의 여성성과 남성성의 결합을 통해서만 내적인 조화를 얻는다. 이러한 극성(極性)은 모든 창조의 기초이다.

남녀의 극성은 상호 인간적 관계의 창조의 기초이기도 하다. 이것은 생물학적 정자와 난자의 결합이 출생의 기초가 된다는 사실을 보아도 명백한 것이다. 순수한 정신적인 영역에서도 그것은 다름이 없다. 여성과 남성 사이의 사랑에서 그들은 다시 태어난다(동성애적인 일탈은 이 양극성의 결합의 실패이다. 그래서 동성애자들은 결코 해결될 수 없는 고독감의 공포와 실패감으로 괴로워한다. 사실 사랑을 할 수 없는 이성애자도 이와 똑같은 실패를 한다).

남성의 원리와 여성의 원리의 이 양극성은 자연계에도 존재한다. 동물에서나 식물에서나 명백할 뿐 아니라, 수용과 침입이라는 두 가지 기본적인 기능으로도 양극에 존재한다. 이것은 땅과 비, 강과 바다, 밤과 낮, 어두움과 빛, 그리고 물질과 정신의 극이기도 하다. 이러한 사상(思想)을 위대한 이슬람의 시인이며 신비론자인 루미가 아름답게 묘사하고 있다.

> 상대의 사랑을 전혀 받음이 없이
> 혼자서만 그 사랑을 추구할 수는 없다.
> '이' 가슴 속에 사랑의 불이 켜질 때
> '그' 가슴 속에도 사랑이 있음을 안다.
> 그대의 마음속에 신에 대한 사랑이 자랄 때
> 틀림없이 신은 그대에 대한 사랑을 품는다.
> 다른 손 없이 한 손만으로는
> 손뼉치는 소리가 나지 않는다.
> 성스러운 지혜는 우리가 서로 사랑하도록
> 운명 지어 주고 명령한다.
> 세계의 모든 것이 짝을 이룸은
> 이미 정해진 운명이다.
> 지혜로운 자의 눈에 하늘은 남성, 땅은 여성,
> 땅은 하늘이 내리는 것을 기른다.
> 땅에 열이 부족하면 하늘은 그것을 보내 주고,
> 또 땅이 생기와 습기를 잃으면, 하늘은 그것을
> 회복시켜 준다. 남편이 아내를 위하여
> 양식을 찾는 것처럼 하늘은
> 땅의 주위를 돌고,
> 땅의 가사(家事)로 바쁘며,
> 자식들을 돌보고 젖 먹인다.
> 하늘과 땅은 지혜로운 자처럼 일한다.
> 그들을 지혜자로서 보라.
> 이들이 서로 기쁨을 나누고 있지 않다면,
> 어째서 연인들처럼 포옹하고 있겠는가?
> 땅이 없다면 어떻게 꽃과 나무가 꽃을 피울 수 있겠는가?

그래도 하늘은 물과 열을 내려 줄 수 있겠는가?
알라는 남성과 여성이 결합하여
세계가 유지되길 바라신다.
알라는 만물에 그의 또 다른 반신(半身)을 원하는 욕구를 심어 주셨다.
낮과 밤은 외견상으로는 적인 듯 보이나,
둘은 하나의 목표를 위하여 일한다.
그들은 만물을 사랑하고 서로를 도우며 소임을 다한다.
밤이 없으면 인간은 아무런 수입도 얻지 못하며,
낮에 소비할 일이 아무것도 없을 것이다.[8]

　남성과 여성의 양극성의 문제는 사랑과 성(性)이라는 주제를 보다 깊은 논의로 이끌어 간다. 앞서 성적 욕망이 사랑과 결합 욕구의 발로(發露)라는 사실을 인식하지 못하고, 사랑을 오직 성적 본능의 표현 또는 승화라고 보았던 프로이트의 오류를 지적했다. 그러나 프로이트의 오류는 이것으로 그치지 않는다. 생물학적 유물론(唯物論)이라는 견지에서 그는 성적 본능을 신체 내에 화학적으로 산출된 고통스러운 긴장의 결과로 보고 있다. 우리는 이 긴장을 해소하고자 한다. 성적 욕망의 목표는 이러한 고통스러운 긴장의 제거이며, 성적 만족은 이러한 제거를 완수하는 데 있다고 프로이트는 주장한다.
　성적 욕망은 유기체가 영양이 부족할 때 느끼는 허기 및 갈증과 비슷하다는 점에서는 이 견해가 타당한 듯하다. 이 개념에서 성적 욕망은 가려움처럼 참을 수 없는 욕망이며, 성적 만족은 이러한 가려움의 제거를 의미한다. 그러나 성을 이렇게 정의하자면, 자위행위가 가장 이상적인 성행위일 것이다. 프로이트는 성의 심리적·생물학적 측면, 남성과 여성의 양극성, 그리고 이 양극성을 결합을 통해 다리 놓으려고 하는 욕망을 무시하고 있다. 이러한 기묘한 오류는 아마 프로이트의 극단적인 가부장주의 때문에 조성되었을 것이다. 이는 그로 하여금 성적 관심은 본질적으로 남성적인 것이라고 가정하게 했고, 마침내는 여성적 성애(性愛)를 무시하게 했던 것이다. 프로이트는 이러한 관념을 《성의 이론

---

8) 니콜슨(R.A. Nicholson)의 《루미(Rūmī, George Allen and Unwin, Ltd. London, 1950)》 pp. 122~123 참조.

에 대한 3가지 논문》이란 저술에서 표현했다. 거기서 그는 다음과 같이 주장한다. 리비도는 그것이 여성에게 있든 남성에게 있든 원칙적으로 '남성적 본성'을 지닌다는 것이다. 이와 동일한 관념이, 합리화된 형태로서, 소년은 여성을 거세당한 남자로 보며 여성 자신은 남성적 생식기의 상실에 대한 여러 가지의 보상을 추구한다는 프로이트의 이론에서도 역시 표현되고 있다. 그러나 여성은 거세된 남자가 아니며, 그녀의 성은 특수하게 여성적인 것이지 '남성적 본성'의 것은 아니다.

양성(兩性)이 서로에게 성적으로 끌리는 현상은 긴장을 제거하려는 욕구 때문일까? 물론 그런 면도 있지만, 그것은 주로 다른 성과의 결합 욕구를 통해 일어난다. 사실 사랑은 결코 성적 매력만으로 이루어지는 것이 아니다. 성적 기능과 마찬가지로 성격에도 남성적인 것과 여성적인 것이 있다. 남성적 성격은 침입, 지도, 활동, 규율, 모험의 특성을 띠며, 여성적 성격은 생산적인 수용성, 보호, 현실주의, 지구성(持久性), 모성(母性) 등의 특성을 지닌다(각 사람의 성격은 이 두 가지가 혼합된 것이며, 단지 '남성'의 속성과 '여성'의 속성 중 어느 한 편이 우세할 뿐이라는 점을 언제나 명심해야 한다). 어떤 남자가 정서적으로 아직 어린아이의 단계를 벗어나지 못하여 남성적 특징이 약한 경우, 흔히 그는 성적으로 자신의 남성적 역할을 배타적으로 강조함으로써 이러한 결함을 보상하려고 애쓸 것이다. 결과적으로 그는 방탕아가 될 것이고 성격적으로 자신의 남성다움을 확신하지 못하기 때문에, 성적으로 자신의 남성다움을 증명해야 한다고 느낀다. 남성다움이 더욱 극단적으로 부족할 경우, 사디즘(폭력의 사용)이 남성성의 주된 —변태적인—대체물이 된다. 만약 여성이 성감이 약화되거나 도착되면 그것은 마조히즘 혹은 소유욕으로 변형된다.

프로이트는 성을 지나치게 과대평가했다는 점에서 비판의 대상이 되어 왔다. 특히 전통적 사고방식에 젖은 사람들이 적의를 드러냈던 요소를 프로이트의 체계에서 제거하고 싶어 하는 소망이 이 비판을 더욱 가중시켰다. 프로이트는 이를 깨닫고는 자신의 성 이론을 변경코자 하는 모든 기도(企圖)와 싸웠다. 그 시대에 프로이트의 이론은 실로 도전적·혁명적이었다. 그러나 1900년 즈음에는 진리였던 것이 그 후 50년이 지난 오늘날에는 진리가 아니다. 성적인 관습은 너무나 많이 변화했으므로 서구의 중간계급에게 프로이트의 이론은 더 이상 놀라운 것이 못 된다. 만약 정통파 분석가들이 오늘날에도 프로이트의 성이론을 고수함으로써 자신들을 용기 있고 급진적인 학자라고 생각한다면, 참으로 시대착오적 발상이다. 사실 그들의 정신분석이란 것은 동조주의자의 그것에 지나지 않으며, 현대사회의 비판에로 나아가는 심리학적 문제점을 제기하지 못한다.

프로이트는 성을 지나치게 강조했다는 점이 아니라, 성을 충분히 깊게 이해하지 못했다는 점에서 비판받을 만하다. 그는 인간관계에서 감정이 얼마나 중요한지를 발견한 선구자다. 그러나 이 철학적 전제를 생리학적으로 설명해 버렸다. 정신분석학이 더욱 발전하려면 프로이트의 통찰을 생리학적인 것에서 생물학적·존재론적 차원으로 변형시킴으로써 개념을 수정하고 심화해야 할 것이다.[9]

2 부모와 자녀 사이의 사랑

인자한 운명의 여신이 보호해 주지 않는다면, 어린아이는 출생의 순간부터 공포를 느낄 것이다. 어머니로부터의, 자궁 속 세계로부터의 분리로 인해 느낄 불안을 의식하지 못한다는 것은 행운이다. 태어난 후라 하더라도 아기는 출생 전의 상태와 거의 다름이 없다. 대상을 인식할 수 없으며, 아직 자기 자신도 의식하지 못하고, 또한 외부 세계도 알지 못한다. 아기는 다만 따뜻함이나 음식물 같은 확실한 자극을 느낄 뿐이며, 따뜻함과 음식물을 그것의 원천인 어머니와 아직 구별하지 못한다. 어머니가 곧 따뜻함이고 음식물이며, 만족스럽고 안전하며 행복한 상태이다. 이 상태는 프로이트의 말을 빌리면 나르시시즘이다. 사람이나 사물 등 외부적 실재(實在)는 신체의 내적 상태를 만족시키거나 좌절시키는 면에서만 의미를 갖는다. 실재하는 것은 내부에 있는 것뿐이다. 외부에 있는 것은 나의 욕구에 관련될 때에만 실재하는 것이고, 그 자체의 특성이나 필요성 등은 중요하지 않다.

---

9) 프로이트는 삶과 죽음의 본능에 대한 그의 후기 개념에서 이러한 방향으로 한 발 나아갔다. 종합과 통일의 원리로서의 삶의 충동(에로스)이란 개념은 그의 리비도 개념과는 전혀 다른 평면 위에 있다. 그러나 삶과 죽음의 본능에 대한 이 이론이 행동파 분석가들을 통해 수용되었음에도, 임상학적 연구에 대한 리비도 개념은 근본적으로 변하지 않았다.

아기가 성장하고 발달하면, 사물을 있는 그대로 인식할 수 있게 된다. 우선 만복감을 어머니의 젖꼭지나 유방과 구별하게 된다. 그리고 점점 자신의 갈증, 젖, 유방, 어머니 등을 각각 상이한 실재로 경험한다. 그 밖의 많은 사물들 또한 저마다 다른 것으로서 그들의 독자적 존재를 지각하게 된다. 이 시기에 아이는 사물(事物)을 이름으로 부르는 법을 배우는 동시에 그것들을 다루는 방법을 터득한다. 즉 불은 뜨겁고 고통스러우며, 어머니의 몸은 따뜻하고 기분 좋으며, 나무는 단단하고 무거우며, 종이는 가볍고 찢어질 수 있다는 사실들을 배운다. 사람을 다루는 방법도 배운다. 어머니는 내가 무엇을 먹을 때 미소 지을 것이며, 내가 울 때는 팔로 안아 줄 것이며, 내가 대소변을 가릴 때는 칭찬해 줄 것이라는 점을 익힌다. 이러한 모든 경험은 결정(結晶)이 되어 '나는 사랑받고 있다'는 경험 안으로 통합된다. 나는 어머니의 아이이므로 사랑받는다. 무력하기 때문에 사랑받으며, 귀엽고 신통하므로 사랑받고, 또 어머니가 나를 필요로 하므로 사랑받는다…… 더욱 일반적으로 말하자면 '나는 나이기 때문에 사랑받는다'고 할 수 있다.

어머니에게 사랑받는다는 이러한 경험은 수동적(受動的)인 것이다. 사랑을 받기 위해 내가 해야 할 일은 아무것도 없다. 어머니의 사랑은 무조건적이다. 내가 해야 할 일은 그녀의 아이로서 살아가는 것뿐이다. 어머니의 사랑은 다시 없는 복이요 평화이다. 그것은 애써 획득할 필요도 없으며 따로 자격이 있어야 하는 것도 아니다.

그러나 이 무조건적 사랑의 특성에는 역시 부정적 측면이 존재한다. 자격이 필요가 없을 뿐만 아니라, 그것은 획득할 수도, 만들 수도, 통제할 수도 없다는 점이다. 만약 어머니의 사랑이 있다면 축복이요, 만약 그것이 없어서 삶이 암담해진다 해도 내가 그것을 만들어낼 수는 없다.

8세 반에서 10세 사이에 있는 어린이 대부분의[10] 문제는 거의 예외 없이 '사랑받는 것', 즉 있는 그대로 사랑받는 문제이다. 이 나이까지의 어린이는 아직 사랑하지 못한다. 그는 사랑받으면 즐겁게 반응한다. 이 성장단계에서는 새로운 요인이 등장하게 된다. 즉 자신의 행동이 사랑을 만들어낸다고 하는 느낌이

---

10) 《인간간의 정신의학론(*The Interpersonal Theory of Psychiatry*, W.W. Norton & Co., New York, 1953)》에서 이러한 발전에 대한 설리반(Sulivan)의 서술을 참조하라.

다. 처음에 어린이는 어머니(혹은 아버지)에게 어떤 무엇을 준다거나, 시(詩)나 그림 등 무언가를 만들어내는 것을 생각한다. 태어나서 처음으로 사랑의 관념이 받는 것에서 하는 것, 즉 창조로 변화하는 것이다. 이 최초의 단계에서 성숙한 사랑의 단계까지 오르는 데에는 많은 세월이 걸린다.

마침내 사춘기를 맞이한 아이는 자기중심성(自己中心性)을 극복한다. 즉 그에게 타인이란 더 이상 자신의 욕구를 만족시키기 위한 수단이 아니다. 타인들의 욕구는 자신의 욕구와 마찬가지로 중요하며, 더 나아가 사실상 타인들의 욕구가 더 중요하다고 생각하게 된다. 주는 것은 받는 것보다 훨씬 더 만족스럽고 즐거운 것이 되었다. 사랑하는 것이 사랑받는 것보다 더 중요해졌다. 사랑함으로 그는 나르시시즘과 자기중심성의 창살이 둘러쳐진 고독과 고립의 감옥을 벗어났다. 이로써 새로운 결합과 동료애와 일체성을 느낀다. 뿐만 아니라 더 나아가서 사랑받는다는 의존적 행위를 뛰어넘어 사랑함으로써 사랑을 만들어 내는 능력에 눈을 뜬다. 남에게 사랑받기 위해 그는 작고 무력하고 아프거나 혹은 착한 어린이가 되어야만 했다. 유아기의 사랑은 '나는 사랑을 받고 있기 때문에 사랑한다'라는 원칙을 따른다. 그러나 성숙한 사랑은 '나는 사랑하기 때문에 사랑받는다'의 원칙을 따른다. 그리고 미성숙한 사랑은 '나는 당신을 사랑하기 때문에 당신이 필요하다'고 말한다.

사랑의 능력·발달과 밀접하게 관련된 것이 사랑하는 대상의 발전이다. 출생 후 몇 개월이나 몇 년이 된 아이는 어머니에게 가장 친밀한 애착심을 느낀다. 이 애착심은 어머니와 아이가 둘이면서도 아직 하나였던 출생 순간 이전부터 시작된다. 출생은 두 사람의 상황을 변화시키지만 그것은 겉보기만큼 대단하진 않다. 아이는 지금 자궁 밖에서 살지만 아직 어머니에게 전적으로 의존하고 있다. 그러나 하루하루 더욱 독립적으로 변한다. 걷고 말하는 것을 배우며 독자적으로 세계를 탐구하는 방법을 터득한다. 그에 따라 어머니에 대한 원천적인 관계는 그 의의를 상실하며, 대신에 아버지와의 관계가 더욱 중요해진다.

어머니에서 아버지로의 이와 같은 이행(移行)을 이해하기 위해서는, 모성애와 부성애의 본질적인 특성의 차이를 고찰해야 한다. 앞서 살펴보았듯이 모성애는 본질적인 면에서 무조건적이다. 어머니가 갓난아기를 사랑하는 것은 그 아기가 자신의 아기라는 이유 때문이지, 그 아기가 어떤 특수한 조건을 충족했다든가 어떤 특별한 기대에 맞게 행동을 했다는 이유에서가 아니다(여기서 논하는 아버지의 사랑과 어머니의 사랑은 '이념형(理念型)'—막스 베버나 융의 이론—에 따른 것이다. 따라서 모든 어머니와 아버지가 이런 방법으로 사랑한다는 뜻은 결코 아니다. 내가 말하는 것은 어머니다운 사람과 아버지다운 사람에게서 나타나고 있는 어머니다운 원칙과 아버지다운 원칙에 대해서이다). 무조건적 사랑은 아이뿐만 아니라 모든 인간의 가장 심원(深遠)한 갈망들 중 하나이다.

반면에 나의 장점 때문이나, 내게 그럴 만한 가치가 있기 때문에 사랑받는 것은 언제나 불안정하다. 상대를 만족시키지 못하고 있는 것이 아닐까, 사랑이 사라지지나 않을까 하는 두려움이 늘 따라다닌다. 더구나 특정한 가치가 있어서 사랑받는 사람은, 실제로 자기 자신을 위한 사랑이 아니라 상대를 위한 사랑을 하는 셈이다. 따라서 궁극적으로 보면 그 사람은 이용만 당했을 뿐이며, 결국은 사랑받고 있지 않다는 쓰라린 감정만을 맛보게 될 뿐이다. 그러므로 우리 모두가 어린이일 때나 성인일 때나 모성애를 갈망하는 것은 별로 놀라운 일이 아니다. 대부분의 어린아이는 모성애를 받을 만큼 충분히 운이 좋다(어느 정도인가는 뒤에 논의할 것이다). 그러나 성인이 되면 이런 갈망은 충족되기가 훨씬 더 어렵다. 그 사람이 정상적인 발달단계를 거쳤다면 모성애는 정상적인 이성애의 일부로 남게 된다. 그런데 모성애가 종교적 형태로 변하거나, 심하면 신경병적인 형태로 나타나는 경우도 있다.

아버지에 대한 관계는 이와 전혀 다르다. 어머니는 우리가 태어난 집이다. 자연이며 대지(大地)이고 대양(大洋)이다. 반면 아버지는 이러한 자연적인 집을 의미하지 않는다. 아이는 출생 후 몇 해 동안은 아버지와 거의 아무런 관계도 맺지 않는다. 유아기 아이에게 아버지의 중요성은 어머니의 중요성과는 비교될 수도 없다. 그러나 아버지는 자연적 세계는 아니지만 인간 존재의 다른 극(極)을 의미한다. 사상(思想), 사람이 만든 사물, 법과 질서, 규율, 여행과 모험 등은 아버지의 세계이다. 아버지는 아이에게 가르치는 선생이며, 세계로 진출하는 길을 보여주는 인도자이다.

이 기능과 밀접하게 관련되어 있는 것이 사회 경제적 발전이다. 사유재산(私有財産)이 출현하자, 아버지는 자기의 재산을 물려줄 아들을 선택해야 했다. 아버지가 자신의 후계자로 가장 적합하다고 생각하는 사람은 말할 것도 없이 자기와 가장 닮아서 가장 좋아하는 아들이다. 부성애는 조건부의 사랑이다. 부성애의 원칙은 '내가 너를 사랑하는 것은, 네가 나의 기대를 충족시켜 주기 때문이며, 네가 너의 의무를 이행하기 때문이고, 네가 나를 좋아하기 때문이다'라는 것이다.

이와 같은 조건부의 부성애에는 무조건적인 모성애와 마찬가지로 부정적인 면과 긍정적인 면이 공존한다. 부정적인 면이라 함은 부성애를 얻으려면 일정한 자격이 필요하며, 만약 기대된 바를 행하지 않는다면 그것이 사라진다는 점이다. 부성애에서는 순종(順從)이 미덕이며, 불순종은 죄악이고 이에 대한 처벌은 부성애의 철회를 의미한다. 한편 긍정적인 면도 마찬가지로 중요하다. 아버지의 사랑은 그것을 획득하기 위해 무언가를 해내려고 노력해야 하는 조건부 사랑이다. 덕분에 모성애처럼 전혀 통제할 수 없는 것은 아니다.

어린아이에 대한 어머니의 태도와 아버지의 태도의 차이점은 그 아이 자신의 욕구와 일치한다. 어린아이는 어머니의 무조건적인 사랑과 배려를 정신적으로는 물론이거니와 생리적으로도 필요로 한다. 그런데 6세 이후에는 아버지의 사랑과 권위, 그리고 지도도 필요로 하기 시작한다. 어머니는 아이를 보호하는 기능을, 아버지는 아이가 살아가는 사회가 부과하는 모든 문제에 대한 해결 방법을 지도하는 기능을 한다.

이상적인 어머니의 사랑은 아이의 성장을 방해하거나 무력함을 조장하지 않으려 한다. 어머니는 아이의 생명력을 믿어야 한다. 지나치게 염려하지 않음으로써 아이가 그녀의 걱정에 감염되지 않도록 해야 한다. 또한 아이가 언젠가 독립해서 떠나가길 바라야 한다. 아버지는 원칙과 기대를 통해 자식을 지도해야 한다. 그것은 위협적이고 권위적이기보다는 인내와 관용이어야 한다. 자라는 아이에게 자신감을 주고 자주성을 허용하여 마침내는 아버지의 권위에서 벗어나게 해야 한다.

결국 성숙한 인간은 자기가 그 자신의 어머니이고 그 자신의 아버지라는 경지에 이른다. 그는 말하자면 모성적 양심과 부성적 양심을 갖는 것이다. 모성적 양심은 '네가 아무리 그릇된 행동을 하더라도, 아무리 사악한 범죄를 저질러도, 그것이 너를 향한 나의 사랑을, 너의 생명과 행복에 대한 나의 소망을 박탈하지 못한다'는 것이다. 부성적 양심은 '잘못을 했으면 그에 대한 대가를 받아야만 한다. 내게 사랑받고 싶으면 무엇보다 너의 방식을 바꿔야만 한다'는 것이다. 성숙한 인간은 외부에 있는 어머니와 아버지의 상(像)에서 해방되고, 자기의 안에 그 상(像)을 건립한다. 프로이트의 초자아(超自我) 개념과는 대조적으로, 그가 내부에 세우는 상은 어머니와 아버지를 그대로 흡수한 모조품이 아니다. 그 자신의 사랑의 능력을 토대로 세운 모성적 양심과, 자신의 이성(理性)과 판단에 입각해서 만든 부성적 양심이다. 더구나 성숙한 인간은 서로 모순되는 듯 보이는 모성적 양심과 부성적 양심을 모두 지닌 채 남을 사랑한다. 만약 그가 부성적 양심만을 간직한다면, 거칠고 잔인해질 것이다. 만약 그가 모성적 양심만을 간직한다면, 판단력을 상실하고 자기 자신이나 타인의 발달에 방해가 되기 쉬울 것이다.

이와 같이 어머니 중심의 애착심이 아버지 중심의 애착심으로 변하고 마침내는 쌍방이 하나로 통합되는 발달과정은 정신적 건강의 기초이자 성숙의 결과다. 이러한 발전이 제대로 이루어지지 않으면 노이로제가 발생한다. 노이로제에 대해서 심도 있게 논하는 것은 이 책의 범위를 넘어서는 것이므로, 여기서는 그 간단한 특징만을 설명하겠다.

노이로제가 발생하는 원인의 하나는, 어머니가 애정은 있으되 지나치게 관대하거나 지나치게 억압적이고, 아버지는 허약하고 무관심한 경우이다. 이 경우 유아기의 어머니에 대한 애착심이 그대로 남게 된다. 그는 어머니에게 의존하고 무력을 느끼며, 수용적인 인간의 특징인 받아들이고 보호받고 돌보아지기를 갈구하는 성격으로 발전하게 된다. 또한 아버지다운 특질인 규율, 독립 그리고 자기 삶을 지배하는 자주적 능력이 결여된 사람이 된다. 그는 모든 사람에게서 어머니를 발견하려고 한다. 어떤 때는 여자들에게서, 또 어떤 때는 권위와 권력의 지위에 있는 남자들에게서 '어머니'를 발견하려고 한다. 만약 반대로 어머니가 냉담하고 몰이해적(沒理解的)이고 강압적이라면, 그는 모성적인 보호에 대한 욕구를 아버지나 아버지 격의 인물을 통해—이 경우에도 최종적 결과는 전자(前者)의 경우와 비슷하다—충족하려 할 것이다.

또는 일방적인 아버지 지향적(志向的) 인간으로 발전하게 될 것이다. 이 경우 그는 법·질서·권위의 원칙을 완전히 따르는 반면, 무조건적인 사랑을 기대하거나 받을 수 있는 능력을 잃게 된다. 이러한 발전은 아버지가 권위적이면서도 아들에 대한 애착심이 몹시 클 때 더욱 강렬해진다. 이러한 모든 노이로제의 특징은, 모성적 원리나 부성적 원리 중 어느 한편이 발달되지 못했다는 사실이다. 또는—이 경우는 더욱 심한 노이로제로 발달하는 경우이다—어머니와 아버지의 역할이 외부적으로도 내부적으로도 혼동되어 있다는 점이다. 더욱 깊이 고찰해보면, 강박성(强迫性) 노이로제 같은 것은 일방적인 아버지 중심의 애착심의 기초 위에서 발달하며, 반면에 히스테리나 알코올중독증, 자기 자신을 주장하고 생을 현실적으로 극복하는 능력의 결여, 우울증 등과 같은 것들은 어머니에 대한 일방적 애착심에서 발생하고 있다는 사실을 알 수 있다.

3 사랑의 대상

사랑은 원래 특정 인간에 대한 관계가 아니다. 그것은 한 대상에 대해서가 아니라, 전체 및 세계에 대한 한 사람의 관계를 결정하는 태도, 즉 '성격의 방향'이다. 어떤 사람이 다른 한 사람만을 사랑하고 나머지 동료에 대해서는 무관심하다면, 그의 사랑은 사랑이 아니라 공생적(共生的) 애착 또는 확대된 자기중심적 집착에 지나지 않는다.

그렇지만 대부분의 사람들은 사랑이 그 능력에 의해서가 아니라 대상에 의해서 구성되는 것으로 믿고 있다. 사실상 그들은 사랑하는 사람 이외에는 어떤 사람도 사랑하지 않을 때, 그것이 그들 사랑의 강렬함의 증거라고까지 믿고 있다. 이것은 앞서 지적한 바와 동일한 오류이다. 사랑이란 활동이며 정신의 힘이라는 것을 모르기 때문에, 그는 올바른 대상을 발견하기만 하면 만사가 해결되리라 믿는다. 이러한 사람은 그림을 그리고 싶으나 그리는 기술을 배우는 대신 알맞은 대상을 기다려야 하며, 그 대상을 찾았을 때 아름답게 그리겠다고 주장하는 사람과 다를 바 없다. 만약 내가 한 사람을 진실하게 사랑한다면, 나는 모든 사람을 사랑하며 세계를 사랑하고 인생을 사랑하는 것이다. 만약 내가 누구에게 나는 당신을 사랑한다고 말할 수 있다면, 나는 당신의 안에서 모든 사람을 사랑하며, 당신을 통해서 세계를 사랑하며, 당신 안의 나 자신을 역시 사랑한다고 말할 수 있을 것이다.

단, 사랑이 모든 사람에 대한 것이지 한 사람에 대한 것은 아니라는 말이,

대상에 따른 사랑의 다양성을 부정하는 것은 아니다.

형제애

모든 유형의 사랑에 가장 근본이 되는 사랑은 형제애이다. 이것은 책임감, 배려, 존경, 타인에 대한 지식, 자기 생명 증진에의 열망 등을 의미한다. 성경이 '네 이웃을 네 몸과 같이 사랑하라'고 말할 때의 사랑, 모든 인간에 대한 사랑이다. 형제애의 특징은 배타성이 전혀 없다는 점이다. 만약 내가 사랑하는 능력을 발전시켰다면, 나는 나의 형제를 사랑하지 않을 수 없다. 형제애에서는 모든 사람과의 결합, 인간적 연대, 인간적 일치의 경험이 존재한다. 형제애는 우리 모두가 하나라는 의식에 기초를 두고 있다. 재능과 지성, 지식의 차이는 모든 사랑에게 공통된 인간적 핵심인 동일성에 비하면 별것 아니다. 이러한 동일성을 경험하기 위해서는 주변에서부터 핵심에까지 파고들어가는 것이 필요하다. 타인을 주로 피상적으로만 인식한다면 우리를 구별 짓는 차이점만을 주로 인식하게 된다. 그러나 만약 핵심까지 파고들어간다면 그때에는 우리가 형제라는 사실, 즉 동일성을 인식하게 된다. 중심에서 중심으로의 관계는 변두리에서 변두리의 관계와는 달리 중심적 관계이다.

시몬 베유는 이것을 다음과 같이 매우 훌륭하게 표현했다.

같은 말이라도 표현 방식에 따라 달라진다. 예를 들면 어떤 사람이 아내에게 '당신을 사랑하오'라고 했더라도, 어떻게 말했느냐에 따라 무덤덤하거나 이상하게 들릴 수도 있다. 말하는 방식은, 그 말이 인간의 얼마나 깊은 영역에서 우러났는가에 따라 달라진다. 그리고 놀라운 공명(共鳴)을 통하여 말은 그것을 듣는 사람 속 깊은 영역에 도달한다. 그리하여 듣는 사람이 조금이라도 통찰력을 지녔다면 그 말의 가치가 무엇인지를 구별할 수 있게 된다.[11]

형제애는 동배(同輩) 간의 사랑이다. 그러나 동배라 하더라도 언제나 평등한

---

11) 시몬 베유(Simone Weil)의 《중력과 은총(*Gravity and Grace*, G.P. Putnam's Sons, New York, 1952)》 p.117 참조.

것은 아니다. 우리는 인간인 이상 언제 어디서 도움이 필요할지 모른다. 오늘은 내가, 내일은 당신이 도움을 구할 수 있다. 그러나 이렇게 돕고 도움받는 행위가 어떤 사람은 무력하고 또 어떤 사람은 강력하다는 의미는 아니다. 무력은 오래 계속되는 조건이 아니며, 자신의 발로 걷는 능력은 영구적이고 누구에게나 공통된 것이다.

무력한 사람, 가난한 사람이나 낯선 사람에 대한 사랑 등이 실은 형제애의 발단(發端)이다. 자신의 혈육을 사랑하는 것은 사실 특별한 일이 아니다. 동물도 자기 새끼는 사랑하며 돌보아 준다. 무력한 인간은 주인을 사랑한다. 자신의 생명이 그 주인에게 달려 있기 때문이다. 어린아이는 부모를 사랑한다. 부모가 필요하기 때문이다. 내게 도움이 안 되는 사람을 사랑할 때 비로소 사랑은 피어나기 시작한다. 특히 《구약성서》에서 주로 사랑받는 사람은 가난한 자, 이방인, 과부와 고아, 그리고 궁극적으로는 국민의 적인 이집트인과 에돔의 자손이었다.

무력한 사람을 동정함으로써 형제애는 발달하기 시작하며, 도움이 필요한 자, 위험에 처해 있는 약자를 편애한다. 사실 나 자신을 사랑하는 것도, 도움을 원하는 불안정한 한 인간을 사랑하는 행위이다. 동정에는 이해와 동일시(同一視)의 요소가 포함되어 있다. "이방 나그네를 압제하지 말라. 너희가 애굽 땅에서 나그네 되었었은즉 나그네의 사정을 아느니라"[12]고 《구약성서》는 말하고 있다.

모성애

앞서 언급한 바와 같이, 모성애는 자녀의 생명과 욕구에 대한 무조건적 긍정이다. 그런데 여기서 꼭 짚고 넘어갈 점이 있다. 어린아이의 생명에 대한 긍정에는 두 개의 측면이 있다는 점이다. 하나는, 아이의 생명과 성장을 위해서 절대적으로 필요한 보호와 책임이다. 다른 하나는, 단순한 생명의 유지 이상의 것이다. 그것은 바로 생에 대한 사랑을 알려주고, 어린 소년 소녀로서 이 땅에서 살아 숨 쉰다는 것은 대단한 축복임을 깨닫게 하는 태도이다.

---

12) 이와 동일한 관념이 헤르만 코엔(Hermann Cohen)의 저서 《유대교의 원천으로부터 이성의 종교》의 제2판 p.168 이하에서 표현되었다(*Religion der Vernunft aus den Quellen des Judentums*, 2nd edition, J. Kaufmann Verlag, Frankfurt am Main, 1929).

모성애의 이러한 두 측면은 성경의 천지창조 이야기에서 대단히 간략하게 표현되고 있다. 신은 세계를 그리고 인간을 창조한다. 이것은 생존의 단순한 보호와 긍정을 의미한다. 그러나 신은 이러한 최소의 조건을 마련해 주는 데서 그치지 않는다. 자연—그리고 인간—이 창조된 다음날부터 신은 '좋다'고 말한다. 이러한 제2단계가 곧 모성애이며, 이는 아이에게 태어난 것이 좋은 일이었다고 느끼게 한다. 즉 생존의 욕망만이 아니라 생에 대한 사랑을 어린아이에게 가르쳐 주는 것이다. 이와 같은 사상은 성서의 다른 이야기에서도 표현되고 있다. 약속된 땅(땅은 항상 어머니를 상징한다)은 '젖과 꿀로 충만해 있다'고 기술되어 있다. 젖은 사랑의 제1측면, 즉 보호와 긍정을 나타내는 상징이다. 꿀은 인생의 감미, 생에 대한 사랑, 살아 있는 것의 행복을 상징한다. 젖을 줄 수 있는 어머니는 흔하지만, 꿀도 줄 수 있는 어머니는 극히 드물다. 꿀을 주기 위해서는 좋은 어머니여야 할 뿐만 아니라 행복한 사람이어야 한다. 이 점이 아이에게 미치는 영향은 거의 절대적인데도 이 조건을 갖춘 사람은 많지 않다. 생명에 대한 사랑은 불안과 마찬가지로 남에게 전달되기 쉬운 것이다. 이 두 가지는 어린아이의 전인격에 깊은 영향을 미친다. 우리는 '젖'만 받은 아이와 '젖과 꿀'을 모두 받은 아이를 구별할 수 있다.

　동배 간의 사랑인 형제애나 이성애에 비해, 어머니와 어린아이의 관계는 그 본질상 불평등한 관계이다. 한편은 전적인 도움을 요구하고 다른 한편은 그 도움을 준다. 모성애가 최고의 사랑이며 모든 정서적 유대 중에서도 가장 신성한 것으로 생각되었던 이유는 이러한 이타적(利他的), 자기희생적인 성격 때문이다. 그렇지만 모성애의 진실한 성취는 유아에 대한 어머니의 사랑이 아니라, 자라고 있는 아이에 대한 그녀의 사랑에 있다. 실제로 대다수의 어머니는 유아가 어리고 아직 어머니에게 완전히 의존하고 있는 동안에는 헌신적인 모성애를 발휘한다. 대부분의 여성은 어린아이를 원하며, 갓난아이가 태어나면 기뻐하고 또 그 아기를 돌보는 데 열심이다. 그들은 아기로부터 웃는 얼굴과 만족의 표현 이외에는 아무런 보답도 받지 못하는데도 사랑을 쏟아 붓는다. 이러한 사랑의 태도는 인간 여성에게서는 물론 동물에게서도 발견되는 본능적 욕구에 기인한다고 보여진다. 그러나 본능이 아무리 크게 작용한다 하더라도 이러한 모성애의 본바탕에는 인간 특유의 심리학적 요인들이 존재하고 있다. 이 요인들

중의 하나는 모성애에서 발견되는 자기애라 할 수 있다. 갓난아기를 자신의 일부로 생각하는 한, 아기에 대한 그녀의 사랑은 곧 자기애를 만족시키는 행위일 것이다. 또 하나의 다른 동기는 어머니의 권력욕 혹은 소유욕에서 발견될 수 있다. 그녀의 의지에 완전히 예속되어 있는 무기력한 어린아이는 그녀의 지배욕과 소유욕을 만족시켜주는 최고의 대상인 것이다.

이러한 동기들은 흔히 볼 수 있는 것들이긴 하지만, 아마 '초월 욕구'라고 불리는 동기보다는 덜 중요하고 덜 보편적일 것이다. 이 초월의 욕구는 인간의 자기 인식, 즉 피조물(被造物)로서의 역할에 만족하지 않으며, 내던져진 주사위로 살아가기를 거부한다는 존재근거에 뿌리를 둔 인간의 가장 기본적인 욕구 중 하나이다. 인간은 자기 자신을 창조자로서 느끼고 싶어 하며, 피조물이라는 수동적 역할을 초월하고 싶어 한다. 이러한 창조의 욕구를 만족시키는 데는 여러 가지 방법이 있다. 가장 자연스럽고 손쉬운 것은 어머니로서 자신의 창조물을 보호하고 사랑하는 방법이다. 그녀는 아이를 통해 자신을 초월하며, 갓난아기에 대한 사랑으로 그녀의 생명에 의미와 의의를 부여한다(아이를 낳음으로써 자신의 초월 욕구를 충족시킬 능력이 전혀 없는 남성들에게는, 사물과 사상을 만듦으로써 자신을 초월하고자 하는 충동이 있다).

그러나 아이는 성장해야 한다. 아이는 어머니의 품에서 벗어나야 한다. 그리고 결국에는 완전히 독립적인 인간이 되어야 한다. 모성애의 핵심은 어린아이의 성장을 돌봐 주는 것이며, 이것은 그녀 자신으로부터 어린아이가 독립하기를 원한다는 것을 의미한다. 여기에 이성애와의 근본적인 차이가 있다. 이성애에서는 독립된 개체인 두 사람이 하나로 된다. 모성애에서는 하나였던 두 사람이 별개로 나뉜다. 어머니는 어린아이의 독립을 참아낼 뿐만 아니라 또 그것을 원하고 지지해야 한다. 이 단계에서 모성애는 이타심, 즉 모든 것을 주는 반면 사랑하는 사람의 행복 이외에는 어떤 것도 원하지 않는 능력을 필요로 한다. 따라서 올바른 모성애를 유지하기가 힘들어진다. 많은 어머니들이 모성애라는 과업에 실패하는 것도 역시 이 단계에서이다. 자기애나 지배욕, 소유욕이 강한 여성이라 하더라도 아이가 어릴 때는 사랑이 넘치는 어머니가 되는 것에 성공할 수 있다. 그렇지만 참사랑을 가지고 있는 여성, 받는 것보다 주는 것에 더 행복을 느끼는 여성, 그녀 자신의 존재를 확실히 인식하고 있는 여성만이 아이가 떠나가는 과정에서도 아이를 사랑하는 어머니로 남을 수가 있다.

자라는 아이에 대한 모성애, 자기 자신을 위해서는 어떤 것도 원하지 않는 사랑은 성취되기가 가장 어려운 사랑일 테지만, 어머니가 갓난아기를 사랑하기란 쉬우므로 많은 사람이 모성애의 어려움을 깨닫지 못한다. 바로 이 어려움 때문에 여성은 오직 그녀가 사랑할 수 있을 때에만, 즉 자신의 남편을, 다른 아이를, 이방인을, 나아가 모든 인간을 사랑할 수 있을 때에만 진실로 사랑하는 어머니가 될 수 있는 것이다. 이러한 의미에서 사랑이 없는 여성은 자녀가 어릴 동안은 다정한 어머니가 될 수 있지만, 진실로 사랑하는 어머니는 될 수 없다. 어머니가 자식의 독립을 기꺼이 원하는가, 또 독립 이후에도 계속해서 그 아이를 사랑하는가 등이, 참사랑을 분별해 주는 시험대가 될 것이다.

이성애

형제애는 평등한 사람들 사이의 사랑이고, 모성애는 무력한 자에 대한 사랑이다. 이 두 사람은 서로 상반돼 보인다. 그러나 본질적으로는 그 대상이 어느 한 사람에 국한되어 있는 것이 아니라는 면에서 공통점이 있다. 내가 나의 형을 사랑한다면 나의 모든 형제를 사랑하는 것이다. 내가 나의 자녀를 사랑한다면 나의 모든 자녀를 사랑하는 것이다. 아니 그 이상으로 나는 모든 어린이를, 나의 도움을 필요로 하는 모든 아이를 사랑하고 있는 것이다.

이러한 두 유형과는 대조적인 것이 이성애다. 이성애란, 다른 한 사람과의 완전한 융합 내지 결합에 대한 갈망을 말한다. 그 본질은 배타적이지 보편적이 아니다. 또한 그것은 우리가 가장 오해하기 쉬운 사랑의 형태다.

무엇보다 첫째로, 그것은 흔히 사랑에 빠졌다고 말하는 폭발적인 경험과 혼동된다. 그 순간까지 두 이방인 사이에 존재했던 장벽이 갑작스레 붕괴되는 경험을 사랑이라고 여기는 것이다. 그러나 앞에서 지적한 바와 같이, 이러한 갑작스러운 친밀감은 그 본질상 오래 못 가는 단기적인 것이다. 가까운 사이가 된 후에는 극복해야 할 장벽도, 친밀해지는 기쁨도 더는 없다. 사랑하는 사람은 나 자신 만큼이나 잘 아는 사람으로 변한다. 아니, 조금밖에 알지 못한다고 말하는 편이 더 좋을지도 모르겠다. 만약 상대를 깊이 이해하고 그 인격의 무한성을 깨닫는다면, 그를 그처럼 친숙하게 여길 수는 없을 것이다. 그리고 장벽을 극복하는 기적도 매일 새롭게 체험할 것이다. 그러나 대부분의 사람들은 자신을 탐구할 때와 마찬가지로, 상대를 재빨리 탐구한 뒤 다 알았다는 착각에 빠진다. 그들 사이의 친밀은 무엇보다도 성적 접촉을 통해 이루어진다. 다른 사람에게서 고립되는 감각을 주로 육체적으로 경험하는 그들에게, 육체적 결합은 곧 고독의 극복을 의미하는 것이다.

이 외에도 사람들은 다양한 방법으로 고독을 극복하려 한다. 자신의 사생활이나 희망 혹은 근심을 말하는 것, 자신의 어린애 같은 측면을 보여 주는 것, 세상에 대한 보편적인 시각을 갖추는 것 등이 모두 고독을 이기기 위한 시도이다. 심지어는 분노나 혐오감의 표출, 억제력의 완전한 결여조차도 친밀의 표시로 간주된다. 이것은 결혼한 부부들이 도착적 형태로 함께하는 경우를 보면 알 수 있다. 그런 부부들은 성행위를 할 때나, 혹은 서로에게 혐오와 분노를 발할 때에만 친밀한 듯 보인다. 그러나 이들 모든 유형의 친밀성은 시간이 진행됨에 따라 저하되는 경향이 있다. 그 결과 새로운 사람, 새로운 이방인과의 사랑을 추구하게 되는 것이다. 그 이방인이 다시 절친한 사람이 되고, 사랑에 빠지는 경험은 다시금 강렬해진다. 그러나 또다시 강렬함은 식어 버리고 마침내는 새로운 정복, 새로운 사랑에의 갈망으로 끝난다. 이런 사람들은 언제나 새로운 사랑은 옛사랑과 다를 것이라는 환상을 품는다. 이러한 환상은 성적 욕망의 곡해되기 쉬운 성격에서 기인한다.

성적 욕망은 융합을 목적으로 한다. 그것은 단순한 생리적 욕구, 즉 고통스런 긴장의 제거만을 위한 욕망이 아니다. 그러나 고독감에서 오는 불안, 정복하거나 정복당하고 싶은 욕구, 해치거나 파괴하고 싶은 충동, 공허감 때문에 왜곡될 수 있으며, 또한 사랑에 의해서도 변할 수 있다. 성적 욕망은 열렬한 감정과 쉽사리 융합되며 또 그것에 의해 변질된다. 사랑도 그런 강렬한 감정 중 하나에 불과하다. 그런데 많은 사람이 성욕과 사랑을 한 세트로 본다. 그래서 자기들이 육체적으로 서로 원할 때 서로 사랑한다고 하는 그릇된 결론에 쉽사리 다다른다.

물론 사랑은 성적 결합의 욕망을 일으킨다. 이때 육체적 관계에는 탐욕이 존재하지 않으며, 또한 정복하거나 정복당하고 싶은 욕망도 없다. 오직 부드러운 애정이 있을 뿐이다. 만약 육체적 결합의 욕망이 사랑에 자극되는 것이 아니라면, 또한 이성애에 형제애의 요소가 전혀 없다면, 그것은 흥분 상태에서 벌어지는 일시적 결합에 지나지 않을 것이다. 이런 사랑 없는 융합이 만들어 내는 것은 순간적인 결합의 환상일 뿐, 이내 전처럼 두 사람을 남남으로 갈라놓는다. 때로 잠깐의 환상은 그들로 하여금 서로 부끄러워하게 하며, 심지어 그들로 하여금 서로 미워하게 한다. 왜냐하면 환상이 사라질 때 이전보다 훨씬 더 심하게 남남임을 느끼기 때문이다. 부드러운 애정은 결코 프로이트가 믿었던 것처럼 성적 본능의 순화(醇化)가 아니다. 그것은 형제애의 직접적인 결과이며, 정신적인 사랑의 형태에도 육체적인 사랑의 형태에도 존재하는 것이다.

이성애에는 형제애나 모성애에 없는 배타성이 존재한다. 이는 더 많은 검토를 요할 것이다. 이성애의 배타성은 흔히 소유욕에 뿌리를 둔 애착심을 의미하는 것으로 오해된다. 우리는 서로 사랑하나 다른 사람들은 사랑하지 않는 두 사람을 흔히 본다. 그들의 사랑은 사실상 이기주의가 2배로 늘어난 결과물에 지나지 않는다. 즉 그들은 자신들을 서로 동일시하며, 각각의 개인을 둘로 확대함으로써 고독의 문제를 해결하는 두 사람이다. 그러나 나머지 사람들로부터는 분리되어 있기 때문에 그들은 서로 분리된 상태로 남으며, 또한 자신들로부터 소외되어 있다. 그들의 결합은 하나의 환상이다. 이성애는 확실히 배타적이지만, 대신 사랑하는 상대를 통해 다른 모든 사람들과 살아 있는 모든 것을 사랑한다. 그것은 내가 완전하게 융합할 수 있는 대상이, 오직 한 사람뿐이라는 의미에서만 배타적인 것이다. 이성애가 다른 사람들에 대한 사랑을 배제한다고 하는 것은 성적 융합이라는 의미에서만이다. 즉 생활 전반의 깊은 형제애는 배제되지 않는다.

참된 이성애는 다음을 전제로 한다. 즉 내가 나라는 존재의 본질을 사랑하고, 타인이라는 존재의 본질과 관계를 맺는다는 것이다. 본질에 있어서 모든 인간은 동일하다. 우리는 모두 하나의 부분이다. 즉 우리는 '하나'인 것이다. 그렇다면 우리가 누구를 사랑하는가는 큰 문제가 아니다.

사랑은 본질적으로 의지의 행동이요, 나의 생을 다른 한 사람의 생에 완전히 위임하는 결단적 행위여야 한다. 실로 이것이 부부는 갈라설 수 없다는 사상의 뒤에 있는 이론적 근거이다. 또한 두 사람의 배우자가 결코 서로를 선택하지 않지만 서로를 위해 선택되며, 이들이 서로 사랑하기를 기대하는 수많은 형태의 전통적 결혼의 뒤에 있는 이론적 근거이기도 하다.

현대의 서구 문화에서 이러한 사상은 잘못된 것이다. 이곳에서 사랑은 자연스럽고 감정적인 반응의 결과이자, 억제할 수 없는 감정에 갑작스럽게 사로잡히는 경험이다. 그러나 이러한 견해를 펼치는 사람들은 사랑하는 두 사람만의 특수성만을 보고 있는 것이다. 모든 남성은 아담의 부분이며 모든 여성은 이브의 부분이라는 사실을 소홀히 내버린 채 말이다. 사람들은 이성애의 중요한 요인, 즉 의지를 무시하고 있다. 누군가를 사랑한다고 하는 것은 단지 강렬한 감정이 아니다. 그것은 하나의 결단이요 판단이자 약속인 것이다.

만약 사랑이 단지 감정에 불과한 것이라면, 서로 영원히 사랑할 것을 서약할 이유는 조금도 없을 것이다. 감정은 솟아나고 또 사라진다. 판단이나 결단에서 나온 행동이 아니라면, 어떻게 영원히 유지되리라 판단할 수 있겠는가?

그러나 이러한 견해만 고려하는 외골수는, 사랑이란 오직 의지와 결단의 행동이며, 따라서 상대가 누구인가는 문제가 되지 않는다는 결론에 도달할 것이다. 결혼이 타인의 의지로 결정된 것이든 자기 선택의 결과였든 간에, 일단 결혼했으면 의지로 사랑을 지속시켜야 한다는 것이다.

이러한 견해는 인간 본성의, 그리고 이성애의 역설적 성격을 무시하는 것이다. 우리는 모두 하나인 동시에, 저마다 유일하고도 복제(複製)할 수 없는 존재이다. 타인과의 관계에서도 이와 동일한 역설이 반복된다. 우리가 하나인 한, 우리는 형제애로 모든 사람을 사랑할 수 있다. 그러나 우리 모두가 서로 다른 개체라는 관점에서 이성애는 일부 사람들에게서만 볼 수 있는, 특수한 개인적 요소를 필요로 한다.

이성애를 특정한 두 사람의 완전히 개인적인 인력(引力)이라고 보는 견해와, 이성애는 의지로 엮어 가는 사랑이라는 견해, 이 둘 모두 진실이다. 아니, 더욱 적절하게 말하면 이도 저도 다 진실이 아니라고 할 수 있다.

따라서 실패한 이성 관계는 간단히 끝맺을 수 있다는 견해도, 절대 끝맺지 못한다는 견해도 모두 옳지 않다.

자기애[13]

사랑의 개념을 다양한 대상에게 적용하는 데 별로 반대가 없음에도, 남을 사랑하는 것은 미덕이고, 자신을 사랑하는 것은 죄악이라고 하는 신념이 널리 퍼져 있다. 내가 나 자신을 사랑하면 그만큼 남을 사랑하지 않는다는 것이다. 또한 자기애는 이기심과 동일한 것이라고 가정되고 있다. 이러한 견해는 서양에선 오랜 옛날부터 존재했다. 칼뱅은 자기애를 '페스트'라고 표현했다.[14] 프로이트는 정신분석학적인 면에서 자기애를 정리했지만, 결국 그의 가치 판단은 칼뱅의 그것과 동일하다. 프로이트에게 자기애란 나르시시즘과 동일한 것으로서 자신을 향한 리비도의 전향이다. 나르시시즘은 인간의 발달 과정에서 가장 초기의 단계이며, 성장한 뒤 이러한 나르시시즘의 단계로 되돌아간 사람은 사랑을 할 수가 없다. 극단적인 경우 그는 정신이상을 일으킨다. 프로이트는 사랑은 리비도의 표출이며, 리비도는 타인을 향하든가(사랑) 혹은 자신을 향한다(자기애)고 말했다. 따라서 한쪽이 더 많으면 다른 한쪽은 적어진다는 의미에서 사랑과 자기애는 상호배타적이다. 만약 자기애가 나쁜 것이라면, 자기희생은 미덕이라고 말할 수 있다.

여기에 다음과 같은 의문이 일어난다. 자신에 대한 사랑과 타인에 대한 사랑이 근본적으로 대립한다는 설을 지지하는 심리학적 증거가 있는가? 자신에 대한 사랑은 이기심과 동일한 현상인가 혹은 그 반대인가? 더 나아가서 현대인의 이기심은 실제로 지적·감정적·관능적 잠재력을 지닌 개인으로서 그 자신에 대한 관심을 의미하는 것인가? 그는 그의 사회적·경제적 역할의 부속물로 되

---

13) 〈전원 심리학(*Pastoral Psychology*)〉이란 잡지의 1955년 9월호에 《건전한 사회(*The Sane Society*)》에 대한 폴 틸리히의 서평이 실렸다. 거기서 그는 '자기애'라고 하는 모호한 용어를 빼고 대신에 '자연적 자기 긍정'(natural self-affirmation)이나 '역설적 자기 승인'(Paradoxical self-acceptance)이란 용어로 대치하는 편이 더 좋을 것이라고 제안했다. 나는 그 용어들의 장점은 충분히 인식하지만, 다음 같은 이유로 동의할 수 없다. '자기애'라는 용어 속에는 '자기애'의 역설적 요소— 사랑이란 자신을 비롯한 모든 대상에 대해 동일한 태도라는—가 더욱 분명하게 포함되어 있다. 또한 '자기애'라는 말에 역사가 있음을 기억해야 한다. 성경에서 '네 이웃을 네 몸과 같이 사랑하라'고 명령할 때의 자기애가 곧 그것이다. 그리고 마이스터 에크하르트(Meister Eckhart) 도 바로 이와 동일한 의미에서 자기애를 말하고 있다.

14) 장 칼뱅(Jean Calvin)의 《기독교 개요(*Institutes of the Christian Religion*, translated by J.Albau, Presbyterian Board of Christian Education, Philadelphia, 1928)》 제7절 4항 p.622 참조.

어 버린 것이 아닌가? 그의 이기심은 자기애와 동일한 것인가? 혹은 그 이기심이 바로 자기애의 결여로 인해 야기된 것이 아닌가?

이기심과 자기애의 심리학적 측면을 논의하기 전에, 타인에 대한 사랑과 자신에 대한 사랑이 상호배타적이라고 하는 관념 속에 존재하는 논리적 오류를 지적해 보자. 만약 나의 이웃을 한 인간으로서 사랑하는 것이 미덕이라면, 나 자신을 사랑하는 것도 역시 미덕이어야 하며, 이는 결코 부도덕한 행위가 아닐 것이다. 왜냐하면 나 역시 인간이기 때문이다. 나 자신이 포함되지 않는 인간의 개념이란 존재하지 않는다. 자기 자신을 배제하는 학설은 그 자체가 본질적으로 모순이다. '네 이웃을 네 몸과 같이 사랑하라'는 성경의 사상 또한, 자신에 대한 존경과 사랑과 이해는 다른 개인에 대한 존경과 사랑과 이해로부터 분리될 수 없음을 의미한다. 자아에 대한 사랑은 어떤 다른 사람에 대한 사랑과 떼려야 뗄 수 없는 관계인 것이다.

이제 (이 책의 논의에 결론을 내리는 데 필요한) 기본적인 심리학적 전제를 토의함에 이르렀다. 그 전제는 다음과 같다. '타인뿐만 아니라 자신도 자기의 감정과 태도의 대상이 된다.' 즉 타인에 대한 태도와 자신에 대한 태도는 기본적으로 연결되어 있다는 것이다. 사랑의 문제에서 이는 '타인에 대한 사랑과 자신에 대한 사랑 중 하나를 택해야 하는 것이 아님'을 의미한다. 우리는 타인을 사랑할 줄 아는 모든 사람에게서 오히려 그 자신을 사랑하는 태도를 본다. 사랑은 원칙적으로 '대상'과 '자신' 사이의 관계라는 면에서, 자기애와 분리될 수 없다. 순수한 사랑은 생산성의 표현이며, 보호·존경·책임·이해를 의미한다. 그것은 누군가가 불러일으켜 주는 수동적인 감정이 아니라, 자신의 사랑 능력에 뿌리를 둔, 사랑하는 사람의 성장과 행복을 향한 능동적인 갈망이다.

누군가를 사랑한다는 것은 사랑의 힘을 실현하고 집중시키는 것을 말한다. 본질적으로 인간의 자질을 발휘함으로써 사랑하는 사람을 근본적으로 긍정하는 것이 사랑이다. 한 사람에 대한 사랑은 그것만으로도 인간에 대한 사랑을 의미한다. 윌리엄 제임스가 사용한 '분업(分業)'이란 단어는 이방인에 대한 사랑 없이 자신의 가족을 사랑하는 일을 가리키는데, 이는 기본적으로 사랑의 능력이 없음을 말해 주는 표시이다. 인간 자체에 대한 사랑은 특정 인간을 사랑함으로써 얻을 수 있는 감정이라고 보는 사람이 많다. 하지만 실은 그렇지 않다. 인간 자체를 사랑하는 것은 특정 인물을 사랑하기 위한 전제다.

　따라서 내 자아가 다른 사람과 마찬가지로 내 사랑의 대상이어야 한다는 결론이 나온다. 우리의 인생·행복·성장·자유의 긍정은 우리의 사랑의 능력, 즉 보호·존경·책임·이해 등에 근거하고 있다. 어떤 사람이 생산적으로 사랑할 수 있다면, 그는 그 자신 또한 사랑하는 것이다. 그가 오직 타인들만을 사랑할 수 있다면 그것은 결코 사랑이 아니다. 한편 자신에 대한 사랑과 타인에 대한 사랑이 원칙적으로 연결되어 있음이 인정된다면, 타인에 대한 순수한 관심을 명확히 배제하고 있는 이기심은 어떻게 설명할 것인가? 이기적 인간은 오직 자기에게만 관심이 있으며, 자신을 위해 모든 것을 원하고, 주는 것이 아니라 오직 받는 것에서만 기쁨을 느낀다. 그는 외부 세계를 이해득실의 관점으로만 바라본다. 타인들의 욕구에 대해서는 관심을 기울이지 않으며, 그들의 존엄과 개성도 존경하지 않는다. 그는 그 자신 이외에는 어떤 것도 볼 수 없다. 모든 사물과 모든 사람을 그것이 자기에게 유용한가라는 유용성에만 입각하여 판단한다. 따라서 그는 근본적으로 사랑할 수 없는 것이다. 그렇다면 이는 결국 타인에 대한 관심과 자신에 대한 관심이 양립할 수 없음을 증명하는 것이 아닌가? 만약 이기심과 자기애가 동일한 것이라면 그러할 것이다. 그러나 이러한 가정은 우리가 지금 논하고 있는 문제를 수많은 잘못된 결론으로 인도한 바로 그 오류이다. 이기심과 자기애는 동일한 것이 아니라 오히려 전혀 반대되는 것이다. 이기적인 사람은 자신을 너무 많이 사랑하는 것이 아니라 너무 적게 사랑하고 있다. 사실 그는 자기 자신을 혐오한다. 자신에 대한 애정과 배려의 결여는 오직 그의 생산성이 부족하다는 증거이며, 그를 공허와 좌절의 상태로 몰아넣는 것에 지나지 않는다. 이기주의자는 반드시 불행하다. 만족을 얻으려고 발버둥치지만 결국 제 발에 걸려 넘어지고 만다. 그는 자신을 지나치게 배려하는 듯 보이지만, 실제로는 자신의 참된 자아를 배려하지 못함을 은폐하고 보상하려는 성공적이지 못한 기도만을 꾀할 뿐이다. 프로이트는 이기적 인간은 나르시시스트이다, 마치 자신의 사랑을 다른 사람에게서 끌어내어 자기 자신에게 쏟아 붓는 것과 같다고 주장한다. 이기적 인간이 남을 사랑할 수 없으며, 또한 자기 자신도 사랑할 수 없음은 사실이다.

　자녀를 과잉보호하는 어머니를 떠올려 보자. 타인에 대한 탐욕스러운 관심과 비교해 보면 이기심을 이해하는 것이 한결 쉬워진다. 그 어머니는 자기가 자녀를 매우 좋아한다고 의식적으로 믿지만, 사실은 관심의 대상에 대해서 깊이 억눌린 적의를 품고 있다. 그녀가 지나치게 관심을 쏟는 이유는 아이를 너무나 사랑하기 때문이 아니라, 자신이 사랑하는 능력을 결코 갖지 못한 것에 대해 보상을 해야 하기 때문이다.

이기심의 본질에 대한 이러한 이론은, 신경병적 '자기희생'—적지 않은 사람에게서 발견되는 노이로제의 하나이다—에 대한 정신분석학적 임상 경험에서 나온 것이다. 이 종류의 노이로제에 걸린 사람은 이 증상만이 아니라 우울, 피로, 의욕상실, 사랑의 실패 등과 같이 그것과 관련된 다른 증상으로도 고통받고 있다. 그런데 자기희생은 하나의 병적 징후로서 느껴지지 않을 뿐만 아니라 일종의 장점으로까지 여겨진다. '자기희생적인 사람은 자신을 위해서는 어떤 것도 원하지 않는다.' 즉 그는 '오직 타인을 위해서만 산다'고 하면서 자신을 중요시하지 않는다는 것을 자랑으로 삼는다. 그러나 자신이 이토록 착하고 자기희생적인데도 불행하며, 가장 가까운 사람들과의 관계조차 만족스럽지 못하다는 사실을 발견하고는 당황한다.

정신분석학 연구에 따르면, 자기희생적 성격은 그의 여러 가지 불행한 증상과 별개의 것이 아니라, 그 증상들 중의 하나이며, 실제로 가장 중요한 증상이다. 즉 그는 사랑하는 능력 또는 어떤 무엇을 즐길 수 있는 능력이 마비되어 있으며, 생에 대한 증오로 가득 차 있고, 착한 성격 뒤로 미묘하고도 강렬한 자기중심주의를 품고 있다. 이러한 자기희생적 성격 역시 다른 신경증들과 마찬가지로 하나의 증상으로 해석할 때에만 치유될 수 있다. 그리하여 그의 자기희생적 성격을 비롯해 다른 고민들의 밑바닥에 있는 생산성의 결여도 고칠 수 있는 것이다.

자기희생주의의 본질은 그것이 타인에게 미치는 영향에서 특히 분명하게 나타난다. 우리 문화에서는 자기희생적인 어머니가 자녀들에게 미치는 영향에서 흔히 볼 수 있다. 그녀는 자신의 착한 성격의 영향으로 자녀들은 사랑받는 법을 배우고 반대로 사랑하는 것이 무엇인지를 경험하게 되리라 믿는다. 그렇지만 그녀의 자기희생적 성격의 효과는 결코 그녀의 기대와 일치하지 않는다. 어린아이들은 자기들이 사랑받고 있음을 확신하는 사람들과 같은 행복은 얻지 못한다. 아이들은 늘 불안해하고 긴장한다. 어머니의 꾸지람을 겁내고, 그녀의 기대에 어긋나지 않기 위해 애쓰고 있다. 보통 그들은 어머니의 삶에 대한 숨겨진 적의에 영향받고 있다. 이를 명백하게 인식하진 못하지만 민감하게 감지하며, 필연적으로 그 적의에 물든다.

결국 자기희생적인 어머니의 영향은 이기적인 어머니의 영향과 그리 다르지 않다. 아니, 때로는 더욱 나쁘다. 왜냐하면 어머니의 자기희생적 성격은 아이가 그녀를 비판하는 것을 방해하기 때문이다. 아이는 그녀를 실망시키지 않기 위해 의무에 복종한다. 즉 그들은 미덕이라는 가면 아래에서 인생에 대한 증오를 배우는 것이다. 만약 순수한 자기애를 지닌 어머니의 영향을 연구하게 된다면, 아이가 사랑·쾌락·행복이 무엇인지 터득하는 데 자기 자신을 사랑하는 어머니에게서 사랑받는 것보다 더 나은 가르침이 없다는 사실을 알 수 있을 것이다. 이와 같은 자기애 사상을 다음에 나오는 마이스터 에크하르트의 진술보다 더 잘 요약한 것은 없을 듯싶다.

만약 당신이 자신을 사랑한다면, 자신에 대해서와 마찬가지로 모든 사람을 사랑하게 될 것이다. 당신이 자신을 사랑하는 것보다 더 적게 남을 사랑하는 동안은, 실제로 자신을 사랑하는 데 성공하지 못할 것이다. 그러나 자신을 포함하여 모든 사람을 똑같이 사랑한다면, 당신은 그들을 한 인간이자 신(神)으로서 사랑할 것이다. 그러한 당신은 자신을 사랑하면서 모든 타인을 동등하게 사랑하는 위대하고 공정한 사람이다.[15]

신의 사랑

지금까지 사랑의 기초가, 고립과 여기에서 비롯되는 불안을 결합으로써 극복하려는 욕구에 있음을 살펴보았다. 이른바 신의 사랑이라는 종교적 형태의 사랑도 심리학적으로 말한다면 별다른 것이 아니다. 그것 또한 고립을 극복하고 결합을 성취하려는 욕구에서 나온 것이다. 실제로 신의 사랑은 인간의 사랑과 마찬가지로 수많은 특질과 측면을 보이며, 그 형태 또한 다양하다.

---

15) 《마이스터 에크하르트(*Meister Eckhart, translated by R.B. Blakney*, Harper & Brothers, New York, 1941)》 p.204 참조.

모든 신을 믿는 종교에서는—그것이 다신교(多神敎)이든 일신교(一神敎)이든—신은 최고의 가치, 최고의 선을 의미한다. 신의 정체는 그 사람에게 무엇이 가장 바람직한 선인가에 따라 좌우되는 것이다. 그러므로 신의 개념을 이해하기 위해서는 신을 숭배하는 사람의 성격 구조를 먼저 분석해야 한다.

　인류의 발달은 우리가 아는 한, 인간이 자연으로부터, 어머니로부터, 피와 토지의 결속으로부터 해방된 역사이다. 인류는 자신들의 역사를 시작할 때 이미 자연과의 본원적인 결합에서 고립되어 버렸지만, 여전히 이러한 원초적인 결속에 매달려 있다. 이러한 원초적 결속에로 회귀하든가 그것에 집착함으로써 인간은 자신의 안전을 확보하려 한다. 여전히 동물과 나무들의 세계와 일체감을 느끼며, 자연 세계와 하나됨으로써 통일을 발견하려 한다. 많은 원시 종교들이 이러한 발전 단계를 증언해 준다. 동물은 토템으로 변환된다. 즉 사람들은 동물을 신으로 숭배하고, 가장 엄숙한 종교적 행사나 혹은 전쟁에서 동물의 가면을 쓴다.

　발전의 후기 단계에서 인간이 직공과 예술가의 경지에까지 기술을 발전시키고, 더 이상 자연의 혜택에 전적으로 의존하지 않게 되었을 때—과실의 발견, 동물의 사냥—자신들의 손으로 만든 산물(産物)을 신으로 변화시켰다. 이것은 흙이나 은 또는 금으로 만들어진 우상을 숭배하는 단계이다. 인간은 자신의 힘과 기술을 자신이 만드는 물건에 투사함으로써 자기의 능력과 소유물을 소외된 방식으로 숭배했던 것이다.

　더 후기 단계에서 인간은 신에게 인간의 형태를 부여한다. 인간이 자기 자신을 더욱 의식하고, 인간을 이 세계에서 최고의 그리고 가장 존엄한 '사물'로서 발견했을 때 이런 현상이 일어난다. 신인동형설(神人同形說)적 신의 숭배 단계에서 인류는 두 개의 차원으로 발전한다. 하나는 신의 여성적 혹은 남성적 본성에 대한 것이며, 다른 하나는 인간이 성숙해진 정도에 대한 것이다. 이 두 가지가 신의 본질과 신에 대한 인간의 사랑의 본질을 결정하는 것이다.

　먼저 어머니 중심적 종교에서 아버지 중심적 종교로의 발전을 논해 보자. 19세기 중엽의 바흐오펜과 모건의 위대하고도 결정적인 발견에 따르면—당시 이 발견은 학계에 받아들여지지 못했지만—적어도 수많은 문화에서 부권적(父權的)인 것에 선행해 모권적(母權的)인 종교가 존재했음은 거의 의심할 여지가 없다. 모권적 단계에서 최고의 존재는 어머니이다. 그녀는 여신이며, 가족과 사회의 권위자이기도 하다. 모권적 종교의 핵심을 이해하기 위해서는 먼저 모성애의 핵심을 상기해야 한다. 어머니의 사랑은 무조건적이다. 모든 것을 보호하고 모든 것을 에워싼다. 그것은 무조건적이기 때문에 통제될 수도, 획득될 수도 없다. 모성애를 받은 사람은 더없는 행복을 느끼고, 그것을 받지 못하면 상실감과 심한 절망감을 느낀다. 어머니가 자녀들을 사랑하는 이유는, 자녀들이 선(善)하고 순종적이거나 또는 그녀의 소망과 명령을 수행하기 때문이 아니다. 어머니의 사랑은 평등에 기초하고 있다. 모든 인간은 평등하다. 왜냐하면 그들 모두는 어머니의 자녀들이기 때문이며, 또한 그들 모두는 '어머니인 대지(大地)'의 자녀들이기 때문이다.

인간 발전의 다음 단계이자, 우리가 지식을 통해 알고 있으며 추론이나 재구성에 의존할 필요가 없는 유일한 단계가 바로 부권적 단계이다. 어머니는 최상의 지위를 박탈당하고, 종교에 있어서나 사회에 있어서나 아버지가 '최고의 존재'로 떠오른다. 부성애의 본질은 그가 명령을 내리고 원칙과 법률을 확립함에 있으며, 아들에 대한 그의 사랑은 이러한 명령에 아들이 순종할 때에만 성립한다. 그는 자기를 가장 닮고 가장 순종하며 또 그의 계승자로 가장 적합한 아들을 가장 좋아한다. (부권적 사회의 발전은 사유재산의 발전과 병행한다.) 결국 부권적 사회는 계급 서열적이다. 즉 형제들의 평등성은 경쟁과 상호 투쟁으로 변하여 버린다. 인도, 이집트, 그리스 등의 문화 혹은 유대교나 이슬람교 등을 생각해 보더라도 우리가 부권적 세계의 한가운데에 있다는 사실을 알 것이다. 이 부권적 세계에서는 많은 남성 신들을 하나의 주신(主神)이 통치하거나, 유일신 이외의 모든 신은 소멸되어 버린다.

그렇지만 어머니의 사랑에 대한 소망은 사람들의 가슴에서 사라질 수 없는 것이므로 사랑하는 어머니의 상(像)이 신전(神殿)에서 완전히 축출되진 않았다. 유대교에서 신의 어머니적 측면은 특히 신비주의를 통해 재도입되었다. 가톨릭에서는 교회와 성모 마리아가 어머니를 상징한다. 심지어 프로테스탄티즘에서도 어머니 상은 비록 숨겨져 있기는 하지만 완전히 제거되지는 않았다. 루터는 인간이 무엇을 하든 신의 사랑을 획득할 순 없다는 것을 주요 원리로 확립했다. 그에 따르면, 신의 사랑은 '은총'이다. 믿음은 이러한 은총에 대한 신념이며,

자신을 왜소하고 무력한 존재로 만드는 것이다. 아무리 선한 일을 해도 신에게 영향을 미칠 수는 없다. 가톨릭 교리가 나타내는 바와 같이 신으로 하여금 우리를 사랑하게 할 수는 없다. 우리는 여기서 선한 일에 대한 가톨릭의 교리가 부권적 특성을 띠고 있음을 인식할 수 있다. 즉 인간은 순종을 통해, 그리고 요구 사항을 완수함을 통해 아버지의 사랑을 얻을 수 있다는 것이다.

그런데 루터의 교리는 현저한 부권적 특성을 보이면서도 모권적 요소를 내포하고 있다. 어머니의 사랑은 획득할 수 없다. 그것은 존재하기도 하고 존재하지 않기도 한다. 내가 할 수 있는 것은 믿는 일뿐이다. 〈시편(詩篇)〉의 작자 다윗왕은 이렇게 말했다. "오직 주께서 나를 모태에서 나오게 하시고"[16] 그리고 나 자신을 무력하고 무능한 어린아이로 만드는 것도 하나의 방법이다. 그러나 어머니의 상은 완전히 제거되고 아버지의 상이 그 자리를 대신한 것이 루터 신앙의 특성이다. 즉 어머니에게 사랑받는다는 확실성 대신에, 강렬한 의혹과 '아버지'의 무조건적인 사랑을 받는다는 실현 불가능한 희망이 남은 것이다.

지금까지 종교의 부권적 요소와 모권적 요소의 차이를 살펴보았다. 이처럼 신의 사랑은 모권적 측면과 부권적 측면의 비중에 따라 좌우된다. 부권적 측면에서 우리는 신을 아버지처럼 사랑한다. 즉, 신은 공정하고 엄격하며 처벌 또는 상을 주는 존재로서, 최후에는 자기가 가장 아끼는 아들을 선택할 것이라고 가정한다. 신이 아브라함을 통해 이스라엘을 선택한 것처럼, 이삭이 야곱을 선택한 것처럼.

한편 종교의 모권적 측면 때문에 우리는 신을 모든 것을 포용하는 어머니로서 사랑한다. 내가 아무리 가난하고 무력하더라도, 또 아무리 죄를 지었다 하더라도 신은 나를 사랑할 것이며, 다른 아이들과 차별하지 않을 것이라 믿는다. 나에게 어떤 일이 일어나더라도 신은 나를 구원하고 용서해 줄 것이다.

말할 것도 없이 신에 대한 나의 사랑과 나에 대한 신의 사랑은 분리될 수 없다. 만약 신이 아버지라면, 그는 나를 아들처럼 사랑할 것이며 나는 그를 아버지처럼 사랑할 것이다. 만약 신이 어머니라면 그녀의 사랑과 나의 사랑은 이 사실에 의해 결정된다.

---

16) 〈시편〉 22장 9절.

그러나 이러한 어머니적 측면과 아버지적 측면의 차이는 신의 사랑의 본질을 결정함에 있어 하나의 요인에 불과하다. 다른 요인은 개인의 성숙이다. 즉, 신의 사랑은 신에 대한 그의 개념과 사랑이 얼마나 성숙한가에 달려 있는 것이다.

인류의 진화는 종교에서와 마찬가지로 사회 구조에도 어머니 중심에서 아버지 중심으로 이행되었다. 그러므로 주로 부권적 종교 발전의 측면에서 성숙한 사랑의 발전을 추적할 수 있다.[17] 이러한 발전의 초기에는 창조한 인간을 자신의 소유물로 생각하고, 좋아하는 것은 무엇이든지 자신의 이름으로 하도록 하는 독재적이고 질투심이 많은 신을 발견한다. 이 단계는 신이 인간을 천국에서 추방한 단계이다. 여기서 신은 지혜의 열매를 먹은 인간이 신이 될까 봐 염려했기 때문이다. 또한 신이 홍수로 인류를 파괴하려고 결심한 단계이다. 왜냐하면 총애하는 아들인 노아 이외의 인간들은 그를 즐겁게 하지 않았기 때문이다. 또한 이 단계는 신이 아브라함에게 그의 유일하고도 총애하는 아들인 이삭을 죽이라고 명하는—아브라함의 신에 대한 사랑을, 그의 절대적인 순종을 증명하기 위해—단계이다. 그러나 동시에 새로운 단계가 시작된다. 즉 신은 다시는 인류를 결코 파괴하지 않을 것을 약속하는 성약(聖約)을 노아에게 행한다. 신은 이 약속에 구속된다. 그뿐만 아니라 그 자신의 원리, 즉 정의의 원리에 얽매인다. 그래서 신은 적어도 열 사람의 의인(義人)이 존재하는 한 소돔을 용서해 주어야 한다는 아브라함의 요구에 굴복할 수밖에 없었다.

이처럼 종교가 한층 더 발전하면서 신은 독재적인 부족장 상(像)에서 사랑스런 아버지, 즉 자기가 주장한 원리에 그 자신도 구속되는 아버지의 상으로 변했다. 이 발전은 계속되었다. 신은 아버지의 상에서 그의 원리의 상징, 즉 정의, 진리 그리고 사랑의 상징으로 변화되는 방향으로 발전했다. 신은 진리이며 정의이다. 이러한 발전 과정에서 신은 사람이고 남성이고 아버지이기를 그만둔다. 대신 다양한 모든 현상의 뒤에 있는 통일의 원리를 상징하게 되며, 인간의 내부에 있는 정신적인 씨앗에서 성장해 나오는 꽃의 상징이 된다. 따라서 신은 이름

---

17) 이것은 특히 서구의 유일신 종교에 들어맞는다. 인도의 종교에서 어머니상은 큰 영향력이 있었다. 시바(Siva)의 아내인 죽음의 여신 칼리(Kali)가 그 예이다. 반면에 불교와 도교에서는 신이나 여신의 개념이 본질적인 의의를 갖지 못한다. 비록 완전히 배제된 것은 아니지만.

을 가질 수 없다. 이름은 언제나 사물을, 혹은 인간이나 어떤 유한(有限)한 것을 가리키는 것이다. 사람도 사물도 아닌 신이 어떻게 이름을 가질 수 있겠는가?

이러한 변화의 가장 커다란 예는 하나님이 모세에게 계시하는 이야기에 나타난다. 모세가, 신의 이름을 말해야 자신이 신에게 보냄 받았음을 헤브라이 사람들이 믿을 것이라고 했을 때(우상에는 기본적으로 이름이 있어야 한다. 우상숭배자가 이름 없는 신을 어찌 믿고 따르겠는가?), 신은 이에 양보한다. 신은 모세에게 자신의 이름은 '스스로 있는 자'라고 말해 준다. 이 '스스로 있는 자'란 것은 신이란 유한한 것도 아니며 인간도 아니며 '존재'도 아님을 의미한다. 이 구절을 가장 적절하게 번역한다면 '나의 이름은 이름 없는 것이다'라고 될 것이다. 신에 대해 어떤 이미지도 만들지 말고, 신의 이름을 함부로 말하지도 말며, 결국은 신의 이름을 결코 공언하지 말라는 이와 같은 금지에는 하나의 목표가 있다. 즉 아버지라든가 사람이라든가 하는 신의 관념으로부터 인간을 해방시키려는 것이다. 신학이 더욱 발전한 단계에서 이러한 관념은 신에게 어떠한 긍정적인 속성도 부여해서는 안 된다고 하는 원리로 발전한다. 신은 현명하고 강하며 선이라고 말하는 것은 결국 신은 사람이라고 말하는 것과 마찬가지다. 우리가 할 수 있는 일은, 신은 어떤 것이 아니다라고 말하는 것이다. 즉 신의 부정적 속성을 드는 것이다. 신은 제한되어 있지 않으며, 친절하지 않으며, 공정하지도 않다고 가정하는 일이다. 신이 무엇이 아닌지 깨달을수록, 우리는 신을 더 잘 이해하게 된다.[18]

일신교의 사상이 더욱 성숙해지면 단 하나의 결론에 이르게 된다. 즉 신의 이름을 결코 말하지 말며, 신에 대해서도 말하지 말라는 것이다. 그렇다면 신은 일신교적 신학에 있어서 잠재적인 것이 되며 삼라만상의 기초인 통일, 모든 존재의 바탕이 되는 무언가, 이름없는 유일자(唯一者)이자 진리, 사랑, 정의가 된다. 내가 인간인 이상 신은 나 자신이기도 하다.

신인동형설의 원리가 순수한 일신교적인 원리로 이렇게 발전함에 따라 신의 사랑의 본질도 크게 변했다. 아브라함의 신은 아버지처럼 사랑받을 수도 두려움의 대상이 될 수도 있다. 때로는 신의 용서가, 때로는 신의 분노가 지배적인

---

18) 마이모니데스(Maimonide, 스페인 계 유대의 신학자)의 《난처하고 복잡한 문제를 위한 지침(*The Guide for the Perplexed*)》에 나오는 부정적 속성의 개념을 참조하라.

측면이 된다. 신이 아버지라면 나는 그의 아들이다. 나는 전지전능에 대한 자폐적(自閉的) 소망에서 완전히 벗어나지 못했다. 또한 인간으로서 나의 한계, 나의 무지, 나의 무력함을 인식할 만큼의 객관성을 아직 획득하지 못했다. 나는 아직도 어린애처럼 나를 구원해 주는 아버지, 나를 보호해 주는 아버지, 나를 처벌하는 아버지, 그리고 내가 순종할 때 나를 좋아하고 내가 순종하지 않을 때 화를 내고, 나의 칭송을 받으면 만족해 하는 아버지가 존재하고 있음에 틀림없다고 주장한다.

대다수의 사람들은 그들의 인간적 발달 과정에서 이러한 유아기의 단계를 극복하지 못하고 있다. 그들에게 신을 믿는다는 것은 나를 도와주는 아버지에 대한 믿음이요 유치한 환상이다. 이러한 종교의 개념이 인류의 위대한 몇몇 사상가들과 극소수의 사람들을 통해 극복된 것은 사실이지만, 그럼에도 그것은 여전히 종교의 지배적 형태로 남아 있다.

위에서 말한 바가 옳다면, 신의 개념에 대한 프로이트의 비판은 타당하다고 할 수 있다. 그렇지만 그는 일신교적 종교의 다른 측면을 무시하는 과오를 범했다. 그 측면을 이론적으로 심화하면 신의 개념 자체가 부정될 정도다. 이처럼 중요하고 핵심적인 부분을 프로이트는 놓친 것이다. 일신교의 본질적 이념에 진실로 따른다면 그 누구도 기도하지 않으며, 신으로부터 어떤 것도 기대하지 않을 것이다. 즉 그는 어린애가 아버지나 어머니를 사랑하는 것처럼 신을 사랑하지는 않는다. 자기가 신에 대해 어떤 것도 모른다는 사실을 알며, 자신의 한계를 깨닫는 겸손을 얻게 된다. 그의 생각에 신은 인간이 갈구하는 바의 총체이자 정신적 세계와 사랑, 진리, 정의 등의 왕국을 표현한 하나의 상징이다. 그는 신이 나타내는 온갖 원리를 신뢰한다. 즉 진리를 생각하며 사랑과 정의에 따라 산다. 그리고 인생은 자기 능력을 꽃피우는 기회를 준다는 점에서 가치 있다고 본다. 즉, 능력을 꽃피우는 일이야말로 진정 중요한 단 하나의 현실이자 궁극적 관심 대상이라는 것이다. 결과적으로 그는 신을, 그 이름조차 말하지 않는다. 신을 사랑한다는 의미는, 말하자면 충분한 사랑의 능력을 얻길 갈망하고, '신'이 상징하는 바를 실현하길 갈구한다는 뜻이다.

이러한 관점에서 보면 일신교 사상의 논리적 결론은 모든 '신학(神學)'의 부정이며, '신에 대한 모든 지식'의 부정이다. 그렇지만 이러한 급진적인 비신학적 견해와, 초기의 불교나 도교에서 보여지는 비유신론(非有神論)적 체계 사이에는 차이가 있다.

모든 유신론적 체계, 심지어는 비신학적이고 신비적인 체계에서도 정신적 영역의 존재는 인정한다. 정신적 영역은 인간을 초월하고 인간의 정신적 능력과 구원 및 내적 탄생을 갈망하는 것에 의미와 타당성을 부여하는 영역이다. 그런데 비유신론적 체계는 인간의 외부에 있거나 인간을 초월한 정신적 영역은 어떤 것도 존재하지 않는다. 다만 사랑, 이성(理性), 그리고 정의만이 실존할 뿐이다. 인간은 진화의 과정을 통해 자기 내부에 존재하는 이런 힘을 발전시킬 수 있기 때문이다. 이러한 견해에 따르면, 인생에는 인간 자신이 부여하는 의미 이외에는 그 어떤 의미도 존재하지 않는다. 즉 인간은 남을 도와 줄 때 이외에는 아주 고독하다.

지금까지 신의 사랑에 대해 말해왔지만 여기서 밝혀 두고 싶은 것은, 나는 유신론적인 개념을 따르지 않는다는 점이다. 따라서 나에게 신이란, 주어진 역사 아래에서의 더 강한 힘의 경험, 진리에 대한 갈구, 통일에 대한 갈망을 표현하는 역사적 개념에 불과하다. 하지만 엄격한 일신교와 정신적 영역에 대한 비유신론적인 궁극의 관심은 비록 서로 상이하더라도, 서로 싸울 필요 없는 두 개의 관점이라고 믿는다.

그런데 이 점에서 신의 사랑에 대한 다른 차원의 문제가 발생한다. 이것은 문제의 복잡성을 헤아리기 위해서도 꼭 논의해 봐야 한다. 그 문제란 동양(중국과 인도)과 서양의 종교적 태도 사이에서 보이는 근본적인 차이다. 이러한 차이는 논리적 개념으로 설명할 수 있다. 아리스토텔레스 이후 서양 세계는 아리스토텔레스 철학의 논리적 원칙을 추종하여 왔다. 이 논리는 A는 A라고 기술하는 동일성의 법칙, 모순의 법칙(A는 A 아닌 것이 아니다), 그리고 배중률(排中律 ; A는 A인 동시에 A가 아닌 것일 수 없으며, 또한 A에도, A가 아닌 것에도 속하지 않는 것은 결코 없다) 등의 법칙에 기초하고 있다. 아리스토텔레스는 다음의 구절에서 자신의 입장을 대단히 명백하게 설명하고 있다. "동일한 사물은 동일한 상황에서 동시에 동일한 사물에 속한다. 동일한 사물에 속하지 않는 것은 불가능하다. 반론을 막기 위하여 이외의 다른 조건을 덧붙여도 상관없다. 어쨌거나 이것은 모든 원리 중 가장 확실한 것이다……"[19]

　아리스토텔레스 논리학의 이러한 공리(公理)는 우리의 사고에 대단히 깊이 스며들었으므로, 당연하고 자명(自明)한 것으로 느껴진다. 반면에 X는 A이면서 A가 아니라고 하는 진술은 사리에 맞지 않는 당찮은 말처럼 들린다(물론 지금의 X와 나중의 X를 그냥 X라고 한다든가 혹은 X의 한 측면과 다른 측면을 비교하는 것은 논외다).

　아리스토텔레스의 논리에 반대되는 것으로 이른바 '역설적 논리'가 있다. 이것은 A와 A가 아닌 것은 X의 속성으로서 서로 배척하지 않는다고 가정한다. 역설적 논리는 중국과 인도의 사고를 비롯해 헤라클레이토스의 철학에서도 지배적이었으며, 다시 변증법이란 이름으로 헤겔과 마르크스의 철학으로 계승되었다. 역설적 논리의 일반적 원칙은 노자(老子)가 명백하게 기술했다. "엄격하게 진리인 말들은 역설적으로 보인다."[20] 그리고 장자도 "하나는 하나이며, 하나가 아닌 것도 역시 하나이다"라고 쓴 바 있다. 이와 같은 역설적 논리의 공식은 긍정적인 것과 부정적인 것으로 나뉜다. 긍정적인 논리는 '그것은 존재하며 또 존재하지 않는다'이며, 부정적인 논리는 '그것은 이것도 저것도 아니다'이다. 전자(前者)의 사고 형태는 도교의 사상에서, 헤라클레이토스의 철학에서, 그리고 헤겔의 변증법에서 발견되며 후자의 공식은 인도 철학에서 빈번히 볼 수 있다.

　아리스토텔레스의 논리와 역설적 논리 사이의 차이점을 더욱 상세하게 다룬다면 이 책의 한계를 넘어서게 될 것이다. 그럼에도 이 원리를 더 깊이 이해할 수 있도록 몇 개의 예를 들고자 한다.

　서구 사상에서 역설적 논리는 헤라클레이토스의 철학에서 가장 처음 철학적으로 표현되었다. 그는 대립물 사이의 갈등은 모든 실존의 기초라고 가정한다. "모든 것을 아우르는 일자는 모순을 품은 채로 통일성을 유지한다. 사람들은 이를 이해하지 못한다. 그것에는 활시위나 리라 현과 같은 모순된 조화가

---

19) 아리스토텔레스의 《형이상학(Metaphysics)》, 리처드 호프(Richard Hope)가 신역한 《아리스토텔레스의 형이상학(Aristotle's Metaphysics, Columbia University Press, New York, 1952)》에서 인용.

20) 노자 《도덕경 동양의 경전》 '막스 뮐러(F. Max Mueller)편' 제39권(Oxford University Press, London, 1927) p.120 참조.

존재한다."[21] 혹은 더욱 간략하게 다음처럼 표현한다. "우리는 같은 강(江)으로 들어간다. 그렇지만 같은 강에 들어가는 것은 아니다. 우리는 존재하면서도 존재하지 않는다."[22] "삶과 죽음, 각성과 수면, 젊음과 늙음은 전부 동일한 존재로 우리 내부에 존재한다."[23]

노자의 철학에서도 이와 동일한 사상이 더욱 시적으로 표현되고 있다. 도교의 역설적 사고의 전형적인 예는 다음의 구절이다. "무거움은 가벼움의 근원이며, 고요는 운동의 지배자이다."[24] "본래 대도(大道)는 어떤 일도 행하지 않는 것이다. 그러므로 대도가 행하지 않는 일도 아무것도 없다."[25] "나의 말은 대단히 알기 쉽고 실천하기 쉽다. 그러나 나의 말을 알 수 있고 실천할 수 있는 사람은 이 세계에 아무도 없다."[26] 인도나 소크라테스의 사상과 마찬가지로, 도교 사상도 철학이 이를 수 있는 최고의 단계는 우리가 모른다는 사실을 깨닫는 데 있다. "알면서도 알지 못한다고 생각하는 것은 최고의 깨달음이요, 알지 못하면서 안다고 생각하는 것은 병이다."[27]

이러한 사고방식이 심화되면, 최고의 신에겐 이름 붙일 수 없다는 결론이 나온다. 궁극의 실재, 궁극의 유일자(唯一者)는 말이나 사상으로 포착될 수 있는 것이 아니다. 노자가 말했듯이 "우리가 행할 수 있는 대도(大道)는 영속적이거나 불변적인 도가 아니다. 붙일 수 있는 이름은 영속적인 이름이 아니다."[28] 달리 말하자면 이렇다. "보려고 해도 보이지 않으므로 그것을 빛이 없는 것, 즉 이(夷)라고 하고, 들으려 해도 들리지 않으므로 그것을 소리 없는 것, 즉 희(希)라고 하고, 잡으려 해도 잡히지 않으므로 그것을 모양이 없는 것, 즉 미(微)라고 한다. 이 세 가지 특성만으로는 그것이 무엇인지 알 수 없다. 따라서 우리는 그

---

21) 카펠레(W. Capelle)의 《소크라테스 이전의 철학자들(*Die Vorsokratiker*, Alfred Kroener, Verlag, Stuttgart, 1953)》 p.134 참조.

22) 위의 책 p.132.

23) 위의 책 p.133.

24) 뮐러, 앞의 책 p.69.

25) 위의 책 p.79.

26) 위의 책 p.112.

27) 위의 책 p.113.

28) 위의 책 p.47.

것들을 혼합하여 하나의 도로 삼는다."[29] "도를 아는 사람은 그것에 대해 말하지 않는다. 도에 대해 말하는 사람은 그것을 알지 못하는 것이다."[30]

브라만의 철학은 현상의 다양성과 통일성(브라만)의 관계에 관심을 두었다. 그러나 역설적 철학은 인도나 중국의 이원론적 관점과 혼동되어서는 안 된다. 조화(통일)는 갈등과 대립으로 구성되어 있다. "브라만의 사상은 애초부터 현상 세계의 표출된 힘과 형태들이 대립하면서도 동일하다는 역설을 중심으로 발전했다."[31] 인간에 있어서 뿐만 아니라 우주에 있어서도 궁극의 힘은 개념적·감각적 영역을 초월한다. 그렇기 때문에 그것은 '이것도 아니고 저것도 아니다'. 그러나 짐머가 특징 지은 바와 같이 "이원론과는 근본적으로 다른 이 사상에선 '실재적인 것과 비실재적인 것' 사이에 하등의 대립 관계가 존재하지 않는다."[32]

다양성의 밑바탕에 있는 통일성을 추구함에 있어 브라만의 사상가들은, 인식된 한 쌍의 대립적인 것들은 사물의 본질 자체가 대립하는 것이 아니라 그것을 인식하고 있는 정신이 대립하는 것이라는 결론에 도달했다. 인식하는 사물의 진실한 실재를 알기 위해서는 그 자체를 초월해야 한다. 대립은 인간 정신의 하나의 범주에 속할 뿐, 그 자체가 실재의 요소는 아니다. 리그베다에서 이 원리는 다음과 같이 표현되고 있다. "나는 둘이다. 즉 나는 동시에 생명의 힘이며 생명의 재료이다." 사상은 오직 모순 관계에서만 세계를 인식할 수 있을 뿐이라는 이러한 관념의 궁극적 결론은, 베다의 사상에서 심히 맹렬한 형태를 취하고 있다. 베다에서 사상—그것이 아무리 뛰어난 사상이라도—은 "오직 한층 꿰뚫어 보기 어려워진 무지(無知)일 뿐이며, 현상계의 진리를 흐리는 온갖 고안물 중에서도 가장 꿰뚫어 보기 어려운 교묘한 것"[33]이라고 가정되고 있다.

역설적 논리는 신의 개념과 중요한 관계를 맺고 있다. 신이 궁극의 실재이며 인간이 그 실재를 모순을 통해서만 인식하고 있는 한, 어떠한 긍정적인 서술로도 신에 대해 설명할 순 없다. 베단타 철학에서는 전지전능한 신의 관념을 무

---

29) 위의 책 p.57.

30) 위의 책 p.100.

31) 짐머(H.R. Zimmer)의 《인도 철학(*Philosophies of India*, Pantheon Books, New York, 1951)》 참조.

32) 위의 책 참조.

33) 위의 책 p.424.

지의 궁극적인 형태로 여긴다.[34] 여기서 우리는 도(道)의 무명성(無名性)과 모세에게 일러 준 신의 무명(無名)이라는 이름, 그리고 에크하르트의 절대적 무(絕對的無) 사이의 공통된 사고방식을 발견할 수 있다. 인간은 궁극의 실재(實在)에 대해서는 그 부정(否定)만을 알 수 있을 뿐이지 결코 긍정적 방식으로는 알 수 없다.[35] "한편, 인간은 신이 무엇인가를 알 수 없다. 비록 신이 무엇이 아닌지는 잘 안다 하더라도……. 그러므로 무(無)와 마주하며 최고의 선을 추구해야 한다. 신성한 유일자(唯一者)는 여러 부정들의 부정이며 여러 부인들의 부인이다. 모든 창조물은 부정을 포함하고 있다. 즉 이것은 그것이 아니다."[36] 에크하르트의 결론을 더욱 진전시키면 신은 '절대적 무'로 되며, 이것은 헤브라이의 신비설인 카발라에서의 궁극적 실재인 '엔 소프', 즉 '무한한 유일자(唯一者)'와 비슷하다.

지금까지 신의 사랑의 개념에 있어서 중요한 차이점을 밝히기 위해 아리스토텔레스의 논리와 역설적 논리의 차이를 논했다. 역설적 논리의 교사들은, 인간은 궁극적인 실재—통일, 유일자(唯一者) 그 자체—를 사고를 통해서가 아니라 오직 모순 관계 속에서만 인식할 수 있다고 말한다. 결국 인간이 사고하는 궁극적 목적은, 답을 얻는 것이 아니다. 사고로써 궁극적 해답을 찾을 수 없다는 지식을 얻기 위해 사고할 뿐이다. 사고의 세계는 역설 속에 묻혀 있다. 세계를 파악하는 방법은 결국 사고에서가 아니라 행동 속에, 즉 일체성의 경험에 있는 것이다. 그러므로 역설적 논리는 다음과 같은 결론으로 나아간다. 즉 신에 대한 사랑은 사유를 통한 지식 획득이 아니며 또한 신의 사랑에 대한 사상도 아니다. 그것은 신과의 일체성을 경험하는 행동이다.

이것은 삶의 올바른 방법을 강조한다. 일상의 사소한 행동도 중요한 행동도 모두가 신에 대한 지식을 얻기 위한 수단이다. 다시 말해 이 지식은 올바른 사유가 아니라 올바른 행동의 토대 위에 쌓이는 것이다. 이 점은 동양의 종교에서 명백하게 드러난다. 브라만교에서도, 불교에서도, 도교에서도, 종교의 궁극적인 목적은 올바른 믿음이 아니라 올바른 행동이다. 이와 동일한 목적은 유대교에

---

34) 짐머, 앞의 책 p.424 참조.
35) 《마이스터 에크하르트》 p.114 참조.
36) 위의 책 p.247. 또한 '마이모니데스'의 부정적 신학을 참조하라.

서도 발견할 수 있다. 유대의 전통에서도 일찍이 신앙에 대한 분열은 거의 없었다(하나의 커다란 예외, 즉 바리새인과 사두개인의 차이는 본질적으로 두 절대적 사회 계급의 차이였다). 유대교는(특히 우리 시대의 시작부터) 삶의 올바른 방식, 즉 유대의 관계 법규인 '할라카'(이 말은 실제로 '도'와 그 의미가 같다)를 강조했다.

근대에는 이와 동일한 원리가 스피노자, 마르크스 그리고 프로이트의 사상에서 표현되고 있다. 스피노자 철학의 초점은 올바른 믿음에서 올바른 생활 행동으로 이행하고 있다. 마르크스는 그가 "철학자들은 세계를 온갖 방법으로 해석했다. 하지만 진정한 과제는 세상을 바꾸는 것이다"고 말했을 때 이와 동일한 원리를 기술(記述)했다. 프로이트는 역설적 논리를 심화하여, 자기 자신을 깊이 체험하는 정신분석요법을 만들어냈다.

역설적 논리의 관점에서 보면 강조점은 사유가 아니라 행동에 있다. 이러한 태도는 여러 가지 결과를 야기했다. 첫째로, 그것은 인도나 중국의 종교 발전에서 등장하는 관용과 관련 깊다. 만약 올바른 사유가 궁극적인 진리가 아니고 또 구원받는 방법도 아니라면, 우리는 다른 원리에 도달한 사람들과 싸울 이유가 없다. 이러한 관용은 암흑 속에서 코끼리를 설명하는 이야기에 훌륭하게 표현되어 있다. 코끼리의 코를 만진 사람은 "이 동물은 송수관과 비슷하다"고 말했고, 코끼리의 귀를 만진 사람은 "이 동물은 부채와 비슷하다"고 말했으며, 코끼리의 다리를 만진 사람은 "이 동물은 마치 기둥 같다"고 묘사했던 것이다.

둘째로, 역설적 입장은 도그마나 과학의 발전을 강조하기보다는 오히려 인간을 바꿔야 한다고 강조했다. 인도와 중국의 종교나 신비주의의 관점에서 본다면, 인간의 종교적 과제는 올바르게 생각하는 것이 아니라 올바르게 행동하는 것이며 혹은 집중적인 명상을 통해 유일자와 하나 되는 것이다.

서구 사상의 주류(主流)는 이와는 정반대임이 사실이다. 사람은 올바른 사고 속에서 궁극적인 진리를 발견할 것을 기대하므로 주된 강조점은 사상에 놓여 있었다. 올바른 행동 역시 중요한 것으로 받아들여졌지만 사상은 더욱 중요했다. 이런 경향은 종교적 발전 과정에서 도그마의 정식화(定式化) 문제를 야기했으며, 도그마 정식화에 대한 끊임없는 논란 그리고 비신자(非信者)와 이교도(異教徒)에 대한 배척을 초래했다. 더구나 그것은 주된 목표로서 신을 믿는 것을 강조하고 있었다. 물론 인간이 올바르게 살아야 한다는 개념이 없었다는 말은 아니다. 그러나 설사 신의 행동을 실천하지 않아도 신을 믿는 사람은, 신의 행동을 실천하지만 신을 믿지 않는 사람들보다 자기가 낫다고 여겼다.

사유에 대한 강조는 역사적으로 대단히 중요한 또 하나의 결과를 초래했다. 인간이 사유 속에서 진리를 발견할 수 있다고 하는 관념은 도그마에 이어 과학을 낳았다. 과학의 지적(知的) 정직성 면에서도 또한 과학적 사상의 실천—즉 기술—면에서도, 문제가 되는 것은 오직 올바른 사고이다.

요컨대, 역설적 사상은 관용과 자기혁신을 위한 노력을 낳았다. 그리고 아리스토텔레스의 관점은 도그마와 과학, 즉 가톨릭 교회와 원자력의 발견을 낳았다.

두 입장 사이의 이러한 차이가 신의 사랑 문제에 어떤 영향을 끼쳤는지는 이미 대체로 설명했다. 여기서 그 내용을 간단히 요약해 보자.

서구의 지배적인 종교 체계에서 신의 사랑은 본질적으로 신의 존재와 정의와 사랑에 대한 믿음과 같았다. 이 관점에서 신의 사랑은 본질적으로 사유 경험이다. 반면 동양의 종교나 신비주의에서 신의 사랑은 강렬한 일체감의 경험이다. 이는 삶의 모든 행위에서 그 사랑을 표현하는 것과 밀접한 관련이 있다. 에크하르트는 이 목표를 매우 철저하게 표현했다.

따라서 만일 내가 신처럼 생활함으로써 신으로 변화되고 신이 나를 그 자신과 하나로 만든다면, 우리 사이에는 아무런 구별이 존재하지 않는다…… 어떤 사람들은 신을 보려고 상상한다. 마치 신은 저쪽에 서 있고 그들은 이쪽에 서 있는 것처럼. 그러나 그것은 잘못됐다. 신과 나, 우리는 하나이다. 신을 인식함으로써 나는 신을 나 자신으로 간주한다. 신을 사랑함으로써 나는 신이 된다.[37]

여기서 부모에 대한 사랑과 신에 대한 사랑 사이의 중요한 유사점으로 이야기를 되돌려 보자. 어린아이는 그의 모든 존재의 근원인 어머니에게 집착한다. 무력함을 느끼고 모든 것을 포용하는 어머니의 사랑을 필요로 한다. 그 후 그

---

37) 위의 책 pp. 181~182 참조.

의 애정은 새로운 중심인 아버지에게로 향한다. 아버지는 사상과 행동의 지도 원리이다. 이 단계에서 아이는 아버지의 칭찬을 획득하고 그의 불쾌를 피하려는 욕구에 동기를 부여받는다. 그러다가 충분히 성숙한 단계에 이르면 보호하는 어머니와 명령하는 아버지에게서 해방된다. 이제 그의 속에는 모성적 원리와 부성적 원리가 확립되어 있다. 그는 그 자신의 아버지와 어머니가 되었다. 그는 아버지이자 어머니인 것이다.

인류의 역사에서 우리는 이와 동일한 발전을 본다——그리고 기대할 수 있다. 즉 어머니적인 여신(女神)에 대한 무력한 애착으로서 신에 대한 사랑이 시작된다. 그리고 아버지 신에 대한 순종적 애착을 통해 성숙의 단계로 발전한다. 이 단계에서 신은 더 이상 외적 힘이 아니며, 인간은 사랑과 정의의 원리를 그 자신 속에 합병하며 신과 하나가 된다. 그리고 최종적으로 인간은 신을 오직 시적(詩的)이고 상징적인 의미에서만 말하게 된다.

이러한 고찰에서 신에 대한 사랑은 부모에 대한 사랑으로부터 분리될 수 없다는 결론이 나온다. 만일 어떤 사람이 어머니나 친척, 국민에 대한 근친상간적인 애착심으로부터 헤어나지 못하거나, 처벌하고 보상을 주는 아버지나 혹은 어떤 다른 권위자에 대해 어린애 같은 의존심을 버리지 못한다면, 그는 성숙한 인간으로서 신을 사랑하는 것이 아니다. 즉 그의 종교는 초기 단계의 종교인 것이다, 이 초기 단계의 종교에서 신은 모든 것을 보호하는 어머니로서 혹은 처벌과 보상을 주는 아버지로서 존재한다.

현대 종교를 보면 초기의 가장 원시적인 종교부터 발달의 정점에 이른 종교까지, 모든 단계의 종교가 있다.

'신'이라는 말은 부족의 추장을 가리키기도 하고 '절대적 무(無)'를 가리키기도 한다. 마찬가지로 각 개인은 프로이트가 제시한 바와 같이 무력한 유아기부터의 모든 단계를 그 자신의 무의식 속에 보유하고 있다. 문제는 그가 어느 정도까지 성장했는가이다.

다음의 한 가지 사실은 분명하다. 그의 신에 대한 사랑의 본질은 그의 인간에 대한 사랑의 본질과 일치한다. 대개 본인은 그 본질을 깨닫지 못한다——사랑에 대한 성숙한 사고로 본질을 덮어 합리화해 버리기 때문이다. 인간에 대한 사랑은 그의 가족에 대한 관계와도 관련되어 있긴 하지만, 최종 분석을 해보면 그가 사는 사회의 구조에 의해 결정되고 있음을 알 수 있다.

만약 권위—공공연한 시장(市場)과 여론의 익명적 권위—에 복종하는 사회 구조라면, 그곳 사람들의 신의 개념은 틀림없이 유아기적일 것이다. 즉, 성숙한 신의 개념과는 거리가 먼, 일신교적 종교 사상에 머물러 있을 것이다.

제3장

현대 서구사회가 직면한 사랑의 붕괴

사랑을 성숙한 생산 능력이라고 한다면, 개인이 사랑할 수 있는 능력은 그 사회가 보통 사람들의 성격에 미치는 영향에 좌우된다 할 것이다. 만일 우리가 현대 서구 문화의 사랑에 대해 말한다면, 이는 서구 문명의 사회구조와 그것으로부터 생겨나는 정신이 사랑의 발전에 과연 도움이 되는지 묻는 것을 의미할 것이다. 의문을 제기한다 함은 곧 그 질문에 부정적으로 답하는 것이다. 서구 사회를 객관적으로 살펴보면 사랑—형제애, 모성애, 이성애—은 비교적 보기 드문 현상이며, 더구나 그중 상당수는 사랑의 붕괴를 반증하는 거짓 사랑이란 사실을 알 수 있다.

자본주의사회는, 한편으로는 정치적 자유의 원리, 다른 한편으로는 사회적인 관계마저 통제하는 시장경제의 원리를 그 기초로 하고 있다. 상품시장은 상품이 교환되는 조건을 결정하며, 노동시장은 노동의 획득과 판매를 조정한다. 쓸모 있는 사물은 물론이요, 유용한 노동력이나 기술도 시장의 조건하에서는 어떠한 폭력이나 사기를 행사함도 없이 교환되는 상품으로 변한다. 예를 들어 구두는 유용하고 필요한 사물이지만, 만약 시장에서 수요가 없다면 조금의 경제적 가치(교환가치)도 없다. 인간의 노동력이나 기술도 시장에서 수요가 없다면, 전혀 교환 가치가 없는 것이다. 자본의 소유자는 노동력을 구매할 수 있고 또 그것을 이용해 커다란 자본 투자 효과를 거둘 수 있다. 노동의 소유자는 굶어죽지 않기 위해서는 자신의 노동력을 자본가에게 판매해야만 한다. 이러한 경제 구조는 가치의 서열 체계에 반영된다. 자본은 노동력을 뜻대로 조종한다. 즉 축적된 사물들은 죽은 것이면서도, 노동력이나 인간의 능력 등 살아 있는 것보다 더 큰 가치를 지닌다.

이것은 애초부터 자본주의의 기본구조였으며 지금도 여전히 근대 자본주의의 특징으로 남아 있다. 그런데 한편으로는 수많은 요인들이 변화되었다. 그것은 현대 자본주의에 독특한 특성을 부여하고, 현대인의 성격 구조에도 심오한 영향을 미치고 있다.

자본주의가 발전한 결과 자본의 중앙집권화와 집중화가 더욱 뚜렷해지고 있다. 대기업들의 규모는 계속 증대하는 데 반해 소기업들은 더욱 압박을 받고 있다. 또한 투자 자본의 소유자는 기업 경영에서 점점 멀어지고, 수십만의 주주들이 그 기업을 '소유'하고 있다. 괜찮은 보수를 받기는 하지만 그 기업의 소유자는 아닌, 많은 경영 관료들이 그 기업을 경영한다. 이러한 관료는 이윤의 극대화보다는 기업의 확장과 그들 자신의 권력에 더 관심을 쏟는다.

이 같은 자본의 집중화와 강력한 경영 관료의 출현은 노동운동의 발전과 병행하고 있다. 노동력이 조직화되면 노동자 한 사람 한 사람이 노동시장에서 자신을 매매할 필요가 없다. 그리고 노동자가 가입하는 노동조합을, 각 노동자들 대신 대기업과 맞서 싸우는 강력한 간부들이 이끈다. 주도권은 자본의 영역에서도 노동의 영역에서도, 좋든 나쁘든 개인으로부터 조직으로 이행되었다. 수많은 사람들이 독립성을 잃고 거대한 경제 제국의 관리자들에게 의존하게 되었다.

자본의 집중화라고 하는 근대 자본주의의 특성에서 유래하는 또 하나의 결정적인 특징은 노동의 독특한 조직화에 있다. 중앙집권화된 대기업들은 철저한 분업체제로 나아간다. 거기서 개인은 기계 속의 하나의 톱니바퀴처럼 소모품으로 전락된다.

근대 자본주의가 낳은 인간의 문제는 다음과 같이 정리할 수 있다.

근대 자본주의는 많은 타인과 원활하게 협동할 수 있는 사람을 원한다. 즉 취향이 평범해서 영향을 쉽게 받고, 행동 패턴이 단순하며, 소비를 즐기는 유형을 원한다. 또한 어떠한 권위나 원리나 선악의 관념에도 예속되지 않는, 자신을 자유롭고 독립적인 존재라고 믿는 인간인 동시에 명령에 즐거이 복종하고 자신에게 기대되는 바를 기쁘게 이행하며, 하등의 마찰 없이 사회라는 기계에 적응하는 인간을 요구한다. 요컨대 강제가 없어도 통제되고, 지도자가 없어도 길을 벗어나지 않으며, 목적이 없어도 고무(鼓舞)될 수 있는 사람을 필요로 하는 것이다. 쉬지 말고 일하면서 자기 소임을 다하라는 명령에 묵묵히 따르는 사람을 말이다.

그 결과는 무엇인가? 현대인은 그 자신으로부터 소외되고 동료로부터 소외되며 자연으로부터 소외되었다.[1] 상품으로 전락한 그는 자신의 생명력을 이윤을 창출해 주는 하나의 투자라고 생각한다. 인간관계는 본질적으로 소외되고 기계화된 인간의 관계로 전락하고, 저마다 그 무리에 가깝게 있음으로써 자신의 안전을 확보하며, 사상·감정·행동이 다른 사람들과 조금도 다르지 않다는 데 안전을 느낀다. 누구나 되도록이면 서로 가까이 있으려고 노력하지만 개인은 결국 고독하며, 인간의 고립감이 극복될 수 없을 때 언제나 나타나는 불안감, 근심, 죄의식 등의 감정에 깊이 사로잡힌다.

우리의 문명은 인간이 이러한 고독을 깨닫지 못하도록 도움을 주는 많은 완화제를 제공한다. 제도화되고 기계적인 일의 일상화는 그 가장 대표적인 예로서 인간이 자신의 가장 근본적인 욕구, 초월과 합일의 갈망을 깨닫지 못하게 하는 데 도움을 준다. 그러나 기계적인 일상만으로는 그것을 극복하지 못하기 때문에 인간은 오락의 일상화를 더한다. 즉 오락 산업이 제공한 음향과 영상의 수동적 소비를 통해, 또 새로운 것을 구매하고 곧 그것을 다른 것과 교환하는 만족감을 통해 자신의 무의식적인 고독을 극복하는 것이다.

현대인은 사실상 헉슬리가 《멋진 신세계》에서 묘사하고 있는 광경과 흡사하다. 즉 잘 먹고 잘 입고 성적(性的)으로 만족하고 있지만, 자아가 없고 동료들과 아주 피상적으로만 접촉할 뿐이다. 헉슬리는 다음과 같은 슬로건을 내걸었다. '개인이 감정을 가질 때 공동체는 동요한다', '오늘 누릴 재미를 결코 내일까지 미루지 말라' 그리고 두말이 필요 없는 표어 '오늘날에는 모든 사람이 행복하다'. 오늘날 인간은 이와 같은 구호 아래 제어되는 것이다.

현대인의 행복은 재미를 느끼는 것에 있으며, 재미를 느끼는 것은 상품, 영상, 음식, 음주, 끽연, 사람들, 강연, 서적, 영화 등을 소비하고 참여하는 만족에 있다─이 모든 것은 소비되고 삼켜진다. 이 세계는 우리의 식욕을 위한 하나의 거대한 대상(對象)이다. 하나의 커다란 사과이고 하나의 커다란 술병이며 하나의 커다란 젖가슴이다. 우리는 그 젖가슴에 매달려 영원히 기대하며 희망에

---

1) 소외 문제나 현대 사회가 인간의 성격에 미친 영향에 대한 더욱 상세한 논의는 나의 저서 《건전한 사회(*The Sane Society*, Rinehart and Company, New York, 1955)》를 참조하라.

차는 자이다—그와 동시에 영원히 실망하는 자이다. 교환과 소비에 적응해 버린 우리의 성격은 물질적인 대상 뿐만 아니라 정신적인 대상마저 교환과 소비의 대상으로 삼는다.

사랑에 대한 상황은 필연적으로 현대인의 이와 같은 사회적 성격과 일치한다. 기계화된 인간은 사랑을 할 수 없다. 기계화된 인간은 자신의 '상품화된 인격'을 교환하고, 공정한 거래를 희망할 뿐이다. 사랑, 특히 이러한 소외된 구조를 보이는 결혼을 잘 설명해 주는 것이 '팀(team)'이라는 개념이다. 행복한 결혼 생활로 안내하는 모든 지침서에 나와 있는 내용은 원활하게 기능하는 팀의 그것이다. 더욱이 부부의 생활은 능숙하게 일하는 피고용인의 생활과 별다를 바가 없다. 즉 남편과 아내는 '적당히' 독립하고 협력하고 너그러워야 하는 동시에 큰 꿈을 품은 진취적인 인간이어야 하는 것이다. 그래서 결혼 상담자는 이렇게 말한다. "남편은 아내를 이해하고 도와주어야 합니다. 그녀의 새로운 드레스와 맛 좋은 요리를 칭찬해 주세요. 그리고 아내는 남편이 어깨를 축 늘어뜨리고 부루퉁해서 귀가할 때 잘 맞이해 주세요. 그가 사업 문제를 얘기할 때는 주의 깊게 들어주고, 그가 생일을 잊었다 해도 너그럽게 용서해 주어야 합니다."

이런 관계가 계속되면 그들은 결국 타인으로 남게 된다. 결코 '중심적인 관계'에는 이르지 못한 채, 그렇지만 서로 예의를 갖추고 대하며 상대를 기분 좋게 하려고 알랑거리는, 아첨하는 관계가 된다.

여기서 요점은, 다른 방식으로는 해결하기 힘든 고독감을 사랑과 결혼으로 채운다는 것이다. '사랑'에서 사람들은 마침내 고독으로부터의 피난처를 발견한다. 그리고 세계를 상대로 두 사람의 동맹을 형성한다. 이로 인해 2배가 된 이기주의는 종종 사랑과 친밀이라는 가면을 쓴다.

팀 정신, 상호 관용 등에 대한 이와 같은 강조는 비교적 최근에 발전된 것이다. 제1차세계대전 후 몇 해 동안 두 사람의 성적 만족이 성공적인 사랑, 특히 행복한 결혼을 위한 기초라는 개념이 유행했다. 결혼한 부부 사이에 갖가지 불행들이 일어나는 이유는, 두 사람이 올바른 '성 조절'을 못했기 때문이라고 여겨졌다. 즉 배우자 어느 한편 또는 양편이 다 성적 테크닉이 미흡하기 때문이라고 생각했던 것이다. 따라서 많은 책들이 서로 사랑할 수 없는 불행한 부부를 돕기 위해 올바른 성행위에 대한 지식과 조언을 제공했으며, 암묵적으로든 공개적으로든 성행위만 바로잡힌다면 행복과 사랑이 뒤따르리라고 약속했다.

이러한 발상의 근원은 사랑이 성적 쾌락의 소산이라는 것이며, 만일 두 사람이 상대를 성적으로 어떻게 만족시켜 주는가를 알게 된다면 서로 사랑할 것이라고 하는 관념이다. 이것은 올바른 테크닉이 산업 생산의 기술적 문제뿐만 아니라 모든 인간 문제도 해결해 준다는 그 시대의 환상과 잘 부합되었다. 사람들은 이러한 가정과는 정반대의 것이 오히려 진실이라는 사실을 깨닫지 못했다.

사랑은 적절한 성적 만족에서 얻어지는 결과가 아니다. 성적 행복—심지어 이른바 성적 테크닉에 대한 지식도—이 사랑의 결과인 것이다. 일상적인 사례 이외의 증거가 필요하다면 그것은 광범위한 정신분석학적 자료에서 찾을 수 있다. 가장 흔한 성문제들에 대한 연구—여성들의 불감증, 남자들의 다소 심한 정신적 발기불능은 그 원인이 올바른 테크닉에 대한 지식의 결여에 있는 것이 아니라, 사랑하는 것을 불가능하게 하는 억제에 있다는 점을 말해준다. 이성에 대한 공포나 혐오가 자신을 완전히 주는 것, 자발적으로 행동하는 것, 육체관계를 통해 상대를 신뢰하는 것을 방해하는 원인이 되고 있다. 만일 성적으로 억제된 사람이 공포나 혐오에서 헤어나 사랑할 수 있게 된다면 그 또는 그녀의 성문제는 해결된다. 만약 그렇지 않다면, 아무리 많은 성적 테크닉을 안다고 해도 결코 도움이 되지 않을 것이다.

그러나 이러한 정신분석학 자료가, 올바른 성적 테크닉에 대한 지식이 성적 행복과 사랑으로 인도한다는 관념의 오류를 지적하는 것만은 아니다. 사랑은 두 사람의 성적 만족의 부산물이라는 가정도 기본적으로 하고 있다. 이는 프로이트 이론의 영향이었다. 프로이트에게 사랑은 기본적으로 성적 현상이었다. "성적(생식기의) 사랑에서 가장 커다란 만족을 얻었으며 따라서 그것이 사실상 모든 행복의 원형(原型)임을 경험적으로 알고 있는 인간은, 성적 관계를 통해 자신의 행복을 더욱 추구하고 생식기의 사랑을 중시하게 마련이다."[2]

프로이트에 의하면 형제애의 경험은 성적 욕구의 결과이지만, 여기서 성적 본능은 '억제된 목적'이 있는 충동으로 변화된다.

---

2) 프로이트의 《문명 속의 불만(*Civilization and Its Discontents*, translated by J, Rivirre, The Hogarth Press, Ltd., London, 1953)》 p.69 참조.

"억제된 목적이 있는 사랑(형제애)은 본디 관능적 사랑으로 충만하고, 인간의 무의식적 정신 안에서 여전히 그러하다."[3]

신비적 경험의 핵심이자, 어떤 다른 사람과의 혹은 동료와의 강렬한 결합의 뿌리를 이루는 일체감(대양적 감정), 이것을 프로이트는 병리 현상의 하나인 유아기의 '무제한의 나르시시즘'으로의 퇴행으로 해석했다.[4]

한 걸음 더 나아가, 프로이트에게 사랑이란 그 자체가 비합리적인 현상이었다. 비합리적 사랑과 성숙한 인격의 표현으로서의 사랑 사이의 차이를 그는 몰랐다. 그는 감정전이(感情轉移)의 사랑에 대한 논문에서,[5] 감정전이의 사랑은 본질적으로 '정상적인' 사랑과 별다를 것이 없다고 말했다. 사랑에 빠진다는 것은 언제나 비정상에 가까우며 현실 왜곡 및 강박성을 동반하고, 유년기 사랑의 대상으로부터의 감정전이인 것이다. 합리적 현상으로서의 사랑, 더할 나위 없는 성숙의 성취로서의 사랑은 프로이트의 이론에 존재하지 않는 것이므로 탐구의 주제가 될 수 없었다.

사랑은 성적 인력(引力)의 결과라거나, 의식적인 감정 속에 반영된 성적 만족과 동일한 것이라는 개념에 프로이트의 견해가 미친 영향을 과대평가하는 것은 잘못이다. 사실 둘의 인과관계는 거꾸로다. 프로이트의 관념은 부분적으로는 19세기의 정신에 영향을 받았으며, 또한 제1차세계대전 후 그 시대의 지배적인 정신 덕분에 인기를 얻었다.

이러한 인기와 프로이트적인 개념에 영향을 준 요인들로는 첫째, 빅토리아 시대의 엄격한 성도덕에 대한 반동을 들 수 있다. 그리고 둘째로는 자본주의의 구조에 기초를 둔 인간관에 있다. 자본주의가 인간의 자연적 요구에 상응함을 증명하기 위해 사람들은, 인간은 본디 경쟁적이며 서로 적대감으로 충만하다는 점을 밝혀야만 했다. 경제학자들이 이것을 경제적 이익을 위한 탐욕스러운 욕구라는 면에서 '증명'했고, 다원주의자들은 적자생존이라는 생물학적 법칙 면에서 입증했다. 그리고 프로이트는 남자는 모든 여성을 성적으로 정복하려는 무제한적인 욕구에 시달리고 있으며, 사회의 압력이 그가 욕구에 따라 행동

---

3) 위의 책 p.69.
4) 위의 책 p.21.
5) 《프로이트 전집(*Gesamte Werke, London, 1940~52*)》 Vol. X 참조.

하는 것을 저지한다고 하는 가정에 의해 동일한 결과에 도달했다. 그 결과 사람들은 필연적으로 서로 질투하며, 이러한 상호 질투와 경쟁은 비록 그것의 모든 사회적 경제적 원인이 제거된다 하더라도 지속되리라고 본 것이다.[6]

마지막으로, 프로이트의 사상은 19세기에 지배적이었던 유물론(唯物論)의 영향을 주로 받았다. 유물론자들은 모든 정신적 현상의 기초는 생리적인 현상에서 찾을 수 있다고 믿었다. 따라서 사랑, 혐오, 대망, 질투 등은 프로이트의 손에서 다양한 형태의 성적 본능의 수많은 결과로 설명되었다. 그러나 그는 기본적 진리가 인간 존재의 전체성 안에 있다는 것, 즉 첫째로 모든 사람은 공통된 상황에 있으며, 둘째로 특정한 사회구조에 의해 정해진 삶을 살아간다는 점을 보지 못했다. 이러한 유형의 유물론을 초월하는 결정적인 첫걸음은 마르크스의 '사적(史的) 유물론'이었다. (사적 유물론에서 인간을 이해하기 위한 핵심 열쇠는 육체도, 식욕이나 소유욕 같은 본능도 아니다. 삶의 전체적인 생활 과정, 즉 '생활의 실천'이다.)

프로이트에 따르면 모든 본능적인 욕구의 완전한, 억제되지 않은 만족은 정신 건강과 행복을 창조한다. 그러나 자신의 삶을 무제한적인 성적 만족에 바치고 있는 사람들은 행복을 얻지 못하며, 흔히 심각한 신경병적인 갈등이나 증상으로 괴로워하고 있음을 예증하고 있다. 모든 본능적 욕구의 완전한 만족은 행복의 기초가 아닐 뿐만 아니라 정신 건강도 보장하지 않는다.

그런데도 프로이트의 관념은 제1차세계대전 후 자본주의의 정신 속에 일어난 변화 덕분에 대단한 인기를 끌었다. 그 변화가 뭔가 하면, 우선 저축보다 소비가 중시되기 시작했다. 경제적으로 성공하려면 참고 저축해야 한다는 옛 관념은, 소비야말로 계속 확장되는 시장경제를 떠받치며 기계화된 인간들에게 커다란 만족을 준다는 새로운 관념으로 바뀌었다. 이는 물질적 소비뿐만 아니라 성적 방면에도 적용되었다. 성욕도 참을 필요가 없다는 것이다.

프로이트의 이론은 금세기 초에 존재했고 아직도 붕괴되지 않았다. 그런데

---

6) 산도르 페렌치(Sándor Ferenczi)는 스승인 프로이트와 결별하지 않은 유일한 제자였지만, 그도 만년에는 사랑에 대한 견해를 바꾸었다. 이 문제에 대한 흥미로운 토의를 보고 싶다면 포레스트의 《사랑의 영향(The Leaven of Love, by Izette de Forest, harper & Brothers, New York, 1954)》을 보라.

여기서 자본주의의 정신에 상응하고 있는 프로이트의 개념을, 현대의 가장 탁월한 정신 분석학자 중 한 사람인 고(故) 설리반의 이론적 개념과 비교해 보자. 매우 흥미 있는 일이다. 프로이트의 체계와는 대조적으로 설리반의 정신분석 체계에서는 성적 관심과 사랑이 엄격히 구분되고 있음을 볼 수 있다. 설리반의 사상에서 사랑과 친밀의 의미는 무엇인가?

친밀은 상대의 인간적 가치가 있는 모든 구성 요소를 서로 인정하는 두 사람 간의 상황의 유형이다. 인간적 가치를 인정하기 위해서는 내가 공동 협력이라고 부르는 관계의 유형이 필요하다. 이 공동 협력이라 함은 동일성의 증대를 추구하여 자신의 행위를 타인의 표출된 욕구에 분명한 방식으로 맞추는 것을 의미한다—즉 더욱더 상호 만족을 추구하고, 상대와 비슷한 안전 유지 방법을 얻기 위해…….[7]

설리반의 이 진술에서 장황한 언어를 떼어낸다면, 사랑의 핵심이란 '두 사람의 공동 협력 상황'이라고 할 수 있을 것이다.

우리는 우리의 위신과 우월감 그리고 장점을 보호하기 위해 게임의 규칙에 따라 경기한다.[8]

프로이트의 사랑의 개념이 19세기의 자본주의 면에서 가부장적 관점에서 기술된 것과 마찬가지로, 설리반의 견해는 20세기의 소외되고 상품화된 인간 경

---

7) 설리반(H. S. Sullivan), 《*The Interpersonal Theory of Psychiatry* (W. W. Norton Co., New York, 1953)》 p.246. 다음 사실을 주목하자. 설리반은 사춘기 이전의 아이들이 갖는 갈망과 관련시켜 이러한 정의를 내리고 있다. 하지만 그것들을 사춘기 이전에 나오는 통합적 경향으로서 "이 경향이 완전히 발전되었을 때, 우리는 이것을 사랑이라 부른다"고 말했으며, 또한 사춘기 이전의 사랑은 "충분히 발달한 또한 정신의학적으로 정의된 '사랑'과 대단히 흡사한 것의 시초를 의미한다"고 했다.

8) 위의 책 p. 246. 설리반의 사랑에 대한 또 하나의 정의는, 사랑이란 어떤 사람이 타인의 욕구를 자신의 욕구와 마찬가지로 중요하다고 느낄 때 비롯된다는 것인데, 이 정의는 위의 정의보다 자본주의적 색채가 엷다.

험에 대한 것이다. 그것은 그들의 공통 관심은 합동이라고 주장하며, 적대적이고 소외된 세계에 맞서 연합하는 두 사람의 이기주의에 관해 기술한다. 실제로 그가 정의 내린 친밀은 일반적인 팀에 원칙적으로 들어맞으며, 이 팀에서는 "각 구성원은 공통의 목적을 추구하기 위해 자신의 행위를 타인의 표출된 욕구에 맞춰 조정한다". (여기서 설리반이 '표출된 욕구'를 말하고 있음에 주목하라. 사랑하는 이들은 두 사람 간의 표출되지 않은 욕구에도 반응하기 때문이다.)

상호 간의 성적 만족으로서의 사랑, 그리고 팀워크로서의, 고독으로부터의 피난처로서의 사랑은 현대 서구사회가 직면한 붕괴된 사랑의 정상적인 두 가지 형태이며, 사회적으로 유형화된 사랑의 병리적(病理的) 형태이다. 사랑의 병리적 현상에는 수많은 개별화된 형태들이 존재한다. 이런 병적인 사랑은 정신적 고통을 수반한다. 그 고통은 정신과 의사, 아니 일반인이 보기에도 이미 신경증적이다. 그중 흔한 몇 가지를 살펴보자.

신경병적 사랑을 위한 기본적 조건은 '연인'의 어느 한편이나 양편이 부모의 모습에 애착을 계속 갖고 있으며, 성인이 된 후 과거에 아버지나 어머니에 대해 가졌던 느낌, 기대, 공포 등을 사랑하는 사람에게 감정전이하는 것이다. 사람들은 유아기적 관계의 유형에서 결코 벗어나지 못하고, 성인이 된 후에도 사랑할 때 이러한 유형을 갈구한다. 이 경우에 그 사람은 지적·사회적으로는 자기 나이에 맞는 수준에 도달해 있지만, 정서적으로는 2세 또는 5세 혹은 12세의 어린아이로 남아 있다. 심할 경우 이러한 정서적 미성숙은 그의 사회생활을 파괴하기도 한다. 그 증세가 미약할 경우에는 그 갈등이 친밀한 인간관계에만 한정된다.

다시 앞서 논한 어머니 중심적 혹은 아버지 중심적 인격에 대해 살펴보자. 오늘날 흔히 발견되는 이러한 신경병적 사랑의 유형에 대한 다음의 예는, 유아기의 어머니에 대한 애착심에서 벗어나지 못하는 사람들을 다루고 있다. 이들은 말하자면, 결코 젖을 못 떼는 사람들이다. 아직도 어린애 같으며, 어머니의 보호, 사랑, 온정, 배려, 칭찬을 원한다. 또한 어머니의 무조건적인 사랑을 희구하는데, 이 사랑은 다른 무엇보다도 그들이 그것을 필요로 한다는 것, 어머니의 자식이라는 것, 무력하다는 것 등의 이유에서 주어지는 사랑이다.

이러한 사람은 흔히 어떤 여성에게 사랑을 구할 때 대단히 상냥하고 매력적이다. 심지어는 여성의 사랑을 얻는 데 성공한 후에도 그러하다. 그러나 그 여성과의 관계는—실제로 다른 모든 사람과도 마찬가지로—피상적이고 무책임한 상태에 머무른다. 그들의 목표는 사랑받는 것이지 사랑을 주는 것이 아니다. 이러한 유형은 허영심이 있으며, 많든 적든 과대망상에 빠지는 경향이 있다. 자기에게 딱 맞는 여성을 발견할 때 그들은 안심하고 의기양양해지며, 탁월한 애정과 매혹을 연출한다. 그래서 여성들은 그를 멋진 남성으로 오해한다.

그러나 얼마 후 그 여성이 그의 환상적인 기대에 입각한 사랑에 더 이상 어울려 주지 않을 때, 그의 마음에서는 갈등과 불만이 싹트기 시작한다. 만일 그 여성이 계속해서 그를 칭찬해 주지 않으며, 그녀 자신의 생활을 요구하고, 더욱이 사랑받고 보호받기를 원할 때, 그리고 극단적인 경우 그가 바람피우거나 다른 여자들에게 반해 있는 것을 그 여성이 너그러이 용서하지 않을 때, 그 남자는 깊이 상처 받고 절망한다. 그는 대개 '그 여자는 나를 사랑하지 않으며, 이기적이고 거만하다'고 하는 관념으로 이러한 감정을 합리화한다. 자식을 한없이 사랑하는 어머니와 같은 태도가 조금이라도 결여되면, 그것은 사랑의 부족함을 의미하는 증거로 받아들여진다. 이런 남성은 언제나 자신의 상냥한 행위와 그녀의 호감을 사고 싶다는 욕망을 진실한 사랑으로 혼동하며, 그래서 결국 부당한 취급을 받고 있다는 결론에 도달한다. 그는 자신을 위대한 연인으로 상상하고, 배우자가 은혜를 모르는 것에 대해 몹시 불평한다.

드물긴 하지만 어머니 중심적 유형도 별로 심각한 혼란 없이 살아갈 수 있다. 만일 그의 어머니가 실제로 지나치게 보호하는 방식으로 그를 '사랑'한다면(지배적이지만 파괴적이지는 않은), 혹은 그가 어머니와 동일한 유형의 아내를 발견한다면, 또 만약 그의 특별한 자질과 재능 덕분에 남에게 사랑받고 칭찬받는다면(성공적인 정치인들에서 흔히 보이는 경우에서처럼), 그는 정신적으로는 미숙해도 사회에 잘 적응한다. 그러나 덜 유리한 조건하에서는—당연히 이런 경우가 더 흔하다—그의 사랑은, 그의 사회생활은 문제없다 하더라도 심각한 실망에 빠지게 될 것이다. 즉 갈등이나 강렬한 불안과 침울 등의 현상이 그가 고립되어 혼자 있을 때 발생한다.

여기서 더 심각해지면, 어머니에 대한 집착은 더욱 깊어가고 더욱 비합리적이 된다. 이러한 수준에서 그의 욕망은 어머니의 안전한 팔이나 그녀의 자양분이 많은 젖가슴에 되돌아가는 것이 아니라, 모든 것을 수용하는—그리고 모든 것을 파괴하는—그녀의 자궁으로 회귀하는 것이다. 만일 건전한 정신의 본질이 자궁으로부터 세계로 성장해 나오는 것이라면, 심각한 정신적 질환의 본질은 자궁에 되돌아가 틀어박히는 것이다—더구나 이것은 생활로부터의 이탈을 의미한다. 이런 종류의 병적 집착은 보통 흡수하고 파괴하여 버리는 식의 어머니와 자식과의 관계에서 발생한다. 어머니는 사랑이니 의무니 하면서 자기 속에 자식을 가두려 한다. 즉 그는 어머니를 통하지 않고서는 호흡도, 피상적 수준 이상의 사랑도 할 수 없다—그리하여 그는 모든 다른 여성을 얕본다. 그는 자유로울 수도 독립적일 수도 없다. 영원한 절름발이 죄인일 수밖에 없는 것이다.

어머니의 이러한 파괴적이고 속박하는 측면은 어머니의 부정적 측면이다. 어머니는 생명을 줄 수도 있으며, 생명을 빼앗을 수도 있다. 어머니는 소생시키는 동시에 파괴시킨다. 그녀는 사랑의 기적을 행하는 한편 어느 누구보다도 깊은 상처를 줄 수 있다. 종교적 이미지에서(힌두의 여신 칼리처럼) 그리고 꿈의 상징에서, 어머니의 이러한 서로 반대되는 두 측면은 흔히 양립한다.

또 하나의 신경병적 병리 현상은 주된 애착심이 아버지에게 향해 있는 경우 나타난다. 적절한 예로, 어머니는 냉정하고 무관심한 반면 아버지는(아내가 냉정한 탓인지) 아들에게 모든 애정과 관심을 집중시키는 경우를 보자. 그는 '좋은 아버지'이지만 동시에 권위적이다. 아들의 행동이 마음에 들면 칭찬하고 선물을 주며 애정 있게 대한다. 반대로 아들이 비위를 거슬리게 할 때는 애정을 거두고 책망한다. 이와 같은 아버지의 애정이 그가 받는 유일한 사랑일 때, 아들은 노예처럼 아버지에게 집착하게 된다. 그의 주요 목표는 아버지를 즐겁게 하는 일이다. 그리고 이 일에 성공할 때 그는 행복과 안전을 느끼며 만족해한다. 그러나 실수를 저지를 때, 아버지를 즐겁게 해주는 일에 성공하지 못할 때, 그는 의기소침해지고 자신이 사랑받지 못할 것이라고 생각한다. 이러한 사람은 훗날 그의 애착 대상인 아버지와 비슷한 인물을 발견해 내려고 애쓸 것이다. 그의 모든 생활은 아버지의 칭찬을 얻는 데 성공했는가 아닌가에 따라 오르락내리락한다.

이러한 사람은 흔히 사회적으로 성공한다. 그들은 양심적이고 신뢰할 수 있으며 열성적이다. 단, 그들이 아버지 대신 고른 인물이 그들을 잘 이끌어 준다면 말이다. 그러나 그들은 여성에 대해서라면 무관심하고 늘 식어 있다. 여성은 그들에게 삶의 주된 의미가 되지 못한다. 그들은 항상 약간 경멸 어린 투로 여성을 대하며, 그 경향은 어린 소녀에게 관심을 기울이는 아버지 같은 태도로 위장되기도 한다. 그들은 처음에는 그들 특유의 남성다움으로 여성을 감동시킬지도 모른다. 그러나 차츰 여성에게 실망을 안겨 준다. 그것은 그들과 결혼한 여성이, 남편이 아버지나 그와 비슷한 사람만 사랑하므로, 결국 자신은 부차적인 역할밖에 수행하지 못하도록 운명지어져 있다는 사실을 발견할 때이다. 다만 아내 역시 아버지에게 집착하고 있다면 이야기는 달라진다. 그녀는 남편의 태도에 만족한다. 그러나 그 밖의 경우에는 그렇지 못할 것이다.

더욱 복잡한 문제는, 다음과 같은 부모 밑에서 자란 아이가 겪는 신경병적인 사랑의 혼란이다. 이것은 부모가 서로 사랑하지 않으나, 밖으로 불만을 표시하거나 싸우기에는 자제심이 너무 강할 때 발생한다. 이러한 소원감(疎遠感)은 그들을 자녀에 대한 관계에 있어서도 역시 부자연스럽게 만든다. 이 상황에서 어린 소녀가 경험하는 것은 '표면적으로 바른 분위기'이다. 이 분위기는 아버지나 어머니의 어느 편과도 밀접한 접촉을 갖는 것을 결코 허용하지 않으므로, 그 소녀를 당황케 하고 두려워하게 한다. 그녀는 부모가 무엇을 느끼고 생각하는가를 조금도 확실히 알지 못한다. 언제나 그 분위기 속에는 알 수 없는 무언가가 존재한다. 결과적으로 그 소녀는 그녀 자신의 세계, 백일몽에 침잠하게 되며, 후에 사랑할 때에도 이와 동일한 태도를 유지한다.

더구나 이러한 움츠림은 강한 불안감, 즉 이 세계에 확고하게 뿌리박지 못하고 있다는 느낌을 발전시키며, 강렬한 흥분을 얻는 유일한 방법인 마조히즘으로 그녀를 유도한다. 이러한 여성들은 흔히 보다 정상적이고 지각있는 남편보다는 소란을 피우고 떠드는 남편을 더 좋아한다. 왜냐하면 이로써 긴장과 공포의 짐이 덜어질 것이기 때문이다. 그들은 남편이 자기를 사랑하는지 아닌지 애매할 때, 고통스러운 불안을 종식하기 위해 무의식적으로 남편을 도발하기도 한다.

또 다른 비합리적 사랑의 다양한 형태는 다음에서 기술하겠다. 단, 유아기의 발전에 작용하는 특수 요인들은 분석하지 않았다.

흔히 '위대한 사랑'으로 묘사되는 거짓 사랑의 한 형태(영화나 소설에서 자주 묘사되는 소잿감이다)는 우상숭배적 사랑이다. 만약 어떤 사람이 일체감, 즉 그 자신의 힘의 생산적인 전개에 근거를 둔 자아성의 감각을 갖는 수준에 이르지 못했다면, 사랑하는 사람을 '우상화'하는 경향이 있을 것이다. 그는 그 자신의 힘으로부터 소외되어 있다. 그는 그 힘을 사랑하는 사람에게 투사한다. 사랑하는 사람을 최고 선(善)으로서, 모든 사랑, 모든 빛, 모든 축복을 누리는 사람으로서 존경하는 것이다. 이 과정에서 그는 자기의 모든 힘을 박탈당하고, 사랑하는 사람 속에서 자신을 발견하기는커녕 오히려 자신을 상실한다. 그런데 남의 기대대로 살아가는 사람은 아무도 없다. 사랑하는 사람은 언젠가 그의 기대를 배신한다. 그는 이 예정된 실패에 실망한다. 그리고 상처를 치료하기 위해 새로운 우상을 추구하므로, 결국은 무한한 순환 과정을 밟게 된다. 이러한 유형의 우상숭배적 사랑의 특징은 사랑 경험의 강렬함과 급작성에 있다. 이 우상숭배적 사랑이 흔히 진실하고 위대한 사랑으로 표현된다는 것은 그만큼 사랑의 강도(强度)와 깊이가 대단하다는 의미일 것이다. 그러나 이 사랑의 정체는 사실 우상숭배자의 깊은 굶주림과 절망일 뿐이다. 어떤 극단적인 경우에는 두 사람이 서로를 우상으로 삼기도 한다. 이때 두 사람 모두는 광적인 정신착란 상태에 빠질 수도 있다.

거짓 사랑의 또 하나의 형태는 '감상적 사랑'이다. 이 사랑의 특징은 현실이 아닌 공상 속에서만 사랑을 경험한다는 점이다. 감상적 사랑의 가장 일반적인 형태는 영화나 잡지에 등장하는 러브스토리나 사랑 노래에 심취하는 것이다. 사람들은 이를 통해 사랑의 만족감을 느낀다. 사랑이나 융합이나 친밀감 등에 대한 욕구를, 오락을 통해 채우는 것이다.

부부 사이의 벽을 도저히 허물지 못하는 남녀가, 스크린 위에서 펼쳐지는 러브스토리에 감정이입해서 감동의 눈물을 흘리는 경우도 있다. 멜로 영화를 보는 것이 사랑을 경험하는 유일한 방법이라는 부부도 적지 않다. 그들 부부는 상대를 바라보지 않고, 타인의 사랑을 바라보면서 사랑을 경험하는 것이다. 그들은 가공의 사랑에는 쉽게 감정이 이입되지만 살아 있는 사람과는 사랑하지 못한다.

이 사랑의 또 하나의 측면은 시간을 돌이켜 사랑을 추상하는 것이다. 한 쌍의 남녀가 지나간 사랑을 추억하며 깊이 감동하고 있다. 비록 그 당시에는 어떠한 사랑도 느끼지 않았지만…… 혹은 그들의 미래의 사랑에 대한 환상에 깊이 감동한다. 약혼했거나 새로 결혼한 한 쌍들이 장래에 일어날 사랑의 축복을 얼마나 꿈꾸고 있는가? 하지만 바로 그 순간에 그들은 이미 서로 싫증 나기 시작하고 있는 것이다. 이러한 경향은 현대인에게 특징적인 태도와 일치한다. 그는 감상적으로 자신의 어린 시절과 어머니를 떠올린다. 혹은 미래를 향한 행복한 계획을 세운다. 사랑이 타인의 가공적인 경험에 참여함으로써 대리적으로 경험되든, 아니면 그것이 현재에서 과거로 혹은 미래로 바뀌어 버리든, 이러한 추상화되고 소외된 형태의 사랑은 현실의 고통과 개인의 고립감·고독감을 완화시켜 주는 진정제로서 봉사한다.

　신경병적 사랑의 또 하나의 형태는, 사람들이 자신의 문제를 회피하는 대신에 사랑하는 사람의 결점과 약점에 관심을 두는 '투사 메커니즘'을 사용하는 것이다. 이 경우, 개인은 이러한 집단이나 국가 혹은 종교가 행하는 바와 꼭 마찬가지로 행동한다. 그들은 타인의 조그만 결점이라도 훌륭하게 식별해 내는 능력이 있으며, 자신의 결점은 깨끗이 무시한다. 따라서 언제나 타인을 비난하거나 행실을 고치게 하는 데 바쁘다. 만약 두 사람 모두가 이렇게 행한다면―흔한 경우이지만―사랑의 관계는 상호투사의 관계로 변형된다. 만약 아내가 거만하거나 우유부단하거나 탐욕스럽다면 그 결점을 남편에게 뒤집어씌워 비난하며, 성격에 따라서는 그를 치유하거나 처벌하기를 원한다. 그리고 남편도 이와 똑같이 행한다. 그리하여 두 사람 다 자신의 문제를 무시하는 데 성공하며, 따라서 자신을 발전시키는 데 도움이 되는 어떠한 작업도 시도하지 못한다.

　투사의 또 다른 형태는 자신의 문제를 자식에게 투사하는 것이다. 이러한 투사는 흔히 '기대'로 나타난다. 즉 부모가 자신의 문제를 아이에게 이입하는 것이다. 그런 어머니 혹은 아버지는 자신의 삶에서 찾지 못하는 생의 의미를 자식의 삶에서 발견하려 한다. 그러나 결국 그의 삶도, 자식의 삶마저도 실패하고 만다. 자신이 실패하는 이유는 삶의 문제는 어디까지나 자신만이 해결할 수 있는 것이기 때문이며, 자식이 실패하는 이유는 그가 자식이 행복을 찾도록 지도하는 일을 게을리했기 때문이다. 불행한 결혼을 결말짓는 문제가 발생할 때에도 역시 자식은 투사의 대상이 된다. 이러한 상황에서 부모의 진부한 주장은,

자녀에게 온전한 가정의 축복을 박탈하지 않기 위해서 자신들은 헤어질 수 없다는 것이다. 그렇지만 상세한 연구 결과, 온전한 가정의 긴장과 불행의 분위기는 공개적인 파탄보다 더욱 어린아이에게 해롭다는 사실이 밝혀졌다. 오히려 이혼한 부모가, 용기 있는 결정으로 견딜 수 없는 상황을 종식시킬 수 있다는 교훈을 자녀들에게 가르쳐 준다.

또 다른 빈번한 오류를 살펴보자. 바로 사랑은 반드시 갈등의 부재(不在)를 의미한다고 하는 환상이다. 보통 고통과 슬픔은 최대한 피해야 한다고 믿는 것처럼, 사랑은 어떤 갈등도 없어야 한다고 사람들은 확신한다. 이런 생각의 밑바탕에는, 싸움이 어느 누구에게도 이익을 주지 않는 파괴적인 결과를 낳을 뿐이라는 믿음이 있다. 그러나 다툼이 누구나 파괴적인 결론에만 이르는 이유는 따로 있다. 바로 대부분의 갈등이 실제로는 '진실한' 갈등을 피하려는 시도라는 사실이다. 그 갈등은 본질적으로 해결되지 않은, 사소하고 피상적인 문제들에 대한 의견의 불일치일 뿐이다. 두 사람의 참된 갈등, 즉 숨겨지거나 투사된 것이 아닌, 그들의 존재 깊은 곳에서 경험되는 갈등은 파괴적인 것이 아니다. 그런 대립은 반드시 해결되며, 두 사람에게 더 많은 지식과 더 많은 힘 그리고 카타르시스를 선사한다. 이것은 우리가 앞에서 살펴본 바를 다시 강조하게 한다. 사랑은 두 사람이 그들의 존재 중심에서 마음을 나눌 때만, 즉 그들 각자가 자신의 존재의 중심에서 스스로 경험할 때에만 가능하다. 이러한 중심적 경험 안에만 인간의 실재가 존재하며, 바로 이곳에만 생동감과 사랑의 기초가 존재한다. 중심의 경험에서 비롯된 사랑은 끊임없는 도전이다. 그 사랑은 휴식처가 아니다. 활동이자 성장이며 공동작업이다. 조화나 갈등 혹은 기쁨이나 슬픔이 존재한다는 것은, 두 사람이 존재의 핵심에서 자신을 경험하며, 그것으로부터 도망치지 않고 하나가 됨으로써 상대와도 하나가 된다는 근본적인 사실에 비하면 부차적인 것에 지나지 않는다. 사랑이 존재한다는 단 하나의 증거는 그 관계의 깊이, 그리고 각자에게 존재하는 생동감과 힘이다. 이것이 존재해야 사랑이라 부를 수 있다.

기계화된 인간이 서로 사랑할 수 없는 바와 마찬가지로 그들은 신(神)도 사랑할 수 없다. 인간의 사랑이 무너짐에 따라 신에 대한 사랑도 붕괴하고 있다. 이 사실은 우리가 이 시대에 종교의 르네상스를 목격하고 있는 것이 아닌가 하는 생각이 너무나 자명한 모순임을 보여 준다. 종교가 부활하고 있다는 주장은 새빨간 거짓말이다. 우리가 목격하고 있는 것(비록 예외가 있다 하더라도)은 신에 대한 우상 숭배적 개념에로의 퇴행이며, 신의 사랑이 소외된 성격 구조에 적합한 관계로 변하는 과정이다. 우상숭배로 신의 개념이 퇴행하는 모습은 쉽사리 볼 수 있다. 사람들은 원리나 신념을 잃고 불안해하며, 전진하는 것을 제외하고는 아무런 목표가 없다. 따라서 몸만 자란 어린아이가 되어 도움이 필요할 때는 아버지나 어머니가 도와주러 오기만을 희망한다.

물론 중세 문화와 같은 종교적 문화에서도 사람들은 신을, 도움을 주는 아버지와 어머니로 간주했다. 그러나 동시에 그들은, 생활의 최대 목표를 신의 섭리에 따르는 삶과 '구제'로 삼는 등 신을 진지하게 받들었다. 오늘날 이런 노력은 전혀 보이지 않는다. 일상생활은 어떤 종교적 가치로부터도 분리되고 있다. 우리는 물질적 안락의 추구에 몰두하고 있으며, 인간 시장에서의 성공을 향해 치닫고 있다. 이 세속적인 노력의 바탕이 되는 원리는 무관심과 자기중심주의(후자는 흔히 '개인주의' 혹은 '개인주도'라고 불린다)이다. 종교에 심취한 사람은 여덟 살 난 어린아이와 같다. 즉 아직 아버지의 도움을 필요로 하지만, 그의 가르침과 원리를 자신의 생활에 적용하기 시작하는 것이다. 현대인은 오히려 세 살배기 어린이와 같다. 도움이 필요한 때는 아버지를 향해 울고, 도움이 필요 없을 때는 혼자서 신나게 놀지 않는가.

신의 원리를 좇아 생활하려는 노력 없이 인간의 모습을 한 신에 어린아이처럼 의존하고 있는 점에서, 우리는 중세의 종교 사회보다도 원시적인 우상숭배의 부족(部族)에 더 가깝다. 다른 관점에서 보면 우리의 종교적 생활은 현대 서구의 자본주의사회에서만 특징적인 새로운 양상을 보여 준다. 이 책의 앞부분에서 논술한 진술을 참고해 보자. 현대인은 자신을 상품화해 버렸다. 자기의 생명력을, 인간 시장에서 자신의 위치와 생활을 고려하여 최고의 이윤을 획득하기 위해 행하는 하나의 투자로서 경험한다. 그는 자신으로부터 소외되며, 동료로부터도 그리고 자연으로부터도 소외되고 있다. 그의 주된 목표는 자신의 기술, 지식, 그리고 그 자신을 묶은 '인격 꾸러미'를, 그와 마찬가지로 공정하고 이윤이 남는 교환을 시도하는 다른 사람과 유리하게 맞바꾸는 것이다. 생활이란 전진하는 것 이외에는 어떤 목적도 없고, 공정한 교환의 원리 이외에는 어떤 원리도 없으며, 소비하는 만족 이외에는 어떤 만족도 없다. 이러한 환경에서 신의 개념이 의미할 수 있는 것은 무엇인가? 본래의 종교적 의미를 변형시켜, 성공만을 좇는 소외된 문화에 적합한 것밖에는 될 수 없을 것이다. 최근의 종교 부흥은 신의 믿음을, 현대인이 경쟁적인 투쟁에 더 잘 적응하도록 돕는 심리적인 고안물로 변형시켜 버렸다.

종교는 자기암시라든가 정신요법 등과 결합하여 비즈니스 방면으로 인간을 돕고 있다. 1920년대까지만 해도 자신의 인격 향상을 위해 신을 믿는 사람은 아직 없었다. 그러나 1938년의 베스트셀러인 데일 카네기의 《친구를 만들고 사람을 움직이는 방법》은 분명히 세속적인 수준에 머물렀다. 그 시대에 카네기의 책이 기능한 바는 오늘날의 위대한 베스트셀러 N.V. 필의 《적극적 사고방식》이란 책이 기능한 바와 같다. 이러한 종교적인 책에서는, 성공에 대한 맹목적인 관심이 일신교적(一神敎的) 종교의 정신에 반하는지에 대해서는 전혀 의문을 제기하지 않는다. 성공이란 최고의 목표는 매우 확고하며, 신에 대한 믿음과 기도는 자신의 능력과 성공을 위한 하나의 수단으로 권장될 뿐이다.

현대의 정신과 의사들이 고객의 마음을 사로잡기 위해 피고용인의 복지를 증진하라고 권장하는 바와 마찬가지로, 어떤 성직자들은 사회적 성공의 수단으로서 신앙을 권장한다. '신과 함께 살아가라'는 말은 사랑이나 정의 그리고 진리에 있어서 신과 하나가 되라는 뜻이기보다는, 오히려 신을 사업 파트너로 삼으라는 것을 의미한다. 형제애가 비인간적 공정성으로 대치된 바와 마찬가지로 신은 '멀리 떨어져 있는 우주 회사의 대표이사'로 변형되었다. 우리는 그가 그곳에 있으며, 그가 그 회사를 운영하고 있음을 안다(비록 그가 없어도 운영될 것이겠지만). 그리고 사장을 직접 만나지 않더라도 맡은 일을 수행하면서 사장의 통솔력을 느낀다. 오늘날의 신이 이런 사장과 다를 바가 무엇인가.

제4장
사랑의 실천

지금까지 우리는 사랑의 기술에 대한 이론적 측면을 다루었다. 이번에는 훨씬 더 어려운 문제, 즉 사랑의 기술을 실천하는 문제에 직면해야 한다. 기술이란 것은 실습해 봐야만 배울 수 있는 것이 아닌가?

문제는 오늘날 대부분의 사람들, 말하자면 이 책의 많은 독자들이 사랑의 기술을 어떻게 실행할 것인가의 처방을 바란다는 사실이다. 우리가 논하는 방식으로 말한다면 '어떻게 사랑하는가?'에 대해 가르침을 받고자 한다. 그래서 사랑의 실천 문제는 한층 어려워진다. 위와 같은 생각으로 이 마지막 장에 접근하는 사람은 누구든지 크게 실망할 것이다.

사랑이란 저마다 자신을 통해서만, 또 그 자신을 위해서만 느낄 수 있는 인간적 경험이다. 실제로 이러한 경험을 어린 시절이나 사춘기, 또는 성인이 된 후 불완전하게나마 해 보지 않았던 사람은 거의 없을 것이다.

사랑의 실천에 대해 논할 수 있는 바는 사랑의 기술의 기본 전제와 있는 그대로의 사랑에 대한 접근 방법 정도이다. 목표로 향하는 계단은 스스로 올라야 한다. 논의는 우리를 계단 앞으로 데려다 줄 뿐이다. 그렇지만 이 접근에 대한 논의는 분명 사랑의 기술을 완전히 터득하는 데 도움을 줄 수 있는 유익한 것이라고 믿는다. 적어도 '처방'을 기대하기를 포기한 사람에게는……

목공 기술이든 의료 기술이든 사랑의 기술이든 무엇이든 간에, 기술을 실천하려면 몇몇 조건이 필요하다.

첫째로, '규율'이 필요하다. 어떠한 기술도 정해진 방법으로 행하지 않는다면 결코 그 일에 숙련가가 되지 못할 것이다. 또한 오직 마음이 내킬 때에만 그 일을 행하면, 그것은 고작해야 좋은 취미 정도가 될 뿐이다. 그러나 특수한 기술을 매일 일정한 시간마다 정해진 방법으로 실천하는 일보다 더 필요한 것이 생활 전반에 걸친 규율이다. 현대인들은 규율을 쉽게 여긴다. 매일 회사에서 하루에 8시간씩을 규칙적으로 소비하고 있기는 하다. 그렇지만, 직업의 영역 밖에서는 자제심을 잃어버린다. 일하지 않을 때에는 게으르고 빈들거리며, 더 좋은 말로 표현한다면, '편안하게 휴식하기'를 원할 뿐이다. 이러한 태만을 바라는 욕망은 주로 생활의 일상화에 대한 하나의 반동 현상이다. 사람들은 하루에 8시간씩을 그 자신의 목적을 위해서도 그 자신의 방법으로서도 아니고, 오직 일의 리듬이 부과한 목적을 위해서 자신의 에너지를 소비하도록 강요당한다. 그래서 그는 반항하는데, 이 반항은 아동기의 제멋대로인 형태를 취한다. 게다가 현대인은 권위주의에 대항하는 과정에서 모든 규율에 대해서, 즉 비합리적 권위의 강제적인 규율뿐 아니라 합리적 규율마저 불신하게 되었다. 그렇지만 규율 없는 생활은 파괴되고 혼돈에 빠지며, 중심을 잃게 된다.

둘째로, '정신 집중'이 기술의 숙달에 필수 불가결한 조건이라는 사실은 구태여 증명할 필요도 없을 것이다. 기술을 배우려고 노력해 본 사람이면 누구나 알 테니 말이다. 그러나 현대사회에서 규율보다 더 발견하기 어려운 것이 집중이다. 현대사회는 다른 어떤 시대의 사회와도 비교할 수조차 없을 만큼 산만한 생활양식으로 흘러가고 있다. 사람들은 모든 것을 동시에 행한다. 즉 독서하고 라디오를 청취하면서 이야기하고 담배를 피우며 먹고 마신다. 현대인은 누구나 입을 크게 벌리고 모든 것, 그림, 술, 지식을 삼키는 데 열중하는 소비자이다. 이와 같은 집중성의 결여는 우리가 혼자 있지를 못한다는 사실이 명백하게 보여준다. 이야기하거나 담배를 피우거나 독서를 하거나 마시는 일을 일체 그만두고 조용히 앉아 있다는 것은 대부분의 사람들에게는 불가능한 일이다. 실제로 그렇게 한다면 안절부절못한 채 신경질을 내며 입이나 손으로 무엇인가를 하게 될 것이다. (담배를 피우는 행위는 이러한 정신 집중이 결여되어 나타나는 증상의 하나이다. 그것은 손, 입, 눈, 코를 모두 사용한다.)

세 번째는 '인내'이다. 기술을 익히려고 노력해 본 사람이라면 누구나 알겠지만, 어떤 무엇을 성취하려면 인내가 반드시 필요하다. 만약 조급하게 결과를 얻으려 한다면 결코 그 기술을 배우지 못할 것이다. 그러나 인내는 규율과 집중만큼이나 현대인이 갖추기 어려운 덕목이다. 현대 산업체계는 전혀 반대의 것, 즉 신속성을 중시하기 때문이다. 모든 기계는 신속성을 목적으로 설계되어 있다. 자동차와 비행기는 우리를 신속하게 목적지까지 데려다준다. 빠르면 빠를수록 더욱 좋다. 동일한 작업량을 절반의 시간만 들여 해낼 수 있는 기계는 낡고 느린 것보다 두 배나 좋다. 물론 여기에는 중요한 경제적 이유가 있다. 여러 다른 면에서와 마찬가지로, 오늘날 인간의 가치는 경제적 가치에 따라 주로 결정된다. 기계에 있어서 좋은 것은 인간에 있어서도 좋은 것이어야 한다, 이렇게 논리가 전개된다. 현대인은 일을 신속하게 행하지 못할 때 어떤 것—시간—을 잃고 있다고 생각한다. 그렇지만 막상 절약해 시간을 얻어도 무엇을 할지 알지 못한다. 그저 허비하는 일 이외에는······.

마지막으로, 그 기술을 숙달하는 데 '최고의 관심'을 기울여야 한다. 그 기술이 최고로 중요하다고 생각하지 않는다면 도제(徒弟)는 결코 그것을 배우려 하지 않을 것이다. 그는 기껏해야 아마추어의 수준에 머물 뿐 결코 숙련가는 될 수 없다. 이 조건은 다른 어떤 기술에 대해서와 마찬가지로 사랑의 기술을 익히는 데도 필요한 것이다. 그런데 다른 기술에 비해 사랑의 기술에서는 아마추어 쪽 비율이 숙련가보다 훨씬 더 많은 듯이 보인다.

이외에도, 기술을 실천하는 데 반드시 짚고 넘어가야 하는, 중요한 점이 하나 있다. 기술을 익힐 때는 직접적이 아니라 간접적으로 배우기 시작한다는 것이다. 그 기술 자체를 배우기 전에 다른 많은 것, 흔히 외관상으로는 무관한 것들을 배워야 한다. 목공을 배우는 도제는 나무를 평평하게 깎는 법부터 익히기 시작하며, 피아노 치는 기술을 배우는 학생은 음계 연습부터 시작한다. 활쏘기를 배우는 사람은 호흡법을 먼저 공부한다.[1] 어떤 기술이든지 그 분야에서 숙련가가 되려면 자신의 모든 생활을 그것에 바치든가, 아니면 적어도 그것에 관계된 생활을 해야 한다. 이때 그 자신의 인격은 그 기술을 실천함에 있어서 하나의 도구로 되며, 그것이 수행해야 할 특수한 기능에 따라야 한다. 사랑의 기술에 대하여는, 이 기술의 숙련가가 되기를 열망하는 사람은 누구나 생활 전반에 걸쳐 규율과 정신 집중 그리고 인내를 실천하는 것부터 시작해야만 한다.

규율은 어떻게 실천하는가? 우리의 할아버지들은 이 질문에 훨씬 더 잘 대

---

1) 기술의 학습에 필요한 정신 집중, 규율, 인내, 관심 등에 대해서, 독자에게 헤리겔(E. Herrigel)의 《활쏘기의 선(Zen in the Art of Archery)》이란 책을 권하고 싶다.

답할 수 있을 것이다. 할아버지가 권장하는 바는 아침에 일찍 일어나고, 불필요한 사치에 탐닉하지 말며, 열심히 일하는 것이다. 그러나 이런 유형의 규율은 명백한 결점이 있었다. 그것은 엄격하고 권위주의적이며 검약과 저축의 미덕을 강조했고, 여러 모로 삶에 대한 적의가 차 있었다.

이런 종류의 규율에 대한 반동으로 사람들은 모든 규율을 의심하게 되었다. 그 결과 오늘날에는 사생활의 무질서하고 게으른 방종을, 8시간씩의 노동시간 동안 부과되는 일상화된 생활방식에 대한 보상으로 생각하는 경향이 점차 증대하고 있다. 그러나 매일 정해진 시간에 규칙적으로 일어나 일정한 시간 동안 명상과 독서, 음악 감상, 산책 등과 같은 활동에 몰두하는 것, 그리고 추리소설이나 영화와 같은 현실도피적인 오락을 즐기는 활동을 최소한으로 줄이는 것, 또한 과식하거나 과음하지 않는 것 등은 명백하고도 초보적인 규칙이다.

여기서 중요하고도 본질적인 것은, 외부에서 부과된 규칙처럼이 아니라 자신의 의지에 따라 규율을 실천해야 한다는 점이다. 즉 규율을 지키는 일은 즐거워야 하며, 조금씩 익숙해졌다가 나중에는 규율을 안 지키면 마음이 불편해질 정도가 되어야 한다. 규율에 대한 우리 서구적 개념의 불행한 측면 중 하나는, 그것을 실천하는 일이 고통스럽고 또 그 고통이 바람직하게 여겨진다는 점이다. 동양에서는 오래전부터 인간에게 육체적·정신적으로 좋은 것은, 비록 처음에는 다소의 저항을 극복해야 할지라도 역시 유쾌한 것이어야 한다고 인식되었다.

정신 집중은, 집중보다는 산만에 가까운 현대사회에서는 규율보다 실천하기가 훨씬 더 어렵다. 정신 집중을 배움에 있어 가장 중요한 단계는 독서, 라디오 청취, 흡연, 음주 등을 전부 그만두고 홀로 있는 법을 배우는 것이다. 실로 정신을 집중할 수 있다고 하는 것은 홀로 있을 수 있음을 의미한다. 이 능력이 바로 사랑을 할 수 있는 능력의 필수 조건이다. 만약 내가 나 자신의 발로 설 수 없기 때문에 다른 사람에게 집착하고 있다면, 그 사람은 내 생명의 은인일 것이다. 그러나 그 관계는 사랑의 관계가 아니다. 역설적으로 말해, 홀로 고독하게 있을 수 있는 능력은 사랑을 할 수 있는 능력의 전제 조건인 것이다.

홀로 있으려고 노력해 본 사람이면 누구나 그 일이 얼마나 어려운지 알 것이다. 처음에는 초조하고 안절부절못하기 시작하다가, 나중에는 심지어 심한 불안감까지 느낄 것이다. 그러다가 정신 집중을 포기하려는 자기 마음을, 그것은 별로 가치가 없는 어리석은 짓이며 시간 낭비라고 생각함으로써 합리화하려 들 것이다. 또한 온갖 상념에 사로잡힐 것이다. 그날 이후의 계획이나 자신이 맡은 업무의 어려움에 대해 생각하거나, 혹은 저녁에 갈 곳이나 마음을 가득 채우고 있는 어떤 일을 떠올릴 것이다. 결국 머릿속이 깔끔해지기는커녕 더욱 산만해진다.

정신 집중을 위한 간단한 연습을 해보자. 먼저 휴식을 취하는 자세로(축 늘어지거나 뻣뻣하지 않은) 앉아서, 눈을 감고 자신의 눈앞에 있는 흰 스크린을 응시하려고 애쓴다. 그리고 쓸데없이 떠오르는 그림이나 생각들을 제거하려고 노력하며 자연스럽게 호흡한다. 이때 호흡을 의식할 필요는 없다. 그저 편안히 숨쉬면 된다. 이 방법은 퍽 도움이 될 것이다. 그리고 '나'의 감각, 즉 내 힘의 중심이자 내 세계의 창조자인 나 자신을 느끼는 것은 더욱 도움이 될 것이다. 적어도 매일 아침 20분씩(그리고 가능하다면 더 오랫동안), 또 매일 저녁 잠자리에 들기 전에 이러한 정신 집중 연습을 해야 한다.[2]

이러한 연습 이외에도 우리가 행하는 모든 것, 즉 음악을 듣거나 독서를 하거나 사람과 얘기를 나누거나 경치를 구경하는 일 등에도 정신을 집중해야 한다. 이 활동은 바로 그 순간만큼은 우리의 유일한 일이다. 만약 정신이 집중된다면 우리가 지금 무엇을 행하고 있는가는 별로 문제가 되지 않는다. 중요한 것뿐만 아니라 중요치 않은 것도 당신이 정신을 집중하는 순간 새로운 의미를 갖는다. 정신 집중을 배우려면 가급적 하찮은 대화, 즉 진실하지 않은 대화는 피하는 것이 좋다. 만약 두 사람이 둘 다 알고 있는 어떤 나무의 성장에 대해 얘기할 때, 혹은 방금 함께 먹은 빵의 맛이나 혹은 일하면서 겪었던 비슷한 일을 이야기할 때, 공통 경험을 구체적으로 말한다면 실속 있는 대화가 될 수 있다. 한편 정치나 종교 문제를 주제로 이야기를 나누더라도 그것은 하찮은 대화로

---

2) 동양 특히 인도 문화에는 이러한 수양에 대한 많은 이론과 실천이 존재하며, 최근에는 서양에서도 이 분야에 대한 연구가 진행되고 있다. 내 생각에 그중에서 가장 중요한 것은 자신의 신체를 감지하는 것을 목표로 삼는 '긴들러'(Gindler) 학파'이다. '긴들러' 방법의 이해를 위해서는 '셀버'(Charlotte Selver)의 연구, 특히 뉴욕에 있는 '뉴스쿨'(New School)에서의 그녀의 강연과 강의를 참조하라.

전락할 수 있다. 두 사람이 케케묵은 상투적 이야기만 할 뿐, 그들 마음이 지금 말하는 것에 집중하지 못한다면 그 대화는 하찮은 대화이다. 여기서 덧붙이고 싶은 것은 하찮은 대화를 피하는 것만큼이나 나쁜 친구를 피하는 일도 중요하다는 점이다. 나쁜 친구라 함은 사악하고 피해를 입히는 사람만을 지칭하는 것은 아니다. 물론 그런 사람도 타인을 울적하게 만드니 피해야 할 것이다. 하지만 그뿐만이 아니다. 육체는 살아 있어도 정신은 죽어 있는 사람, 사고와 대화방식이 별 볼일 없는 사람, 생각 없이 말하며 입으로만 조잘거리는 사람, 고지식하고 낡은 의견만을 주장하는 사람 등도 좋은 친구라 할 수 없다. 그렇지만 그러한 사람들과 교제를 피하는 것이 언제나 능사만은 아니다. 만약 당신이 그들의 기대대로—즉 상투적이고 평범한 방식—가 아니라 솔직하고 인간적으로 대응한다면, 그들은 의외의 반응에 충격을 받아 자신들의 행동을 바꿀지도 모른다.

타인과의 관계에 정신을 집중한다는 것은 무엇보다도 귀를 기울인다는 의미이다. 대부분의 사람들은 남의 말을 흘려듣는다. 그러고는 충고까지 해 준다. 얘기를 진지하게 받아들이지 않으니, 진솔한 대답이 나올 리도 없다. 그 결과 대화는 그들을 피로하게 만든다. 만약 정신을 집중해서 경청했다면 더욱 피곤했으리란 환상은 잘못된 것이다. 어떤 활동이든 집중해서 하면 정신이 맑아지고(비록 나중에는 자연적이고 유익한 피로가 온다 하더라도), 반면에 정신을 집중하지 않으면 나태해지고 졸음이 온다. 이런 날은 밤에 잠드는 것도 어렵다.

정신을 집중한다는 것은, 다음 일을 생각하지 않은 채 오직 현재만을 살아간다는 의미이다. 말할 필요도 없이 정신 집중은 연인들에게 가장 필요한 요소이다. 그들은 온갖 방법으로 서로에게서 도망치려 하는데, 그것은 잘못이다. 서로의 곁에 있는 방법을 배워야 한다. 정신을 집중하는 일이 처음에는 어렵고, 노력해 봐도 나아지지 않는 듯 보일 것이다. 이때 발휘해야 할 것이 인내력이다. 만약 모든 일에는 제각기 필요한 시간이 있게 마련이라는 사실을 무시한 채 일을 억지로 진행한다면, 결코 정신을 집중하는 일에 성공하지 못할 것이다. 아울러 사랑의 기술도 익히지 못함은 물론이다. 인내란 무엇인가를 제대로 알려면 걸음마를 배우는 어린아이를 보라. 아이는 넘어지고 또 넘어진다. 그렇지만 넘어지지 않고 걸을 수 있을 때까지 걷고 또 걸으며 잘못된 점을 고쳐 나간다. 성인이 된 후 자신에게 중요한 무언가를 추구할 때, 아이의 이와 같은 인내와 집중을 발휘한다면 무엇인들 성취 못하겠는가!

또 자신에게 민감하지 않고서는 결코 정신 집중을 이룰 수 없다. 여기서 민감하다는 것은 무엇을 의미하는가? 언제나 자신에 대해 생각하고, 자신을 분석해야 한다는 뜻인가? 만약 우리가 어떤 기계에 민감하다고 말한다면, 이 말의 의미를 설명함에는 별로 어려움이 없을 것이다. 이를테면 자동차를 운전하는 사람은 누구나 자동차에 민감하다. 조그마한 잡음이라도 그 소리에 귀를 바짝 기울이며, 엔진 가속력에 조그만 변화가 보여도 그것을 재빨리 포착한다. 또한 도로상태는 물론이요, 앞뒤에 있는 자동차의 움직임에 대해서도 예민하다. 그렇지만 운전자는 이러한 모든 요인들에 대해서는 생각하지 않고 있다. 그의 정신은 느긋하면서도 팽팽하며, 그가 정신을 집중하고 있는 상황─차를 안전하게 운전하는 것─과 관련된 모든 변화에 개방적이다.

자기가 아닌 다른 사람에 대해 민감한 관계의 보기를 들라고 한다면, 단연 자기 자식을 돌보는 어머니를 꼽을 수 있을 것이다. 어머니는 특유의 예민함과 감응으로 아이의 신체 변화, 욕구, 불안 등이 밖으로 표현되기도 전에 깨닫는다. 그녀는 다른 소리라면 더 시끄럽더라도 잠에서 깨어나지 않을 것이나, 아기의 울음소리에는 잠을 깬다. 이 모든 것은 그녀가 아기의 생명력의 표현에 민감함을 의미한다. 그녀는 불안해하거나 걱정하지 않는다. 다만 평온하면서도 방심하지 않는 상태를 유지하면서 아기가 발신하는 모든 신호를 받아들이고 있는 것이다.

이와 마찬가지로 사람들은 자신에 대해 민감해질 수 있다. 이를테면 자신이 피로하다거나 우울하다는 사실을 알았을 때, 그것에 굴복하여 우울에 사로잡히는 대신 자신에게 무슨 일이 일어났는가, 왜 내가 우울할까? 이렇게 자문한다. 흥분하거나 혹은 백일몽을 꾸거나 다른 도피적인 행동을 하려 할 때에도 이와 마찬가지로 자문해 본다. 이러한 예들에서 중요한 점은 그것을 깨닫는다는 사실과 그 변화를 안이하게 합리화하지 않는다는 점이다. 더구나 자신이 왜 우울하고 불안하고 흥분하는가를 말해 주는, 자신의 마음의 소리에 귀를 기울인다는 사실도 중요한 공통점이다.

사람들은 보통 자신의 신체에 대해서는 민감하다. 늘 몸의 변화에 주의를 기울이며 조그만 통증도 즉시 감지한다. 이러한 신체적 감수성은 누구나 쉽게 경험한다. 왜냐하면 건강한 상태가 무엇인지는 누구나 잘 알기 때문이다. 그러나 똑같은 감수성이라도 자신의 정신에 대한 감수성은 체험하기 어렵다. 그것은 많은 사람들이 어떤 정신 상태가 양호한지를 모르기 때문이다. 그들은 부모나 친척의 정신 또는 그들이 태어난 사회 집단의 정신을 정상으로 받아들인다. 그리고 이들과는 다른 점이 없는 한 자신을 정상이라고 생각하며, 어떤 다른 것을 관찰해 보려는 시도는 추호도 하지 않는다. 이를테면 남을 사랑할 줄 아는 사람이나 혹은 참된 개성이나 용기 또는 집중력을 갖춘 사람을 한 번도 보지 못한 사람도 많다.

자기 자신에 대해 민감해지기 위해서는 반드시 완전하고 건강한 정신력을 본보기로 삼아야 한다. 만약 아동기나 아니면 그 후에라도 이 상태를 발견하지 못한다면 어떻게 이러한 경험을 할 수 있을까? 이 질문에 대해서는 간단히 답할 수 없다. 그러나 이 질문은 우리의 교육 체계에서 한 가지 대단한 문제를 지적하고 있다. 바로 학교에서는 지식만 가르칠 뿐, 보다 중요한 인성교육은 등한히 한다는 점이다.

이 가르침은 사람을 사랑할 줄 아는 성숙한 사람만이 줄 수 있다. 고대 서구사회나 중국, 인도에서 가장 높게 평가되는 인물은 정신 자질이 탁월한 사람이었다. 교사도 지식의 공급원일 뿐만 아니라 올바른 인간의 본보기가 되는 인생의 스승이기도 했다.

현대 자본주의사회에서—러시아 공산주의사회에서도 마찬가지이다—칭찬과 경쟁을 위해 모범으로 제시된 사람들은 결코 뛰어난 정신세계의 소유자가 아니다. 그들은 사실 보통 사람들을 대리 만족시켜 줄 뿐이다. 연예인을 비롯해 비평가, 기업가, 정치가 등 소위 유명세를 탄다고 하는 이들이 경쟁을 위한 모델로 제시되고 있는 것이다. 심지어 때로는 세상에 화젯거리를 제공했다는 이유만으로 모방의 대상이 되기도 한다.

그렇지만 상황이 완전히 절망적인 것만은 아니다. 알베르트 슈바이처 같은 사람이 미국에서도 유명해졌다는 사실을 떠올려 보라. 현대인에게 연예인(넓은 의미에서)으로서가 아니라 인간으로서 무엇을 성취할 수 있는가를 보여주는 산증인들, 모든 시대의 위대한 문학·예술 작품을 생각해 보라. 올바른 인간이란 무엇이며 정신적 이상을 느끼는 감수성이란 무엇인지를 깨달을 수 있을 것이다.

만약 우리가 성숙한 생활에 대한 비전을 생생하게 유지하지 못한다면, 그때는 실로 모든 문화적 전통이 붕괴되어 버릴 위험에 직면하게 될 것이다. 이러한 전통은 어떤 지식이 아니라 일종의 인간적 특징으로 전해지는 것이다. 만약 다음 세대에서 이러한 특징을 더 이상 보지 못하게 된다면, 비록 그 지식이 전달되고 또 더욱 발전된다 하더라도 5천 년의 문화 자체는 붕괴해 버린 것과 마찬가지다.

지금까지 어떤 기술을 실천하는 데 무엇이 필요한가에 대하여 살펴보았다. 이제 사랑의 능력을 익히는 데 특히 중요한 몇몇 특성을 살펴보자. 사랑의 본질에 대해 지금껏 언급한 바에 따르면, 사랑의 성취를 위한 주요 조건은 나르시시즘의 극복이다. 나르시시즘이 강한 사람은 자기 자신 속에 존재하는 것들만을 실재로서 경험한다. 반면에 외부 세계의 모든 현상은 그들에게 전혀 실재성이 없다. 그것들은 오직 자기에게 유용한가 혹은 위험한가라는 관점에서만 경험된다.

나르시시즘의 정반대에 있는 것은 객관성이다. 객관성이란 사람과 사물을 있는 그대로 볼 수 있는 능력이며, 자기의 욕망과 공포를 통해 형성된 상(像)으로부터 이러한 객관적인 상을 분리해 낼 수 있는 기능을 의미한다. 모든 정신병자에게는 객관적 관점이 극도로 부족하다. 광인에게 존재하는 유일한 실재는 그의 안에 있는 공포와 욕망뿐이다. 그는 외부 세계를 자신의 내부 세계의 상징으로서, 또 자신의 창조물로 생각한다. 우리 모두도 꿈을 꿀 때에는 이와 같은 행동을 한다. 꿈속에서 우리는 사건을 만들고, 우리의 욕망과 공포의 표현(때로는 우리의 통찰과 판단의 표현)인 연극을 상연한다. 그리고 잠자는 동안에는 꿈의 산물을, 깨어 있을 때 인식하는 현실과 같이 실재적인 것이라고 확신한다.

정신이상자나 꿈을 꾸고 있는 사람은 외부 세계를 전혀 객관적인 관점으로 보지 못한다. 그러나 우리도 실은 다소 미쳤거나 어느 정도 꿈을 꾼다. 즉 저마다의 자기도취적 사고방식으로 왜곡된 세상을 본다. 객관적인 관점으로 바라보지 못하는 것이다. 예를 들 필요가 있는가? 누구든지 자신 또는 이웃을 관찰하거나 신문을 읽는다면 이러한 현상을 쉽사리 발견할 수 있을 것이다. 현실에 대한 나르시시즘적 왜곡의 정도는 실로 다양하다. 예를 들어 한 여자가 의사에게 전화를 걸어 오후에 진찰받으러 가고 싶다고 말한다. 의사는 오후에는 바쁘니 다음날에 와달라고 대답한다. 그러나 그녀는 병원에서 불과 5분 거리에 살고 있다고 의사에게 말한다. 금방 갈 테니 빨리 진찰해 달라는 것이다. 그녀는 시간이 없다는 의사의 설명을 이해하지 못한다. 이 상황을 나르시시즘적으로 경험하고 있기 때문이다. 즉 자신이 시간이 걸리지 않으므로 그 의사도 시간이 걸리지 않으리라고 생각한 것이다. 그녀에게 유일한 실재는 오로지 그녀 자신뿐이다.

인간관계에서 흔히 볼 수 있는 왜곡은 이 정도로 극단적이진 않다. 그러나 자녀가 무엇을 느끼는지 아이의 관점에서 관심을 기울이고 인식하는 것이 아니라, 말 잘 듣고 잘나서 자랑거리라는 식으로만 자녀를 바라보는 부모들이 얼마나 많은가? 어머니에 대한 애착으로 아내의 사소한 요구조차 어머니의 자유를 구속하는 것이라고 해석함으로써, 아내를 귀찮은 존재로 여기는 남편들이 얼마나 많은가? 어린 시절에 그려 보았던 훌륭한 환상에 어울리는 생활을 하지 못한다고 하여 남편을 무능하거나 어리석다고 생각하는 아내들은 또 얼마나 많은가?

외국인에 대한 객관적 관점의 결여 또한 잘 알려진 사실이다. 어느 시대에나 자국민(自國民)은 선하고 훌륭한 모든 것을 나타내는 반면 다른 민족은 매우 퇴폐적이고 야만적인 인간으로 취급된다. 적(敵)의 행위와 자기들의 행위를 판단할 때는 각기 다른 가치관이 적용된다. 적이 하면 선한 행위조차 세상을 속이려는 사악한 행동일 뿐이다. 반면 자국의 나쁜 행위는 불가피한 것으로써 고귀한 목표를 달성하는 데 공헌하는 것이라고 정당화한다. 국제관계나 인간관계에서 객관성이란 오히려 예외적인 것이며, 다소 정도의 차이는 있지만 나르시시즘적 왜곡이 오히려 정상으로 보인다.

객관적으로 사고할 수 있는 능력은 이성(理性)이다. 이성의 바탕에는 겸손이 있다. 객관적이기 위해 이성을 사용하는 것은 겸손의 태도를 몸에 지니고 또 어린이에게나 어울리는 전지전능의 꿈에서 벗어날 때에만 가능하다.

위 사실을 사랑의 기술을 실천한다는 관점에서 본다면, 사랑이란 나르시시즘의 적절한 부재(不在)이며, 성숙한 겸손과 객관성 그리고 이성이다. 우리의 모든 삶은 이러한 목적을 위해 바쳐야 한다. 사랑과 마찬가지로 겸손과 객관성도 상황에 따라 응용할 수 없다. 만약 낯선 사람에게 진실하게 객관적일 수 없다면 나의 가족에게도 그리고 반대의 경우에도 마찬가지로 진실하고 객관적일 수 없다. 사랑의 기술을 배우고 싶다면 모든 상황에서 반드시 객관성을 추구하며, 객관적이지 못한 상황에 대해서는 민감해져야 한다. 어떤 인물과 그의 행동에 대해 나르시시즘적으로 왜곡된 이미지와, 나의 관심이나 욕구, 공포 등과는 무관한 그 사람의 실재적인 모습 사이에 존재하는 차이를 알아보려고 노력해야 한다.

객관성과 이성을 획득했다면 사랑의 기술을 성취하는 길목의 반은 온 셈이다. 그런데 이 능력은 그가 만나는 모든 사람들을 상대로 발휘되어야 한다. 만약 사랑하는 사람에 대해서만 객관성을 유지하고 그 밖의 사람에 대해서는 객관성이 없어도 좋다고 생각한다면, 결국 모든 객관성을 잃어버릴 것이다.

사랑할 수 있는 능력은 나르시시즘 그리고 어머니나 가족에 대한 근친상간적인 집착에서 벗어나야 비로소 얻을 수 있다. 즉 그것은 세계와 우리의 관계에서, 생산성을 향상시키고 개발시키는 우리의 능력에 의존한다. 이러한 탈출 및 새로운 탄생, 깨달음의 과정은 필수 조건으로서 하나의 특성, 즉 신념을 요구한다. 사랑의 기술을 실천하려면 곧 신념을 실천해야 하는 것이다.

신념이란 무엇인가? 신념은 반드시 신이나 종교적 교리에 대한 믿음의 문제인가? 이성이나 합리적 사고와 반드시 대립하는 것인가, 아니면 구별되는 것인가? 신념의 문제를 이해하기 위해서는 먼저 합리적 신념과 비합리적 신념을 구분해야 한다. 필자가 여기서 말하는 비합리적 신념이란, 비합리적 권위에 복종한 결과 형성된 신념을 말한다. 반대로 합리적 신념이란 그 자신의 사고의 경험이나 느낌에 근거를 두고 있는 확신을 의미한다. 그러므로 합리적 신념은 무언가를 무작정 믿는 것이 아니라, 우리가 자발적으로 확신할 때 얻을 수 있는 확실성과 견고성을 뜻한다. 요컨대 신념은 어떤 특별한 믿음이라기보다는 오히려 전인격에 영향을 미치는 성격상의 특성인 것이다.

합리적 신념은 생산적인 지적·정서적 활동에 근거하고 있다. 신념이 끼어들 여지가 없어 보이는 합리적 사고에서조차 합리적 신념은 중요한 구성 요소이다. 이를테면 과학자는 어떻게 새로운 발견에 도달하는가? 그는 발견하기를 기대하는 어떤 무엇에 대한 아무런 비전 없이 실험을 계속하며 자료들을 수집할까? 어떤 분야에서든 진실로 중요한 발견은 거의 이러한 방법으로 이루어지지 않았다. 그렇다고 오직 환상만을 추구한다고 해서 중요한 결론에 도달할 수 있는 것도 아니다. 어떤 분야에서든 창조적 사고의 과정은 이른바 '합리적 비전'이라고 불리는 것과 더불어 시작되며, 이 '합리적 비전' 자체가 이전의 상당한 연구와 반성적 사고 그리고 관찰의 결과인 것이다. 과학자가 필요한 자료를 충분히 수집해서 처음에 세웠던 비전의 정당성을 증명하는 어떤 수학적 공식을 완성했다면, 그는 시험적인 가설에 도달했다고 말할 수 있다. 그것이 의미하는 바를 음미하기 위해 가설을 조심스럽게 분석하고, 그것을 뒷받침하는 자료들을 수집함으로써 보다 적절한 가설에 도달하면, 그 결과 어쩌면 좀 더 적용 범위가 넓은 이론이 탄생할지도 모른다.

과학의 역사는 이성과 진리의 비전에 대한 신념을 보여주는 이야기들로 가득 차 있다. 코페르니쿠스, 케플러, 갈릴레오, 뉴턴 등은 모두 이성에 대한 확고한 신념이 있었다. 그 때문에 브루노는 화형에 처해졌고, 스피노자는 파문을 당했다. 합리적 비전이 이론의 공식화로 이르는 모든 단계에서 신념은 필수적이다. 즉 추구해야 할 합리적인 목표에 대한 신념, 있을 법한 가설에 대한 신념, 적어도 타당성이 널리 인정될 때까지의 최종 이론에 대한 신념 등이 필요하다. 이러한 신념은 자기의 경험 그리고 자신의 사고력·관찰력·판단력에 대한 확신에 근거를 두고 있다. 어떤 권위나 대다수가 그렇게 말한다는 이유만으로 무언가를 진실로 받아들이는 비합리적 신념과는 달리, 합리적 신념은 자신의 생산적인 관찰과 사고에 입각한 독립적인 확신에 기초를 두고 있다.

합리적 신념이 드러나는 경험의 영역은, 사고나 판단뿐만이 아니다. 어떤 중요한 우정이나 사랑 관계 같은 인간관계에서도 신념은 불가결한 특질이다. 다른 사람을 신뢰한다는 것은 자신의 인격의 핵심이나 근본적인 태도 그리고 사랑과 불변성을 확신한다는 의미이다. 그렇다고 이런 사람이 자신의 의견을 절대 안 바꾼다는 뜻은 아니다. 다만 그의 기본적인 동기는 항상 동일하다. 이를테면 생명과 인간의 존엄성에 대한 존경심은 그의 일부분이며, 쉽게 변화되지 않을 것이다.

이와 동일한 의미에서 우리 또한 자신에 대해 신념을 갖고 있다. 우리는 자아의 존재를 안다. 즉 환경이나 의견과 감정이 변하더라도 평생 그대로 지속되는 우리 인격의 핵심을 안다. '나'라는 말의 배후에 존재하는 실재가 곧 이 핵심이며, 이 핵심을 통해 우리는 자신을 확신한다. 만약 자아의 지속성에 대해 신념을 갖지 않는다면 일체감은 위협받게 되며, 타인에게 의존하게 되고, 타인에게 인정받을 때에만 자신의 존재를 확신하게 된다.

자신을 신뢰하는 사람만이 타인을 신뢰할 수 있다. 왜냐하면 오직 그러한 사람만이 미래의 자신을 현재의 자신과 마찬가지로 믿을 수 있으며, 따라서 현재의 자신이 원하는 대로 느끼고 행동할 것이기 때문이다. 자기를 신뢰한다는 것은 타인과 약속할 수 있는 능력의 조건이다. 니체가 '약속할 줄 안다는 점이 인간의 가장 큰 특징'이라고 말한 바와 같이, 신념은 곧 인간 존재에 필요한 조건들 중 하나이다. 사랑에 대해서도 중요한 것은 바로 자기 자신의 사랑에 대한 신념이다. 즉 남을 사랑할 수 있는 자신의 능력과 자신의 신뢰성에 대한 신념인 것이다.

사람을 신뢰한다는 또 하나의 의미는 타인의 잠재력에 대한 믿음과 관련이 있다. 이러한 신념의 가장 기본적인 형태는 어머니가 갓 태어난 자신의 아기에게 보내는 믿음이다. 즉 아기는 살아 있으며 성장하고, 걸으며, 말하게 될 것이라고 하는 확신이다. 그렇지만 이런 면에서의 성장은 대단히 규칙적으로 행해지는 것이므로 굳이 신념까지 가질 필요는 없을지도 모른다. 그러나 발달할지 안 할지 알 수 없는 잠재력이라면 어떨까? 예를 들어 사랑할 수 있는 잠재력, 행복해질 수 있는 잠재력, 자기의 이성을 사용할 수 있는 잠재력 또는 예술가의 천성과 같은 보다 특수한 잠재력 등은 특별한 가능성이다. 이런 소질들은 적절한 성장 환경에서는 자라고 표출되지만, 적당한 조건이 결여되면 썩어 버리는 씨앗이다.

이들 조건 중에서 가장 중요한 것의 하나는, 아이에게 중요한 사람이 이러한 잠재력을 신뢰해 주는 것이다. 이러한 신뢰의 유무에 따라 교육과 조종이 나뉜다. 교육이란 아이가 자신의 잠재력을 실현하는 데 도움을 주는 것을 의미한다.[3] 교육에 반대되는 것은 조종이며, 이는 잠재력의 성장에 대한 신념이 결여되어 있을 때 나타나는 현상이다. 조종은, 어른이 바람직한 것을 가르쳐 주고 바람직하지 않다고 생각되는 것을 억압하기만 하면 그 아이가 올바르게 될 것

---

3) education(교육)이란 말의 근원은 e-ducere이다. 문자 그대로 해석하면 잠재적으로 현존하는 어떤 것을 끌어내는 것 혹은 그 앞길을 인도하는 것을 의미한다.

이라는 확신에 기초하고 있다. 로봇은 신뢰해 줄 필요가 없다. 왜냐하면 로봇에게는 신뢰라는 것이 없기 때문이다.

타인에 대한 신뢰는 인류에 대한 신뢰에서 절정에 이른다. 서구 세계에서 이 신뢰는 유대교와 기독교를 통해 드러난다. 세속적인 용어로 그것은 지난 150년 동안 인본주의적인 정치·사회사상에 가장 강력하게 표현되었다. 어린아이에 대한 신뢰와 마찬가지로 인류를 믿는다는 것은, 인간에게는 가능성이 있으므로 적당한 조건이 주어지면 평등·정의·사랑의 원리로 통치되는 사회 질서를 확립하리란 이념에 기초하고 있다. 인간은 아직 이러한 질서를 구축해 본 적이 한 번도 없다. 따라서 그렇게 할 수 있다는 확신에는 강한 신념이 요구된다. 모든 합리적 신념과 마찬가지로 이것도 역시 단순한 희망적인 사고가 아니라, 인류가 과거에 성취한 위대한 업적의 증거와 개개인의 내적 경험, 즉 자신의 이성과 사랑 경험 등에 기초를 두고 있다.

비합리적 신념이 압도적으로 강력하고 전지전능하다고 느껴지는 권력에 복종하여 그 자신의 힘과 능력은 포기해 버리는 것에 연유하고 있다면, 합리적 신념은 이와 정반대의 경험에 근원을 두고 있다. 이는 우리 자신의 관찰과 사고의 산물이기 때문에 우리는 그 사상을 신뢰한다. 우리는 타인과 자신, 그리고 인류의 잠재 능력을 믿는다. 왜냐하면 우리의 잠재력의 성장, 우리 자신의 내적 성장, 그리고 우리 자신의 이성과 사랑의 강인함을 어느 정도 경험했기 때문이다.

합리적 신념의 기초는 생산성이다. 신념에 따라 산다고 하는 것은 생산적으로 산다는 것을 의미한다. 그러므로 권력에 대한 믿음(지배라는 의미에서)과 그 권력의 사용은 모두가 합리적 신념에 반대되는 것이다. 현존하는 힘을 믿는다는 것은 아직 실현되지 않은 잠재 능력의 성장을 믿지 않는 것과 동일하다. 그것은 단지 눈앞에 보이는 현실에만 입각한 장래의 예측에 불과하다.

현재의 힘을 신뢰하는 것은 인간의 잠재 능력과 성장을 무시한다는 점에서 커다란 오산(誤算)이며 비합리적이다. 권력에 대한 합리적인 신념 따윈 존재하지 않는다. 권력에는 복종과, 권력을 쥔 사람이 그 힘을 계속 보유하고 싶어 하는 욕망만이 있을 뿐이다. 많은 사람들에게 권력은 무엇보다 실재적인 것으로 보이지만, 인간의 역사는 그것이 모든 인간의 업적 중에서 가장 불안한 것이라는 점을 증명했다. 신념과 권력은 상호배타적이다. 그래서 원래는 합리적 신념에 기초하여 세워진 모든 종교적·정치적 체계도 권력에 의존하거나 권력과 타협하는 순간 부패하기 시작하고, 결국 갖고 있던 힘마저 상실하게 되는 것이다.

신념을 갖기 위해서는 용기가 필요하다. 즉 위험을 감당할 수 있는 능력과, 고통과 실망을 받아들일 수 있는 준비가 신념의 조건이다. 무사안일주의를 삶의 으뜸가는 목적으로 삼는 사람에게 신념이란 없다. 타인과 거리를 두고 자기 소유물에 집착하며, 자신이 만든 방어시스템에 안주하는 사람은 누구나 자기를 죄수로 만든 셈이다. 사랑을 받기 위해서도 사랑을 하기 위해서도 용기가 필요하다. 이때 용기라 함은 궁극적인 관심사로 삼은 가치를 향해 모든 것을 내걸고 달려가는 것을 말한다.

광적인 무솔리니의 '위험하게 살라'는 슬로건에 어울리는 용기와는 전혀 다르다. 그가 말하는 용기는 니힐리즘의 용기이다. 그것은 생에 대한 파괴적인 태도에 뿌리를 박고 있으며, 자기 생명을 사랑할 수 없기 때문에 기꺼이 생명을 내던진다고 하는 데에서 연유하는 것이다. 절망의 용기는 사랑의 용기에 반대되는 개념으로서, 이는 권력에 대한 신념이 사랑에 대한 신념과 반대되는 것과 마찬가지이다.

그렇다면 신념과 용기는 어떻게 실천해야 하는가? 실로 신념은 모든 순간에 실현될 수 있다. 아이를 기를 때에도 잠잘 때에도 어떤 일을 시작할 때에도 신념이 필요하다. 우리 모두는 이러한 신념을 갖는 데 익숙하다. 이 신념이 없는 사람은 누구나 아이에 대한 지나친 근심, 불면증 또는 일에 대한 불안감 등으로 고민한다. 그렇지 않으면 의심을 잘 하거나 남과 친해지지 못하거나 우울증에 빠지거나 장기적인 계획을 세우지 못하거나 할 것이다. 비록 여론의 질책이나 예상치 못했던 사건 때문에 자기가 내린 결론이 곤경에 처했을 때도 자신의 판단을 고집한다거나, 비록 유행하지 않는 것이라도 주관을 갖고 대처하는 것 등, 이 모든 일에는 신념과 용기가 필요하다. 또한 온갖 비방과 방해, 비난 등을 결코 뛰어넘을 수 없는 장애물로서가 아니라, 자신을 더욱 강하게 만드는 하나의 도전으로서 받아들이기 위해서도 신념과 용기가 필요하다.

신념과 용기의 실천은 일상생활의 사소한 일에서 시작된다. 첫 단계는 우리가 언제 신념을 잃게 되는가를 파악하고, 이러한 신념의 상실을 정당화하기 위해 사용되는 구실을 간파하며, 어디서 비겁하게 행동하며 그것을 어떻게 합리화하는가를 인식하는 것이다. 그러면 신념의 배반이 사람을 얼마나 약화시키며, 또 사람이 약해질수록 새로운 배반이 더욱 많이 나타나고, 그리하여 악순환이 계속됨을 인식할 수 있을 것이다. 이를 통해 우리는 다음의 사실을 알 수 있을 것이다. '우리는 의식적으로는 사랑받지 못하는 것을 두려워하지만, 사실 무의식적으로는 사랑하는 것을 두려워한다.' 사랑한다는 것은 아무런 보장 없이 자신을 내맡기는 행위이다. 즉 우리의 사랑이 우리가 사랑하고 있는 사람의 마음속에 사랑을 만들어 내리란 희망을 품고 자기 자신을 완전히 내던지는 것이다. 사랑은 신념의 행동이다. 신념이 없는 사람은 사랑도 없다. 신념의 실천에 대해 더 이상 할 말이 있을까? 만일 내가 시인이나 선교사라면 더 이야기할 수 있을지도 모르겠다. 그러나 나는 그런 부류의 사람이 아니므로 여기까지가 한계이다. 다만 정말로 관심이 있는 사람이면 누구나, 어린아이가 걸음마를 익히는 것처럼 신념을 갖는 것을 배울 수 있다고 나는 확신한다.

사랑의 기술의 실천에 없어서는 안 될 하나의 태도를 지금까지는 넌지시 비추기만 했다. 그것은 사랑의 실천에서 근본이 되므로 여기서 구체적으로 말해 보도록 하겠다. 바로 '능동성'이다. 앞에서 능동이란 무언가를 직접 행하는 것이 아니라, 우리의 힘을 생산적으로 사용하는 내적 활동이라고 말했다. 사랑은 능동이다. 만일 내가 사랑한다면 사랑하는 사람에 대해서는 계속 능동적 관심을 보일 것이다. 왜냐하면 만약 내가 게을러서 상대에게 주의를 제대로 기울이지 않는다면, 상대 역시 내게 능동적 관심을 보이지 않을 것이기 때문이다. 잠자는 것은 인간이 능동성을 잃는 단 하나의 고유한 상황이다. 깨어 있는 상태에는 게으름이 끼어들 여지가 없다. 그런데 오늘날에는 역설적이게도 수많은 사람들이 깨어 있으면서도 반은 자고 있고, 잠을 자면서도 혹은 잠자기를 원하면서도 반은 깨어 있다. 완전히 깨어 있다는 것은 상대와 내가 염증을 느끼지 않도록 하기 위한 조건이다.

실로 상대가 싫증을 느끼지 않도록 하는 것이라든가 내가 싫증을 느끼지 않는다는 것은 사랑의 주요한 조건의 하나이다. 눈과 귀를 부지런히 움직이면서 하루 종일 능동적으로 생각하고 느끼는 것, 내적 게으름을 피하는 것은 사랑의 기술을 실천하는 데 필수 조건이다. 사랑의 영역에서는 생산적이지만 다른 모든 영역에서는 비생산적이라고 하는 식으로 생활을 분리할 수 있다고 믿는 것은 환상이다. 생산성은 이러한 분업을 허용하지 않는다. 사랑할 수 있는 능력을 얻으려면 정신을 집중하고 의식을 깨워서 생명력을 높여야 하며, 그러기 위해서는 다른 많은 생활의 영역에서 생산적이고 능동적인 태도로 살아야 한다. 다른 영역에서 생산적이지 못한 사람은 사랑의 영역에서도 역시 마찬가지이다.

사랑의 기술에 대한 논의는, 지금까지 기술된 그런 성격과 태도를 획득하고 발전시키는 개인적 영역의 것으로만 국한될 수 없다. 그것은 사회적 영역과도 밀접하게 관련되어 있다. 사랑한다는 것이 모든 사람을 사랑하는 것을 의미한다면, 사랑이 하나의 성격적 특징이라면, 사랑은 가족과 친구들과의 관계에 뿐만 아니라 일을 통해 만나는 모든 사람들과의 관계에도 필연적으로 존재하게 된다. 주위 사람에 대한 사랑과 낯선 사람에 대한 사랑 사이에는 분업이 존재하지 않는다. 낯선 사람을 사랑하지 못하면 주위 사람도 사랑하지 못한다. 이 점을 진지하게 통찰한다면, 우리의 사회적 관계는 지금까지의 관습적인 것으로부터 급격하게 멀어질 것이다. 이웃을 사랑하라는 종교적 이상은 누구나 쉽게 입에 담지만, 우리의 실제 관계는 기껏해야 공정성의 원리에 따라 결정되고 있다. 공정성이란 상품과 용역, 감정을 교환할 때 사기나 흉계를 꾀하지 않는다는 의미이다. 자본주의사회에 널리 보급된 윤리적 격언은, 상품뿐만 아니라 사랑도 '당신이 나에게 주는 만큼 나도 당신에게 주겠다'이다. 공정성이라는 윤리의 발전은 자본주의사회의 특수한 윤리적 공헌이라 말할 수 있겠다.

이러한 현상은 자본주의사회의 본질에 뿌리를 내리고 있다. 자본주의 이전의 사회에서 상품 교환은 직접적인 권력이나 전통 또는 개인적인 사랑이나 우정 같은 유대 등에 따라 결정되었다. 자본주의에서 모든 것을 결정하는 요인은 시장에서의 교환이다. 상품시장에서든 노동시장에서든, 각 개인은 폭력이나 사기를 사용하지 않고 시장의 원리에 따라 그가 원하는 것을 획득하기 위하여 물물교환을 한다.

공정성의 윤리는 황금률의 윤리와 자주 혼동된다. '남에게 대접을 받고자 한다면 너희도 남을 대접하라'는 격언은 남과의 교환을 공정하게 행하라는 의미로 해석될 수 있다. 그러나 그것은 사실 '이웃을 네 몸과 같이 사랑하라'는 성경의 말씀을 일반화한 것이다. 사실 유대교와 기독교의 형제애에 대한 규범은 공정성의 윤리와는 전혀 다르다. 이것은 이웃을 사랑한다는, 즉 이웃에게 책임과 일체감을 느낀다는 의미이다. 반면에 공정성의 윤리는 책임의 부재와 거리감과 단절감을 의미한다. 즉 그것은 이웃 사람의 권리를 존중하지만 그를 사랑하지는 않는다는 것을 뜻한다. 이 황금률이 오늘날 가장 통속적인 종교적 격언으로 되었다는 사실은 결코 우연이 아니다. 왜냐하면 그것은 공정성의 윤리라는 면에서 해석될 수 있으므로 누구나 그것을 이해하고 또 기꺼이 실천하려 하기 때문이다. 그러나 사랑의 실천은, 공정성과 사랑의 차이를 인식하는 데에서부터 시작된다.

여기서 하나의 중대한 의문이 제기된다. 만약 우리의 모든 사회적·경제적 구조가 각자의 이익 추구만을 기초로 한다면, 또 오직 공정성이라는 윤리적 원리로 개인의 이기주의가 간신히 제어되는 상황이라면, 이 기존 사회의 틀 속에서 어떻게 행동하며 사랑을 실천할 수 있는가? 사랑을 실천한다는 것은 세속적인 욕구를 포기하고 가난한 사람들과 더불어 생활함을 의미하는 것이 아닌가? 이 의문은 기독교의 수도사들뿐만 아니라 톨스토이, 알베르트 슈바이처, 시몬 베유 등과 같은 사람들이[4] 급진적인 방식으로 제기해 왔고 또 해답을 제시해 왔다. 우리 사회에는 사랑과 세속 생활은 기본적으로 양립할 수 없다고 생각하는 사람도 많다. 그들은 오늘날 사랑에 대하여 말한다는 것은 단지 보편적인 기만에 참여하는 것뿐이라는 결론을 내린다.

그들은 순교자나 실성한 사람만이 요즘 세상에서 사랑할 수 있으며, 따라서 사랑에 대한 모든 논의는 오직 설교의 주제 그 이상은 못 된다고 주장한다. 이것은 대단히 존경할 만한 견해이지만 그 자체가 시니시즘을 합리화하는 결과가 되기 쉽다. 실제로 이런 의견은 '나는 훌륭한 기독교인이 되고 싶다. 그러나 만일 그것을 진실하게 행한다면 굶어 죽을 것이다'라고 생각하는 사람들을 통해 암묵적으로 받아들여져 있다. 이러한 '급진주의'는 도덕적 허무주의로 귀착한다. '급진적 사상가'와 평범한 사람은 둘 다 사랑이 없는 기계화된 인간들이다. 그들 사이의 유일한 차이점이라면, 후자는 이 사실을 깨닫지 못하고 있는 반면, 전자는 그것을 알고 또 이 사실의 역사적 필연성을 인식하고 있다는 점

---

4) 허버트 마르쿠제(Herbert Marcuse)의 논문 〈정신분석학적 수정주의의 사회적 의미(The Social Implications of Psychoanalytic Revisionism)〉를 참조하라.

이다.

　나는 사랑과 정상적인 생활이 절대로 양립할 수 없다고 하는 대답은 오직 추상적인 의미에서만 옳다고 확신한다. 물론 자본주의사회의 원리와 사랑의 원리는 공존할 수 없다. 그러나 현대사회는 구체적으로 보면 복잡한 구조로 되어 있다. 예를 들면 필요 없는 상품을 파는 사람들은 거짓말을 하지 않고서는 이익을 얻을 수 없지만, 숙련 노동자, 화학자, 물리학자들은 거짓말할 필요가 없다. 마찬가지로 농부, 노동자, 교사, 그리고 여러 유형의 사업가들은 경제활동을 중단하지 않고서도 사랑을 실천하려고 애쓸 수 있다. 비록 자본주의의 원리가 사랑의 원리와는 양립할 수 없는 것이라고 믿는다 하더라도, 자본주의 그 자체는 여전히 비동조와 개인의 자유를 많이 허용하고 있는 복잡하고 항상 변화하는 구조라는 사실을 인정해야 한다.

　나는 현재의 사회체제가 무한히 계속되리라 기대하고 싶지 않으며, 그렇다고 해서 이상적인 형제애가 언젠가는 실현되리라고 말할 생각도 없다. 현재의 체제 하에서 사랑을 할 수 있는 사람은 분명 예외적인 인물들이다. 사랑은 오늘날의 서구사회에서는 이차적인 덕목이다. 그 이유는 많은 직업들이 사랑의 태도를 허용하지 않기 때문이 아니라, 생산중심적이며 소비지향적인 정신이 사회를 지배하고 있기 때문이다. 오직 비동조자만이 그것에 반대하여 성공적으로 자신을 방어할 수 있다. 따라서 인간 실존의 문제에 대한 유일한 합리적 해답으로서 사랑에 진지하게 관심을 두고 있는 사람은, 사랑이 고도로 개인주의적이고 말초적인 현상이 아닌 사회적인 현상이 되기 위해서는 사회구조에 중요하고도 급진적인 변화가 일어나야 한다는 결론에 도달할 것이다. 이 책에서는 오직 이러한 변화의 방향에 대해서 암시만 할 수 있을 뿐이다.[5] 우리의 사회는 기업 경영진과 직업적인 정치인들에게 조종당하고 있다. 사람들은 집단 암시를 받아 오로지 더 많이 생산하고 소비하는 것만을 목표로 삼는다. 모든 활동은 경제적 목표에 예속되며 수단은 목적이 되어 버렸다. 즉 인간은 자신의 특수한 인간적 자질과 기능이 무엇인가에 대해 궁극적인 관심을 두지 않는, 먹고 입는 데 급급한 기계에 불과하다.

---

5) 나는 《건전한 사회(*The Sane Society*, Rinehart & Company, New York, 1955)》에서 이 문제를 상세히 다루려고 노력했다.

인간을 사랑하기 위해서는 인간을 정점에 올려놓아야 한다. 경제라는 기계가 그를 도와야지, 그가 기계를 도와서는 안 된다. 인간은 이익을 서로 나누어 가질 뿐 아니라 경험과 일도 공유할 수 있어야 한다. 사회는 인간의 사랑하는 본성이 사회생활로부터 분리되지 않고, 그것과 일체가 되도록 조화되어야 한다.

사랑, 이것이—내가 제시한 바와 같이—진실로 인간 실존 문제에 대한 단 하나의 건전하고 만족스러운 해답일까? 그렇다면 사랑의 발전을 저해하는 모든 사회는 결국 멸망하여 버릴 것임에 틀림없다. 인간 본질의 기본적인 욕구와 모순되기 때문이다. 사실 사랑에 대해 논함은, 모든 인간의 궁극적이고 실제적인 욕구를 말하는 것이므로 결코 '설교'가 아니다. 이 욕구가 모호해졌다 해서 그 존재마저 부정할 수는 없다. 사랑의 본질에 대한 분석은 오늘날 사랑이 일반적으로 결여되어 있다는 사실을 발견하는 것이며, 또한 이러한 부재에 책임이 있는 사회적 조건을 비판하는 것이다. 단지 예외적이고 개인적인 현상이 아닌 사회적 현상으로서 사랑의 가능성을 신뢰하길 바란다. 이것이 바로 인간 본질에 대한 통찰에 기초를 둔 합리적인 신념이다.

Escape from freedom
자유에서의 도피
고영복 옮김

만일 내가, 나 자신을 위해 존재하는 것이 아니라면,
나를 위해 존재하는 사람은 누구인가.
만일 내가 오로지 나 자신만을 위해 존재하는 것이라면,
나란 존재는 대체 무엇인가.
만일 지금 이 순간을 소중히 여기지 않는다면,
이를 소중히 여길 때는 또 언제이겠는가.

《솔로몬 탈무드》에서

우리는 그대를 천상의 것도 지상의 것도 아니고, 죽는 것도 죽지 않는 것도 아닌 존재로 창조했다. 그대가 자신의 의지와 명예에 따라 자유로, 그대 자신의 창조자이며 건설자도 되게끔 한 것이다. 우리는 그대에게만 그대 자신의 자유의지에 따라 성장하고 발전할 기회를 주었다. 그대는 그대 자신 안에 우주적 생명의 밑씨를 가지고 있다.

피코 델라 미란돌라《인간의 존엄에 대해》

인간이 타고난 불가침의 권리만큼 불변적인 것은 없다.

토머스 제퍼슨

머리말

이 책은 현대의 성격 구조에 대한, 또 심리적 요인과 사회적 요인과의 상호 작용이라는 문제에 대한 광범위한 연구의 일부이다. 나는 수년 동안 이 연구를 해왔지만, 끝마치려면 앞으로도 꽤 오래 걸릴 것이다. 그런데 요즘 정치 발전이 근대 문화의 가장 위대한 업적—개체성과 인격의 독자성—을 위협하는 것을 보고, 대규모의 연구를 잠깐 중단하기로 했다. 현대의 문화적 사회적 위기를 해결할 결정적인 열쇠, 자유의 의미에 집중하기 위해서였다. 만일 지난날 현대 문화의 바탕 위에 있는 인간의 성격 구조에 대한 완전한 연구를 독자에게 줄 수 있었다면, 이 책에서의 내 과제는 훨씬 이해하기 쉬웠을 것이다. 왜냐하면, 자유의 의미는 현대인의 성격 구조를 전반적으로 분석한 뒤라야 비로소 충분히 이해할 수 있기 때문이다. 나는 어떤 개념과 결론을, 보다 넓게 보며 충분히 설명한 다음에 인용하고 싶었지만, 실제로는 그렇게 되지 않을 때가 종종 있었다. 중요한 문제에 대해서도 지나가는 식으로 취급을 하거나 때로는 전혀 언급할 수조차 없었다. 그러나 나는, 심리학자는 완전성의 요구를 희생하더라도 현대의 위기를 이해하는 데 도움이 되는 대책을 당장 제공해야 한다고 믿는다.

현대 상황에 대해서 심리학적 고찰의 중요함을 지적하는 것은, 심리학을 과대평가하는 것이 아니다. 사회과정의 기초적인 실체는 개인이며 또 그의 욕망과 공포, 격정과 이성, 선과 악에 대한 성향이다. 사회과정의 역학을 이해하기 위해서는 개인 가운데 활동하고 있는 심리적 과정의 역학을 이해해야만 한다. 마치 한 사람을 이해하기 위해서는 그가 살아가는 문화의 문맥을 그 배경에 두어야 하는 것과 마찬가지이다. 이 책의 주제는 다음과 같다. 즉 현대인은 안정을 주는 동시에 속박하는 전 개인적(前個人的) 사회의 고삐로부터는 자유로워졌지만, 개인적 자아의 실현—즉 개인의 지적, 감정적, 감각적인 모든 능력의 표현—이라는 적극적인 의미에서의 자유는 아직 얻지 못했다는 것이다. 자유는 현대인에게 독립과 합리성을 주었지만 또 한편으로 개인을 고독에 빠지게 하고, 그로 인해 불안하고 무력한 존재로 만들었다. 이 고독은 견디기 어려운 것이다. 그는 자유의 무거운 짐에서 벗어나 새로운 의존과 종속을 찾든가, 인간의 독자성과 개성을 바탕으로 한 적극적인 자유의 완전한 실현에로 나아가든가, 둘 중 하나를 택해야만 한다. 이 책은 예측보다도 오히려 진단—해결보다도 오히려 분석—이기는 하지만, 그 결론은 우리의 행위가 나아가야 할 하나의 방향을 제시해 주고 있다. 왜냐하면 전체주의가 어째서 자유로부터 도피하려는가를 이해하는 것이 전체주의적인 힘을 정복하려는 모든 행위의 전제이기 때문이다.

나는 이 책의 펴냄을 기뻐하기에 앞서, 나를 채찍질하고 내 생각에 건설적인 비판을 준 모든 친구와 동료와 학생 여러분에게 고마움을 전하고 싶다. 이 책의 구상에 많은 은혜를 준 저자에 대해서는 각주를 참조해 주기 바란다. 그리고 책의 완성에 직접 힘을 준 여러분에게 특히 고마움을 표한다. 먼저 엘리자베드 브라운 양, 그녀의 시사와 비판은 이 책의 구성에 매우 귀중한 도움이 되었다. 그리고 원고 편집에 커다란 도움을 주신 T. 우드하우스 씨와 이 책의 철학적 문제에 힘을 빌려준 A. 자이데만 박사에게도 끝없는 감사를 보낸다.

제1장
자유—심리학적 문제일까?

근대 유럽 및 미국의 역사는 인간을 속박했던 정치적·경제적·정신적 굴레를 벗어나 자유를 얻고자 하는 노력에 집중되고 있다. 자유를 위한 투쟁은 억압된 사람들로부터 시작되었다. 그들은 지켜야 할 특권을 지닌 자들에게 대항하여 새로운 자유를 구했다. 그리고 어떤 계급이 지배로부터 벗어나 자기 자신을 위해 자유를 얻고자 투쟁할 때, 인간의 자유 그 자체를 위해 싸운다고 믿어 왔다. 그럼으로써 억압되어 있는 모든 사람 속에 뿌리박고 있는 자유에 대한 이상(理想)이나 동경에 호소할 수 있었던 것이다. 그러나 오랫동안 계속된 자유를 위한 투쟁 속에서 어떤 단계에 이르면—억압에 항거하여 싸워온 계급도 승리하여 새로운 특권을 지켜야 할 위치에 오르면—오히려 자유를 반대하는 적의 편을 들었던 것이다.

몇 차례 반대의 상황을 거치면서도 자유는 승리를 거듭해 왔다. 이 싸움을 하는 동안 수많은 사람이 죽었다. 억압에 저항하여 죽는 것은 자유 없이 살기보다 낫다고 굳게 믿으면서. 이런 죽음은 그들 개성에 대한 최상의 긍정이었다. 역사는, 인간이 자기 자신을 지배하고 스스로 결단을 내리며 자기가 좋은 대로 생각하고 느낄 수 있다는 사실을 점점 실증해 가는 듯 보였다. 인간의 가능성을 남김없이 표현하는 일이 사회 발전에 급속히 다가서는 목표인 것처럼 생각되었다. 경제적 자유주의, 정치적 민주주의, 종교적 자율, 인간 생활에서의 개인주의 등, 이러한 원칙이 자유에 대한 소망의 표현이 되었다. 동시에 인류는 그 실현에 다가서고 있는 것처럼 보였다. 속박의 밧줄은 차례차례 끊어졌다. 인간은 자연의 지배를 벗어났다. 그리고 자기 자신의 주인이 되었다. 인간은 교회의 지배를, 그리고 절대주의 국가의 지배를 벗어났다. '외적인 지배를 폐지하는 일', 그것만이 개인의 자유라는 소망을 이루는 데 필요한 일일 뿐 아니라 충분한 조건인 것처럼 여겨졌다.

제1차세계대전은 최후의 싸움이며, 그 귀착점은 자유를 위한 최초의 승리라고 많은 사람들은 생각했다. 현존하는 민주정치는 표면상 강화되었다. 그러나 불과 몇 년 안 되어 사람들이 수세기에 걸친 투쟁의 승리로 얻었다고 믿는 모든 것을 부정하는 새로운 조직이 나타났다. 인간의 모든 사회적·개인적 생활을 교묘히 지배하게 된 이 새로운 조직의 본질은, 아주 적은 몇몇을 제외한 모든 사람이 스스로 지배할 수 없는 권위에 복종하는 일이었다.

처음에 대부분의 사람은 마음을 놓고 있었다. 권위주의적 조직이 승리한 원인은 소수자의 광기에 있으니, 그들은 마침내 몰락해 버릴 것이라 믿었기 때문이다. 또 그중에는 아는 체하며 가만히 보고만 있어도 된다고 믿는 자도 있었다. 이탈리아인이나 독일인들은 아직 민주정치에 충분히 훈련되지 않았으므로, 그들이 정치적으로 성숙된 서구 민주주의의 수준에까지 도달하는 날을 기다리기만 하면 된다는 것이다. 또 한 가지 보편적인 환상은, 이것이 무엇보다도 위험한 생각이었는데, 히틀러와 같은 남자들은 오로지 권모술수만으로 국가의 거대한 기구를 지배하는 권력을 획득했다는 것이었다. 또한 그들이나 그들을 따르는 자들의 압제에, 모든 사람이 무시당하고 위협당해 의지조차 없는 존재가 되었다는 것이다.

그러나 몇 년이 지나자 이러한 논의는 잘못되었음이 명백해졌다. 우리는 독일에서 수백만의 사람들이, 그들 선조들이 자유를 위해 싸운 것과 같은 열성으로 자유를 포기했다는 사실, 또 자유를 구하는 대신 자유로부터 벗어날 길을 찾아낸 사실, 그 밖의 수백만에 달하는 무관심한 사람들은 자유를 위해 싸우고 그것을 위해 죽을 만큼, 그 자유가 가치 있는 것이라고는 믿지 않았다는 사실 등을 인정할 수밖에 없었다. 또 민주주의의 위기는 이탈리아나 독일만의 특수한 문제가 아니라 모든 근대국가가 직면한 난제라는 사실을 알게 되었다. 자유의 적이 어떤 깃발을 내걸건 그것은 대수로운 문제가 아니다. 자유는 반(反) 파시즘의 이름 혹은 노골적인 파시즘[1]의 이름으로 위협을 받고 있다는 사실에는 변함이 없다. 이에 대해서는 존 듀이가 강력히 주장하고 있으므로 그의

---

1) 파시즘이나 권위주의 같은 용어는 독일이나 이탈리아에 출현했던 독재 조직을 나타낼 때 쓰겠다. 특히 독일 조직만을 말할 때에는 나치즘이라 부르겠다.

말을 인용코자 한다.

"우리의 민주주의에 대한 중대한 위협은 외국에 전체주의 국가가 존재한다는 것이 아니다. 외적인 권위와 규율과 통일 또 외국의 지도자에 대한 의존 등, 승리를 차지한 모든 조건이 바로 우리 자신의 태도에, 우리 자신의 제도에 존재한다는 사실이다. 따라서 싸움터는 이곳에, 우리 자신과 우리 제도에 존재하고 있다."[2]

파시즘과 싸우기 위해서는 파시즘을 이해해야 한다. 희망적인 관측은 도움이 되지 않는다. 낙천적인 공식을 외는 일은, 비 오기를 고대하는 인디언의 춤처럼 아무런 효과가 없음을 알아야 한다.

파시즘을 일으킨 경제적·사회적 조건의 문제 외에도 인간적인 문제를 이해할 필요가 있다. 근대인의 성격 구조에서 이런 동적인 요소를 분석하는 일이 이 책의 목적이다. 이 요소는, 파시즘 국가에서 인간이 자유를 버리게 했으며, 우리나라에서도 몇백 만이라는 사람들 사이에 널리 퍼져 있는 실정이다.

우리가 자유의 인간적인 측면, 복종에 대한 동경, 권력에 대한 갈망 등을 주시한다면 으레 다음과 같은 것이 문제가 된다. 인간의 경험으로서 자유란 무엇인가? 자유를 구하는 욕구는 인간의 특성인가? 그것은 인간이 어떤 문화에서 생활하느냐와는 아무런 관계도 없는 일률적인 경험인가, 아니면 특정한 사회에서 개인주의 발달 정도에 따라 달라지는 것인가? 자유란 단순히 외적인 압박이 없는 것인가? 또는 무엇이 '존재하는 것'인가—만일 그렇다면 그것은 무엇인가? 인간으로 하여금 자유를 위해 싸우게 하는 사회적·경제적 요인은 도대체 무엇인가. 자유가 인간에게 견딜 수 없는 무거운 짐이 되고, 거기서 벗어나려고 애쓰는 일이 있을 수 있는가? 자유가 많은 사람에게 소중한 목적이면서도 왜 어떤 사람들에게는 위협이 되는가?

또 자유를 얻고 싶다는 내적인 욕망 외에 복종을 구하는 본능적인 욕구가 있지는 않을까. 만일 그런 것이 없다면 오늘날 그처럼 많은 사람들이 지도자에 대한 복종으로 밀려 들어가는 현상을 어떻게 설명해야 좋은가. 복종의 대상이란 언제나 눈에 보이는 권위인가, 아니면 의무나 양심처럼 내면화된 권위 또

---

2) 존 듀이(John Dewey), 《자유와 문화(*Freedom and Culture*, G.P. Putnam's Song, New York, 1939.)》

는 인간의 내부에 숨어 있는 강제력인가? 여론과 같은 익명의 권위에 대한 복종이 존재하는 것인가? 복종하는 이면에는 숨겨진 만족이 있는가, 그렇다면 그 본질은 무엇인가?

인간 속에 만족할 줄 모르는 힘에 대한 갈망을 자아내는 것은 무엇인가? 인간의 생명력인가, 아니면 인생을 자발적인 친근감으로는 경험하지 못하게 하는 근본적인 나약함인가? 어떠한 심리적 조건이 이런 경향을 강하게 하는 것인가? 또 반대로 이런 심리적 조건은 어떠한 사회적 조건에 기초를 두는 것인가?

자유의 인간적인 측면과 권위주의를 분석해 볼 때, 우리는 심리적 요소가 사회 과정 속에서 어떻게 활발히 움직이는가 하는 문제를 생각할 수밖에 없다. 이런 일은 결국, 사회 과정에서의 심리적·경제적·이데올로기적 요소의 상호 작용이라는 문제를 야기하기 때문이다. 파시즘이 어떻게 하여 위대한 국민을 매혹했는가를 이해하려면 아무래도 심리적 요소의 역할을 인정할 수밖에 없는 것이다.

왜냐하면 여기서 다루려는 정치 조직은, 인간 속의 이기심이라는 합리적인 힘에 호소한 것이 아니라, 우리가 먼 옛날에 사멸했다고 믿었던 악마적인 힘을 일깨워 이용했기 때문이다. 지난 수세기에 걸쳐 우리에게 친숙해진 인간상은, 이기심과 그에 따라 행위하는 능력을 통해 자기 행동을 결정할 수 있는 이성적 존재 그것이었다. 인간을 움직이는 원동력은 힘에 대한 갈망과 적의라고 생각한 홉스와 같은 사람도 이와 같은 힘의 존재를 이기심의 논리적 결과라고 설명했다.

즉 인간은 평등하며 한결같이 행복을 추구하는 욕구가 있다. 그런데 모든 사람에게 한결같이 만족을 줄 만한 부(富)는 없다. 그러므로 인간은 서로 싸울 수밖에 없으며, 현재 가지고 있는 것을 나중까지도 누리기 위해 권력을 추구하게 된다. 그러나 홉스가 그린 이런 인간상은 오늘날 유행에 뒤떨어진 것이 되고 말았다. 중산계급이 낡은 정치·종교적 지배자들의 힘을 점점 파괴해 감에 따라, 또 인간이 자연을 정복하는 데 성공해 감에 따라, 그리고 수백만의 사람들이 경제적으로 독립해 감에 따라, 인간은 세계나 인류 모두가 본질적으로 합리적인 존재라고 믿게 되었다. 인간성의 어두운 악마적인 힘은 이젠 중세 또는 그 이전의 시대로 추방되었다. 그리하여 그 악마적인 힘은 지식의 결여라든가, 기만적인 왕과 수도사의 교활한 음모로부터 생겼다고 설명되었다.

사람들은 마치 오랫동안 불을 뿜지 않는 사화산(死火山)을 보는 것처럼 이 시대를 바라보고 있었다. 근대 민주주의의 완성이 모든 음험한 힘을 깨끗이 쓸어 버렸다, 그러므로 이 세상은 근대 도시의 밝은 거리처럼 환하다, 이렇게 확신했다. 또 전쟁은 지난 세기의 마지막 유물이며, 앞으로 한 번만 더 싸우면 모든 전쟁은 끝난다고 생각했다. 경제적 위기도 주기적으로 오기는 했으나 그것도 우연이라고 믿었다.

파시즘이 대두되었을 때, 대부분의 사람은 이론적으로나 실제적으로 준비가 되어 있지 않았다. 인간이 이처럼 악에 대한 경향이나 힘에 대한 갈망, 또 약자의 권리 무시나 복종에 대한 동경을 지닐 수 있으리라고는 믿을 수도 없다. 다만 얼마 안 되는 사람들만이 폭발하는 화산의 울림을 알아차렸다. 니체는 19세기에 자기만족적인 낙관주의에 대하여 경고했다. 마르크스도 또 다른 방법으로 경고했다. 그리고 바로 뒤이어 프로이트의 입에서도 경고가 나오게 되었다. 물론 프로이트나 그의 많은 제자들은 사회적 현상에 대해서는 대단히 소박한 관념만을 지니고 있었으며, 그의 심리학에서 사회적 문제에 대한 적용은 대부분 잘못된 것이었다. 그러나 프로이트는 인간의 정서적·정신적 불안에 그의 관심을 바침으로써, 우리를 화산 꼭대기로 끌고 가 그 이글거리는 분화구를 들여다보게 한 것이다.

프로이트는 인간 행동의 온갖 부분을 결정짓는 비합리적이고 무의식적인 힘을 관찰하고 분석하는 데 주의를 기울였다. 이렇게 그 이전의 어느 누구보다도 한 발 더 앞으로 나아갔다. 현대 심리학에서 프로이트와 그 후계자들은, 근대 합리주의가 묵인한 인간성의 비합리적이고 무의식적인 부분을 파헤쳤을 뿐 아니라, 이 비합리적인 현상도 일정한 법칙에 따르는 것이기에 합리적으로 이해할 수 있다는 사실도 지적했다. 그는 인간 행동의 비합리성뿐 아니라 꿈의 언어와 신체적 증상도 이해할 수 있다고 가르쳤다. 또한 이 비합리성이 인간의 성격구조 전체와 마찬가지로 유아기 때, 외부에서 받은 영향의 반작용이라는 사실을 발견했다.

그러나 프로이트는 그가 속해 있던 문화의 정신 때문에 몹시 비뚤어져 있었으므로, 그것의 한계를 넘어설 수는 없었다. 바로 이 한계가 병적인 인간을 이해하는 한계가 되었다. 또 그것은 정상적인 현상을 이해하는 데도 불리한 조건이 되었다.

이 책은 사회의 모든 과정에서 심리적 요소의 역할을 강조하고 있으며, 이 분석은 프로이트의 몇 가지 기본적인 발견—특히 인간의 성격 속에서 움직이고 있다는 무의식적인 힘의 작용과 그것이 외부의 영향에 의존하고 있다는 사실에 대한 발견—에 입각하고 있다. 거기서 우리의 방법에 대한 일반적인 원리가 무엇인가, 또 이것은 고전적인 프로이트의 개념과 어떤 점이 주로 다른가를 먼저 말하는 편이 독자가 이해하기 쉬울 것이다.[3]

프로이트는 인간성을 악으로 보는 전통적 교의(敎義)뿐 아니라, 사회와 개인을 근본적으로 둘로 나누는 전통적인 사고방식도 받아들였다. 그에게 인간이란 근본적으로 반사회적인 것이었다. 사회는 인간을 교화해야 하며 또 생물학적인—따라서 근절하기 힘들다—충동에 어떤 직접적인 만족도 허용해야만 한다. 그러나 사회는 대체로 인간의 기본적 충동을 순화시켜 교묘히 억제해야만 한다. 사회에 의해 이 자연적인 충동이 억압되면 결과적으로 놀라운 일이 생긴다. 억압된 충동은 문화적으로 가치 있는 노력으로 변하며, 그렇게 함으로써 문화의 기반이 된다. 프로이트는 억압으로부터 문화적 행동으로 변하는 이 이상한 변화를 승화(昇華)라고 불렀다. 만일 억압 정도가 승화의 한계를 넘으면, 개인은 신경증(神經症)에 시달리므로 억압을 줄여야 한다. 그러나 보통 충동의 만족도와 문화는 역비례한다. 억압이 강할수록 보다 많은 문화가 생긴다(그리고 신경이 장애의 위험도 보다 높아진다). 프로이트의 이론에서 개인과 사회의 관계는 본질적으로 정적(靜的)이다. 개인은 본디 동일하며, 사회가 개인의 자연적 충동에 보다 많은 압박을 가하거나(이 경우엔 승화가 강해진다) 보다 많은 만족을 주거나(이 경우는 문화가 희생된다) 함으로써 개인을 변화시킬 뿐이다.

이전의 심리학자가 받아들였던 이른바 인간의 기본적 본능과 마찬가지로,

---

3) 정신분석학적 방법은 프로이트 이론을 기초로 하고 있다. 그런데 특히 중요한 점에서 프로이트와 다른 관점을 카렌 호나이(Karen Horney)의 《정신분석학의 새로운 방법(New Ways in Psychoanalysis, W.W. Norton & Company, New York, 1939)》이나, 해리 스택 설리반(Harry Stack Sulivan)의 《현대 정신병학 개념(Conceptions of Modern Psychiatry : The First William Alanson White Memorial Lectures, Psychiatry, 1940, Vol. III, No. 1)》에서 볼 수 있다. 이 두 저자는 많은 점에서 다르나, 이 책에서 제시하는 관점은 이 둘의 견해와 많은 공통점이 있다.

프로이트의 인간성에 대한 견해도 본질적으로는 현대인에게서 볼 수 없는 가장 중요한 충동에 대한 고찰이었다. 프로이트는 어떤 문화에서의 개인도 '인간'이며, 현대인의 고유한 감정이나 불안도 인간의 생물학적 구조에 입각한 영원한 힘으로 보았다.

우리는 이 점에 대해 수많은 반증을 들 수 있다(이를테면 오늘날 현대인에게서 많이 볼 수 있는 적의의 사회적 기반이라든가, 오이디푸스콤플렉스라든가, 여성의 이른바 거세 콤플렉스 등). 그러나 여기서는 특히 중요한 예를 하나만 들고자 한다. 왜냐하면 그것은 사회적 존재로서의 인간 개념 전체와 관련되어 있기 때문이다.

프로이트는 개인이라는 것을 언제나 타인과의 관계에서 포착하고 있다. 그러나 프로이트가 생각하는 대인관계는 자본주의 사회의 개인이 타인과 맺은 독특한 경제적 관계와 비슷하다. 사람은 저마다 위험을 무릅쓰고 자기 자신을 위해 개인주의적으로 일하는 것이지, 본디 타인과 함께 일하는 것은 아니다. 그러나 그는 로빈슨 크루소는 아니다. 타인을 고객으로서, 고용인으로서, 또는 고용주로서 필요로 한다. 사고팔고, 주고받아야만 한다. 상품이건 노동 시장이건 시장이 이들 관계를 조정한다. 그리하여 본디 고독하고 자족적인 개인이 어떤 목적에 대한 수단으로서, 사고팔기 위해 타인과의 경제적 관계를 맺게 된다. 인간관계에 대한 프로이트의 생각은 본질적으로는 이와 같다. 즉 사람은 저마다 만족을 원하는 생물학적 충동을 몸에 잔뜩 지니고 태어난다. 그리고 그 충동을 채우기 위해 다른 것과의 관계로 들어간다. 이리하여 타인은 언제나 자기 목적을 위한 수단이며, 타인과 접촉하기 전에 개인 속에서 일어나는 충동을 만족시키기 위한 존재이다. 프로이트의 의미에서 본 인간관계의 세계는 시장과 비슷하다. 그것은 생물학적으로 주어진 욕구와 만족의 교환이며, 그곳에서 타인에 대한 관계는 언제나 한 가지 목적에 대한 수단이지 결코 목적 그 자체가 아니다.

그러나 이 책의 분석은 프로이트의 견해와는 반대로 다음과 같은 가정 위에서 있다. 즉 심리학에서 중요한 것은 개인이 외부와 맺는 특수한 관계의 문제이지, 갖가지 본능적인 욕구나 그 자체의 만족이나 갈등의 문제는 아니라는 사실이다. 또한 개인과 사회의 관계는 정적인 것이 아니라는 점이다. 한쪽에 그 개인과는 별도의 사회가 있어서 그것이 개인의 내적인 경향을 만족시키거나 절망시키는 것은 아니다. 확실히 인간에게는 배고픔이라든가 목마름, 성욕 같은 욕구들이 존재한다. 그러나 성격의 '개인차'를 만드는 사랑과 미움, 권력에 대한 욕망과 복종에 대한 동경, 관능적인 기쁨의 향락과 그 공포 등의 충동은 모두 사회 과정의 산물이다. 인간의 가장 아름다운 경향은 가장 보기 흉한 경향과 마찬가지로 고정된 생물학적인 인간성의 일부분이 아니라, 인간을 만들어내는 산물인 것이다. 다시 말하면, 사회에는 단순히 억압적인 기능뿐만 아니라 창조적인 기능도 있다. 인간의 성질이나 정열이나 불안은 문화적인 산물이다. 사실 인간 자신이 인간의 끊임없는 노력의 가장 중요한 창조이자 완성이다. 그 노력의 기록을 우리는 역사라고 부르는 것이다.

인간 창조의 이러한 과정을 역사의 맥락에서 이해하는 일이 바로 사회 심리학의 역할이다. 왜 한 시대와 다른 시대 사이에는 명백히 다른 인간 성격이 존재하는 것일까? 왜 르네상스의 정신은 중세의 정신과 다르고, 독점 자본주의 시대 구조와 다른 것일까? 사회 심리학은 새로운 능력이나 정열이 좋건 나쁘건 왜 생기는가를 설명하여야 한다. 르네상스 시대부터 현대에 이르는—더구나 오늘날에는 으레 당연하다고 생각되는—명예를 향한 불타는 야망이 사회의 인간에겐 거의 없었다는 것을 발견한다.[4] 또 이전에는 없었던 자연미에 대한 감각도 이와 같은 시기에 발달했다.[5] 북유럽 여러 나라에서는 16세기 이후, 그전 시대의 자유로운 인간에게서는 전혀 볼 수 없었던, 노동에 대한 심한 욕구가 발달했다.

그러나 인간만 역사에 의해 만들어지는 것이 아니라, 역사도 인간에 의해 만들어진다. 이 모순된 사항을 해결하는 것이 사회 심리학의 영역이다.[6] 사회 심리학의 과제는 사회 과정의 '결과'로 정열이나 욕구나 불안이 어떻게 변화하여 발전하는가를 보여줄 뿐 아니라, 이처럼 특수한 형태로 된 인간의 에너지가 이

---

4) J. 부르크하르트(Jacob Burckhardt)의 《이탈리아 르네상스의 문화(The *Civilization of the Renaissance in Italy*, The Macmillan Company, New York, 1921, p. 139 ff.)》 참조.

5) 위의 책 p. 299 참조.

6) 사회학자 달라드, 라스웰, 인류학자인 베네딕트, 핼로웰, 린턴, 미드, 새피어의 공헌과 카디너의 《정신분석학적 개념의 인류학에 대한 적용》을 참조하라.

번에는 반대로 어떻게 '생산적인 힘이 되어 사회 과정을 만들어가는가'도 보여주어야 한다. 이를테면 명예나 성공이나 일에 대한 정열은 근대 자본주의를 발달시켰던 필수적인 힘이다. 이런 힘을 비롯해 그 밖의 갖가지 힘이 없었다면, 근대 상공업 조직의 사회경제적인 요구에 따라 행동하려는 원동력은 나타나지 않았을 것이다.

위에서 본 바와 같이 이 책은 프로이트와는 다른 입장을 취하고 있다. 프로이트는 역사를 사회적으로는 규정되지 않는 심리적인 요소의 결과라고 설명했으나, 여기서는 그 견해를 강력히 반대한다. 또 사회 과정에서 동적인 요소인 인간적인 요소의 역할을 무시하는 이론에도 단연코 반대한다. 이러한 비판은 사회학에서 심리학의 문제를 확실히 배제하고 사회학적 이론(뒤르켐 및 뒤르켐 학파)에만 향하는 것이 아니라, 얼마쯤이라도 행동주의 심리학의 색채를 띤 이론에도 향하게 한다. 또 이 이론은 한결같이 인간의 성질에는 그 자신의 동적인 운동은 존재하지 않고, 심리적인 변화는 새로운 문화 양식에 적응하기 위한 새로운 '습관'의 발달이라는 말로 이해되어야 한다고 가정한다. 이 이론은 심리적 요소를 받아들이고는 있으나, 동시에 그것을 문화 양식의 이면으로 끌어들이고 만다. 다만 동적인 심리학—그 기초는 프로이트가 이룩해 놓은 것이지만—만이 인간적 요소에 중점을 둘 수가 있다. 고정된 인간성이란 것은 없다 하더라도 우리는 인간성을 무한히 바꿀 수 있는 것으로 생각하거나, 자신의 동적인 심리적 운동을 발전시키는 일 없이 어떠한 외적 조건에도 적응할 수 있는 것으로 볼 수는 없다. 인간성은 역사적 진화의 소산이지만, 어떤 종류의 고유한 메커니즘과 법칙을 지니고 있다. 그것을 발견하는 일이 바로 심리학의 과제이다.

여기서 지금까지 사용한 말과 다시 앞으로 사용할 말을 충분히 이해하기 위해 '적응'이라는 개념을 검토해 보자. 이 작업은 동시에 심리적 메커니즘이나 심리적 법칙의 의미를 뚜렷하게 해준다.

우선 '정적'인 적응과 '동적'인 적응을 구별함이 유익할 것이다. 정적인 적응이란 단지 새로운 습관을 받아들이는 데 불과한 양식(행동)으로, 전체의 성격 구조는 변화하지 않는다. 이런 적응은 이를테면 중국식 식사법을 포크나 나이프를 쓰는 서구적인 방법으로 바꾸는 일과 같은 것이다. 중국인은 미국에 오면 이 새로운 양식에 적응할 것이다. 그러나 이 적응 자체는 그의 인간성에 거의 영향을 미치지 않는다. 즉 새로운 충동이나 습성을 자아내지 않는 것이다.

동적인 적응이란 말하자면 아이들이 엄격하고 무서운 아버지의 명령에 따라—무서운 나머지—'착한 아이'가 되는 경우이다. 아이들은 환경의 필요에 적응하는데, 이때 그의 내면에서 어떤 변화가 일어난다. 그는 아버지에게 강한 적의를 품겠지만, 그것을 억제한다. 적의를 나타내거나 그것을 의식하는 것만으로도 대단히 위험하기 때문이다. 그러나 이 억압된 적의는 표면화되지 않더라도 그의 성격 구조에서는 동적인 요소다. 그것은 새로운 불안을 자아내고 나아가서 다시 깊숙한 복종으로 이끈다. 그리하여 특정한 어떤 개인이 아니라, 오히려 인생 전체에 대한 막연한 반항심이 생긴다. 여기서도 위에서 말한 중국인의 경우처럼 어떤 외적인 환경에 적응해 가는 것은 똑같지만, 이런 적응을 할 때는 그의 내부에 뭔가 새로운 일이 일어나게 된다. 즉 새로운 충동과 새로운 불안이 생긴다. 신경증은 모두 이 동적인 적응의 예다. 신경증은 본질적으로는 비합리적인 외부 조건, 보통 아이들의 성장 발달 과정에서(특히 유년기) 바람직하지 못한 외부 환경에 적응하는 것이다. 마찬가지로 신경증적 현상에 비교할 수 있는 사회 심리적 현상(왜 그것을 신경증적이라고 부르지 않는가는 나중에 말할 것이다), 이를테면 사회집단의 사디즘적인 충동과 같은 파괴적인 것도, 역시 비합리적인 그리고 인간의 발달에 있어서 해로운 사회적 조건에 대한 동적인 적응이다.

어떤 '종류'의 적응이 일어나느냐 하는 문제 외에도 다른 문제가 있다. 즉 생각할 수 있는 온갖 생활 조건에 인간을 적용시키는 힘이 무엇인가, 또 인간 적응의 한계는 어디인가 하는 문제이다.

먼저 검토해야 할 일은, 인간의 성질에는 다른 부분보다 더욱 자유자재로 적응하기 쉬운 부분이 있다는 사실이다. 사람에 따라 저마다 다른 충동이나 습성은 대단히 많은 탄력성과 가소성으로 꽉 차 있다. 즉 사랑, 파괴성, 사디즘, 마조히즘, 절약에의 열중, 관능적 쾌락의 향락, 또 관능에 대한 공포 등 인간의 내부에서 볼 수 있는 이런 많은 경향이나 공포는 어떤 생활 조건에 대한 반작용으로 발달한다. 그러나 그것은 특별히 자유자재로 조절할 수 있는 것은 아니다. 왜냐하면 한번 인간 성격의 한 부분이 되어 버리면, 그것은 쉽게 사라지거나 다른 충동으로 변화하지 않기 때문이다. 그러나 개인이 특히 유년기에 자기가 처해 있는 모든 생활양식에 따라 여러 가지 욕구를 발달시킨다는 의미로 보면, 그것은 신축성이 있다. 이런 모든 욕구는 어떤 환경에서도 발달하고 만족되어야 한다는, 그런 인간성에 내재하는 것처럼 고정된 것은 아니다.

이런 욕구와는 반대로, 인간성에서 빼놓을 수 없는 부분으로, 만족을 구하려는 다른 욕구가 있다. 그것은 배고픔이나 목마름이나 수면욕 등 인간의 생리적 조직에 입각한 욕구이다. 이런 욕구에는 저마다 참기 힘든 한계가 있다. 그 한계를 넘어서면 그 욕구를 채우려는 경향은 대단히 강력한 충동이 된다. 이처럼 생리적 조건을 내세운 욕구는 모두 자기 보존의 욕구라고 정의할 수 있다. 이 자기 보존 욕구는 어떤 상황에서나 만족을 구하는 인간의 성질이며, 인간 행동의 제1차적 동기를 이루는 것이다.

요컨대 인간은 먹고, 마시고, 자고, 적으로부터 자기를 지켜야 한다. 그러기 위해선 일하고, 생산해야 한다. '일'이란 결코 추상적인 것이 아니다. 일은 언제나 구체적이며, 특정한 경제조직 속에서의 특정한 작업이다. 인간은 봉건조직 속에서 노예로 일할 수도 있고, 인디언의 부락(푸에블로)에서 농부로 일할 수도 있다. 또 자본주의 사회에서 독립된 실업가로, 현대적인 백화점에서 점원으로, 큰 공장의 끝없는 벨트컨베이어 앞에서 노동자로 일하는 수도 있다. 이처럼 갖가지 일에 따라 완전히 다른 인간 습성이 요구되어 타인과의 관계도 달라진다. 인간은 이미 마련된 무대 위에서 태어난다. 먹고 마셔야 하고, 그러기 위해 일을 해야 한다. 단 특수한 조건 아래서, 그가 태어난 사회의 정해진 격식에 따라 일해야 한다. 살려는 욕구와 사회 조직과의 관계, 이 두 요소는 한 사람으로서는 원칙적으로 변경할 수 없는, 보다 큰 융통성을 지닌 다른 습성의 발달을 결정짓는 것이다.

그리하여 경제조직의 특수성에 따라 정해지는 생활양식이 인간의 모든 성격 구조를 결정하는 제1차적인 요소가 된다. 왜냐하면 그는 자기 보존에 대한 강렬한 욕구를 위해 주어진 조건을 받아들일 수밖에 별도리가 없기 때문이다. 그렇다고 해서 인간이 타인과 협동하여 어떤 경제적·정치적 변혁을 시도할 수 없다는 의미는 아니다.

다만 인간의 개체성은 근본적으로 특수한 생활양식에 따라 형성된다는 말이다. 예컨대, 어렸을 때 이미 가족이라는 매개를 통해 그는 특수한 생활양식

에 직면한다. 가족이란 특정한 사회나 계급의 전형적인 특징을 다 갖추고 있는 집단이다.[7)]

인간성의 강제적인 부분은 생리적인 욕구만이 아니다. 그 밖에도 강제적인 부분이 있는데, 특히 그것은 육체적인 과정에서가 아니라 생활양식과 습관의 본질 그 자체에 기반을 두고 있다. 즉 바깥 세계와 관계를 맺으려는 욕구, 고독을 피하려는 욕구가 그것이다. 정말 고독하여 다른 것으로부터 분리되어 있다고 느끼는 일은 마치 육체적인 굶주림이 죽음을 초래하듯 정신적인 파괴를 초래한다. 타인과 관계를 맺는다는 것은 육체적인 접촉을 말하는 것이 아니다. 개인은 여러 해 동안 육체적으로는 혼자 있더라도, 특히 이상이나 가치 또는 연대감(連帶感)과 '소속감'을 주는 사회적인 행동 양식과 관계를 맺고 있을 것이다.

이에 반해 사람들에게 섞여 생활해도 더할 수 없는 고독감에 사로잡힐 수도 있을 것이다. 그 결과 어느 한도를 넘어서면, 정신분열증처럼 광기(狂氣)의 상태가 된다. 이처럼 가치나 상징이나 행동 양식에 대한 연결성이 결핍되어 있는 것을 정신적인 고독이라 할 수 있다. 이것은 육체적인 고독과 마찬가지로 참기 힘든 고통이다. 오히려 육체적인 고독은 정신적인 고독을 수반할 경우에만 참기 힘들다고 말할 수 있을 것이다. 외부와의 정신적인 관계는 여러 가지 형태를 취할 수 있다. 격리되었으나 동지와 일체라고 느끼고 있는 정치범은 정신적으로는 고독하지 않다. 연미복을 입고 있는 영국 신사나 동료로부터는 분리되어 있으면서도 그 국민이나 그 상징과 일체라고 느끼고 있는 소시민도 정신적으로는 고독하지 않다. 외부와의 관계에는 품위 있는 것도 있고 하찮은 것도 있지

---

7) 이 문제에 대해 곧잘 범하게 되는 한 가지 혼란에 주의하고자 한다. 사회의 경제적 구조는 개인의 생활양식을 결정함으로써 인간성 발전의 조건으로 작용한다. 이들 '경제적 구조'는 물질욕 같은 '주관적인 경제적 동기'와는 뚜렷이 다르다. 이 물질욕은 르네상스 이래 마르크스의 근본 개념을 오해한 어떤 마르크스주의자에 이르기까지 많은 학자가 인간 행동의 지배적 동기로 간주해 왔다. 그러나 사실상 물질적 부를 얻으려는 심한 욕구는 어떤 문화에만 특유한 것으로, 경제적 조건이 다르면 물질적 부를 싫어하는 듯한, 또 물질적 부에 무관심한 듯한 인간성을 자아낼 수도 있다. 나는 이 문제를 〈분석 사회 심리학의 방법과 과제에 대하여(*Über Methode und Aufgabe einer Analytischen Sozialpsychologie*, Zeitschrift für Sozialforschung, Hirschfeld, Leipzig, 1932, Vol. Ⅰ, s. 28 ff.)에서 자세히 논했다.

만, 가장 평범한 행동 양식이라도 그것과 관계를 맺는 편이 고독한 것보다는 훨씬 낫다. 종교나 국가주의도 참으로 어리석은 다른 습관이나 신앙과 마찬가지로, 인간이 가장 두려워하는 '고독'으로부터 벗어날 수 있는 피난처가 되는 것이다. 정신적인 고독을 피하려는 강한 욕구는 발자크의 《발명가의 괴로움(*The Inventor's Suffering*)》에 나오는 다음 부분에 생생하게 묘사되어 있다.

하지만 이것만은 아직 온순한 당신의 마음에 단단히 새겨둬야 한다. 인간은 고독에 대한 공포를 갖고 있으며, 모든 고독 중에서도 정신적인 고독이 가장 두렵다는 것을. 신과 함께 살았던 최초의 은자는 정령들의 세계에 둘러싸여 있었다. 나병환자이건, 죄수이건, 죄인이건, 병자이건, 가장 먼저 떠오르는 생각은 자신에게 운명의 동반자가 있었으면 하는 일이다. 바로 이 생명과 같은 충동을 살리기 위해 인간은 온 힘을 다한다. 생활의 온갖 에너지를 다 소비한다. 사탄이 이 무서운 열망이 없는 인간을 발견한 일이 있었는가. 이 문제에 대하여 사람은 일대 서사시를 쓸 수 있을 것이다. 그것은 《실낙원》이란 반역의 변호에 불과하기 때문이다.

고독의 공포가 왜 인간을 그렇게 사로잡고 있는가? 이 문제를 설명하려 들면, 여기서 더듬고 있는 주요한 궤도에서 멀리 떨어져 나가게 될 것이다. 그러나 다른 사람과 함께 맺어지고 싶다는 욕구가 뭔가 신비적으로 보이는 일을 막기 위해, 그 질문에 대한 나의 대답만큼은 여기서 제시해 두어야겠다.

먼저, 인간은 타인과 전혀 협동하지 않고는 살 수 없기 때문이다. 어떤 문화에서도 인간은 살려는 한, 적이나 자연의 위협에서 자기를 지키기 위해서라도, 또는 일이나 생산 활동을 하기 위해서라도 타인과 협동을 하여야 한다. 로빈슨 크루소도 프라이데이와 함께하지 않았는가. 그가 없었다면 로빈슨 크루소는 아마 실성했거나 죽어 버렸을 것이다. 인간은 누구나 어릴 때부터 타인의 도움이 필요하다는 사실을 뼈아프게 경험한다. 가장 중요한 일조차 자기 자신이 처리할 수 없기 때문에, 아이들에게 타인과의 접촉은 생사의 문제이다. 혼자 떨어질 수도 있다는 가능성은 아이들에게 가장 중대한 위협이다.

'소속' 욕구를 그렇게 심한 것으로 만드는 또 하나의 요인이 있다. 바로 주관적인 자기의식, 또는 자기를 자연이나 타인과는 다른 개체로 의식하는 사고 능력이다. 자각의 정도는 여러 가지로 변화하나, 이 자각의 존재는 인간을 본질적으로 인간적인 문제에 직면케 하는 것이다. (이에 대해서는 다음장에서 자세히 다룰 것이다.) 즉 자기를 자연이나 타인과는 다른 것으로 의식함으로써, 또 죽음이나 병이나 노쇠를 의식함으로써 인간은 우주나 '자기' 이외의 모든 것과 비교하여 자기가 얼마나 무의미하고 빈약한가를 느낄 수밖에 없게 된다. 어딘가에 소속되지 않는 한, 또 삶의 의미와 방향이 없는 한, 인간은 자신을 한낱 티끌처럼 느끼고, 개인적인 무의미함에 압도당하고 말 것이다. 그는 자기 삶의 의미와 방향을 제시해 주는 어떤 조직에도 자기를 결부시킬 수 없으며, 의심으로 가득차게 된다. 그리고 결국은 이 의심 때문에 그가 행동하는 힘, 즉 사는 힘을 잃을 것이다.

더 기록하기 전에 지금까지 살펴본 사회심리학 문제의 일반적인 연구 방법을 정리해 두어야 편리할 것이다. 인간성은 생물학적으로 고정된 타고난 충동의 총계와 같은 것도 아니며, 거침없이 적응해 가는 문화의 패턴과 같은 생명 없는 응답도 아니다. 인간성은 인간 진보의 산물이다. 단 그것의 내부에는 고유한 메커니즘과 법칙, 즉 변화 없는 고정된 요소가 있다. 그것은 생리학적으로 규정된 충동을 어떻게 해서든지 채우려 하거나, 고립을 있는 힘을 다해 피하려고 한다. 우리는 이 일정한 생활양식을 받아들여야 함을 알았다. 문화에 대한 동적인 적응 과정에서는 개인의 행동과 감정을 움직이는 수많은 강력한 충동이 나타난다. 이 충동을 개인이 의식할 때도 있고 의식하지 못할 때도 있다. 그러나 어떤 경우에도 그 충동은 강력하며, 한번 그것이 나타나면 만족을 요구한다. 그것은 사회 과정을 형성해 가는 데 강력한 영향력이 된다. 경제적·심리적·이념적 요소가 어떻게 작용하는가, 또 이 상호 작용에서 일반적인 결론을 어느 정도까지 이끌어낼 수 있는가 하는 문제는 나중에 종교개혁과 파시즘을 분석할 때 논할 것이다. 그 논의는 언제나 이 책의 주제가 될 것이다.[8] 인간이 자유로워지면 자유로워질수록—타인이나 자연과의 원초적인 일체성에서 분리된다는 의미에서—'개인'이 되면 될수록, 사랑과 생산적인 작업을 자발적으로 함으

---

8) 심리적인 힘과 사회경제적인 상호 작용에 대한 일반적인 견해는 부록에서 상세히 논할 것이다.

로써 외부 세계와 이어지든가, 아니면 자신의 자유나 개인적 자아의 통일성을 파괴함으로써 세계와 연결되든가, 둘 중 하나를 선택해야만 한다.[9]

9) 이 원고가 완성된 뒤, 자유에 대한 여러 가지 견해의 연구가 《자유와 그 의미(*Freedom, its Meaning*, planned and edited by R.N. Anschen, Harcourt, Brace & Co., New York, 1940)》에 제시된 것을 보았다. 여기서 특히 베르그송, 듀이, 맥이버, 리즐러, 틸리히 등의 논문을 참조하라. 또 스토이에르만(Carl Steuermann)의 《도주와 인간(*Der Mensch auf der Flucht*, S. Fischer, Berlin, 1932)》도 주의해서 보라.

제2장
개인의 해방과 자유의 다의성

　현대인에게 자유란 무엇을 뜻하는 것일까? 현대인은 왜, 또 어떻게 자유에서 벗어나려 하는가? 이 주요한 문제에 들어가기 전에 먼저 검토해야 하는 생각이 있다. 그것은 어느 정도 현실 문제에서 동떨어진 듯하지만, 근대사회에서 자유의 분석을 이해하기 위해서는 반드시 필요한 전제이다. 그 생각이란, 자유는 인간 존재 그 자체에 특질을 지니게 한다는 것, 또 자유의 뜻은 인간이 자기를 독립시키고, 분리된 존재로서 의식하는 정도에 따라 달라진다는 것이다.

　인간의 사회사는 자연과 하나였던 상태에서 벗어나 주위의 자연이나 인간들로부터 분리된 존재로서 자기를 자각할 때 시작된다. 그러나 이 자각은 오랫동안 몹시 몽롱한 상태로 남아 있었다. 개인은 여전히 자기가 빠져나온 자연적 사회적 세계와 밀접하게 결부되어 있었다. 분리된 존재로서의 자각을 지니면서도 또 주위의 세계의 일부라고도 느끼고 있었다. 개인이 그 원시적인 인연으로부터 조금씩 탈출해 가는 과정은—'개성화'의 과정이라고도 할 수 있을 것이다—종교 개혁으로부터 현대에 이르는 근대사에서, 그 정점에 달했다고 볼 수 있다.

　한 사람의 생애에서도 이와 같은 과정을 볼 수 있다. 어린아이는 태어나는 순간 이미 어머니와 한 몸이 아니며, 어머니로부터 분리된 하나의 생물학적 존재가 된다. 그러나 이 생물학적 분리는 개인적인 인간 존재의 시작이긴 하지만, 어린아이는 오랫동안 기능적으로는 어머니와 한 몸을 이루고 있다.

　비유해서 말하면, 외부와 연결되어 있는 탯줄을 끊지 않은 정도에 따라 그에겐 자유가 없는 것이다. 그러나 이 결합은 그에게 안정감이나 귀속감, 또 어딘가에 발을 붙이고 있다는 느낌을 준다. 나는, 개인이 개성화를 통해 완전히 해방되기 이전에 존재하는 이 결연을 '제1차 결연'이라 부르고자 한다. 그것은 인간의 정상적인 발달의 일부라는 뜻에서 유기적이다. 거기에는 개성은 결여되었으나, 안정감과 방향감이 있다. 아이들을 어머니와 결부시키고 있는 인연, 미개사회의 성원을 그 씨족이나 자연에 결부시키고 있는 결연, 또는 중세의 인간을 교회나 그 사회적 계급에 결부시키고 있는 결연은 바로 이 제1차적 결연이라 할 수 있다. 그러나 개성화가 완전한 단계에 달하고, 개인이 이 제1차적 결연에서 자유롭게 되면, 그는 하나의 새로운 과제에 직면한다. 즉 이제까지와는 달리 스스로 방향을 잡아, 세계에 발을 내딛고 그곳에서 안정을 발견해야 한다. 그러면 자유의 뜻도 이 단계로 진화하기 이전의 자유의 뜻과는 달라진다. 여기서 이 개념을 개인적 사회적 발전의 관점에서 더 구체적으로 검토하고 명백히 할 필요가 있다.

태아에서 인간으로 급격히 변화하여 탯줄이 끊어지면, 유아는 분명히 어머니 육체에서 분리되어 독립한다. 그러나 이 독립은 단순히 두 육체가 분리했다는, 소박한 뜻에서이다. 기능적으로 유아는 여전히 어머니의 일부분이다. 유아는 먹을 것, 몸의 움직임, 기타 생명에 관한 중요한 점에서 전적으로 어머니의 보호를 받는다. 그 아이는 서서히 어머니나 기타의 것을 자기와 분리된 존재라고 생각한다. 이 과정의 원인이 되는 것은 아이들의 신경학상의 발달이나 육체의 전반적인 발달, 또 육체적인 것이든 정신적인 것이든 사물을 파악하는 능력이나 사물을 지배하는 능력의 발달이다.

아이들은 자기 행동을 통해 바깥 세계를 경험한다. 개성화의 과정은 교육과정에 의해 다시 추진되지만, 많은 실망이나 금지를 초래한다. 어머니의 위치는 아이들의 소망과 어긋나는 목적을 가진 인간, 때론 적의에 찬 위험한 인간으로 변한다.[1] 이러한 반복—그것은 결코 교육과정의 전부는 아니지만 그 일부이다—은 '나'와 '너'를 예리하게 구별하는 중요한 요소가 된다. 아이가 타인을 인정하고 웃음으로 대할 수 있게 되기까지는 생후 여러 달이 걸리고, 또 바깥 세계와 자기를 혼동하지 않게 되기까지는 여러 해가 걸린다.[2] 그러기까지 아이는 특

---

1) 본능의 욕구불만만으로는 적의가 일어나지 않는다는 점에 주의하라. 아이들에게 무력감과 거기서 생기는 적의를 자아내는 것은 성장의 방해, 자기주장의 파괴, 부모로부터 오는 적의—즉 억압의 분위기—이다.

2) 피아제(Jean Piaget)의 《아동의 도덕적 판단(*The Moral Judgement of the Child, Harcourt*, Erace & Co.,

유의 자기중심주의를 나타낸다. 그러나 이 자기중심주의는 타인에 대한 친절함이나 관심과 연관되는 것은 아니다. 왜냐하면 '타인'은 아직 자기로부터 분리된 것으로 확실히 경험되지 않았기 때문이다. 이와 같은 이유에서, 아이가 생후 몇 년 동안 권위에 의지하는 일은 나중에 권위에 의지하는 것과는 다른 뜻을 지니고 있다. 부모를 비롯한 권위자라면 누구이든 아직 아이에게는 근본적으로 분리된 존재로 생각되지 않는다. 그들은 아이들 세계의 일부이고, 이 세계는 또한 아이들의 일부이다. 따라서 그들에게 복종하는 일도 두 개인이 정말 분리해 버렸을 때의 복종과는 성질이 다르다. 10세의 아이들이 갑자기 자기 개성에 눈뜨게 됐을 때를, R. 휴스가 《자메이카의 바람》에서 예리하게 서술하고 있다.

그리고 그때 에밀리에게 대단히 중요한 사건이 일어났다. 그녀는 갑자기 무엇인가를 깨달았다. 왜 그 사건이 5년 전에 일어나지 않았는가, 또는 5년 뒤에 일어나지 않는가, 왜 그날 오후에 일어났는가, 아무리 생각해 보아도 전혀 이유를 알 수 없었다. 그녀는 윈치 뒤, 뱃머리 오른쪽 구석에서 소꿉놀이를 하고 있었다(악마의 손톱같이 생긴 것을 문 두드릴 때 쓰려고 윈치에 걸어놓았다). 그러다 그것도 싫증이 나서 꿀벌과 아름다운 여왕 생각을 하며 고물 쪽으로 걷고 있었다. 그러자 갑자기 '자기'라는 생각이 마음속에 번뜩였다. 그녀는 우뚝 멈춰 서서, 눈이 닿는 한 자기 몸을 둘러보기 시작했다. 웃옷 앞자락을 멀리서 보고 가까이서 보았다. 그리고 시험 삼아 들어올린 두 손을 바라볼 수 있었을 뿐 그 이상은 볼 수 없었다. 그러나 자기 것이라고 갑자기 깨달은 작은 몸을 충분히 실감할 수 있었다. 그녀는 웃기 시작했다. 오히려 조소하듯이. '그렇지.' 그녀는 이 일에 대해 생각했다. '이것 봐, 너와 다른 모든 사람의 일을 생각해 보라구. 이렇게 걷기도 하고 붙잡혀 있기도 하잖아. 너는 한동안은 거기서 도망가지 못할 거야. 그리고 처음에는 어린아이였다가 어른이 되고, 또 노인이 되어야 겨우 이런 미치광이 같은 장난과 이별할 수 있는 거란다.'

New York, 1932, p. 407)과 설리반(H.S. Sulivan)의 앞의 책 p. 10 참조.

그녀는 이 대단히 중요한 사건을 누구의 방해도 받지 않고 생각하려고, 돛대 위 즐겨찾는 곳으로 가기 위해 줄사다리를 오르기 시작했다. 일일이 팔과 다리를 움직여 보았는데, 손발이 자기 마음대로 되는 것을 보고 새삼 스레 놀랐다. 기억을 더듬어 보면, 물론 지금까지 손발은 그렇게 움직이고 있었던 것이다. 그러나 이전에는 그것이 그렇게 놀라운 일인 줄 몰랐다. 높은 곳에 자리를 잡고서 그녀는 조심스레 두 손의 피부를 조사하기 시작했다. 왜냐하면 그것도 '그녀의 것'이었기 때문이다. 그녀는 옷을 옆으로 잡아당겨 어깨를 내놓아 보았다. 그리고 그 속을 들여다보고 옷 속에도 그녀의 몸이 죽 연결되어 있는 것을 확인하자 볼에 닿도록 어깨를 움츠려 보았다. 얼굴과 따뜻한 어깨의 움푹한 부분이 닿으니 기분 좋은 스릴이 느껴졌다. 마치 친한 친구와 포옹한 것 같은 느낌이었다. 그러나 그 느낌이 도대체 볼에서 오는 것일까, 어깨에서 오는 것일까, 어느 쪽이 안고 어느 쪽이 안기는 것인지, 그녀로선 도저히 알 수 없었다.

바야흐로 그녀는 에밀리 바스손튼이라는 이 놀라운 사실을 확실히 인정하고 그 뜻을 열심히 생각하기 시작했다(그녀가 왜 '바야흐로'라는 말을 덧붙였는가는 그녀로서도 알 수 없었다. 왜냐하면 전에는 다른 인간이었다는 윤회적이고 어리석은 생각은 떠올려본 일도 없었기 때문이다).

아이들은 성장하여 제1차적 결연이 차차로 끊어짐에 따라, 자유와 독립을 구하게 된다. 그러나 이러한 가치를 추구하는 일이 어떤 운명이 되는가는 개성화 과정의 변증법적인 성질을 이해하여야 비로소 알 수 있다.

이 과정에는 두 가지 측면이 있다. 하나는, 아이들이 육체적으로나 감정적, 그리고 정신적으로 점점 강해진다는 것이다. 각 영역에서 강함과 적극성이 높아 간다. 그와 동시에 이 영역들이 점점 종합화됨으로써, 의지와 이성이 지도하는 하나의 조직된 구조가 발달한다. 이 조직화되고 종합된 개성 전체를 자아라 부른다면, '개성화가 추진되어 가는 과정의 한 면은 자아의 힘의 성장'이라 할 수도 있다. 개성화와 자아의 성장이 어디까지 이르는가 하는 것은 개인적 조건에 따르나, 본질적으로는 사회적 조건에 따른다. 물론 이 점에 대한 개인차도 크겠지만, 모든 사회는 일정한 개성화의 수준을 지니고 있다. 보통 인간은 그 수준

이상으로 나아갈 수 없으며, 그 사회는 그것으로 특징지어진다.

개성화 과정의 다른 면은 '고독의 증대'이다. 제1차적 결연은 안정성과 외부 세계와의 근본적인 통일을 가져온다. 아이들은 그 외부 세계에서 벗어남에 따라 자기가 고독하다는 사실, 모든 타인으로부터 분리된 존재라는 점을 자각하게 된다. 이 외부 세계로부터의 분리는 무력과 불안의 감정을 자아낸다. 외부 세계는 한 개인의 존재와 비교하면 압도적으로 강력하며, 종종 위협과 위험을 초래한다. 외부 세계의 한 구성 부분인 개인적 행동의 가능성과 책임을 모르더라도 두려워할 필요는 없다. 인간은 개인이 되면 혼자서 외부 세계의 모든 무섭고도 압도적인 면에 저항하게 된다.

이때, 개성을 내던지고 외계로 완전히 몰입하여 고독과 무력의 감정을 극복하려는 충동이 생긴다. 그러나 이런 충동이나 거기서 생기는 새로운 결연은, 성장의 과정으로 끊어진 제1차적 결연과 동일한 것은 아니다. 마치 육체적으로 어머니 배 속으로 다시 돌아갈 수 없는 것처럼 아이들도 개성화의 과정을 역행할 수는 없다. 만일 구태여 그렇게 하려고 한다면, 그것은 아무래도 복종의 성격을 띠게 된다. 특히 그런 복종에서는, 권위와 그것에 복종하는 아이들 사이의 근본적인 모순은 결코 제거되지 않는다. 아이들은 의식적으로는 안정과 만족을 느낄지도 모르나, 무의식적으로는 자기가 지불하고 있는 대가가 자신의 강함과 통일성을 억누른다는 사실을 알고 있다. 이리하여 복종은 아이들의 불안을 증대시키고, 동시에 적의와 반항을 초래한다. 그리고 그 적의와 반항은 의존하고 있는(의존하게 된) 바로 그 사람에게 향하게 되므로 그만큼 더 무서운 상황에 직면하게 된다.

복종이 고독과 불안을 회피하는 유일한 방법은 아니다. 또 하나 풀기 힘든 모순을 피하는 유일한 생산적인 방법이 있다. 바로 '인간이나 자연에 대한 자발적인 관계'이다. 그것은 개성을 버리는 일 없이 개인을 세계와 결부시키는 관계이다. 이런 종류의 관계—그 가장 뚜렷한 표현은 애정과 생산적인 일이다—는 전인격의 동일성과 든든함에 입각하고 있다. 때문에 그것은 자아가 어디까지 성장하는가의 한계에 따라 좌우될 뿐이다.

개성화가 되어감에 따라 복종과 자발적 행동이 두 가지 결과로 나타난다. 하지만 그 문제는 나중에 상세히 논하기로 하고, 우선 여기서는 일반적인 원칙을 지적하는 데 그치고자 한다. 즉 개성화가 전진하고 개인의 자유가 증대함에 따라 생기는 변증법적인 과정만을 다루기로 하자. 아이들은 제한적인 인연에 구애받지 않고, 개인적 자아를 점점 자유롭게 발전시켜 표현하게 된다. 또한 전부터 안정과 안심을 주었던 세계에서 보다 더 자유롭게 된다. 개성화의 과정은 개인의 인격이 점점 힘을 얻고 완성되어 가는 과정인 동시에, 타인과 하나가 되었던 원초적인 동일성이 사라지고 타인으로부터 점점 분리되어 가는 과정이기도 하다. 이 분리가 진행됨에 따라 쓸쓸한 고독이 밀려오고 심한 불안과 동요가 일어난다. 만일 아이들이 내면적인 강함과 생산성을 지니고 있다면 타인과의 새로운 친밀성과 연대성이 생겨날 것이다. 이것은 외부 세계와의 새로운 관계가 성립하기 위한 전제이다.

분리와 개성화가 내딛는 한 발 한 발이 자아의 성장에 발맞추고 있다면, 그 아이들의 발달은 조화를 이룬 것이다. 그러나 실제로 이 같은 일은 일어나지 않는다. 개성화의 과정은 자동적으로 일어나는 데 반해, 자아의 성장은 개인적 사회적인 이유로 많은 방해를 받기 때문이다. 이 두 경향의 차이가 참기 어려운 고독감과 무력감을 자아내고, 이런 현상은 뒤에서 도피의 메커니즘으로 다루어지는 심리적인 메커니즘을 유발한다.

또 계통발생적으로는 인간의 역사도 개성화와 자유가 성장해가는 과정으로서 특징을 지니게 된다. 인간은 강제적인 본능에서 자유로 한발 내딛음으로써, 인간 이전의 단계에서 탈출한다. 본능이 유전적인 신경학상의 구조에 따라 결정되는 특수한 행동양식이라면, 그것은 동물의 세계에서 확실히 볼 수 있다.[3] 발전 단계가 낮은 동물일수록 자연에 대한 적응을 비롯한 모든 행동이 본능에서 오는 반사적인 메커니즘에 지배당한다. 어떤 곤충에서 볼 수 있는 그 유명한 사회조직은 전적으로 본능의 산물이다. 이에 반해 발전 단계가 높은 동물일수록 갓 태어났을 때 그 행동 양식은 적응력이 크며, 육체적 적응의 완벽성은 보다 불완전하다. 이 발전은 인간에 와서 정점에 달한다. 인간은 갓 태어났을 때는, 모든 동물 중에서 가장 무력하다. 인간의 자연에 대한 적응은 본질적으

---

3) 본능을 생리적인 조건이 붙은 충동(예컨대 배고픔이나 목마름 등)으로 생각하는 것과 이 본능의 개념을 혼동해서는 안 된다. 생리적인 조건이 붙은 본능은 스스로 고정되지 않으며, 유전적으로 결정되지 않은 여러 가지 방법으로 충족된다.

로 학습에 기대고 있지 본능적인 규정에 입각해 있지는 않다.

"본능은…… 보다 고등동물, 특히 인간에 와서는 소멸해 버리진 않더라도 감소해 간다."[4]

본능으로 결정되는 행동이 어느 정도 없어졌을 때, 즉 자연에 대한 적응이 그 강제적인 성격을 잃을 때, 또 행동양식이 이미 유전적인 메커니즘에 의해 고정되지 않을 때, 인간 존재는 시작된다. 다시 말해 '인간 존재와 자유란 그 발단에서 떼어낼 수는 없다'. 여기서 말하는 자유란 '……에 대한 자유'라는 적극적인 뜻이 아니라 '……으로부터의 자유'라는 소극적인 뜻을 지닌다. 즉 행위가 본능적으로 결정되는 데서 오는 자유인 것이다.

지금 말한 것 같은 자유는 한 가지 애매한 선물에 불과하다. 인간은 태어났을 때, 동물처럼 적응할 수 있는 준비가 되어 있지 않다.[5] 다른 어떤 동물보다 오랫동안 부모에게 의존한다. 그리고 인간의 환경에 대한 반응은, 자동적으로 조정되는 본능적인 행동에 비해 대단히 둔하며 효과도 시원찮다. 본능적인 준비가 없기 때문에 그것에서 일어나는 위험과 공포를 다 경험하게 된다. 그러나 인간의 무력함이야말로 인간적 발전이 일어나는 근거이다. '인간의 생물학적 약함이 인간 문화의 조건이다.'

인간은 그 존재의 시초부터 갖가지 행동 방침의 선택에 직면한다. 동물에게는 일관된 반응의 연속적인 사슬이 있다. 이를테면 배고픔이란 한 자극으로부터 시작하여 거기에서 생긴 긴장을 제거하는 것 같은, 엄밀히 결정된 일련의 행동이 있다. 인간의 경우에는 그 사슬이 도중에서 끊어졌다. 자극은 있어도 거기 응하는 만족의 종류는 '열려' 있어, 갖가지 행동 방침을 선택하여야 한다. 미리 결정된 본능적인 행동 대신 마음속으로 이런저런 행동을 생각해야 하는 것이다. 이로써 인간은 생각하기 시작한다. 자연에 대한 인간의 역할도 순수하게 수동적인 것에서 능동적인 것으로 변해간다. 인간은 물건을 만들어낸다. 도구를 발명한다. 그리고 자연을 정복하는 한편, 자연으로부터 점점 떨어져 나간다. 자기 자신이 또는 자신이 속한 집단이 자연과 동일한 것이 아니라는 사실

---

4) L. 버나드(L. Bernard)의 《본능(*Instinct*, Holt, & Co., New York, 1924, p. 509)》 참조.
5) R. 린턴(Ralph Linton)의 《인간의 연구(*The Study of Man*, D. Appleton-Century Company, New York, 1936, Chapter IV.)》 참조.

을 어렴풋이 의식하게 된다. 자연의 일부이면서 더구나 자연을 초월한다는 인간의 비극적인 운명을 알기 시작한다. 그리고 여러 가지 환상으로 죽음을 부정하려 해도, 결국 죽음이 궁극적인 운명임을 인식하게 된다.

　인간과 자유의 근본적인 관계에 대해 특히 잘 나타내고 있는 것이 인간의 낙원 추방이라는 성서의 신화이다. 신화도, 인류 역사의 시초는 선택이란 행위에 있다고 말한다. 그러나 신화는 이 최초의 자유로운 행위의 결과 나타난 죄와 거기에서 생기는 고뇌가 무엇인가를 특히 강조한다. 남자와 여자는 에덴 동산에서 서로, 또 자연과도 조화를 잘 이루며 살고 있다. 그곳은 평화로운 낙원이며 일할 필요도, 선택이나 자유나 사고(思考)도 없다. 인간은 지혜의 선악과(善惡果)를 따먹지 못하게 금지당하고 있다. 그런데 그는 신의 명령을 어기고 행동한다. 자연을 초월하는 일 없이 자연의 일부가 되었던 조화의 세계를 파괴한다. 권위를 대표한 교회의 입장에서 보면, 이것은 본질적인 죄이다. 그러나 인간의 입장에서 이것은 자유의 시초이다. 신의 명령에 거역하는 일은 강제로부터 자기를 해방하고, 이전의 무의식적인 존재에서 인간의 수준으로 빠져나가는 일이다. 권위의 명령에 반항하여 죄를 범하는 일은 적극적인 인간의 입장에서 보면 최초의 자유 행위이자 '인간적'인 행위이다. 신화에서 죄란 형식적으로는 지혜의 선악과를 따먹는 일이다. 자유로운 행위로서의 거역은 이성(異性)의 시초이다. 신화는 최초의 자유로운 행위에 대해 여러 가지 결과를 말하고 있다. 인간과 자연이 처음 이루었던 조화는 깨어진다. 신은 남자와 여자에게, 또 인간과 자연에게 전쟁을 선언한다. 인간은 '개인'이 됨으로써, 자연으로부터 분리되어 인간의 방향으로 한 발 내딛는다. 그는 최초의 자유 행위를 범한 것이다. 신화는 이 행위에서 생기는 고뇌에 대해 강조한다. 자연을 초월하고, 자연 그리고 한 쌍이었던 상대로부터 분리되어 인간은 발가벗은 모습이 부끄러운 것임을 알게 된다. 그는 혼자라 자유롭긴 하나, 또 한편 무력하고 무엇인가를 두려워하고 있다. 새로 얻은 자유는 저주로 변한다. 그는 낙원의 달콤한 속박으로 '부터는' 자유이다. 그러나 자기를 지배하고 그 개성을 실현하는 일에 '대한' 자유는 얻지 못했다.

　'……으로부터의 자유'는 적극적인 '……에 대한 자유'와 다르다. 인간에게 자연으로부터의 탈출은 대단히 긴 과정이다. 그는 자기가 빠져나온 세계와 아직도 강하게 결부되어 있다. 여전히 살고 있는 땅, 태양, 달, 별, 나무, 꽃, 동물 같은 자연의 일부이고, 또 혈연으로 맺어진 인간 집단의 일부이다. 원시 종교는 인간이 품고 있는 자연과의 일체감을 나타낸다. 자연은 산 것이든 죽은 것이든 모두 인간 세계의 일부이다. 바꿔 말하면 원시인은 아직 자연 세계의 일부라 할 수 있다.

이런 제1차적 결연은 원시인의 충분한 인간적 성장을 방해하고, 이성이나 비판력의 발달을 저해하고 있다. 자기나 타인을 다만 씨족이라는 사회적 종교적 협동체의 일원이라는 점에서 알 뿐이지, 결코 인간 존재로서 인정하는 것은 아니다. 다시 말해 그것은 자유롭고 자율적이며 생산적인 개인으로서의 성장을 방해한다. 그러나 이것은 그 일면이고, 그 밖에 다른 면도 있다. 자연이나 씨족이나 종교와의 이 합일은 개인에게 안정성을 준다. 그는 하나의 구성된 전체에 속하고, 그곳에 발을 붙이고 있으며, 명백하고 확고한 지위를 지니고 있다. 굶주림이나 억압에 괴로워할지도 모른다. 그러나 모든 고통 중에서도 가장 견디기 힘든 고독과 의심으로 괴로워하는 일은 없다.

인간적 자유의 성장 과정은 이미 개인의 성장 과정에서 고찰했듯이 변증법적(辨證法的) 성격을 띠고 있다. 그것은 힘과 통합과의 발전, 자연의 정복, 이성의 발달, 다른 인간과의 연대성이 진행하는 과정이다. 그러나 다른 한편으로는 개성화가 진행됨에 따라 고독이나 불안이 늘고, 나아가서는 세계에서의 자기 역할이나 삶의 의미에 대한 의혹이 심해져 그와 함께 개인으로서의 무력함과 무의미한 감정이 쌓여간다.

만일 인류의 발전 과정이 조화롭고 한 가지 계획에 따르는 것이었다면, 발전의 양면—힘의 증대와 개성화의 진전—은 매우 균형잡혔으리라. 그러나 인류의 역사는 충돌과 투쟁의 과정이라는 것이 현실이다. 개성화가 한 발 한 발 전진하여 감에 따라 사람들은 새로운 불안에 위협을 받았다. 제1차적인 결연은 일단 끊어지면 다시는 이을 수 없다. 낙원을 잃으면 인간은 다시 그곳으로 돌아갈 수는 없다. 개별화된 인간을 세계로 결부시키는 데는 단 하나의 유효한 해결 방법이 있다. 바로 모든 인간과의 적극적인 연대(連帶)와 애정과 작업이라는 자발적인 행위이다. 그것은 제1차적인 결연과는 달리 인간을 자유롭고 독립된 개인으로서 다시 세상과 결합시킨다. 그러나 개성화의 과정을 추진해 가는 경제적, 사회적, 정치적인 모든 조건이 지금 말한 바와 같은 뜻에서 개성의 실현을 방해한다면, 사람들에게 전부터 안정을 주었던 인연은 이미 끊겼다는 뜻이 된다. 이 차이는 자유를 견딜 수 없는 무거운 짐으로 바꾼다. 자유는 의혹 그 자체가 되며, 뜻과 방향을 잃은 생활이 된다. 이리하여 가령 자유를 잃어도 불안에서 구출해주는 인간이나 외부 세계에 복종하고, 또 그런 것과 관계를 맺으려는 강력한 경향이 생겨난다.

중세 말기 이후의 유럽과 미국 역사는 개인의 완전한 해방사이다. 그것은 이탈리아의 르네상스에서 시작되어 현재 겨우 정점에 도달한 것 같다. 중세적 세계를 타파하고 가장 노골적인 속박에서 사람들을 해방시키는 데 4백 년 이상이나 걸렸다. 그러나 많은 점에서 개인은 성장하고, 정신적으로나 감정적으로도 발달하여 전에 없이 문화적 소산에 참여하고 있다. 한편 '……으로부터의 자유'와 '……에 대한 자유' 사이의 지연(遲延) 또한 확대되었다. 어떠한 속박으로부터도 자유롭다는 것과, 자유나 개성을 적극적으로 실현할 가능성이 없는 현실의 불균형은 유럽에선 자유로부터 새로운 속박으로, 또는 적어도 완전한 무관심으로의 놀라운 도피를 초래했다.

현대인에게 자유란 무엇인가를 연구함에 있어, 중세 말기에서 근대 초기에 걸친 유럽의 문화적 양상의 분석부터 시작해 보자. 이 시기에 서구 사회의 경제적 기반은 근본적인 변화를 맞이했으며, 그에 따라 인격의 구조에도 같은 근본적인 변화가 생겼다. 그때 새로운 자유의 개념이 발전했다. 그것을 관념적으로 표현한 가장 중요한 것을 종교개혁의 새로운 교의에서 발견할 수 있다. 근대사회의 자유를 이해하려면 근대 문화의 기초가 놓인 이 시기부터 출발해야만 한다. 왜냐하면 근대 문화 전체에 작용한 자유의 다의적인 뜻—즉 한편에선 외적인 권위로부터 자유로워지고 점점 독립성을 획득해 가고, 또 한편에선 점점 고독이 쌓여 그 결과 개인의 무의미함과 무력함의 감정이 높아져가는 것—을 인식하는 데에는 이 현대인의 형성 단계가 다른 어떤 시대보다 도움이 되기 때문이다. 인간의 인격 구조에서 새로운 요소는 그 기원을 연구함으로써 보다 더 깊이 이해된다. 왜냐하면 자본주의나 개인주의의 본질적인 특질을 바로 이 기원에서 분석하면 우리하고는 근본적으로 다른 경제조직과 인간 유형을 대비(對比)해 볼 수 있기 때문이다. 또 이것으로 인해 근대적 사회조직의 특수성을 보다 더 이해할 수 있게 된다. 즉 어떻게 해서 현대인의 성격이 형성되었는가, 또 이 인격의 변화에서 생긴 새로운 정신은 무엇인가를 이해하기 위한 보다 좋은 전망을 얻을 수 있는 것이다.

다음 장(章)에서는 종교개혁 시대가 겉보기보다 현대와 비슷함을 나타낼 것이다. 사실 이 두 시대에는 뚜렷한 차이가 있음에도, 자유가 다의적인 뜻을 지니고 있다는 점에선 16세기 이래 현대와 이 정도로 비슷한 시대는 아마 존재하지 않았을 것이다. 종교개혁은 근대 민주주의에서 볼 수 있는 바와 같이 자유나 자율에 대한 관념의 한 원천이다. 이 부분은 특히 비 가톨릭국가에선 언제나 강조되고 있지만, 다른 부분은 제외되고 있다. 즉 인간성의 약함, 개인의 무의미함과 무력함, 외적인 힘에 예속되려는 욕구 등은 간과되고 있다. 개인의 무가치, 독립할 수 없는 근본적인 무력, 복종의 필요 등은 또한 나치즘의 주요한 테마이기도 하다. 물론 히틀러의 이데올로기는 프로테스탄티즘의 고유한 자유나 도덕률을 강조하는 것은 아님을 전제로 한다.

현대의 양상을 이해하는 데 15~6세기를 연구하는 일이 특히 유익한 출발점이 된다는 것은, 단순히 이데올로기적인 유사성 때문만은 아니다. 사회 상태에서도 근본적인 비슷함을 찾을 수 있다. 나는 이 유사성이 이데올로기적·심리적 유사성과 어떻게 대응하고 있는가를 논할 것이다. 그 당시는 현대와 마찬가지로 대단히 많은 사람들이 경제·사회 조직의 혁명적 변화에 의해 그 전통적인 생활양식을 위협받고 있었다. 특히 중산계급이 지금처럼 독점력과 자본의 우월한 힘에 위협을 받고 있었다. 이 위협이 개인의 고독과 무의미한 감정을 고조시켜 위협받은 계급의 정신과 이데올로기에 큰 영향을 미친 것이다.

제3장
종교개혁 시대의 자유

1 중세적 배경과 르네상스

중세[1]의 모습은 지금까지 두 가지 견해로 왜곡되어 왔다. 근대의 합리주의는 중세를 본질적인 암흑시대로 보아왔다. 개인적 자유의 일반적인 결여, 소수자의 대중 착취, 도시의 주민들로 하여금 근교의 농부들까지—타국인이 아니다—위험하고 의심스러운 이방인으로 생각하게 만드는 그런 세계의 협소함, 그리고 미신과 무지의 횡행 등이 이를 뒷받침해주고 있다. 그런 한편 이에 대한 반동으로 철학자 또는 근대 자본주의의 진보적인 비평가를 통해 중세는 이상화되고 있었다. 그들은 연대감의 중요함, 인간의 요구에 종속한 경제, 인간관계의 직접성과 구체성, 가톨릭 교회의 초국가적 주장, 중세의 인간을 특정 짓는 안정감의 중요성 등을 지적했다. 이 두 가지 견해는 다 옳다. 그러나 한 면만 보고 다른 면은 보지 않았다는 점에서 둘 다 그르다.

중세사회의 특징은 근대사회에 비해 개인적 자유가 없다는 것이다. 당시에는

---

1) '자본주의 사회'에 대해 '중세사회'니 '중세의 정신'이니 하는 것은 이념형으로 말하는 것이다. 현실적으로는 물론 중세가 갑자기 한 점에서 끝나고, 근대사회가 또 한 점에서 시작된다는 법은 없다. 근대사회의 특징이 된 모든 경제적·사회적인 힘은 이미 12·13·14세기의 중세사회 속에서 발달하고 있었다. 중세 후기에는 자본의 역할이 증대해 갔으며, 도시에서 사회 계급 간의 반목도 쌓여갔다. 역사의 흐름에서 언제나 그렇듯이 새로운 사회체제의 모든 요소는 그 새로운 사회체제로 대치된 낡은 사회 체제 속에서 이미 발달하고 있었다. 그러나 근대적 요소가 중세 후기에 어느 정도 존재했는가, 또 중세적 요소가 근대 사회 속에 얼마나 존재해 왔는가를 안다는 것은 확실히 중요한 일이긴 하나, 이 문제에 지나치게 치우쳐선 안 된다. 연속성을 강조하여 중세사회와 근대사회의 근본적인 차이를 줄이고자 하거나, 또는 '중세사회'나 '자본주의 사회'라는 개념은 비과학적인 구성물이라고 승인하지 않고자 한다면, 역사 과정의 이론적인 이해는 할 수 없게 된다. 과학적인 객관성, 과학적인 정확성이라는 가면을 쓴 이 같은 기도는 사실상 사회적 탐구를 무수한 세목(細木) 수집으로 해소시키고, 사회의 구조와 그 역학을 이해 못 하게 한다.

제3장 종교개혁 시대의 자유 339

누구나 사회적 질서 속에 자기의 역할로 연결되어 있었다. 사회적으로, 한 계급에서 다른 계급으로 옮겨갈 기회는 거의 없었고, 지리적으로 봐도 한 마을에서 다른 마을로 이동하는 일조차도 거의 불가능했다. 몇몇 예외를 제외하고는, 태어난 고장에 일생 동안 머물러야만 했다. 또 때로는 자기가 좋아하는 옷을 입고 좋아하는 음식을 먹는 자유도 없었다. 직공은 그 제품을 일정한 가격으로 팔아야 하고 농부도 시장이라는 일정한 장소에서만 팔아야 했다. 한 길드의 성원은 다른 길드의 성원에게 생산기술의 비결을 누설하지 못했고, 같은 길드의 성원에게는 원료를 사기 위한 모든 편의를 제공해야만 했다. 개인생활이나 경제생활, 사회생활도, 모두 규칙과 의무로 묶이어 실제로 개인이 자유롭게 활동할 여지는 전혀 없었다.

그러나 근대적인 뜻으로서의 자유는 없었지만, 중세의 인간은 고독하지도 고립되지도 않았다. 태어났을 때부터 이미 확고하고 고정된 지위를 지녔고, 전체의 구조 속에 뿌리를 박고 있었다. 이리하여 인생의 의미는 의심할 여지가 없으며, 의심할 필요도 없는 것이었다. 인간은 그 사회적 역할과 일치하고 있었다. 그는 농부이고 직공이고 기사이며 우연히 그 같은 직업을 갖게 된 개인이라고는 생각할 수 없었다. 사회적 질서는 자연적 질서로 생각되어 그 속에서 확실한 역할을 이행하면 안정감과 귀속감이 주어졌다. 경쟁은 거의 볼 수 없었다. 사람은 태어나면서부터 일정한 경제적 지위에 놓였기 때문이다. 덕분에 전통적으로 정해진 생활 정도는 보장되었으나, 동시에 보다 높은 계급에 대한 경제적 의무를 이행해야만 했다. 그러나 이 같은 사회적 지위의 한계를 벗어나지 않는 한 자유로이 독창적인 일도 할 수 있었고, 감정적으로 자유로운 생활도 누릴 수 있었다. 여러 가지 생활양식을 이것저것 마음대로 고른다는 근대적인 뜻으로의 개인주의는 존재하지 않았으나, '실제 생활에서의 구체적인 개인주의'는 널리 퍼져 있었던 것이다.

많은 고민이나 괴로움은 있었으나, 한편에서 교회가 그것을 아담과 자신이 지은 죄의 결과라고 가르침으로써 이 짐을 덜어주었다. 교회는 죄의식을 조장하는 동시에 신의 절대적인 평등애를 보장하고, 신에게 용서와 사랑을 받는다는 확신을 얻을 수 있는 길도 부여하고 있었다. 신에 대한 관계는 의혹이나 두려움이기보다 오히려 신뢰와 애정이었다. 농부나 도시의 주민이 자기가 사는 작은 지역에서 밖으로 나가는 일이 드문 것처럼 우주도 한정되어 있어 간단히 이해되는 것이었다. 지구와 인간이 우주의 중심이며, 천국과 지옥은 미래의 생활 장소이고, 일생 동안의 모든 행위는 명백한 인과관계의 실에 묶여 있었다.

물론 이러한 사회구조는 인간에게 안정감을 주었지만, 동시에 개인을 속박하고 있었다. 그 속박은 후세기(後世紀)에 권위주의나 억압이 행한 것과는 다르다. 중세 사회는 개인의 자유를 박탈하지 않았다. 왜냐하면 '개인'이 아직 존재하지 않았기 때문이다. 인간은 아직 제1차적인 결연으로 세계와 결부되어 있었다. 그는 아직 자기를 개인으로서는 인정하지 않고, 다만 사회적 역할(당시에는 그것이 자연적 역할이기도 했다)이라는 점에서만 자기 존재를 의식하고 있었다. 또 타인도 '개인'으로는 생각지 않았다. 도시를 찾아온 농부는 이방인이고, 같은 도시 안에서도 계급이 다른 인간은 서로 이방인이었다. 자기 자신을 타인이나 세계에 대해 분리된 존재라는 의식은 충분히 발달하지 못하고 있었다.

중세사회에서 개인의 자각이 어느 정도 결여되었는가를 야콥 부르크하르트가 중세문화에 대한 고전적인 서술에 표현했다.

중세에는 인간 의식의 두 면, 즉 밖으로 향하는 것과 안으로 향하는 것은 공동의 베일 속에 비몽사몽간에 숨겨져 있었다. 그 베일은 신앙이나 환상이나 어린애 같은 기호로 짜여 있었다. 그리고 세계나 역사는 그 베일 너머로 기묘한 색채를 띠고 있어, 뭇 시선을 받고 있었다. 인간은 다만 민족·국민·단체·가족 또는 조합 등의 성원으로서만, 어떤 일반적인 범주를 통해서만 의식되고 있었다.[2]

사회기구와 인격은 중세 말기에 변화했다. 중세 사회의 통일과 중앙집권은 점차로 세력이 약해져서 자본과 개인의 경제적 독창성과 경쟁이 중요하게 되었다. 새로운 유산계급이 출현했다. 뒤이어 개인주의는 모든 사회계급 속에서 눈에 띄게 성장했고, 취미·유행·예술·철학·신학 등 인간의 모든 활동 영역에 영

---

2) J. 부르크하르트(Jacob Burckhardt), 《이탈리아 르네상스의 문화(*The Civilization of the Renaissance in Italy*, The Macmillam co., New Tork, 1921, p. 129.)》

향을 미쳤다. 내가 여기서 강조하고 싶은 점은, 이 같은 과정 전체가 부유한 자본가라는 소수 집단에 대해, 또 농민이라는 대중에 대해, 특히 도시의 중산계급에 대해 다른 뜻을 지니고 있었다는 것이다. 도시의 중산계급에게 이 새로운 발전은 어느 정도 부를 가져다주고, 개인적 창의성을 발휘할 기회를 주기는 했으나, 본질적으로 전통의 생활양식을 위협하는 것이었다. 이 차이를 처음부터 주의해 두는 일이 중요하다. 왜냐하면 이런 여러 집단이 심리적으로나 이념적으로 어떻게 반응하는가는 바로 이 차이에 의해 결정되기 때문이다.

이 새로운 경제적이고 문화적인 발전은 서유럽이나 중앙 유럽보다도 이탈리아에서 보다 더 강하게 일어났고, 그 반향은 철학이나 예술이나 그 밖의 모든 생활양식에도 세차게 나타났다. 먼저 최초로 이탈리아에서, 개인은 봉건사회에서 빠져나가며 지금까지 그에게 안정성을 주는 동시에 그를 속박했던 결연관계를 끊어 버렸다. 르네상스 시기의 이탈리아인은, 부르크하르트의 말을 빌리면 '근대 유럽의 아들 중에서 장남', 즉 최초의 개인이었다.

중세사회의 붕괴가 중부 및 서부 유럽보다도 왜 이탈리아에서 보다 더 빨리 일어났는가? 이는 많은 경제적·정치적 요인이 작용했기 때문이다. 먼저 이탈리아의 지리적인 위치와 거기서 생기는 상업적인 이익이 있었다. 당시 지중해는 유럽의 중요한 무역로였다. 또 교황과 황제가 싸우는 바람에 숱한 독립된 정치적 단체가 생겼다. 아울러 동양에 근접해 있었기 때문에 견직물 등 공업이 발달하는 데 중요한 기술이 유럽의 다른 지방보다 훨씬 먼저 들어온 것 등이 그 원인이다.

이 같은 조건으로 인해 이탈리아에선 창의력과 야심에 찬 강력한 유산계급이 탄생했다. 반면에 봉건적인 계층 제도는 점점 그 중요함을 잃어갔다. 12세기 이래 귀족과 부르주아는 도시의 성벽 안에서 함께 생활해 왔다. 그들이 사회적으로 접촉하자 태생이나 가문 같은 계급적인 구별은 무시되고 부가 중요시되었다.

한편 대중 사이의 전통적인 계층 제도도 동요하기 시작했다. 그 대신 경제적으로 착취되고 정치적으로 억압된 도시의 노동 대중이 나타났다. 부르크하르트가 지적한 것처럼 1231년 프레데릭 2세의 정책은 이미 "봉건국가를 완전히 파괴하고, 국고를 위해 민중으로부터 저항 의지와 수단을 빼앗아 그들을 최대한으로 이용함을 목표로 한다"[3]는 것이었다.

이처럼 중세적 사회 기구가 차차 붕괴된 결과로 근대적인 뜻의 개인이 출현하게 되었다. 다시 부르크하르트의 말을 인용하면 "이탈리아에서 최초로 '신앙과 환상과 어린애다운 기호로 짜인 베일'이 사라져갔다. 국가를 비롯한 이 세상의 모든 것을 '객관적'으로 취급하고 고찰하는 일이 가능해졌다. 동시에 '주관적'인 면도 그에 따라 강조되었다. 즉 인간은 정신적인 뜻에서 개인이 되고, 스스로 그처럼 자각했다. 마치 전에 그리스인이 야만인으로부터 자신을 구별하고, 또 아라비아인이나 다른 아시아 인종이 자기를 단순히 종족의 성원으로만 알고 있던 시대에 자기를 개인으로 인식했던 것처럼."[4] 이 새로운 개인의 정신에 대해 부르크하르트가 한 말은, 앞 장(章)에서 우리가 제1차적 결연으로부터 벗어난 개인의 탈출이라 부른 바로 그것이다. 인간은 자기나 타인을 개인으로서 분리된 존재로 발견한다. 또 자연을 두 가지 점에서 자기로부터 분리했는데, 바로 이론적이며 실제적으로 정복해야 할 대상으로서, 또 향락해야 할 아름다움의 대상으로서이다. 그는 또 현실적으로는 신대륙의 발견에 의해, 정신적으로는 단테가 '온 세계가 우리 조국이다'라고 했을 때와 같은, 그런 세계주의자 정신의 발전에 의해 세계를 발견한다.[5]

---

3) 위의 책 p. 5.

4) 위의 책 p. 129.

5) 부르크하르트의 주요한 명제는 몇몇 학자들이 확증하고 부연한 바 있지만, 다른 학자들은 부인해 왔다. 딜타이(W. Dilthey)의 《문예 부흥 및 종교개혁 이후의 인간의 세계관과 그 분석 (Weltanschauung und Analyse des Menschen seit Renaissance und Reformation, in Gesammelte Schriften, Teubner, Leipzig, 1914)》과 카시러(E. Cassirer)의 《르네상스 철학에서의 개인과 우주(Individuum und Cosmos in der Philosophie der Renaissance)》의 연구는 대체로 부르크하르트와 같은 방향의 것이다. 한편 부르크하르트는 다른 사람들의 심한 공격을 받았다. 호이징가(J. Huizinga)는 《문화사에서의 르네상스 문제(Das Problem der Renaissance im Wege der Kulturgeschichte, Drei Masken Verlag, München, 1930, p. 89 ff.)》 또한 그의 《중세의 쇠퇴기(Herbst des Mittelalters, Drei Masken Verlag, München, 1924)》에서 다음과 같이 지적했다. 중세 후기에 걸쳐 이탈리아와 다른 유럽 제국의 대중 생활이 유사했다는 점을 경시한 점, 르네상스의 발단을 1400년 즈음으로 가정하지만 그가 이 명제의 예증으로 사용한 자료는, 대부분 15세기 내지 16세기 초의 것이라는 점, 르네상스의 그리스도교적 성격을 경시하고 이교적 요소의 비중을 과대평가한다는 점, 개인주의가 르네상스 문화의 지배적인 특성이었다고 가정하지만 개인주의는 다른 여러 특성 중 하나에 불과하다는 점, 중세는 부르크하르트가 주장한 만큼 개인성이 결여되어 있지는 않으며, 따라서 그가 중세와 르네상스를 대치한 방법은 잘못이라는 점, 르네상스는 중세와 마찬가지로 여전히 권위에 종속되어

르네상스는 부와 권력에 찬 상층계급의 문화이고, 새로운 경제력의 폭풍으로 일어난 파도 위에 서 있었다. 부(富)도, 집단을 지배하는 힘도 없는 대중은 안정을 잃고, 때로는 아첨하고, 때로는 위협받고, 언제나 권력에 조종당하고 이용되는 조직 없는 군집(群集)이 되어 버렸다. 새로운 전제정치는 새로운 개인주의와 함께 나타났다. 자유와 전제, 개성과 무질서는 떨어질 수 없게 엉켜 있었다. 르네상스는 작은 상점 주인이나 소시민의 문화가 아니라 부유한 귀족과 부르주아의 문화였다. 그들은 자신의 경제적 활동과 부를 통해 자유의 감정과 개성의 자각을 누렸다. 그러나 동시에 이들이 잃은 것도 있었다.

그것은 중세가 주었던 안정감과 귀속감이다. 그들은 더욱 자유로워졌으나 보다 더 고독해졌다. 그들은 그 힘과 부를 사용하여 생활에서 쾌락의 마지막 한 방울까지도 짜내려고 했다. 그러나 그렇게 하기 위해서는, 즉 대중을 지배하

있었다는 점, 현세적인 쾌락에 대해 중세 세계는 부르크하르트가 주장하는 것처럼 그렇게 적대적이 아니었으며, 또 르네상스는 그 정도로 낙천적은 아니었다는 점, 현대인의 태도 즉 개인의 완성과 개성의 발달에 대한 추구는 르네상스 속에서 움텄다는 점, 13세기는 이미 트로우바도르(11세기에서 13세기 사시에 남프랑스, 동 에스파니아, 북 아틸라아에서 무사의 이야기를 노래한 한 파의 서정 시인)가 마음의 고귀성이라는 생각을 발달시키고 있었던 데 반해, 르네상스는 높은 사회계층 사람들에 대한 충성과 봉사라는 중세적인 관념을 끊어 버리지는 못했다는 점이, 호이징가가 부르크하르트의 견해에 대해 지적한 문제점이다.

그러나 나는 이 논의가 비록 올바른 것이라 하더라도 부르크하르트의 주요한 명제를 무가치하게 만들진 못한다고 생각한다. 호이징가의 논의는 사실상 다음과 같은 원리에 따르고 있다. 즉 부르크하르트가 르네상스에 대해서 주장한 현상의 일부분은 이미 서부 및 중부 유럽에 존재했는 데 반하여, 다른 일부분은 르네상스가 끝난 뒤에 비로소 나타난 것이므로, 부르크하르트가 잘못을 범했다는 것이다. 이 논의는 중세의 봉건적 사회와 근대의 자본주의 사회를 대치시키는 모든 생각에 반대하기 위한 여러 논리들과 마찬가지의 것이다. 이 논의에 대해 이상과 같이 서술한 것은 부르크하르트에 대한 반대적 비판에 해당될 수도 있다.

부르크하르트는 중세문화와 근대문화의 본질적 차별을 인식하고 있었다. 그는 '르네상스'와 '중세'라는 말을 이념형으로 너무 많이 사용해서, 양적인 차이를 마치 질적인 차이로 말했는지도 모른다. 더구나 그는 유럽 역사의 흐름에서 양적인 것에서 질적인 것으로 이행하는 경향에 대해 그 특수성과 역할을 확실히 인정하는 식견을 가지고 있었다고 나는 생각한다. 이 문제 전체에 대해서는 트린크하우스(Charles E. Trinkhaus)의 뛰어난 연구 《불운한 귀족들(Adversity's Noblemen, Columbia University Press, New York, 1940)》을 참조하라. 이 책에서는 생활의 행복이라는 문제에 대한 이탈리아 휴머니스트의 견해를 분석함으로써 부르크하르트의 업적을 건설적으로 비판하고 있다. 이 책에서 논의되는 문제에 대해서는, 자기 진전을 추구하는 투쟁이 격화하는 결과로 생기는 불안정, 체념, 절망에 관해 그가 주목한 점이 특별히 관련되어 있다.(p. 18)

고, 같은 계급의 경쟁자를 억누르기 위해서는 육체적인 고문에서 심리적인 조종까지 모든 잔혹한 수단을 사용해야만 했다. 모든 인간관계는 힘과 부를 얻고자 하는 이 무서운 사활을 건 투쟁 때문에 해를 입었다. 동료와의 협동과 단결—또는 적어도 자기와 같은 계급 사람들끼리의 협동과 단결—은 냉담하고 헛된 태도로 변했다. 타인은 단순히 사용하고 조종하는 '물건'이었고, 자기 목적을 위해서는 언제든 잔혹하게 파괴할 수 있는 대상이었다. 개인은 심한 자기중심주의와 힘과 부를 향한 지칠 줄 모르는 욕망에 사로잡히고 말았다. 그 결과 자기 자신에 대한 건전한 관계도, 안정감이나 신뢰감도 피해를 입었다. 자기 자신까지도 타인과 마찬가지로 자기를 위한 수단으로 삼았다. 르네상스 자본주의의 주인공들은 과연 곧잘 묘사되는 대로 그렇게 행복과 평안으로 가득했을까? 새로운 자유는 그들에게 다음과 같은 두 가지를 가져다주었을 것이다. 증대한 힘의 감각과, 그와 함께 심화된 의혹과 회의주의[6] 그리고—그 결과인—불안감의 증대이다. 이와 같은 모순은 인도주의자의 철학적 저작에서도 엿볼 수 있다. 그들은 인간의 존엄과 개성과 힘을 강조함과 동시에 그 철학에 불안과 절망을 표현했다.[7]

적의에 찬 세계 속에서 고독하게 된 개인의 상태에서 나오는 이 숨은 불안은, 부르크하르트가 지적한 것[8]처럼, 르네상스 시대의 개인에게 나타난 특징적인 성격—즉 명예를 갈망함—을 설명하고 있다. 그것은 적어도 중세 사람들에게는 그다지 강하게 일어나지 않았다. 인생이 의심스러워지고, 타인에 대한 관계 또 자기 자신에 대한 관계가 안정감을 주지 못하면, 그때야말로 명예가 의혹을 침묵케 하는 하나의 수단이 된다. 그것은 이집트인의 피라미드나 그리스도교의 영생에 대한 신앙과 비교될 수도 있을 것이다. 명예는 한정되고 불안정한 개인의 생명을 불멸의 세계로 높인다. 그 시대 사람들에게 이름이 알려지고 그것이 여러 세기에 걸쳐 이어진다고 기대할 수 있다면, 바로 이러한 기능을 반영함으로써 그 사람 삶은 타인의 판단에서 비로소 뜻과 가치를 얻는다. 개인의 불

---

6) 호이징가의 《문화사에 있어서의 르네상스 문제》 p. 159.

7) 딜타이의 《페트라르크의 분석(*Analysis of Petrarch*, p. 19ff)》과 트린크하우스의 《불운한 귀족들》을 참조하라.

8) J. 부르크하르트, 앞의 책 p. 139.

안을 해소하는 이 방법이 명성을 얻는 수단을 실제로 갖고 있었던 계층에만 허용되었던 것은 명백한 일이다. 그것은 같은 문화권에서도 무력한 대중에게는 가능한 해결법이 못 되었다. 또 종교개혁의 핵이었던 도시의 중산계급에서 볼 수 있는 해결 방법도 아니었다.

우리는 르네상스부터 검토하기 시작했다. 그것은 이 시기가 근대적 개인주의가 시작될 때이며, 또 이 시기를 연구한 역사가의 저서가 우리가 분석하고자 하는 과정에 중요한 조건을 명백히 제시해 주기 때문이다. 그것은 인간이 전(前)개인적 존재로부터 빠져나와, 자기를 분리된 존재로 충분히 의식하게 되는 과정이다. 그러나 르네상스 사상은 유럽 사상의 발전에 영향을 미치긴 했지만, 근대 자본주의의 본질적인 근원은 아니다. 근대 자본주의의 핵심인 경제기구와 정신은 중세 말기의 이탈리아 문화에서가 아니라, 중부 및 서부 유럽의 경제적·사회적 정황(情況)에서 또는 루터나 칼뱅의 교리에서 발견된다.

이 두 가지 문화는 주로 다음 점에서 다르다. 르네상스 시대에는 상업 자본주의와 산업 자본주의가 비교적 고도로 발달해 있었다. 르네상스는 부유하고 강력한 소수자가 지배하는 사회였다. 그 시대의 정신을 표현했던 철학자나 예술가를 배출하는 사회적 기반을 그들이 이루고 있었다. 또 한편 종교개혁은 본질적으로 도시의 중산 및 하층 계급과 농민의 종교에서였다. 독일에도 푸거 집안과 같은 부유한 상인은 있었지만 새로운 종교의 교의가 호소한 대상은 그들이 아니었다. 또 근대 자본주의 발달의 주요한 원천도 그들이 아니었다. 막스 베버가 제시한 것처럼 서구에서도 근대 자본주의 발달의 주축은 도시의 중산계급이었다.[9] 이 두 가지 운동의 사회적 배경이 전혀 달랐다는 점에서 우리는 르네상스의 정신과 종교개혁의 정신은 다른 것으로 생각해야만 한다.[10] 루터와 칼뱅의 신학을 검토하면 그러한 차이가 명백해질 것이다. 우리가 주목해야 할 문제는, 개인적인 길목에서의 해방이 도시의 중산계급의 성격 구조에 어떠한 영향을 미쳤는가 하는 것이다. 즉 프로테스탄티즘이나 칼뱅이슴이, 한편으로

---

9) 막스 베버(Max Weber), 《프로테스탄트의 윤리와 자본주의 정신(*The Protestant Ethic and the Spirit of Capitalism*, Charles Scribner's Sons, New York, 1930, p. 65.)》

10) E. 트뢸치(Ernst Troeltsch), 《르네상스와 종교개혁(*Renaissance und Reformation*, Vol. IV, *Gesammelte Schriften, Tübingen*, 1923.)》

새로운 자유의 감정을 표현하면서도 동시에 자유의 무거운 짐으로부터 도피하게 된 사정을 명백히 하자.

우리는 우선 16세기 초두의 유럽, 특히 중부 유럽에서의 경제적·사회적 상황을 검토하고, 다음으로 이것이 그 당시 사람들의 인격에 어떤 영향을 미쳤나, 루터나 칼뱅의 가르침이 이 심리적 요소와 어떤 관계를 맺었나, 또 이 새로운 종교의 교의가 자본주의 정신과 어떻게 이어졌는가 하는 점을 분석할 것이다.[11]

'중세적 사회'에선 도시의 경제 조직은 비교적 안정되어 있었다. 중세 후기 이래 직공은 길드에 속했다. 주인은 누구나 한두 사람의 도제를 거느렸고, 주인의 수는 사회의 필요에 대응하고 있었다. 물론 먹고살기 위해 필사적으로 노력해야 할 사람도 늘 있었지만, 일반적으로 길드의 성원은 자기가 하는 일로 충분히 생활해 갈 수 있었다. 즉 좋은 의자나 구두와 빵, 안장 등을 만들면 그것

---

11) 중세 후기 및 종교개혁 시대의 경제사에 대한 이하의 논술은 주로 다음과 같은 저서를 참조했다.

람프레히트(Lamprecht), 《14세기부터 16세기에 이르는 독일의 경제적 사회적 변화의 이해를 위하여(*Zum Verständnis der wirtschaftlichen und sozialen Wandlungen in Deutschland vom 14. zum 16. Jahrhundert*, Akademische Verlagsbuchhandlung J.C.B. Mohr, Ztsch. für Sozial-und Leipzig, 1893.)》

에렌베르크(Ehrenberg), 《푸거의 시대(*Das Zeitalter der Fugger*, G. Fischer, Jena, 1896.)》

좀바르트(Sombart), 《근대 자본주의(*Der Moderne Kapitalismus*, 1921, 1928.)》

벨로(V. Below), 《경제사의 제문제(*Probleme der Wirtschaftsgeschichte*, Mohr, Tübingen, 1920.)》

쿨리셔(Kulischer), 《중세기와 현대의 일반 경제사(*Allgemeine Wirtschaftsgeschichte des Mittelalters und der Neuzeit*, Druck und Verlag von R. Oldenbourg, München und Berlin, 1928.)》

안드레아스(Andreas), 《종교개혁 전의 독일(*Deutschland vor der Reformation*, Deutsche Verlags-Anstalt, Stuttgart und Berlin, 1932.)》

베버(Weber), 《프로테스탄트 윤리와 자본주의 정신(*The Protestant Ethic and the Spirit of Capitalism*, Charles Scribner's Sons, New York, 1930.)》

샤피로(Schapiro), 《사회개혁과 종교개혁(*Social Reform and the Reformation*, Thesis, Co-lumbia University, 1909.)》

파스칼(Pascal), 《독일 종교개혁의 사회적 시초(*The Social Basis of the German Reformation, Martin Luther and His Times*, London, 1933.)》

토니(Tawney), 《종교와 자본주의의 발흥(*Religion and the Rise of Capitalism*, Harcourt, Brace & Co., New York, 1926.)》

브렌타노(Brentano), 《역사에 있어서의 경영자(*Der wirtschaftende Mensch in der Geschichte*, Meiner, Leipzig, 1923.)》

크라우스(Kraus), 《스콜라 철학, 퓨리터니즘 및 자본주의(*Scholastik, Puritanismus une Kapitalismus*, Dunker & Humbolt, München, 1930.)》

만으로도 전통적으로 정해진 생활 수준을 충분히 유지할 수 있었다. 그는 자신의 좋은 '일'에 의지할 수 있었다. 물론 여기서 말하는, '좋은 일'이란 종교적인 뜻에서가 아니라 단순히 경제적인 뜻에서이다. 길드는 그 성원 간의 심한 투쟁을 금지하고 원료 매입, 생산기술, 또 제품의 가격에 대해 서로 협조했다. 중세의 생활 전체와 함께 길드 조직도 이상화하려는 경향에 반대하여 어느 역사가는 길드가 언제나 작은 집단을 보호하는 반면 새로운 사람을 배척하는 독점적 성향을 띠고 있었음을 지적했다. 그러나 길드를 이상화하면 안 된다 하더라도, 길드가 상호 협동에 입각하여 그 성원들에게 비교적 안정성을 주었다는 사실은 많은 학자가 다 인정하고 있다.[12]

　중세의 상업은 좀바르트가 지적한 것처럼, 일반적으로 소규모 상인들을 통해 이루어지고 있었다. 소매상과 도매상은 아직 분리되지 않았고, 한자동맹의 성원처럼 외국에 나간 무역 상인까지도 동시에 소매에 관계하고 있었다. 자본 축적도 15세기 말까지는 대단히 완만했다. 이리하여 대자본과 독점 기업이 중요함을 더해간 중세 말기의 경제적 사정을 고려할 때, 소규모 상인은 비교적 안정성을 지니고 있었다. 토니 교수가 중세의 도시 생활에 대해 한 말에 따르면 "현재 기계적인 많은 것들은 그 당시에는 인간적이고 친밀하고 직접적이었다. 그리고 개인에게 적합한 표준 이상으로 너무 큰 조직은 존재할 여지가 없었다."[13]

　이 사실은 중세사회에서 개인의 위치가 어떠했나를 이해하는 데 중요한 쟁점으로 이끈다. 즉 '경제적 활동'에 관한 '윤리관'인데, 그것은 가톨릭 교회의 교의에뿐 아니라 세속적인 법률에도 포함된 개념이다. 이 점에 대해 우리는 토니의 서술에 따르자. 왜냐하면 그의 입장은 중세적 세계를 이상화하거나 낭만화하려는 것이 아니기 때문이다. 그곳에는 경제생활에 관한 근본적인 가정(假定)이 두 가지 있다. '경제적 이익은 생활의 참된 영위(그것은 구제에 불과하다)에 종속됨, 또 경제적 활동은 인간적 행위의 한 면이며, 인간적 행위의 다른 면과 마찬가지로 도덕률에 결부되어 있음.' 다시 토니는 경제적 활동에 대한 중세적인 생각을 상세히 피력했다.

---

12) 쿨리셔, 앞의 책 p. 192. 인용한 이 문제에 대한 문헌을 참조하라.
13) 토니, 앞의 책 p. 28.

물질적 부는 필요하다. 그러나 그것은 어디까지나 2차적인 것이다. 그것 없이 인간은 스스로 살아나갈 수도 없고, 서로 도울 수도 없다. ……그러나 경제적 동기는 의심스러운 것이다. 그것은 강력한 욕망이므로, 인간은 그것에 공포감을 갖고 있으나 그것을 칭찬할 정도로 비열하지는 않기 때문이다. ……중세의 이론에는 도덕적 목적에 관계없는 경제 활동을 파고들 여지가 없다. 사회에 대한 학문을 생각할 때 경제적 부에 대한 욕망은 언제나 어느 정도 존재하는 힘이며, 다른 자연력과 마찬가지로 피할 수 없는 명백한 요소라고 가정하는 견해는, 중세의 사상가에게는 비합리적이고 비도덕적인 일이라 생각되었을 것이다. 마치 사회철학의 전제를 투쟁본능이라든가, 성욕이라든가, 인간에게 필연적인 성질의 제약 없는 작용이라는 주장이 그같이 생각되는 것처럼, 부가 인간을 위해 있는 것이지 인간이 부를 위해 있는 것은 아니다. ……그렇기 때문에 경제적 이익이 진지한 일을 방해하지 않도록 계속 제한과 속박과 결속을 주게 마련이다. 인간이 자기 분수에 맞는 생활을 하기 위해, 필요한 부를 추구하는 일은 올바르다. 그러나 그 이상을 구하게 되면 그것은 사업이 아니라 탐욕이다. 탐욕은 큰 죄이다. 거래는 이치에 맞는 일이다. 각기 다른 나라에 여러 가지 자원이 있는 것은 섭리이다. 그러나 거래 또한 위험한 일이다. 그것은 공공복지를 위한 것이고, 자기가 취하는 이익은 그 노동에 대한 보수만이라는 사실도 잘 알아야만 한다. 사유재산제는 적어도 타락한 세계에선 필요한 제도이다. 물품이 공유일 때보다 사유일 때 인간은 보다 많은 일을 하게 되고 다투는 일도 적어진다. 그러나 그것은 인간의 약함을 인정하는 의미에서 허용해야지, 결코 그 자체를 바람직한 것으로 칭찬해선 안 된다. 만일 인간의 성질이 높여지는 것이라면, 공산사회야말로 이상적인 것이다. 그라티아누스는 그 칙령에서 "왜냐하면 이 세상에 있는 모든 것은 모든 인간에 대해서 공공적으로 사용해야 하기 때문이다 (Communis enim usus omnium quae sunt in hoc mundo, omnibus hominibus esse debuit)" 말하고 있다.

　실제로 재산은 성가신 것에 불과하다. 그리고 그것은 합법적으로 획득해야만 하며, 가능한 한 많은 사람들에게 고루 미쳐야 한다. 가난한 사람들의 생활을 유지해 줘야만 하는 것이다. 재산의 사용은 되도록 공공적이어야만 한다. 재산 소유자는 실제로 곤란하지 않을 때라도 그것을 필요로 하는 사람들에게 기꺼이 나눠줘야만 한다.[14]

물론 이 같은 견해는 일반적인 규범을 말한 것으로 경제생활의 현실을 정확하게 묘사한 것은 아니다. 그래도 어느 정도 중세적 사회의 실제적인 정신을 반영하고 있다.

직공이나 상인의 지위가 비교적 안정되었던 점은 중세 도시의 특징이다. 하지만 그것은 중세 말기가 되자 점점 전복되어 16세기에는 완전히 붕괴되었다. 이미 14세기에—또는 그 이전에—길드 내부는 차차로 무너지고 있었다. 그리고 막으려는 모든 노력에도 불구하고, 그 일은 점점 진행되어 갔다. 길드의 성원에는, 다른 자보다 많은 자본을 모아 한두 사람의 직공 대신, 대여섯 사람의 직공을 부리는 자가 나타났다. 이윽고 길드에 따라서는 어느 정도 자본을 가진 자만을 인정하려는 자가 나타났다. 또 그중에는 강력한 독점 자본가가 되고 그 독점적인 지위를 이용하여 모든 이익을 탐내고 최대한으로 소비자를 이용하려는 자도 생겼다. 또 한편 길드의 많은 성원은 가난해져 그 전통적인 직업 말고 다른 일로도 조금이나마 돈을 벌어야만 했다. 그들은 부업으로 소규모의 무역 상인이 되었다. 그리고 그들의 대부분은 경제적 독립과 안정을 잃었다.[15]

길드 조직의 발전과 더불어 직공들의 지위는 보다 더 악화되어 갔다. 이탈리아나 플란더즈의 공업에서는 이미 13세기 또는 그 이전에 불만을 품은 노동자 계급이 존재하고 있었으나, 동업조합의 직공의 지위는 아직 비교적 안정되어 있었다. 모든 직공이 주인이 될 수 있었다는 것은 사실은 아니지만 대부분은 주인이 되었다. 그러나 한 사람의 주인에게 고용된 직공의 수가 늘었으므로 주인이 되려면 더 많은 자본이 필요하게 되어, 길드는 점점 독점적이고 배타적인 성격을 띠게 되었다. 그리고 그에 따라, 직공에게 주어진 기회는 줄어갔다. 그들의 경제적·사회적 지위가 어떻게 악화되었는가는 그들의 불만이 늘어난 일이나, 그들 자신의 조직을 만들려던 일이나, 파업 또는 격렬한 폭동을 일으킨 일 등으로 명백해졌다.

---

14) 위의 책 p. 31.
15) 람프레히트, 앞의 책 p. 207 ; 안드레아스, 앞의 책 p. 303.

동업조합의 자본주의적 발달에 대해 지금까지 말한 경향은 상업에 대해서는 보다 더 뚜렷하다. 중세의 상업은 주로 도시와 도시 사이에서만 이루어지는 소규모의 것이었지만 14~5세기가 되자 국내외적인 상업이 급속히 발달했다. 대상업회사가 어느 무렵부터 확실히 발달하기 시작했는가는 역사가에 따라 의견이 분분하지만, 15세기부터 점점 강력해지고 독점의 경향을 띠기 시작했다는 것만은 모두가 인정한다. 그 독점은 우월한 자본의 힘으로 소비자는 물론 소규모의 상인에게도 위협을 주었다. 15세기 지기스문트 황제는 입법이라는 수단을 통해 독점력을 억제하려고 했다. 그러나 소규모 상인의 상황은 점점 불안정하게 되었다. "그는 그 불만을 남의 귀에 넣을 만한 영향력은 있었으나 효과적인 행위를 일으킬 만한 영향력은 없었다."[16]

독점에 대한 소상인의 분노를 루터는 1524년에 간행한 〈상업과 고리대금에 대해〉[17]라는 팸플릿에서 말하고 있다.

그들은 모든 상품을 그 지배하에 두고, 이미 말한 것 같은 모든 음모를 공공연히 행사하고 있다. 또 마음대로 가격을 올렸다 내렸다 하고, 마치 곤들매기가 작은 물고기를 못살게 굴듯이 소상인 모두를 압박하고 파멸시키고 있다. 마치 신이 만드신 창조물 위에 군림하고, 모든 신앙이나 사랑의 법칙에서 완전히 자유로운 듯 행동하는 것이다.

루터의 이 말은 오늘날에도 해당될 것이다. 15~6세기에 중산계급이 부유한 독점자에 대해 품고 있던 공포와 격노는, 현대의 중산계급이 독점과 강력한 자본가에 대해 품는 감정과 비슷한 점이 많다.

자본의 역할은 공업에서도 늘어갔다. 그 현저한 예는 광산업이다. 처음에 광산 길드의 성원은 저마다 자기가 한 일의 양에 따라 배당을 받았다. 그러나 15세기에 이르자 대부분의 경우 배당은 자본가의 것이 되고, 일은 기업에는 참가하지 않는 노동자가 하게 되었다. 이 같은 자본주의적 발달은 다른 공업에서도 볼 수 있었다. 그리고 동업조합이나 상업에서 자본이 보다 큰 역할을 맡게

16) 샤피로, 앞의 책 p. 59.
17) 《마르틴 루터 전집(*Works of Martin Luther*, A.J. Holman Company, Philadelphia, Vol. IV, p. 34.)》

되는 경향이 강해졌다. 빈부의 차는 심해지고 계급 사이의 불만은 점점 쌓여갔다.

농민이 어떤 상황이었는지에 대해서는 역사가마다 의견이 구구하다. 그러나 다음과 같은 샤피로의 분석은 많은 역사가의 충분한 지지를 얻고 있다.

> 이런 현저한 번영에도, 농민의 상태는 빠르게 악화되어 갔다. 16세기 초에는 자기가 경작할 토지를 소유하고 지방 의회에 대표자가 있는 독립된 농민은 실제로 몇몇에 지나지 않았다. 지방 의회에 대표가 있다는 사실은 중세에서는 계급의 독립과 평등을 의미했다. 대부분의 농민은 예농(隸農)이었고, 개인적으로는 자유로웠으나 그 토지는 세금에 묶이어 계약에 따라 봉사의 부역을 하게 되는 계급이었다. ……모든 농민 폭동의 중심은 예농이었다. 영주의 땅 근처에서 반독립적인 생활을 하고 있던 이 중산층 농민은 세금과 부역이 차차로 증가하여 자기들이 실제로는 노예로 변해가고 있으며, 공공(公共)의 마을이 영주의 소유지로 변해가고 있음을 자각하게 되었다.[18]

자본주의의 경제적 발전에 따라 '심리적 분위기'에도 현저한 변화가 일어났다. 중세 말, 불안한 기운이 생활을 뒤덮었다. 근대적인 시간관념이 발달하기 시작해 1분 1분에 가치가 부여되었다. 시간의 이 새로운 의미를 잘 나타내는 것이 뉘른베르크의 시계가 16세기 이래 15분마다 종을 치게 되었다는 사실이다.[19] 휴일이 너무 많은 것이 하나의 불행이라 생각되었다. 시간은 대단히 귀중한 것이 되었고, 쓸데없는 일에 시간을 낭비하지 않는 새로운 태도가 발전하여, 경제적으로 비생산적인 교회제도에 대해 중산계급은 분노하게 되었다. 그로 인해 식객(食客) 계급은 비생산적이고, 비도덕적이라는 비난을 받았다.

능률이라는 관념이 가장 높은 도덕적인 가치로 빠르게 떠올랐다. 동시에 부와 물질적 성공을 구하는 욕망이 사람들의 마음을 빼앗는 정열이 되었다. 마르틴 부처(Martin Butzer) 목사는 말했다. "온 세계가 최대의 이익을 얻게 되는 거래나 상업을 쫓고 있다. 예술이나 학문의 연구는 가장 천한 일 때문에 돌아다보

---

18) 샤피로, 앞의 책 pp. 54, 55.
19) 람프레히트, 앞의 책 p. 200.

지도 않는다. 보다 고상한 연구를 위해 신으로부터 재능을 부여받은 뛰어난 사람들도 모두 상업에 열중해 있다. 오늘날 상업에는 부정이 따르게 마련이므로 그것은 신사가 할 일이 못 된다."[20]

지금까지 말한 경제적 변화의 두드러진 결과는 모든 사람에게 영향을 미쳤다. 중세적 사회 체제는 붕괴되고, 그와 함께 중세적 사회조직이 주었던 안정성과 안전함도 파괴되었다.

바야흐로 자본주의 발달에 따라 사회 모든 계급이 움직이기 시작했다. 경제적 질서에서는 이미 의심할 여지가 없다고 생각되는 자연의 고정된 장소는 존재하지 않게 되었다. '개인은 외톨이가 되었다. 모든 것은 스스로의 노력에 달려 있지, 전통적인 지위의 안정에 달려 있는 것은 아니다.'

그러나 이 발달이 가져온 영향은 계급에 따라 다르다. 도시의 빈민이나 노동자나 도제에게 그것은 점점 착취되고, 갈수록 가난해지는 일이었다. 또 농민에게도 경제적 개인적인 압력이 커지는 일이었다. 하층 귀족은 물론 다른 사정도 있었지만 거의 파멸하게 되었다. 이들 계급에게 새로운 발달은 결국 악화를 뜻하는 것이지만, 도시의 중산계급에서는 그 사정이 훨씬 더 복잡했다. 그들의 내부에 분화가 늘어난 일은 이미 말했던 바다. 그 대부분은 점점 나쁜 상태로 빠져들어갔다. 많은 직공이나 소규모 상인들은, 자기보다 많은 자본을 가진 독점자나 경쟁자의 우월한 힘에 직면해야만 했다. 그리고 독립을 유지해 가기가 점점 곤란해졌다. 그들은 자주 압도적으로 강력한 힘에 도전했으나 대부분은 가망 없는 비참한 싸움일 뿐이었다. 중산계급 중에서도 어떤 자는 더욱 행운을 누리게 되어 발달하는 자본주의의 상승적 기운에 편승했다. 그러나 이 행운을 누린 자에게도 '자본·시장·경쟁'의 역할이 증대한 현실은 불행이었다. 그들의 성격은 변화되어 고독이나 불안에 쫓기게 되었다.

자본이 결정적으로 중요한 것이 되었다는 사실은, 초인간적인 힘이 경제를 지배하고 나아가서는 인간의 운명까지도 결정한다는 것을 뜻했다. 자본은, "하인의 신세를 면하고 주인이 되었다. 자본은 분리된 독립의 모습을 갖추고 자기의 가혹한 요구대로 경제적 조직을 지휘명령할 수 있는 그런 지배자의 권리를

---

20) 샤피로, 앞의 책 p. 21, 22.

요구했다."[21]

시장의 새로운 기능도 같은 결과를 가져왔다. 중세의 시장은 비교적 소규모이기에 그 기능을 쉽게 이해할 수 있었다. 수요 공급의 관계는 직접적이고 구체적이 되었다. 생산자는 생산량을 대강 알고 있었으며, 그 제품을 적당한 값으로 파는 데에도 비교적 자신이 있었다. 그러던 것이 바야흐로 점점 커져가는 대시장을 상대로 생산해야만 하게 되었고, 팔리는 수량을 미리 정할 수 없게되었다. 그 때문에 유익한 물품을 만든다는 것만으로는 충분치 않았다. 물론그것은 상품을 파는 하나의 조건이었지만, 도대체 제품이 팔릴 것인가 안 팔릴것인가는, 시장의 예측할 수 없는 법칙에 의해 결정되었다. 새로운 시장 체제는칼뱅이슴의 예정설과 비슷한 면이 있는 듯하다. 칼뱅이슴의 예정설은, 개인은선량해지도록 모든 노력을 하지만 과연 구제되는 문제는 그가 태어나기 전에이미 결정되어 있다고 풀이했다. 바야흐로 시장의 시대는, 인간의 노력을 심판하는 시대가 되었다.

이런 가운데에서 또 한 가지 중요한 변화는 경쟁의 역할이 늘어난 점이다. 경쟁이 중세사회에 전혀 없었던 것은 아니다. 그러나 봉건적인 경제 조직은 협동의 원리에 서서, 경쟁을 막는 규칙에 의해 규제되고 편성되었다. 자본주의의 발생과 함께 이 중세적 원리는 점점 개인적 기업의 원리로 변해갔다. 누구나가 다혼자서 앞으로 나아가고 스스로 운명을 점쳐야만 한다. 자기가 헤엄치지 않으면 빠져 죽을 수밖에 없다. 타인은 이제 협력해야 할 동료가 아니라 경쟁 상대가 되었다. 즉 먹느냐 먹히느냐의 기로에 서게 된 것이다.[22]

자본과 시장 그리고 개인 사이의 경쟁은, 확실히 16세기에는 그 뒤의 시대만큼 중요하지 않았다. 그러나 근대 자본주의의 결정적인 요소는 개인에 대한 심리적 영향과 함께 모두가 16세기에 이미 준비되어 있었던 것이다.

우리는 지금까지 그 시절의 한 면만을 살펴보았는데, 또 다른 한 면이 존재

---

21) 토니, 앞의 책 p. 86.

22) 이런 투쟁의 문제는 미드(M. Mead)의 《원시인들 사이의 협동과 경쟁(*Cooperation and Competition among Primitive Peoples*, McGraw-Hill Book Company, New York, 1937)》과 프랭크(L.K. Frank)의 《경쟁의 대가(*The Cost of Competition*, in Plan Age, Vol. Ⅵ, November-December, 1940)》를 참조하다.

한다. 즉 자본주의는 개인을 해방했다는 사실이다. 자본주의는 인간을 협동적 조직의 편성에서 해방하고, 자기 자신의 발로 서서 스스로의 운명을 개척하는 일을 가능케 했다. 인간은 자기 운명의 주인이 되어 위험도 승리도 모두 갖게 되었다. 개인의 노력에 따라 성공하는 것도, 경제적으로 독립하는 것도 가능해졌다. 돈은 인간을 평등하게 했고, 가문이나 계급보다도 강력한 자리에서 군림했다.

우리가 검토해 온 초기 시대에는 자본주의의 이런 면이 한창 발달하기 시작했을 때였다. 그것은 도시의 중산계급보다는 몇몇 부유한 자본가에게 보다 큰 영향을 미쳤다. 그러나 그것은 그 나름대로 인간의 인격을 형성하는 데 중대한 영향력을 발휘했던 것이다.

여기서 15~6세기에 사회·경제의 변화가 개인에게 어떤 작용을 했는지에 대한 논의를 종합해 보기로 한다.

우리가 전에 살펴본 것과 마찬가지로 여기서도 자유의 다의성을 엿볼 수 있다. 개인은 경제적·정치적인 속박에서 자유롭게 된다. 또 새로운 조직 안에서 활동적이고 독립된 역할을 하면서 적극적인 자유를 취할 수 있다. 그러나 동시에 전부터 안정감과 귀속감을 주었던 속박에서 풀려난다. 인간이 중심이 되었던 좁고 밀폐된 세계에서의 삶은 마침표를 찍는다. 세계는 광막하고도 공포에 찬 것이 된다. 인간은 폐쇄된 세계에서 갖고 있던 고정된 지위를 잃고 자기 생활의 의미에 답할 방도를 잃어버린다. 그 결과 자기 자신이나 생활의 목표에 대한 의혹이 엄습해 온다. 그는 강력한 초인간적인 자본이나 시장의 힘에 위협을 받는다. 또 동료와의 관계도 서로 마음속에 경쟁심이 깔려 있어 적의에 찬 서먹서먹한 것이 되었다. 그는 자유롭게 되었다—그러나 고독으로 고립된 채 주위의 위협을 받고 있는 것이다. 르네상스 시대의 자본가가 가졌던 부나 힘도 없고, 타인이나 세계와 하나가 되었던 느낌도 잃어버리고, 자기의 무력감과 불안감에 좌절감을 느낀다. 영원히 사라진 천국을 뒤로하고 개인은 혼자서 세계 앞에 맞선다—그는 끝없는 공포에 찬 세계에 방치된 이국인이다. 새로운 자유는 필연적으로 동요·무력·회의·고독 불안의 감정을 자아낸다. 만일 개인이 바라는 만큼 기능을 발휘하고자 한다면 이 같은 감정은 없애도록 노력해야 한다.

2 종교개혁 시대

이런 때 루터주의와 칼뱅이슴이 나타났다. 새로운 종교는 부유한 상층계급의 종교가 아니라, 도시의 중산계급이나 빈민계급 또 농민의 종교였다. 이 계급의 사람들은 개혁된 종교의 호소를 들었다. 왜냐하면 그것은 그들에게 고루 퍼져 있던 무력과 불안의 감정과 더불어 자유와 독립의 새로운 감정도 표현하고 있었기 때문이다. 그러나 종교의 교의는 경제적 질서가 변화함으로써 야기된 모든 감정을 올바르게 표현하는 데서 그친 것은 아니다. 그 교의는 그런 감정을 촉진시킴과 아울러 다른 방법으로는 견딜 수 없는 불안과 싸우기 위한 해결책을 제공했다. 새로운 교의의 사회적·심리적인 분석을 시작하기 전에 먼저 그 연구 방법을 조금 설명하기로 한다.

종교적 교의나 정치적 원리의 심리적 의미를 연구할 때 먼저 유의해 둘 문제는, 심리학적 분석은 그 원리의 진실성에 대한 판단은 포함하지 않는다는 것이다. 이 진실성이라는 것은 그 자체의 논리적 구성이라는 면에서만 결정지을 수 있다. 어떤 원리나 사상의 배후에 숨어 있는 심리적 동기의 분석은 그 원리의 타당성이나 가치에 대한 합리적 판단으로 바꿀 수 없다. 물론 심리적 분석은, 그 원리의 참된 뜻을 보다 잘 이해하는 데 도움이―그것에 대한 가치판단에 영향을 준다 하더라도―될 것이다.

원리의 심리학적인 분석이 나타내는 것은 어떤 문제를 의식하고 그 해답을 어떤 방향으로 추구하려는 개인의 주관적 동기이다. 진실된 것이든 거짓된 것이든 사상이란, 만일 전통적인 생각과 표면적으로 일치한다면 그 사상을 생각하는 인간의 주관적인 요구나 관심을 통해 동기를 부여받는다. 주관적인 관심에는 진리를 발견함으로써 높아지는 것과 진리를 파괴함으로써 높아지는 것이 있다. 그러나 어느 경우라도, 어떤 결론에 도달하기 위해선 심리적인 동기가 중요한 계기가 된다. 한 발 더 나아가 인격의 강력한 욕구로 뒷받침되지 않은 그런 사상은 그 인간의 행동이나 모든 생활에 대해 거의 영향력이 없다고 할 수 있다.

종교적 교의나 정치적 원리를 심리학적인 의미에서 분석할 때 다음 두 가지 문제를 구별해야 한다. 하나는, 새로운 교의를 창조한 개인의 성격 구조를 연구하고, 그의 인격 가운데 어떤 특성이 그 사상의 독특한 방향을 제시하게 되었는가를 이해하는 시도이다. 예를 들어, 루터나 칼뱅의 성격 구조를 분석하고, 그들의 어떤 인격을 통해 그 같은 결론과 교의가 만들어졌는가를 찾아내야만 한다. 다른 하나는, 교의를 만든 창조자의 심리적 동기가 아니라, 받아들이는 쪽인 사회집단의 심리적 동기이다. 어떠한 교의나 사상도 그 영향력은, 그것을 받아들이는 인간의 심리적 욕구에 어느 정도 호소할 수 있느냐에 따라 좌우된다. 사상은 어느 사회집단의 강력한 심리적 요구에 응할 때 비로소 역사상 강력한 힘이 될 것이다.

지도자의 심리와 지지자의 심리라는 두 가지 문제는 물론 서로 밀접하게 연결되어 있다. 만일 같은 사상이 둘에게 받아들여진다면 그들의 성격 구조는 틀림없이 중요한 점에서 비슷할 것이다. 지도자에게 특별한 사고 능력이나 실행력이 있다는 것은 별도로 하고, 보통 지도자의 성격 구조는 그의 주장을 받아들이는 사람들의 특수한 성격 구조를 보다 단적으로 뚜렷이 나타내는 일이 많다. 지도자는 그 지지자가 이미 심리적으로 준비되어 있는 사상을 보다 확실하고 솔직하게 말한다. 지도자의 성격 구조가 그 지지자에게서 볼 수 있는 특성을 보다 예리하게 나타내는 것은, 다음 두 가지 요인 중 하나이든가 또는 이들의 결합에서 오는 결과이다. 즉 첫째로는 지도자의 사회적 지위가 모든 집단의 인격을 형성하는 여러 조건 가운데서 전형적인 경우이고, 둘째로는 그 집단에서는 사회적 상황에 의해 형성되는 어떤 특성이 지도자에게는 그 생장이라든가 개인적 경험이라든가 하는 우연한 환경에 의해 발전되는 경우이다.

프로테스탄티즘이나 칼뱅이즘 교의의 심리적 의미에 대한 분석에서, 우리는 루터나 칼뱅의 인격을 논하는 것이 아니라 그들의 사상을 받아들인 사회계급의 심리적 상태를 주제로 삼아야 한다. 다만 루터의 신학을 검토하기 전에, 인간으로서의 루터는 뒤에서 나오는 '권위주의적 성격'의 전형적인 인물이었음을 간단히 알려 두고자 한다. 그는 어렸을 때, 지나치게 엄격한 아버지 슬하에서 자라 거의 애정이나 안정감을 느끼지 못했으므로, 그의 인격은 권위에 대한 끝없는 투쟁으로 시달림을 받았다. 그는 권위를 증오하고 그에 반항했으나, 한편 권위를 동경하고 그것에 복종하려고 했다. 그가 반항하고 칭송한 권위는 그의 온 생애에 걸쳐 언제나 존재했다.—즉 젊었을 무렵에는 아버지와 수도원의 원장들, 나중에는 교황과 황제이다. 그는 극도의 고독감·무력감·죄악감에 꽉 차 있음과 동시에 심한 지배욕을 지니고 있었다. 강박한 성격에서만 볼 수 있는 그런 심한 회의에서 오는 괴로움으로, 이 불안의 괴로움을 불식시키고 내면의 안정을 주는 것을 계속 구하고 있었다. 그는 타인, 특히 군집(群集)을 싫어했으며, 자기 자신과 인생까지도 싫어했다. 그리고 이 증오에서 사랑을 받고 싶다는 심한 절망적인 충동이 생겼다. 그의 온 존재는 공포와 회의와 내면적인 고독이 꽉 차 있었다. 이 같은 인격의 뒷받침을 받아 그는 심리적으로 같은 상황이었던 사회집단의 챔피언이 될 수 있었던 것이다.

아래의 분석 방법에 대해 또 한 가지 주의가 필요할 것이다. 개인의 사상이나 이데올로기를 심리학적으로 분석하는 일은, 언제나 심리적 근원의 이해를 목적으로 하고 있다. 이 같은 분석에 대한 첫째 조건은 한 가지 사상의 논리적 문맥과, 그 저자가 의식적으로 무엇을 말하고자 하는가를 충분히 이해하는 일이다. 그러나 인간은 가령 주관적으로는 성실해도 무의식적으로는 그가 믿고 있는 것과는 다른 동기로 움직이는 일이 많다. 또 논리적으로 일정한 뜻을 갖는 하나의 개념을, 무의식중에 '공적인' 뜻과는 다른 의미로 사용하는 일이 있다. 나아가 그는 자신의 감정에 있는 모순을 하나의 이데올로기적 구성에 의해 조화시키려고 하거나, 그가 억누르고 있는 사상을 그와는 전혀 반대로 표현하는 것 같은 합리화로 감추려고 한다. 무의식적인 요소의 작용을 이해하면 우리는 말이라는 것을 단순히 신용하거나, 드러난 대로 받아들여서는 안 된다는 것을 알게 된다.

사상의 분석은 주로 다음 두 가지를 과제로 삼는다. 하나는 어떤 사상이 이데올로기의 모든 체계 속에서 어느 정도의 무게를 갖느냐 결정짓는 일이다. 둘째로는 사상의 '참된' 뜻과는 다른 그 합리화한 면을 취급할 것인가의 여부를 결정짓는 일이다. 처음 경우에는 다음과 같은 예가 있다. 히틀러의 이데올로기에선 베르사유 조약의 부당성을 강조하는 일이 대단히 큰 역할을 하고 있다. 그가 평화 조약에 대해 분노를 느끼고 있던 것은 사실이다. 그러나 그의 정치적 이데올로기 전체를 분석하면 그 바닥에는 권력과 정복에 대한 강렬한 욕망이 있다. 그는 의식적으로 독일에 가해진 부당함을 강조하고 있으나, 사실 그 생각은 그의 사상 전체에서 아주 일부분만을 차지하고 있을 뿐이다. 한 가지 사상에서 의식적으로 지향한 뜻과 참된 심리적인 뜻의 차이는 여기서 우리가 문제 삼고 있는 루터의 교의를 분석해 봐도 알 수 있는 것이다.

우리의 생각에, 그와 신의 관계는 인간의 무력에 기초를 둔 복종의 관계이다. 그 자신은 이 복종이 자발적이고, 공포가 아니라 사랑으로부터 생긴 것이라 하고 있다. 만일 그렇다면 그것은 논리적으로는 복종이 아닐 수도 있다. 그러나 심리학적으로는 그가 말하는 사랑이나 신앙이 실은 복종임이, 그의 사상 전체에서 명백히 드러난다. 그는 '의식적'으로는 신에 대한 '복종'을 자발적인 사랑에 충만한 상태라고 하지만, 사실 무력감과 죄악감에 꽉 차 있다. 그와 신의 관계는 복종의 관계에 불과하다(마치 타인에 대한 마조히즘적인 의존이 의식적으로는 자주 '사랑'이라 생각되듯이). 따라서 그가 실제로 '뜻하는' 바라고 우리가 믿는 것과(그것은 물론 무의식적인 것이기는 하나), 그가 입으로 '말하는' 것과 차이가 나더라도 심리학적 분석의 입장에서는 거의 문제가 생기지 않는다. 그의 체계 속에 숨겨진 모순도, 그의 개념의 뜻을 심리학적으로 분석함으로써 비로소 이해할 수 있을 것이다.

프로테스탄티즘의 교의를 분석할 때, 나는 그것을 그 전체적인 체계의 문맥에서, 사실 그것이 뜻하는 바에 따라 설명했다. 그 무게나 뜻에서 본질적으로는 루터나 칼뱅의 교의가 모순되지 않는다고 확신했을 때는, 보기에 모순된 듯 보이는 문장은 인용하지 않았다. 그러나 설명하기에 좋은 특정된 문장을 골라내는 식의 방법이 아니라, 루터나 칼뱅의 모든 체계와 그 심리적 기반의 연구에 입각하는 것이며, 따라서 모든 체계의 심리학적 구조라는 관점에서 개개의 요소를 설명했다.

종교개혁의 교의에서 무엇이 새로운 것이었나를 이해하려고 한다면, 먼저 첫째로 중세의 교회신학의 본질이 어떠한 것이었나를 짚고 넘어가야 한다.[23] 그러나 그것을 생각하려면 '중세사회'니 '자본주의 사회'니 하는 개념에 대해 논했을 때와 마찬가지로 방법론적 곤란에 부딪힌다. 경제적 영역에서 하나의 구조로부터 다른 구조로 급격히 변화하는 일이 없는 것처럼 신학의 영역에서도 그 같은 급격한 변화는 볼 수 없다.

---

23) 나는 여기서 주로 제베르크(R. Seeberg)의 《기독교 교의사 교본(*Lehrbuch der Dogmengeschichte*, Deutsche Verlagsbuchhandlung, Leipzig Vol. Ⅲ. 1930 ; Vol. Ⅳ, 1. 1933 ; Vol. Ⅳ, 2, 1920)》과 바르트만(B. Bartmann)의 《교의론 교본(*Lehrbuch der Dogmatik*, Herder, Freiburg, 1911)》에 따름.

루터나 칼뱅의 교의도 어떤 부분에서는 중세의 교의와 대단히 비슷해서, 둘 사이의 본질적인 차이를 발견한다는 것은 쉬운 일이 아니다. 프로테스탄티즘 이나 칼뱅이즘과 마찬가지로 가톨릭 교회도 또 인간까지도 자신의 미덕과 공 적만으로 구원을 찾을 수 없다고 한다. 즉 신의 은총 없이는 구원을 얻을 수는 없는 것이다. 이 낡은 신학과 새로운 신학에는 완전히 공통된 요소도 있으나, 가톨릭 교회의 정신은 종교개혁의 정신과는 본질적으로 달랐다. 특히 인간의 존엄과 자유 문제 그리고 자기 운명에 대한 인간 행위의 효과에서는 본질적으 로 달랐다.

종교개혁 이전에는 오랫동안 다음과 같은 생각이 가톨릭 신학의 특징이었 다. 즉 인간은 아담의 죄 때문에 타락했으나, 본디 선을 구했으며, 또 인간의 의 지는 선을 구하는 자유를 지니고 있다. 또한 인간의 노력은 자신의 구제에 도 움이 되고, 그리스도의 죽음의 공로에 입각한 교회의 성례(聖禮)를 통해 죄인 은 구제된다는 것이다.

아우구스티누스나 토마스 아퀴나스는 예정설을 주장했으나, 의지와 자유를 근본적인 교의의 하나로서 강조했다. 자유의 원리와 예정설과의 모순을 풀기 위해 그는 가장 복잡한 이론을 사용할 수밖에 없었다. 더구나 이 이론의 모순 을 충분히 해결한 것 같지 않은데도, 인간이 구제되기 위해 필요한 의지의 자 유와 인간의 노력이라는 원리에서 그는 물러서는 일이 없었다. 물론, 의지 그 자체는 신의 은총을 필요로 했다.[24]

의지와 자유에 대해서 아퀴나스의 말을 빌리면, 인간은 스스로 결단하는 자 유가 없다고 생각하는 일과 또 인간은 신의 은총까지 거절할 자유가 있다고 생 각하는 일은, 다 신의 본성이나 인간의 본성에 모순된다는 것이다.[25]

구제를 위한 인간의 노력이 필요함을 아퀴나스보다 더 강조한 신학자가 있 다. 보나벤투라(Bona-ventura)에 따르면 인간에게 은총을 주는 것은 신의 의지지

---

24) 후자에 관해 그는 이렇게 말한다. "그렇기 때문에 운명이 예정된 자들은 선한 일과 기도를 해 야만 한다. 이러한 수단을 통해 운명은 가장 확실히 이행되기 때문이다. 그런고로 운명은 피 조물의 방해를 받을 수 없다." (*The Summa Theologica of St. Thomas Aquinas*, literally translated by Fathers of the English Dominican province, Second and revisededition, Burns Oates Washbourne, Ltd., Londeon, 1929, Part Ⅰ, Q. 23, Art. 8.)

25) *Summa contra Gentiles*, Vol. Ⅲ, Chapters 73, 85, 159.

만, 그것을 받아들이는 것은 그의 공적에 의해 신을 받아들일 마음 자세가 갖춰진 사람에 한해서만이다.

이러한 사상은 13·14·15세기를 통해 던스 스코투스(Duns Scotus), 오캄(Occam), 비일(Biel)의 체계에서 점점 강조되었는데, 이것은 종교개혁의 새로운 정신을 이해하는 데 특히 중요하다. 왜냐하면 루터의 공격은 그가 '돼지와 같은 신학자(Sau Theologen)'라 부른, 중세 말기의 스콜라 학파에 집중되었기 때문이다.

던스 스코투스는 의지의 역할을 강조했다. 의지는 자유이다. 인간은 자기 의지를 실현함으로써 개인적 자아를 실현한다. 그리고 이 자아의 실현은 개인에게 가장 큰 기쁨이다. 의지가 개인적 자아의 행위임은 신이 명하는 바이지만 인간의 결단에 직접적인 영향을 미친다.

비일이나 오캄은 구제에 대한 하나의 조건으로서 인간의 공적을 강조한다. 물론 그들도 신의 도움을 자주 말하지만, 이전의 낡은 교의처럼, 그것을 근본적으로 중요한 것이라고 생각하지는 않았다.[26] 비일은, 인간은 자유롭기에 언제라도 신이 있는 곳으로 향할 수 있으며 그때 신의 은총이 손길을 뻗쳐 준다고 생각했다. 오캄은 인간의 본성은 죄로 인해 정말 타락한 것은 아니라고 일러준다. 그가 보기엔 죄는 단순한 하나의 행위이지 인간의 본질을 바꾸는 것은 아니다. 트렌토(Trento) 조문(條文)은 자유로운 의지는 신의 은총과 협력할 수도 있으나, 또 그로부터 멀어질 수도 있다고 확실히 말하고 있다.[27] 오캄이나 기타 후기의 스콜라 학파 사람들에게서 볼 수 있는 인간상은 결코 가련한 죄인으로서가 아니라, 자유로운 존재로서의 인간이다. 그 자유로운 성질로 말미암아 인간은 모든 선한 일을 할 수 있으며, 그 의지는 자연적인 힘에서 해방된 것이다.

면죄부는 중세 후기에 점점 중요한 역할을 하게 되어 루터의 주요한 공격 대상이 되었지만, 그러한 관례는 인간의 의지와 노력의 효용이 점점 강조되었다는 사실과 관련되어 있다. 교황의 사자(使者)로부터 면죄부를 사들임으로써 사람은 영원한 형벌의 대신으로 생각되는 이 세상의 형벌에서도 구제되었다. 이리하여 제베르크가 지적한 바와 같이, 인간은 모든 죄악으로부터 사면될 수 있

---

26) 제베르크, 앞의 책 p. 766.
27) 바르트만, 앞의 책 p. 468.

다고 기대할 만한 이유를 가지고 있었던 것이다.[28]

연옥(煉獄)의 형벌에서의 용서를 교황으로부터 사들인다는 이 행위는, 인간은 구제를 받기 위해서는 스스로 노력을 해야 한다는 생각과 모순된 것처럼 보인다. 왜냐하면 이 행위는 교회의 권위와 성례에 의존하고 있기 때문이다. 그러나 이것은 어느 정도까지는 올바르며 또 한편으로는 희망과 안정의 정신을 지니고 있는 것도 사실이다. 만일 인간이 그렇게 자기를 형벌로부터 해방시킬 수 있다면 죄의 부담은 대단히 가벼워진다. 따라서 과거의 중압(重壓)으로부터 비교적 쉽사리 자유롭게 되어 계속 따라다니는 불안감에서 벗어날 수 있는 것이다. 또 한 가지 잊어서는 안 될 점은, 교회의 뚜렷한 또는 암묵적인 교의에 따르면 면죄부는 그것을 사들이는 자가 참회하고 고백했다는 전제하에서만 비로소 효력이 발생한다고 보았던 것이다.[29]

종교개혁의 정신과는 판이한 이런 사상은, 신비주의자의 저작과 설교집, 고백성사 신부의 전통에 대한 세밀한 규칙에서도 볼 수 있다. 그 속에는 인간의 존엄을 긍정하고 자아 전체를 표현하는 일을 타당하다고 인정하는 정신이 있다. 이런 태도와 더불어 이미 12세기부터 널리 전파되었던 그리스도를 본받는다는 생각과, 인간은 신과 같이 되기를 바랄 수 있다는 신념을 엿볼 수 있다. 고백성사를 맡은 신부들에 대한 규칙은 개인의 구체적인 사정을 대단히 잘 이해하여, 주관적인 개인차를 충분히 인정한다. 그들은 죄라는 것을 한 사람으로 하여금 시달림을 받고 멸망하게 하는 중압으로 생각지 않고, 이해와 고려를 해야 할 인간적인 약점으로 생각했다.[30]

---

28) 제베르크, 앞의 책 p. 624.

29) 면죄부의 실시와 이론은 발달하는 자본주의 경향을 특히 잘 나타낸 예증이라 생각된다. 형벌로 자기의 자유를 살 수 있다는 생각은 화폐의 탁월한 역할에 대한 새로운 감정을 표현하고 있다. 뿐만 아니라 1343년 클레멘스 6세에 의해 공식화된 면죄부의 이론은 새로운 자본주의적 사고의 정신을 말하고 있다. 클레멘스 6세의 말을 빌리면, 교황은 그리스도와 성자들이 획득한 수많은 공로(功勞)를 위탁받고 있다. 따라서 교황이 이 보배의 일부를 신자들에게 나누어 줄 수 있다는 것이었다(Cf. R. Seeberg, op. cit., p. 621). 우리는 여기서 거대한 도덕적 자본을 소유하고, 그것을 자기의 재정적 이익—즉 그의 '고객'들의 도덕적 이익—으로 사용하는 독점자로서의 교황의 개념을 발견한다.

30) 내가 신비주의이나 설교집의 문헌이 중요하다는 데 예리한 관심을 기울이게 된 것은 트린크 하우스의 덕이다. 이 장에서 다루는 많은 특수한 시사(示唆)도 그에게 힘입은 것이다.

요컨대 중세 교회는 인간의 존엄과 의지의 자유 그리고 노력이 유효하다는 것을 강조했다. 또 신과 인간의 닮은 점과 신의 사랑을 확신하는 인간의 권리를 부각시켰다. 아울러 인간은 모두가 신과 비슷하다는 점에서 평등하며 형제와 같다고 여겼다. 중세 말기에 이르러 자본주의가 출현함에 따라 곤혹과 불안의 기운이 감도는 한편, 인간의 의지와 노력의 역할을 강조하는 경향도 점점 강해졌다. 르네상스의 철학과 중세 말기의 가톨릭 교의는 자기의 경제적 지위로써 힘과 독립의 감각을 알게 된 사회층의 정신을 반영했다고 할 수 있다. 이에 새로운 유산계급에 분노를 느끼고 교회의 권위에 반항하여 일어난 루터의 신학은, 자본주의의 발흥으로 위협을 당하고, 무력감과 개인의 무의미감에 짓눌려 있던 중산계급의 감정을 대변한 것이었다.

루터의 체계는 가톨릭적인 전통과는 판이하게 다른 두 가지 면이 있다. 그 하나는 프로테스탄트 국가에서 루터의 교의가 해석될 때, 루터가 종교적으로 인간에게 독립성을 부여했다는 사실이 다른 면보다 더 강조된다는 점이다. 즉 루터가 교회로부터 권위를 빼앗아 그것을 개인에게 주었다는 사실이다. 또 그의 신앙과 구제관(救濟觀)은 주관적이며 개인적인 경험이고, 거기서의 책임은 모두 개인에게 있으며, 개인이 스스로 얻을 수 없는 것을 개인에게 부여해 주는 그런 권위와는 조금도 관계가 없음을 지적한다. 물론 루터와 칼뱅 교리의 이런 면을 칭찬하는 데는 충분한 이유가 있다. 그러한 교의는 근대 사회에서 정치적이고 정신적인 자유가 발전하는 하나의 원천이기 때문이다. 특히 앵글로색슨 제국에서 이 발전은 퓨리터니즘의 사상과 밀접하게 연결되어 있다.

근대적 자유의 또 하나는 개인에게 발생된 고독과 무력이다. 이것은 독립과 마찬가지로 프로테스탄티즘을 그 원천으로 삼고 있다. 이 책은 주로 무거운 부담과 위험으로서의 자유를 문제시하기 때문에 의식적으로 한 면만을 보고, 루터와 칼뱅의 교의 중에서 자유의 이와 같은 부정적인 면의 근거가 되고 있는 측면을 강조하고자 한다. 즉 그들이 인간의 근본적인 악과 무력함을 강조한 점을 다루려고 한다.

루터는 인간의 성질에는 선천적인 악이 존재한다고 가정하고, 그로 인해 인간의 의지는 악으로 향하게 되어, 어떤 인간이라도 본성 그대로는 선행을 할 수 없다고 생각했다. 인간은 사악하고 해로운 성질을 갖고 있으며 인간의 본성은 자연적으로 어쩔 수 없이 사악하고 비도덕적이다(naturahter et inevitabiliter mala et vitiata natura). 이렇게 인간성이 타락했다는 사실과 선을 택할 자유가 전혀 결여되어 있다는 사실은, 루터의 사상 전체를 아우르는 근본 개념의 하나이다. 이같은 정신으로써 그는 바울이 쓴 〈로마서〉의 주석을 시작한다.

이 편지의 본질은······ 육신의 지혜와 정의를, 가령 우리 눈에나 다른 사람의 눈에 아무리 두드러지게 진실처럼 보인다 해도, 모두 다 파괴하고 전복하고 절멸시키는 데 있다. ······눈앞에 전개된 우리의 정의와 지혜가 우리의 심장으로부터 또 우리의 공허한 자신으로부터, 파괴되고 전복되는 것이 중요하다.”[31]

자기 노력으로는 어떠한 선(善)도 행할 수 없다는 인간의 부패와 무력함에 대한 확신은 신의 은총이 성립하는 본질적인 조건이다. 자신을 비방하고 개인적 의지와 교만을 타파할 때만 신의 은혜는 찾아온다.

왜냐하면 하나님은 우리의 정의와 지혜에 의해서가 아니라, 우리가 알지 못하는(fremde) 정의와 지혜로써만 우리를 구원코자 하시기 때문이다. 우리 자신으로부터 우러나오는 것도 아니고, 우리 자신에 깃들어 있는 것도 아닌, 어딘가 외부로부터 우리에게 찾아드는 정의를 통해 하나님은 우리를 구원하길 원하신다. ······다시 말해 정의란 오로지 외부로부터 찾아오는 것으로, 우리와는 전혀 인연이 없다는 가르침을 받아야 할 것이다.[32]

인간의 무력함에 대한 보다 더 심한 표현은 7년 뒤 루터의 팸플릿 〈노예 의지론〉에서 엿볼 수 있다. 이 팸플릿은 의사(意思)의 자유를 옹호한 에라스뮈스(Erasmus)의 주장을 공격한 것이었다.

“······이리하여 인간의 의지는, 말하자면 하나님과 악마와의 중간에 있는

---

31) 마틴 루터(Martin Luther), 《로마서 주석(Vorlesung über den Römerbrief, Chapter Ⅰ, i)》
32) 마틴 루터, 앞의 책 1장 1절.

짐승과 같은 것이다. 만일 하나님이 그 위에 깃들면 하나님의 의지대로 행하고 움직일 것이다. 마치 〈시편〉에 '내가 이같이 우매 무지함으로 주 앞에 짐승이오나 내가 언제나 주와 함께 하니'(제73장 22·23절) 기록되어 있는 바와 같다. 만일 거기에 악마가 깃들게 되면 악마의 의지대로 된다. 어느 기수(騎手) 쪽으로 달려갈 것인가, 또 어느 쪽을 구하는가는 그 자신의 의지의 힘이 아니라, 그 힘을 갖고 유지하기 위해 다투는 기수들에게 달려 있는 것이다.[33]

루터는 계속해서 말한다. 만일 사람이, "이(자유의지) 문제에서 완전히 손을 끊기를 바라지 않는다 해도(완전히 손을 끊는 편이 가장 안전하고 가장 기독교적이긴 하나), 우리는 특히 선한 양심에 따라 다음과 같은 사실을 배우게 될 것이다. 인간에게 '자유의지'를 허용한다 해도 그것은 인간 위에 있는 자에 대해 사용될 것이 아니라 인간 아래에 있는 자에게만 사용될 것이라고. ……인간은 신을 향해서는 '자유의지'를 갖지 않는다. 그는 신의 의지에 대해서도 악마의 의지에 대해서도 하나의 사로잡힌 몸이고 노예이며 봉사하는 하인이다."[34]

인간은 신의 수중에 들어 있는 무력한 도구이며, 근본적으로 악에 차 있다. 따라서 그가 해야 할 유일한 일은 신의 의지에 몸을 맡기는 것뿐이며, 신은 예측할 수 없는 정의의 움직임으로써 그를 구원할 수 있다—이 같은 교의는, 절망과 불안과 회의에 가득 찬 채 확실성을 열렬히 구하던 루터 같은 사람이 받아들일 수 있는, 그런 결정적인 해답은 아니었다. 그러나 루터는 마침내 그의 의혹을 풀어줄 답을 발견했다. 1518년 갑자기 그에게 계시가 나타났다. 인간은 자신의 노력으로 구원받을 수 없다. 인간은 자기가 하는 일이 신에게 기쁨을 주는 일인가의 여부조차 생각해서는 안 된다. 그러나 만일 믿음이 있다면, 구제를 확신해도 된다. 믿음은 신이 인간에게 주는 것이다. 일단 인간이 신앙에 대해 의심할 수 없는 주관적인 경험을 하게 된다면 구제도 확신할 수 있다. 개인은 본질적으로 신과 이 같은 관계를 맺는 감수성을 갖고 있다. 인간은 신앙

33) 마틴 루터(Martin Luther)의 《의지의 속박(*The Bondage of the Will*, translated by Henry Cole, M.A., B. Erdmans Publishing Co., Grand Rapids, Michigan, 1931, p. 74.)》

34) 마틴 루터, 앞의 책 p. 79. 이 분열—상위의 힘에 대한 종속과 하위의 힘에 대한 지배—은 뒤에서 볼 수 있는 바와 같이 권위주의적 성격의 특징적인 태도이다.

의 경험에 있어 일단 신의 은총을 받으면, 본성이 바뀌어 버린다. 왜냐하면 그는 믿음으로써 그리스도와 한 몸이 되고, 그리스도의 정의가 아담의 타락으로 인해 사라진 그 자신의 정의를 회복시키기 때문이다. 그러나 인간은 그 일생을 통해 결코 완전하게 도덕적이 될 수는 없다. 왜냐하면 인간의 타고난 죄악이 완전히 소멸될 수는 없기 때문이다.[35]

신앙을, 자신의 구제에 대해 의심할 수 없는 주관적인 경험이라 보는 루터의 교의는, 언뜻 보기엔 그의 인격과 1518년까지의 교의에 특징적이었던 심한 회의감과는 극단적으로 모순되어 있는 듯 보일지도 모른다. 그러나 심리학적으로는 이런 회의에서 확신으로 변화하는 일 사이에는 인과 관계가 있다. 우리는 이런 회의의 성질에 대해 지금까지 말해온 것을 떠올려야만 한다. 그것은 자유로운 사고에 입각하여 기성의 견해를 의심해 보는 합리적인 회의는 아니었다. 외부 세계에 대해 불안과 혐오의 태도를 취하는 인간의 고독과 무력함에서 나오는 비합리적인 회의였다. 이 회의는 합리적인 해답으로서는 결코 해결될 수 없다. 그것은 개인이 의미 있는 세계의 구성원이 될 때 비로소 해소될 수 있는 것이다. 만일 이런 일이 일어나지 않는다면(사실상 루터나 그가 대표하고 있던 중산계급에서는 일어나지 않았지만), 회의는 오직 묵묵히 지하로 쫓겨갈 뿐이다. 그리고 이런 일은 절대적인 확실성을 약속하는, 그런 신조만이 할 수 있는 일이다.

루터에게서 볼 수 있는 '확실성에 대한 강렬한 추구는 순수한 신앙의 표현이 아니라, 견뎌 낼 수 없는 회의를 극복하려는 요구에 뿌리박고 있다.' 그의 해결 방법은 지금도 많은 사람들에게서 찾아볼 수 있는데, 그들은 단지 신학적으로 생각하지 않을 뿐이다. 즉 고독하게 된 자아를 제거함으로써, 또 외부의 압도적이고 강력한 힘의 도구가 되어버림으로써 확실성을 발견하고 있는 것이다. 루터에게 이런 힘이란 신이며, 그는 절대적인 복종에서 확실성을 구한 것이다. 이로써 어느 정도 회의를 없앨 수 있었으나 깨끗이 사라진 것은 아니었다. 그는 죽을 때까지 회의로 고민해야 했고, 복종을 위한 새로운 노력을 계속 함으로써 회의를 극복해야만 했다. 심리학적으로 신앙은 아주 다른 두 의미를 지닌다. 신앙은 인류에 대한 내적인 결부와 인생 긍정의 표현일 수도 있다. 반대로 개인의

---

35) 《*Sermo de duplici iustitia*(Luthers Werke, Weimar ed. Vol. II)》

고독과 인생에 대한 부정적 태도에 뿌리박은 깊은 회의의 감정에 대한 반작용의 구성일 수도 있다. 루터의 신앙은 후자처럼 대상적(代償的)인 성질이었다.

회의의 뜻과, 그것을 진정시키려는 노력을 이해하는 일이 특히 중요하다. 왜냐하면, 이는 단지 루터의 신학과 다음에 검토할 칼뱅 신학에 대한 문제일 뿐만 아니라, 근대인의 근본적인 문제 중 하나이기 때문이다. 회의는 근대 철학의 출발점이다. 회의를 없애려는 요구는 근대 철학과 근대 과학을 발전시키는 가장 강력한 자극제가 되었다. 그러나 수많은 합리적인 회의는 합리적 해답으로써 해결되었지만, 비합리적 회의는 아직도 사라지지 않았다. 그리고 인간이 소극적 자유로부터 적극적 자유로 진전해 가지 않는 한 그것은 결코 사라질 수 없을 것이다. 의혹을 없애려는 근대적인 방법에는 성공을 추구하는 강제적 노력이라든가, 사실에 대한 무한한 지식이 확실성을 약속한다는 신념이라든가, 또는 '확실성'을 보증해 주는 한 사람의 지도자에 대한 복종이라든가 같은 갖가지 방법이 있을 것이다. 그러나 이 모든 해결 방법은 단지 회의의 자각(自覺)을 제거할 수 있을 따름이다. 회의는 인간이 고독을 극복하지 않는 한, 결코 사라지지 않을 것이다.

중세 말기에, 루터의 교의는 부자와 권력자를 제외한 모든 사람들의 심리적 상태와 어떻게 관련되어 있었을까. 이미 말했듯이 낡은 질서는 차차 파괴되어 가고 있었다. 개인은 확실성의 보장을 잃고, 자본가와 독점 등 새로운 경제력의 위협을 받고 있었다. 협동주의는 경쟁으로 변해가고, 하층계급은 점점 도구로 전락해 압박을 느끼고 있었다. 루터 주의가 하층계급에 호소한 사정은 중산계급의 경우와 다르다. 도시의 빈민, 그리고 농민은 절망적인 상태였다. 전통적인 권리와 특권을 박탈당한 채 심한 착취를 당했다. 그들은 혁명에 대한 바람을 농민의 폭동이라든가 도시의 혁명운동으로 드러냈다. 복음은 일찍이 원시 그리스도교가 노예와 노동자들에게 했던 것과 마찬가지로 그들의 희망과 기대를 대변했다. 그리고 가난한 자가 자유와 정의를 추구하도록 인도했다. 루터는 권위를 공격하고, 복음의 말을 그 가르침의 중심으로 삼았다. 지금까지의 다른 복음주의적 종교운동과 마찬가지로 이들 반항적 대중에게 호소했던 것이다. 루터는 그에 대한 대중의 충성을 받아들여 그들을 지지했으나, 그것에도 한도가 있었다. 농민이 교회의 권위를 공격할 뿐 아니라, 또 작은 요구를 하는 데 그치지 않고 그들의 신분을 높이기 위해 지나치게 주제넘게 굴면 루터는 그들과 인연을 끊어야만 했다. 그들은 혁명적인 계급으로 발전하여 모든 권위를 뒤집어엎었고, 중산계급이 강한 관심을 두고 유지하려던 사회 질서를 속속들이 파괴하는 위협을 주었다. 중산계급은 이미 말한 바와 같은 곤란에 처했음에도 최하층민이나 빈민계급의 요구에 대해 지켜야 할 특권을 가지고 있었다. 따라서 귀족과 교회의 독점 특권뿐 아니라 그들 중산계급의 특권까지도 파괴하려는 혁명운동에 대해서는 심한 적의를 품고 있었다.

중산계급은 대단히 부유한 계급과 대단히 가난한 계급과의 중간에 자리 잡고 있었으므로, 그 반작용도 복잡하여 많은 점에서 모순을 드러내고 있었다. 그들은 법률과 질서를 유지하려고 했으나 자본주의의 대두로 말미암아 심각한 위협을 받고 있었다. 중산계급 중에서 가장 성공한 자일지라도 소수의 대자본가에 비하면, 그 부와 힘이란 그다지 대수로운 것이 못되었다. 그들은 살기 위해, 또 발전해 가기 위해 맹렬히 싸워야만 했다. 유산계급의 사치를 볼 때 그들은 자기가 얼마나 작은 존재인가를 느끼며 선망과 분노의 감정으로 꽉 차게 마련이었다. 전체적으로 보아 중산계급은 봉건적 질서의 붕괴와 자본주의의 발생으로 말미암아 유리해지기보다 오히려 위험하게 된 것이다.

루터의 인간상은 바로 이러한 딜레마를 반영하고 있다. 인간은 자신을 정신적인 권위에 얽매어 놓은 모든 유대로부터 자유롭게 되지만, 바로 이런 자유가 남긴 고독과 불안 때문에 무의미와 무력감으로 압도당한다. 자유롭고 고독한 개인은 이러한 자신의 무의미함을 경험함으로써 짓눌려 버린다. 루터의 신학은 이런 불안함과 의혹의 감정을 표현했던 것이다.

루터가 종교적인 말로써 그려낸 인간상은, 당시의 사회적이고 경제적인 발전의 영향을 받는 개인과 같은 모습이었다. 중산계급은, 루터가 묘사한 인간이 신 앞에서 그랬던 것처럼 새로운 경제력 앞에서는 무력했다.

그러나 루터는 자기 설교의 대상인 사회계급에 널리 유포되었던 무의미함을 보여주었을 뿐만 아니라 그들에게 하나의 해결을 제시했다. 자신의 무의미함을 인정함과 더불어, 자신을 철저하게 양보하여 개인적 의지를 완전히 버리고, 개인적인 힘을 철저하게 포기하고 비난함으로써 신에게 받아들여지기를 바랄 수 있는 것이다.

루터의 신에 대한 관계는 완전한 복종이었다. 심리학적으로 그의 신앙에 대한 생각은 다음과 같은 것을 뜻한다. 즉 만일 그대가 완전히 복종하고, 자신의 무의미함을 인정하게 된다면 전능하신 신은 기꺼이 그대를 사랑하고 구하리란 것이다. 모든 태만과 의혹을 가진 개인적 자아를 궁극적인 자기 방기(自己放棄)로써 제거해 버린다면, 자기의 무의미한 감정으로부터 해방되어 신의 영광에 참가할 수 있을 것이다. 이리하여 루터는 사람들을 교회의 권위로부터 해방시켰지만, 한편으로는 전제적인 권위에 복종시켰다. 즉 신에게 말이다. 신은 그 구제를 위한 본질적인 조건으로서 인간이 완전히 복종하고 자아를 없애 버릴 것을 요구했다. 루터의 '신앙'은 자기를 방기함으로써 사랑을 받게 됨을 확신하는 일이었다. 그것은 국가나 지도자에게 절대복종하라는 요구와 공통점이 많은 해결 방법이었다.

루터가 권위를 두려워하면서도 또한 사랑했던 점은 그의 정치적 신념에도 나타나 있다. 그는 교회의 권위에 반항하여, 새로운 유산계급—그 일부는 높은 계층의 성직자였다—에 분노를 느꼈다. 또 농민의 혁명적인 경향을 어느 정도까지는 지지했지만, 황제라는 세속적인 권위에 대한 복종을 열렬히 요청했던 것이다.

"권위를 가진 인간이 가령 사악하고 믿음이 없다 하더라도 그 권위와 힘은 선한 것이며, 신으로부터 부여받은 것이다. ……그러므로 권력이 존재하고 권력이 성하는 곳에, 권력은 계속 존재하고 유지되어 간다. 그것은 하나님의 명령이기 때문이다."[36]

또한 그는 말한다.

"하나님은 아무리 정당한 것이라도 군중의 폭동을 허용하기보다는, 아무리 사악한 것이라도 지배를 존속케 하는 쪽을 택하실 것이다. ……군주는 아무리 폭군일지라도 여전히 군주여야 한다. 그는 지배자이기 위해서 신하를 거느려야 하기 때문에 때로는 소수자를 죽여야 할 경우도 있다."

루터가 권위에 집착하면서도 두려워했다는 것은 무력한 대중 즉 '폭민(暴民)'에 대해 혐오와 경멸을 품었던 일을 보아도 그 일면을 엿볼 수 있다. 특히 대중

---

36) 〈로마서〉 13 : 1.

이 한계를 넘어 혁명적 기도를 했을 때 더욱 그러했다. 그의 욕설에는 다음과 같은 유명한 말이 있다.

"그렇기 때문에, 누구에게나 공개적이건, 비밀리이건, 치고 죽이고 찌르게 함이 좋을 것이다. 반란만큼 해롭고 잔학한 것은 없다는 사실을 생각하면서. 그것은 마치 사람들이 미친개를 죽여야만 할 때와 같다. 만일 당신들 개를 때려 눕히지 않으면 개가 당신들에게 덤벼들어, 당신들과 함께 모든 사회를 짓밟을 것이다."[37]

루터의 인격은 그의 교의와 마찬가지로 권위에 대해 두 가지 모순된 면이 있다. 한편으로는 세속적인 권위와 전제적인 신의 권위에 위압되고, 또 한편으로는 교회의 권위에 반항을 했다. 대중을 대하는 태도에서도 같은 모순을 볼 수 있다. 대중이 루터가 설정해 놓은 한계 속에서 반항하는 한, 그는 그들 편이 된다. 그러나 그가 지지하는 권위까지 공격해 오면 루터는 그들에 대한 심한 혐오와 경멸감을 드러낸다. 도피의 심리학적 메커니즘을 다루는 장에서 우리는 이렇듯 권위에 대한 사랑과 무력한 인간에 대한 증오가 '권위주의적 성격'의 전형적인 특징이라는 사실을 밝힐 것이다.

여기서 중요한 점은, 루터의 세속적인 권위에 대한 태도가 그의 종교적인 가르침과 밀접하게 관련되어 있었다는 것이다. 한 사람으로 하여금 자기의 공적(功績)은 무가치한 것이며, 또 인간은 신의 수중에 있는 무력한 도구에 불과하다고 느끼게 함으로써 루터는 개인으로부터 인간의 자신(自信)과 존엄성의 감정을 빼앗았다. 그것이야말로 압박하는 세속적 권위에 강력히 저항하기 위한 전제였다. 역사가 흘러감에 따라 루터의 가르침은 보다 더 먼 곳까지 영향을 미쳤다. 개인이 자기의 자부심과 존엄성의 감정을 잃자, 심리적으로 중세적 사고의 특징이었던 감정—즉 인간과 그 정신적인 구제 그리고 그 정신적인 목적이 인생의 목적이라는 감정—또한 잃게 되었다. 그리고 그는 하나의 역할을 이어받아, 경제적 생산력이라든가 자본의 축적이라든가 하는 목적에 자기의 생활

---

37) 《농민들의 강도와 살인단에 반대하여(*Against the Robbing and Murdering Hordes of Peasants*, 1525, Works of Martin Luther, translation : C.M. Jacobs. A.T. Holman Company, Philadelphia, 1931, Vol. X, IV, p. 411.)》와 마르쿠제(H. Marcuse)가 《권위와 가족(*Autorität und Familie*, F. Alcan, Paris, 1926)》에서 루터의 자유에 대한 태도를 논한 곳을 참조하라.

을 수단으로 내바칠 준비를 갖추게 되었다. 경제적 문제에 관한 루터의 견해는 전형적으로 중세적인데, 칼뱅의 견해보다 더 심했다. 그는 인간의 생활이 경제적 목적을 위한 수단이 되어야 한다는 사상을 혐오하고 있었는지도 모른다. 그러나 그의 경제관이 전통적이었다 하더라도, 한편 개인의 무가치를 강조한 것은 대조적이며, 인간은 단지 세속의 권위에 따를 뿐 아니라 경제적 성과라는 목적을 위해서도 그 생활을 종속시켜야 한다는 방향으로 길을 열어놓았던 것이다. 이런 경향이 오늘날 파시스트들에 의해 그 정점에 달했다. 그들은 인생의 목적을 '보다 더 높은' 권력과 지도자와 또 민족 공동체를 위해 희생되는 것이라고 강조하고 있다.

칼뱅의 신학은 앵글로색슨 제국(諸國)에서, 마치 루터의 신학이 독일에서 그랬던 것처럼 중요했고, 본질적으로나 신학적 또 심리학적으로도 루터와 같은 정신을 나타내고 있다. 칼뱅도 교회의 권위와 그 교의를 맹목적으로 받아들이는 데는 반대했지만, 그에게 종교는 인간의 무력함에 근거를 두고 있는 것이었다. 즉 자아의 부정과 인간적 자부심을 파괴하는 것이 그의 사상 전체의 중심 테마이다. 이 세상을 경멸하는 인간만이 내세(來世)에 대한 준비에 자기를 헌신할 수 있는 것이다.[38]

그는 우리에게 자기를 부정하라고 한다. 그리고 이 자아의 부정이야말로 신의 힘에 의뢰하기 위한 수단이라고 가르친다. 왜냐하면, 우리의 내면적인 약함과 비참함을 의식함으로써 생기는 불안이야말로 무엇보다도 더 우리에게 신을 믿게 하고 신을 확신시키는 것이기 때문이다."[39]

사람은 자기 스스로 주인이라고 생각해서는 안 된다고 그는 가르친다.

우리는 우리 자신의 것이 아니다. 그러기에 우리의 이성도 의지도 우리의 사고나 행위를 지배해서는 안 된다. 우리는 우리 자신의 것이 아니다. 따라서 육신이 바라는 대로 우리에게 편리한 것을 구하는 일을 목적으로 삼지 않도록 하자. 그리고 우리 자신과 우리가 가지고 있는 모든 것을 가능한 한 잊어버리도

---

38) 장 칼뱅(Jean Calvin), 《그리스도교 원리(*Institutes of the Christian Religion*, translated by John Allen, Presbyterian Board of Christian Education, Philadelphia, 1928, Book III, Chapter IX, 1.)》

39) 칼뱅, 앞의 책 Book III, Chapter II, 23.

록 하자. 우리는 오직 하나님의 것이다. 그러므로 하나님을 위하여 살며, 또 하나님을 위하여 죽자. 왜냐하면, 만일 인간이 자기 마음대로 행동한다면 그것은 인간을 파멸시키는 가장 무서운 해악이 되기 때문이다. 자신이 어떤 것이라도 안다든가 원한다든가 하는 일 없이, 앞서 걸어가는 하나님의 인도를 받는 것만이 우리가 구원되는 유일한 길이다.[40]

인간은 덕을 그 자신을 위해 구해서는 안 된다. 그것은 다만 인간을 허영심으로만 이끌 것이다.

왜냐하면 인간의 영혼에는 악덕의 세계가 잠재해 있으며, 이것은 예부터 내려오는 진리이기 때문이다. 이 악덕의 세계를 없애기 위해서는 자기 자신을 부정하고 이기적인 생각을 다 버릴 것이다. 또 하나님이 그대들에게 요구하는 바를 단지 그분의 마음을 기쁘게 해 준다는 이유만으로, 그대들의 모든 주의를 집중하여 구해가는 수밖에는 도리가 없는 것이다.[41]

칼뱅 또한 선한 행위로는 구원을 받을 수 없다고 한다. 어디에나 선한 일은

---

40) 칼뱅, 앞의 책 Book III, Charpter VII, 1. "왜냐하면……" 이하는 라틴어의 원전인 칼뱅의 위의 책(*Johannes Calvini Institutio Christianae Religionis*, Editionem curavit A. Tholu-k, Berolini, 1835. Par. Ⅰ, p. 445)을 참조하라. 이 부분에 대한 아렌의 번역은 원전과 약간 달라 칼뱅 사상의 준엄함을 감소시켰기 때문이다. 아렌은 이곳 문장을 다음처럼 번역했다. "왜냐하면 자기 자신의 경향에 따르는 일은 사람들을 가장 확실히 파멸시키는 것이므로, 우리 자신의 지식과 의지에 의뢰치 말고 오직 주의 인도를 따르는 것만이 한 가지 안전한 방법이다." 그러나 라틴어의 '*sibi ipsis obtemperant*'는 '자기 자신의 경향에 따른다'가 아니라 '자기 자신에 따른다'이다. 자신의 경향을 따르는 것을 금함은, 사람이 그의 자율적인 경향을 억제하여 자기 양심을 따라야만 한다는 칸트 윤리학의 완화된 형태이다. 그에 반해 자기 자신에 따르는 일을 금하는 것은 인간 자율성의 부정이다. 이와 마찬가지로 미묘한 뜻의 변화는 '*ita unicus est salutis portis nihil nec sapere, nec bclle per seipsum*'을 '나 자신의 지식과 의지에 의뢰하지 않는다'라고 번역한 데서도 나타나 있다. 원전의 서술은 계몽철학의 모토 즉 '*sapere aude*'—감히 안다— 라는 일과 명백히 모순되지만, 아렌의 번역은 자신의 지식에 의뢰한다는 근대사상과 거의 일치되는 경고로 되어 있다. 내가 이상과 같이 원전과 번역의 차이를 들어 말하는 이유는, 원 저자의 정신은 바로 그것을 번역함으로써 '근대화'된다—물론 무슨 저의가 있어서 그런 것은 아니지만—는 좋은 예가 되기 때문이다.

41) 위의 책 Book III, Chapter VII, 2.

존재하지 않는 것이다.

"아무리 경건한 사람이 행한 일이라도 하나님의 준엄한 심판대 앞에 서면, 비난받지 않는 법이 없다."[42]

칼뱅 체계의 심리학적 뜻을 이해하려면, 원칙적으로 루터의 교의에 대해 언급한 바와 같은 것이 적용된다. 칼뱅도 보수적인 중산계급 사람들에게 가르침을 전했다. 그들은 심한 고독감과 두려움을 느끼고 있었다. 이러한 그들의 감정은 개인의 무의미와 무력함, 또 개인의 헛됨을 말하는 칼뱅의 교의에 표현되고 있었다. 그러나 루터와 칼뱅 사이에는 어느 정도 차이가 있다. 루터 시대의 독일은 전반적으로 어지러웠고, 자본주의가 대두됨에 따라 농민과 도시의 빈민계급뿐 아니라 중산계급까지 위협을 받고 있었던 데 반해, 제네바는 비교적 번영한 사회였다. 제네바는 15세기 전반에 유럽의 중요한 시장(市場) 중 하나였다. 그리고 칼뱅 시대에는, 이런 점에선 리용보다 뒤떨어져 있었지만,[43] 경제적으로는 그래도 안정성을 유지하고 있었다.

결국, 칼뱅 추종자들은 주로 보수적인 중산계급에 모여 있었다.[44] 또 프랑스, 네덜란드, 영국에서도 주로 그를 따르는 귀의자는 발전한 자본가들이 아니라 직인이나 소상인들이었다. 직인과 소상인들 중에도 물론 비교적 번영했던 자도 있긴 했지만, 그들은 전체적으로 자본주의의 발생으로 말미암아 위협을 받고 있었다.[45]

이 같은 계급에 대해 칼뱅주의는, 이미 루터주의에 대해 언급한 바와 같이 심리적으로 호소했다. 칼뱅주의는 자유의 감정을 표현했다. 그러나 그와 동시에 개인의 무의미함과 무력함의 감정도 표출했다. 그리고 완전한 복종과 철저한 자아의 부정으로써 개인은 새로운 안정을 기대할 수 있다는 가르침을 통해 하나의 해결책을 제시해 주었다.

칼뱅의 가르침과 루터의 가르침 사이에는 수많은 미묘한 차이가 있지만, 그

---

42) 위의 책 Book III, Chapter XIV, 11.

43) 쿨리셔, 앞의 책 p. 249.

44) 하크네스(Georgia Harkness), 《장 칼뱅, 인간과 그 윤리(*Jean Calvin, The Man and His Ethics*, Henry Holt & Co., New York, 1931. p. 151 ff.)》

45) 보르케나우(F. Borkenau), 《봉건사회에서 식민사회로의 이행(*Der Übergang vom feuda-len züm bürgerlichen Weltbild*, Alcan, Paris, 1934. p. 156 ff.)》

것은 이 책에서 그리 중요하지 않다. 오직 두 가지 차이만 다루어도 충분하다. 그 하나는 칼뱅의 예정설이다. 아우구스티누스, 아퀴나스, 루터에게서 볼 수 있는 예정설과는 달리, 칼뱅은 예정설을 그의 모든 체계의 주석(柱石) 중 하나로, 그 중심적인 교의로 삼았다. 그는 예정설에 새로운 형태를 주어, 신은 어떤 자에게 은총을 예정할 뿐 아니라, 다른 자에게는 영원한 벌을 결정한다고 말하고 있다.[46]

구제냐 영원한 벌을 받느냐 하는 것은, 사람들이 이 세상에서 선행을 했느냐 악행을 했느냐의 결과가 아니라, 인간이 태어나기 전부터 신에 의해 예정되어 있다는 것이다. 신이 왜 어떤 자를 택하고 다른 자를 벌하는가는 인간이 탐구해서는 안 되는 비밀이다. 신은 다만 신의 무한한 힘을 보이고 싶었기 때문에 그렇게 했을 뿐이다. 칼뱅의 신은 정의와 사랑이라는 관념을 가능한 한 보존하려고 노력했음에도, 신은 결국 사랑도 정의도 전혀 없는 전제 군주의 모습을 띠고 있다. 신약성서와는 반대로, 칼뱅은 사랑의 최고 역할을 부정하고 다음과 같이 말하고 있다.

"스콜라 학파가 신앙이나 소망보다도 자비로움이 우위라고 말하는 것은, 병적 상상력의 단순한 공상에 불과하다……."[47]

예정설은 심리적으로는 이중적인 뜻이 있다. 예정설은 개인의 무력과 무의미함을 강조하고 있다. 인간의 의지와 노력이 가치가 없다는 것을 이만큼 강력하게 표현한 사상은 없다. 인간의 운명에 대한 결정권은 그의 수중에서 완전히 박탈되어, 그 결정을 변화시키기 위해 인간이 할 수 있는 일은 하나도 존재하지 않는다. 인간은 신의 수중에 있는 무력한 도구일 뿐이다. 칼뱅의 교의가 갖는 또 하나의 의미는, 루터의 경우와 마찬가지로, 칼뱅이나 그 추종자들의 비합리적인 회의를 없애는 작용에 있다.

언뜻 보기에 예정설의 교의는 회의를 가라앉히기보다는 강화시키는 것같이 보인다. 자신이 태어나기 전부터 영원한 벌을 받도록 정해져 있는가 아니면 구제를 받도록 정해져 있는가를 알고자 하는 의혹에 개인은 전보다 더 사로잡히는 것이 아닐까. 자기의 운명이 무엇인가를 어떻게 확신할 수 있는 것일까. 칼뱅

---

46) 칼뱅, 앞의 책 Book III, Chapter XXI, 5.
47) 위의 책 Book III, Chapter II, 41.

은 이 같은 확신의 구체적인 증거는 아무것도 가르치지 않았지만, 칼뱅과 그의 추종자들은 선택된 인간이라는 확신을 실제로 품고 있었다. 앞서 루터의 교의를 분석했을 때와 마찬가지로, 그들은 이러한 확신을 자기부정의 메커니즘에 의해 획득한 것이다. 확고한 믿음만 있다면, 예정설은 무엇보다 안정성을 주는 것이었다. 한번 구원을 받으면 누구라도 이를 번복할 수 없었다. 왜냐하면 인간의 구제는 그 자신의 행위에 따라 되는 것이 아니라, 태어나기 전에 이미 정해져 있기 때문이다. 또다시 루터의 경우와 같이 이러한 근본적인 회의는 절대적인 안정성을 추구하게 했다. 그러나 회의는 여전히 배후에 남아 있어서, 자기가 속해 있는 종교 단체야말로 인류 가운데 신에게 뽑힌 사람들이라는, 보다 더 광신적인 예정설로 그러한 의심을 끊임없이 가라앉혀야만 했던 것이다.

칼뱅의 예정설에는 여기서 명백히 지적해 두어야 할 하나의 뜻이 포함되어 있다. 왜냐하면 예정설은 나치스의 이데올로기에서 생생한 형태로 부활했기 때문이다. 즉 그것은 인간의 근본적인 불평등이라는 원리이다. 칼뱅이 보는 바로는 두 부류의 인간이 존재한다. 즉 구원을 받는 인간과 영원히 벌을 받도록 정해져 있는 인간이다. 이 운명은 그들이 태어나기 전에 이미 결정되어 있어 이 세상의 어떠한 행위로도 그를 변화시킬 수 없는 만큼, 인간의 평등은 원칙적으로 부정된다. 인간은 불평등하게 만들어져 있다. 이 원리는 또 인간 사이에 어떤 연대성도 없음을 뜻한다. 왜냐하면 인간의 연대성에서 가장 강력한 기반이 되는 하나의 요소가 부정되기 때문이다. 그것은 바로 '평등'이다. 칼뱅주의자들은 참으로 순진하게도 자기들은 선택된 사람이며, 다른 자들은 다 신에 의해 벌을 받도록 결정된 인간이라고 생각했다. 이 신앙이 심리적으로는 다른 인간에 대한 깊은 경멸과 증오를 나타냈다는 것은 명백한 사실이다. 그런데 그들은 그와 같은 혐오를 신에 대해서도 품고 있었다. 근대 사상은 인간의 평등을 점점 긍정하게는 되었지만, 칼뱅의 원리가 결코 완전히 입을 봉해 버린 것은 아니다. 인간은 인종에 따라 근본적으로 불평등하다는 원리는, 다르게 합리화된 같은 원리의 확인이다. 즉 심리학적인 의미는 같은 것이다.

루터의 가르침과 다른 또 하나의 중요한 점은 도덕적인 노력과 생활의 중요성을 보다 더 강조하는 점이다. 한 사람이 행위로 그 '운명을 바꿀 수' 있다는 것이 아니라, 노력할 수 있다는 것 자체가 구원 받은 인간에 속하는 하나의 증거인 것이다. 인간이 가져야 할 덕이란 겸양과 중용(sobrietas), 누구나 당연히 할당되는 몫을 받을 수 있다는 뜻에서의 정의(iustitia), 인간을 신과 결부시키는 경건(pietas)이다.[48] 칼뱅주의는 더 발전하면서 도덕적 생활과 끊임없는 노력의 의미를 강조하는 점과, 특히 그 같은 노력의 결과로써 세속적으로 성공하는 것은 구원의 한 표시라는 생각이 중요성을 띠게 된다.[49]

도덕적 생활을 특히 강조하는 칼뱅주의는 또한 특수한 심리적인 뜻을 지니고 있었다. 칼뱅주의는 인간이 끊임없이 노력해야 함을 강조했다. 인간은 끊임없이 신의 말에 따라 생활해야 하며, 그 노력을 게을리해서는 안 된다. 이런 가르침은 인간의 노력이 구원에 아무 도움도 될 수 없다는 교의와 모순되는 것같이 보인다. 아무 노력도 하지 않는 숙명론자의 태도가, 훨씬 더 적절한 듯 보일 것이다. 그러나 심리학적으로 생각하면 그렇지 않다는 사실을 알 수 있다. 불안한 상태, 무력함과 무의미한 감정, 사후(死後) 세계에 대한 회의는 누구에게서나 나타난다. 이러한 공포에 싸인 인간은 누구나 노력을 게을리하거나, 생활을 즐기거나 또 앞으로 일어날 일에 대해 무관심할 수는 없을 것이다. 이러한 참을 수 없는 불안한 상태와, 자기 자신의 무의함에 대한 위축된 감정으로부터 도피할 수 있는 단 하나의 길은 칼뱅이슴에 있어 극히 우세(優勢)하게 된 그 특성뿐이다. 즉 열광적인 활동과 무엇을 하고자 하는 충동의 발달이다. 이러한 뜻에서의 활동은 강제적인 성질을 띠게 된다. '개인은 의혹과 무력함의 감정을 극복하기 위해 활동해야 한다.' 이 같은 노력이나 활동은 내면적인 힘과 자신(自信)으로부터 생기는 것은 아니다. 그것은 불안으로부터 벗어나려는 필사적인 도피이다.

이 메커니즘은 개인이 공포에 사로잡혀 있을 때 쉽게 볼 수 있다. 몇 시간 안에 자기의 병—치명적일지도 모르는—에 대해 의사의 진단을 받으려고 하는 인간은 으레 불안하게 마련이다. 그래서 대체로 조용히 앉아서 기다리지 않는다. 만일 그 불안이 그를 위축시키지 않으면, 정도의 차이는 있지만, 광적인 행동으로 표출되는 일이 자주 일어난다. 그는 복도를 왔다 갔다 하거나, 질문을

---

48) 위의 책 Book III, Chapter VII, 3.
49) 후자는 칼뱅의 교의와 자본주의 정신과의 중요한 연결고리로서 막스 베버의 저작에서 특히 주목되고 있다.

하거나, 누구든 붙잡고 말을 걸거나, 책상 위를 치우거나, 편지를 쓰거나 할 것이다. 평상시의 일을 계속할 수도 있겠지만, 대개 보다 더 활발하고 보다 더 미친 듯이 열중하게 된다. 어떤 형태의 노력을 하건 그것은 불안에 쫓기는 표시이며, 열광적인 행동으로써 무력감을 극복하려는 노력이다.

　칼뱅주의에서 나타나는 노력에는 또 하나의 심리적인 뜻이 있었다. 그 끊임없는 노력에도 지치지 않는다는 사실, 또 세속적인 일에서뿐만 아니라 도덕적인 행위에서도 성공한다는 사실은 하여간 선택된 인간의 한 사람이라는 뚜렷한 증거였다. 이와 같은 강제적인 노력이 비합리적이라는 이유는, 그 활동이 '어떤 바람직한 목적을 만들어 내기 위해서'가 아니라 개인의 활동과 지배와는 관계 없이, '미리 정해진 사항이 나타나느냐 나타나지 않느냐를 지시'해 주는 데 도움이 된다는 점에 있다. 이 메커니즘은 강박신경증의 잘 알려진 특징이다. 강박증 환자는 어떤 중대한 일의 결과를 두려워할 때, 그 답변을 기다리는 동안, 창문이나 가로수의 수를 헤아릴 것이다. 그 수가 짝수면 사태는 순조롭다 느끼고, 만일 홀수면 좋지 않은 징조로 생각한다. 이 같은 회의는 특수한 경우에만 일어나는 것이 아니라, 인간의 평생에 걸쳐 흔히 나타난다. 따라서 '징조'를 구하려는 강박감도 온 생애에 걸쳐 나타난다. 돌을 헤아린다든가, 혼자서 트럼프를 친다든가, 도박을 한다든가 하는 일이 불안이나 회의와 결부되어 있다는 사실을 사람들은 의식하지 못할 때가 있다. 그러나 그는 막연한 불안감에 혼자서 트럼프 놀이를 한다. 그의 행위에 숨겨진 이 같은 기능을 드러내는 데는 오직 한 가지 분석밖에 없다. 즉 그것은 미래를 명백히 하는 일이다.

　칼뱅이슴에서의 이런 노력의 의미는 종교적 교의의 일부였다. 그것은 본디 도덕적 노력과 관계되어 있었지만, 나중에는 직업상의 노력과 실패에 보다 더 중점을 두게 되었다. 성공은 신의 은총을 받은 표시이고, 실패는 벌을 받은 표시였다. 이런 점을 생각해 보면, 끊임없는 노력과 일을 하려는 충동은 인간의 무력함에 대한 근본적인 확신과 모순되기는커녕, 오히려 심리적으로 당연한 결과이다. 이런 뜻으로 본 노력이나 일은 전혀 비합리적인 성격을 띠고 있다. 노력이나 일로써 인간의 운명을 바꿀 수는 없었다. 왜냐하면 인간이 아무리 애써도 운명은 오직 신의 계획에 따라 미리 정해져 있기 때문이다. 노력과 일은 다만 예정된 운명을 예견(豫見)하기 위한 하나의 수단에 불과했다. 동시에 미친 듯한 노력은 다른 방법으로는 참을 수 없는 무력감을 덮어 주는 것이었다.

　노력과 일을 목적 그 자체로 생각하는 이 새로운 태도는 중세기 말 이후 인간에게 일어난 가장 중요한 심리적 변화라 할 수 있다. 어떤 사회에서나 인간은 살아가기 위해서는 일을 하여야 한다. 많은 사회에서는 노예들에게 일을 시킴으로써 이 문제를 해결하고, 자유로운 인간은 '보다 고상한' 직업에 헌신했다. 그런 사회에서는 일을 한다는 것도 자유인의 소관이 아니었다. 또한 중세 사회에서 노동이라는 무거운 짐은 여러 계급 사이에 불평등하게 분배되어 있었고, 많은 사람들이 참혹하게 착취되고 있었다. 그러나 일에 대한 태도는, 그 뒤 근대에 와서 발전된 것과는 판이했다. 그때의 일은 시장에서 이윤을 보고 판매되는 상품을 생산하는 것과 같은 추상적인 성격의 것이 아니었다. 사람들은 구체적인 필요에 따라, 또는 구체적인 목적을 지니고 일을 했다. 즉 생계를 이어나가기 위해 일한 것이다. 막스 베버가 특별히 제시한 바와 같이 전통적인 생활 수준을 유지하는 데 필요 이상으로 일해야 할 요구는 존재하지 않았다. 중세 사회의 어떤 사람들은 일을 생산하는 능력을 실현하는 것으로 여기고 즐겁게 했던 것으로 보인다. 또 그 밖의 많은 사람들은 일을 '해야 되기 때문에' 한 것이며, 이 필요성은 외적인 압력 때문이라고 인식했던 것 같다. 그러나 근대사회에 와서는 사람들이 외적인 압력에 의해서보다는 내적인 강제에 의해 일을 하게 되었다. 근대 이전의 사회에선 대단히 엄격한 주인만이 사람들을 그렇게 만들 수 있었다.

　모든 에너지를 일에 쏟게 하는 데 내적인 강제는 어떤 외적인 강제보다 강력했다. 외적인 강제에는 언제나 어느 정도의 반항이 따른다. 그것이 일의 효과를 방해하여, 사람들을 지식과 창의와 책임을 필요로 하는 분화된 일을 시키기에 부적당하게 만든다. 인간이 자기 자신의 노예 감독이 되어 무턱대고 일을 할 때는 이런 일이 일어나지 않았다. 만일 인간의 에너지 대부분이 일의 방향으로 쏠리지 않았다면, 자본주의는 틀림없이 발달하지 않았을 것이다. 자유로운 인간이 한 가지 목적, 즉 일을 위해 이처럼 철저하게 에너지를 집중시킨 시대는 역사상 일찍이 없었다. 마구잡이로 일을 하려는 충동은 근본적인 생산력의 하나로, 우리 산업 조직이 발달하는 데 증기나 전기에 못지않은 중요한 것이었다.

우리는 지금까지 중산계급에 침투되었던 불안과 무력감을 중심으로 논했다. 이제는 그동안 미비했던 하나의 특성에 대해 검토하기로 한다. 그것은 바로 '적개심'과 '반감'이다. 중산계급이 심한 적개심을 품었다는 사실은 그리 놀라운 일이 아니다. 감정적·감각적인 표현을 억압당하거나, 자신의 존재 그 자체를 위협당하거나 하면 보통 누구나 적개심을 갖고 반항한다. 이미 살펴본 바와 같이 중산계급 전체, 그중에서도 특히 대두되는 자본주의의 은혜를 받지 못한 사람들은 심각한 위협을 받고 있었다. 거기다 그들의 적개심을 증진시키는 또 하나의 요소가 있었다. 바로 교회의 높은 지위에 있는 자를 비롯하여 소수의 자본가들이 과시하는 사치와 권력이었다. 그런 것을 선망하는 것은 당연한 결과이다. 그러나 적개심과 선망은 쌓여 갔지만 중산계급들은 하층계급처럼 그것을 직접 표현할 수는 없었다. 하층계급은 자기들을 착취하는 부자들을 미워하고, 그들의 권력을 전복시키고자 했다. 그들은 증오를 느끼고, 표현했다. 상층 계급 또한 권력욕에 따라 그 공격성을 직접 표현할 수 있었다. 그러나 중산계급은 본질적으로 보수적이었다.

　그들은 사회를 안정시키고자 했지 그것을 전복시키려고는 하지 않았다. 누구나가 더 번영하여 전체의 발전에 참여하고자 했다. 그 때문에 적개심을 표면에 나타낼 수 없었고, 의식적으로 느낄 수도 없었다. 그것은 억압되어야만 했다. 그러나 적개심을 억압하는 일은 다만 그것에 대한 의식을 제거할 뿐이지, 그 자체를 제거하지는 못한다. 더욱이 잠재되어 있는 적개심은 직접적으로 표현되지 않은 채, 인격 전체에도, 타인에 대한 관계에도, 또 자기에 대한 관계에도 침투할 정도로 증대했다―변장하여 합리화된 형태로.

　루터나 칼뱅은 이와 같이 널리 퍼져 있는 적개심을 표출하고 있다. 이는 이 두 사람이 인간적으로 보아 역사의 지도적 인물, 특히 종교 지도자 중에서 가장 증오에 사로잡힌 인물이었다는 뜻에서만이 아니라, 보다 더 중요하게는 이처럼 적개심으로 점철된 그들의 교의가, 억압되어 심한 적개심에 사로잡힌 사람들에게만 호소할 수 있었다는 뜻에서이다. 이런 적개심의 가장 뚜렷한 표현은 그들이 가지는 신의 개념, 특히 칼뱅의 교의에서 찾아볼 수 있다. 우리는 누구나 이런 개념에 익숙하지만, 신을 칼뱅처럼 전제적이고 잔혹한 존재로 생각하는 일이 과연 무엇을 뜻하는가는 충분히 이해하지 못한다. 칼뱅의 신은 어떤 자를 영원한 벌을 받을 자로 정해 놓았지만, 단지 그렇게 하는 것이 신의 힘의 표현이라는 점 이외에는 아무런 정당성도 이유도 없었다. 물론 칼뱅 자신도 이 신의 개념에 대해, 당연히 예상되는 반박에도 관심을 두고 있었다. 정의와 사랑이 깃든 신의 모습을 유지하려는 그의 미묘한 이론은 전혀 납득될 수 있는 것이 못 된다. 인간 위에서 절대적인 권력을 행사하여 인간의 복종과 굴욕을 요구하는 이 전제적인 신의 개념은 중산계급 자신의 적개심과 선망을 반영한 것에 불과하다.

적개심이나 분노는 또 타인에 대한 관계에서도 표현되었다. 그 주요한 형태는 도덕적인 분노였다. 그것은 루터의 시대부터 히틀러의 시대에 이르기까지 중산계급이 지닌 한층 변함없는 특징이다. 이 계급은 부와 힘으로 생활을 즐길 수 있는 계급을 사실상 선망했지만, 도덕적인 의분의 말 또는 이런 상층에 속하는 인간들은 영원한 고뇌로 말미암아 벌을 받게 되리라는 신념으로써 이 분노와 선망을 합리화하고 있었다.[50]

그러나 타인에 대한 적대적인 긴장은 또한 다른 방법으로도 표현되었다. 제네바에서 칼뱅의 제도는 만인(萬人)의 만인에 대한 시의(猜疑)와 적개심으로 특징 지어지게 되었고, 사랑이나 동포애는 그의 전제정치에서는 거의 찾아볼 수 없었다. 칼뱅은 부를 신용하지 않았으나, 그와 동시에 빈곤에 대해서도 전혀 동정심을 갖지 않았다. 그리하여 칼뱅주의 이후의 발전을 통해 낯선 사람에게 친절을 베풀지 말라는 경고와, 가난한 사람들에 대한 잔인한 태도와 또 시의의 일반적인 풍조가 종종 나타났다.[51]

신에게 적의나 질투를 투영하는 일과, 도덕적인 분노의 형태를 취하는 간접적인 표현 외에도, 적개심이 표현되는 또 하나의 방법이 있다. 바로 그것을 자기 자신에게 돌리는 것이다. 루터와 칼뱅이 열심히 인간의 죄악성을 강조하고 모든 도덕의 근저(根底)로 자기 비하(自己卑下)와 겸손을 가르쳤던 것은 이미 살펴본 바이다. 그들이 마음속으로 의식하고 있던 것은 극도의 비하의 감정에 불

---

50) 라눌프(Ranulf)의 《도덕적 분노와 중산계급의 심리(*Moral Indignation and Middle Class Psychology*)》를 참조하라. 이것은 도덕적 분노가 중산계급 특히 하층 중산계급의 전형적인 특성이라는 명제에 대해 중요한 공헌을 한 연구이다.
51) 막스 베버, 앞의 책 p. 102와 토니, 앞의 책 p. 190 그리고 라눌프의 앞의 책 p. 66 참조.

과하다. 그러나 자기 비난과 자기 비하의 심리적 메커니즘을 잘 알고 있는 사람은 이런 종류의 '비하'가 심한 증오에 뿌리박고 있음을 간파한다. 그 이유가 무엇이든 간에 그것은 외계로 향하지 않고, 자기 자신에게 향하기 때문이다.

이러한 현상을 충분히 이해하기 위해서는 타인에 대한 태도와 자기에 대한 태도가 모순되기는커녕 원칙적으로 평행을 이룬다는 사실을 이해해야 한다. 타인에 대한 적개심은 종종 의식적으로 뚜렷이 표현되나, 자기 자신에 대한 적개심은 보통(병리적인 경우를 제외하고는) 무의식적이고, 간접적인 합리화된 형태로 표현된다. 그 하나는 자기의 죄악성과 무의미함을 강조하는 일이다. 다른 하나는 양심이니 의미니 하는 가면을 쓰고 나타나는 것이다. 자기혐오에 조금도 관계없는 겸손이 존재하는 것처럼 적개심에 뿌리박지 않은 순수한 양심의 요구라든가 순수한 의무의 의식도 존재한다. 이런 순수한 양심은 완전한 인격의 일부를 이루고, 그 요구에 복종하는 일은 자아 전체를 긍정하는 일이 된다. 그러나 종교개혁 이래 오늘날까지 종교적인 합리화와 세속적인 합리화에 의해 현대인의 생활에 널리 퍼져 있는 '의무' 의식은 다분히 자기에 대한 적개심으로 물들어 있다. '양심'이란 자기 자신에 의해 속으로 끌려들어간 노예 감독에 불과한 것이다. 양심은 인간이 자기의 것이라 믿는 소망이나 목적에 따라 행위하게끔 몰아세우지만, 그 소망이나 목적이란 것이 실은 외부의 사회적 요구가 내재화된 것에 불과하다. 양심은 준엄하고 잔인하게 그를 몰아세워, 쾌락과 행복을 금하고 그의 온 생애를 뭔가 신비적인 죄과에 대한 보상으로 삼는다.[52] 그것은 특히 초기의 칼뱅주의와 후기의 퓨리터니즘에서 특징적인 '세속적인 금욕주의'의 근거이기도 하다. 또한 이런 근대적인 비하와 의무 의식에 뿌리박고 있는 적개심은 다른 방법으로는 풀 수 없는 모순을 설명해준다. 즉 이 같은 비하는 타인에 대한 경멸과 병행하며, 또한 자존심이 실제로 사랑과 자비로 대치되었다는 것을 말한다.

---

52) 프로이트는 인간의 자기 자신에 대한 적개심에 주목했다. 그것은 그가 초자아라 부른 것 속에 포함되어 있다. 그는, 초자아는 원래 외적인 위험한 권위의 내재화라는 점도 깨달았다. 그러나 자아에 입각한 자발적인 이상과 자아를 지배하는 내재화된 명령을 구별하지 않았다. 여기의 관점은, 나의 권위의 심리학에 대한 연구에서 보다 상세히 논의되고 있다.(*Autorität und Familie*, ed. M. Horkheimer, Alcan, Paris, 1934). 카렌 호나이는 《정신분석학의 새로운 방법(*New Ways in Psychoanalysis*)》에서 초자아가 요구하는 강제적인 성격을 지적했다.

순수한 겸손과 동료에 대한 순수한 의무를 의식한다면 이렇게 되지는 않을 것이다. 그러나 자기 비하와 자기부정적인 '양심'이란 적개심의 한 면에 불과하며, 타인에 대한 경멸과 혐오의 또 다른 면이다.

지금까지 종교개혁 시대에 있어 자유의 의미를 간단히 분석해 왔다. 자유라는 특수한 문제, 사회과정에서의 경제적·심리적·이데올로기적 요소의 상호 작용이라는 일반적인 문제에 대해 우리가 도달한 결론을 여기서 요약해 두기로 한다.

봉건사회라는 중세적 체제의 붕괴는 사회의 모든 계급에 대해 하나의 중요한 뜻을 지니고 있었다. 즉 개인은 홀로 남게 되어 고독에 빠진 동시에 자유롭게 되었다. 인간은 전에 향유했던 안정성과 귀속감을 빼앗겨 경제적으로나 정신적으로나 개인의 안정을 채워주던 외계로부터 풀려난 것이다. 이로써 고독과 불안에 사로잡혔으나 또 자유롭게 되어, 독립하여 행동하고 생각할 수 있게 되었으며 자기의 주인이 될 수 있었다. 또 남의 명령에 따르지 않고 자기의 생활을 자기가 영위해 나가게 되었다.

그러나 서로 다른 사회 계급의 생활 상태에 따라, 이러한 두 가지의 자유 또한 판이한 무게를 지니고 있었다. 성장해 가는 자본주의 아래에서 가장 성공한 계급만이 이익을 얻고 실제로 부와 힘을 부여받았다. 그들은 자신의 활동과 합리적 계산으로 확대하고 정복하며, 지배하고 또 재산을 축적할 수 있었다. 이 새로운 유산 귀족은 문벌 귀족과 함께 새로운 자유의 결실을 향수하고, 새로운 정복감과 개인적인 창의의 감정을 얻을 수 있는 지위에 있었다. 물론 그들도 대중을 지배해야 했고, 또 그들끼리 싸워야만 했기 때문에 그들의 지위 또한 근본적인 불안과 근심으로부터 해방되지는 못했다. 그러나 일반적으로 자유의 적극적인 뜻은 새로운 자본가들 사이에서 지배적이었다. 그것은 새로운 귀족 사회의 토양에서 번영한 르네상스 문화에서 표현되었다. 르네상스의 예술과 철학에서는 절망과 회의주의도 볼 수 있었지만 더불어 인간의 존엄과 의지와 지배에 대한 새로운 정신이 표현되고 있었다. 개인의 활동과 의지력을 동일하게 강조한 점은 중세 말기 가톨릭 교회의 교의에서도 볼 수 있다. 당시 스콜라 학파 사람들은 권위에 반항하는 일 없이 그 지도를 받아들였다. 그러나 그들은 자유의 적극적인 의미를 강조했으며, 인간이 자기 운명의 결정에 참여하는 일과 인간의 힘과 존엄성과 아울러 자유의지를 강조한 것이다.

한편 하층계급과 도시의 빈민계급, 특히 농민들은 자유의 새로운 흐름에 자극되어 증대하는 경제적·인간적인 압박에 종지부를 찍고자 하는 열렬한 소망을 품게 되었다. 그들은 잃을 것은 거의 없었지만 얻을 것은 많았다. 그들은 독선적이고 섬세한 것에는 흥미를 갖지 않았으며, 성서의 근본적인 원칙, 즉 우애와 정의에 관심을 보였다. 그들의 소망은 많은 정치적인 반항이나 종교 운동 속에서 적극적인 형태를 취했다. 그것은 바로 그리스도교 발생 당시에 전형적이었던 불타협의 정신 바로 그것이었다.

그러나 우리의 주요한 관심은 중산계급의 반응에 있다. 자본주의의 발생은 물론 독립과 창의를 증대시켰으나, 그것은 중산계급에는 큰 위협이었다. 16세기 초 중산계급은 아직 새로운 자유에서 많은 힘과 안정을 얻을 수 없었다. 자유는 힘과 자신(自信)보다도 오히려 고독과 개인의 무의미함을 초래했다. 더욱이 그들은 로마 교회의 성직자까지 포함한 부유계급의 사치와 권력에 맹렬한 분노를 느끼고 있었다. 프로테스탄티즘은 이 무의미함과 분노의 감정을 표현하고 있었다. 그것은 신의 절대적인 사랑에 대한 신뢰감을 파괴하고, 자기 자신과 타인을 경멸하여 불신할 것을 가르쳐 줌으로써 인간을 목적으로서가 아니라 수단으로 전락시켰다. 또 그것은 세속적인 권력 앞에 굴복하고, 세속적인 권력이 만일 도덕과 모순된다면 단순히 존재하고 있다는 이유만으로 정당화된다는 원리를 취해 버리고 말았다. 그 결과 프로테스탄티즘은 지금까지 유대—기독교의 근거가 되어 왔던 요소들은 제외시키고 만 것이다. 프로테스탄티즘의 교의가 묘사한 개인과 신과 세계의 그림은 다음과 같은 개념을 표현한다. 즉 개인이 느끼는 무의미함과 무력함은 인간 본성에서 유래하는 것이므로, 인간은 그렇게 느끼는 대로 느껴야 한다는 신앙으로서 이런 감정을 정당화시켜야 한다는 것이다.

새로운 종교적 원리는 이처럼 중산계급이 느끼고 있던 감정을 표현했을 뿐만 아니라, 그 태도를 합리화해 체계화함으로써 점점 확대해 가며 강화시켰다. 그러나 새로운 종교는 다시 그 이상의 일을 했다. 즉 개인에게 그 불안과 맞서는 방법을 가르쳤던 것이다. 프로테스탄티즘은 자기의 무력함과 인간성의 죄악성을 철저하게 인정함과 더불어, 온 생애를 그 죄과의 보상으로 생각한다면

—그렇게 극도의 자기 비하와 끊임없는 노력을 한다면—의혹과 불안을 극복할 수 있다고 했다. 또한 완전한 복종을 통해 신의 사랑을 받고, 신이 구원하려고 결정한 인간에 속한다는 희망을 품으라고 가르쳤다. 프로테스탄티즘은, 위협받고 전복되어 고독하게 된 인간이 새로운 세계로 방향을 틀어 새로운 세계와 관계를 맺으려던 욕구에 대한 해답이었다. 경제적·사회적 변화로부터 유래하여 종교적 원리에 의해 강화된 새로운 성격 구조가, 이번에는 반대로 사회적·경제적인 발전을 더욱 추진시키는 중요한 요소가 되었다.

이런 성격 구조에 뿌리박고 있던 그런 성질—일하고자 하는 충동, 절약하려는 정열, 쉽사리 초개인적인 목적을 위한 도구가 되려는 경향, 금욕주의, 강제적 의무감—이야말로 자본주의 사회의 생산력이다. 그것 없이는 근대의 경제와 사회 발달은 생각할 수 없다. 그것은 인간 에너지의 특수한 형태로, 그런 형태를 취함으로써 사회과정에서 생산력의 하나가 된 것이다. 새로 형성된 성격 특성에 따라 행동하는 일은 경제적인 필요 면에서도 사실상 이익이 있었다. 또 심리적인 만족도 주었다. 왜냐하면 이런 행위는 새로운 인격의 욕구와 불안에 응하는 것이기 때문이다. 이 원칙을 좀 더 일반적인 말로 표현하면 다음과 같을 것이다. 사회과정은 개인의 생활양식을 결정함으로써, 즉 타인과 일에 대한 관계를 결정함으로써 개인의 성격 구조를 형성한다. 새로운 이데올로기는—종교적인 것이건 철학적인 것이건 또는 정치적인 것이건—이런 변화된 성격 구조에서 오며, 또 그것에 호소한다. 이렇게 그것은 새로운 성격 구조를 강화하고, 충족하고, 고정화해 간다. 새로 형성된 성격 특성은 오히려 경제적 발전을 촉진시키는 중요한 요소가 되며, 사회과정에 영향을 미치게 된다. 본디 새로운 경제력의 위협에 대한 반작용으로 발달한 것이, 마침내 새로운 경제적 발전을 촉진·강화하는 생산적인 힘이 된 것이다.[53]

---

53) 사회 경제적, 이데올로기적, 심리적인 상호 작용에 대해서는 부록에서 상세히 논의했다.

제4장
현대인에게서 본 자유의 양면성

우리는 앞장에서 프로테스탄티즘의 주요한 교의에 대해 그 심리적인 뜻을 분석해 보았다. 그것에 따르면 새로운 종교의 교의는 중세 사회 체제의 붕괴와 자본주의의 발생으로 인해 야기된 심리적 요구에 따르는 것이었다. 그 분석은 이중적인 뜻을 지니고 있는 자유 문제에 집중되었다. 즉 중세 사회의 전통적인 속박에서 벗어나 자유롭게 된 것은 개인에게 독립의 새로운 감정을 주었지만, 그와 동시에 개인에게 고독과 고립의 감정을 초래하여 의혹과 불안에 사로잡히게 했고, 새로운 복종과 강제적이고 비합리적인 활동으로 개인을 위축시켰다는 사실이 드러났다.

이 장에서는 자본주의 사회가, 보다 고도로 발달한 종교개혁 시대에 보이기 시작했던 변화와 동일한 방향으로 인격에 영향을 미쳤다는 사실을 제시하고자 한다.

프로테스탄티즘의 교의는 근대적 산업조직 아래에서 역할을 수행하도록 심리적인 준비를 시켰다. 이 조직, 이 습관, 또 거기서 생기는 이 정신은 생활의 각처에 파급되어 인격 전체를 형성하고, 앞 장에서 검토한 바와 같은 모순을 더 한층 드러냈다. 즉 근대적 산업조직은 개인을 발전시켰지만—그를 보다 더 무력하게 했다. 그것은 자유를 증대시켰지만—새로운 의존심을 낳았다. 인간의 성격 구조 전체에 미친 자본주의의 영향은 설명하지 않겠다. 왜냐하면 오직 이 일반적인 문제의 한 면—자유 발달과 정의 변증법적 성격—에만 집중해 왔기 때문이다. 우리의 목표는 근대사회의 구조가 인간에게 동시에 두 가지 영향을 미치고 있음을 보여주는 일이다. 그 두 가지란 인간을 보다 더 독립적·자율적·비판적으로 만든다는 것과, 보다 더 고립되어 고독하며 공포에 사로잡히게 한다는 것이다. 자유의 문제 전체를 이해할 수 있느냐의 여부는 이 과정의 양면을 보고서, 그 한 편을 추구하고 있을 때 또 다른 한 편의 흔적을 지워 버리느냐 아니냐의 바로 그 능력 여하에 달려 있다.

이것은 상당히 곤란한 일이다. 왜냐하면 우리는 비변증법적인 사고에 익숙하여, 두 가지 모순된 경향이 동시에 한 가지 원인에서 생겨나는 데 대해 의심을 쉽게 품기 때문이다. 특히 자유의 주장으로 마음이 꽉 차 있는 사람들은 자유의 부정적인 측면, 즉 자유가 인간에게 부여하는 중압에 대해서는 이해하기 힘들기 때문이다. 근대사에서 보이는 자유를 위한 투쟁에선, 낡은 권위와 속박과의 싸움에서 전통적인 속박이 제거되면 제거될수록 인간은 보다 더 많은 자유를 획득한다고 느끼는 것은 당연한 일이다. 그러나 인간은 자유의 낡은 적으로부터 스스로 해방되었지만, 전혀 성질이 다른 새로운 적이 대두된 사실에 대해서는 전혀 모르고 있다.

그 새로운 적이라 함은 본질적으로는 외적인 속박이 아니라, 인격의 자유를 충분히 실현하는 일을 방해하는 내면적인 요소이다. 이를테면 신앙의 자유가 자유의 최후 승리라고 믿기도 한다. 확실히 그것은 인간이 자신의 양심에 따라 신앙을 구하는 일을 허용치 않았던 교회와 국가의 권력에 대한 승리이긴 하다. 그러나 현대인은 자연과학의 방법에 따라 증명된 것만 믿는, 내면적인 능력을 크게 상실한 사실은 충분히 인식하지 못하고 있다. 또 다른 예를 들면, 언론의 자유가 자유의 최후 승리 단계라고 믿기도 한다. 언론의 자유는 확실히 '낡은' 속박에 대한 싸움에 있어 중요한 승리이기는 하지만, 현대인은 자기가 생각하고 말하는 것이 남들과 똑같아지는 위험을 잊고 있다. 또 현대인은 독창적으로 생각하는 힘—즉 자기가 스스로 생각하는 능력을 갖추지 못했다는 것을 인식하지 못한다. 이것이야말로 어느 누구도 그의 사상의 발표에 간섭할 수 없다는 그의 주장에 처음으로 뜻을 부여하는 것이다.

또한 우리는 인간이 그에게 무엇을 할 것이고, 무엇을 하지 말 것인가를 가르치는 그런 외적 권위에서 해방되어, 자유로이 행동하게 된 일을 자랑스럽게 생각하고 있다. 그러나 여론과 '상식' 등 익명의 권위가 가지는 역할을 경시하고 있다. 타인의 기대에 일치되도록 깊은 배려를 하고 있으며, 그 기대에 어긋남을 대단히 두려워하기 때문에, 여론이나 상식의 힘은 극히 강력해지는 것이다. 다시 말해, 우리는 '외부의' 힘으로부터 점점 자유로워지는 것에 열중하여 '내부에 있는' 속박이나 공포를 등한시하고 있다. 더구나 이 내적 속박과 강제와 공포는 자유가 그 전통적인 적에 대해 쟁취한 승리의 의미를 전복케 하는 것이다. 따라서 우리는 자유의 문제란 근대사의 과정에서 지금까지 획득해 온 자유를 보다 더 많이 보유하는 일이라고 생각하기 쉽다. 또 그 같은 자유를 부정하는 힘에 대항해 자유를 지키는 일만이 전부라고 생각하기 쉽다. 물론 지금까지 획득해 온 자유는 되도록 다 지켜야 하지만, 문제는 양적인 것이 아니라 질적인 것이다. 우리는 잊고 있다. 전통적인 자유를 지키고 증대시킬 뿐 아니라 우리의 자아를 실현시켜, 이 자아와 인생을 믿을 수 있게 되는 그런 새로운 자유를 획득해야 함을 말이다.

산업 조직이 이 같은 내면적 자유에 미친 영향을 비판적으로 평가하려는 사람은, 자본주의가 인간의 인격 발달에 초래한 거대한 진보를 충분히 이해하는 일부터 시작해야 할 것이다. 사실 이런 면을 소홀히 다룬 근대사회의 비판은 모두 비합리적인 낭만주의에 입각해 있으며, 자본주의를 비판하는 데도 인간이 세운 가장 중요한 업적을 진보시키기 위해서가 아니라, 파괴하기 위해 비판을 하는 것이 아닌가 하는 의심을 하게 된다.

프로테스탄티즘이 인간의 영혼을 해방시키려 했던 일을 자본주의는 정신적, 사회적, 또 정치적으로 수행해 갔다. 경제적 자유가 이 발전의 토대였으며, 중산계급이 그 선두 주자였다. 전통 위에 구축된 사회조직, 개인이 전통의 제한을 초월하여 발전하기 힘든 고정된 사회조직에 인간은 더 이상 속박을 받지 않게 되었다. 개인은 그의 근면과 지식과 용기와 절약과 그리고 행복이 허용하는 한 자신의 경제적인 부를 획득할 수 있게 되었으며, 또 그렇게 되기를 기대했다. 성공의 기회는 자기 자신의 것이 되었다. 그러나 동시에 실패하는 위험도 자신의 것이 되고, 냉엄한 경제전에서 살해·부상당하는 일도 다 자신의 책임으로 돌아갔다.

봉건제도 아래에서는, 개인이 그 생활을 확장할 수 있는 범위가 태어나기 전에 이미 정해져 있었다. 그러나 자본주의 체제 아래서의 개인, 특히 중간계급의 성원은―많은 제한이 있음에도 불구하고―자신의 공적과 활동을 통해 성공할 기회를 잡을 수 있었다. 그는 하나의 목표를 발견하여 그것을 향하여 노력할 수 있으며, 또 종종 그 목표에 도달할 수 있는 좋은 기회를 얻었다. 또한 자신에게 의지해 책임으로 결단짓는 법을 터득했고, 귀가 솔깃한 미신 또는 무서운 미신을 포기하는 것을 배웠다. 인간은 자연의 속박에서 점점 자유롭게 되었다. 그리고 여태 듣지도 보지도 못했던 정도로 자연의 힘을 지배했다. 인간은 평등하게 되었다. 인류의 통일을 방해하는 자연적인 성벽이었던 계급과 종교의 차이는 사라지고, 인간은 서로가 서로를 인정할 줄 알았다. 세계에서 신비적인 요소가 점점 없어져 갔으며, 자기 자신을 객관적으로 바라보게 되었고, 환상적인 눈으로 바라보는 일은 줄어들었다. 정치적인 자유도 또한 발전했다. 대두되는 중산계급은 그 경제적 지위의 힘으로 정치권력을 정복할 수 있었으며, 그것으로써 경제적으로 진보할 수 있는 가능성을 증대시켰다.

영국 및 프랑스의 대혁명과 미국의 독립전쟁은 이 발전을 적어 놓은 표석(標石)들이다. 정치적 자유의 진보는 근대적 민주 국가에서 그 정점에 달했다. 거기서는 인간의 평등과 자기가 선출한 대표를 통해 정치에 참여하는 평등의 권리가 그 기본 원리를 이루고 있다. 인간은 누구나 신의 이익에 따라 국민의 공동번영을 고려해 가며 행동할 수 있다고 생각되었다.

한마디로 자본주의는 단지 인간을 전통적인 속박에서 해방시켰을 뿐만 아니라, 적극적인 자유를 대대적으로 증가시켜 능동적이고 비판적인 책임을 지닌 자아를 성장시키는 데 공헌했다.

그러나 이것은 자본주의가 발전하는 자유의 과정에 미친 하나의 결과일 따름이다. 그것은 동시에 개인을 점점 고립시켜 그에게 무의미함과 무력함의 감정을 부여했다.

여기서 우선 다루어야 할 요소는 자본주의 경제의 일반적인 특징 중 하나인 개인적인 활동의 원리이다. 모든 인간이 정연하고 뚜렷한 사회 조직 속에서 일정하고 고정된 위치를 지녔던 중세의 봉건제도와는 반대로 자본주의 경제 하에서는, 개인은 완전히 자신의 힘으로 서게 되었다. 그가 무엇을 하느냐 또 그것을 어떻게 하느냐, 성공하느냐 실패하느냐 하는 일은 전적으로 그 자신의 일이 되고 말았다. 이 원리가 개성화의 과정을 촉진시킨 것은 명백한 일이며, 근대문화의 명예로운 측면을 이루는 데 중요한 항목의 하나로 항상 손꼽히고 있다. 그러나 '……으로부터의 자유'가 점점 진전할 때, 이 원리는 개인 간의 모든 유대를 끊음으로써 개인을 동료로부터 고립시켜 분리된 자로 만들었다. 이 발전은 종교개혁의 가르침을 통해 준비된 것이다. 가톨릭 교회에선 개인의 신에 대한 관계는 교회의 일원이라는 사실에 기초를 두고 있었다. 교회는 개인과 신을 결부시키는 매개체였고, 한편으론 인간의 개성을 제한하고, 다른 한편으로는 개인을 집단의 구성 부분으로서 신 앞에 서게 했다. 그런데 프로테스탄티즘에서는 오직 개인 혼자서만 신을 향하게 한 것이다. 루터에 따르자면 신앙은 전적으로 주관적인 경험이며, 또 칼뱅에게는 구제의 확신도 이와 마찬가지로 주관적인 성격의 것이었다. 개인은 신 앞에 혼자 서게 되면 압도감에 눌려 완전한 복종을 함으로써 구제를 바랄 수밖에 없다. 심리학적으로, 이 정신적 개인주의는 경제적 개인주의와 그다지 다른 점이 없다. 어느 경우에나 개인은 완전히 고독하고 고립된 상태에서 신이라든가 경쟁자라든가 또는 비인간적인 경제력이라고 하는 우월한 힘에 직면하게 되는 것이다. '신에 대한 개인주의적인 관계는 인간의 세속적 활동의 개인주의적인 성격을 위한 심리적인 준비였다.'

이 경제 체제의 개인주의적 성격은 물론, 이 경제적 개인주의의 영향이 인간의 고독을 증대시켰다는 점은 의심스럽게 생각될지도 모른다. 우리가 지금 살펴보려는 것은, 자본주의의 가장 널리 통용되는 통념과는 모순된다. 이러한 통념이 전제로 하는 것은, 근대 사회에서는 인간이 모든 활동의 중심이자 목적이 되었다는 점, 인간이 하는 일은 다 그 자신이 하는 것이며, 이기심이나 자기중심주의라는 원리가 인간 활동의 가장 강력한 동기라는 사실들이다. 인간은 지난 4백 년 동안 자기의 목적을 위해 많은 일을 해왔다. 그러나 그가 자신의 목적이라 생각했던 많은 일은 사실 자기의 것이 아니었다. 만일 '자기'라는 것이 '노동자'라든가 '공장주'가 아니라, 감정적이고 지성적이며 감각적인 모든 능력을 갖춘 구체적인 인간을 뜻하는 것이라면, 자본주의는 개인의 긍정뿐만 아니라 동시에 자기부정과 금욕주의도 초래했을 것이다. 이 자기부정과 금욕주의는 프로테스탄트의 정신과 연결되어 있다.

이 문제를 설명하기 위해서는 먼저 앞 장의 설명을 살펴보아야 한다. 자본은 중세 조직에서는 인간의 하인이었으나, 근대 체계에 와서는 인간의 주인이 되었다. 중세 사회에서 경제 활동은 목적을 위한 수단이었다. 그 목적은 인생 그 자체였다. 또는—가톨릭 교회가 설명한 바와 같이—인간의 정신적인 구제였다. 경제적 활동은 필요한 것이며, 부(富)조차도 신의 목적을 위해 봉사할 수 있는 기반이 되었다. 그러나 모든 외적 활동은 그것이 인생의 목적을 촉진시켜주는 범위 안에서만 뜻과 존엄성을 지니게 된다. 그 자신을 위한 경제 활동과 그 자신을 위한 획득욕은, 마치 그 반대 현상이 근대 사상에 비합리적인 것처럼, 중세 사상가에게는 비합리적인 것으로 생각되었다.

자본주의에 이르자 경제적 활동과 성공과 물질적 획득 그 자체가 목적이 된다. 자기 행복과 구제라는 목적을 위해서가 아니라, 목적 그 자체로서 경제적 조직의 발전에 기여하고 자본을 축적하는 일이 인간의 운명이 된다. 인간은 거대한 경제적 기계의 톱니바퀴가 되었다―자본을 많이 가진 인간은 중요한 톱니바퀴이고, 자본이 없는 인간은 무의미한 톱니바퀴이다. 그 톱니바퀴는 항상 자기 외부에 있는 목적에 봉사한다. 인간을 초월한 목적에 쉽사리 자기를 복종시키고자 하는 이런 경향은 사실 프로테스탄티즘에 의한 것이다. 물론 루터나 칼뱅의 정신에서는 이처럼 경제적 활동의 우월성을 인정하는 일이 거의 도외시되었다. 그러나 그들은 그 신학적인 가르침으로 인간의 정신적인 지주와 존엄과 자랑스러운 감정을 파괴함으로써, 또 모든 활동이라는 것은 인간의 외부에 있는 목적을 보다 더 촉진시키기 위한 것임을 설명해 줌으로써, 이런 경향을 발달시키는 기반을 만든 것이다.

앞 장에서 살펴본 바와 같이 루터의 가르침에서 중요한 점은, 인간의 성질이 본래 사악하며 인간의 의지와 노력은 아무런 소용도 없다는 것을 강조한 데 있다. 칼뱅의 중심 사상 또한 마찬가지로 인간의 죄악성을 강조하며, 인간은 철저하게 그 자존심을 부정하고, 자신의 생활을 오로지 자기가 아니라 신의 영광을 위해 바쳐야 한다고 했다. 이리하여 루터와 칼뱅은 근대사회에서 인간이 취해야 할 역할에 대한 심리적인 준비를 시켰던 것이다. 즉 인간으로 하여금 자신의 존재가 무의미하며, 자기의 목적이 아닌 다른 목적을 위해 오로지 자기 생활을 종속시키려고 준비하게 한 것이다. 일단 인간이 정의도 사랑도 부재한 신의 영광을 위해, 오직 그 수단이 되려고 마음만 먹으면, 그것은 경제적인 기계의― 혹 때로는 '지도자' 한 사람의―하인 역할을 받아들이는 데 충분히 준비를 갖추게 되는 것이다.

개인이 경제적 목적에 수단으로써 복종하는 일은 자본의 축적을 경제적 활동의 목적으로 하는 자본주의적 생산 양식의 특수성에서 기인한다. 인간은 이익을 얻기 위해 일을 한다. 그러나 그 이익은 소비하기 위한 것이 아니라 새로운 자본으로서 투자하기 위한 것이다. 그리고 이 증대된 자본은 다시 투자되어 새로운 이윤을 낳고, 이런 과정은 계속 되풀이된다. 물론 사치나 '굉장한 낭비'를 위해 돈을 뿌리는 자본가는 항상 존재했지만, 자본주의의 고전적인 대표자들은 일하기를 좋아했지, 소비하는 일을 즐거워하지는 않았다. 자본을 소비하지 않고 축적한다는 이 원리는 근대적 산업 조직의 장대한 업적이 이루어지기 위해서는 반드시 필요한 전제이다. 만일 일을 위한 금욕적인 태도와 수중에 들어온 이윤을 경제적 조직의 생산력 향상에 투자하려는 욕구가 없었다면, 자연의 정복은 이 정도로 진보하지는 않았을 것이다. 물질적 욕망을 채우기 위한 끊임없는 투쟁이 종말을 고하게 된 미래를 마음속에 그릴 수 있게 된 것도 사회의 생산력이 이처럼 증대했기 때문에 비로소 가능했던 것이다. 그러나 자본의 축적을 위해 일한다는 원리는, 객관적으로는 인류의 진보 측면에서 큰 가치가 있으나, 주관적으로는 인간이 인간을 초월한 목적을 위해 일하고 인간이 만든 그 기계의 종이 되게 함으로써 개인의 무의미함과 무력함의 감정을 자아내게 했다.

지금까지 우리는 근대사회에서의, 자본을 가지고 그 이윤을 새로운 투자로 돌릴 수 있는 인간에 대해 논의해 왔다. 대자본가이건 소자본가이건 그들의 생활은 경제적 기능의 수행, 자본의 축적이라는 일에 온전히 할애되었다. 그러나 자본 없이 노동력을 팔아 그 생활을 유지해 나가야 할 인간은 과연 어떠했을까? 그들의 경제적 지위가 주는 심리적 영향은 자본가의 그것과 그다지 다르지 않았다. 먼저, 고용된다는 것은 시장의 법칙, 호경기, 불경기 또는 고용주가 쥐고 있는 기술적 개량 여하에 좌우된다는 것을 뜻했다. 그들은 고용주에게 직접 조종되었고, 고용주는 그들이 복종해야만 하는 뛰어난 힘을 지닌 대표자가 되었다. 이런 사실은 특히 19세기 이전의 또는 19세기를 살아간 노동자의 지위를 설명해 준다. 그 이후에는 노동조합 운동이 일어나, 노동자가 단순히 조종의 대상이었던 상황을 변화시키고 있다.

그러나 노동자는 고용주에게 직접적이거나 개인적으로 의존한다는 점 외에, 그에게도 역시, 자본가의 특징이 된 금욕 정신과 인간을 초월한 목적에 복종하는 정신이 스며들고 있었다. 이것은 별로 놀라운 일이 아니다. 어떤 사회나 그 문화 전체의 정신은 그 사회에서 가장 강력한 지배계급의 정신에 의해 결정된다. 그 이유는 강력한 지배계급이 교육 제도, 학교, 교회, 신문, 극장을 지배하는 힘을 가지며, 그것으로써 자기의 사상을 모두 전달할 수 있는 힘을 얻기 때문이다. 그리고 또 이러한 지배계급은 대단히 많은 특권을 누리고, 하층계급은 단순히 그들의 가치를 받아들이거나 모방할 뿐 아니라 심리적으로도 그들과 동일시하려는 경향이 있기 때문이다.

지금까지 우리는 자본주의적 생산 양식이 인간을 자신 이외의 경제적 목적을 달성하는 도구로 만들었으며, 프로테스탄티즘이 심리적으로 준비해 온 금욕주의와 개인의 무의미를 증대시켰다고 주장해 왔다. 그러나 이 주장은 현대인이 희생이나 금욕주의에 의해서가 아니라, 극단적 이기주의와 사리(私利)의 추구로써 움직이는 듯 보이는 사실과 모순된다. 객관적으로는 자기 이외의 목적에 봉사하는 종이 되고 있으면서도, 주관적으로는 자기 이익을 위해 움직인다고 믿고 있는 현실을 도대체 어떻게 해결할 수 있을까? 프로테스탄티즘의 정신과 근대적인 이기주의의 신조를 어떻게 화해시킬 수 있을까? 프로테스탄티즘은 비이기주의를 강조하지만, 근대의 이기주의는 마키아벨리의 말에 따르면, "이것이야말로 인간 행동의 가장 강력한 원동력이며, 개인적 이익의 추구는 어떠한 도덕적 고려보다 강하여, 인간은 자기 아버지의 죽음을 보기보다 오히려 재산을 잃는 것이 더 참을 수 없는 일이라고 생각한다." 이 모순은 단순히 비이기적인 것의 강조가 이기주의를 감추기 위한 이데올로기에 불과하다고 설명될 수 있을까? 물론 그것도 어느 정도까지는 올바르다고 하겠지만, 충분한 해답은 아니다. 그러므로 해답이 어떤 방향에 있는가를 나타내기 위해서는 심리적으로 복잡한 이기심이라는 문제를 생각해야만 한다.[1]

루터나 칼뱅, 또 칸트나 프로이트 사상의 근저에 있는 가정이, 이기심과 자기애(自己愛)는 같은 것이라는 생각이다. 그들의 견해에 따르면, 타인을 사랑하는 것은 덕(德)인 반면 자기를 사랑하는 것은 죄이고, 또한 타인에 대한 사랑과 자기에 대한 사랑은 서로 상응하지 않는다.

이것은 사랑의 본질에 대해 이론적으로 잘못된 생각이다. 사랑은 원래 어

---

1) 이 문제에 대한 상세한 논의는 저자의 《이기심과 자기애(*Selfishness and Self-love*, Psychiatry, vol. II, No. 4, November, 1939)》를 참조하라.

떤 특정된 대상에 의해 '야기되는' 것이 아니다. 그것은 인간 속에 잠재하는 아리송한 마음으로 '대상'은 단지 그것을 현실화시키는 데 불과하다. 증오는 파괴를 위한 욕망이며, 사랑은 어떤 '대상'을 긍정하려는 정열적인 욕구이다. 즉 사랑은 '좋아하는 일'이 아니다. 그 대상의 행복, 성장, 자유를 지향하는 적극적인 추구이며 내면적인 연결이다.[2] 그것은 원칙적으로 우리를 포함한 모든 인간과 모든 사물에 향할 수 있도록 준비되고 있다. 배타적인 사랑이란 모순이다. 확실히 어떤 특정된 인간이 뚜렷한 사랑의 '대상'이 되는 일은 우연이 아니다. 이 특정된 선택을 이루게 하는 요소는 대단히 많고도 복잡하므로 여기서 논할 수는 없다. 그러나 중요한 점은 어떤 특수한 '대상'에 대한 사랑은 한 사람의 인간 속에 아리송했던 사랑이 현실화하여 집중화된 것에 지나지 않는다는 사실이다. 그것은 낭만적인 연애관이 말하는 것처럼, 사람이 사랑할 수 있는 것은 이 세상에서 단 한 사람뿐이라든가, 그런 사람을 찾아내는 일이 인생의 가장 큰 행운이라든가, 그 사람에 대한 사랑은 다른 모든 것을 포기하는 일이라든가 하는 것은 아니다.

단 한 사람에 대해서만 경험되는 사랑은, 바로 그 사실로 말미암아, 사랑이 아니라 사도—마조히즘적인 집착이라는 것이 드러난다. 사랑에 포함되는 근본적인 긍정이 애인에게 향할 때, 그것은 사랑하는 사람을 본질적으로 인간적인 성질이 구현된 존재로 보는 것이다. 한 사람에 대한 사랑은 인간 그 자체에 대한 사랑이다. 인간 그 자체에 대한 사랑은 종종 생각되는 것처럼, 특정 인간에 대한 사랑의 '뒤에서' 추상된 것이 아니며, 또한 특정 '대상'과의 경험을 확대한 것도 아니다. 인간 그 자체에 대한 사랑은, 물론 구체적인 개인과의 접촉을 통해 생기는 것이지만, 특정한 사람에 대한 사랑의 전제이다.

이리하여 원칙적으로는 나 자신도 타인과 마찬가지로 사랑의 대상이다. 나 자신의 생활, 행복, 성장, 사유를 주장하는 일은, 그러한 주장을 받아들이는 기본적인 준비와 능력이 존재하는 데 뿌리박고 있다. 이 준비를 갖춘 자는 자기

---

2) 설리반은 그의 강의에서 이 문제를 추구했다. 그의 견해에 따르면, 청년기 이전에는 대인관계 면에서 친한 사이 대신에 새로운 타인의 만족을 구하는 갖가지 충동이 나타나는 특징이 있다. 그의 말을 빌리면, 애정이란 사랑받는 인간의 만족이 사랑하는 인간의 만족과 똑같이 뜻있고 바람직한 상태이다.

자신에 대해서도 마찬가지로 준비가 되어 있다. 오직 타인밖에 '사랑'하지 못하는 자는 전혀 사랑을 모르는 것이다.

이기주의와 자기애란 동일한 것이 아니라 정반대의 것이다. 이기주의는 탐욕의 일종이다. 모든 탐욕과 마찬가지로 그것은 하나의 불만족감을 형성하기 때문에, 거기에 참다운 만족은 없다. 탐욕은 한없이 깊은 구렁으로, 결코 만족할 수 없는 욕구를 끝까지 추구케 하여 인간을 지치게 한다. 자세히 관찰해 보면, 이기적인 인간은 언제나 불안하여 자기 일만 생각하지만 결코 만족을 누리지 못하고, 항상 안절부절못하고, 충분히 얻지 못했다든가 뭔가를 놓쳤다든가 뭔가를 빼앗긴다는 공포에 사로잡혀 있다. 또한 자기보다 많은 것을 소유한 자에게 타는 듯한 선망을 품고 있다. 다시 면밀히, 특히 무의식적인 동력(動力)을 관찰해 보면, 이런 종류의 인간은 근본적으로 자기 자신을 좋아하기는커녕 깊은 자기혐오에 빠져 있음을 알 수 있다.

이러한 외관상의 모순된 수수께끼는 쉽게 풀 수 있다. 이기주의는 바로 이 자기애의 결여에 뿌리박고 있다. 자신을 좋아하지 않는 인간이나 자신을 시인하지 않는 인간은 항상 자기에 대해 불만을 품고 있다. 순수한 호의와 긍정의 기반 위에만 존재하는 내면적인 안정을 지니기란 그런 사람에게는 불가능하다. 항상 자기 자신에 신경을 쓰고, 자기를 위해 모든 것을 획득하려고 탐욕적인 눈초리를 번득여야 한다. 그에게는 근본적인 안정과 만족이 결여되어 있기 때문이다. 이런 점은 이른바 자기도취적인 인간에게도 해당된다. 그는 자신을 위해 물건을 얻으려고 애쓰는 대신 자신을 칭찬하는 데 신경을 쏟는다. 이런 유형은 표면적으로는 자신을 대단히 사랑하는 것처럼 보이나, 실제로는 자신을 좋아하지 않는다. 그들의 나르시시즘(자기도취증)은—이기주의와 마찬가지로—근본적으로 결여되어 있는 자기애를 무리하게 보상받아 보려는 시도에 불과하다. 프로이트는 자기도취적인 인간은 사랑을 다른 사람으로부터 빼앗아 그것을 자기 자신에게 향하게 한다고 지적했다. 이 설(說)은 전반은 옳지만 후반은 잘못되어 있다. 자기도취적 인간은 타인은 물론 자기 자신도 사랑하지 않기 때문이다.

자, 그러면 우리를 이기주의의 심리학적인 분석으로 이끈 본래의 문제로 되돌아가 보자. 현대인은 자기의 이익을 좇아 움직인다고 믿지만 사실은, 자신의 생활을 자기의 것이 아닌 목적에 바치고 있다는 모순에 빠져 있다고 했다. 마찬가지로 칼뱅이 말한 인간 존재의 유일한 목적은 자기 자신이 아니라 신의 영광이어야 한다는 것을 발견했다. 우리는 이기주의가 참된 자아에 대한 긍정과 사랑의 부족, 즉 모든 능력을 가진 구체적인 인간 존재 전체에 대한 긍정과 사랑의 결여에 입각해 있음을 나타내려고 했다. 현대인이 행동할 때 그 관심사가 된 '자아'는 '사회적인 자아'이다. 그것은 본질적으로는 외부에서 기대하는 역할로 구성되어 있고, 실제로는 사회에 놓인 인간의 객관적인 사회적 기능을 단순히 주관적으로 위장한 것에 불과하다.

근대적 이기주의는 참된 자아의 욕구불만에 입각한 탐욕이며, 그 대상은 사회적 자아이다. 현대인은 자아의 극단적인 주장을 특징으로 삼고 있는 것처럼 보이지만, 실제로 그의 자아는 약화되어 전체적 자아의 일부분—지성과 의지력—으로 축소되고 인격 전체의 다른 모든 부분을 제외하는 결과를 자아내고 있다.

그렇다고는 하지만, 자연을 차차로 정복한 결과 개인적 자아도 보다 강해진 것이 아닐까? 그것은 어느 정도 진실이다. 그러는 한 그것은 개인의 발달의 적극적인 측면이며, 우리도 그것을 가볍게 보지 않는다. 그러나 인간의 자연 지배 능력이 현저하게 발전했을지라도, 사회는 창조된 그 힘을 통제하지 못하고 있다. 생산 조직은 기술적인 관점에서는 합리화되었으나, 사회적인 관점에서는 비합리적인 것을 수반하고 있다. 경제적 위기와 실업과 전쟁이 인간의 운명을 지배하고 있다. 인간은 자신들의 세계를 건설했다. 공장과 가옥을 세우고, 자동차와 의복을 만들고, 곡물과 과일을 재배했다. 그러나 인간은 자신의 손으로 만든 생산물과는 소원(疏遠)해졌다. 실제로 인간은 이미 세계의 주인이 아니다. 반대로 인간이 만든 세계가 주인이 되었다. 그 주인 앞에 인간은 머리를 조아리고 될 수 있는 한 아양을 떨며 교묘히 다루어야 한다. 자기 손으로 만든 것들이 자기의 신이 된 것이다. 인간은 자기 이익을 위해 행동하는 것처럼 보이지만, 실제로 모든 구체적인 능력을 가진 인간의 전체적인 자아는 인간의 손으로 만든 그 기계의 목적을 위한 하나의 도구로 전락했다. 인간은 여전히 세상의 중심이라는 환상을 품고 있지만, 일찍이 선조들이 신에 대해 의식적으로 느꼈던 것처럼, 자신을 무의미하고 무력한 것이라고 강하게 느끼고 있다.

현대인의 고독감과 무력감은 그의 모든 인간관계가 지니고 있는 성격에 의해 다시 박차가 가해진다. 개인과 개인의 구체적인 관계는 직접적이고 인간적인 성격을 잃고 속임수와 수단의 정신으로 화해 버렸다. 시장의 법칙이 모든 사회적이고 개인적인 관계를 지배하고 있다. 경쟁자와의 관계는 냉정함에 기반을 두어야 한다는 것이 명백한 사실이 되었다. 만일 그렇지 않으면 어떠한 인간도 경제적인 일을 수행할 수 없다. 그러기 위해선 서로 싸워야 하며, 필요하다면 상대방을 경제적인 파멸로 몰아넣는 일마저도 불사해야 한다.

고용주와 고용인과의 관계도 이와 같은 무관심의 정신으로 일관되어 있다. '고용주'라는 말은 자초지종이 포함된 말이다. 즉 자본의 소유자는 다른 인간을, 마치 기계를 '고용하는' 것처럼 고용하는 것이다. 고용주나 고용인이나 모두 자신의 경제적 이익을 위해 상대방을 이용하고 있다. 그들의 관계는 서로가 목적에 대한 수단이자 상대방의 도구인 것이다. 그 둘 사이에는 효용성 이외에 다른 어떤 인간적인 관계도 없다. 고객과의 관계를 지배하는 것도 마찬가지로 수단적인 것이다. 고객은 이용되어야 할 하나의 대상물이지, 원하는 바를 만족시켜 주어야 하는 구체적인 인간은 아니다. 일에 대한 태도는 수단적인 성질의 것이다. 중세의 직공과는 달리 근대의 공장주는 그가 생산한 것에는 관심이 없다. 그는 본질적으로 투자한 자본에서 이윤을 얻기 위해 생산하고 있는 것이며, 그 제품은 어떤 방면에 투자하면 유리한가를 결정해 주는 시장에 완전히 의존하고 있다.

경제적인 관계뿐 아니라 인간적인 관계도 소외된 성격을 띠고 있다. 그것은 인간적 존재의 관계가 아니라 물건과의 관계이다. 그러나 이 수단과 소외된 정신 중 가장 중요하고도 가장 황폐된 예는 아마 인간의 자기 자신에 대한 관계일 것이다.[3] 인간은 단순히 상품을 팔 뿐 아니라 자신도 팔며, 자기를 마치 상품처럼 느끼고 있다. 육체 노동자는 그 육체의 에너지를 팔고, 상인과 의사와 봉급 생활자는 그 '인격'을 판다. 그들은 그 생산물이나 봉사를 팔기 위해선 하나의 '인격'을 갖고 있어야 한다. 이 인격은 남의 마음에 드는 것이어야 하므로, 많은 요구에 응해야만 한다. 그는 그 특수한 지위가 요구하는 에너지와 창의와

---

3) 헤겔과 마르크스는 소외 문제를 이해하기 위한 근저를 만들었다. 특히 마르크스의 '물신 숭배' 와 '노동의 소외'라는 개념을 참조하라.

기타 여러 가지 것을 갖고 있어야 한다. 상품과 마찬가지로 이러한 인간의 질적 가치를 결정짓는 것은, 아니, 바로 인간 존재 그 자체를 결정짓는 것은 시장이다.

만일 어떤 인간의 질이 아무런 효용 가치가 없다면 그 인간은 아무것도 아니다. 마치 팔리지 않는 상품이 사용 가치는 있다 하더라도 아무런 가치도 없는 것과 마찬가지다. 이리하여 자신(自信)이라든가 '자아의 감정'이란 단순히 타인의 자기에 대한 생각을 가리키는 것에 불과하다. 그것은 시장에서의 인기나 성공과는 관계없이 자기의 가치를 확신하는 자아가 아니다. 만일 타인의 요청이 있는 인간이라면 그는 쓸모 있는 인간이며, 만일 인기가 없으면 그는 쓸모없는 인간이다. 자기 평가가 '인격'의 성공에 의존하고 있다는 사실이, 어째서 인기라는 것이 현대인에게 그토록 놀랄 만큼 중요하게 되었느냐에 대한 대답이다. 어떤 실제적인 일이 순조롭게 되느냐 안 되느냐 하는 일뿐만 아니라, 자존심을 유지할 수 있느냐 없느냐, 열등감의 심연(深淵)에 빠지느냐 빠지지 않느냐 하는 것도 다 이 인기와 관련되어 있다.[4]

우리는 자본주의가 개인에게 가져다준 새로운 자유는, 프로테스탄티즘의 종교적 자유가 이미 그에게 주었던 영향을 더욱 발전시켰다는 사실을 제시하려고 했다. 개인은 점점 고독해지고, 점점 고립되어 자기 밖에 있는 어떤 압도적인 강력한 힘에 조종되는 하나의 도구로 화해 버렸다. 그는 '개인'이 되었으나 어쩔 수 없는 불안한 개인이 되었다. 이 숨겨진 불안이 노출되는 것을 억제하는 데 도움이 될 만한 조건은 있었다. 우선 첫째로, 그것은 자아를 지탱해주는 재산의 소유이다. 인간으로서의 그와 그가 갖고 있는 재산은 분리시킬 수가 없었다. 옷이나 집은 그의 육체의 일부인 동시에 그의 자아의 일부분이기도 했다. 자기는 보잘것없는 인간이라는 생각이 덜 들려면, 보다 많은 소유물을 가져야만 했다. 만일 재산을 갖고 있지 않거나 잃거나 하면, 그것은 '자아'의 중요한 부분을 잃는 일이며, 남이 보나 자신이 보나 한 사람의 어엿한 인간일 수가 없게 되었다.

자아를 지탱하는 또 다른 요소는 명성과 권력이었다. 그것들은 때로는 재산

---

4) 자존심에 대한 이 분석은 에네스트 샤하텔(Ernest Schachtel)의 《자기감정과 인격의 판매 (*Selffeeling and the 'sale' of Personality*)》에 대한 미출간된 강의록 속에 상세히 서술되어 있다.

의 소유에서 파생되고, 때로는 경쟁을 이겨낸 승리에서 직접 생겨나기도 했다. 타인으로부터 존경을 받거나 타인을 지배하거나 하는 일은 재산이 준 버팀대를 더 강화하고, 불안한 자아의 후원자가 되었다.

재산이나 사회적 명성이 보잘것없는 인간에게는 가족이 개인적인 권위를 부여해 주는 원천이었다. 그 공동체 안에서는 자신을 '상당한 사람'으로 느낄 수 있었다. 그는 처자를 거느리고, 무대의 중심이 되었다. 그리고 단순하게도 자기 역할을 자연의 권리라 생각했다. 사회적으로는 있으나 마나 한 존재인 그가 가정에선 국왕이었다. 가족 외에 국가적인 명예(유럽에서는 종종 계급적인 명예) 또한 개인에게 중요한 의미를 부여해 주었다. 개인적으로는 보잘것없는 인간일지라도 자기가 속해 있는 집단이 다른 여러 집단보다 우월해 보인다면 그것은 자랑으로 삼을 수 있었다.

약체화된 자아를 지탱하는 이런 요소는 본 장의 첫머리에서 설명한 여러 가지 요소, 즉 현실의 경제적·정치적 자유와 개인적 창의에 대한 기회나 합리적인 계발의 증대 같은 것과는 구별되어야만 한다. 후자의 요소는 실제로 자아를 강화시켜 개성과 독립성과 합리성을 발전시킨다. 이에 반해 전자의 버팀대로서의 요소는 단순히 불안과 근심을 메우는 일을 도와준 데 불과하다. 그 요소는 불안과 걱정을 근절시킨 것이 아니라, 덮어둔 것이다. 그리하여 개인이 의식적으로 안정을 느끼게 한 것이다. 그러나 이 의식적인 안정감은 표면적인 것으로, 버팀대가 존재하는 동안만 지속되는 것에 불과했다.

종교개혁에서 지금까지의 유럽 및 미국의 역사를 자세히 분석해 보면 '……으로부터의 자유에서 ……에 대한 자유로'라는 진화 속에 이 같은 두 가지 모순된 경향이 평행을 이루고 있는 모습—또는 의식적으로 얽혀 있는 모습을 볼 수 있을 것이다. 유감스럽게도 그와 같은 분석은 이 책의 범위를 넘어서는 일이므로, 뒷날의 발표를 기다릴 수밖에 없다. 어떤 시대나 어떤 사회적 집단에서 적극적인 뜻의 자유가 존재한 일은 있었다. 일반적으로는 영국, 프랑스, 미국, 독일에서 중산계급이 경제적으로나 정치적으로 낡은 질서의 대표자들을 이겼을 때가 그러했다. 적극적인 자유를 구하는 이 싸움에서 중산계급은 프로테스탄티즘이 인간의 자율과 존엄을 강조한 그 측면으로 되돌아갈 수 있었다. 한편 가톨릭 교회는, 자기의 특권을 지키기 위해 인간의 해방을 적대시해야 했던 계급과 결부되고 있었다.

근대의 철학 사상에서도 이미 종교개혁의 신학적 교의에서와 마찬가지로 자유의 두 측면이 혼합되어 있음을 알 수 있다. 칸트나 헤겔은 개인의 자율과 자유를 그들 사상의 중심에 두면서도, 개인을 전능적인 국가의 목적에 종속시키고 있다. 프랑스혁명 시대의 철학자나 19세기의 포이어바흐(Feuer-bach, Ludwig), 마르크스, 슈티르너(Stirner, Max), 니체는 '개인은 자기의 성장이나 행복과 관계 없는 어떠한 목적에도 종속되어서는 안 된다'는 생각을 단호한 어조로 표현했다. 그러나 같은 시대의 반동 철학자들은 개인의 정신적 권위나 세속적 권위에 종속하는 일을 뚜렷이 요청했다. 19세기 후반 및 20세기 초에는 적극적인 자유를 구하는 경향이 그 정점에 달했다. 중산계급이 거기 가담했을 뿐 아니라, 노동자 계급도 활발한 자유의 주체가 되어 자신의 경제적 목적과 아울러 인간성이라는 광범한 목적을 위해 싸웠다.

그러나 지난 수십 년에 걸쳐 자본주의의 독점적 경향이 증대함으로써 인간적 자유에 대한 두 경향의 비중이 바뀐 것 같다. 개인적 자아를 약화시키려는 요소가 점점 더 강해지고, 개인을 강하게 하는 요소가 비교적 약해졌다. 개인의 무력감과 고독감이 증대하고 모든 전통적인 속박으로부터의 '자유'가 보다 더 강화되는 한편, 개인의 경제적 성과에 대한 전망은 더욱 불투명해졌다. 인간은 거대한 힘의 위협을 받고 있다. 이런 사정은 마치 15세기나 16세기의 상황과 유사한 점이 많다.

이러한 발전의 중요한 요소는 독점 자본의 힘이 증대한 일이다. 경제 조직의 일부에 자본이 집중됨으로써(부의 집중은 아니다) 개인의 창의와 용기와 지식의 성공 가능성은 완전히 봉쇄되어 버렸다. 독점 자본이 승리를 얻은 부문에서는 많은 인간의 경제적 독립이 파괴되었다. 투쟁하는 사람들, 특히 대부분의 중산계급에게 투쟁은, 인간의 창의와 용기에 대한 신뢰감이 무력감과 불안감으로 대치되는 부조리에 대한 싸움이라는 성격을 띠고 있었다. 사회 전체를 지배하는 거대한 숨은 힘은 소수의 집단이 행사한다. 그리고 그 결정에 사회 대부분의 운명이 달려 있다.

1923년 독일의 인플레이션과 1929년 미국의 대공황은 불안을 증대시키고, 희망과 성공의 무한한 가능성을 믿고 자기 노력으로 전진해 가는 전통적인 신념을 산산이 분쇄해 버린 것이다.

소규모 또는 중간 규모의 실업가는 우월한 자본의 압도적인 힘에 위협을 받는다 하더라도 때로는 이윤을 획득하고, 그 독립을 유지해 갈 수 있었다. 그러나 위로부터의 위협으로 말미암아 그의 불안과 무력함은 전보다 훨씬 더 증대했다. 전에는 동등한 자와 싸웠지만, 이제는 거인과 같은 독점적인 경쟁자와 싸우게 되었다. 그러나 근대적 산업의 발달로 인해 새로운 경제적 기능을 갖게 된 독립된 상인의 심리는 일찍부터 독립했던 상인의 심리와는 판이했다. 이 차이는 주유소의 소유자를 보면 알 수 있다. 주유소의 소유자란 중산계급의 새로운 대표격으로 종종 인용되는 독립된 상인이다. 그들의 대부분은 경제적으로 독립하고 있다.

그들은 식료품집 주인이나 양복을 만드는 재봉사처럼 자기의 사업체를 가지고 있다. 그러나 이 독립된 상인의 낡은 유형과 새로운 유형 사이에는 극심한 차이가 있다. 식료품집 주인은 많은 지식과 숙련이 필요했다. 가장 품질이 좋은 상품을 적절한 값으로 팔기 위해 많은 도매상인들 중에서 거래처를 택했다. 또한 수많은 고객들과 거래했으며, 그들의 희망을 알아야 함은 물론 그들이 물건을 사는 데 의논 상대가 되어 주어야 하고, 한 사람 한 사람마다 신용 거래를 해도 좋겠는가를 결정해야 했다. 요컨대 예전 상인의 역할은 단순히 독립적일 뿐 아니라 숙련과 개성적인 봉사 그리고 지식과 활동성을 요구하고 있었다. 그런데 주유소의 소유주는 이와는 판이하게 다르다. 그가 파는 것은 하나의 정해진 상품으로 기름과 휘발유뿐이다. 그는 정유 회사와의 계약에 제한을 받는다. 그리고 휘발유와 기름을 가득 채우는 동일한 행위를 끊임없이 기계적으로 반복한다. 숙련과 창의와 개인적 활동이 개입될 여지는 옛날의 식료품집보다 훨씬 더 적다. 그의 이윤은 두 가지 요소로 결정된다. 바로 휘발유와 기름에 지불해야 할 가격과, 주유소에 멈추는 자동차 운전수의 수이다. 이 두 요소는 그로서는 도저히 지배할 수 없는 것이다. 그는 단지 도매상인과 고객 사이의 대리인 노릇을 하고 있을 뿐이다. 그가 피고용자인가 또는 '독립된' 상인인가는 심리적으로 볼 때, 거의 문제시되지 않는다. 그는 단지 분배라는 거대한 기계 속에 있는 톱니바퀴에 불과한 것이다.

사무 노동자들(화이트 칼라)의 수효는 대기업의 확대와 더불어 불어났지만,

그들을 포함한 새로운 중산계급은 옛날 소규모 독립 상인과 그 위치가 대단히 판이하다는 것은 명백한 사실이다. 사람들은 이렇게 말할지도 모른다. 그들은 형식적으로는 독립되지 않았으나, 실제로 성공의 기반이 되는 창의와 지식을 발전시킬 기회는 그 옛날의 재봉사와 식료품집 주인과 같은 정도로, 또는 그보다 더 많이 갖고 있지 않느냐고. 이것은 어떤 의미에선 옳지만, 어디까지가 올바른가는 의문이다. 하여간 심리적으로 보면 화이트 칼라의 상황은 예전과는 완전히 다르다. 그는 거대한 경제적 기계의 일부로, 고도로 특수화된 일에 종사하며, 같은 위치에 있는 수백에 달하는 사람들과 심한 경쟁을 하다 만일 낙오된다면 용서 없이 추방당한다. 요컨대 그는 성공할 기회는 좀 더 커졌다 하더라도, 옛날 상인이 보장받았던 안정과 독립은 완전히 잃었다. 그리고 단지 기계의 크고 작은 톱니바퀴의 하나로 하락했다. 일정한 템포를 강요하는 그 기계를 그는 지배할 수 없다. 그 기계에 비하면 그는 전적으로 보잘것없는 존재이다.

대기업의 광대함과 그 우월한 힘에서 생기는 심리적인 영향은 노동자에게도 영향을 준다. 옛날의 소기업에선 노동자는 그의 주인을 개인적으로도 알았고, 그 기업 전체와도 친밀감이 있어 그것을 실제로 조사해 볼 수도 있었다. 그는 시장의 법칙에 따라 고용되고 또 해고되었지만, 그러나 그 주인과 그 기업과는 어떤 구체적인 관계를 맺고 있었으므로 자기가 어떠한 기반 위에 서 있는가를 알았다. 반면 수천 명의 노동자를 고용하는 공장에선 인간은 이것과 완전히 다른 환경에 놓인다. 주인은 하나의 추상적인 상(像)이 된다. 그는 전혀 주인을 보지 못하는 것이다. '경영'은 노동자가 간접적으로만 참여할 수 있는 익명의 힘이며, 그에 대해서 그는 개인으로서는 거의 무의미한 존재이다. 이처럼 대기업에 속한 노동자는 자기의 특수한 일에 관계된 작은 부분밖에 볼 수 없는 것이다.

이런 상태는 노동조합을 통해 어느 정도 균형이 유지되어 왔다. 노동조합은 단순히 노동자의 경제 상황을 개선했을 뿐 아니라 노동자에게 중요한 심리적 영향도 주었다. 즉 그와 맞설 거인과 비교하여 그에게도 힘과 의미가 있다는 감정을 부여해 준 것이다. 그러나 불행하게도 수많은 조합은 그 자신이 거대한 조직으로 발전하여, 성원 저마다의 창의를 살릴 여유는 거의 없어져 버렸다. 노동자 개개인은 조합에 의무를 다하고 때로는 선거도 하지만, 여기서도 또한 큰 기계 속의 작은 톱니바퀴에 불과한 존재이다. 조합은 각 성원의 적극적인 협동으로 지탱되는 기관이 되어, 각 성원이 그 조직의 생활에 적극적으로 참가하여, 그 조직의 움직임에 책임을 느끼게 되는 일이 가장 중요하다.

현대인의 무의미함은 단지 상인과 고용인과 육체 노동자의 역할뿐만 아니라, 물건을 사는 손님의 역할에 대해서도 말할 수 있다. 지난 몇십 년 동안 손님의 역할에도 상당한 변화가 생겼다. 독립된 상인은 소매 상점에 찾아오는 손님을 반드시 개인적인 친절로 대했다. 그가 사는 물건은 그 상점 주인으로서는 소중한 것이었다. 그는 중요한 사람으로 대접받았고, 그의 소망은 일일이 의논 대상이 되었을 뿐 아니라, 산다는 행위 그 자체가 그에게 자기의 중요함과 품위의 감정을 부여해 주었다. 반면 백화점의 경우, 그 관계는 너무도 차이가 난다. 손님은 우선 그 거대한 건물과 수많은 점원들, 또 잔뜩 진열된 상품에 압도된다. 이 모든 것에 비해 자기가 얼마나 보잘것없는 존재인가를 느낀다. 백화점 측에서 보면, 인간으로서의 그는 아무런 중요성도 없으며, '한 사람'의 고객으로서만 의미가 있을 뿐이다. 백화점은 그를 놓치지 않으려고 한다. 왜냐하면 한 사람이라도 놓친다는 것은 가게에 나쁜 일이며, 아울러 그와 똑같은 이유로 다른 손님들까지도 놓치게 됨을 뜻하기 때문이다. 그러나 이 손님은 추상적인 고객으로서 의미가 있을 뿐이지, 구체적인 고객으로서 중요시되진 않는다. 그가 들어오는 것을 기뻐하는 직원도 없으며, 그의 요구에 특히 관심을 보여 주는 직원도 없다. 산다는 행위는 마치 우체국에서 우표를 사는 것과 같은 일이 되었다.

이런 상황은 다시 현대의 광고 방법으로 한층 더 강화된다. 옛날 상인의 장사 이야기는 본질적으로 합리적이었다. 그는 자기 상품을 잘 알며, 고객이 요구하는 물품도 잘 알아, 그러한 지식에 입각하여 팔았다. 물론 그가 하는 이야기는 전적으로 객관적이 아니고 가능한 한 권유를 했을 것이다. 더구나 효과를 올리기 위해서는 오히려 합리적이고 사리에 밝은 이야기여야 했을 것이다. 거대한 현대 광고는 이와는 판이하다. 그것은 이성(理性)이 아니라 감정에 호소한다. 최면술의 암시처럼, 그 목적물에 관한 감정적인 인상을 심어 준 다음 지적으로 설명한다. 이러한 광고 방법은 온갖 수단으로, 고객에게 인상을 남기려고 한다. 즉 같은 표현을 몇 번이고 반복하거나, 사교계의 부인과 유명한 권투 선수에게 어떤 상표가 붙은 담배를 피우게 함으로써 권위 있는 이미지를 떠올리게 한다든가, 아름다운 소녀의 성적인 자극으로 고객을 매료시켜 그의 비판력을 마비시킨다든가, '몸 냄새'와 '입 냄새'를 들어 공포심을 일으킨다든가, 또 어떤 셔츠나 비누를 사는 행동을 함으로써 뭔가 전 생애가 갑자기 변화하는 듯한 그런 공상을 자극한다. 그러나 이 모든 방법은 본질적으로 비합리적이다. 그런 것은 마치 영화처럼 공상으로 인간에게 어떤 만족을 주는 동시에 인간의 왜소함과 무력함의 감정도 높이게 되는 것이다.

사실상 비판적인 사고 능력을 둔화시키는 이런 방법은 우리의 민주주의에 대한 수많은 명백한 공격보다 훨씬 더 위험하며, 발행 금지당하는 그런 에로틱한 문학보다도 훨씬 더 비도덕적─인간의 전체성이라는 관점에서 보아─이다. 소비자 운동은 소비자의 비판력과 품위와 감각을 회복시키고자 노동조합 운동과 같은 방향으로 활약하고 있다. 그러나 아직 그 범위는 신중한 첫발을 내디딘 정도에 불과하다.

경제적 영역에 해당하는 일은 또한 정치적 영역에도 해당된다. 민주주의 초기 시대에는 개인이 어떤 일을 결정하기 위해, 또는 어떤 후보자를 선택하기 위해 구체적이며 적극적으로 참가할 수 있는 여러 가지 규정이 있었다. 결의 사항은 후보자에게도 그렇지만 그에게도 잘 알려져 있었다. 선거는 종종 도시의 전원이 모여 있는 곳에서 이루어져 개인도 실제로 그 수에 들어갈 수 있는 구체적인 성질을 갖고 있었다. 그러나 오늘날의 선거인은 거대한 정당과 직면하게 되었다. 정당은 마치 거대한 산업 조직과 마찬가지로 먼 곳에 떨어져 있지만 강제성을 띠고 있다. 그 결과는 복잡하며, 그것을 은폐하려는 모든 수단으로 인해 점점 더 복잡해졌다. 선거인은 선거할 무렵이 되면 후보자에 대해 뭔가 알게 될 것이다. 그러나 라디오 시대가 되면서부터는 후보자를 그렇게 가까이서 보게 되는 일은 없으며, '자기의' 후보자를 음미하는 최후의 수단도 잃어버리게 되었다. 실제로 그는 정당의 간부들에 의해 두세 명의 후보자 중에서 선택을 하게 되어 있다. 그러나 이러한 후보자들은 '자기가' 선정한 것이 아니며, 서로 전혀 알지도 못한다. 여기서도 또한 다른 경우와 마찬가지로 추상적인 관계일 뿐이다.

고객에 대한 광고의 영향과 마찬가지로 정치 선전의 방법도 선거인 각자의 무의미감을 조장하고 있다. 슬로건을 되풀이하거나, 문제가 된 사건과는 아무 관계도 없는 일을 강조하는 행태는 선거인의 비판력을 마비시킨다. 유권자의 사고에 뚜렷하고도 합리적으로 호소하는 일은 정치 선전에 있어서는—민주주의 국가에서도 원칙이라기보다는 오히려 예외이다. 선전에 나타나는 정당의 거대한 힘과 크기에 직면하면, 선거인 각자는 자기가 얼마나 작고 보잘것없는 존재인가를 느낄 수밖에 없다.

이 사실은 광고와 정치 선전이 공공연하게 개인의 무의미함을 강조한다는 의미가 아니다. 전적으로 그와는 반대이다. 광고나 선전은 개인에게 아첨하여 그를 중요한 존재처럼 보이게 하고, 그의 비판적 판단과 통찰력에 호소하는 듯이 가장하고 있다. 그러나 이러한 가면은 본질적으로는 개인의 비판력을 우둔하게 하여, 판단의 개성적 성격을 어리석게 만든다. 물론 지적할 필요도 없겠지만, 지금 말하고 있는 선전 전부가 비합리적인 것은 아니며, 각 정당과 후보자의 선전에 내포된 합리적인 요소가 각기 비중이 다르다 하더라도 위 주장은 사실이다.

개인의 무력함에 다시 박차를 가하는 다른 요소가 있다. 경제적 정세는 전보다도 훨씬 복잡하고 대규모적이다. 개인은 그것을 내다볼 수 있는 힘을 점점 상실하고 있다. 또 개인이 직면하는 위험 또한 그 깊이를 더해 가고 있다. 몇백만 명이라는 구조적 실업은 불안의 감정을 증대시켰다. 물론 공공 기관이 시행하는 실업자 구제사업은 단순히 경제적으로 뿐 아니라 심리적으로도 실업의 결과를 크게 완화시켰다. 그러나 광범한 대중에게 실업의 괴로움은 여전히 참을 수 없는 고통이며, 실업의 두려움은 한 사람의 모든 생활을 어둡게 하는 그늘이다. 일자리가 있다는 것이—그 일이 무엇이든 간에—많은 사람에게는 인생에서 바랄 수 있는 전부이자 기쁨이다. 실업은 또 노인을 한층 더 위협하는 요소가 되었다. 대부분의 일자리에선 비록 미숙하더라도 적응만 할 수 있으면 젊은 사람만을 환영한다. 왜냐하면 젊은 사람은 특수한 부서가 요구하는 작은 톱니바퀴로 쉽사리 변조될 수 있기 때문이다.

개인의 무력감을 증대시키는 또 하나의 원인은 전쟁의 위협이다. 확실히 19세기에도 몇 차례의 전쟁은 있었다. 그러나 제1차세계대전 이래로 파괴의 가능성은 가공할 만한 것이 되었으며, 전쟁의 영향이 미치는 범위는 한 사람의 예외도 없이 모든 인간을 포함할 정도로 확대했다. 그 결과 전쟁의 위협은 악몽이 되었고,—그 악몽은 실제로 자기 나라가 전쟁에 휩쓸리기 전까지는 많은 사람들이 의식하지 못하겠지만—그들의 생활에 어두운 그림자를 던지며 두려움과 무력감을 증대시키고 있다.

내가 스케치한 광경은 현대의 모든 '양식'에 들어맞는다. 개인이 매몰되어 버리는 거대한 도시, 산처럼 높이 솟은 빌딩, 라디오 소음의 끊임없는 공격, 하루에 세 번씩이나 변하고 무엇이 중요한지 분간하기 힘든 신문의 큰 표제, 백 명이나 되는 소녀들이 완전히 개성을 버린 채 시계처럼 정확함을 과시하면서 원활하면서도 대단히 힘찬 기계처럼 연기하는 쇼, 계속해서 울리는 재즈의 리듬……이러한 많은 사실들은 개인이 스스로 지배할 수 없는 차원에 있는 반짝이는 별의 표현이며, 개인은 이에 비하면, 극히 작은 미립자에 불과하다. 개인이 할 수 있는 일이란 행진하는 병사와 끝없이 돌아가는 벨트컨베이어와 어울려 일하는 노동자처럼 보조를 맞추는 것뿐이다. 그는 행동하고 있지만 독립과 중요한 것에 대한 감각은 잊고 말았다.

미국의 서민들이 이 공포와 무의미한 감정에 얼마나 사로잡혀 있는가는 미키마우스 영화의 인기를 보면 확실히 알 수 있다. 미키마우스의 한 주제는—여러 가지 변화는 있겠지만—항상 다음과 같은 것이다. 즉 작은 것이 압도적으로 강력한 것의 박해를 받아 위험에 처하게 된다. 강한 것은 작은 것을 죽이거나 삼켜 버리려고 한다. 작은 것은 도망치는데, 결국은 도망에 성공하거나 때로는 적에게 해를 끼치기까지 한다. 만일 이 주제가 사람들의 감정적 세계에 대단히 밀접하게 파고든 것이 아니라면, 똑같은 한 가지 주제의 여러 가지 변화를 사람들이 계속해서 관람하겠는가? 강력하고 밉살스러운 적에게 위협을 받고 있는 작은 것은 분명히 관객 자신이다. 그것은 관객의 느낌을 표현해 주며, 관객이 자신을 동일시할 수 있는 대상이 되어 준다. 그러나 물론 해피 엔드가 아니라면 매력은 언제까지나 지속되지 않는다. 사실상 관객은 자기 자신의 모든 공포와 비소함의 감정을 느끼고 있다. 그리고 마지막으로 그는 구원을 받아, 강한 것을 정복함으로써 유쾌하게 된다. 그러나—이것은 이 '해피 엔드'의 소중하고도 슬픈 부분인데—그의 구제는 대체로 도망치는 능력과 예측할 수 없는 우연에 달려 있다. 거대한 것이 그를 붙잡지 못하는 것은 그 우연 때문이다.

현대인의 처지에 대해서는 이미 19세기의 선견지명이 있는 사상가들이 예견하고 있었다. 키에르케고르는 회의로 인해 괴로워하고 고독과 무의미한 감정에 압도된 무력한 개인을 그리고 있다. 니체는 뒷날 나치즘에서 노출된 것과 같은 니힐리즘이 다가오고 있음을 내다보았다. 그리고 그가 현실에서 본 무의미한, 목표도 지니지 않은 개인을 부정하는 것으로서 '초인(超人)'을 그리고 있다. 인간의 무력함이라는 주제는 프란츠 카프카의 저작 속에서도 확실히 볼 수 있다. 그는 《성》이라는 작품 속에서, 신비로운 성의 주민들과 사귀고자 하는 인간을 그리고 있다. 주인공은 자신이 무엇을 해야 하는지, 세상에서는 자기 위치는 무엇인지 알려 줄 것 같은 성의 주민들과 접촉하려고 한다. 그의 전 생애는 성의 주민들과 사귀고자 하는 광기 어린 노력으로 점철되었지만, 결코 성공하지 못한 채 헛되고 안타까운 감정에 사로잡혀 외톨이로 남게 되는 것이다.

고독과 무력의 감정은 줄리앙 그린의 다음과 같은 한 구절에 아름답게 표현되어 있다. "우리는 우주와 비교하면 아주 보잘것없는 존재라는 것을 알았다. 또 우리는 무(無)라는 것을 알았다. 그러나 그처럼 철저하게 쓸모없다는 것은 어떤 뜻으로 봐선 압도적인 동시에 안심이 되는 일이기도 하다. 인간의 사고 범위를 초월한 형상이나 차원은 완전히 압도적이다. 과연 우리가 의지할 수 있는 것이 이 세상에 있을까. 우리가 거꾸로 떨어져 들어가는 그 환상의 혼돈 속에서도 단 한 가지 진실성을 가지고 유지해 나갈 수 있는 것이 있다. 그것은 다름 아닌…… 사랑이다. 다른 모든 것은 무가치하고 공허하다. 우리는 거대한 암흑의 심연을 들여다본다. 그리고 두려워하고 있다."[5]

그러나 이런 사상가들이나 수많은 신경증 환자가 느끼는 것과 같은, 이런 개인의 고독과 무력감을 보통 사람은 전혀 의식하지 못한다. 너무나 무서운 일이다. 그것은 매일같이 판에 박은 듯한 활동, 개인적 또는 사회적인 관계에서 발견하는 확신과 칭찬, 사업의 성공, 모든 종류의 기분 전환, '즐거움' '교제' '유람' 따위로 은폐된다. 그러나 어둠 속에서 휘파람을 불어도 빛은 나타나지 않는다. 고독과 공포와 혼미(昏迷)는 여전히 남는다. 사람들도 언제까지나 그것을 참을 수는 없다. '……으로부터의 자유'라는 무거운 짐을 견디어 나갈 수가 없다. 그

---

5) 줄리앙 그린(Julian Green), 《개인의 이력(*Personal Record*, 1928~1939, translated by J. Godefroi, Harper & Brothers, New York, 1939)》.

들은 소극적인 자유에서 적극적인 자유로 전진할 수 없는 한, 결국 자유로부터 도피할 도리밖에 없을 것이다. 현대에 있어서, 도피의 중요한 사회적 통로는 파시스트 국가에서 일어났던 것과 같은 지도자에의 예속이며 또한 우리 민주주의 국가에 널리 보급되고 있는 강제적인 획일화이다. 사회적인 형태로 되어 있는 도피의 두 가지 방법을 말하기 전에, 나는 독자에게 도피라는 복잡한 심리적 메커니즘에 대한 상세한 논의를 들어주기를 요청하는 바이다.

우리는 이미 앞 장에서 이 메커니즘의 일부분을 다루어 보았다. 그러나 파시즘과 근대 민주주의에 나타난 인간의 자동기계화의 심리적인 뜻을 충분히 이해하기 위해서는, 심리적 현상을 단순히 일반적인 방법으로서 이해할 뿐 아니라, 그 기능을 상세히 구체적으로 이해해야 한다. 이것은 우회로(迂回路)인 것처럼 생각될지도 모른다. 그러나 그것은 우리의 논의 전체에서 빼놓을 수 없는 부분이다. 그 사회적·문화적인 배경을 무시하고는 이해할 수 없는 것과 마찬가지로, 사회적 현상도 그 근거를 이루는 심리적인 메커니즘의 지식 없이는 이해할 수 없다. 다음 장에서는 이런 메커니즘을 분석하고 개인의 내부에서 일어나고 있는 사항을 명백히 하려고 한다. 그리고 고독과 무력에서 도피할 때, 새로운 형태의 권위에 예속되든가, 또는 이미 이루어진 행동 양식에 강제로 순응해 감으로써, 우리가 개인적 자아로부터 탈출하려고 시도함을 보여 주고자 한다.

제5장
도피의 메커니즘

이제 현대까지 더듬어 내려왔다. 계속 파시즘의 심리학적인 의미와 더불어, 독재 제도와 우리 민주주의 아래에서의 자유의 뜻에 대해 논해 보기로 하자. 그러나 이 모든 논의가 정당한가의 여부는 심리학적 전제의 타당성에 의해 좌우되는 것이다. 따라서 사고 전체의 흐름을 여기서 잠시 중단하고, 이 장에서는 우리가 이미 언급한 바 있는, 또 앞으로도 논의해 가려는 심리적 메커니즘에 대해 좀 더 상세히 또 구체적으로 검토하기로 한다. 왜 이런 전제를 자세히 다뤄야 되느냐 하면, 그 기초에는 많은 독자에게 전혀 낯선 것은 아니더라도 역시 설명이 필요한 몇 가지 개념이 쓰였기 때문이다. 그런 개념은 무의식적인 여러 가지 힘과 또 그 힘이 합리화되어 성격적인 습성으로 나타나는 과정을 다루고 있다.

이 장에서는 특히 개인 심리학이나, 개인의 면밀한 정신분석적 연구에 따른 갖가지 관찰을 다룰 예정이다. 물론 정신분석은 학문적인 심리학이 이상으로 하는, 자연과학적인 실험 방법에 의한 접근이라는 점에선 아직 미흡하다. 하지만 그것은 완전히 경험적인 방법으로서, 검열되지 않은 개인의 사고와 꿈과 공상에 대한 주의 깊은 관찰에 기초를 두고 있다. 무의식적인 힘의 개념을 이용하는 심리학만이, 개인과 문화를 분석할 때 직면하는 그릇된 합리화를 돌파할 수 있다. 만일 우리가, 사람들이 자신을 움직인다고 '믿는' 그 동기와 실제로 그들을 행동케 하고 느끼게 하고 생각게 하는 동기가 동일하다는 생각을 버리기만 한다면, 지금까지 해석할 수 없다고 믿었던 많은 문제가 그 자리에서 소멸되어 버릴 것이다.

많은 독자는 개인을 관찰하여 얻은 발견이 과연 집단의 심리학적 이해에 적용될 수 있느냐에 대해 의심을 품을지도 모른다. 이 물음에 대한 내 대답은 확실히 도움이 된다는 것이다. 어떤 집단이든 모두 개인으로 이루어진 것이지 개인 이외의 다른 것으로 이루어진 것은 아니다. 따라서 집단 속에서 작용하고 있는 메커니즘은 개인 속에서 작용하고 있는 메커니즘에 불과하다. 사회 심리학을 이해하기 위해 개인 심리학을 연구하는 일은 현미경으로 어떤 대상을 연구하는 것에 비교할 수 있다. 그것으로써 사회 과정 속에서 대규모적으로 작용하는 심리적인 메커니즘을 상세하게 발견할 수 있는 것이다. 만일 우리의 사회 심리적 현상의 분석이 개인적 행동의 상세한 연구에 기초를 두지 않는다면, 그것은 경험적이 아니기에 그 본디의 타당성을 잃게 될 것이다.

그러나 개인의 행동에 관한 연구가 소중하더라도 일반적으로 신경증 환자라는 명칭이 붙은 개인을 연구하는 일이, 사회 심리학 문제를 이해하는 데 무슨 도움이 되겠느냐고 묻는 사람도 있을 것이다. 이 물음에 대한 대답 역시 '그렇다'이다. 우리가 신경증 환자에게서 발견하는 현상은 원칙적으로는 정상인에게서 관찰되는 현상과 조금도 다르지 않다. 다만 그런 현상이 신경증 환자에게 한층 더 뚜렷하게 드러나며, 특히 정상인은 문제를 충분히 자각하지 못한 데 반해 신경증적인 사람은 문제를 보다 더 의식적으로 받아들인다는 것이 다를 뿐이다.

이 점을 좀 더 명백히 하기 위해 신경증적이라든가 정상적이라든가 또는 건강이라든가 하는 말을 간단히 음미해 두는 편이 좋을 것이다.

정상 또는 건강이라는 말은 두 가지 관점에서 정의할 수 있다. 첫째로, 활동하고 있는 사회의 측면에서이다. 즉 어떤 사회 속에서 그가 이행해야 할 역할을 수행할 수 있다면, 그는 정상적이며 건강하다고 할 수 있다. 좀더 구체적으로 말하면, 그것은 그 특정한 사회 속에서 요구되는 방법에 따라서 일할 수 있다는 의미이며, 더 나아가 사회의 재생산에 참여, 즉 가족을 거느릴 수 있다는 뜻이다. 둘째로는, 개인의 측면에서이다. 이 관점에서 우리는 개인의 성장과 행복을 위한 최상의 조건을 건강 또는 정상 상태로 생각한다.

만일 어떤 사회구조가 개인의 행복에 최상의 가능성을 열어 줄 수 있다면, 이 두 가지 견해는 일치할 것이다. 그러나 우리의 사회를 비롯해 우리가 알고 있는 모든 사회에선 적어도 이런 일은 일어나지 않는다. 개인의 성장이라는 목표를 도와주는 정도는 다르다 하더라도, 사회의 원활한 기능이라는 목표와 개인의 완전한 발달이라는 목표 사이에는 분열이 있다. 이로 인해 건강에 대한 두 개념 사이에 예리한 분열이 필연적으로 생기게 된다. 하나는 사회적 필요에 지배되고, 다른 하나는 개인적인 존재의 목표에 대한 가치와 규범에 지배된다.

불행하게도 이 차이는 종종 무시되어 왔다. 대부분의 정신병리학자는 그들의 사회구조를 뚜렷이 긍정하고 있다. 따라서 그들이 보기엔 사회에 적응할 수 없는 인간은 보다 가치가 없는 존재이고, 반면 잘 적응할 수 있는 인간은 보다 더 가치 있는 존재이다. 그러나 만일 정상적이라는 개념과 신경증이라는 개념을 분리시켜 본다면 결론은 다르게 나올 것이다. 즉 잘 적응하고 있다는 뜻에서의 정상적인 인간은, 인간적인 가치에 대해 종종 신경증적인 인간보다 더 건강하지 못할 수도 있다. 그는 어떻게 해서든지 사회가 기대하는 인간이 되려고 자신을 포기한 대가로 잘 적응하고 있는 것이다. 이리하여 순수한 개성과 자연성은 모두 상실되었다. 반면 신경증적인 인간이란 자기를 위한 싸움에 결코 완전히 굴복하려 들지 않는 유형이라고 할 수 있을 것이다. 물론 자기를 구해내고자 하는 그의 노력은 성공치 못했을 것이다. 자기를 생산적으로 표현하는 대신 신경증적 징후를 통해, 또는 몽상적인 생활에 틀어박힘으로써 구원을 청했을 것이다.

그러나 인간적 가치의 관점에서 보면, 그는 개성을 완전히 상실한 정상인보다 불구자는 아니다. 물론 신경증적도 아니고, 적응 과정 속에서도 개성을 잃지 않은 사람도 있다. 신경증적인 인간에게 찍힌 낙인은 근거가 없는 것으로 보인다. 그것은 단지 사회적 능률이라는 관점에서 신경증적인 자를 분류할 때만 정당화될 뿐이다. 그러나 사회 전체적인 관점으로 볼 때, 신경증적이라는 말을 이런 뜻으로 쓸 수는 없다. 왜냐하면 사회는 그 성원이 사회적으로 활동해야만 존재할 수 있기 때문이다. 그러나 인간적 가치의 관점에서 보면, 그 성원이 인격적으로 불구자가 되게 하는 사회는 신경증적이라 할 수 있다. 신경증이라는 용어는 사회적인 기능의 결여를 표시하는 데 쓰이므로, 우리는 사회에 대해서는 이 말보다는 인간의 행복과 자기실현에 반대되는 뜻의 말을 택해야 할 것이다.

이 장에서 우리가 문제로 삼는 것은 도피의 메커니즘이다. 그것은 고립화된 인간의 불안정성에서 유래한다. 개인에게 안정감을 부여해 주던 제1차적인 인연이 일단 끊어지자마자, 그리고 자신과 완전히 분리된 실체로서의 외부 세계와 직면하자마자 무력감과 고독감과의 참을 수 없는 상태를 극복하기 위한 두 개의 길이 열린다. 그중 하나의 길을 통해 그는 '적극적인 자유'로 전진해 갈 수 있다. 그는 애정과 일에 있어, 그의 감정적·감각적·지적인 능력의 순수한 표현에 있어, 자발적으로 그 자신을 세계와 결부시킬 수 있다. 이리하여 독립과 개인적 자아의 통일을 버리는 일 없이 다시 인간과 자연 그리고 그 자신과 일체가 될 수 있다. 그를 위해 열려 있는 또 하나의 길은 그를 후퇴시켜 자유를 포기하게 하는 것이다. 그리고 개인적 자아와 세계와의 사이에 생긴 분열을 소멸시킴으로써 고독감을 극복하고자 노력하게 한다. 이 두 번째 길은 그를 세계와 재결합시킨다 해도, 그가 이전에 개인으로서 세계에 몰입했던 상태로는 되돌려 놓지 못한다. 왜냐하면 분리되어 있다는 사실을 번복할 수는 없기 때문이다. 이 길은 만일 그것이 연장된다면, 살아갈 수도 없는 그런 참기 힘든 상황으로부터의 도피에 불과하다.

따라서 이 도피 방법은 무서운 공포로부터 도피하는 경우처럼 강제적인 성격을 띠고 있다. 또 개성과 자아의 통일성의 완전한 굴복이라는 특징이 어느 정도 있다. 따라서 그것은 행복과 적극적인 자유로 이끄는 해결은 아니면서도, 원칙적으로 모든 신경증적인 현상에서 볼 수 있는 해결이다. 이 방법은 참을 수 없는 불안감을 완화시켜 공포를 덮음으로써 생활을 가능하게 할지도 모른다. 그러나 근본적인 문제를 해결한 것이 아니라, 단지 자동적이며 또 강요된 행동만으로 성립되는 생활을 통해 그 대가를 지불하고 있는 것이다.

이러한 도피의 메커니즘 속에는 비교적 사회적으로 중요하지 않은 것도 있다. 그것은 단지 정신적·감정적으로 혼란스러워하는 사람에게서만 뚜렷하게 볼 수 있다. 그러나 이 장에서는 문화적으로 중요한 메커니즘만을, 그리고 다음 장에서 취급하는 사회 현상의 심리학적 분석을 위해 이해해야만 하는 메커니즘만을 문제 삼기로 한다. 그 하나는 파시즘 체제이고, 다른 하나는 근대 민주주의이다.[1]

---

[1] K. 호나이는 그녀의 '신경증적 경향'(*New Ways in Psychoanalysis*)으로 나오는 다른 관점에서 '도피의 메커니즘'과 비슷한 개념에 도달했다. 이 두 가지 개념의 주요한 차이는 다음과 같다. 즉 신경증적 경향은 개인적인 신경증에 있어 강제력인 데 반해 도피의 메커니즘은 정상적인 인간에 있어서 강제력이다. 더욱이 호나이의 강조점은 불안에 대해서이지만, 내가 강조하는 것은 개인의 고독에 대해서다.

1 권위주의

여기서 다루려고 하는 자유로부터의 도피에 대한 최초의 메커니즘은, 인간이 개인적 자아의 독립을 버리고 그 개인에게 결여되어 있는 힘을 얻기 위해 자기 이외의 어떤 사람이나 사물에 그 자신을 융합시키려고 하는 경향이다. 바꿔 말하면, 상실한 제1차적인 속박 대신에 새로운 '제2차적'인 속박을 구하는 것이다.

이 메커니즘은 복종과 지배를 둘러싼 노력이라는 형태로 뚜렷이 나타난다. 또는 오히려 정상적인 인간과 신경증적인 인간 속에서 여러 가지 형태로 드러나는 사도—마조히즘적이라고 할 수 있는 노력 속에서 보인다. 우선 이런 경향에 대해 설명하고 나서, 이런 모든 것이 참을 수 없는 고독감으로부터의 도피라는 것을 해명하고자 한다.

마조히즘적인 노력으로서 가장 빈번하게 일어나는 형태는 열등감, 무력감, 개인의 무의미감이다. 이런 감정에 사로잡힌 사람을 분석해 보면, 그들은 의식적으로는 이 감정에 불만을 품고 그것으로부터 벗어나려 하지만, 무의식적으로는 그들 내부에 깃들어 있는 어떤 힘에 자극되어 자기를 무력하고 중요하지 않다고 느끼고 있음을 알 수 있다. 그들은 자기가 무력하다고 말하는데, 그들의 감정은 실제로 나타나는 결점과 약점의 인식을 훨씬 초월하고 있다. 그들은 자기 자신을 낮추고 약화시키려고 하며 사물을 지배하고자 하지 않는다.

대부분의 경우 그들은 외부의 힘에 즉, 다른 사람들이나 제도 또는 자연에 명백히 의존하려고 한다. 그리고 자기를 내세우려 하지 않으며, 하고 싶은 일도 하려 들지 않는다. 그러나 외부의 힘이 지니는 현실적이고 또는 확실하다고 생각되는 질서에 복종코자 한다. 그들은 흔히 '나는 원한다'라든가 '나는 존재한다'라는 감정을 느끼지 못한다. 그들에게 인생은 지배도 통제도 할 수 없는 압도적으로 강력한 힘이다.

보다 더 극단적인 경우에는—더구나 자주—자기를 낮추고, 외부의 힘에 복종하려는 것에서 나아가 자기를 해치고 괴롭히려는 경향까지 있음을 볼 수 있다.

이 경향은 갖가지 형태로 나타난다. 최악의 적이라 할지라도 가져다줄 수 없는, 그런 자기 비난과 자기비판에 빠져 있는 사람들이 있다. 또 강박신경증 환자처럼 강박적인 의식과 사고로 자신을 괴롭히는 사람들도 있다. 신경증적 인격 속에서는 육체적으로 병들고자 하는 바람, 즉 의식적이건 무의식적이건 그런 병을 마치 신께서 주신 선물처럼 기다리는 경향도 볼 수 있다. 자기 자신에게 향하는 이런 경향은 덜 표면적이고 덜 극적인 형태로 나타날 수 있다. 이를테면 시험 때나 또는 그 후에라도, 확실히 해답을 알고 있었음에도 불구하고 그때는 질문에 대답하지 못하는 사람이 있다. 또 사랑하며 의지하고 있는 사람에게 자신의 생각과는 반대되는 언사를 퍼붓는 사람이 있다. 사실 그는 그 사람에게 우정을 느끼고 있으므로 그런 말을 쓸 의도는 없었던 것이다. 그들은 마치 적의 충고에 따라, 그들에게 가장 손해되는 방법으로 행동하고 있는 듯이 보인다.

이런 마조히즘적인 경향은 흔히 단순히 병적이고 비합리적이라고 느껴진다. 그러나 그 경향은 합리화되는 경우가 더 많다. 마조히즘적인 의존은 사랑이라든가 충성이며, 열등감은 실제 결점을 적절하게 표현한 것이고, 괴로움은 모두 변화하지 않는 환경의 탓이라고 생각된다.

이런 마조히즘적인 경향과 아울러 그 정반대의 것, 즉 사디즘적 경향을 동일한 성격 속에서도 찾아볼 수 있다. 그것은 강도(强度)도 다르고, 의식되는 수도 있고 의식되지 않는 수도 있지만, 결코 잘못 보는 수는 없다. 사디즘적 경향에는, 서로 얽혀 있기는 하지만 세 가지 종류가 있다. 첫째로, 타인을 자기에게 의존시켜서 그들에게 절대적이고 무제한적인 힘을 가하여, 마치 '도공(陶工)의 손에 쥐어진 진흙'처럼 그들을 완전히 도구화해 버리는 것이다. 둘째로, 타인을 절대적으로 지배하고자 할 뿐만 아니라 그들을 착취하고, 이용하고, 훔치고, 내장을 꺼내어, 말하자면 먹을 수 있는 것은 다 먹어치우려는 충동으로 이루어진 사디즘이다. 이 욕망은 물질적인 것에도, 비물질적인 것에도—이를테면 사람이 나타내는 감정적이고 지적인 성질의 것에도—품을 수 있다. 사디즘적 경향의 세 번째 것은 타인을 괴롭히고, 그가 괴로워하는 것을 보고자 하는 욕망이다. 이 괴로움은 육체적인 것도 있지만 정신적인 괴로움일 때가 더 많다. 그 목적은 실제로 남을 해치고, 창피를 주고, 곤란케 하는 것이며, 또는 그러한 상태에 있는 인간을 보고자 하는 것이다.

사디즘적인 경향은 명백한 이유로 말미암아, 사회적으로 훨씬 해가 적은 마조히즘적 경향보다 흔히 의식되지 않고 합리화되는 경우가 많다. 흔히 그것은 타인에 대한 지나친 선의와 지나친 배려의 결과로 은폐된다. 가장 많이 볼 수 있는 합리화는 다음과 같다. "나는 너에게 무엇이 최선인가를 알기 때문에 너를 지배하는 것이다. 너의 이익을 위해 나를 따라야 한다.", "나는 이처럼 훌륭한 독자적인 인간이므로, 타인이 나에게 의존할 것을 기대할 만한 권리가 있다." 이런 식의 합리화도 있다. "나는 너를 위해 많은 일을 해 주었다. 그러니까 이번에는 내가 원하는 것을 너에게서 빼앗아도 된다." 사디즘적 충동이 가장 공격적으로 나타나는 형태는 다음 두 가지로 합리화되고 있다. "나는 다른 사람들에게서 상처를 입어 왔다. 따라서 그들을 해치고자 하는 나의 소원은 단지 복수에 불과하다.", "나는 나와 내 친구들이 상처 입는 것을 방지하기 위해 먼저 한 대 친 것이다."

사디스트와 그 대상과의 관계에서, 다음과 같은 점이 간과될 때가 많다. 그것은 대상에 대한 사디스트의 의존이다. 따라서 여기서 특별히 강조해 두려고 한다.

사디즘적인 인간은 뚜렷한 의존을 보이는 마조히즘적 인간과는 정반대일 것이라고 기대하기 쉽다. 그가 이처럼 강하고 지배적일 뿐 아니라, 그의 사디즘의 대상이 그처럼 약하고 복종적이라면, 강자가 그가 지배하는 약자에 의존한다고는 생각하기 어려울 것이다. 그러나 면밀한 분석이 그렇지 않다고 밝혀 주고 있다. 사디스트는 그가 지배할 인간을 '강력히' 필요로 한다. 왜냐하면 자신이 강자라는 의식은 누군가를 지배하고 있다는 사실에 뿌리박고 있기 때문이다. 이 의존은 전적으로 무의식적인 것일지도 모른다. 이를테면 어떤 남자는 자기 아내를 몹시 잔인하게 다루며 언제나 집을 나가도 좋다, 아니 그렇게 해 주는 편이 오히려 고마운 일이라고 되풀이해 말한다. 때로 그의 아내는 학대를 너무 심하게 당해 감히 집을 나가 버리지 못하는 경우도 있다. 그래서 두 사람은 결국, 남자의 말이 사실이라고 믿게 된다.

그러나 만일 아내가 용기를 내어 집을 나가겠다고 선언하는 날이면, 그들에게는 전혀 예상치 못한 일이 일어날 것이다. 남자는 절망에 휩싸여 제발 나가지 말아달라고 애원하는가 하면 당신 없이는 살 수 없다느니, 내가 당신을 얼마나 사랑하는 줄 아느냐라는 따위의 말을 할 것이다. 그러면 보통 여자는 자기 주장을 내세울 용기를 잃고 남편의 말을 믿으려 들며, 결심을 번복하여 그대로 집에 머물게 된다. 그런데 또 같은 일이 시작된다. 남자는 전과 같은 행동을 되풀이하고, 여자는 함께 살아가기가 힘겨워 폭발하고, 남자는 다시 절망하고 여자는 또 집에 머물게 된다. 이런 일이 수없이 되풀이되는 것이다.

수천수만에 달하는 부부와 그 밖의 인간관계가 이 순환을 되풀이하고 있다. 그리고 이 마술적인 순환은 끊어지는 일이 없다. 그녀 없이는 살 수 없다고 말했을 때, 남자는 거짓말을 한 것일까? 사랑에 대해 말하자면, 모든 것은 그 사랑이 무엇을 뜻하느냐에 달려 있다. 그녀 없이는 살아갈 수 없다는 말에 대해서 본다면, 문자대로는 아니라 할지라도 어디까지나 진심인 것이다. 그는 그녀 없이는 또는 그의 수중에 잡을 수 있는 무력한 존재로 느껴지는 어떤 사람이 없이는 살아갈 수 없으며, 단지 이 관계가 깨어질 우려가 있을 때만 사랑의 감정이 나타난다. 아니면 사디스트는 그가 지배하고 있다고 느끼는 인간만을 극히 명백하게 '사랑하고' 있다. 아내이건, 자식이건, 조수이건, 급사이건, 길을 가는 거지이건, 그는 지배의 대상에 대해 사랑의 감정뿐 아니라 오히려 감사의 마음까지 가지고 있다. 그들의 생활을 지배하는 것은 상대를 사랑한다는 생각 때문이라고 여길지 모른다. 그러나 '사실 그들은 상대를 지배하므로 사랑하는 것이다.'

그는 물질적인 것으로, 칭찬으로, 사랑을 확신시키는 일로, 위트와 빛나는 재기(才氣)로 관심을 나타냄으로써 타인을 매수하고 있다. 그는 모든 것을 줄지도 모른다─단 한 가지, 자유 독립의 권리를 제외하고. 이러한 관계는 특히 부모 자식 사이에서 볼 수 있다. 여기에서 지배나 소유의 태도는 아이들을 보호한다는 '자연스러운' 배려와 감정으로 곧잘 은폐된다. 아이들은 황금 우리 속에 넣어진다. 그리고 그 속에서 나가려 들지만 않는다면 무엇이든 가질 수 있다. 때문에 아이들은 성장했을 때 종종 사랑에 대해 깊은 공포심을 품게 된다. 그들에게 사랑이란 그가 추구하는 자유를 붙잡아 감금하는 것을 뜻하기 때문이다.

많은 관찰자들이 보기에 사디즘은 마조히즘에 비해 그다지 문젯거리가 되지 않는다. 남을 해치고 지배하려는 성향은 결코 '좋은' 일은 아니라 할지라도 극히 자연스럽게 보이기 때문이다. 홉스는 '죽음으로서만 멈추게 할 수 있는, 권력에서 또 권력을 추구하는 끊임없는 욕망'의 존재를 '전인류에게서 볼 수 있는 일반적인 경향'[2]이라 생각했다. 그에 따르면, 권력을 추구하는 욕망은 악마적인 것이 아니라, 쾌락과 안전을 추구하는 소망의 극히 합리적인 결과에 불과하다. 홉스로부터 히틀러에 이르기까지, 지배의 욕망을 생물적으로 조건 지워진 적자생존을 위한 투쟁의 논리적 결과라고 설명하는 자에게는, 권력에 대한 갈망은 아무런 설명도 필요 없을 정도로 명백한 인간성의 일부였다. 한편 마조히즘적인 노력, 즉 자기 자신에 반대하는 경향은 수수께끼처럼 보인다. 자신을 낮추며, 스스로 약해지고, 자기를 해칠 뿐만 아니라 그것을 향락하려고까지 하는 사람을 어떻게 이해하면 될 것인가? 마조히즘 현상은 쾌락과 자기 보존을 지향하는 것이 인간의 심리란 우리 모두의 생각에 모순되는 것이 아닐까. 일부 사람들이 우리가 피하고자 하는 것, 즉 고통과 고민에 매혹되어 그것을 받아들이려는 현상을 대체 어떻게 설명할 수 있을까.

그러나 고뇌와 약함이 인간 노력의 목표가 될 수 있다는 것을 증명해 주는 현상이 존재한다. 즉 '마조히즘적 도착(倒錯)'이다. 여기에는 극히 의식적으로 어떤 방법을 통해 괴로워하고, 그 괴로움을 즐기려는 인간이 있다. 그러나 이것만이 마조히즘적 도착의 형태는 아니다. 때때로 원하는 것은 현실적인 괴로움과 고통이 아니라, 육체를 묶이거나 구제될 수 없는 약한 상태에 놓임으로써 일어나는 흥분과 만족이다. 마조히즘적 도착에서 종종 요구되는 것은 어린애 취급을 받거나 갖가지 방법으로 꾸지람을 들으며, 창피를 당함으로써 '정신적으로' 약화되는 것이다. 사디즘적 도착에서는 이와 대응하는 방법, 즉 남을 육체적으로 해치고, 밧줄이나 쇠사슬로 묶어 놓고 행동이나 말로 창피를 주어 만족감을 얻는다.

고통과 수치를 의식적이고 의도적으로 향락한다는 마조히즘적 도착은 마조히즘적 성격(또는 정신적 마조히즘)보다 먼저, 심리학자나 작가의 주의를 끌었다. 그러나 우리가 처음에 설명한 바와 같은 마조히즘적 경향이 어떻게 성적 도착과 유사한 것인가 하는 견해, 그리고 이 두 가지 마조히즘은 본질적으로는 단 하나의 같은 현상이라는 주장이 점점 인정을 받게 되었다.

---

2) 홉스(Hobbes), 《리바이어던(*Leviathan*, London, 1651, p. 47.)》

일부 심리학자들은 굴종(屈從)하고 괴로워하는 일을 바라는 사람들이 있는 이상, 바로 이런 것을 목표로 하는 '본능'이 있을 것이라고 생각했다. 피어칸트와 같은 사회학자도 같은 결론에 도달했다. 보다 더 이론적인 설명을 시도해 보려던 최초의 사람은 프로이트였다. 그는 최초로 사도—마조히즘은 본질적으로 성적 현상이라고 생각했다. 어린아이에게서 볼 수 있는 사도—마조히즘을 성본능의 발달에 있어, 규칙적으로 나타나는 '부분적 충동'이라고 했다. 그는 성인에게서 볼 수 있는 사도—마조히즘적 경향은, 그 인간의 심리적이고 성적인 발달이 초기 단계에서 고정화된 것이거나 또는 퇴화한 것이라 믿었다. 그 후에 이르러 프로이트는 그가 정신적 마조히즘이라 부른 현상, 즉 육체적이 아니라 정신적으로 괴로워하려는 경향의 중요성을 차차로 자각하게 되었다. 특히 마조히즘적 경향과 사디즘적 경향이란 모순되어 있는 것처럼 보여도 항상 함께 발견된다는 사실을 강조했다. 그러나 그는 이 마조히즘적 경향에 대한 설명을 변경했다. 프로이트는 타인에 대해서나 자신에 대해서나 파괴하려는 생물적인 경향이 존재한다고 생각하고, 마조히즘은 본질적으로 이른바 죽음의 본능에서 나오는 산물이라는 것을 시사했다. 또한 우리가 직접적으로는 관찰할 수 없는 이 죽음의 본능이 성적 본능과 융합하며, 그 융합 속에서 만일 그것이 자기에게 향해지면 마조히즘이, 타인에게 향해지면 사디즘이 나타남을 시사했다.

그는 성본능과의 이 혼합이야말로, 혼합되지 않은 죽음의 본능이 지닐지도 모르는 위험성에서 인간을 지키는 것이라고 생각했다. 요컨대 프로이트에 의하면, 만일 인간이 파괴성과 성을 융합하는 일에 실패한다면 그는 자기 자신이든 타인이든 간에 파괴할 수밖에 별도리가 없는 것이다. 이 이론은 프로이트의 사도—마조히즘에 관한 최초의 생각과는 근본적으로 다르다. 사도—마조히즘은 이전에는 하나의 성적 현상이었다. 그러나 새로운 이론에선 본질적으로 비성적(非性的) 현상이며, 그곳에 있는 성적 요소는, 단지 죽음의 본능과 성적인 본능의 융합에서 기인한 것뿐이다.

프로이트는 비성적인 공격성의 현상에 대해 오랫동안 거의 관심을 두지 않았지만, 알프레드 아들러(Alfred Adler)는 우리가 여기서 논하고 있는 경향을 그의 체계의 중심에 두었다. 그러나 그것을 사도—마조히즘으로서가 아니라 아니라 '열등감'과 '힘에 대한 소망'으로서 다루었다. 아들러는 이 현상의 합리적인 면을 본 것에 불과하다. 우리는 자기를 비소화(卑小化)하는 비합리적인 경향을 다루고 있지만, 그는 열등감을 사실적(事實的)인 열등성 즉 어린이의 육체적인 열등성과 일반적인 무력함에 대한 적절한 반작용이라 생각하고 있다. 그리고 우리가 힘에 대한 소망은 타인을 지배하고자 하는 비합리적인 충동의 표현이라고 생각하는데 반해, 아들러는 그것도 전적으로 합리적이라 보고 있다. 즉 힘에 대한 소망은 불안과 열등의식 때문에 몰아칠 위험으로부터 그를 보호하는 기능이 있는 적절한 반작용이라는 것이다. 누구나 그랬듯이 아들러 역시 인간 행동의 합목적(合目的)이며 합리적인 동기를 부여하는 이상의 것을 꿰뚫어 보진 못했다. 이리하여 그는 마구 얽힌 인간의 동기에 대해 가치 있는 통찰을 남겼다고는 하지만, 프로이트가 이룩해 놓은 것과 같은 비합리적인 충동의 심연 속에는 내려가지 못했다.

프로이트와 다른 견해는, 빌헬름 라이히,[3] 카렌 호나이[4] 그리고 나[5]의 정신분석 문헌 속에서 볼 수 있다.

라이히의 견해는 프로이트의 최초 개념인 리비도설에 입각해 있다. 하지만 마조히즘적 인간은 결국 쾌락을 추구하는 것이며, 그때 일어나는 고통은 부산물에 불과할 뿐 목표 그 자체는 아니라는 것을 지적하고 있다. 호나이는 신경증적 인격에 있어 마조히즘적 노력의 근본적인 역할을 인정하고, 마조히즘적 성격의 특질을 상세히 기술함과 아울러, 그것이 전체의 성격적 구조로부터 생긴다는 것을 이론적으로 설명한 최초의 사람이다. 그녀의 저작 속에는 나의 저작에서와 마찬가지로 마조히즘적 성격 특성이 성적 도착에 뿌리박고 있는 것이 아니라, 오히려 후자—성적 도착—가 어떤 특수한 성격 구조에 근거를 둔 심리적 경향의 성적 표현이라고 이해되고 있다.

이제야 중심 문제에 도달했다. 특히 마조히즘적 도착과 마조히즘적 성격의 특질과의 양자에 걸친 공통된 근원은 무엇일까? 또한 마조히즘적·사디즘적인

---

3) 《성격 분석(*Charakteranalyse*, Wien, 1933.)》
4) 《현대의 신경증적 분석(*The Neurotic Personality of Our Time*, W.W. Norton & Company, New York, 1963.)》
5) 《권위와 가족에 있어서의 권위의 심리(*Psychologie der Autorität in Autorität und Familie*, ed. Max Horkheimer, Alcan, Paris 1936.)》

노력의 공통된 근원은 무엇일까?

그 대답의 방향은 이미 이 장 첫머리에 암시되어 있다. 마조히즘적 노력과 사디즘적 노력은 둘 다 견딜 수 없는 고독감과 무력감에서 개인을 도피시키고자 하는 것이다. 마조히즘적 인간을 정신분석적으로, 또 경험적으로 관찰하면 많은 실례(實例)에 따라 그들이 고독감과 무력감의 공포에 가득 차 있음을 명백히 알 수 있다(그것을 상세히 서술하면 이 책의 범위를 넘어서므로 인용할 수 없다). 종종 이 감정은 의식적이 아니라, 우월성과 완전성의 보상적인 감정으로 은폐되는 경우도 있다. 그러나 이러한 인간의 무의식적인 마음의 움직임을 깊숙이 파헤쳐 보면, 반드시 이 감정을 찾아볼 수 있을 것이다. 바로 개인은 부정적인 뜻에서 자유롭다고 느낀다는 것이다. 그는 혼자 떨어져 있으며, 서먹서먹한 적의에 찬 세계와 대립하고 있다. 이에 대해서는 도스토옙스키의 《카라마조프의 형제》 속에서 뛰어난 서술을 인용할 수 있다. "인간이라는 불쌍한 동물은, 타고난 자유라는 선물을 되도록 빨리 양도해 버릴 상대방을 찾아내고자 하는 강한 염원밖에 없다." 위협을 받은 개인은 자기를 어떤 사람이나 사물에 결부짓고자 한다. 이미 그는 자기 자신을 지탱하지 못한다. 그는 미친 듯이 자기 자신으로부터 벗어나려고 한다. 그리고 자기라는 무거운 짐을 제거해 버림으로써 다시 안정감을 얻으려고 한다.

마조히즘은 이런 목표에 도달하는 한 가지 방법이다. 마조히즘적인 노력이 나타내는 여러 가지 형태는 결국 한 가지 일을 노리고 있다. '개인적 자기로부터 벗어나는 일, 자기 자신을 상실하는 일, 다시 말해 자유라는 무거운 짐으로부터 벗어나는 일이다.' 이 목표는 개인이 압도적으로 강하다고 느끼는 인물이나, 힘에 복종코자 하는 마조히즘적인 노력 속에 명백히 나타난다(다른 사람이 우월한 힘을 가졌다고 생각하는 일도 항상 상대적으로 이해해야 한다. 그것은 다른 사람이 가진 실제적인 힘에 기인할 수도 있으나, 자기의 완전한 무주의성과 무력감을 믿는 데서 기인할 수도 있다. 후자의 경우에는 한 마리의 생쥐나 하나의 나뭇잎이라도, 무서운 것으로 생각된다). 다른 형태의 마조히즘적 노력도 본질적인 목표는 동일하다. 마조히즘적인 약소감(弱小感)의 경향 속에서는 원래의 무의미감을 증대시키는 경향이 있음을 볼 수 있다.

이 사실은 어떻게 이해하면 좋을까? 불안을 더 악화시켜 불안을 없애려고 시도하는 것일까? 그런데 이것이야말로 마조히즘적인 인간이 하는 일이다. 만일 내가 독립해서 강하게 되고자 하는 소망과 무의미함과 무력한 감정 사이에서 싸우고 있다면, 나는 고뇌 속에 사로잡히게 된다. 만일 내가 나를 아무것도 아닌 것으로 끌어내릴 수 있다면, 만일 내가 개인으로서의 분리감을 극복할 수만 있다면, 나는 이 모순으로부터 자신을 구해 낼 수 있을 것이다. 전적으로 비소하고 의지할 곳이 없다고 느끼는 일은 이 목적을 위한 한 가지 방법이다. 고통과 번뇌에 압도되는 것 또한 하나의 방법이다. 술에 취해 그것을 극복해 가는 것 역시 또 한 가지 방법이다. 만일 이 고독감이라는 무거운 짐으로부터 해방되기 위한 모든 방법이 실패했을 때는 자살을 공상하는 것이 마지막 희망이다.

어떤 조건 밑에서는 이 마조히즘적 추구는 상대적으로 성공한다. 만일 개인이 이러한 마조히즘적 노력을 만족시키는 문화적인 형식을 찾아낼 수만 있다면(이를테면 파시스트의 이데올로기에서 제창되는 '지도자'에 대한 복종처럼), 그는 이 감정을 공유하는 수백만의 사람들과 연결되어 있는 것처럼 느껴져 안전감을 얻을 것이다. 이런 마조히즘적 '해결'은 신경증적인 표출에서 볼 수 있는 그런 해결과 같은 것에 불과하다. 개인은 표면적인 괴로움을 없앨 수는 있지만, 깊숙이 뿌리박힌 갈등과 침묵 속에 있는 불행을 움직일 수는 없다. 만일 마조히즘적인 노력을 표현하는 문화 형식이 없거나, 그 개인이 속한 사회집단의 마조히즘 평균량을 개인의 마조히즘적 추구의 양이 능가할 때, 참을 수 없는 상황을 극복하기 위한 수단이던 마조히즘식 해결책은 결국 개인을 새로운 번뇌 속에 가둔 채로 내버린다. 만일 인간 행동이 항상 이성적(理性的)이고 합목적이라면 마조히즘은 신경증적 증상과 마찬가지로 설명하기 힘들 것이다. 그러나 감정적·정신적 착란의 연구가 알려 주는 바에 따르면, 인간 행동은 불안이라든가 그 밖의 도저히 참을 수 없는 마음의 상태에서 일어나는 추구가 그 동기가 되는 수가 있으며, 또 이 추구는 그 감정적 상태를 극복하려고 하지만 단순히 가장 눈에 띄는 표현만을 은폐할 뿐이며, 그것마저 할 수 없는 경우도 있다는 것이다. 신경증적 표현은 공포 상태에서 비합리적인 행동을 하는 것과도 흡사하다.

이를테면 불길에 휩싸여 있는 남자가 창문가에 서서 살려 달라고 외치고 있다. 그는 자기 목소리를 아무도 들을 수 없다는 사실과 이삼 분 안에 불타버릴

지도 모르는 계단으로 아직도 충분히 도망쳐 내려올 수 있다는 점을 완전히 잊어버리고 있는 것이다. 그는 오로지 살고 싶은 일념에서 외치고 있다. 그리고 그 순간에는 이 외친다는 행동이 구제를 받기 위한 행동처럼 보이지만—결국은 완전히 파멸로 끝나는 것이다. 마찬가지로 마조히즘적인 노력은 그 단점, 갈등, 의혹, 또는 견딜 수 없는 고독감에 휩싸인 자기로부터 벗어나려는 소망으로 이루어지고 있다. 그러나 그것은 단지 가장 표면적인 고통을 제거하는 데 성공할 뿐이고, 보다 큰 괴로움으로 이끌 뿐이다. 마조히즘의 비합리성은 다른 모든 신경증에서 나타나는 것과 마찬가지로, 지속할 수 없는 감정 상태를 해결하기 위한 방법이 궁극적으로는 비생산적이라는 데 있다.

이런 사실은 신경증적 행위와 합리적 행위와의 중대한 차별을 설명한다. 후자의 경우, '결과'는 행위의 '동기'에 대응한다. 사람은 어떤 결과를 얻고자 행동하는 법이다. 반면 신경증적 사람은 강박으로 인해 행동한다. 그 강박은 참을 수 없는 상태에서 벗어나고자 하는, 본질적으로 부정적인 성격을 지니고 있다. 이 노력은 다만 임시적인 해결 방향을 제시해 줄 뿐이다. 사실상 그 결과는 그가 원했던 것과 모순된다. 참을 수 없는 감정으로부터 벗어나려는 강박감은 너무 강하기 때문에, 사람은 임시적이 아닌 해결을 가능케 하는 방향을 택할 수 없다.

마조히즘의 이 의미는 개인은 참을 수 없는 고독감과 허무감으로 행동하게 된다는 것을 뜻한다. 그는(육체적인 실체로서가 아니라 심리적으로서의) 자기 자신으로부터 벗어남으로써 그것을 극복하려고 한다. 그 방법은 자기 자신을 낮추고 괴롭혀 전적으로 무의미하게 하는 일이다. 그러나 고통과 괴로움은 그가 원했던 것이 아니며, 무턱대고 달성하려는 목적을 위해 지불하는 대가이다. 그 대가는 비싸다. 그는 한층 더 많이 지불하게 된다. 그리고 빚의 노예가 되어, 그가 지불함으로써 얻고자 했던 마음의 평화와 안정은커녕 단지 점점 더 큰 부채의 구렁으로 빠져드는 것이다.

이제껏 마조히즘적인 도착에 대해 말했는데, 그것은 고뇌란 분명히 추구의 대상이 될 수 있음을 증명해 주기 때문이다. 그러나 마조히즘적인 도착은 정신적인 마조히즘과 마찬가지로, 결코 진실한 목적이 될 수는 없다. 어떤 경우에나 그것은 자기를 잊어버린다는 목적을 위한 수단이다. 도착과 마조히즘적인 성격과의 차이는 본질적으로 다음과 같은 점에 있다. 도착의 경우에 자기로부터 벗어나려는 경향은 육체를 통해 표현되어 성적 감정과 결부되고 있다. 정신적인 마조히즘에서의 마조히즘적 경향은 전 인격을 지배하고, 자아가 의식적으로 달성코자 하는 모든 목적을 파괴하려고 하지만, 도착의 경우 마조히즘의 추구는 다소나마 육체적 영역에 한정되어 있다. 아니 오히려 그것은 성(性)과 융합됨으로써, 성적 영역에서 일어나는 긴장의 해방에 참여하여 직접적인 해방을 찾아내려고 한다.

개인적인 자아를 전멸시켜, 참을 수 없는 고독감을 극복하고자 하는 시도는 마조히즘적인 노력의 일면에 불과하다. 또 다른 한 면은 자기 외부에 있는 보다 크고, 보다 더 강한 전체의 일부분이 되어 그 속에 몰입함으로써 참가하려는 시도이다. 그 힘은 개인도, 제도도, 신도, 국가도, 양심도 또는 육체적 강제도 될 수 있다. 아주 강력하고 영원하며 매혹적인 것처럼 느껴지는 힘의 일부분이 됨으로써 사람은 그 힘과 영광에 참여하려고 한다. 자신을 굴복시켜 자기의 모든 힘과 자부심을 내버림으로써, 자아동일성을 잃고 자유를 내던진다. 그러나 그가 몰입한 힘에 참여함으로써 새로운 안전과 자부심을 획득한다. 또 그는 회의의 고뇌에 저항하여 안정을 얻는다. 마조히즘적인 인간은 외부적 권위이건, 내면화된 양심이건, 심리적 강제이건, 하여간 그런 것을 주인으로 함으로써 결단을 내리는 일에서 해방된다. 즉 자기 운명의 최종적인 책임을 갖는 일에서 해방되는 동시에 결정을 해야 하느냐 하는 의혹에서도 해방된다. 그는 또 자기 삶의 의미가 무엇이며, 자신이 어떤 존재일까 하는 의문에서도 벗어난다. 이러한 문제는 그가 종속되어 있는 힘과의 관계에서 해답을 얻을 수 있다. 그의 삶의 의미와 자아동일성은 자신이 굴복한 보다 큰 전체에 의해 결정되는 것이다.

마조히즘적인 속박은 제1차적인 속박과 다르다. 후자는 개성화의 과정이 완료되기 전에 존재했던 것이다. 개인은 여전히 '그의' 자연적 및 사회적 세계의 일부분으로, 아직도 그의 환경에서 완전히 해방되지 못했다. 제1차적인 속박은 진실된 안정감을 줌과 동시에, 그가 어디에 속해 있는가 하는 의식을 부여해 준다. 그러나 마조히즘적인 속박은 도피이다. 개인적 자기는 해방되었으나 그의 자유는 실현될 수 없는 것이다. 그것은 불안, 의혹, 무력감에 압도되고 있다. 자아는 마조히즘적인 속박이라고도 부를 수 있는 '제2차적인 속박' 안에서 안정감을 찾으려 하지만, 이 시도가 성공할 리 없다. 개인의 해방이라는 것은 역전시킬 수 없다. 그는 의식적으로 안전하며 그 무엇에 '속해' 있는 것처럼 느낄 수 있으나, 근본적으로는 자기 상실에 괴로워하는 무력한 미립분자에 불과하다. 그와, 그가 달라붙어 있는 힘과는 결코 하나가 될 수 없으므로 근본적인 대립이 남는다. 동시에 비록 의식적은 아니라 할지라도, 마조히즘적인 의존을 극복하여 자유롭게 되고자 하는 충동 또한 잔존하게 된다.

사디즘적인 충동의 본질은 무엇일까? 여기서도 역시 타인에게 고통을 주고자 하는 욕망이 그 본질은 아니다. 우리가 관찰할 수 있는 갖가지 형태의 사디즘은 결국 하나의 본질적인 충동으로 거슬러 올라간다. 즉 타인을 완전히 지배하고자 하는 것, 그를 자기의 의지에 굴복시켜 무력한 대상으로 삼는 것, 그의 위에 군림하는 절대적인 지배자가 되는 것, 그의 신이 되어 마음대로 조종하는 것이다. 그를 절멸케 하여 노예로 삼는 것은 이 목적을 위한 수단이다. 그 중 가장 근본적인 목표는 그를 괴롭히는 일이다. 왜냐하면 타인을 지배하는 힘으로 타인에게 고통을 주어, 자기 방어를 할 수 없는 자에게 고뇌를 참고 견디게 하는 일보다 더 커다란 힘은 없기 때문이다. 타인(또는 다른 생물)을 완전히 지배하는 쾌락, 이것이 사디즘적인 충동의 본질이다.[6]

타인에 대해 완전한 지배자가 되려는 이 경향은 마조히즘적인 경향과는 완전히 반대인 것처럼 보인다. 그래서 이 두 가지 경향이 밀접하게 결합되어 있는 것이라고 한다면 사람들은 어리둥절해질지도 모른다. 물론 그 실제적인 결과에 대해 생각하면, 의존하여 괴로워하려는 소망과 타인을 지배하고 괴롭히

---

[6] 사드 후작(Marquis de Sade)은 《쥘리에트 II(*Juliette* II, G. Gorer, Liveright Publishing Corporation, New York, 1934에서의 인용)》의 다음 부분에서 지배라는 성질이 사디즘의 본질이라고 했다. "그것은 자네가 상대에게 느끼게 하려고 생각하는 쾌락이 아니라, 자네가 만들어내고 싶다고 생각하는 인상이다. 고통의 인상은 쾌락의 인상보다도 훨씬 강하다…… 사람은 그것을 알고 있다. 그리고 그것을 이용하여 만족하고 있다." 고러(Gorer)는 사드 후작의 저작을 분석하여 사디즘을 "외계가 관찰자의 작위로 관찰될 만큼 변용되어 있는 것에 의해서 느껴지는 쾌락"이라고 정의했다. 이러한 정의는 다른 심리학자의 정의보다도 나의 사디즘의 견해에 가깝다. 그러나 생각컨대 고러는 사디즘을 정복이나 생산에 있어서의 환희와 동일시한 점에서 잘못되었다. 사디즘적인 정복은 대상을 사디즘의 수중에 있는, 의사 없는 도구로 만들려는 사실을 특징으로 한다. 이에 비해 다른 사람에게 작용할 때 보여지는 비사디즘적 환희는 타인의 완전성을 존중하여 평등한 감정 위에 서 있다. 고러의 정의에 있어서 사디즘은 그러한 특수성을 무시하고 거의 생산적인 것이라고 일축해 버렸다.

려는 소망이 정반대라는 것은 의심할 바 없다. 그러나 심리학적으로는 이 두 가지 경향은 하나의 근본적인 요구의 표현이다. 즉 고독을 참을 수 없는 일과 자기 자신의 약함에서 벗어나는 일이다. 나는 사디즘과 마조히즘의 양쪽 근저에서도 볼 수 있는 이 목적을 '공서(共棲)−Symbiosis'라 부르기로 한다. 심리학적 의미에서 공서란 자기와 타인이(또는 그의 외부에 있는 어떤 힘이) 서로 자신의 자아동일성을 잃고 상대에게 완전히 의존할 수 있도록 일체화하는 것을 뜻한다.

　마조히즘적 인간이 대상을 필요로 하는 것과 마찬가지로 사디즘적 인간도 대상을 필요로 한다. 단지 그는 말살당함으로써 안전을 구하는 것이 아니라, 타인을 말살하여 안전을 얻는 것이다. 어느 경우에나 자아동일성은 상실된다. 한편에선, 나는 나 이외의 어떤 힘에 용해됨으로써 자신을 잃는다. 또 다른 한편에서는 나는 자신을 확대하여 타인을 내 일부로 만듦으로써, 독립된 개인으로서는 결여되었던 힘을 얻는다. 타인과 공서적(共棲的)인 관계를 맺고자 하는 충동이 이는 까닭은 자신의 고독감에 저항할 수 없기 때문이다. 이리하여 마조히즘적 경향과 사디즘적 경향이 서로 혼합되어 있다는 것이 증명되었다. 그런 것은 표면적으로는 모순되어 있지만, 본질적으로는 동일한 요구에 뿌리박고 있다. 사람에게는 사디즘적 '또는' 마조히즘적인 어느 한 측면만 있는 것이 아니다. 공서적인 복합체는 항상 시계추처럼, 능동적인 측면과 수동적인 측면 사이를 왕복하고 있으므로, 그 순간에 어느 쪽에 있는가를 정하기란 곤란할 때가 가끔 있다. 그러나 그 어느 쪽에서도 개성과 자유는 상실되고 있다.

　사디즘이라면 우리는 보통 파괴성과 그와 강하게 결부되어 있는 적의를 생각하기 쉽다. 파괴성이 다소나마 사디즘적 경향과 항상 결부되어 있다는 사실은 확실하다. 그러나 이런 사실은 마조히즘에 대해서도 진리가 된다. 마조히즘을 분석하면 반드시 이런 적의가 나타난다. 그 두 성향의 주요한 차이는 이러하다. 사디즘의 적의는 대체로 보다 더 의식적이면서 행위로 직접 표현되나, 마조히즘의 적의는 대부분 무의식적이며 간접적 표현을 취한다는 것이다. 나는 뒤에서, 파괴성은 개인의 관능적·감정적·지적인 확장이 방해를 받았을 때의 결과임을 명백히 하려고 한다. 즉 그것은 공서적 요구를 만들어내는 같은 조건의 표현이라고 생각해도 좋다. 여기서 강조하고 싶은 것은 사디즘은 파괴성과 동일하지 않으나 상당히 혼합되어 있다는 사실이다. 파괴적 인간은 대상을 파괴하려고 한다. 즉 그것을 해치우고 거기서 벗어나려고 한다. 그러나 사디스트는 그의 대상을 지배하고자 하기 때문에, 대상이 없어져 버리면 그 일로 괴로워한다.

우리가 쓰는 사디즘이란 말은 파괴성으로부터는 비교적 떨어져 있으며, 대상에 대한 우정적 태도와는 혼합될 수도 있다. 이 '사랑이 있는' 사디즘이란 발자크의 《잃어버린 환상》 속에 고전적으로 표현되어 있다.

거기에는 우리가 공서(共棲)에 대한 요구라고 부르는 특정한 성격이 실려 있다. 여기서 발자크는 젊은 루시안과 사제(司祭)로 가장한 탈옥수와의 관계를 묘사하고 있다. 그 젊은이가 자살을 기도했던 바로 뒤에, 그와 알게 된 사제는 다음과 같이 말한다.

……이 젊은이는 지금 죽은 시인과는 이제 아무런 관계도 없다. 나는 오직 그대만을 끌어내어, 목숨을 부여했다. 그대는 피조물이 창조주에 속하는 것처럼, 또—동양의 동화(童話) 속에 나오는—이프리가 정령(精靈)에 속하는 것처럼, 나에게 속해 있는 것이다. 억센 손으로 나는 그대를 권력의 길로 매진하게 할 것이다. 또 나는 그대에게 쾌락과 영광과, 언제까지나 계속되는 축연(祝宴)의 생활을 약속하겠다. 그대는 돈 때문에 곤란한 일 없이 찬란하고 화려한 생활을 해 나가게 될 것이다. 나는 출세의 토대가 되는 진흙 속에 숨어서 그대의 성공에 걸맞은 훌륭한 전당을 준비할 것이다. 나는 오로지 힘을 위해 힘을 사랑한다. 나는 쾌락을 거부해야 할 것이지만, 그대의 쾌락을 향락하기로 하겠다. 머지않아 나는 그대와 하나가 되어, 동일한 인간이 되는 것이다—나는 내가 만든 자를 사랑할 것이다. 나는 그를 만들어 나에게 봉사하게 한다. 마치 아버지가 자식을 사랑하듯이 그를 사랑하기 위해. 사랑하는 나의 자식이여, 나는 그대와 함께 이륜마차(二輪馬車)를 타고 가서, 여자들을 정복한 그대의 성공을 기뻐할 것이다. 나는 아마 이렇게 말할 것이다. 나는 이 아름다운 젊은이라고. 내가 드 뤼방프레 후작을 만들어서 그를 귀족의 자리에 올려놓은 것이다. 그의 성공은 내 덕이다. 그는 잠자코 있고, 나의 목소리로 말하며, 무슨 일이든지 나의 충고를 따르는 것이다…….

가끔, 통속적인 말투로만이 아니라, 사도─마조히즘은 사랑과 혼동되는 수가 있다. 특히 마조히즘적 현상은 사랑의 표현으로 보인다. 타인을 위해 자기를 완전히 부정하는 태도와 타인에게 개인의 권리나 주장을 양보하는 일은 '위대한 애정'의 실례로서 칭찬을 받고 있다. 희생 이상으로, 또한 사랑하는 자를 위해 자기를 포기하는 일 이상으로 '사랑'의 증거가 되는 것은 없으리라 믿는다. 그러나 사실 이런 '사랑'이란 본질적으로는 마조히즘적인 사모(思慕)이고, 그 인간의 공서적 요구에 뿌리박고 있다. 만일 사랑이 어떤 특정된 인물의 본질에 대한 열정적인 긍정이고 적극적인 교섭을 뜻하는 것이라면, 또 만일 사랑이 당사자 두 사람의 독립과 통일성에 입각한 인간끼리의 결합을 뜻하는 것이라면, 마조히즘과 사랑은 반대되는 것이다. 사랑은 평등과 자유에 기초를 두고 있다. 만일 그것이 한쪽의 복종과 정체성 상실에 입각해 있다면, 아무리 그 관계를 합리화해도 그것은 마조히즘적인 의존에 불과하다. 사디즘 또한 종종 사랑의 가면을 쓰고 나타난다. 만일 당사자를 위해 지배하는 것이라고 주장한다면, 사람들을 지배하는 일도 사랑의 표현이라 볼 수 있을 것이다.

　그러나 본질적인 요소는 지배의 향락에 불과하다. 여기서 한 가지 의문이 독자의 가슴에 떠오를 것이다. 여기서 말한 사디즘이 권력 추구와 동일한 것일까? 답은 다음과 같다. 타인을 해치고 괴롭히려는 보다 파괴적인 형태의 사디즘은 힘에 대한 욕망과 동일한 것은 아니지만, 반대로 힘에 대한 욕망은 사디즘의 가장 중요한 표현이라는 것이다. 이 문제는 오늘날에 와서 보다 더 중요성을 띠게 되었다. 홉스 이래, 사람은 힘을 인간 행동의 근본적 동기로 보아 왔다. 그러나 그 후 수세기 동안은 힘을 억제코자 하는 합법적이며 도덕적인 요인에 한층 더 중점을 두게 되었다. 그러다 파시즘이 대두되자 힘에 대한 욕망과 그 권력에 대한 신념이 새로이 고조되었다. 수백만의 사람들이 힘의 승리에 감명을 받고, 그것을 강함의 표시로 생각했다. 확실히 사람을 지배할 수 있는 힘은 순수한 물질적인 뜻으로 보면 보다 훌륭한 힘의 표현이다. 만일 내가 사람을 죽일 수 있는 힘을 갖고 있다면, 나는 그보다 '강한' 것이다. 그러나 심리학적으로는, 힘에 대한 욕망은 강함에 있는 것이 아니라 약함에 뿌리를 두고 있다. 그것은 홀로 살아갈 수 없는 자아의 표현이다. 아울러 진실된 강함이 결여되어 있을 때 이차적인 강함을 얻고자 하는 절망적인 시도이기도 하다.

'힘'이란 말에는 두 가지 뜻이 있다. 첫째로, 어떤 자를 지배하는 권력으로서, 타인을 지배하는 능력을 뜻한다. 둘째로, 어떤 일을 하는 힘을 소유하는 것, 능력 또는 잠재력이 있는 것이다. 후자의 뜻은 지배와는 관련이 없다. 그것은 숙달을 뜻한다. 무능력이라고 할 때도 우리는 이 뜻을 생각한다. 즉 타인을 지배할 수 없는 인간이 아니라, 하고 싶은 일을 할 수 없는 인간을 떠올리는 것이다. 이리하여 힘이란 '지배'나 '능력' 중 어느 하나를 뜻한다. 그것은 동일하기는커녕 서로 배타적인 성질을 지니고 있다. 무능력이란 말은 단순히 성적 영역에서뿐만 아니라 인간 능력의 모든 영역에 쓰이지만, 그것은 지배에 대한 사디즘적 노력을 이끄는 것이다. 개인의 능력 정도에 따라, 즉 자아의 자유와 자아동일성의 기초 위에서 잠재적 능력을 실현할 수 있는 정도에 따라, 그는 지배할 필요가 없어지고 따라서 권력을 추구하는 끈질긴 욕망도 사라진다. 마치 성적 사디즘이 성적 애정의 반대이듯이 지배하는 뜻으로의 힘은 능력의 반대이다.

사디즘적 및 마조히즘적 성질은 모든 사람들에게서 볼 수 있다. 한편으로는 전인격이 이러한 성향에 지배되는 사람들이 있으며, 또 한편으로는 그 같은 성질의 지배를 받지 않는 사람들이 있다. 전자만을 우리는 사도─마조히즘적 성격이라고 부를 수 있을 것이다. 여기서 말하는 '성격'이란 프로이트가 말하는 동적인 뜻에서이다. 한 인간의 모든 행동 양식의 특질이 아니라 행동을 하게 하는 주요한 충동이 문제인 것이다. 프로이트의 경우에는 근본적인 추진력이 성적인 것이었으므로, '구순적(口脣的)', '항문적(肛門的)', '생식기적' 성격 따위의 개념에 도달했다. 만일 사람들이 이 생각에 찬성하지 않는다면, 그는 다른 판이한 성격의 형태를 고안해 내야 할 것이다. 그러나 동적인 개념만은 그대로 남을 것이다. 충동적인 힘으로 움직이는 성격의 소유자라도 반드시 그것을 의식하고 있다고는 볼 수 없다. 철두철미하게 사디즘적인 노력에 지배되는 인간도 의식적으로는 의무감 때문에 움직인다고 믿을지도 모른다. 또 그는 노골적인 사디즘적 행위에는 관여치 않고, 그 사디즘적 충동을 억제하여 적어도 표면으로는 사디즘 성향이 없는 인간처럼 행세할지도 모른다. 그러나 그의 행동, 환상, 꿈, 몸짓 따위를 면밀하게 분석하면, 그의 인격 깊은 곳에 숨어 있는 사디즘적 충동이 명백히 드러날 것이다.

사도─마조히즘적인 충동이 지배적인 사람의 성격을 사도─마조히즘적이라

특정 지을 수 있겠지만, 이러한 인간이 반드시 신경증적이라는 법은 없다. 어떤 특수한 성격 구조가 '신경증적'이냐 또는 '정상적'이냐 하는 것은 대체로 그들이 놓여 있는 사회적 상황 속에서 이행되어야 할 특정한 일과, 그들의 문화 속에 현존하고 있는 감정과 행동의 형태에 따라 좌우되는 것이다. 사실 독일이나 기타 유럽 여러 나라의 하층 중산계급에서는 이 사도—마조히즘적인 성격이 전반에 걸쳐 전형적으로 나타난다. 뒤에서 상세히 설명하겠지만, 나치스의 이데올로기가 가장 강력하게 호소한 대상은 바로 이러한 성격 구조였다. 이 '사도—마조히즘적'이라는 말은 도착과 신경증이라는 관념과 결부되어 있으므로, 특히 신경증적이 아니라 정상적인 인간을 가리킬 때에는 이 말 대신 '권위주의적 성격'이라 부르기로 하겠다. 사도—마조히즘적인 인간의 특징은 권위에 대한 태도에 나타나는 것이므로 이러한 사용은 정당하다고 생각된다. 그는 권위를 칭찬하고, 그것에 복종하려고 한다. 그러나 동시에 그는 자신이 권위자가 되기 원하여 다른 자를 복종시키고자 한다. 그런데 이 용어를 쓰는 또 하나의 이유가 있다. 파쇼적인 조직은 권위가 사회적·정치적 구조에 있어 지배적인 역할을 하고 있다는 이유로, 자신들을 권위주의적이라 부르고 있다. 그러므로 '권위주의적 성격'이라는 말이 파시즘의 인간적 기초가 되는 인격의 구조를 대표하는 데 적당하다고 생각한 것이다.

권위주의적 성격에 대해 논의하기 전에 '권위'라는 말을 어느 정도 명백히 해두자. 권위란 어떤 자가 '가지고 있는' 자질(資質)이 아니다. 어떤 자가 다른 자를 그보다 우월한 존재로 우러러보는 인간관계와 관련되어 있다. 그러나 이성적(理性的) 권위라 부를 수 있는 우열 관계와 금지적 권위라 표현할 수 있는 관계 사이에는 근본적인 차이가 있다.

다음의 예가 나의 견해를 명백히 밝혀 줄 것이다. 교사와 학생의 관계나, 주인과 노예의 관계는 모두 한편이 다른 편보다 우월함에 기초를 두고 있다. 교사는 학생을 성공시킬 수 있다면 만족한다. 실패하면 그것은 교사의 실패이자 학생의 실패이다. 한편 노예 소유자는 가능한 한 노예를 착취하려고 한다. 되도록 많이 착취할 수 있다면 그는 한층 더 만족한다. 동시에 노예도 약간의 행복이라도 추구하기 위해 가능한 한 자기의 주장을 옹호하려고 한다. 양자의 이익은 확실히 대립하고 있으며, 한쪽의 이익은 다른 쪽의 손해가 된다. 이 두 경우에 우월성은 전적으로 다른 기능을 한다. 첫째 전자에서는 권위에 복종하는 자를 돕는 조건인 반면, 후자에서는 착취를 위한 조건이다.

이 두 타입에 있어 권위의 역학 또한 다르다. 학생이 배울수록 교사와의 간격은 그만큼 좁아지며, 한층 더 교사와 같아진다. 다시 말해 권위적 관계가 해소된다. 그런데 만일 권위가 착취의 기초가 된다면, 그 거리는 관계가 연장될수록 확대되는 것이다.

심리적 상황도 이런 권위의 상황에 따라 달라진다. 처음의 상황에서는 애정, 칭찬, 감사 따위의 요소가 지배적이다. 권위는 동시에 사람이 부분적 또는 전면적으로 자기를 동일화하고자 원하는 하나의 실례이다. 그러나 두 번째 상황에선 착취자에 대한 반감과 적의가 생기며, 그에게 복종하는 일은 자기의 이익에 반한다. 그러나 노예의 증오는 거의 승리의 기회도 없이 단지 고통에 굴복하는 모순을 이끌어 낼 뿐이다. 따라서 증오의 감정을 억제하고 때로는 맹목적인 칭찬의 감정으로 대치하려는 경향이 생긴다. 이 경향은 두 가지 작용을 한다. 첫째, 증오라는 고통에 찬 위험한 감정을 제거하고, 둘째, 굴욕의 감정을 완화시킨다. 만일 나를 지배하는 인간이 그토록 경탄할 만한 완전한 자라면, 그에게 복종하는 일을 부끄러워할 필요는 없다. 그가 나보다 훨씬 더 강하고 현명하고 보다 뛰어난 이상, 나는 그와 동등하게 될 수 없다. 결국 금지적 권위의 경우에는 비합리적인 과대평가나 권위에 대한 아첨 또는 증오가 증대하는 경향이 있다. 반면 이성적인 권위에 있어서는 권위에 복종하는 인간이 한층 더 강해지고—따라서 권위에 보다 더 흡사해지고—그에 비례하여 권위는 감소되어 간다.

이성적 및 금지적 권위의 차이는 상대적인 것에 불과하다. 노예와 주인의 관계에서도, 노예에게 이익이 되는 요소가 있다. 그는 적어도 주인을 위해 일할 수 있을 만한 최소한의 식량과 보호를 받는다. 한편, 전혀 이해관계의 대립이 없는 교사와 학생의 관계도 하나의 이상에 불과하다. 이처럼 극단적인 두 경우의 사이에는 수많은 단계가 있다. 공장 노동자와 지배인, 농부와 그의 자식, 가정주부와 남편 등의 관계처럼 다양하다. 더구나 현실적으로는 이 두 가지 권위가 섞여 있어도 그것은 본질적으로 다르다. 따라서 권위 상황을 구체적으로 분석할 때는 항상 어떤 종류의 권위가 더 비중이 높은지를 먼저 결정지어야 한다.

권위는 항상 이런 일을 해야 한다든가, 그런 일은 해서는 안 된다고 명령하는 그런 개인이나 제도라고만은 할 수 없다. 외적 권위라 부를 수 있는 이런 종류의 권위와는 달리, 의무나 양심 또는 초자아라는 이름 아래 내적 권위가 나타날 수도 있다. 사실, 프로테스탄티즘으로부터 칸트 철학에 이르기까지 근대 사상의 발전은 외적 권위 대신 내적 권위를 대치하는 과정으로써 특징 지을 수 있을 것이다. 신흥 중산계급이 정치적으로 승리함에 따라 외적 권위의 특권은 상실되고, 그 자리에 인간의 내적 양심이 들어앉게 되었다. 이 변화는 많은 사람들에게는 자유의 승리처럼 보였다. 즉 외부 질서에 굴하는 것(적어도 정신적인 일에 있어)은 자유인에게는 있을 수 없는 일처럼 보였다. 인간의 자연적 경향을 극복하여 개인 내부의 일면, 즉 그의 본성을 다른 면인 이성(理性)·의지·양심 따위로 확실히 지배하는 일이 자유의 본질이라고 생각되었다. 그런데 잘 분석해 보면, 양심은 외적 권위와 마찬가지로 냉혹한 지배자이며, 또한 양심의 질서는 결국 개인적인 자아의 요구보다도 윤리적 규범이란 위엄으로 가장한 사회적 요구에 좌우되기 쉽다는 사실이 명백해진다. 양심의 지배는 외적 권위의 지배보다 더 냉혹하다. 만일 개인이 그 질서를 자신의 것이라고 느낀다면, 어떻게 자기 자신에게 반역할 수 있겠는가.

최근에 와서 '양심'의 중요성은 상실되고 있다. 개인 생활에서, 힘을 행사하는 것은 이제 외적 권위도 아니고 내적 권위도 아닌 듯하다. 모든 인간은, 만일 그가 타인의 합법적인 주장에 간섭하지 않는다면, 완전히 '자유'이다. 그러나 우리가 보는 바에 의하면, 권위는 없어진 것이 아니라 단지 눈에 띄지 않게 되었을뿐이다. 공공연한 권위 대신 눈에 보이지 않는 권위가 지배한다. 그것은 상식, 과학, 정신적 건강, 정상성 또는 여론으로 가장하고 있으며, 강제성을 띠지 않고 조용히 설득하는 것처럼 보인다. 그저 자명한 일만을 요구하는 것으로 보인다. 어머니는 딸에게 "그 청년과 함께 외출하긴 싫겠지"라고 말하든가, 광고에서는 "이 담배를 피워 보세요, 그 상쾌한 기분이 마음에 꼭 드실 겁니다"라고 암시한다—결국 우리의 모든 생활을 뒤덮고 있는 것은 이런 미묘한 암시의 분위기이다. 익명의 권위는 공공연한 권위보다 효과적이다. 왜냐하면 사람은 그 곳에 복종해야 하는 질서가 있으리라곤 상상하지 않기 때문이다. 외적 권위의 경우에는 질서와 명령하는 자가 있다는 것이 명백하다. 따라서 권위에 맞서 싸울 수 있다. 그리고 이 싸움을 통해 개인의 독립성과 도덕적 용기가 발달할 수도 있다. 또 내적 권위의 경우에는 비록 명령이 내적인 것이라도 인식할 수는 있다. 이와 달리 익명의 권위의 경우에는 명령도 명령하는 자도 눈에 보이지 않는다. 그것은 보이지 않는 적으로부터 포격을 당하는 일과 흡사하다. 공격할 사람도, 사물도 아무것도 존재하지 않는 것이다.

다시 권위주의적 성격의 문제로 되돌아가자. 여기서 가장 주의해야 할 중요한 특징은 힘에 대한 태도이다. 권위주의적 성격에 있어서 모든 존재는 둘로 나뉜다. 즉 힘을 가진 자와 힘이 없는 자이다. 그것이 인물의 힘이건 제도이건 간에 그 권력에 의해 자동으로 생긴다. 힘은 그 힘이 지키고자 하는 가치 때문이 아니라, 그것이 힘이라는 이유 때문에 사람을 매혹시킨다. 그의 '사랑'이 힘에 의해 자동으로 생기는 것과 마찬가지로, 힘없는 사람이나 제도 또한 자연스레 경멸을 불러일으킨다. 무력한 인간을 보면 그를 공격하고, 지배하고, 절멸시켜 버리고 싶어진다. 이와 다른 성격의 소유자는 무력한 자를 공격하라는 생각에 간이 서늘해지지만, 권위주의적 인간은 상대방이 무력해질수록 한층 더 분기한다.

권위주의적 성격에는 많은 관찰자를 오해하게 만든 또 하나의 특징이 있다. 즉 권위에 도전하고, '위로부터'의 어떠한 영향에도 반감을 갖는 경향이다. 때로는 이 도전이 구석구석까지 덮어 복종적 경향은 배후로 물러날 때도 있다. 이런 타입의 인간은 항상 어떠한 권위에도—심지어는 그의 이익을 더해 주고, 억압적이지 않은 요소에도 반역한다. 때로는 권위에 대한 태도가 분열한다. 즉 어떤 권위—특히 그 무력에 실망한 권위—에는 저항하지만, 보다 큰 힘과 약속으로 마조히즘적인 동경을 충족시켜 주는 것처럼 보이는 다른 권위에는 복종한다. 마지막으로 반항적 경향이 완전히 억압되어 있다가 오직 의식적인 억제가 약화되었을 때만 표면에 나타나는 그런 유형이 있다. 이를테면 그것은 권위가 약화되어 흔들리기 시작할 때, 권위에 대해 나타나는 증오로 말미암아 '뒤늦게'(ex posteriori) 인식되는 것이다. 반항적 태도가 그 중심을 차지하는 처음 유형은, 그 성격 구조가 복종적 마조히즘적 유형과는 전혀 정반대의 것이라고 믿기 일쑤다. 또한 대단히 강한 독립성에 입각하여, 모든 권위와 대립하는 사람처럼 보인다. 그들은 내적인 강함과 통일성으로써 자유와 독립을 방해하는 힘과 싸우는 영웅처럼 보인다. 그러나 권위주의적 성격의 권위에 대한 투쟁은 본질적으로 일종의 도전에 불과하다. 그는 권위와 싸움으로써 그 자신을 긍정하고 무력감을 극복하고자 한다. 그러나 다른 한편에는 의식적이건 무의식적이건 복종에 대한 동경심이 남아 있는 것이다. 권위주의적 성격은 '혁명적'이 아니다. 그들을 일컬어 '반역자'라 부르는 편이 옳을 것이다. 급진주의로부터 극단적인 권위주의에 이르는 이해할 수 없는 변화 때문에, 겉만 보고 판단하는 사람들을 당황케 하는 수많은 인물이나 정치 운동이 있다. 심리적으로 볼 때, 그들은 결국 반역자이다.

권위주의적 성격의 인생에 대한 태도와 모든 철학은 감정적으로 추구하는 것에 따라 결정된다. 권위주의적 성격은 인간의 자유를 속박하는 것을 사랑한다. 또한 숙명에 복종하는 일을 좋아한다. 숙명이 무엇을 뜻하는가는 인간의 사회적 위치에 따라 좌우된다. 병사들의 경우 그것은 그가 자진하여 복종하는 상관의 의지와 채찍을 뜻한다. 소상인에게는 경제적 법칙이 그의 숙명이다. 그에게 위기와 번영은 인간의 행동에 따라 변경되는 사회현상이 아니라, 인간이 복종해야 할 우월한 힘의 표현이다. 피라미드 꼭대기에 서 있는 자에게도 그것은 근본적으로 같은 일이다. 다른 것은 다만 인간이 복종하는 힘의 크기와 일반성이며, 의존하려는 감정 그 자체는 아니다.

개인의 생활을 직접 결정하는 힘뿐만 아니라, 일반적으로 인생 그 자체를 결정하는 것으로 생각되는 힘도 불변의 숙명으로 느껴진다. 전쟁이 일어난다든가 인류의 일부가 다른 사람에게 지배되는 것도 숙명이다. 고뇌가 언제까지나 지속되는 것도 숙명이다. 숙명은 철학적으로는 '자연법' 또는 '인간의 운명'으로서, 종교적으로는 '신의 의지'로서, 윤리적으로는 '의무'로서 합리화된다. 그것은 권위주의적 성격이 언제라도 복종할 수밖에 없는 외부의 보다 우월한 힘이다. 권위주의적 성격은 과거를 숭배한다. 전부터 있었던 일은 앞으로도 영원히 계속해서 일어날 것이다. 지금까지 존재하지 않았던 일을 원하거나 그것을 위해 일한다는 것은 죄악이고 광기(狂氣)이다. 창조의 기적은—창조는 항상 기적이지만—그의 감정적 경험을 초월하고 있다.

종교적 경험을 슐라이어마허(Schleiermacher)는 절대적 의존의 경험이라 정의한 바 있는데, 이것은 일반적으로 마조히즘적 경험의 정의이다. 의존하고자 하는 이 감정에 대해서는 죄가 특별한 역할을 떠맡는다. 원죄(原罪)라는 개념은 앞으로도 모든 세대의 마음을 괴롭히겠지만, 그것은 권위주의적 경험의 특징이다. 모든 인간의 실패와 마찬가지로, 도덕도 인간이 피할 수 없는 숙명이 된다. 한 번 죄를 범한 자는 누구나 영원한 쇠사슬로 자기 죄에 얽매이게 된다. 자기 행동이 자기를 지배하는 힘이 되어 속박한다. 죄의 결과는 속죄로써 완화시킬 수는 있으나, 그것으로써 죄를 다 없애버릴 수는 없다.[7] "너희가 죄가 주홍 같을지라도 눈과 같이 희어질 것이요"라는 이사야의 말은 권위주의적 철학의 정반대를 표현하는 것이다.

모든 권위주의적 사고의 공통된 특질은 인생이 인간의 자아와 관심과 희망을 초월한 힘에 의해 결정된다는 확신이다. 이러한 힘에 복종하는 것만이 행복해지는 유일한 방법이라는 것이다. 마조히즘 철학의 중심 사상은 인간의 무력감이다. 나치즘 이데올로기의 한 조상인 뮐러 판 덴 브루크는 이런 감정을 대단히 명백히 표현했다. "보수적인 인간은 오히려 파국이라든가, 파국을 피하고자 하는 인간의 무력이라든가, 파국의 필연성이라든가, 타락된 낙관론자의 두려운 실망을 믿고 있다."[8] 우리는 히틀러의 수기에서도 이러한 정신의 예증을 많이 볼 수 있을 것이다.

권위주의적 성격에는 행동력, 용기, 신념이 내재되어 있다. 그러나 이러한 그의 성질은 복종을 원치 않는 인간이 생각하는 그것과는 전혀 다르다. 권위주의적 성격의 행동은—물론 그것을 극복코자 노력하지만—근본적인 무력감에 뿌리박고 있다. 이런 뜻에서의 행동이란 자기보다 높은 지위에 있는 어떤 자를 위해 움직이는 것을 뜻한다. 그것은 신, 과거, 자연, 또는 의무라는 이름으로서의 행동은 될 수 있어도, 결코 아직 태어나지 않은 미래의 것, 힘이 없는 것, 인생 그 자체의 이름으로서의 행동은 될 수 없다. 권위주의적 성격은 우월한 권력에 의지하여 그의 행동력을 획득한다. 이 권력은 공격도 할 수도, 변화시킬 수도 없다. 그에게는 힘의 결여가 항상 죄나 열등감에 대한 분명한 표시이다. 그리고 만일 믿었던 권위가 약점을 드러내면 그의 사랑과 존경은 경멸과 증오로 변

---

7) 빅토르 위고는 죄의 불가피성을 《레미제라블》에 나오는 자베르의 성격을 통해 가장 잘 표현하고 있다.

8) 부르크(Moeller van der Bruck), 《제3제국(*Das Dritte Reich*, Hanseatische Verlaganstalt, Hamburg, 1931, ss. 223, 224.)》

한다. 그러나 그는 다른 보다 더 강한 힘의 도움을 받고 있다고 느끼지 않는 한, 현존하는 권력에 대항할 수 있는 '공격 정신'은 결핍되어 있다.

권위주의적 성격의 용기란, 본질적으로 숙명 혹은 그들의 대표자나 '지도자' 등이 결정한 사항을 참아 내는 용기이다. 불평하지 않고 견디어 내는 용기이다. 인내, 이것이 최상의 미덕이다. 그것은 고뇌를 그치게 한다든가 고뇌를 감소시키고자 하는 용기는 아니다. 숙명을 바꾸지 않고 그것에 복종하는 일이 권위주의적 성격의 영웅주의이다.

그는 권위가 강하고 명령적인 한 그것을 믿는다. 그의 신념은 결국 그의 의혹에 뿌리박고 있으며, 그 의혹을 보상하려 하고 있다. 그러나 만일 신념이란 현재 잠재하는 것이 실현된다는 확신을 의미한다면, 그에게는 신념이 없다. 권위주의적 철학은 아무리 강하게 상대주의를 극복했다고 주장하며 그것을 행동으로 보여준다 하더라도, 본질적으로는 상대주의적이고 허무적이다. 그것은 극단적인 절망과 완전한 신앙의 상실에 뿌리를 박고 있어, 허무주의와 생명의 부정으로 이끌어 간다.[9]

권위주의적 철학에 평등이란 존재치 않는다. 때로는 평등이라는 말을 습관적으로 또는 목적에 잘 들어맞는다는 이유로 사용하는 수도 있으나, 그것은 아무런 현실적인 뜻도 또 중요성도 없다. 그의 감정적 경험이 미칠 수 없는 개념이기 때문이다. 그가 보기에 이 세계는 힘을 가진 자와 갖지 않은 자, 즉 우월한 자와 열등한 자로 이루어져 있다. 사도—마조히즘적 추구에 입각하여 그는 다만 지배와 복종만을 경험할 뿐 결코 연대 책임은 경험하지 못한다. 성의 차별이건 인종의 차별이건 결국 우월과 열등의 표시에 불과하다. 이러한 의미를 지니지 않은 차별을 그는 생각할 수 없는 것이다.

여러 가지 사도—마조히즘적 추구와 권위주의적 성격은 무력감이 대단히 극단적인 형태를 취하는 경우이며, 또한 숭배하거나 지배하거나 하는 대상과 공서적 관계를 맺음으로써 무력감에서 벗어나려는 극단적인 경우이다.

사도—마조히즘적인 추구는 일반적인 것이지만, 다만 일부의 개인과 사회 집

---

9) 라우쉬닝(Rauschning)은 《니힐리즘의 망명(*The Revolution of Nihilism*, Alliance Book Corporation, Longmans, Green & Co., New York, 1939)》에서 파시즘의 허무주의적인 성격을 교묘하게 묘사했다.

단만을 전형적으로 사도—마조히즘적이라고 생각할 수도 있다. 그 밖에도 보다 더 조용한 의존 형태가 있는데, 그것은 우리의 문화에서 매우 흔하게 볼 수 있기 때문에 그것이 결여된 경우가 오히려 예외적이다. 이 의존은 사도—마조히즘처럼 위험하고 정열적인 성질은 없지만, 그러나 역시 중요한 의미가 있으므로 여기서 간과해 버릴 수 없다.

여기서 말하고자 하는 것은 그 모든 생활을 아무렇지도 않게 자기 외부의 힘과 관련짓는, 그런 사람들에 관해서이다.[10] 그들이 하는 일, 느끼는 일, 생각하는 일 중 이 힘과 결부되지 않는 것은 없다. 그들은 '그'로부터의 보호를 기대하고, '그'가 돌보아 주기를 원하며, 자기들의 행동으로 말미암아 일어난 일도 다 '그'에게 책임을 돌리고 있다. 또 그들은 의존한다는 사실을 전혀 의식지 못할 때도 흔히 있다. 아니면 의존 사실을 어렴풋이 의식하고 있다 하더라도, 의존의 대상인 인간이나 힘은 애매한 채로 남아 있는 경우가 많다. 이 힘에 결부되는 뚜렷한 이미지는 없다. 그 본질적인 성질은 어떤 인간을 보호하고 도우며 발전시킴과 아울러, 그들과 함께 있어 그들을 고독하지 않게 하는 데 있다. 이러한 성질을 갖는 'X'를 '마술적인 조력자'라고 부를 수 있을 것이다.

물론, 이 '마술적인 조력자'는 인격화되는 경우가 흔하다. 그는 신이라든가 하나의 원리 혹은 부모, 남편, 아내, 또는 손윗사람과 같은 현실적인 인간으로 생각될 수도 있다. 주의해 둘 점은, 현실적인 인간이 마술적인 조력자로 인정받으면, 그에게 마술적 성질이 부여되며, 그의 중요성은 마술적인 조력자로서 인격화됨으로써 나타난다는 사실이다. 이 마술적인 조력자로서의 인격화 과정은 이른바 '사랑에 빠진' 현상에서 흔히 볼 수 있다. 이처럼 마술적인 조력자와 관계를 맺으려는 인간은 육욕(肉慾)을 탐한다. 즉 여러 가지 구실을 만들어—종종 성욕에 의해 움직이는데—어떤 인간을 마술적인 성질의 소유자라 생각하고, 그 인간에게 그의 모든 생활을 결부시켜 의존해 가려고 한다. 상대방도 그와 똑같이 행동하는 경우도 있지만, 결과는 같은 것이다. 그것은 단지 이 관계가 '참된 사랑'의 하나라는 인상을 강화시킬 뿐이다.

이 마술적인 조력자를 구하는 욕구는 조작된 정신분석적 실험을 통해서도

---

10) 이에 대해서는 호나이의 《정신분석학의 새로운 방법》을 참조하라.

연구할 수 있다. 피분석자가 정신분석자에게 깊은 애착을 느끼고, 그의 모든 생활·행동·사상·감정을 분석자에게 관련시키는 일이 곧잘 있다. 의식적 또는 무의식적으로 피분석자는 자문자답한다. "그 '분석자'는 이런 일을 과연 기뻐할까, 기뻐하지 않을까, 이런 일에 동의할까, 아니면 나를 나무랄까?" 연애 관계에서는 특별히 동반자로 선택되었다는 사실이, 단지 그가 '그'라는 이유로 사랑을 받는다는 증거가 된다. 그러나 정신분석적 상황에서는 이런 상상은 지지될 수 없다. 전혀 다른 종류의 인간들이 전혀 다른 종류의 정신분석자들에 대해 동일한 감정을 품기 때문이다. 이 관계는 애정과 흡사해서 성적 욕망까지 수반하는 일이 종종 있다. 그것은 본질적으로 인격화된 마술적인 조력자에 대한 관계이다. 분명 정신분석자의 역할은, 어떤 권위를 갖는 사람들(의사라든가 장관 또는 교사)과 마찬가지로, 인격화된 마술적인 조력자를 구하는 인간을 만족시키는 데 있다.

한 인간이 마술적인 조력자에게 속박을 당하는 것은, 원칙적으로는 공서적 충동의 근저에서 볼 수 있는 것과 같은 이유에서이다. 즉 혼자서 있을 수 없는 점과, 개인적 가능성을 완전히 표현할 수 없는 점 때문이다. 사도—마조히즘적 인간은 그 무능력으로 말미암아 마술적인 조력자에 의존하여 자기로부터 벗어나려고 한다. 그러나 지금 논하고 있는 보다 더 조용한 의존 형식에서는 무능력은 단지 지도받고, 보호받고자 하는 소망을 품게 할 뿐이다. 마술적인 조력자에게 관계하고자 원하는 정도는 개인의 지적·감정적·감각적 가능성을 자발적으로 표현하는 능력과 반비례한다. 다시 말해 그는 자기 행동을 통해서가 아니라, 마술적 조력자를 통해 이 인생에서 기대할 수 있는 모든 것을 획득하고자 하는 것이다. 이런 소원이 강해질수록 인생의 중심점이 한층 더 자기 자신으로부터 마술적인 조력자나 인격화된 그에게로 옮겨간다. 이때 문제는 이미 자신의 삶을 어떻게 영위하느냐에 있지 않다. 자기를 상실하지 않기 위해, '그'를 과연 어떻게 조종하느냐, 자기가 원하는 바를 어떻게 그에게 시키느냐, 어떻게 자기의 책임을 그에게로 돌리느냐 하는 데에 있다.

보다 더 극단적으로는 인생을 오로지 '그'를 조종하는 일로만 보내는 일도 있다. 그들이 사용하는 방법은 여러 가지이다. 어떤 자는 '복종'을, 어떤 자는 '선량함'을, 또 어떤 자는 '고뇌'를 조종하기 위한 주요 수단으로 쓴다. 거기서는 결국 어떤 감각, 사고, 감정도 '그'를 조종하려는 요구에 따라 달라진다. 다시 말해 그곳에는 진정한 의미에서의 자발적이고 자유로운 정신적 행위는 존재하지 않는다. 자발성을 방해하는 원인도 되고, 결과도 될 수 있는 이런 의존성은 어느 정도의 안정감을 부여할뿐더러 약소감과 속박감을 이끌어온다. 이런 일이 있는 한 마술적인 조력자에 의존하는 자는 동시에 무의식적이기는 하지만, '그'에 의해 노예화되었다고 느껴 다소나마 '그'에게 반항한다. 안전과 행복을 맡기고 있는 그 인간에 대한 반항은 새로운 모순을 야기한다. 이 새로운 모순은 '그'를 잃어버리지 않으려면 억압되어야 한다. 그러나 바닥에 깔려 있는 적대감은 이 관계 속에서 구하고자 하는 안정감을 끊임없이 위협하고 있다.

　마술적인 조력자가 어떤 현실적인 인간으로 인격화된 경우, 그에 대한 기대가 어긋나면 반드시 실망이 따르게 된다. 그리고 그 기대는 환상적인 것이므로 어떠한 현실적인 인간이라도 반드시 실망을 안겨 줄 뿐이다. 이로 인해 그 사람의 내면에서는 노예화된 데 대한 반감이 더해져 끊임없는 충돌을 일으키게 한다. 그 충돌은 때로는 단지 분리시킴으로써 끝나는 수도 있다. 하지만 대부분은 그 마술적인 조력자에게 기대했던 모든 희망의 실현을 바랄 수 있는, 다른 대상을 선정하는 일로 끝맺는다. 그리고 그 관계도 실패라고 판명되면 다시 그것을 파기해 버린다. 또는 '인생'이란 이런 것이라고 단정하고 체념해 버린다. 그가 실패한 까닭이 결코 올바른 마술적인 조력자를 선정하지 못했기 때문이 아니라는 사실을 그는 이해하지 못한다. 그것은 자발적인 행동을 통해서만 달성할 수 있는 일을 마술적인 힘을 빌어 얻으려던 태도의 직접적인 결과이다.

　자기 이외의 어떤 대상에게 평생 의존코자 하는 현상은 프로이트가 관찰해 왔다. 그는 그것을 부모에 대한, 본질적으로는 성적인 초기의 연결을 일생을 통해 계속하려는 일이라고 설명하고 있다. 사실상 이 현상은 그에게 강한 인상을 주었으므로 그는 오이디푸스 콤플렉스를 모든 신경증의 중핵으로 생각하기에 이르렀다. 그리고 이 오이디푸스 콤플렉스를 잘 처리하는 일이야말로 정상적인 정신 발전의 중심적 과제라고 생각했다.

　오이디푸스 콤플렉스를 심리학의 중심적인 현상으로 생각한 일은 프로이트의 심리학에서 가장 중요한 발견이다. 그러나 그는 그것을 적당히 해석하는 일에 실패했다. 왜냐하면 물론 부모 자식 간에는 성적 애착이란 현상이 존재한다 하더라도, 또 그것에서 일어나는 모순이 때로는 신경증의 원인이 된다 하더라도, 성적 애착이나 모순은 아이들이 부모에게 집착할 때의 본질적인 요소는 아니기 때문이다. 어린아이가 부모에게 의존하는 것은 극히 자연스러운 일이며, 결코 아이 자신의 자발성을 필연적으로 속박하는 행위가 아니다. 그러나 부모가 사회의 대표자로 행동하고 아이의 자발성과 독립성을 억압하기 시작하면, 아이는 성장할수록 자립하기가 점점 곤란해진다. 그래서 마술적인 조력자가 필요해지며 종종 부모를 '그'로 인격화해 버리는 것이다. 나중에는 개인은 이 감정을 다른 자에게, 이를테면 교사나 남편 또는 정신분석자에게로 전위(轉位)하게 된다. 되풀이해서 말하면 이러한 권위의 상징과 결부하고자 하는 요구는 부모 중 어느 한 사람에 대한 최초의 성적 애착을 지속하려는 노력 때문이 아니라, 아이들의 발전성과 자발성이 억압당함으로써, 또한 거기서 일어나는 불안으로써 야기되는 것이다.

우리가 관찰할 수 있는 것은, 모든 신경증의 핵심이 인간의 정상적인 성장에서와 마찬가지로 자유와 독립을 구하는 싸움에 있다는 것이다. 수많은 정상적인 사람들은 이 싸움을 완전한 자기 방기(放棄)로써 끝을 맺는다. 이리하여 잘 적응하여 정상적인 존재로 인정받게 된다. 신경증적인 사람은 완전한 굴복에 저항하는 싸움을 방기하진 않지만, 그와 동시에 마술적인 조력자가 어떤 모습이나 형태로 나타나든 간에 그것에 구속된 채로 있다. 그의 신경증은 기초적인 의존성과 자유의 탐구와의 사이에 있는 모순을 해결코자 하는, 그러나 본질적으로 성공할 수 없는 시도로서 이해할 수 있다.

2 파괴성

우리는 사도—마조히즘적인 추구와 파괴성이란 서로 깊이 얽혀 있기는 하지만, 구별되어야 한다는 것을 말했다. 파괴성의 다른 점은 적극적이건 소극적이건 간에 대상과의 공서를 지향하는 것이 아니라, 대상을 제거하려는 데 있다. 파괴성은 도저히 참을 수 없는 개인의 무력감과 고독감에서 기인된 것이다. 외부 세계에 대한 무력감을 그 외부 세계를 파괴함으로써 벗어나려는 것이다. 그러나 그것을 보기 좋게 제거할 수 있다 하더라도 그는 여전히 고독하다. 그러나 그때의 고독은 화려한 것으로, 이제 외부 세계에 있는 사물의 압도적인 힘에 억압받는 일은 없다. 외부 세계를 파괴하는 일은 외부 세계의 압박에서 자기를 구제하는 거의 자포자기적인 최후의 시도이다. 사디즘은 대상과 결합하려고 하지만, 파괴성은 대상을 제거하려고 한다. 사디즘은 타인을 지배하여 약체화된 자기를 강화시키려고 하지만, 파괴성은 외계로부터의 위협을 모두 제거하여 자기를 강화하려고 한다.

우리 사회의 인간관계를 관찰해 본다면, 누구나 파괴성이 곳곳에 포진해 있음을 알게 될 것이다. 그 대부분은 파괴성으로 의식되지 않고, 여러 가지 방법으로 합리화되고 있다. 사실상 무엇이든 파괴성을 호도(糊塗)하는 합리화에 도움이 된다. 사랑, 의무, 양심, 애국심 등이 지금까지 타인이나 자기를 파괴하기 위한 가장(假裝)으로서 이용되어 왔고, 현대에도 이용되고 있다. 그러나 파괴적인 경향도 두 가지로 구별되어야 한다. 우선 특별한 상황을 원인으로 하는 것이 있다. 즉 자신이나 타인의 생명과 완전성에 또는 자기와 일체화되고 있는 관념에 공격이 가해질 때, 그에 대한 반작용으로 생기는 것이다. 이런 종류의 파괴성은 생명을 보호하기 위해 자연적으로 따르는 법이다.

그러나 여기서 문제시하는 파괴성은 합리적인—또는 '반작용적'이라 불러도 좋다—적의가 아니라 인간 속에 계속 숨어 있는, 말하자면 기회만 있으면 언제라도 튀어나오려고 대기 상태에 있는 경향이다. 만일 파괴성을 나타내는 아무런 목적적인 '이유'가 없다면 우리는 그 인간을 정신적으로 또는 감정적으로 병들었다고 생각한다(물론 그 사람은 일종의 합리화를 확립하겠지만). 그러나 파괴적인 충동은 대부분 이렇게 합리화된다. 적어도 소수의 사람들이나 또는 사회집단 전체가 그 합리화에 참여하여, 그 집단 성원에게는 그 파괴성이 마치 '현실적'인 것처럼 생각되는 것이다. 비합리적인 파괴성이 무엇이며, 또 그 대상이 어떤 특수한 이유로 선정되는가는 그다지 중요하지 않다. 즉 파괴적인 충동은 인간 속에 있는 하나의 격정이며, 그것은 반드시 어떤 대상을 발견하는 것이다. 만일 타인이 아무래도 파괴성의 대상이 되지 않는다면, 자기 자신이 쉽사리 그 대상이 된다. 이것이 심해지면 때로는 신체적인 질병을 일으켜 자살까지도 불사한다.

파괴성은 참을 수 없는 무력감으로부터의 도피라고 했는데, 그것은 사람이 자기의 모든 비교 대상을 제거하려고 하기 때문이다. 그러나 파괴적인 경향이 인간의 행동에 있어 얼마나 놀라운 역할을 하는가를 보면, 고독과 무력이라는 조건이 파괴성의 다른 두 원천인 '불안'과 '생명의 장애'에 달려 있다고 설명하는 것은 충분치 않아 보인다. 불안의 역할에 대해서는 많은 말을 할 필요가 없다. 물질적 또는 감정적인 중대한 이해관계에 위협이 가해지면 불안이 생긴다.[11] 그리고 파괴적인 경향이 이런 불안에 대한 가장 일반적인 반작용이 된다. 위협은 때에 따라서는 어떤 특정한 상황 속에서 특정한 사람들이 가하는 수가 있다. 이때 파괴성은 그 특정한 사람들에게 향해진다. 또 위협은 끊임없는 불안—반드시 의식되지는 않지만—일 수도 있고, 그것은 끊임없이 외부 세계의 위협을 받고 있다는 기분에서 생긴다. 이런 종류의 지속적인 불안은 고독하게 된 무력한 개인에게서 일어나며, 이것이 그의 내부에 파괴성을 축적시키는 또 하나의 원천이다.

이와 동일한 기본적인 상황에서 생기는 또 하나의 중요한 표현은 내가 위에서 생명의 장애라고 부른 것이다. 고독해진 무력한 인간은 그 감각적·감정적·지적인 여러 가지 능력을 충분히 실현할 수 없다. 그는 이런 능력을 실현하기 위한 조건인 내적인 안전성과 자발성이 결여되어 있다. 이 내적인 장애는 종교개혁 시대부터 중산계급의 종교나 도덕 속에서 일관되게 볼 수 있는 쾌락과 행복에 대한 문화적 터부에 의해 증대된다. 오늘날 이 외적인 터부는 사실상 소멸해 버렸다. 그러나 감각적인 쾌락을 의식적으로는 긍정함에도 불구하고, 내적인 장애는 여전히 강하게 남아 있다. 이 생명의 장애와 파괴성과의 관계를 프로이트는 내세우고 있다. 그러기에 그의 이론을 검토함으로써, 우리 자신의 이론에 대해서도 몇 가지 시사를 표할 수 있을 것이다.

프로이트는, 성적 충동과 자기보존의 욕구가 인간 행위의 두 가지 기본적인 동기라고 생각하던 초기 주장에서는, 파괴적인 충동의 비중과 중요성을 경시했었다는 사실을 알게 되었다. 후에 그는 파괴적인 경향이 성적인 경향과 마찬가지로 중요하다는 점을 확신하고, 인간 속에서는 다음과 같은 두 가지 기본적인 성향이 발견된다고 가정하기에 이르렀다. 하나는 생명을 구하여 다소나마 성의 리비도와 일치되는 충동이고, 다른 하나는 생명의 파괴 그 자체를 지향하는

---

11) 호나이의 《정신분석학의 새로운 방법》에 나온 이 점에 대한 의론을 참조하라.

죽음의 본능이다. 그는 후자가 성적인 에너지와 혼합되는 수도 있는데, 이때 그것이 자기 자신 혹은 외부의 사물에 향해지는 수도 있다고 가정했다. 또 죽음의 본능은 모든 생물체에 내재하는 생물학적 성질에 입각한 것이므로 생명의 필연적이요 불변적인 부분이라고 가정했다.

죽음의 본능이라는 가정은 프로이트의 초기 이론에서 경시되었던 파괴적인 경향을 충분히 고려한 것이다. 그러나 파괴성의 정도가 개인에 의해 또 사회 집단에 의해 크게 변화한다는 사실을 충분히 고려하지 않고 오직 생물학적인 설명만으로 그친다면, 그것은 합당하지 못하다. 프로이트의 가정이 올바르다고 본다면, 파괴성의 정도는 타인에 대해서도 자기에 대해서도 다소간은 일정하다고 가정해야 할 것이다. 그런데 우리가 실제로 살펴본 바로는 그 반대이다. 파괴성의 비중은 우리와 같은 문화 속에 살고 있는 여러 개인들 사이에서도 차이가 현저히 클 뿐만 아니라, 서로 다른 사회 집단 사이에서도 결코 같지 않다. 이를테면 유럽의 하층 중산계급이 그 성격 속에 지니고 있는 파괴성의 정도는 노동자 계급이나 상층계급보다도 훨씬 더 크다. 또 인류학적 연구는 타인에 대한 적의이건 자기 자신에 대한 적의이건, 특히 파괴성이 짙은 민족이 있는 반면에 파괴성이 눈에 띄게 결여된 민족이 있음을 알려 준다. 파괴성의 근원을 이해하려면, 바로 이런 차이를 관찰하는 일부터 시작해야 할 것이다. 또 다음으로 변이(變異)의 원인이 관찰될 수 있느냐 없느냐, 이러한 원인이 파괴성의 정도 차이를 설명할 수 있느냐 없느냐를 문제로 부각시켜야만 한다고 본다.

이 문제는 그 자체로 상세한 논의가 필요하기 때문에 여기서 우리가 다루기에는 버거운 난제이다. 그러나 해답이 어떠한 방향에 있는가는 암시해 두기로 한다. 개인 속에서 볼 수 있는 파괴성의 정도는 생명의 신장(伸張)이 억압되는 정도에 비례하는 것으로 보인다. 그러나 그것은 이런저런 본능적 요구에 대한 개인적인 불만을 말하는 것이 아니라, 생명 전체의 장애, 즉 인간의 감각적·감정적·지적인 모든 능력의 자발적인 성장과 표현의 방해를 말하는 것이다. 생명은 그 자신의 내적인 역본설(力本說)을 갖고 있다. 즉 생명은 성장과 표현과 생존을 구한다. 만일 이 경향이 방해를 받으면, 생명을 구하는 에너지는 분해 과정을 더듬어 파괴를 구하는 에너지로 변화하는 것 같다. 다시 말해 생명을 구하는 충동과 파괴를 구하는 충동은 서로 독립된 요인이 아니라 서로 뒤얽혀 의존하는 것이다. 생명을 구하는 충동이 방해를 받을수록 파괴를 구하는 충동은 강해진다. 생명이 실현될수록 파괴적 충동은 약해진다. '파괴성은 살아갈 수 없는 생명의 폭발이다.' 생명을 억압하는 이 개인적·사회적 조건은 파괴에 대한 격정을 낳게 되며, 이 격정이 말하자면 저수지가 되어 특수한 적대적 경향—타인에 대해서건 자신에 대해서건—을 조장한다.

사회과정에 있어 파괴성이 연출하는 역동적인 역할을 이해하는 것뿐 아니라, 그것을 강화하는 특수한 조건이 무엇인가를 이해하는 일이 얼마나 중요한가는 새삼스럽게 말할 필요도 없다. 우리는 이미 종교개혁 시대의 중산계급에 널리 퍼져 있던 적의에 대해 말했다. 그 적의는 프로테스탄티즘의 어떤 종교적 사상, 특히 그 금욕 정신 속에, 또 일부 사람들에게는 그의 죄가 아닌데도 영원한 벌을 선고하는 것을 기꺼이 행해 왔던 칼뱅의 무자비한 신의 묘사 속에 나타나 있었다. 당시—또 그 뒤 시대에도 중산계급은 그 적의를 주로 도덕적 의분을 가장하여 표현해 왔다. 그것은 생활을 즐기는 힘이 있는 인간에 대한 심한 선망을 합리화한 것이었다. 현대에선 하층 중산계급의 파괴성이 나치즘을 발흥시키는 중요한 요인이 되었다. 나치즘은 이러한 파괴적인 추구에 호소하여, 그것을 적에 대항하는 힘으로 이용했다. 하층 중산계급 속에서 볼 수 있는 파괴성의 근원은 지금까지 말해 온 것처럼 개인의 고독과 성장의 억압이라는 개념을 통해 쉽사리 이해할 수 있다. 이 두 가지는 상층계급이나 하층계급보다 하층 중산계급에게 한층 더 절실한 것이었다.

3 기계적 획일성

지금까지 살펴본(도피의) 메커니즘에서, 개인은 외부의 압도적인 힘과 비교해 느껴지는 자기의 무의미감을 극복하기 위해, 자아동일성을 포기하든가 아니면 외부 세계가 위협적으로 다가오지 못하도록 타인을 파괴하든가 했다.

그 밖에 도피의 메커니즘에는, 외부세계로부터 완전히 물러나 그곳이 위협을 잃게 하는 방법(어떤 정신병적인 상태에서 볼 수 있는 것)[12]과 자기를 심리적으

---

12) 설리반의 앞의 책 p. 68 및 그의 《정신분열의 연구(*Research in Schizophrenia*' American Journal of Psychiatry, Vol, IX, No.3)》를 참조하라. 또한 라이히만의 《정신분열에 있어서의 전이 문제 (*Transference Problems in Schizophrenia*, The Psychoanalytic Quarterly, Vol. VIII. No. 4)》를 참조하라.

로 확대하여 외부 세계를 상대적으로 축소하는 방법이 있다. 이런 도피의 메커니즘은 개인의 심리에는 중요하지만 문화적으로는 그다지 큰 의미가 없다. 그러므로 여기서는 그 문제를 더 이상 거론하지 않겠다. 그 대신 사회적으로 가장 중요한 의미를 갖는 또 하나의 메커니즘에 대해 살펴보자.

이러한 특수한 메커니즘은 현대 사회의 정상인 대부분이 취하고 있는 해결 방법이다. 간단히 말해 개인이 자기 자신이 됨을 그치는 것이다. 즉 그는 일종의 문화적인 양식(樣式)이 부여하는 인격을 완전히 받아들인다. 그리고 다른 모든 사람들과 전적으로 동일한, 또 다른 사람들이 그에게 기대하는 그런 상태로 되고 만다. '나'와 외부 세계와의 모순은 사라지고, 그와 동시에 고독과 무력을 두려워하는 의식도 사라진다. 이 메커니즘은 몇몇 동물에게서 볼 수 있는 보호색과 비교할 수 있다. 그런 동물들은 그 주위 환경과 완전히 흡사해지므로, 좀처럼 분간해 내기가 힘들다. 개인적인 자아를 버리고 자동인형이 되어, 주위의 수백만이라는 다른 자동인형과 동일해진 인간은 이미 고독이나 불안을 느낄 필요가 없다. 그러나 그가 지불하는 대가는 매우 비싸다. 자기를 상실했기 때문이다.

고독을 극복하는 '정상적인' 방법이 자동인형이 되는 것이라는 가정은 우리의 문화 속에 가장 널리 유포되어 있는 인간관과 모순된다. 우리의 대부분은 자기가 자유롭게 생각하고, 느끼고, 행위하는 개인이라고 믿는다. 확실히 이것은 근대 개인주의의 주제에 대한 일반적인 의견일 뿐 아니라 각 개인도 자기는 '자기'이고, 그의 사상·감정·소망은 '그의 것'이라고 진심으로 믿고 있다. 물론 우리 중에는 진정한 개인도 있지만, 대부분의 경우 이 신념은 하나의 환상이다. 더구나 이 확신은 이러한 사태의 원인인 여러 조건을 철거하지 못하도록 방해하므로 위험한 환상인 것이다. 여기서 우리가 다루는 것은 심리학의 가장 근본적인 문제 중의 하나인데, 그것은 다음과 같은 일련의 질문을 통해 곧 명백해진다. 자기란 무엇인가? 단지 환상적으로만 자기 자신의 행위가 되는 행위란 어떤 성질의 것인가? 자발성이란 무엇인가? 독창적인 정신적 행위란 무엇인가? 마지막으로 이런 모든 것은 자유와 어떤 관계가 있는가? 이 장에서는 외부에서 들어온 감정과 사상이 어떻게 주관적으로는 자신의 감정과 사상처럼 경험되는지, 또 어떻게 자신의 감정과 사상이 억압되어 자기의 것이 되지 않는지를 해명하겠다. 여기서 다루는 문제는 '자유와 민주주의'라는 장에서도 계속 논의될 것이다.

먼저 '나는 느낀다'든가 '나는 생각한다'든가 '나는 결정한다'라는 말로 표현되는 경험이 어떠한 의미를 지니는가를 분석하는 데서부터 시작하자. '나는 생각한다'라고 할 때, 이것은 확실한 서술인 것으로 여겨진다. 문제가 되는 것은 오직 '내'가 생각하는 무엇이 올바른가 하는 것이고, 내가 그 무엇을 생각하고 있는가 아닌가는 문제가 되지 않는 듯하다. 그러나 다음의 최면술 실험을 보면, 당연하게 여겼던 우리의 생각이 틀렸음을 곧 알게 될 것이다. 여기에 피실험자 A가 있다. 최면술사 B가 그를 잠들게 하고는 온갖 암시를 준다. A가 잠에서 깨었을 때, 이곳으로 가지고 왔다고 생각하는 원고를 읽고 싶으리라는 것, 그 원고를 찾으려고 하지만 결국 찾지 못하리라는 것, 또한 C가 그것을 훔쳐갔다고 생각하여 C에 대해 심한 분노를 느끼게 되리란 것이다. 그리고 A는 이러한 모든 암시가 최면술로 인해 잠든 사이에 주어졌다는 사실을 잊어버릴 것이라는 명령 또한 받게 된다. 말할 필요도 없이 실제로는 A가 C에 대하여 분노를 터뜨릴 하등의 이유가 없을 뿐 아니라, A는 원고를 가지고 오지도 않았다.

그런데 어떠한 일이 일어날까? A는 눈을 뜨고 어떤 화제에 대해 말을 나누고 나서 "그 일로 원고를 썼던 일이 생각났어요. 읽어드리죠"라고 한다. 그러나 아무리 찾아도 원고는 보이지 않는다. 갑자기 C가 가져갔는지도 모른다는 생각이 떠올라 C한테로 간다. C가 아니라고 하자, 차차 신경을 곤두세우더니 끝내는 노골적으로 분노를 폭발시킨다. 그러면서 C가 원고를 훔친 도둑이라며 맹비난한다. C가 평소 그 원고를 몹시 탐내고 있었다느니, 그것을 가져갈 만한 절호의 기회가 있었다느니 하면서 다른 사람한테서 들었다고까지 한다. 그는 단지 C를 비난할 뿐만 아니라, 그 비난을 그럴듯하게 하는 수많은 '합리화'를 만들어 낸다(물론 이것은 모두 진실이 아니며 A는 그와 같은 것을 과거에 생각해 본 적도 없었다).

이때 그 방에 다른 또 한 사람이 들어왔다고 하자. 그는 아무런 의심도 없이 A가 말하는 것은 A가 생각했거나 느끼는 것이라고 여길 것이다. 그에게 문제가 되는 것은 오직 A의 비난이 옳으냐 그르냐 하는 것, 즉 A가 생각하는 내용이 실제의 사건과 일치하는가의 여부일 뿐이다. 그러나 처음부터 끝까지 보아

온 우리는 A의 비난이 옳은가 그른가를 따질 필요성을 느끼지 않는다. 이미 그런 것은 문제가 되지 않음을 알고 있다. 왜냐하면, A가 현재 느끼거나 생각하는 일은 '그의' 생각이나 감정이 아니라, 타인이 그의 머리에 심어놓은 다른 성질의 것임을 알기 때문이다.

실험 도중에 들어온 사람이 도달한 결론은 다음과 같을 것이다. "A라는 사람이 있다. 그가 이와 같은 생각을 하는 것은 확실하다. 그의 생각을 가장 잘 아는 사람은 그 자신이며, 그가 말하는 것은 그대로 그의 느낌의 가장 좋은 증거이다. 그런데 다른 사람들은 A의 생각이 외부로부터 그에게 강제로 주어진 것이라고 말하고 있다. 공평하게 생각해 봤을 때, 나는 누가 옳은지를 결정할 수 없다. 모두 틀렸는지도 모른다. 하지만 2대 1이니 아마도 다수의 쪽이 올바를 것이다." 그러나 실험의 경위를 보아온 우리로서는 다른 생각은 할 필요도 없다. 또한 새로 들어온 사람도 만약 다시 최면술의 실험을 본다면 의심하지 않을 것이다. 그때 그는 이 종류의 실험이 여러 사람에 대해 온갖 내용으로 수없이 되풀이될 수 있음을 알게 될 것이다. 최면술사는 날감자가 아주 맛있는 파인애플이라고 암시할 수 있다. 그러면 피실험자는 파인애플을 먹을 때처럼 맛있게 날감자를 먹을 것이다. 또한 피실험자는 아무것도 볼 수 없다는 암시를 받으면 소경이 될 것이다. 심지어 지구는 편평하다고까지 우기게 되는 것이다.

최면술─특히 최면술에 걸리고 난 이후의─실험에서 무엇이 증명되었는가. 우리가 사상이나 감정이나 소망, 나아가 관능적 감각마저도 '자기 자신의 것'이라고 주관적으로 느끼면서 얻을 수 있다는 것, 그러나 이러한 사상이나 감정을 경험하고 있다 하더라도 그것은 외부로부터 주어진 것으로, 근본적으로는 우리와 무관하며 우리가 생각하거나 느끼고 있는 것이 아니라는 사실이다.

특수한 최면술의 실험은 무엇을 보여 주고 있는가? 첫째로 피실험자는 무언가를 '결정'한다. 즉 원고를 읽고 싶어 한다. 둘째로, 그는 무언가를 '생각'한다. 즉 C가 원고를 가져갔다고 생각한다. 셋째로, 그는 무언가를 '느낀'다. 즉 C에 대한 분노를 느낀다. 우리는 이러한 세 가지의 정신적 행위─의지, 사고, 감정의 충동─는 그의 정신적 활동의 결과라는 뜻으로 볼 때 모두가 그 자신의 것이 아니며, 외부로부터 들어온 것으로서 오직 주관적으로만 '마치' 자기의 것인 양 느껴진다는 점을 알았다. 그는 최면술에 걸려 있는 사이에 주입되지 않았던 생각도 말한다. 즉 C가 원고를 훔쳤다는 그의 주장을 '설명하기' 위한 '합리화'이다. 그러나 그럼에도 불구하고 이러한 생각은 단지 형식적인 뜻 이외에는 그 자신의 것이 아니다. 합리화는 의혹을 설명하기 위한 것처럼 보이지만 우선 의혹은 맨 처음에 있고, 합리화를 위한 생각은 단지 그 의혹의 감정을 그럴듯하게 포장하기 위해 나중에 만들어진 것에 불과한 것이 분명하다. 즉 그것은 참된 설명이 아니라 행위의 뒤에다 덧붙인 것이다.

우리가 최면술의 실험으로 시작한 이유는 최면술이 다음과 같은 사실을 뚜렷하게 보여 주기 때문이다. 즉, 인간은 자기의 정신적 행위가 자발적인 것이라고 확신하지만, 실제로는 어떤 특수한 상황 아래서 누군가 다른 사람의 영향을 받은 것에서 유래한다는 점이다. 그러나 이러한 현상은 결코 최면술 같은 상황에서만 찾아보게 되는 것은 아니다. 우리의 사고나 감정이나 의지의 내용은 외부로부터 도입되었으며 순수한 것이 아니라는 사실은 아주 뚜렷해서, 오히려 순수하고 고유한 정신적 행위가 예외이고 거짓 행위가 원칙이라고 생각될 정도다.

'사고(思考)'로 위장된 성격은 의지나 감정의 영역에 있는 동일한 현상보다 일반적으로 더 잘 알려져 있다. 따라서 먼저는 순수한 사고와 거짓 사고와의 차이에서부터 시작하는 편이 좋을 것이다. 지금 우리가 어떤 섬에 있다고 가정하자. 거기에는 어부들과 도시에서 피서를 온 사람들이 있다. 날씨가 어떻게 될지 우리는 어부 한 사람과 피서객 두 명에게 물어본다. 그들 모두가 라디오의 일기예보를 이미 들었으리라 믿기 때문이다. 어부는 우리가 물어볼 때까지 아직 자신의 의견을 결정하지 않았다면, 날씨에 대한 오랜 경험에서 대답을 할 것이다. 그는 바람결이나 온도·습기 같은 것이 일기와 어떤 관계가 있는가를 잘 알기 때문에, 온갖 요인을 저마다의 의미에 따라 측정해서 확실히 판단할 것이다. 아마도 라디오의 일기예보도 기억해 내서 참고로 제시할 것이다. 그러나 우선 자신의 의견을 앞세우고, 그것에 라디오의 일기예보가 일치되는지 어떤지를 말할 것이다. 만일 자신의 견해와 일기예보가 다르다면, 그는 자신의 의견 근거를 유독 신중하게 검토할 것이다. 여기서 중요한 점은, 그가 우리에게 말하는 것은 그의 의견이며 이는 사고의 결과라는 사실이다.

그러나 도시에서 온 두 사람의 피서객 중 한 명은 날씨에 대해서는 잘 모르고 또한 알 필요도 없다고 느낄 뿐이다. 그는 단지 "나로서는 모르겠네요. 라디오에서는 이렇게 말하더군요"라고 대답한다. 둘째 사람은 그와는 다른 타입이다. 그는 사실 날씨에 대해서 거의 아무것도 모르는데도 아주 많은 것을 안다고 생각한다. 그래서 어떠한 질문에도 대답해야만 한다고 느끼고 있다. 그는 잠시 생각하고 나서 '그의' 의견을 말해 주었다. 그의 의견은 라디오의 예보와 일치되었다. 그 이유를 묻자 그는 바람결이나 온도로 그렇게 느낀다고 대답했다.

이러한 사람의 언동은 겉으로는 어부의 언동과 똑같다. 그러나 좀 더 파고들어가서 분석해 보면 그는 라디오의 예보를 듣고, 그것을 받아들였을 뿐이라는 사실이 밝혀진다. 그러나 그는 날씨에 대한 자기의 의견을 말해야 한다고 느끼므로, 다른 권위 있는 의견을 그저 되풀이하고 있다는 사실을 잊은 채, 그러한 것이 자신의 생각이라고 여기고 있다. 그는 우리에게 제시한 이유가 그 자신의 의견의 전제라고 생각하고 있다. 그러나 만일 그가 미리 하나의 의견을 알지 못했더라면 그런 결론에 도달할 수 없었을 것은 명백하다. 그러한 것은 실은 거짓 이유에 불과하며, 오직 그의 의견이 자신의 사고의 결과인 듯 보이는 것뿐이다. 그는 스스로 의견에 도달했다고 생각하나, 실제로는 자신도 모르는 사이에 어떤 권위의 의견을 받아들인 데 불과할 뿐이다. 물론 날씨에 대해서 그가 맞히고 어부가 틀릴 가능성도 충분히 있다. 그러나 그때에도 맞힌 것은 '그'의 의견이 아닌 데 반해, 어부는 실제로 '그 자신의' 의견에 있어서 실수한 것일 뿐이다.

이와 같은 현상을 어떤 주제(主題)에 대한 사람들의 의견, 예를 들어 정치에 대한 의견에서도 관찰할 수 있다. 일반 신문 독자에게 어떤 정치 문제에 대한 의견을 물어보라. 그는 신문에서 읽은 기사를 종합하여 대체로 정확한 '자기' 의견을 대답할 것이다. 더욱이—그리고 이것이 본질적인 점인데—그는 자기가 하는 말이 자신의 사고의 결과라고 생각하고 있다. 만일 그가 작은 공동체에서 생활하며, 거기서는 정치적 의견이 아버지로부터 아들에게 전해진다고 한다면 어떨까? 그의 생각과는 달리 '그 자신의' 의견은 엄격한 아버지가 항상 지니는 권위에 지배된 것일 뿐이다. 또 다른 독자의 의견은 그가 다른 사람으로부터 소외되는 것을 두려워한 결과에서 생긴 것이기 때문에, 그 '생각'은 본질적으로 겉핥기식으로서, 경험 욕구 및 지식의 자연적인 결합에서 생긴 것이 아니다. 이와 동일한 현상은 미적(美的) 판단에서도 볼 수 있다. 보통 사람은 박물관에 가서 렘브란트처럼 유명한 화가의 그림을 보면, 아름답고 인상적이라고 말한다. 그러나 그의 판단을 분석해 보면, 그는 그 그림에 대해 아무런 특별한 감흥도 없다. 그가 그 그림을 아름답다고 생각하는 이유는 단지 그것이 일반적으로 훌륭하다고 평가되기 때문이다. 음악의 평가와 지각의 작용 그 자체에 대해서도 이와 동일한 현상을 볼 수 있다. 많은 사람들은 유명한 풍경을 보면서, 실제로는 그림엽서에서 여러 번 본 그림을 다시 떠올리고 있다. '그들'은 풍경을 보고 있다고 생각하나 실제로 눈앞에 있는 것은 엽서의 그림이다. 혹은 눈앞에서 직접 본 어떤 사건에 대해서도 그들은 자신이 구독하는 신문 기사의 말로서 그 상황을 보거나 듣곤 한다. 사실 많은 사람들이 직접 경험한 사건이나 참석한 예술 모임 및 정치적 회합까지도 그 신문 기사를 다시 읽음으로써 비로소 현실로 받아들인다.

비판적 사고의 억압은 보통 어린 시절에 시작된다. 예를 들어, 어느 다섯 살짜리 소녀는 어머니의 불성실을 의식하고 있다. 어머니가 말로는 애정이니 상냥함이니 말하면서도 실제로는 냉혹하고 이기적이라는 점을 날카롭게 간파함으로써, 더욱 심한 경우에는 어머니가 늘 높은 도덕적인 기준을 강조하면서도 다른 남자와 관계한다는 사실을 알아챔으로써 말이다. 소녀는 모순을 느끼고, 그녀의 정의감 진리감은 상처를 입는다. 그러면서도 어떠한 비판도 허용하지 않는 어머니에게 의존할 수밖에 없다. 만약 아버지가 몸이 약해서 그녀가 의지할 상대가 더 이상 없는 상황이라면 자신의 비판의 눈을 더욱 꼭 감아야만 한다. 소녀는 어머니의 불성실이나 부정직함을 마음에 두지 않게 될 것이다. 비판적인 사고력을 유지하는 것은 가망이 없을뿐더러 사뭇 위험하게 보이므로 소녀는 어느 사이에 어머니는 성실하고 정숙한 여성이며 부모님의 결혼생활은 행복한 것이라고 생각하게 된다. 더욱이 그녀는 이런 생각을 마치 자신의 생각인 듯 쉽게 받아들이려고 할 것이다.

거짓 사고에 대하여 이상 몇 가지 예를 들었다. 어느 경우에나 문제는 그러한 생각이 정당한가 부당한가가 아니라, 그것이 자기의 사고의 결과인가 아닌가에 있는 것이다. 일기예보를 말하는 어부의 보기에서 이미 암시한 바와 같이, '그의' 판단은 이따금 틀릴 수도 있으며, 외부로부터 주어진 생각을 그저 되풀이하는 데 불과한 사람의 의견이 맞을 수도 있다. 또한 거짓 사고가 아주 논리적이고 합리적이기도 할 것이다. 그러한 거짓 성격은 굳이 비논리적 요소 속에만 나타나는 것이 아니다. 이러한 일은 어떤 행위나 감정이 실제로는 비합리적·주관적인 요소에 규정되면서도, 그것을 합리적·현실적인 기반에서 설명하려고 하는 합리화를 연구하면 알게 된다. 합리화는 때로는 사실이나 논리적 사고의 법칙과 모순될지도 모른다. 그러나 그 자체는 논리적·합리적인 일도 흔히 있다. 그리고 그러한 때, 비합리성은 행위의 참된 동기처럼 위장된 동기가 실은 진실이 아니라는 사실 속에 나타난다.

비합리적인 합리화의 예는 우리가 잘 아는 농담에서도 볼 수 있다. 어떤 사람이 이웃 사람에게 유리병을 빌렸는데, 그것을 그만 깨뜨리고 말았다. 얼마 뒤 유리병을 돌려 달라는 요청을 받았을 때 그는 이렇게 대답한다. "첫째로, 이미 당신에게 돌려주었소. 둘째로, 빌린 기억이 없소. 셋째로, 빌렸을 때 이미 깨어져 있었소." 아래의 보기에서는 '합리적'인 합리화를 볼 수 있다. 경제적으로 곤란한 A가 친척인 B에게 돈을 조금 빌려 달라고 부탁한다. B는 그것을 거절하면서, 돈을 빌려 주는 것은 A의 무책임하게 남에게 의지하는 버릇을 조장할 뿐이라고 말했다. 언뜻 보기에 이러한 논리는 건전해 보이지만, 하나의 합리화에 불과하다. 왜냐하면, A는 어떠한 사정이건 B에게 돈을 주고 싶은 마음이 애초에 없었기 때문이다. 그는 자기가 B의 번영을 바라기 때문이라고 생각하지만, 실제로는 그가 인색한 까닭이다.

그 때문에 오직 어떤 사람이 하는 말의 논리 여부를 따지는 것만으로는 합리화가 이루어지고 있는지 어떤지를 알 수 없다. 우리는 한 사람 속에 작용하고 있는 심리적인 동기를 고려해야만 한다. 중요한 점은 무엇을 생각하는가가 아니라, 어떻게 생각하는가이다. 능동적인 사고에서 생겨나는 사상은 항상 새로우며 독창적이다. 이는 굳이 전에는 없었던 참신한 생각이라는 의미에서가 아니라, 외부 세계이건 내부 세계이건 간에 거기서 무언가 새로운 것을 발견하기 위한 수단으로써 생각을 사용했다는 의미에서이다. 합리화에는 본질적으로 이와 같은 발견과 개방성이 결여되어 있다. 즉 그것은 오직 자기 속에 자리잡고 있는 감정적 편견을 굳히는 것뿐이다. 합리화는 현실을 통찰하는 수단이 아니라, 자기 자신의 소망을 현실과 조화시키려는 사후(事後)의 시도이다.

사고에 대해서와 마찬가지로, 감정에 대해서도 자신 속에서 생기는 순수한 감정과, 실제로는 생각하고 있어도 자기의 것이 아닌 거짓 감정을 구별해야 한다. 타인과의 교제에 있어서 우리의 감정이 거짓이 되는 전형적인 한 예를 일상생활에서 찾아보자. 한 사람이 어떤 회합에 참석하고 있다. 그는 명랑하게 웃으면서 친숙한 듯 대화를 나눈다. 모든 것은 실로 행복스럽고 즐거워 보인다. 작별할 때 그는 친숙하게 웃음을 띤 얼굴로 유쾌한 저녁 시간을 보냈다고 인사한다. 문이 뒤로 닫힌다—바로 이때야말로 그를 주의 깊게 보아야 한다. 그의 얼굴에 갑작스레 변화가 나타난다. 웃음이 어디론가 사라진 것이다. 물론 그를 웃기는 상대도 없이 혼자가 되었으므로 그것은 당연한 일이다. 지금 내가 문제 삼고 있는 이 변화는, 오직 사라진 웃음뿐만이 아니라, 그의 얼굴에 떠오른 거의 절망이라고 할 만한 깊은 슬픔의 그림자를 말하는 것이다. 이러한 슬픈 표정은 금세 사라질지도 모른다. 그리고 또다시 평소의 가면을 쓴 평온한 얼굴이 나타날 것이다. 그는 차를 타고, 그날 밤의 일을 생각하면서 좋은 인상을 주었는지의 여부를 다시 생각해 본다. 그리고 성공이었다고 느낀다. 그러나 그 모임 동안, '그'는 과연 행복하고 즐거웠을까? 그의 얼굴에 나타난 슬픔과 절망의 희미한 그림자는 별로 의미 없는, 아주 일시적인 반작용에 불과했을까? 이 문제를 결정하기 위해서는 이 사람에 대해서 좀 더 많은 것을 알아야 한다. 그의 명랑성이 무엇을 의미하는가를 이해하는 열쇠로서 여기에 한 가지 사건이 있다.

그날 밤, 그는 군대로 끌려가서 전쟁터에 있는 꿈을 꾼다. 적의 배후에서 적의 사령부를 침공하라는 명령을 받은 그는 독일인과 구별할 수 없는 장교복을 입고 있다. 얼른 정신을 차리고 보니, 독일 장교들 속에 서 있다. 그는 사령부가 몹시 환경이 좋고, 누구나가 그에게 친절한 데 놀란다. 그러나 자신이 스파이라는 것이 탄로 나지나 않을까 하여 전전긍긍하고 있다. 그때, 유독 호감 가는 한 젊은 사관이 그에게 다가와서 말을 건넨다. "당신이 누군지 알고 있소. 달아날 길은 단 하나뿐이오. 유쾌한 농담으로 장교들을 즐겁게 해 줘서 그들이 당신을 주목하지 않게 하시오." 그는 이 충고를 몹시 고맙게 생각하여 농담을 하고는 웃기 시작한다. 그러나 결국은 농담의 도가 지나쳐 다른 장교들의 의심을 산다. 그들의 의심이 쌓이면 쌓일수록 그의 농담은 점점 더 엉망이 된다. 이윽고 공포의 감정으로 가득 차서 이제 더 이상 자리에 머무를 수 없게 된다. 그는 갑자기 의자에서 일어선다. 그러자 모두 그의 뒤를 쫓아온다. 그때 장면이 바뀐다. 그는 전차 속에 앉아 있는데, 그 전차는 마침내 그의 집 앞에 멈춘다. 그는 사무복을 입고 있으며, 전쟁이 끝났다는 안도감을 느낀다.

우리는 이 꿈의 개개의 요소와 관련하여 그에게 무슨 일이 일어났는지, 이튿날 들었다고 하자. 여기서는 오직 우리가 관심을 두고 있는 중요한 점을 이해하기 위해 특히 의미 있다고 여겨지는 몇몇 연상만을 적기로 한다. 독일군의 제복은, 전날 밤 모임에 딱딱한 독일 악센트로 이야기하는 한 손님이 있었던 것을 그에게 상기시킨다. 그리고 그 때문에 괴로웠던 일이 기억에 남아 있다. 그는 이 사람에게 좋은 인상을 주려고 애를 썼는데도 불구하고, 그 사람은 그를 돌아다보지도 않았다. 이와 같은 일을 두루 생각하는 동안에, 그 모임 때 이 독일 악센트를 쓰는 사람이 그를 바보 취급했다는 것, 예의 없이 그의 말을 비웃는 것처럼 느끼게 했던 것을 다시 생각한다. 사령부의 좋은 방을 생각하니 그것은 전날 밤의 모임 장소와 비슷하다는 것, 그러나 그곳의 창문은 그가 지난날 시험에 실패한 일이 있는 그 방의 창문과 비슷하다는 것을 생각하게 된다. 이러한 연상에 놀라서 더욱 기억을 되살리니 그 모임에 참석하기 전에 자기가 어떤 인상을 줄 것인가 하고 걱정했던 일이 생각난다. 왜냐하면 손님 가운데 그가 관심을 얻으려던 여성의 오빠가 있었기 때문이고, 또한 그 모임의 주인은 어떤 유력한 사람과 통하는 사람이며, 그 유력한 사람에게 그가 어느 정도로 생각될 것인가에 따라 사업의 성패가 좌우되기 때문이다.

그는 유력한 사람을 몹시 혐오하고 있었다. 그리고 그런 사람에게 친애의 정을 표시하는 것을 몹시 굴욕적으로 생각하며, 그 집의 주인에게도 거의 의식할 정도는 아니었으나 역시 혐오감을 가지고 있었다고 한다. 또 하나의 연상은 때마침 대머리인 사람의 우스운 사건을 이야기했을 때, 공교롭게도 그 집 주인이 대머리에 가까웠기에 그가 기분이 상하지나 않았을까 하고 걱정했다는 것이다. 전차는 이상스러웠다. 아무 데도 궤도가 없었다. 그것에 대해 이야기하고 있는 동안에, 전차는 어릴 때 학교 가는 길에 탔었다는 생각이 나서 더욱 사소한 일까지 알게 된다. 즉, 그는 전차의 운전대를 잡고 있었으며, 그 전차를 운전하는 것은 자동차를 운전하는 것과 놀랄 만큼 일치했다고 생각하고 있었다. 그렇다면 전차는 집으로 돌아갈 때에 탄 자동차의 대신이며, 집으로 돌아간 것은 학교에서 돌아온 것을 생각게 한 것이 분명했다.

꿈을 이해하는 데 익숙해져 있는 사람들에게는 꿈이나 거기에 따르는 연상의 의미가 이미 확실할 것이다. 물론 여기서 말한 것은 그의 연상의 극히 일부로서 그 사람의 인격 구조나 과거 및 재현의 상태에 대해서는 실제로 아무것도 언급하지 않았다. 그러나 꿈을 통해 전날 밤의 모임에서 그의 실제 기분이 어땠는지가 명백해진다. 그는 자기가 인상을 잘못 심어 주지나 않을까 두려워했으며, 또한 자기에게 조소를 보내고 충분히 호감을 주지 못했다고 느껴지는 사람들에게 분노했다. 꿈을 통해, 그의 명랑함은 그의 불안과 노여움을 숨기는 동시에 그가 분노를 느끼고 있는 사람을 유화하기 위한 수단이었음을 알게 된다. 그의 명랑함은 모두 가면이었다. 그것은 그 자신 속에서 생겨난 것이 아니라, '그'가 실제로 느끼고 있는 감정, 즉 공포와 분노를 숨겨버리기 위한 수단이었다. 이 때문에 그의 상태가 모두 불안정해졌다. 그는 적의 진영에 침입하여 줄곧 탄로 나지 않을까 하고 무서워하는 스파이처럼 느끼고 있었다. 그가 집으로 돌아왔을 때 그에게서 보였던 슬픔과 절망의 서글픈 표정은 이제야 뚜렷하게 설명된다. 그때의 그의 얼굴이 정녕 '그'의 느낌을 표현하고 있었다. 물론 그것은 '그'가 실제로 의식하는 것은 아니었지만, 그 감정은 꿈속에서는 그의 기분이 향해지는 사람들에게 노골적으로 대하는 일은 없으나 극적으로 또 명백하게 나타난다.

이러한 사람은 신경증 환자도 아니며 최면술의 주문에도 걸리지 않는 오히려 정상적인 사람이다. 인정을 받고 싶다는, 그의 불안과 요구는 현대인 대부분이 가지고 있는 것이다. 그는 자신의 명랑성이 '자기 것'이 아니라는 사실을 모르고 있다. 그것은 그가 어떤 특정한 상황에서 자신이 예상했던 그대로 느끼는 일에 익숙해 있으므로, 어떤 것을 '잘못' 느끼는 일 같은 것은 오히려 예외가 된다.

사고나 감정에 대해서 말할 수 있는 것은 또한 의지에 대해서도 말할 수 있다. 많은 사람들은 무언가를 할 때에 외적인 힘에 뚜렷하게 강요당하지 않는 한, 그들의 결단은 자기 자신의 결단이며, 무언가를 바랄 때 그 바라는 사람은 자기라고 확신하고 있다. 그러나 이것은 우리가 자신에게 가지고 있는 하나의 큰 환상이다. 우리의 결단의 대부분은 실제로 우리 자신의 것이 아니라, 외부로부터 우리에게 시사되는 것이다. 결단을 내린 것은 자기라고 믿을 수는 있어도,

실제로는 고독의 두려움이나 생명, 자유, 안락에 대한 보다 더 직접적인 위협에 몰려서 타인의 기대에 보조를 맞추고 있는 데 불과하다.

어린이에게 매일 학교에 가고 싶으냐 어떠냐 하고 물어보면 '물론 가고 싶다'라고 대답하지만, 과연 그 대답은 진실일까? 대부분의 경우 결코 그렇지 않다. 어린이는 때로는 정말 학교에 가고 싶다고 생각할 때도 있겠지만, 보통은 학교에 가는 대신 뛰어놀거나 뭔가 다른 일을 하고 싶어 한다. 만일 '매일 학교에 가고 싶다'고 느꼈다고 하더라도, 그는 규칙적인 학교의 수업에 대한 혐오를 억압하고 있을 것이다. 그리고 이러한 억압은 몹시 강해서 어쩔 수 없이 학교에 가고 있다는 기분을 눌러 버리고 만다. 어떤 때는 정말 학교에 가고 싶고, 어떤 때는 어쩔 수 없이 가고 있다는 것을 자신이 의식할 수 있다면 그 어린이는 훨씬 행복할 것이다. 그러나 의무감이 압박보다 더 강하면, 남이 기대하는 그대로를 '자신'도 바란다고 느끼게 된다.

대개의 사람들은 자발적으로 결혼한다고 생각한다. 그러나 의무나 구속에 얽매여 의식적으로 결혼하는 사람들이 있다는 것은 확실하다. '자신'이 정말 원하기 때문에 결혼하는 경우도 있다. 그러나 어떤 남성은(혹은 여성도) 실제로는 싫더라도 결혼으로 끌고 가는 일련의 사태에 묶여서 도저히 도망칠 수 없는 것임에도 불구하고, 그 결혼을 스스로 바란다고 생각한다. 결혼하기까지는 '자신'이 결혼을 바란다고 확신한다. 그리고 이것이 굳이 그렇지는 않다는 최초의―오히려 뒤늦게나마―느낌은 결혼 당일, 갑자기 공포에 사로잡혀 달아나고 싶은 충동에 몰린다는 사실이다. 만일 '현명한' 사람이라면, 이러한 기분은 극히 잠시 동안밖에는 계속되지 않고 결혼하는 것이 그의 의사냐 아니냐는 질문에 대해 확실히 그의 의사라고 대답할 것이다.

일상생활에서 우리는 더욱 많은 예를 인용할 수 있을 것이다. 사람들이 결단을 내리거나 무언가를 바라거나 할 때, 실제로는 '하지 않으면 안 될 것' 같은 내적·외적 압력에 따르고 있는 데 불과하다. 사실 인간의 결단이라는 현상을 관찰하면, 그것은 습관이나 의무 또는 단순한 압력에 따르고 있는 데 불과한데도, 그것을 '자신의' 결단이라고 보는 잘못이 얼마나 광범하게 행해지고 있는지 알 수 있다. 개인적인 결단을 토대로 하는 것이라 여겨지는 사회에서 '독창적인' 결단은 비교적 희귀한 현상이다.

거짓 의사에 대해 또 하나 상세한 예를 덧붙이고자 한다. 그것은 전혀 신경증적인 증세가 없는 사람의 분석에서 때때로 관찰되는 것이다. 내가 예를 다시 덧붙이는 것은, 이러한 개인적인 사례가 이 책에서 주로 문제 삼는 넓은 문화적인 산물과는 관계없으나, 무의식적인 힘의 작용이라는 것에 익숙하지 못한 독자에게는 이런 현상에 대한 지식을 획득하는 또 하나의 기회가 되기 때문이다. 더욱이 이런 예는 (물론 이미 막연하게 제시되고는 있으나) 좀더 명확히 해야 하는 한 가지 점을 강조하고 있다. 바로 억압이 거짓 행위의 문제와 결합되어 있다는 점이다. 일반적으로 억압은 대개 신경증적인 행동이나 꿈 같은 것에 있어 그 힘이 어떻게 작용하는가 하는 관점에서 보이는데, 그것은 모두 현실의 어느 부분을 제지하고 억압된 감정에 대해 거짓 감정을 대치시키려고 하는 것이다. 이러한 사실을 강조하는 것의 중요함을 다음 이야기를 통해 알 수 있다.

이번에 제시하려는 보기는 22세 의학도(醫學徒)의 경우다. 그는 자기의 일에 흥미가 있으며, 남들과의 관계도 정상이다. 인생에 대해서 특별한 애착은 없지만 가끔 가벼운 권태를 느낀다. 그렇다고 불행하다는 것은 아니다. 그가 정신분석을 의뢰한 이유는 이론적인 것으로 그 자신이 정신병 의사가 되고 싶기 때문이다. 다만 그에게는 고민이 하나 있는데, 그것은 의학분야를 접할 때만 나타나는 일종의 장애이다. 그는 책에서 읽은 것을 좀처럼 기억하지 못하며, 강의 시간에 심한 피로를 느껴 시험 성적이 별로 좋지 않다. 반면에 다른 학과에 대해서는 기억력이 뛰어나기에 더욱 고민이다. 의학을 공부하겠다는 마음에는 조금도 의문이 없다. 그러나 그는 의학을 수학할 만한 능력이 있느냐 없느냐에 대해 때때로 아주 강한 의문이 든다.

몇 주일에 걸쳐서 분석한 뒤, 그는 그가 꾼 꿈 하나를 이야기했다. 그는 자기가 세운 마천루(摩天樓)의 꼭대기에서 약간 우월한 기분으로 다른 빌딩을 돌아보고 있었다. 그런데 갑자기 마천루가 붕괴하여 그는 그 밑에 깔린다. 그를 구출하려고 사람들이 붕괴된 건물을 제거하려고 애를 쓰고 있음을 안다. 그리고 누군가가 그가 중상을 입고 있으며, 의사가 곧 올 것이라고 말하는 것을 듣는다. 그러나 의사가 올 때까지 몹시 오랜 시간을 기다리게 된다. 이윽고 의사가 왔을 때, 의사는 도구를 잊어버리고 온 것을 깨닫게 되어 그를 구할 수가 없다. 의사에 대해서 심한 노여움이 타오른다. 별안간 그는 벌떡 일어서서 조금도 부상당하지 않은 것을 깨닫는다. 그는 의사를 비웃는다. 그때 눈이 떠진다.

그는 이 꿈에 대해 많은 연상을 가지고 있지 않으나, 그런 만큼 더욱더 중요한 연상이 있다. 즉, 자기가 세운 마천루를 떠올리며 그는 언제나 건축에 비상한 흥미를 느꼈음을 문득 생각해 낸다. 어렸을 때 그가 오랫동안 좋아하던 놀이는 집짓기놀이였다. 그리고 17세 때 건축가가 되려고 생각했었다. 이 일을 아버지한테 이야기했더니, 아버지는 친절하게 "물론 너의 직업은 네가 자유로이 선택하면 된다. 그러나 건축가가 되겠다는 생각은 어린애의 꿈처럼 생각되는구나. 나는 네가 의학을 전공하면 좋겠다"라고 말했다. 그는 아버지의 말이 정당하다고 생각하여, 그 뒤로 이 문제에 대해서 두 번 다시 아버지에게 이야기하지 않고 당연한 일처럼 의학을 시작했다. 그의 연상은 의사에 대해서는 희미해서 충분하지는 않다. 그런데 이 부분에 대해서 이야기할 때, 그가 분석받는 시간을 여느 때의 시간에서 변경해야만 할 일이 생겼다. 그는 반대하지 않고 동의했으나 실제로는 몹시 성이 나 있었다. 그러다 이야기를 하는 동안에 그 분노가 치솟아 오르는 것을 느꼈다. 그는 분석자가 제멋대로라고 비난하고, 끝내는 "네, 결국 나는 내가 바라는 일은 할 수 없으니까요!"라고 말했다. 그는 자기의 분노와 이 말에 스스로 놀랐다. 왜냐하면, 그때까지 분석과 관련된 일에 대해 조금의 적대감도 느끼지 않았기 때문이다. 며칠 뒤에 그는 또 꿈을 꾸었다. 그것에 대해서는 극히 일부밖에는 기억하지 못했다. 그의 아버지가 자동차 사고로 부상을 당한다. 의사인 그는 아버지를 돌보게 된다. 아버지를 진찰하려고 노력하지만, 완전히 마비된 느낌이다. 아무 일도 하지 못한다. 그는 공포에 질려서 잠에서 깨어난다.

그의 연상의 속에서 그는 지난 몇 년 동안 아버지가 갑자기 죽을지도 모른다고 생각했던 것, 그리고 이 생각이 그를 위협했던 것을 내키지 않는 투로 이야기한다. 때로는 자기한테 남겨진 재산이 얼마이며, 그 돈으로 무엇을 할지 생각하기까지 했다. 그는 이러한 망상이 나타나면 곧 그것을 억압했기에 더 이상의 진전은 없었다.

이 꿈과 앞에서 말한 꿈을 비교해서 볼 때, 어떠한 경우에도 의사는 충분한 도움이 안 된다는 점을 확실하게 자각한다. 최초의 꿈에서 의사의 무능에 대한 뚜렷한 분노와 조소의 감정이 존재한다는 것이 지적되고 보니, 그는 의사가 환자를 구할 수 없었던 것 같은 경우를 듣거나 책에서 읽었을 때 그 당시는 의식하지 못했으나 자신이 어떤 우월감을 느꼈던 것을 상기한다.

분석을 더욱 진행해 가자, 이제까지 억압되어 온 다른 일들이 나타났다. 그는 놀랍게도 아버지에 대해서 심한 분노를 느끼며, 더욱이 의사가 될 것으로서의 무력감이 그의 생활 전체에 걸쳐 있는 보다 일반적인 무력감의 일부인 것을 의식한다. 표면적으로는 그는 지금껏 자신의 계획에 따라 생활을 질서 정연하게 해 왔다고 생각했는데, 이제야말로 마음 깊은 곳은 체념의 감정으로 차 있었음을 느낀다. 그는 자기가 자신이 바라는 일을 할 수 없는 인간이며, 남의 기대에 보조를 맞춰야만 한다고 생각하고 있었던 것을 의식한다. 더욱이 보다 더 뚜렷하게, 실제로는 결코 의사가 되겠다고는 생각하지 않았다는 것, 또한 자기에게 무능함을 준 것은 수동적인 저항의 표현에 불과했다는 점을 깨닫는다.

이 사례는 현실 욕구의 억압에 대한, 또한 자신의 욕구라고 생각되는 방법으로 행해지는 타인의 기대의 수용에 대한 전형적인 예다. 여기서도 본래의 욕구가 거짓 욕구로 대치되었다고 말할 수 있다.

사고나 감정이나 의사에 대한 본래의 행위가 거짓 행위로 대치되는 것은 드디어는 본래의 자기가 거짓 자기로 대치되는 데까지 나아간다. 본래의 자기란 정신적인 여러 활동의 창조인 본체이다. 실제로인 거짓 자기는 타인으로부터 기대되는 역할을 대표하여, 자기 이름 아래 그것을 행하는 대리인에 불과하다. 분명히 어떤 인간은 많은 역할을 다하고, 주관적으로는 저마다의 역할에 있어서 그는 '그'라고 확신하게 될 것이다. 그러나 실제로 그는 이러한 모든 역할에 있어서 타인에게 기대된 존재 그 자체이며, 많은 사람들에 있어서 본래의 자기는 거짓 자기에 의해 완전히 억압되어 있는 것이다. 가끔 꿈이나 환상에서 혹은 술을 마셨을 때, 본래의 자기가 표출돼서 그 사람이 몇 해나 경험하지 않았던 감정이나 사상이 나타날 때가 있다. 그러한 것은 가끔 그가 두려워하거나 부끄럽게 생각해서 억압해 온 좋지 않은 것들이다. 그러나 때로 그것은 그의 안에 있는 최선의 것일 수도 있으며, 그 같은 감정을 가지고 있으면 조소나 공격을 당할 두려움이 있기 때문에 억압해 온 것에 불과하다.[13]

---

13) 정신분석의 과정은 본질적으로 한 사람으로 하여금 이러한 본래의 자기를 폭로하도록 시키는 과정이다. '자유 연상'은 본래의 과정과 사상을 표현하는 것, 즉 진리를 말하는 것을 뜻한

자기의 상실과 거짓 자기의 대치는 개인을 심한 불안 상태로 내던진다. 그리고 본질적으로는 타인의 기대를 반영하며 어느 정도 자아동일성을 상실하고 있으므로, 그에게는 회의가 따라다닌다. 이와 같은 동일성의 상실에서 생기는 공포를 극복하기 위해 그는 강제로 순응하여, 줄곧 타인에게 인정받고 승인됨으로써 자아동일성을 구하려고 한다. 자신이 누구인지 모르지만, 만일 타인의 기대대로 행동한다면 적어도 타인은 그것을 알게 될 것이다. 그리고 만일 타인이 알고 있다면, 또 그들의 말을 빈다면 그도 알게 될 것이다.

　근대사회에 와서 개인이 자동 기계화된 것은 일반적으로 사람들의 무력과 불안을 증대시켰다. 그 때문에 그는 안전함을 부여해 주고 또 그 의혹에서 그를 구해 주는 것 같은 새로운 권위에 쉽사리 종속되려고 한다.

　다음 장에서는 이러한 권위를 필연적으로 받아들인 독일의 특수한 조건을 논하기로 하자. 즉 나치 운동의 핵심—하층 중산계급—에 있어서 권위주의의 메커니즘이 가장 특징적으로 나타난 것을 보게 될 것이다. 이 책의 마지막 장에서는 우리 고유의 민주주의에서 나타나는 문화를 고려하면서 자동 기계화에 대한 논의를 계속하기로 하자.

다. 그러나 여기서 말하는 진리란 어느 인간이 생각하는 그대로가 아니라, 그 사고 자체가 본질적인 것으로서 남의 기대에 적응되지 않은 것을 말한다. 프로이트는 나쁜 행위의 억압을 강조했다. 그러나 그는 선한 일도 어느 정도 억압받는다는 점을 충분히 이해하지 못했던 것 같다.

제6장

나치즘의 심리

앞 장에서 우리는 두 개의 심리적 유형, 즉 권위주의적 성격과 자동 기계화에 주의를 집중했다. 나는 이러한 타입의 상세한 논의가 이 장과 다음 장에서 제시되는 문제, 즉 한편으로는 나치즘의, 다른 한편으로는 근대 민주주의를 이해하는 데 도움이 될 것으로 기대하고 있다.

나치즘의 심리를 논할 때, 우리는 먼저 하나의 예비 문제—즉 나치즘을 이해할 때의 심리적 요소의 관련성—을 고찰해야 한다. 나치즘의 과학적인 논의와 통속적인 논의에 있어서는 두 개의 대립되는 견해(見解)가 자주 제기된다.

첫째, 심리학은 파시즘과 같은 경제적·정치적인 현상을 설명할 수 없으며, 둘째, 파시즘은 전적으로 심리적인 문제라는 것이다.

첫째의 견해는 나치즘을 모름지기 경제적인 사회 운동—독일 제국주의의 팽창적 경향—의 결과나, 본질적으로 정치적인 현상—실업가들이나 융커들의 지원을 받는 한 정당에 의한 정복—이라고 보고 있다. 요컨대 나치즘의 승리는 다수의 민중에 대한 소수자의 간책(奸策)과 강압의 결과로 간주되는 것이다.

둘째 견해는 나치즘이 심리학 혹은 정신병리학을 통해서만 설명된다고 주장한다. 히틀러는 광인이나 혹은 '신경증 환자'이며, 그의 추종자는 같은 광인으로서 정신적인 균형을 상실한 유형으로 보는 것이다. 이 견해에 따르면 멈퍼드가 설명했듯이 파시즘의 진정한 근원은 '경제 상태 속에서가 아니라 인간의 영혼 속에서' 발견된다는 것이다. 그는 계속 말한다. "무섭도록 강한 자존심, 잔인한 것을 즐기는 성격, 신경증적인 분열…… 이러한 것들을 통해서만 파시즘은 설명되며, 베르사유 조약이나 독일 공화국의 무력(無力)으로는 설명될 수 없다."[1]

---

1) 멈퍼드(L, Mumford), 《생존을 위한 신앙(*Faith for Living*, Harcourt, Brace & Co., New York 1940, p. 118.)》

우리의 의견으로는 정치적·경제적 요인을 강조한 나머지, 심리적 요인을 배제해 버리는 것과 같은 설명은—혹은 그 반대도—모두가 그릇되다. 나치즘은 심리적인 문제이기는 하나, 심리적 요인 그 자체는 사회 경제적 요인에 의해서 형성된 것이라고 이해되어야만 한다. 또 나치즘은 경제적·정치적인 문제이지만, 그것이 모든 사람들을 사로잡게 된 것은 심리적 기반을 토대로 이해되어야 한다. 우리가 이 장에서 거론하는 것은 나치즘의 이 심리적인 측면, 그 인간적인 기반이다. 이것은 두 개의 문제를 시사한다. 즉 나치즘이 호소한 인간의 성격 구조와, 그 사람들에게 이토록 유효한 도구가 되어진 그 이데올로기의 심리적 특징이다.

나치즘의 성공을 도운 심리적 기반을 생각할 때, 우선은 다음과 같은 차이점을 인정해야 한다. 즉 일부 사람들은 아무런 강력한 저항도 하지 않고, 그렇다고 나치의 이데올로기나 정치적 실천의 찬미자가 되지도 않고 나치 정권에 굴복했다. 다른 일부의 사람들은 새로운 이데올로기에 깊이 끌려서 그것을 주장하는 자들을 열광적으로 추종했다. 제1의 그룹은 주로 노동자 계급과 자유주의적 및 가톨릭적인 부르주아지로 형성되었다. 이러한 그룹은 나치즘에 대해 그 당초부터 1933년에 이르기까지 줄곧 적개심을 품고 있었다. 그러나 그 우수한 조직, 특히 노동자 계급을 포함하고 있었음에도 불구하고 그들의 정치적 신념의 표현으로서 응당 기대해도 좋을 내적 저항을 보이지 않았다. 그들의 저항 의지는 바로 붕괴됐다. 그리고 그 이후 나치 정권의 장해물이 되지 않았다(물론 이 동안 줄곧 나치즘에 대항해 영웅적으로 싸운 소수의 사람을 제외하고). 나치 정권에 이처럼 기꺼이 복종한 이유는, 심리적으로는 주로 내적인 피로와 체념 때문인 것으로 여겨진다. 그리고 이 상태는 다음 장에서 지적되듯이 현대를 살아가는 개인의 특징이며, 그것은 민주적인 여러 나라에서도 예외는 아니다.

독일에서는 노동자 계급에 관한 한, 또 하나의 조건이 존재하고 있었다. 즉 1918년의 혁명에서 최초로 승리한 이후, 노동자 계급이 줄곧 맛본 패배이다. 노동자 계급은 사회주의의 실현, 혹은 적어도 그들의 정치적·경제적·사회적 지위의 명확한 향상에 대한 드높은 희망을 품고 전후(戰後)의 시기로 들어갔다. 그러나 그 이유는 어찌됐든, 노동자 계급은 패배의 부단한 연속에 직면하여 모든 희망을 완전히 잃고 말았다. 1930년 초까지 첫 승리의 여러 성과는 거의 완전히 파괴되었고, 그 결과 체념, 지도자에 대한 불신, 모든 정치적 조직과 정치적 활동의 가치에 대한 회의(懷疑) 등의 심각한 감정만 경험했을 뿐이다. 그들은 저마다의 정당 당원으로서 머물러, 의식적으로는 그 정치상의 주의를 믿고 있었다. 그러나 마음속으로는 많은 사람들이 정치적 행위의 유효성에 대해 모든 희망을 잃고 있었다.

히틀러가 권력을 쥐고부터는 또 하나의 유인(誘因)이 더욱 힘을 얻어 대다수가 나치 정부에 충성을 바치게 되었다. 수백만의 사람들에게 히틀러의 정부는 '독일'과 똑같은 것이 되었다. 일단 히틀러가 정부의 권력을 쥔 이상, 그에게 도전하는 것은 독일인 공동체에서 자신을 몰아내는 것을 뜻했다. 다른 여러 정당이 해산되고 나치당(黨)이 독일 그 자체가 되었고, 나치당에 대한 반대는 독일에 대한 반대를 뜻했다. 큰 집단과 합치되지 않았다는 감정처럼 일반 사람에게 참기 어려운 일은 없을 것이다. 나치즘의 여러 원리에 대해 아무리 반대하고 있다 하더라도, 만약 그가 고독한 것과 독일에 속해 있다는 감정을 얻는 것 중 어느 편을 택해야만 한다면 많은 사람들은 후자를 지목할 것이다. 나치즘에 대한 공격은 독일에 대한 공격이라는 느낌 때문에, 나치가 아닌 사람들 마저도 외국인의 비판에 대해서는 더욱 나치즘을 옹호하는 것 같은 경우가 많았다. 어떠한 정당도 일단 국가의 권력을 장악하면, 고독의 공포와 도덕적 원리의 상대적인 약화가 민중 대부분의 충성을 획득할 수 있도록 도와주는 것이다.

이러한 고찰에서 정치적 선전의 문제에서 중요한 하나의 공리(公理)가 귀결된다. 즉 독일 그 자체에 대한 공격, '독일인'에 대한 비방적 선전—제1차세계대전 때 야만인(훈족)이라고 부른 것 같은—은 그것이 무엇이든 간에 나치 체제와 합치되지 않은 사람들의 충성심까지도 증대케 하는 것뿐이라는 점이다. 그러나 이 문제는 교묘한 선전에 의해 근본적으로 해결할 수는 없다. 그것은 하나의 근본적인 진리, 즉 윤리적 원리는 국가의 존재 이상의 것이며, 개인은 이러한 원리를 고수함으로써 과거·현재·미래를 통하여 이 신념을 같이하는 사람들의 공동체에 속한다는 진리가 모든 나라에서 승리를 얻었을 때 비로소 해결되는 일이다.

노동자 계급이나 자유주의적 및 가톨릭적인 부르주아지의 소극적인 체념의 태도와는 대조적으로 나치의 이데올로기는 작은 상점주·직공·화이트 칼라 등으로 이루어진 하층 중산계급의 열렬한 환영을 받았다.[2]

이 계급의 낡은 세대는 보다 소극적인 대중적 기반으로 형성되었지만, 그들의 아들이나 딸들은 보다 적극적인 투사였다. 아들과 딸들에게 나치의 이데올로기—지도자에 대한 맹목적인 복종과 인종적·정치적 소수자에 대한 증오의 정신, 정복과 지배에의 갈망, 독일 민족과 '북구 인종'의 찬미—는 놀랄 만한 감정적인 매력을 주었다. 그들을 장악하여 나치 운동의 열렬한 신자나 투사로 만든 것은 모름지기 이 매력이었다. 나치의 이데올로기가 어째서 그토록 하층 중산계급의 공감을 불러일으켰는가 하는 문제의 답은 하층 중산계급의 사회적 성격 속에서 찾아야만 한다. 그들의 사회적 성격은 노동자 계급이나 상층 중산계급이나 1914년의 전쟁 이전의 귀족 사회의 성격과는 현저하게 달라져 있었다. 사실 하층 중산계급에는 그 역사를 통해서 몇몇 특성이 있었다. 즉, 강자에 대한 사랑, 약자에 대한 혐오·소심·적개심, 돈에 대해서도 감정에 대해서도 인색함, 그리고 본질적으로는 금욕주의라는 것 등이다. 그들의 인생관은 좁고, 외국인을 의심·혐오하며, 아는 사람에 대해서는 억측하기를 좋아하고, 질투심이 강하며, 더욱이 그 질투를 도덕적인 분노로 합리화하고 있었다. 그들의 모든 생활은 심리적으로나 경제적으로도 결핍의 원칙에 따르고 있었다.

하층 중산계급의 사회적 성격이 노동자 계급의 그것과는 다르다고 해서 이 성격 구조가 노동자 계급 속에는 없었다는 것이 아니다. 그러나 그것은 하층 중산계급의 '전형적'인 것으로서, 노동자 계급에서 이와 똑같이 명확하게 드러난 것은 극소수에 지나지 않았다. 그러나 한두 개의 특성, 가령 권위라든가 절약에의 열렬한 존경 같은 것은 보다 온건한 형태이기는 했으나 노동자 계급 대부분의 성원 속에서도 볼 수 있었다. 한편 봉급생활자—아마도 대다수—는 '구(舊) 중산계급'의 성격 구조—독점 자본주의의 발흥에 참여하지 않고, 본질적으로는 그것의 위협을 받았다—보다도 오히려 육체 노동자(특히 대공장의)의

---

2) 이 장 전체 특히 하층 중산계급의 역할에 관해서는 라스웰(Harold D. Lasswell)의 계발적인 논문 〈히틀러주의의 심리(*The Psychology of Hitlerism*, The Political Quarterly Vo-l. IV, 1933, Mac Millan & Co., London, p. 374)〉 및 슈만(F.L. Schuman)의 《히틀러와 나치의 독재(*The Nazi Dictatorship*, Alfred A. Knopf, New York, 1939)》를 참조할 것.

성격 구조와 더 비슷한 것으로 보인다.[3]

하층 중산계급의 사회적 성격은 1914년의 전쟁 전부터 줄곧 동일했던 것이 분명하지만, 전쟁 후의 여러 사건에 의해 나치의 이데올로기가 강조했던 바로 그 특성, 즉 복종의 추구와 권력의 욕구가 강화된 것도 분명하다.

1918년의 독일 혁명 이전의 시기에 이미 구(舊) 중산계급의 하층이나, 소규모 독립 사업가나, 직공의 경제적 지위는 기울어져 가고 있었다. 그러나 그것은 아직 절망할 정도는 아니었으며, 그것을 안정시켜 줄 많은 요소가 있었다.

군주정치의 권위는 확고부동한 것이므로 하층 중산계급의 성원은 그것에 의지하여 그것과 일체가 됨으로써 안전감과 자기만족적인 자부심을 획득하고 있었다. 또한 종교나 전통적인 도덕의 권위가 아직도 굳건하게 뿌리박혀 있었다. 가정은 아직 동요되지 않아 적대적인 세계에서의 안전한 피난처였다. 개인은 안정된 사회적·문화적 조직에 속하여 거기서 자신의 명확한 지위를 확보해 두었다고 느끼고 있었다. 현존하는 권위에의 복종과 충성은 그의 마조히즘적 충동을 만족스럽게 해결하는 것이었다. 그러나 그는 극단적인 자포자기에까지는 가지 않고, 자기 인격의 중요성을 느끼고 있었다. 그리고 개인으로서 안전성과 공격성이 없는 자신의 처지를 자기가 복종하고 있는 여러 권위의 힘을 통해 보충하고 있었다. 간단히 말하면, 개인의 경제적인 지위는 자존심과 그에 따른 안정감을 부여해 줄 수 있을 정도로 확고했고, 한 개인이 의지하는 권위는 개인적 지위는 부여해 줄 수 없는 보다 더 큰 안정성이 있었다.

전쟁 후 이 상황은 크게 변화했다. 우선, 구 중산계급의 경제적 몰락은 한결 급속하게 진행됐다. 이 쇠퇴는 1923년에 정점에 도달한 인플레이션에 의해 촉진되었다. 이 인플레이션은 오랜 세월에 걸친 노력의 축재를 거의 완전히 날려 버리고 말았다.

1924년에서 1928년 사이에 하층 중산계급에 경제적 향상과 새로운 희망이 깃들었으나, 이러한 수확도 1929년 이후의 불경기로 일소되고 말았다. 인플레

---

3) 여기 제시된 의견은 컬럼비아 대학의 국제사회 조사연구소(International Institute of Social Research)의 연구 결과에 기초하고 있다. 질문에 대한 해답자의 소수는 권위주의적 성격을 보이며, 동수의 해답자는 자유와 독립의 추구가 우세하고, 대다수의 사람은 갖가지 특성의 불명확한 혼합을 보여 주었다.

이션이 일어나는 시기에는 으레 볼 수 있는 경향이지만 특히 중산계급은 노동자와 상층계급 중간에 낀 가장 무방비한 집단이기 때문에 가장 심한 타격을 받았다.[4]

그러나 이러한 경제적 요인 외에 이 상태에 더욱 박차를 가한 심리적 문제가 있었다. 패전과 군주제의 붕괴가 그 하나였다. 군주제와 국가는 심리적으로 소시민의 존재를 지탱하는 단단한 암석과 같은 것이기 때문에, 그 몰락과 패배는 이들 도시민의 생활 기반을 죄다 부숴 버리고 말았다. 황제가 공공연하게 비웃음거리가 되고 장교가 공격당할 때, 또한 국가가 그 형태를 변경하여 '적색 선동분자'를 각료로 맞아들이고, 마구사(馬具師)를 대통령으로서 인정해야만 할 때, 소시민은 대체 누구를 신뢰할 수 있었을까? 그는 귀속적인 태도로 이러한 모든 제도와 일체가 되어 있었는데, 바야흐로 그러한 것이 궤멸되고 만 이상 어디로 가야 할까?

인플레이션도 또한 경제적 및 심리적 쌍방의 역할을 다했다. 그것은 국가의 권위에 대해서나 검약의 원리에 대해서도 치명적인 일격이었다. 대단히 많은 소소한 쾌락을 희생시켜 가며 여러 해 동안 모아 놓은 저축이 자기 자신의 과실이 아닌데도 상실하게 된다면 도대체 저축의 목적은 무엇일까? 국가가 발행한 지폐나 공채 등 유가증권의 효력이 소멸된다면 시민들은 도대체 누구의 약속을 믿을 수 있을까?

전후 한결 급속히 쇠퇴된 것은 하층 중산계급의 경제적 지위뿐만 아니라 그 사회적 위신도 그러했다. 전쟁 전만 하더라도 중산계급은 자기네를 노동자보다도 우월한 존재로 느낄 수가 있었다. 그런데 혁명 후 노동자 계급의 사회적 지위는 현저하게 향상되어 그 결과 하층 중산계급의 위신이 상대적으로 떨어지고 말았다. 그리하여 그들은 이제 내려다볼 사람도 없어졌을 뿐만 아니라, 또한 조그만 상점 주인으로서나 그와 비슷한 생활에 있어서 항상 가장 귀중한 재산의 하나로 되어 온 특권마저 상실하고 말았다.

이러한 요인에 덧붙여서 중산계급에 안정감을 가져다주는 마지막 터전인 가족 또한 산산이 흩어지고 말았다. 전쟁 후의 발전은—아마도 다른 나라들보다

---

4) 슈만(Schuman), 앞의 책 p. 104.

도 독일에서는 훨씬 강하게—아버지의 권위와 중산계급의 낡은 도덕의 권위를 뒤흔들었다. 젊은 세대는 제멋대로 행동했으며, 자기들의 행위가 부모님의 눈에 드는지 어떤지에 대해서는 이미 개의치 않았다.

이러한 원인은 너무도 복잡다단해서 여기서는 상세하게 논할 수 없다. 그래서 대략 두세 가지만을 언급해 보려고 한다. 군주제와 국가 같은 권위의 낡은 사회적 상징의 쇠퇴는 개인적인 권위인 부모의 역할에도 영향을 미치게 되었다. 젊은 세대가 기성세대로부터 존경하라고 배워 온 그러한 권위가 약함을 드러내자, 부모 또한 자신들의 위신과 권위를 상실할 수밖에 없었던 것이다. 또 하나의 요인은 변화된 조건, 특히 인플레이션 아래에서는 갈피를 못 잡고 어리둥절해 하는 낡은 세대가 재치 있는 젊은 세대들보다도 새로운 조건에 잘 적응하지 못했다는 사실이다. 이렇듯 젊은 세대가 낡은 세대를 앞질러 나아가게 되자 연장자나 그의 가르침은 벌써 진지하게 받아들일 수 없게 되었다. 더욱이 중산계급의 경제적 파탄은 자식들의 장래의 경제적 보호자로서의 역할을 부모로부터 빼앗아갔던 것이다.

하층 중산계급의 구세대는 더욱더 원한과 분노를 느끼게 되었으나 그것은 어디까지나 소극적이었다. 그것과는 반대로 젊은 세대는 부지런히 행동하여 앞으로 나아갔다. 왜냐하면 지난날 부모가 누렸던 독립된 경제적 지위의 기초가 무너져 버렸으므로, 한층 더 악화된 상태에서 출발해야 했기 때문이다. 직업 시장 역시 포화 상태를 이루어 의사나 변호사로서 생계를 이을 기회는 극히 적었다. 전쟁에서 싸운 사람들은 실제로 받는 것보다도 더 많은 것을 요구할 권리가 있다고 느꼈다. 특히 몇 년 동안 명령하는 일에 젖어 모름지기 자연스럽게 권력을 휘두르는 데만 익숙했던 많은 젊은 장교들은 서기나 행상인이 되는 것을 달갑게 여기지 않았다.

이러한 사회적 불만의 증대는 국가 사회주의의 중요한 원천이 되는 계기를 마련했다. 즉 구 중산계급의 경제적·사회적 운명을 인식하는 대신에 그 성원들은 자기의 운명을 의식적으로 국가와 연결해서 생각하기에 이르렀다. 국가의 패배와 베르사유 조약은 현실적인 불만—즉 사회적인 불만의 상징이 되었던 것이다.

1918년 독일에 대한 전승자들의 대우가 나치즘 발흥의 주요한 원인 중 하나라고 자주 일컬어지는 것은 이 때문이다. 그러나 이러한 설명에는 그 범위를 한정해야 한다. 대다수의 독일인은 평화조약이 정당하지 못한 것이라고 느꼈다. 그러나 중산계급이 극도의 격렬한 반발을 보인 반면에 노동자계급은 베르사유 조약에 대해서 그렇게 심한 원한은 품지 않았다. 그들은 구체제에 반대해 왔으며, 패전은 그들에게 있어서는 구체제의 패배를 뜻하는 것이었다. 그들은 용감하게 싸웠기 때문에 부끄러워할 아무런 이유도 없다고 느끼고 있었다. 한편 군주제의 패배로 비로소 가능했던 혁명의 승리는 그들에게 경제적·정치적·인간적인 여러 가지의 수확을 가져다주었다. 베르사유 조약에 대한 분노는 하층 중산계급 속에 뿌리박고 있었는데, 그 국가적 공분(公憤)은 사회적 열등감을 국가적 열등감에 투영(投影)하는 하나의 합리화였다.

이것은 히틀러의 개인적인 발전사에서 아주 명백하게 드러난다. 그는 하층 중산계급의 전형적인 대표자이며, 성공할 어떤 기회도 미래도 아무것도 없었던 보잘것없는 인간이었다. 스스로 버림받은 인간이라는 처지를 뼈저리게 느끼던 한 사람이었다. 그는 《나의 투쟁》 속에서 자신이 청년 시절에는 '보잘것없는 인간' '이름도 없는 인간'이었다고 자주 말하고 있다. 이것은 본질적으로는 그 자신의 사회적 지위에서 기인되는 것이지만, 그는 그것을 국가적 상징 속에서 합리화시킬 수가 있었다. 그는 제국(帝國) 밖에서 태어났기 때문에 사회적으로 제외되어 있었다기보다는, 국가적으로 제외되어 있었다고 느낌으로써, 독일의 아들들 모두가 돌아올 수 있는 위대한 독일 제국이야말로 그에게는 사회적인 위신과 안정의 상징이 되었다.[5]

구 중산계급의 무력감, 불안, 사회 전체로부터의 고립, 거기서 발생되는 파괴성만이 나치즘의 유일한 심리적 원천은 아니었다. 농민들은 부채를 짊어진 채 도시의 채권자에게 분노를 느끼고 있었으며, 노동자들은 1918년 최초의 승리 이후, 전략적인 주도권을 거의 상실한 지도자 밑에서 끊임없이 계속되는 정치적 후퇴를 하며 깊은 실망과 낙담을 하고 있었다. 민중의 대부분은 우리가 독점 자본주의의 전형적인 특성이라고 말한 바 있는 개인의 무의미감과 무력감에 사로잡혀 있었다.

---

5) 아돌프 히틀러(Adolf Hitler), 《나의 투쟁(*Mein Kampf*, Reynal & Hitchcock, New York, 1940, p. 3.)》

이러한 심리적 여러 조건이 나치즘의 직접적인 '원인'은 아니었다. 그러한 것은 나치즘의 발전에 불가결한 인간적 기초를 이루어 주었을 뿐이다. 그러나 나치즘의 발흥과 승리에 관한 현상 전체를 분석하려 한다면, 심리적 조건뿐만 아니라 엄밀한 의미의 경제적·정치적 여러 조건을 다루어야만 한다. 다만 이러한 면을 살펴보고 있는 문헌과 이 책의 특수한 목적을 생각해 볼 때 이러한 경제적·정치적 문제까지 논의해 볼 필요는 없는 것이다.

그러나 독자 여러분은 대공업의 대표자들과 이미 파산해 버린 융커들이 나치즘의 확립에 기여한 역할을 상기할지도 모른다. 그들의 지지가 없었더라면 히틀러는 결코 승리할 수 없었을 터였다. 그러나 그들의 나치즘 지지는 심리적 요인보다도 자기들의 경제적 이익을 훨씬 잘 이해하는 데서 오는 것이었다.

이 유산계급은 현존하는 사회 조직에 불만을 품고 있던 그룹을 대표하는 의원의 40퍼센트를 차지한 사회주의자와 공산주의자들, 또한 독일 자본주의의 가장 강력한 대표들을 격렬하게 반대하는 계급을 대표하고 있던 증가해 가는 나치 의원들로 이루어져 있는 의회와 직면하게 되었다. 이와 같이 과반수 유산계급의 경제적 이익과 상반되는 경향에 있었던 의회는 그들에게는 위험한 것으로 생각되었다. 그들은 민주주의는 활동하지 않고 있다고 말했다. 그러나 실제로 민주주의는 아주 잘 활동하고 있었다고 할 수 있다. 의회는 오히려 독일 민중의 엇갈린 여러 계급의 저마다의 이익을 충분히 대표하고 있었는데, 바로 이러한 이유로 말미암아 의회제도는 대공업이나 반 봉건적인 토지 소유자의 특권을 유지해가고자 하는 욕구와는 이미 화해할 수가 없었다. 이러한 특권계급의 대표자들은 나치즘이야말로 그들을 위협하고 있는 감정적 분노를 다른 방향으로 돌려주는 동시에, 그들 특권계급의 경제적 이익을 위해 국가가 봉사케 해 주리라 기대하게 되었다. 대체로 그들은 결코 실망하지 않았다. 그러나 사소한 점에서는 그들이 과오를 저지르는 것이 사실이었다. 히틀러와 그의 관료는 티센이나 크루프 등에 조종당하는 도구는 아니었기 때문이다. 이들은 권력을 나치의 관료들과 나누어 가져야 했으며, 때로는 그들에게 굴복해야만 했다. 그러나 물론 나치즘은 분명히 다른 모든 계급에 대해서는 경제적으로 해로웠으나, 독일 공업을 가장 유력하게 이끈 그룹의 이익은 조장시켰다. 나치 조직은 전쟁 전 독일 제국주의의 '유선형(流線型)'을 본뜬 것이며, 이는 군주제가 붕괴한 그 자리에서 존속되었던 것이다. 그러나 공화국은 실제로 독일의 독점 자본주의의 발달을 저지한 것은 아니고, 자유자재의 수단으로 그것을 조장한 것이었다.

여기서 많은 독자가 깨닫게 될 하나의 문제가 있다. 나치즘의 심리적 기반이 구 중산계급이었다는 진술과, 나치즘은 독일 제국주의의 이익을 위해서 일했다는 진술이 어떻게 조화될 것인가? 이 문제에 대한 대답은 원칙적으로는 자본주의의 발흥기에 있어서 도시 중산계급의 역할에 대한 문제에 주어진 것과 같다. 세계대전 후 독점 자본주의의 위협을 받은 것은 중산계급, 특히 하층 중산계급이었다. 그리하여 중산계급의 불안과 거기서 야기되는 증오가 나타나게 되었고, 마침내 중산계급은 공포에 빠져 무력한 인간을 지배하려는 갈망과 더불어 예속하려는 열망으로 충만되었다. 이러한 감정은 서로 전혀 다른 한 계급이 다른 계급의 이익을 위해 활동하는 체제에 이용되었다. 히틀러가 그처럼 효과적인 도구가 될 수 있었던 이유는 그가 분노와 증오에 찬 소시민(차츰 하층 중산계급은 이들과 일체가 될 수 있었다)의 특징과, 독일 산업주의자들과 융커의 이익에 언제든 봉사코자 하는 기회주의자의 특징을 감정적으로나 사회적으로도 결합시켰기 때문이다. 그는 처음부터 구 중산계급의 구세주로 가장하여 백화점의 파괴와 은행자본의 지배 타파 등을 약속했다. 그 기록은 분명하지만 이러한 약속은 결코 이행되지 않았다. 그러나 그런 것은 문제가 아니었다.

나치즘은 순수한 정치적·경제적인 원리를 아무것도 가지고 있지 않았다. 나치즘의 원리는 그야말로 극단적인 기회주의란 사실을 이해하는 것이 중요하다. 문제는 보통의 발전 과정에서는 돈이나 힘을 획득할 기회가 거의 없는 몇 십만이라는 소시민이, 나치 관료 기구의 성원으로서, 상층 계급의 부(富)와 위신의 많은 부분을 강제로 나누어가졌다는 데 있었다. 나치 기구의 성원이 아닌 다른 사람에게는 유대인이나 정적(政敵)으로부터 빼앗은 일자리가 부여되었다. 그리고 나머지 사람이라도—비록 그들이 보다 많은 빵을 획득하지는 못했으나—다채로운 구경거리를 얻었다. 이러한 사디즘적인 광경과 다른 인류에 대한 우월감을 주는 이데올로기가 가져다주는 감정적 만족에 의해, 적어도 한참 동안은 그들의 생활이 경제적으로나 문화적으로나 가난해졌다는 사실을 능히 보충할 수가 있었던 것이다.

그런데 우리는 사회 경제적인 변화, 특히 중산계급의 쇠퇴와 증대 일로를 달리는 독점자본의 권력이 중대한 심리적인 효과를 가져다주는 것을 보아왔다. 이러한 것의 효과는 정치적 이데올로기를 통해서 확대되고 조직화되었다. 마치 16세기의 종교적 이데올로기에 이루어진 것과 같이. 이렇게 야기된 정신적인 힘은 그 계급이 본래부터 가진 경제적 이익에 상반되는 방향으로 작용했다. 나치즘은 하층 중산계급의 낡은 사회경제적 지위의 파괴에 참가하면서 그들을 심리적으로 소생시켰다. 그 계급의 감정적인 에너지를 동원하여 이를 독일 제국주의의 경제적·정치적 목적의 투쟁에 있어서의 중요한 힘이 되게 한 것이다.

　이제 다음과 같은 사실, 즉 히틀러의 인격과 그의 교설(教說) 및 나치의 조직이 바로 우리가 '권위주의적'이라고 부르는 성격 구조의 극단적인 형태를 나타내고 있다는 점과, 이로 말미암아 그가 그와 다소간 동일한 성격 구조를 가진 민중에게 강력히 호소했다는 점을 살펴보자.

　히틀러의 자서전은 권위주의적 성격의 예증(例證)으로서 가장 좋은 것이며, 게다가 나치의 문헌 중에서도 가장 대표적인 자료이다. 따라서 그것을 나치즘의 심리를 분석하기 위한 중요한 원천으로 삼으려고 한다.

　권위주의적 성격의 본질은 사디즘적 및 마조히즘적 충동이 동시에 존재하는 것으로 설명되어 왔다. 그런데 사디즘은 타인에 대해 어느 정도 파괴성과 혼합된 절대적인 지배력을 지향하는 데 반하여, 마조히즘은 자기를 하나의 압도적인 힘 속에 분해시켜서 그러한 힘의 강인성과 영광에 참가할 것을 지향하는 것으로 이해되고 있다. 사디즘적 경향과 마조히즘적 경향은 모두 고립된 개인이 홀로 떨어져 있을 수 없다는 무능력과 또한 이러한 고독을 극복하기 위해 공서적(共棲的) 관계를 바라는 요구에서 발생된다.

　권력을 바라는 사디즘적 갈망은 《나의 투쟁》 속에서 온갖 표현으로 나타나 있다. 그것은 히틀러의 정적에 대한 관계의 특징으로서, 그는 정적에 대해 그의 사디즘의 중요한 구성 요소인 파괴성을 노골적으로 보여준다. 뿐만 아니라 그것은 또 그의 독일 대중에 대한 관계의 특징이기도 하다. 그는 대중을 전형적인 사디즘적 방법으로써 경멸하면서 '사랑'한다고 한다. 대중이 지배 속에서 느끼는 만족에 대해서 이렇게 말한다.

대중이 요구하는 것은 강자의 승리와 약자의 섬멸, 혹은 무조건 항복이다.[6] ……약한 남자를 지배하기보다는 강한 남자에게 복종하려는 여자와 같이 대중은 탄원자보다도 지배자를 사랑하고, 자유를 부여받기보다도 어떠한 적대자(敵對者)도 용서치 않는 교리(敎理) 쪽에 마음속으로는 훨씬 만족을 느끼고 있다. 대중은 수시로 어떻게 해야 할지 갈피를 잡지 못하여, 쉽사리 자기들은 버림을 받았다고 느낀다. 대중은 잘못된 원리도 모르기에 자기들에게 대한 정신적 폭행의 파렴치함도, 자기들의 인간적 자유의 악랄한 삭감도 깨닫지 못한다.[7]

히틀러는 연설자의 탁월한 힘으로써 청중의 의지를 파괴하는 것이 선전의 본질적인 요소라고 말하고 있다. 그는 청중의 육체적 피로가 암시에 걸리는 환영할 만한 조건이라고 예사로 인정하고 있다. 하루 중 어떤 시간이 정치적인 대중의 집회에 가장 적당한가라는 문제를 논하며 그는 이렇게 말한다.

아침이나 대낮은 사람들의 의지의 힘이 가장 강한 에너지로써 자기와 다른 의지나 의견을 강제하는 시도에 반항하는 것 같다. 이와 반대로 저녁때는 보다 강한 의지의 지배적인 힘에 쉽게 굴복한다. 왜냐하면 그러한 집회는 모두가 대립하는 두 힘의 레슬링 시합과 같기 때문이다. 그러므로 위엄이 있고 사도(使徒)의 그것과 같은 탁월한 웅변은, 정신과 의지의 힘의 활기를 완전히 지배하고 있는 사람들보다도, 저항력이 자연스럽게 약화된 사람들을 새로운 의지로 끌어 넣는 데 성공할 것이다.[8]

히틀러는 복종에의 절실한 바람을 자아내는 조건을 잘 인식하고 있으며, 대중 집회에서의 개인의 상황을 예리하게 말하고 있다.

새로운 운동의 추종자가 되려 할 때 개인은 고립감이 들어 자기 혼자가

---

6) 히틀러, 앞의 책 p. 469.
7) 위의 책, p. 56.
8) 위의 책, p. 710.

아닌가 하는 공포에 사로잡히기 쉽다. 그러나 대중 집회에서 비로소 보다 큰 동지의 모임을 보고 대개의 사람을 고무하고 격려하는 힘을 얻게 된다. 이와 같은 이유만으로도 대중 집회는 필요하다. 만약 개인이 자기의 작은 일터나 대기업에서 비로소 대중 집회에 발을 들여놓고 같은 신념을 가진 몇천이라는 사람들 사이에 끼어든다면, 그는 우리가 대중 암시라고 부르는 마술적인 영향에 굴복하는 것이다.[9]

괴벨스도 그의 소설 《미카엘》 속에서 같은 식으로 대중을 묘사하고 있다. "민중은 고상하게 지배되는 것 외에는 아무것도 바라지 않는다."[10] 대중이란 그에게는 "조각가의 석재(石材)와 같은 존재이다. 또한 지도자와 대중이라는 문제도 화가와 색채의 문제와 같이 대수롭지 않은 것이다."[11]

또 하나의 책 속에서 괴벨스는 사디즘적 인간이 자기의 대상에게 의존하는 모양을 정확하게 그리고 있다. 즉 사디즘적 인간은 다른 누군가에 대해서 힘을 가지지 않는다면 얼마나 약하고 공허하게 느낄지, 또 이 지배력이 얼마나 그에게 새로운 힘을 주는 것인지를 그리고 있다. "사람은 가끔 심각하게 의기소침해질 때가 있다. 그리고 다시 대중 앞으로 나갈 때만 그것을 극복할 수 있는데, 민중이야말로 우리 권력의 원천이다."[12]

나치스가 '통솔력'이라고 부르는, 특수한 권력에 대해서는 독일 노동 전선의 지도자인 레이가 명확히 설명했다. 한 나치스 지도자에게 요구되는 자질과 지도자 교육의 목적에 대하여 그는 다음과 같이 쓰고 있다.

우리는 이러한 인간이 지도하려는 의지, 주인이 되려는 의지, 요컨대 지배하려고 하는 의지를 가지고 있느냐 없느냐 하는 것을 알고 싶다고 생각한다……우리는 지배할 것을 바라며 지배를 향락하려고 한다……우리는 이러

---

9) 위의 책, p. 715, 716.

10) 괴벨스(Joseph Goebbels), 《미카엘(*Michael*, F. Eher, München 1936, p. 57.)》

11) 위의 책, p. 21.

12) 괴벨스, 《카이저 시대에서 총통 시대까지(*Vom Kaiserhof zur Reichskanzlei*, F. Eher, Mü-nchen, 1934, p. 120.)》

한 인간에게 삶의 존재를 완전히 지배하고 있다는 감정을 주기 위해 승마(乘馬)를 가르쳐 줄 것이다.[13]

권력에 관하여 이같이 강조한 것은 교육 목적에 대한 히틀러의 공식 속에도 나타나고 있다. 그는 생도의 "모든 교육과 발달은 타인보다 절대적으로 월등하다는 확신을 주도록 지도되어야 한다"[14]고 말했다. 그가 소년은 반항하지 않고 부정을 참을 수 있게 교육되어야 한다고 주장한다는 사실—아마도 나의 생각으로는—은 이미 독자들에게는 이상하게 보이지 않을 것이다. 이 모순은 권력을 바라는 욕망과 복종을 바라는 욕망과의 마조히즘적 상극성의 전형인 것이다.

대중을 지배하는 권력을 얻고 싶다는 소망은 엘리트들, 즉 나치의 지도자들을 충동질한 요소이다. 앞서의 인용이 보여 주듯이, 이 힘에 대한 소망은 때로는 거의 놀랄 만한 솔직함으로 표현된다. 또한 때로는 지배되는 것이야말로 대중이 바라는 바라고 강조하는 것처럼 보다 온건한 형태로 표현된다. 또 때로는 대중에게 아부할 필요, 따라서 대중에 대한 냉소적인 경멸을 숨겨야 할 필요에서 다음과 같은 속임수가 사용된다. 즉 자기보존의 본능—나중에 살펴보겠지만, 히틀러에게는 이것이 권력욕과 어느 정도 동일하다—에 대해서 그는 "아리아 인종은 공동체의 생명을 위해 자아(自我)를 기꺼이 종속시키며 시대가 요구한다면 자아를 희생하기 때문에" 자기보존의 본능은 인종에 있어서 가장 숭고한 형태에 도달했다고 말하고 있다.[15]

'지도자들'이란 첫째로 권력을 향수하는 인간이기는 하지만, 그렇다고 대중이 사디즘적 만족을 빼앗기고 있는 것은 결코 아니다. 독일 안의 인종적, 정치적 소수자나 그리고 마침내는 약소하다든가 쇠망해 간다고 하는 취급을 받는 다른 여러 나라의 국민 등도 대중을 만족시키는 사디즘의 대상이 된다. 물론

---

13) 레이(Ley), 《오덴부르크까지의 길(Der Weg zur Ordensburg)》, 당의 지도자단을 위한 NSDAP(국가 사회주의 독일 노동당) 전국 조직 지도자의 별책. 하이덴(Konrad Heiden)의 《유럽을 상대하는 한 사나이(Ein Mann gegen Europa, Zürich, 1937.)》에서 인용함.

14) 히틀러, 《나의 투쟁》 p. 618.

15) 위의 책 p. 408.

히틀러와 그의 관료는 독일의 대중을 지배하는 힘을 향수하고 있지만, 다시 대중은 다른 나라의 국민을 지배하는 힘을 향유하도록 또한 세계 제패의 야망을 불태우도록 교육되고 있다.

히틀러는 틀림없이 세계 제패의 야망을 자기의, 혹은 자기 당의 목표로서 표현하고 있다. 그는 평화주의를 비웃으며 이렇게 말한다. "사실 최고의 인간이 이 지구의 단 한 사람의 주인공이 되도록 미리부터 세계를 정복하여 복종시켜 놓았을 때에는 평화주의적 인도적 사상도 완전히 좋은 것이 될 것이다."[16]

또 그는 "인종적으로 혼탁한 시대에 자신의 최선의 인종적 요소를 보존하는 데 헌신하는 국가는 언젠가는 세계의 주인이 될 것이 틀림없다"[17]고 말하고 있다.

보통 히틀러는 그의 권력욕을 항상 합리화하려고 노력했다. 그 주요한 정당화는 다음과 같은 것이다. 즉, 그가 다른 국민을 지배하는 것은 곧 그 국민의 이익과 세계 문화의 번영을 위해서이며, 또한 권력욕은 영원한 자연법에 입각한 것인데 자기로서는 이 법칙을 인식하여 오직 그것에 따르고 있을 뿐이다. 그리고 자신은 보다 높은 힘―신(神)·운명·역사·자연―의 명령 아래 행동하고 있으며, 또 그의 지배 계획은 다른 민족이 그 또는 독일 국민을 지배하려고 하는 기도에 대한 단순한 방위라는 것이다. 그는 오직 평화와 자유만을 바라고 있다고 한다. 첫 번째 합리화는 《나의 투쟁》 속의 다음과 같은 구절에서 보인다. "만약 독일 국민이 그 역사적 발전에 있어서 타국민이 향유한 것처럼 통일된 집단이었다면, 독일 제국은 오늘날 아마도 이 지구상의 주인이 되었을 것이다."

독일의 세계 제패는 "나약한 평화주의적 장사치의 여성적인 애도자들의 종려나무 가지로 지탱되는 평화가 아니라, 세계를 보다 높은 문화에 봉사시키는 무거운 짐을 짊어진 국민의 승리의 칼에 의해 수립된 평화에로 이끌 것"이라고 히틀러는 꾸며대고 있다.[18] 이 근래에 와서 자기의 목적은 독일의 번영뿐만 아니라, 문명 전반의 가장 좋은 이익에 봉사하고 있다는 히틀러의 확신은 모든 신문 독자에게 널리 알려진 일이었다.

---

16) 위의 책 p. 394.
17) 위의 책 p. 994.
18) 위의 책 p. 598.

권력욕은 자연의 법칙에 입각하고 있다는 두 번째 합리화는 단순한 합리화 이상의 의미를 갖고 있다. 즉 그것은 진화에 대한 그의 조잡한 통속화 속에 특히 표현되어 있듯이, 자기의 외부에 있는 어떤 힘에 복종코자 하는 욕망에서 발생되고 있다. 히틀러는 "종족 보존의 본능 속에 인간 사회 형성의 제1 원인이 있다"고 보고 있다.[19]

이 자기보존의 본능은 약육강식의 싸움으로 이끌 뿐 아니라 경제적으로는 적자생존으로 이끈다. 자기보존의 본능과 타인에 대한 지배력과의 동일시는 "인류 최초의 문화는 분명 잘 길들여진 동물보다는 오히려 열등한 인간의 사역에 의존하고 있었다"[20]고 말한 히틀러의 추정 속에 특히 현저하게 표현되어 있다. 그는 자신의 사디즘을 '모든 지혜의 잔인한 여왕'[21]인 자연에 투영하고 있다. 그리고 이 자연의 보존 법칙은 "필연의 철칙 및 이 세계에서 가장 선량하고 가장 강한 사람이 승리의 권리를 가진다는 것과 결부되어 있다"[22]고 했다.

이 조잡한 진화론과 관련하여 '사회주의자' 히틀러가 무제한적 투쟁의 자유 원칙을 옹호하는 일을 주의해 보는 것은 흥미 깊은 일이다. 온갖 국가주의적 그룹의 협동에 반대하는 논쟁에서 그는 다음과 같이 말하고 있다. "이와 같은 결합 때문에 에너지의 자유로운 활동은 구속을 당하게 되며, 최상의 것을 선택하기 위한 투쟁은 중지되어 나아가서는 보다 건전하고 보다 강한 인간의 필연적 궁극적 승리는 영원히 방해된다."[23] 그는 다른 곳에서 에너지의 자유로운 활동이 생명의 지혜라고도 말하고 있다.

분명히 진화론의 이론 그 자체는 사도—마조히즘적 성격의 감정을 표현한 것은 아니었다. 그와는 반대로 많은 지지자들에게 그것은 인류가 보다 나은 문화의 단계로 진화한다는 희망에 호소한 것이다. 그러나 히틀러에게 그것은 그 자신의 사디즘의 표현인 동시에 정당화였다. 그는 진화론의 이론이 그에게 준 심리적 의미를 아주 솔직하게 털어놓았다. 그가 뮌헨에 살았을 때, 아직도 이름

---

19) 위의 책 p. 197.
20) 위의 책 p. 405.
21) 위의 책 p. 170.
22) 위의 책 p. 396.
23) 위의 책 p. 761.

없는 인간이었던 그는 아침 5시에 일어나는 것이 상례였다. 그는 "그 작은 방에서 놀고 있는 생쥐에게 빵 조각이나 딴딴한 껍질을 던져 주고는, 이 익살스러운 작은 동물들이 얼마 되지 않는 맛있는 먹이를 서로 빼앗으려고 격투하는 모습을 지켜보는 습관이 생겼다."[24]

이 경기야말로 축소된 다윈의 '생존 경쟁'이었다. 히틀러에게 이것은 로마 황제의 구경거리를 대신하는 소시민적 대용품이었으며, 그가 뒷날에 만들어 내게 될 역사적 구경거리의 복선이었다.

그의 사디즘에 대한 최후의 합리화, 즉 남의 공격에 대한 방위로서의 정당화는 히틀러의 저서 속에 여러 가지로 표현되어 있다. 그와 독일 국민은 항상 죄가 없는 자들인데 적은 사디즘적인 짐승이다. 이에 대한 많은 선전은 신중하고도 의식적인 거짓말에서 생겼다. 그러나 부분적으로는 정신분열적 비난이 내포하는 감정적 '진지함'을 가지고 있기도 하다. 이러한 비난은 자기 자신의 사디즘이나 파괴성이 탄로 날 것을 방비하는 기능을 항상 가지고 있다. 그것은 사디즘적 의도를 가진 사람은 바로 당신이며 따라서 나는 결백하다는 방식에 따라 행해진다.

히틀러에게 이 방어의 메커니즘은 지극히 비합리적이다. 왜냐하면 그는 더할 나위 없이 솔직하게 자기의 목적이라고 인정하는 바를 적이 행하면 도리어 비난했기 때문이다. 자기 행동의 가장 정당한 목적이라고 말하고 있는 바로 그것을 가졌다고 유대인이나 공산주의자나 프랑스인을 힐난했던 것이다. 그는 이 모순을 합리화함으로써 숨기는 데 조금도 당황하지 않았다. 그는 유대인이 프랑스령의 아프리카 군(軍)을 라인 지방으로 데리고 온 것을 비난했다. 그들의 의도는 필연적으로 생기는 사생아의 출산으로 백색 인종을 파괴하여 "자기들이 대신해서 주인의 지위에 오르고자"[25] 하는 것이라고 말했다. 히틀러는 독일 민족의 가장 고귀한 목적이라고 주장하는 것을 남이 하면, 그것을 따지고 든다는 모순을 깨닫고 있었음이 틀림없다. 그래서 유대인에 대해서는 "그들의 자기 보존 본능은 아리아 인의 지배 충동에서 볼 수 있는 이상주의적 성격이 결여되

---

24) 위의 책 p. 295.
25) 위의 책 p. 448.

어 있다"고 말하여, 그 모순을 합리화하려 했다.[26]

그와 같은 비난이 프랑스인에게도 퍼부어졌다. 그는 프랑스인이 독일인을 교살하여, 그 힘을 빼앗으려 한다고 힐난했다. 이 비난은 '유럽의 패권을 지향하는 프랑스인의 욕망'[27]을 파괴해야 한다는 것을 역설하기 위해 사용되었지만, 또 한편 그는 만약 자기가 클레망소의 지위에 있었다면 클레망소처럼 행동했을 것이라고 고백하고 있다.[28]

공산주의자는 야만인이라고 비난받고 마르크스주의의 승리는 그 정치적 의지와 행동적 야만성으로 귀결되었다. 그러나 동시에 히틀러는 "독일에 결여되어 있는 것은 야만적인 힘과 교묘한 정치적 의도와의 긴밀한 협동이었다"[29]고 언명했다.

1938년의 체코의 위기나 제2차세계대전은 이와 똑같은 많은 예를 가져다주었다. 나치의 억압 행위는 하나같이 다른 나라의 압박에 대한 방위라고 설명되었다. 이러한 비난은 단순한 속임수에 불과하며, 유대인이나 프랑스인에게 돌려진 비난을 물들이고 있었던 편집증적 '진지함'마저도 가지고 있지 않았다고 생각될 것이다. 그러나 그것은 여전히 일정한 선전 가치가 있었으며, 민중의 일부, 특히 그 성격 구조 때문에 이러한 편집병적 비난을 받아들이기 쉬운 하층 중산계급은 그러한 비난을 믿고 있었다.

힘없는 자에게 대한 히틀러의 경멸은, 그 자신이 가지고 있다고 자칭하는 것과 같은 정치 목적—즉 국민적 자유를 위한 투쟁—을 가진 사람들에 대해서 말할 때 특히 명료해진다. 국민적 자유에 대한 히틀러의 불성실한 관심은 아마도 무력한 혁명가에 대한 그의 비웃음에서 가장 노골적으로 드러날 것이다. 히틀러는 자기가 본래 뮌헨에서 가담한 국가 사회주의의 작은 그룹을 비유와 경멸에 찬 어조로 말하고 있다.

"아아, 무서운 일이다. 무서운 일이다. 최악의, 수준 이하의 클럽이었다. 이 클럽이 내가 가담하려던 것인가? 그 뒤 새로운 당원의 자격이 논의되었다. 즉 나

---

26) 위의 책 p. 414.
27) 위의 책 p. 966.
28) 위의 책 p. 978.
29) 위의 책 p. 783.

는 포로가 되었던 것이다."[30] 이것이 히틀러의 첫 집회의 인상이었다.

그는 그 그룹을 '멍청하고 째째한 단체'라고 부르고 있다. 그 단체의 유일한 장점은 '참된 개인적 활동의 기회'를 제공하는 일이었다.[31] 히틀러는 자기는 결코 현존하는 대정당에 참가하려고는 하지 않았다고 말했으며, 그로서는 이 태도가 아주 특징적인 것이었다. 그는 약체로 느껴지는 그룹에서 떠나야만 했다. 그의 솔선력과 용기는 그가 현존하는 권력과 싸우거나 혹은 동등한 것과 경쟁해야 할 상황에서는 고무되지 않았을 것이다.

그는 인도의 혁명가들에 대해 쓴 글 속에서 무력한 자에 대한 동일한 경멸을 표시하고 있다. 다른 누구보다도 국가적 자유의 슬로건을 자기의 목적에 이용한 그가, 아무런 권력도 없이 강력한 대영제국(大英帝國)을 공격하려고 한 그들에 대해서는 경멸 이외의 아무런 감정도 품지 않았었다.

나는 아시아의 몇몇 탁발승, 혹은 인도의 몇몇 참된 '자유를 위한 투사'를 기억하고 있다. 그들은 유럽 각지를 돌아다니면서 인도를 그의 초석(礎石)으로 삼는 대영제국이 바야흐로 붕괴에 직면했다는 고정관념을—그 밖의 점에서는 어떻든 간에—지적인 사람들에게 불어넣으려고 노력하고 있었다. 그러나 인도의 반항은 결코 성공하지 못할 것이다. 절름발이의 연합이 강력한 국가를 덮친다는 것은 전혀 불가능한 일이다. 그들의 인종적 열등성을 잘 알고 있기 때문에 나는 내 나라의 운명을 이러한 소위 '피압박 민족'의 운명과 결부시킬 수 없다.[32]

사도—마조히즘적 성격에서 나타나는 매우 전형적인 협상인 강자에 대한 사랑과 무력한 자에 대한 증오는 히틀러나 그의 추종자들의 숱한 정치적 행동을 설명해 준다. 공화국 정부는 관대한 취급으로 나치를 '유화'할 수 있다고 생각했으나, 그들을 진정시키는 데 실패했을 뿐 아니라 바로 정부가 보여준 힘과 확신의 결여가 나치의 증오를 불러일으켰다. 히틀러는 바이마르 공화국을 약

---

30) 위의 책 p. 298.
31) 위의 책 p. 300.
32) 위의 책 p. 955.

체라는 이유로 증오하고, 공업과 군대의 지도자는 힘을 지니고 있기 때문에 존경했다. 그는 확립된 강한 권력과는 절대로 싸우지 않고, 본질적으로 무력하다고 생각한 그룹과는 항상 싸웠다. 히틀러의—또한 이 점에 관해서는 무솔리니의—'혁명'은 현존하는 권력의 비호 아래서 일어났으며, 그들의 마음에 드는 대상은 자신들을 방위할 수 없는 사람들이었다. 영국에 대한 히틀러의 태도는 다른 요소보다도 훨씬 더 이러한 심리적인 복합의 결과라고 감히 추측할 수 있을 것이다. 영국이 강력하다고 느꼈던 동안은, 그는 영국을 사랑하고 찬미했다. 그의 저서에는 영국에 대한 이러한 애정이 보인다. 그러나 뮌헨 회담을 전후해서 영국의 지위가 격하되었다고 인정되었을 때 그의 사랑은 증오와 파괴욕으로 변했다. 이렇게 보면 '유화'는 히틀러와 같은 인격의 소유자에게는 우정이 아니라 오직 혐오를 일으키는 정책이다.

이제까지 우리는 히틀러 이데올로기의 사디즘적 측면을 살펴보았다. 그러나 앞서 권위주의적 성격의 논의에서 본 것과 같이 사디즘적 측면과 아울러 마조히즘적 측면이 존재한다. 무력한 존재를 지배하는 힘을 얻고자 하는 욕망과 더불어 압도적으로 강한 힘에 복종하여 자기를 송두리째 없애버리려는 욕망이 공존한다. 나치즘의 실천인 이러한 마조히즘적 측면은 대중을 보면 가장 명백하다. 대중은, 개인의 존재는 보잘것없으므로 문제가 되지도 않는다는 말을 되풀이해 듣게 된다. 개인은 이러한 자기의 무의미함을 승인하고 자기를 보다 높은 힘 속에 예속시켜서, 보다 더 높고 굳센 힘과 영광에 참여하는 것에 자랑스러움을 느껴야만 한다. 그들은 이상주의의 정의 속에서 이러한 생각을 명백히 표현하고 있다. "이상주의만이, 모든 사람들에게 굳센 힘의 특권을 자발적으로 승인하게끔 하며 또한 모든 사람들을 우주를 형성하는 그 질서 속의 한 점 티끌로 만든다."[33]

괴벨스도 그가 사회주의라고 말하는 것에 대해 똑같은 정의를 내리고 있다. "사회주의자라는 것은 나를 당신에게 복종시키는 것이다. 사회주의란 전체를 위해 개인을 희생시키는 일이다."[34]

히틀러에 따르면 개인을 희생시키고, 개인을 한 점의 티끌과 한 개의 원자로

---

33) 위의 책 p. 411.
34) 괴벨스, 《미카엘》 p. 25.

떨어뜨리는 것은 인간의 개인적인 의견이나 이익과 행복을 주장하는 권리를 포기함을 뜻한다. 이러한 포기는 "개인이 자신의 개인적 의견이나 이익의 주장을 포기하는"[35] 정치적 조직의 본질이다. 히틀러는 "그들 자신의 행복을 추구함으로써 오히려 천국에서 지옥으로 떨어진다"고 했다.[36] 자기를 주장하지 못하도록 개인을 교육하는 것이 교육의 목적이다. 이미 초등학교 어린이는, "정당하게 꾸지람을 들었을 때 침묵으로 있을 뿐만 아니라, 필요한 경우에는 부당함마저도 침묵으로 견디는 법을 배워야 한다"[37]고 했다. 히틀러는 자기의 궁극적 목표에 대해 다음과 같이 쓰고 있다.

민족 국가의 민족적 인생관은, 사람들이 개나 말이나 고양이를 보다 잘 사육하는 것이 아니라, 인류 그 자체의 향상에 신경을 쓰는 보다 고귀한 시대를, 즉 어떤 자는 알면서도 잠자코 단념하며 또 다른 자는 즐거이 모든 것을 주어서 기꺼이 희생할 수 있는 시대를 마침내 이룩하는 데 성공해야 한다.[38]

이 문장은 약간 뜻밖이다. 사람들은 '알면서 잠자코 단념한다'라는 유형 뒤에 그 반대의 유형, 즉 지도한다든가 책임을 진다든가 혹은 뭔가 그와 같은 일을 하는 인간이 기술되리라 생각했을 것이다. 그러나 히틀러는 그 대신에 '다른' 유형을 희생하는 능력으로 규정했다. '잠자코 단념한다'는 것과 '즐거이 희생한다'는 것과의 구별은 이해할 수 없다. 만약에 굳이 상상한다면, 나는 히틀러가 실제로 마음속에서는 단념해야 할 대중과 지배해야 할 지도자를 구별할 생각이었다고 믿는다. 그러나 히틀러는 때로는 아주 명백하게 그와 '엘리트'의 권력욕을 승인하면서도 때로는 그것을 부정하고 있다. 이 문장에서 그는 그렇게 명백하고 솔직하게 표현하지 않았으며, 그 때문에 지배욕을 '즐거이 주고 희생을 한다'고 하는 욕망으로 바꿔 놓은 것이다.

히틀러는 그의 자기부정과 희생의 철학이 어떠한 행복도 용납될 수 없는 경

---

35) 히틀러, 앞의 책 p. 408.

36) 위의 책 p. 412.

37) 위의 책 p. 620.

38) 위의 책 p. 610.

제 상태에 있는 사람들에게 알맞았다는 것을 명백히 이해하고 있다. 그는 모든 개인이 개인적 행복을 누리는 사회 질서가 실현되는 것을 원치 않았다. 대중에게 자기 소멸(自己消滅)의 복음을 믿게 하기 위해 대중의 궁핍을 이용하려고 했다. 그는 아주 솔직하게, "너무도 가난하기 때문에 개인의 생활이 세계 최고의 운명이 될 수 없는 사람들의 대군(大軍)을 우리는 우리 편으로 한다……"라고 언명하고 있다.[39]

이런 자기희생의 설교 전체는 하나의 명백한 목적을 가지고 있다. 즉 지도자나 '엘리트' 측의 권력욕이 실현된다면 대중은 자기를 포기하고 복종해야만 한다. 그러나 이러한 마조히즘적인 동경은 히틀러 자신에게서도 볼 수 있다. 그에게 복종해야 할 월등한 힘은 신(神), 운명, 필연, 역사, 자연이다. 실제로 이러한 말은 그에게 있어 모두가 거의 같은 의미를, 즉 압도적으로 강한 힘의 상징이라는 뜻을 지니고 있다. 그는 "운명이 나의 출생지로서 라인 강변의 브라우나우를 지정한 것은 행운이었다"[40]라는 문장으로 자서전을 써 내려가고 있다. 더욱 계속하여 이 나라가 독일인 전체에게 너무 좁아졌을 때에만 '필연'이 독일인에게 '토지와 영토를 획득하는 도덕적 권리'[41]를 줄 것이니, 전 독일인은 하나의 국가로 통일되어야만 한다고 말하고 있다.

1914년에서 1918년까지의 전쟁에서의 패배는 그에겐 "영원한 심판에 의한 당연한 처벌"[42]이다. 타민족과 혼혈(混血)하는 민족은 "영원한 섭리(攝理)의 의지에 대해"[43] 혹은 그가 다른 때에 말한 것처럼 "영원한 창조자에 대해 죄를 범하고 있는 것이다."[44] 독일인의 사명은 "우주의 창조자"[45]가 정해 놓았다. 하늘은 인간보다 우월한 것이니, 그 이유는 다행하게도 우리들 사람은 인간을 속일 수 있지만 "하늘은 매수되지 않기 때문이다."[46]

---

39) 위의 책 p. 610.
40) 위의 책 p. 1.
41) 위의 책 p. 3.
42) 위의 책 p. 309.
43) 위의 책 p. 452.
44) 위의 책 p. 392.
45) 위의 책 p. 289.
46) 위의 책 p. 972.

신·섭리·운명보다도 히틀러를 더욱 감명케 한 힘은 바로 자연이다. 인간에 대한 지배를 자연에 대한 지배로 바꾸어 놓는 일이 최근 4백 년 동안의 역사적 발전의 동향이었는데, 히틀러는 인간이 인간을 지배할 수 있고 또 지배해야 하지만 자연은 지배할 수 없다고 주장한다. 이미 앞서 인류 역사의 발달은 동물의 진화에서가 아니라 열등 민족의 지배에서 비롯되었다고 한 그의 말을 인용했다. 그는, 인간은 "자연을 정복할 수 있다는 생각을 비웃고, '관념' 이외에는 자유로이 쓸 수 있는 아무런 무기도 없으면서" 자연의 정복자가 될 수 있다고 믿는 사람들에게 조소를 보냈다. 또한 인간은 "자연을 지배하는 것이 아니라, 자연의 법칙과 비밀을 약간 알게 됨으로써 이 지식이 없는 다른 생물의 주인 자리에 오른 것이다"[47]라고 했다. 여기서도 또 자연은 우리가 복종해야 할 위대한 힘이지만, 생물은 우리가 지배해야 한다는 동일한 생각이 엿보인다.

나는 우리가 이미 살펴본 권위주의적 성격의 근본적인 두 가지 경향, 즉 인간을 지배하는 힘을 얻으려는 절실한 희망과, 압도적으로 강한 외부의 힘에 복종하려고 하는 동경을 히틀러의 저서 속에서 보여 주려고 애써 왔다. 히틀러의 생각은 대중을 나치당의 추종자로 만든 그의 수많은 연설 속에 표현되어 있는 것들이다. 이러한 이데올로기는 그의 인격에서 유래되었으며, 그의 인격은 열등감, 인생에 대한 혐오, 금욕주의, 인생을 향락하는 사람들에 대한 질투 같은 것 때문에 사도—마조히즘적 충동의 토양(土壤)이 되었다. 이러한 이데올로기가 호소한 대상은, 성격 구조가 비슷하기 때문에 이러한 설교에 매력과 자극을 느껴 자기들의 감정을 표현해 주는 사람을 열렬히 추종하려는 사람들이었다. 그러나 하층 중산계급을 만족케 한 것은 나치의 이데올로기만은 아니었다. 정치적 실천이 이데올로기가 약속한 것을 실현해 갔다. 하나의 계층 제도가 창설되어 모든 사람이 위로는 복종해야 할 어떤 지배자를 떠받드는 한편 밑에는 지배력을 느끼게 하는 어떤 추종자를 두게 되었다. 정점의 인간, 즉 지도자는 자기 위에 복종해야 할 힘으로서 문명·역사·자연을 받들고 있다. 이렇듯 나치의 이데올로기와 실천은 일부 민중에 대해서는 그 성격 구조에서 생겨난 욕망을 만족시켰다. 또 지배나 복종을 즐기지는 않지만, 인생이나 자신의 결단이나

---

47) 위의 책 p. 393.

그 밖의 모든 일에 신뢰를 상실해 버린 사람들에 대해서는 지도와 방향을 부여했다.

이러한 고찰은 미래에도 나치즘이 견고하리란 예언을 하려는 사람에게 어떤 자료를 주게 될 것인가. 나에게 무언가를 예언할 자격이 있다고 생각하지 않는다. 그러나 몇 가지의 점—우리가 논의해 온 심리적 여러 전제에서 나타나는 것은 채택해도 좋다고 생각한다. 만약 심리적 조건이 부여되어 있다면 나치즘은 민중의 감정적 요구를 채워 주는 것이 아닐까? 또한 이 심리적 작용은 나치즘의 증대되는 안정성에 도움이 되는 하나의 인자가 아닐까?

이제까지 말한 모든 것에 따르면 이 질문에 대한 대답은 부정적인 것임이 분명하다. 인간의 개성이나 모든 '제1차적 속박'의 파괴라는 사실은 역전시킬 수가 없다. 중세(中世) 세계의 파괴 과정은 4백 년이 지난 현대에 이르러 완결되어 가고 있다. 전 산업 조직과 전 생산 양식이 파괴되어 근대 산업 이전의 수준으로 변화되는 일이 없는 한 인간은 주위 세계에서 완전히 해방된 개인으로 머물 것이다. 우리는 인간이 그 소극적 자유를 견디다 못해 이미 포기한 제1차적 속박의 대신이 되는 새로운 속박으로 도피하려는 것을 보았다.

그러나 이러한 새로운 인연은 세계와의 참된 결합을 구성하지 않는다. 그는 자아(自我)의 완전성을 포기함으로써 새로운 안전성의 대가를 지불한다. 이러한 권위와 인간 사이의 사실상의 분열은 소멸하지는 않는다. 설사 그가 의식적으로는 복종하고자 해도 이러한 권위는 그의 생명을 방해하여 절름발이로 만든다. 그러나 인간은 그를 한 개의 '원자'화해 버린 세계에 살아 있을 뿐만이 아니라, 동시에 한 사람의 개인이 되는 모든 가능성을 부여해 줄 수 있는 세계에서 살고 있다. 근대의 산업 조직은 모든 인간에 대해 경제적으로 보장된 생활을 위한 수단을 만들 뿐만 아니라, 노동 시간을 눈에 띄게 단축시키면서 인간의 지적·감각적·감정적인 잠재력을 충분히 표현하기 위한 물질적 기초를 창조하는 힘을 가지고 있다.

권위주의적인 이데올로기와 실천의 기능은 신경증적 증세의 기능에 비교할 수 있다. 이와 같은 증세는 견디기 어려운 심리적 조건의 결과인 동시에 생활을 가능케 하는 해결을 제공한다. 그러나 그것은 인격의 행복이나 성장을 이끄는 해결은 아니다. 그러한 증세는 부득이하게 신경증을 치료하게 하는 조건을 바꿀 수는 없다. 인간의 동적 운동은 성공의 가능성이 있다면 보다 더 만족할 만한 해결을 얻고자 하는 중요한 요소이다. 개인의 고독과 무력, 그의 내부에서 발달한 잠재력을 실현하고자 하는 추구, 근대 산업의 증대일로에 있는 생산력이라는 객관적 사실, 이러한 것은 동적인 요인이기보다는 많은 자유와 행복을 추구하는 기초가 되고 있다. 공동 생활로의 도피는 잠시 동안 그의 고통을 덜어 줄 수는 있으나, 고통을 제거할 수는 없다.

인류의 역사는 개성이 성장하는 과정이자 자유가 증대되어 가는 흐름이다. 자유의 추구는 형이상학적(形而上學的)인 힘이 아니므로 자연법으로 설명할 수는 없다. 그것은 개성화의 과정과 문화 성장의 필연적 결과이다. 권위주의적 조직은 자유의 추구를 자아내는 근본적 조건을 제거할 수 없다. 또한 이러한 조건에서 생기는 자유의 추구를 근절시킬 수도 없다.

제7장
자유와 민주주의

1 개성의 환영

이제까지 내가 밝히려고 한 것은 다음과 같다. 일반적으로 근대 산업 조직, 특히 그 독점적 국면에 있어서 여러 가지 요인이 무력감과 고독감, 불안과 동요를 느끼는 인격을 발전시키고 있다는 것이었다. 또한 독일의 특수한 조건을 말했는데 그것이야말로 독일 인구의 일부분을, 앞서 내가 권위주의적 성격으로서 설명한 그런 성격에 호소하는 것과 같은 이데올로기나 정치적 실천을 풍요하게 길러주는 토양으로 만들었다.

그러나 우리 자신에 대해서는 어떠할까? 우리 자신의 민주주의는 단순히 대서양 저쪽의 파시즘이나 혹은 우리 계급 속의 '제5열'에 의해 위협을 받고 있을 뿐일까. 만약 그렇다면 사정은 중대해도 아직 위험하다고는 말할 수 없다. 그러나 나라의 안전을 불문하고 파시즘의 위협을 진지하게 다루더라도, 우리 사회가 직면한—우리 사회를 어디서나 파시즘이 머리를 쳐들 수 있는 온상으로 만드는—개인의 무의미와 무력함을 인식하지 못한다면, 이보다 더 큰 과오는 없을 것이다.

이와 같은 생각은 모든 외적인 속박에서 개인을 해방시킴으로써 근대 민주주의가 참된 개인주의를 완성했다는 통념과 대립하는 것이다. 우리는 어떠한 외적 권위에도 종속되지 않으며, 우리의 사상이나 감정을 자유로이 표현할 수 있는 것을 자랑으로 삼고 있다. 그리고 이 자유야말로 우리의 개성을 거의 자동적으로 보장하는 것이라고 생각하고 있다. 그러나 자기의 사상을 가질 수 있는 경우에만 이러한 생각이 의미를 갖는 것이다. 외적 권위로부터의 자유는, 우리가 자기의 개성을 확립할 수 있는 내적 심리적 조건이 있음으로써 비로소 항구적인 성과가 된다. 우리는 그 목표를 달성했을까? 혹은 적어도 거기로 가까워지고 있을까? 이 책은 인간적인 요인을 다루는 것이기에 이 문제를 비판적으로 분석하는 일이 그 과제이다. 그렇게 함으로써 우리는 이제까지의 여러 장(章)에서 누락된 실마리를 풀 수 있다. 현대인에 대한 자유의 양면성을 논했을 때 개인의 고독과 무력을 증대시키고 있는 경제적 여러 조건을 지적했다. 즉 그러한 심리적 결과를 논하여 이러한 무력은 권위주의적 성격에서 볼 수 있는 일종의 도피를 이끌거나, 혹은 고독하게 된 개인이 자동인형이 되어 자아를 상실하는 한편 그와 동시에 의식적으로는 자기는 자유로우며, 자기 자신에게만 종속되어 있다고 생각하는 것 같은 강박적인 획일성(劃一性)으로 이끌어 간다는 것을 보여 주었다.

물론 여기서는 아주 뚜렷한 두세 가지의 예를 들 여유밖에는 없지만, 우리의 문화가 이러한 획일성의 경향을 어떻게 촉진하고 있는가를 고찰하는 것은 중요한 일이다. 자발적인 감정의 억압, 나아가서는 순수한 개성의 억압은 아주 빠른 시기에, 아이들의 최초의 훈련과 더불어 시작된다.[1] 그러나 교육의 참된 목표가 아이들의 내적인 독립과 개성, 성장과 완전성을 촉진시키는 데 있다면, 훈련은 어디까지나 자발성의 억압을 이끌지 않도록 해야 한다. 이와 같은 교육으로 성장하는 아이들에게 가해지고 있는 속박도 실제로는 성장과 발전을 지탱하는 과도적인 수단에 불과하다.

그러나 우리의 문화에서는 교육의 결과 위에 주어진 감정이나 사상이나 소망 때문에 자발성이 배제되어, 자연의 정신적 활동이 폐기되는 일이 실제로 자주 일어나고 있다(독창적이라는 것은 이전에 다른 사람이 생각해 내지 못한 것을 생각해 낸다는 의미가 아니다. 그것이 그 개인 속에서 시작되었다는 것, 즉 그 생각이 자신의 활동의 결과이며, 그 의미에서 그의 사상이라는 것을 의미한다). 예를 들면 가장 초기에 억압되는 감정의 하나는 적개심과 혐오에 관계된 것이다. 우선 첫째로, 대부분의 어린이들은 자기의 발전을 방해하려고 하는 주위의 세계와 마찰을 일으켜, 어느 정도의 적개심과 반항을 품게 된다. 그리고 약한 적대자(敵對者)

---

1) 안나 하르토크(Anna Hartoch)의 보고(M. Gay, A. Hartoch와 L.B. Murphy가 공동으로 연구한 Sarah Lawrence 유치원 아이들에 대한 케이스스터디를 포함한 근간 서적)에 따르면, 3세에서 5세까지의 어린이들을 로르샤하테스트로 검사한 결과, 자기들의 자발성을 유지하려는 어린이들의 시도 때문에 그들과 권위적인 어른 사이에 주요한 충돌이 일어난다는 것이 밝혀졌다.

로서 그 세계에 복종하는 것이 통례이다. 이 적대적인 반작용을 제거하는 것이 교육 과정의 본질적인 목표의 하나이다. 그 방법은 갖가지이다. 어린아이를 위협하는 호통이나 체벌을 비롯해, 그를 얼떨떨하게 하여 적개심을 버리게 하는 아첨이나 설득이라는 더욱 미묘한 방법에 이르기까지 여러 모로 변화한다. 어린이는 우선 자신의 감정 표현을 단념하고 끝내는 감정 그 자체마저 포기해 버린다. 아울러 타인에 대한 적개심이나 불성실을 의식하는 것을 억압하게끔 교육받는다. 때로는 이러한 일이 그다지 쉽지만은 않다. 왜냐하면 어린이는 어른처럼 말에 쉽게 속아 넘어가지 않으며, 다른 사람의 그와 같은 부정적인 성질을 꿰뚫어 보는 힘을 가지고 있기 때문이다. 어린이는 또한 그럴싸한 이유 없이도 어떤 인간을 싫어하는 경우가 있다. 그 사람이 내뿜는 적개심이나 불성실을 느낀다는 정당한 이유는 예외로 친다면, 이러한 반작용은 얼마 못 가서 약화된다. 즉 어린이는 보통 어른들처럼 성숙하게 되는 데 오랜 시간이 걸리지는 않는다. 그러한 때 그는 무언가 뚜렷하게 나쁜 짓을 하지 않는 한 올바른 인간과 나쁜 인간을 구별하는 힘을 상실하게 되는 것이다.

한편 어린이는 교육의 초기에, 전혀 '자기 것'이 아닌 감정을 품게 교육된다. 특히 남을 좋아하는 일, 비판 없이 친해지는 일, 또 미소 짓는 일 들을 배운다. 때로 교육이 이루지 못한 일은 보통 그 후에 사회적 압력으로 행해진다. 만약 당신이 미소 짓지 않는다면, '기분 좋은 인격'을 못 가졌다고 판단된다—따라서 여급(女給)이나, 외판원이나 의사 등 자신의 노동력을 팔려고 하는 사람이라면, 상냥한 인격을 가질 필요가 있다. 다만 사회적 피라미드의 밑바닥에 있어서 자신의 육체적 노동밖에 팔 것이 없는 사람과, 피라미드의 정상에 있는 사람만은 유독 상냥해질 필요는 없다. 친밀함과 명랑함과 상냥스러움은, 마치 불을 켰다 껐다 할 수 있는 전기의 스위치처럼 기계적인 반응이다.[2]

사람이 단순하게 의미 없는 몸짓을 하는 데 불과하다고 느껴질 때가 있다.

---

2) 친밀성의 상업화를 분명하게 보여주는 하나의 예로서 나는 〈포춘〉지에 실린 "The Howard Johnson Restaurants"(*Fortune*, September 1940, p. 96.)란 기사를 인용하고자 한다. 존슨은 부주의를 감시하기 위해 레스토랑에서 레스토랑으로 돌아다니는 고객의 일단을 고용한다. 「모든 것은 내무성이 지령한 표준적인 요리법과 측정법을 기준으로 만들어졌기 때문에 감시자는 자기가 주문한 비프스테이크의 크기나 야채의 맛이 어떤지 알고 있다. 또한 식사를 준비하는 데 시간이 얼마나 걸리며 또 여주인이나 여종업원이 얼마나 친절해야 하는지도 정확하게 알고 있다.」

대개의 경우 그는 의식을 상실하고 있으며, 나아가서는 거짓 감정과 자발적인 친절감을 잃고 있다.

직접적으로 억압되는 것은 단지 적개심뿐만이 아니며, 거짓 감정을 누적한 결과 말살되는 것은 단순히 친밀감만은 아니다. 자발적인 감정이 광범하게 억압되어 거짓 감정으로 바뀐다. 프로이트는 이와 같은 억압의 하나를 들어, 그의 전 체계의 중심으로 삼았다. 즉 그것은 성의 억압이다. 나는 성적 쾌락의 부정은 자발적인 반응을 억압하는 중요한 단 하나의 요소가 아니라 많은 것 중 하나에 불과하다고 생각하지만, 물론 그 중요성이 과소평가 되어서는 안 된다. 성적 쾌락의 부정이 어떠한 결과를 낳는지는 성적 금욕의 경우나, 성이 강압적인 성질을 띠게 되어—특별한 맛이 없는데도 자기 자신을 잊게 하는 술이나 마약처럼—낭비될 경우에 분명해진다. 여러 가지 결과는 별문제로 치더라도, 그 억압은 격심한 성욕 때문에 단지 성적인 영역을 자극하는 것뿐만 아니라, 다른 모든 영역에도 자발적으로 표현하는 용기를 약화하는 것이다.

우리의 사회에서 감정은 일반적으로 생기를 잃고 있다. 어떠한 창조적 생각도—다른 어떠한 창조적 활동과 마찬가지로—감정과 밀접하게 결부되어 있음은 의심할 여지가 없지만, 감정 없이 생각하고 산다는 것이 이상적인 것으로 되어 버렸다. '감정적'이란 불건전하고 불균형하다는 것과 마찬가지로 되어 버렸다. 이 기준을 받아들였기 때문에, 개인은 몹시 약해졌다. 그의 생각은 가난해지고 무미건조해졌다. 한편 감정은 완전히 말살될 수가 없기에 인격의 지적인 측면에서 전적으로 떨어져서 존재해야만 했다. 그 결과 감정에 굶주린 몇 백만이라는 대중을 흥겹게 해주기 위해 영화나 유행가는 값싸고 불성실한 감상에 빠져 버렸다.

내가 유독 언급하고 싶은 하나의 금지된 감정이 있다. 그것은 비극의 감각이다. 왜냐하면 그 억압은 인격의 근본에 깊이 영향을 주기 때문이다. 앞의 장(章)에서 보았듯이 죽음의 의식과 삶의 비극적인 면의 자각은 막연한 것이거나 명료한 것이거나 모두 인간의 기본적 성격의 하나이다. 어떠한 문화도 저마다 죽음의 문제와 대결하는 독특한 방법을 가지고 있다. 개성화의 과정이 거의 진보되지 않은 사회에서는, 개인적 존재에 대한 경험이 발달되지 못한 만큼, 개인적 존재의 목적도 문제가 안 된다. 죽음은 아직 근본적으로 삶과 다른 것이라고는 생각되지 않는다. 한편 개성화가 보다 고도로 발달한 문화는 그 사회적·심리적 구조에 따라 죽음을 취급해 왔다.

　그리스인은 모름지기 생을 강조하고, 죽음은 생의 어둡고 침울한 연속에 불과하다고 생각했다. 이집트인은 인체의 불멸, 적어도 사는 동안에는 육체의 힘을 지닌다는 것에 그 희망을 걸었다. 유대인은 죽음을 현실적으로 인정했다. 단, 종국에는 도달할 행복과 정의의 나라를 그림으로써 개인적 생명의 파괴라는 생각과 화해할 수 있었다. 그리스도교는 죽음을 비현실적인 것으로 하여 사후의 생활을 약속함으로써 불행한 개인을 달래려고 했다. 그리고 현대는 단순히 죽음을 부정함으로써 생의 하나의 근본적인 면을 부정하고 있다. 죽음과 고뇌의 자각이 생애의 가장 강력한 자극의 하나가 되어 인류 연대성의 기초가 되며, 환희나 열정이 격렬함과 깊이를 가지기 때문에 숨길 수 없는 경험이 되는 것을 인정하는 대신, 개인은 그것을 억제할 것을 강요받고 있다. 그러나 항상 그렇듯이, 억압된 요소는 시계(視界)에서 사라져도 아주 사라진 것이 아니다. 이렇듯 죽음의 공포는 그것을 부인하고자 하는 시도에도 불구하고 여전히 남아 있으나, 억압되어 있기 때문에 허약해졌다. 그것은 경험의 단조로움과 생활을 덮고 있는 초조의 원천이다. 굳이 말한다면, 그것은 미국 국민이 장례식에 지불하는 터무니없이 많은 금액을 설명해 주는 것이다.

　감정을 금기(禁忌)로 하는 과정에 있어서 근대의 정신병학은 애매한 역할을 하고 있다. 한편에서 그 최대의 대표자인 프로이트가 인간 정신의 합리화의 합목적적(合目的的)인 픽션을 밀어젖히고, 감정의 심연을 바라볼 수 있는 하나의 길을 열었다. 다른 한편에서는, 프로이트의 바로 이러한 업적으로 풍성해진 정신의학이 인격을 조작하는 일반적인 경향의 도구가 되었다. 정신분석가도 포함한 많은 정신병 학자는 과도한 슬픔이나 노여움이나 흥분이 삭제된 '정상적인' 인격의 모습을 그렸다. 그들은 전통적인 타입과 일치되지 않는 '정상적인' 개인의 인격적 특성을 일컬어 '소아적(小兒的)'이라든가 '신경증적'(神經症的)이라고 부른다. 이러한 영향은 종전의 직접적인 칭호보다도 위험하다. 이전에 개인은 적어도 자기를 비난하는 어떤 사람이나 원리가 존재한다는 사실을 알았으므로 그것에 지향할 수가 있었다. 그러나 도대체 누가 '과학'에 저항할 수 있을까?

　곡해는 감정이나 감동과 마찬가지로 독창적인 '사고'에도 똑같이 일어난다.

교육이 실시되는 첫머리서부터 독창적인 사고는 저해되어 기성품인 사상이 사람들의 머리에 스며들었다. 아주 어린아이가 이런 교육을 받으면 어떻게 되는가는 쉽게 볼 수 있다. 그들은 본래 외부 세계에 대한 호기심으로 가득 차 있어 지적으로나 육체적으로 그것을 파악하려고 한다. 그들은 진실을 알길 원한다. 왜냐하면 진리는 미지의 강력한 세계 속에서 자기에게 방향을 부여하는 가장 안전한 지표이기 때문이다. 그런데 그들은 중요한 존재로 대접받지 못한다. 그 태도가 공공연한 멸시가 되건, (어린이나 노인이나 환자와 같은) 힘없는 모든 사람들에게 그렇듯 교묘하게 공손해지건 그것은 문제가 아니다. 이러한 대접만으로도 독창적인 사고를 강력하게 방해하지만, 이보다 더욱 나쁜 걸림돌이 존재한다. 즉 보통 어른들이 어린이를 대하는 태도에서 흔히 볼 수 있는 불성실—그 대부분이 의식적인 것은 아니더라도—이다. 그러한 불성실은 세계의 허구적인 모습을 어린이들에게 주입하는 것에서도 볼 수 있다. 그것은 마치 사하라 사막을 탐험하는 데 어떠한 준비를 하면 되느냐고 묻는 사람에게, 북극의 생활에 대한 지식이 유익하다고 말하는 것과 똑같다. 이런 일반적인 그릇된 세계의 겉모습 외에, 개인적인 여러 이유 때문에 어린이들에게 알리고 싶지 않은 사실을 숨기려는 특수한 거짓말도 많다. 어린이의 행동이 불만스럽다고 해서 합리화된 불쾌함에서, 양친의 성적 행위나 싸움을 숨기는 것에 이르기까지 어린이는 '알지 못하게끔 되어 있으므로' 질문하면 야단을 맞거나 혹은 상냥스럽게 문제에서 외면당하고 만다.

어린이는 이런 상황 속에서 학교에 입학하고 대학까지 가게 된다. 오늘날 활용되는 교육 방법 가운데 실제로 독창적인 사고를 방해하는 몇 가지를 간단하게 들어 보겠다. 그 하나는 사실에 대한 지식의 강조, 혹은 오히려 정보의 강조라고 할 수 있는 것이다. 보다 많은 사실을 알면 알수록 실제의 지식에 도달한다는 슬픈 미신이 퍼져 있다. 몇 백이라는 산발적이며 상관없는 사실이 학생의 머릿속에 주입된다. 그들의 시간과 에너지는 사실을 보다 더 많이 배우기 위해 소비되어 거의 생각할 짬이 없다. 분명히 사실에 대한 지식이 없는 사고는 공허이며 가공이다. 그러나 '정보'만으로는 정보가 없는 것과 마찬가지로 사고하는 데 장애가 된다.

독창적인 사고를 저해하는 또 하나의 방법은, 모든 진리를 상대적으로 보는 일이다.[3] 진리를 형이상학적인 개념으로 생각하여 진리를 발견하고 싶다고 말하면, 현대의 '진보적인' 사상가들에게서 뒤떨어졌다는 말을 듣게 된다. 진리는 오직 주관적인 것, 거의 기호에 가까운 것이라고 주장되고 있다. 과학적인 탐구는 주관적인 요소에서 분리되어야 하며, 감정이나 관심을 도외시하고 세계를 바라보는 것이 과학의 목표이다. 과학자는 마치 의사가 환자를 다루듯이, 소독한 손으로 사실을 다루어야 한다. 경험주의 실증주의라는 명목 아래 가끔 나타나며, 혹은 언어의 정확한 사용을 지향한다고 자랑하는 이러한 상대주의의 결과는, 사고가 그 본질적인 자극—생각하는 인간의 소망과 관심—을 상실하는 것이다. 그 대신 그것은 사실을 등록하는 기계가 된다. 실제로 사고 일반이 물질적 생활을 지배하려는 욕구로부터 발달해 온 것처럼, 진리의 탐구도 개인 혹은 사회집단의 관심이나 요구에 뿌리박고 있다. 이와 같은 관심이 없으면 진리를 희구하는 자극도 없을 것이다. 진리에 의해 더한층 이익을 얻는 집단은 항상 존재하는데, 그 대표자가 인류 사상의 개척자다. 또한 진리를 은폐함으로써 이익을 얻는 다른 집단이 있는데, 이 경우에만 관심을 가지는 것이 진리를 잡는 데 해가 된다. 따라서 문제는 위험한 관심이 과연 위험한가 하는 것이다. 모든 인간 존재 속에 진리를 희구하는 어떤 소망이 있는 것은, 모든 인간 존재가 진리에 대해 어떤 욕구를 가지고 있기 때문이라고 나는 말하고 싶다.

이러한 일은 우선 첫째로 외부 세계에서의 인간의 태도 결정에 관해서 말할 수 있다. 그리고 그것은 특히 어린이에 대해서도 말할 수 있다. 어린 시절에 사람은 누구나가 무력한 상태를 겪는다. 그리고 진리는 힘없는 사람의 가장 강한 무기의 하나이다. 그러나 진리가 개인의 관심 속에 있는 것은 단지 외계에 있어서의 그의 태도 결정에 관한 것만은 아니다. 그 자신의 강한 힘은 자신에 대해 얼마만 한 진리를 알고 있는가에 따라서 크게 좌우된다. 자신에 대한 환상(幻想)은 혼자 걸을 수 없는 사람에게는 유익한 지팡이가 될지도 모른다. 그러나 그것은 개인의 약함을 증대시킨다. 개인의 가장 큰 힘은 인격의 최대 완성에서

---

3) 이러한 문제 전체에 대해서 린드(Robert S. Lynd)의 《무엇을 위한 지식인가?(*Knowledge for What?*, Princeton University Press, Princeton, 1939)》를 참조하라. 그 철학직인 면에 대해서는 호르크하이머 (M. Horkheimer)의 《현대철학에 있어서의 합리주의 논쟁에 대해서(*Zum Rationalismusstreit in der Gegenwärtigen Philosophie*, Zeitschrift für Sozialforschung, Vol. III, 1934, Alcan, Paris)》를 참조하라.

도 기인하지만, 자기 자신에 대한 최대한의 이해에서도 비롯된다는 것이다. '너 자신을 알라'는 말은 인간의 강한 힘과 행복을 지향하는 근본적인 명령의 하나이다.

지금 거론한 요소 외에, 일반 성인에 남겨져 있는 독창적인 사고력 모두를 적극적으로 혼란시키려는 다른 요소가 있다. 개인생활이나 사회생활의 모든 근본적인 문제에 대해 또한 심리적·경제적·정치적·도덕적인 문제에 대해서 거대한 우리의 문화는 하나의 특징을 가지고 있다. 즉 문제를 흐리는 것이다. 그 연막의 하나는 문제가 너무도 복잡해서 보통의 개인으로서는 파악할 수 없다는 주장이다. 그러나 사실은 그 반대로, 개인생활·사회생활의 근본 문제는 대개 아주 단순해서 누구나가 이해할만한 것이다. 그러한 것이 몹시 복잡해서 '전문가'만이 그의 한정된 영역에서만 이해할 수 있다는 듯이 보이게 하는 것은 사실—가끔은 의도적으로—진정 문제가 되는 일에 대한 자신의 사고능력에 자신(自信)을 잃어버리게 하는 것이다. 개인은 무질서한 데이터에 둘러싸인 채 무력을 한탄하면서 무엇을 할 것인가, 어디로 가야 할 것인가를 전문가가 찾아낼 때까지 애처로운 인내력으로 줄곧 기다리고 있다.

이와 같은 영향은 이중의 결과를 낳았다. 하나는, 듣고 읽는 모든 것에 대한 회의주의와 시니시즘이며, 다른 하나는 권위를 가지고 이야기되는 일은 무엇이건 어린애처럼 믿어 버리는 일이다. 이러한 시니시즘과 단순함의 결합은 근대의 개인에게는 지극히 전형적인 것이다. 그 본질적인 결과는 그가 자신의 사고나 결단을 내리는 용기를 상실케 한다.

비판력을 마비시키는 또 하나의 방법은, 세계에 대해서 구성된 이미지를 모두 파괴하는 일이다. 여러 가지 사실은 그러한 것으로 짜인 전체의 한 부분으로서만 가질 수 있는 특수한 성질을 잃고, 단지 추상적이며 양적인 의미밖에는 가지지 못하게 되어 있다. 저마다의 사실은 다른 사실과 아주 같은 것으로, 문제는 우리가 아는 일이 많으냐 적으냐 하는 것뿐이다. 라디오, 영화, 신문이 이러한 일에 대해 해로운 결과를 초래하고 있다. 도시의 폭격이나 수많은 사람들의 죽음을 알리는 뉴스를 중단되고, 뒤이어 아무런 부끄러움 없이 비누나 술의 광고가 나온다. 암시적이고 인상적인 권위있는 목소리로 정치적 상황의 중대함을 방송한 바로 그 아나운서가 이번에는 뉴스 프로에 돈을 대준 어느 회사 비누의 품질이 좋다는 것을 대중에게 선전한다. 뉴스 영화에서는 수뢰정(水雷艇)의 화면에 이어 패션쇼의 화면이 나온다. 신문은 과학적 혹은 예술적인 중요 사건을 보도하는 것과 똑같은 지면과 진실성으로, 신인 여배우의 고지식한 생각이나 아침 식사 모습을 우리에게 보도하고 있다.

이러한 모든 일 때문에 우리는 자신이 듣고 있는 일에 순수하게 관계할 수 없게 된다. 우리는 흥분하는 일이 없어지고, 우리의 감정이나 비판적인 판단력은 저해되며, 드디어는 세계에서 일어나는 사건들에 대해 무덤덤하고 무관심해지고 만다. '자유'란 명목 아래, 생활은 모든 구성을 잃은 것이다. 그것은 수많이 작은 조각으로 저마다 분리되어, 전체로서의 감각은 티끌만큼도 보이지 않는다. 개인은 마치 나무 쌓기 공작물을 가진 어린이처럼, 이러한 조각을 가지고 외톨박이가 된다. 그러나 다른 점은, 어린이는 집이란 어떤 것인가를 알고 있으므로 가지고 노는 작은 조각에서도 집의 여러 부분을 찾아낼 수 있는 데 반하여, 어른은 그 '조각'을 손에 들고 있으면서도 '전체'의 뜻을 모른다는 것이다. 그저 어리둥절해지고 불안해져서 그 작고 무의미한 조각을 바라볼 뿐이다.

감정과 사고의 '독창성' 결여에 관해 말한 것은 '의지적' 행위에 대해서도 말할 수 있다. 이러한 일을 확인하는 것은 특히 곤란하다. 현대인은 너무도 많은 욕망을 품은 듯 보이며, 그의 유일한 문제는 자신이 무엇을 바라는지 알고 있으나 획득하지는 못하는 것같이 생각된다. 우리의 모든 정력은 우리가 바라는 것을 획득하기 위해서 쓰인다. 더구나 대부분의 사람은 이러한 행위의 전제, 즉 그들이 자신의 진정한 소망을 알고 있다는 전제를 의심스럽게 생각하지 않는다. 그들은 자신이 추구하고 있는 목표가 그들 자신이 바라고 있는 것인지 어떤지를 생각하지 않는다.

학교에서는 좋은 성적을 따려고 하고, 어른이 되고부터는 보다 많은 성공, 보다 많은 돈, 보다 많은 특권, 보다 좋은 자동차를 구해서 이곳저곳으로 여행을 하는…… 따위를 하려고 한다. 그러나 이러한 완전히 광적인 행위 속에서 멈추어 서서 곰곰이 생각한다면 다음과 같은 의문이 머리에 떠오른다. 만약 새로운 직업을 얻게 된다면, 만약 이보다 좋은 자동차를 얻게 된다면, 만약 이런 여행을 할 수 있게 된다면…… 그다음엔? 그것이 무슨 소용일까? 이러한 모든 것을 바라는 것은 진정 나 자신일까? 나를 행복하게 해 줄 것처럼 보이는 목적, 그러나 성취한 순간 교묘하게 나를 밀어젖힐 듯한 목적을 뒤쫓고 있는 것은 아닐까? 이러한 의문은 일단 생기면 놀랄 만한 것이 된다. 왜냐하면 그것은 인간의 모든 활동을 지탱하는 기초 그 자체, 즉 그가 바라는 것에 대한 지식을 묻고 있기 때문이다. 따라서 사람들은 되도록 빨리, 이러한 성가신 생각에서 빠져나가려고 한다. 피로와 억압을 느끼게 하는 그 문제를 귀찮게 여긴다. 그리고 그들은 자신의 것이라고 생각하는 목표를 다시 쫓아간다.

그러나 이러한 모든 일을 통해서 진실—즉 현대인은 자기가 바라는 것을 안다는 환상 속에 살고 있으나, 실제로는 그저 바라고 있는 데 불과하다는 진실—을 막연하게나마 이해하게 된다. 이러한 사실을 받아들이기 위해서는, 사람이 진정 무엇을 바라는가를 아는 것은 많은 사람이 생각하듯이 그렇게 쉬운 일이 아니라는 점, 그것은 누구나가 해결해야 할 가장 곤란한 문제 중 하나라는 점을 이해해야 한다. 그러나 그것은 우리가 기성품인 목표를 자신의 목표라고 생각하는 까닭에 무조건 피하려고 하는 일이다. 현대인은 '자기 것'으로 예상되는 목표를 달성하기 위해 큰 위험마저도 무릅쓴다. 그러나 '그 자신'에게 스스로 목표를 부여하는 위험과 책임은 깊이 두려워하여 감당하지 않으려 한다. 격심한 행동은 때때로 자신이 결정한 행동의 증거라고 오해되고 있다. 물론 우리는 그것이 배우나 최면술에 걸린 사람의 행동과 마찬가지로 자발적인 것이 아님을 안다. 연극의 대본이 나오면 여러 배우는 자신이 맡게 된 역할을 힘차게 연기할 수 있으며, 자신 있거나 세세한 부분은 스스로 연출할 수도 있다. 그렇지만 그들은 어디까지나 자신에게 주어진 하나의 역할을 연기하는 데 불과하다.

우리의 소망—그리고 마찬가지로 우리의 사상이나 감정—이 어디까지나 우리 자신의 것이 아니고, 외부에서 부여된 것이라는 점을 아는 데는 특수한 곤란이 따른다. 그것은 권위와 자유라는 문제와 밀접하게 연결되어 있다. 근대사가 전개되는 동안에 교회의 권위는 국가의 권위로, 국가의 권위는 양심의 권위로 교체되고, 현대에 이르러 양심의 권위는 동조하는 도구로서의 상식이나 여론이라는 익명(匿名)의 권위로 바뀌었다. 우리는 낡고 뚜렷한 형태의 권위에서 자신을 해방시킴으로써 새로운 권위의 희생물이 되었다는 사실을 깨닫지 못하고 있다. 그저 자신의 의사를 가진 개인이라는 환상 속에 사는 자동인형이 되어버렸다. 이러한 환상 때문에 개인은 자신의 불안을 의식하지 못하고 만다. 그러나 환상이 도움이 되는 것은 고작 이것뿐이다. 근본적으로 개인의 자아는 약체화되고, 그 때문에 그는 무력감과 극도의 불안을 느낀다. 그는 그가 살고 있는 세계와의 순수한 관계를 잃고 있다. 거기서는 사람이건 물건이건 모두가 도구로 전락하고 말았다. 자신이 만든 기계의 일부분이 되고 만 것이다. 그는 남들이 예상하는 대로 생각하고 느끼고 결정한다. 그리고 이러한 과정 속에서 자유로운 개인의 순수한 안정의 기초가 되어야 할 자아를 상실하고 있다.

자아 상실의 결과 순응의 필요가 증대했다. 왜냐하면 그것은 자아동일성에 대한 깊은 의혹을 이끌기 때문이다. 만일 내가 타인이 예상하는 존재밖에 안 된다면, '나'란 무엇일까? 우리는 이미 개인이 고정된 질서 속에서 요지부동인 지위를 확보하고 있었던 중세적(中世的) 질서의 붕괴와 더불어, 어떻게 자신에 대한 회의가 시작되었는가를 보아왔다. 자아동일성은 데카르트 이래로 근대 철학의 주요한 문제였다. 오늘날 우리는 자기는 자기라는 것을 당연하게 알고 있다. 그런데도 자기 자신에 대한 회의는 존재하며 더욱더 증대하기까지 했다. 피란델로는 그의 희곡에 현대인의 이러한 감정을 표현했는데, 다음의 질문에서부터 시작했다. 나는 누구일까? 나의 육체적 자아의 지속 외에, 나의 자아동일성을 증명하는 것이 또 있을까? 그의 대답은 데카르트의 해답—개인적 자아의 확증—의 부정이었다. 즉, 나는 아무런 자아동일성도 가지지 않았다. 남이 나에게 기대하는 일의 반사에 불과한 것 같은 자아 이외에, 자아 같은 것은 존재하지 않는다. 나는 '당신이 나에게 바라는 그대로의 것'이다.

이러한 동일성의 상실의 결과, 보다 더 순응할 것을 강요당하게 된다. 이는 남의 기대에 따라서 행동할 때에만 자아를 확신할 수 있다는 것을 뜻한다. 만약 우리가 이러한 사정에 따라서 행동하지 않는다면, 우리는 단지 비난과 증대되는 고독의 위험을 무릅쓰게 될 뿐만 아니라, 우리의 인격의 동일성을 상실하는 위험마저도 범하게 된다. 그리고 그것은 광증에 빠지는 것을 뜻한다.

별나게 되지 않고 남의 기대에 순응함으로써 자아동일성에 대한 회의는 가라앉고 일종의 안정감이 주어진다. 그러나 그것에 지불하는 대가는 비싸다. 자발성과 개성을 포기하는 것은 생명력에 방해가 된다. 심리적으로 자동인형인 것은 설사 생물학적으로는 살아 있더라도 감정적·정신적으로는 죽어 있음을 의미한다. 설사 생의 운동을 하고 있다 해도 그의 생명은 그의 손에서 모래알처럼 흘러 버린다. 현대인은 겉으로는 만족과 낙천주의를 가장하고 있으나, 그 배후에서는 심각한 불행에 빠져 있다. 절망의 벼랑 그 끝에서 개성이라는 관념에 절망적으로 매달리고 있다. 즉 남과는 '달라지려고' 한다. 또한 '다르다'라는 것만큼 그가 찬양할 만한 것은 없다. 우리는 철도 매표원의 이름까지 알려 한다. 핸드백, 트럼프, 휴대용 라디오는 그 소유자의 머리글자가 써짐으로써 '인격화'된다. 이러한 일은 모두가 '다른 것'을 희구하는 절실한 소망을 나타내고 있다. 그러나 이것은 개성에 남겨진 최후의 발자국이다. 현대인은 생에 굶주려 있다. 그러나 자동인형이 되었기에 자발적으로 인생을 경험할 수 없다. 그래서 대용품으로서 어떤 종류의 흥분이나 스릴이라도 취하게 된다. 즉 음주, 스포츠, 또한 영화에 나오는 가공인물에게 자신을 이입해 그의 흥분을 즐기는 것 등이다.

그렇다면 도대체 현대인에게 자유란 무엇일까? 현대인은 자신이 좋다고 생각하는 대로 행동하여, 생각하는 것을 방해하는 외적인 속박에서 자유롭게 되었다. 만일 자기가 바라고, 생각하고, 느끼는 것을 알 수 있다면, 자기 의사에 따라 자유롭게 행동했을 것이다. 그러나 그는 그것을 몰랐다. 그는 익명의 권위에 협조하여, 자기의 것이 아닌 자기를 받아들인다. 이러한 일을 하면 할수록 그는 무력함을 느껴서 더욱더 동조하게끔 강요당한다. 낙천주의와 창의의 겉치레에도 불구하고, 현대인은 깊은 무력감에 압도되고 있다. 그리고 그 때문에 마치 마비된 것처럼 다가오는 파국을 그저 멍하니 바라다볼 뿐이다.

표면적으로 보면 사람들은 경제생활에서나 사회생활에서나 순조로운 듯 보인다. 그러나 그 즐거운 겉치장의 배후에 숨어 있는 뿌리 깊은 불행을 못 보고 넘기는 것은 위험한 일이다.

만약 삶을 향락하지 못하기 때문에 그 의미가 상실된다면 사람은 절망할 수밖에 없다. 사람은 육체적인 굶주림으로 죽을 때 조용하게 죽는 법이 없다. 마찬가지로 정신적인 굶주림으로 죽을 때도 조용하게 죽지 않는다.

만일 이른바 '정상적인' 사람의 경제적 요구만을 본다면, 또 일반적으로 자동인형이 된 사람의 무의식적인 고민을 통찰한다면, 우리는 우리의 문화를 그 인간적 기초에서 위협하고 있는 위험을 꿰뚫어 보는 데 실패할 것이다. 즉, 만약에 흥분을 약속하여 개인 생활에 의미와 질서를 확실히 부여한다고 여겨지는 정치적 기구나 상징이 제공된다면, 어떠한 이데올로기나 지도자도 기꺼이 받아들이려고 하는 위험이다. 인간 기계의 절망이 파시즘의 정치적 목적을 육성하는 풍요한 토양인 것이다.

2 자유와 자발성

본서는 지금까지 자유의 한 측면만을 다루어 왔다. 즉 지난날 생활에 의미와 안정을 부여했던 모든 속박에서 해방되어 고독하게 된 현대인의 무력함과 불안함에 대해서이다. 우리는 개인이 이러한 고독을 견디지 못하는 것을 보았다. 그는 외로운 존재로서 외부 세계와 비교해 철저하게 무력하며, 따라서 외부 세계를 깊이 무서워한다. 또한 이러한 고독 때문에 그에게 있어서의 세계의 통일성은 깨어지고 어떠한 방향도 상실되었다. 따라서 그 자신이나 그의 인생의 의미 그리고 끝내는 그의 행동을 이끌 수 있는 모든 원리에 대한 회의마저 짓눌리고 만다. 무력도 회의도 다 같이 인생을 마비시킨다. 그리고 사람은 살기 위해서 자유, 즉 소극적인 자유로부터 달아나려고 한다. 새로운 속박으로 몰리게 되는 것이다. 그러나 이러한 속박은 제1차적인 속박과는 다르다. 제1차적인 속박은 권위나 사회집단에 지배되는데, 개인은 그것에서 완전히 분리되진 않았다. 도피는 그의 상실된 안정을 회복시키지 않고, 다만 분열된 존재로서의 자아를 망각하기 위한 수단일 뿐이다. 그는 그러한 개인적 자아의 완전성을 희생시켜 결국 또 하나의 유약한 안정을 발견한다. 그는 고독에 견디다 못해 자아를 상실하는 길을 택한다. 이렇듯 자유―……에서의 자유―는 새로운 속박의 인도자가 된다.

우리의 분석이, 자유가 불가피하게 순환하여 필연코 새로운 의존으로 이끌어간다는 결론을 내리게 될 것인가? 모든 제1차적인 속박에서 자유롭게 되었다는 것은 개인을 아주 고독하게 고립시키니, 불가피하게 새로운 속박으로 도피해야만 할 것인가? 독립과 자유는 고독과 공포와 동일한 것일까? 혹은 개인이 독립한 자아로서 존재하면서도 고독하지 않고 세계나 타인이나 자연과 새로 결부되는 것 같은 적극적인 자유의 상태가 있을 것인가?

우리는 하나의 적극적인 해답, 바로 자유가 성장하는 과정은 악순환이 아니며, 사람은 자유로우면서도 고독하지 않고, 비판적이면서도 회의에 차지 않고, 독립되어 있으면서도 인류의 전체를 구성하는 부분으로서 존재할 수 있음을 믿는다. 이와 같은 자유는 자아를 실현한 자기 자신이라는 데서 획득하게 된다. 자아의 실현이란 무엇일까? 관념적인 철학자는 자아의 실현은 지적 통찰만으로 성취된다고 믿었다. 그들은 인간의 인격을 분할할 것을 주장하고, 인간의 본성이 이성으로 억제되고 인도될 수 있게 하려고 했다. 그러나 이러한 분할의 결과 인간의 감정적 생활뿐만 아니라 지적인 능력도 불구가 되었다. 이성은 그 죄수인 인간성을 감시하는 간수가 됨으로써 자기 자신을 죄수로 만들었다. 그리고 인격의 양면, 즉 이성과 감정은 다 같이 불구가 되었다. 우리는 자아의 실현은 단순히 사고의 행위에서만이 아니라, 인격 전체의 실현, 감정이고 지적인 여러 능력의 적극적인 표현으로 성취된다고 믿는다. 이러한 능력은 누구에게나 구비되어 있으며, 표현됨으로써 비로소 현실이 된다. 다시 말해, 모든 적극적인 자유는 통합된 인격의 자발적인 행위 속에 존재한다.

우리는 여기서 심리학의 가장 곤란한 문제 중 하나인 자발성의 문제로 다가간다. 이러한 문제를 충분히 논의하려면 또 하나의 책을 만들어야 할 것이다. 그러나 우리가 여기까지 논의해 온 데서 대조적으로 자발적 행위의 본질적인 성질을 이해할 수가 있다. 자발적인 행위는 개인이 고독이나 무력으로 인해 몰리게 되는 것 같은 강박적인 것은 아니다. 또한 외부에서 시사되는 것을 무비판적으로 채용하는 자동인형의 행위도 아니다. 자발적인 활동은 자아의 자유로운 활동이며, 심리적으로는 Sponte라는 라틴어의 어원이 지닌 글자 그대로의 뜻, 즉 '자신의 자유 의사'라는 것을 의미한다. 우리는 활동이라는 것을 '무엇인가를 하는 것'이 아니라, 인간의 감정적·지적·감각적인 여러 경험 속에 또한 마찬가지로 인간의 의사 속에서 작용할 수 있는 창의적인 활동이라고 생각한다. 이러한 자발성의 전제 하나는 인격 전체를 받아들여, '이성'과 '자연'과의 분열을 제거하는 일이다. 왜냐하면 사람이 자아의 본질적인 부분을 억압하지 않을 때에만, 자기 자신으로서 명료하게 되었을 때에만, 또한 생활의 여러 가지 영역이 근본적인 통일에 도달되었을 때에만, 자발적인 행동이 가능하기 때문이다.

자발성은 우리의 문화에서 비교적 희귀한 현상이지만, 전혀 결여된 것은 아니다. 이러한 점의 이해를 돕기 위해, 나는 우리 모두가 자발성을 눈앞에서 볼 수 있는 몇 가지 예를 상기해 주려고 한다.

첫째로, 우리는 자연스럽게 자발적이었던 사람들을 알고 있다. 그들의 사고·감정·행위는 그들 자신의 표현이지, 자동인형의 표현이 아니다. 이러한 사람들은 대부분 예술가로 알려져 있다. 사실 예술가는 자기 자신을 자발적으로 표현할 수 있는 개인이라고 정의할 수 있다. 만일 이것이 예술가의 정의라고 한다면—발자크는 그 자신을 정녕 그렇게 정의했었다—어떤 철학자나 과학자 또한 예술가라 하지 않을 수 없다. 반면 다른 사람들은 마치 구식 사진사와 창조적인 화가가 서로 다르듯이 그들과는 다르다. 예술가와 같이 자기 자신을 어떤 객관적인 수단으로 표현하는 능력 혹은 훈련은 결핍되어 있지만, 예술가와 똑같은 자발성을 가진 다른 개인도 있다. 그러나 예술가의 지위는 상처 입기 쉬운 것이다. 성공한 예술가의 개성이나 자발성만이 존경받는 것이기 때문이다. 작품을 팔지 못하는 예술가는 이웃들에게 괴짜나 '신경증 환자' 취급을 받을 뿐이다. 예술가의 이와 같은 사정은 역사상의 혁명가의 그것과 비슷하다. 성공한 혁명가는 경세가(經世家)가 되고, 실패한 혁명가는 죄인이 된다.

어린이들은 자발성에 있어서의 또 한 예다. 그들은 자기 것을 느끼고 생각하는 능력이 있다. 이러한 자발성은 그들이 이야기하고 생각하는 동안에, 또한 그들의 얼굴에 표현되는 감정 속에서 볼 수 있다. 만일 대부분의 사람을 사로잡는 어린이의 매력이 무엇인가 하고 묻는다면, 감상적인 속된 이유는 제외하고, 나는 바로 이 자발성임에 틀림없다고 대답할 것이다. 이러한 자발성은 아직 그것을 감지하는 힘은 살아 있는 사람들에게 깊게 호소해 간다. 실제로 어린이나 예술가 혹은 이와 같은 연령이나 직업으로 분류할 수 있는 사람들의 자발성처럼, 매혹적이고 설득적인 것은 없다.

우리의 대부분은, 적어도 어떤 순간에는 자신의 자발성을 인정할 수가 있다. 그것은 동시에 순수한 행복의 순간이다. 하나의 풍경을 자발적으로 참신하게 지각할 때, 어떤 일을 생각하는 동안에 어떤 진리가 비쳐올 때, 형식에 맞지 않는 어떤 감각적인 쾌락을 느꼈을 때, 또한 타인에 대한 애정이 솟아날 때—이와 같은 순간에 우리는 모두 자발적인 활동이란 무엇인가를 느끼게 될 것이다. 그리고 만일 이러한 경험이 그토록 희귀하거나 거칠지 않게 일어난다면, 인간의 생활이 어떻게 될 것인가 상상해 볼 수 있을 것이다.

자발적인 활동이 어째서 자유의 문제에 대한 대답이 될 수 있을까. 우리는 앞서 소극적인 자유는 그것만으로는 개인을 고독하게 한다는 것, 개인과 세계와의 관계는 멀고 신뢰할 수 없는 것이 된다는 것, 그들의 자아는 약화되어 줄곧 위협받고 있다는 것을 말했다. 자발적인 활동은 인간의 통일을 희생하지 않고 고독의 공포를 극복하는 하나의 길이다. 왜냐하면 사람은 자아의 자발적인 실현에 있어서 그 자신을 새롭게 외부 세계로—인간, 자연, 자기 자신에게—결부시키는 것이다. 사랑은 이와 같은 자발성을 구성하는 가장 소중한 것이다. 그러나 그런 사랑이란 자아를 상대 속으로 용해시키는 것도 아니고, 상대를 소유해 버리는 것도 아니다. 상대를 자발적 긍정, 즉 개인적 자아의 보존을 바탕으로 하여 그를 다른 사람과 결합시키는 것이다. 사랑의 역동성은 바로 이러한 양극성 속에 있다. 즉 사랑은 분리를 극복하려는 요구에서 생겨나며, 일체로 이끄는 것이고, 더욱이 개성을 배제하지 않는 것이다. 일 또한 하나의 구성 요소이다. 그러나 그러한 일이란 고독을 피하기 위한 강박적인 활동으로서의 일이 아니다. 자연과의 관계에서, 자연의 지배를 받는 한편 인간의 손으로 만들어낸 산물을 숭배하거나 그것에 예속되는 관계로서의 일도 아니다. 창조적 행위에 있어 인간이 자연과 하나가 되는 것 같은 창조로서의 일이다. 사랑과 일의 진실에 대해서 생각할 수 있는 것은, 관능적 쾌락의 실현 또는 공동체의 정치적 생활에의 참가 등 모든 자발적인 행위에 대해서도 생각할 수 있다. 그것은 자아의 개성을 확보함과 동시에, 자아를 인간이나 자연에 결부시킨다. 자유 속에 존재하고 있는 근본적인 분열—개성의 탄생과 고독의 고통—은 인간의 자발적인 행위를 통해 보다 높은 차원으로 해결된다.

　모든 자발적인 행위에 있어서 개인은 세계를 에워싼다. 그의 개인적 자아는 손상되지 않을 뿐만 아니라 더욱 공고해진다. 왜냐하면 자아는 활동적일수록 강해지기 때문이다. 물질적 재산의 소유든 감정이나 사상과 같은 정신적인 능력의 소유든 소유 그 자체에는 아무런 순수한 힘이 없다. 또한 사물의 사용이나 조작 속에도 힘은 없다. 우리가 사용한다고 해서 그것이 우리의 것은 아니다. 우리의 것이란, 사람이건 무생물이건 우리의 창조적인 활동을 통해 순수한 관계를 맺고 있는 것뿐이다. 우리의 자발적인 활동에서 생기는 이러한 성질만이 자아에 힘을 주고, 나아가 자아동일성의 기초가 된다. 자발적으로 행동할 수 없거나, 정녕 느끼거나 생각할 수 없거나, 또 그 결과 타인이나 자신에게 거짓 자아를 나타내야만 하거나 하는 일이 열등감이나 약소감의 근원이다. 깨닫고 있든 아니든 자기 자신이 아닌 것처럼 부끄러운 일은 없으며, 자기 자신이 생각을 하고 느끼고 이야기하는 것처럼 자부심과 행복을 부여하는 것은 없다.

이러한 것은 또한 활동 그 자체, 즉 중요한 것은 과정이지 결과가 아님을 뜻한다. 우리의 문화에서는 바로 그 반대가 강조되고 있다. 우리는 모든 구체적인 만족을 지향하여 생산하는 것이 아니라, 상품을 판다는 추상적인 목적 때문에 생산하고 있다. 우리는 물질적이건 비물질적이건 사물은 모두 사서 얻을 수 있다고 생각한다. 이렇듯 사물은 우리의 창조적인 노력과는 무관하게 우리의 소유가 되는 것이다. 그와 마찬가지로 우리는 자신의 인격적인 특성이나 노력의 결과를 돈이나 특권이나 권력을 받고 팔 수 있는 상품이라고 생각하고 있다. 이로써 중점은 창조적 행위의 현재의 만족이 아니라, 완성된 생산품의 가치에 놓여진다. 그 때문에 사람은 자기에게 참된 행복을 부여해 주는 또 하나의 만족감—현재의 활동의 경험—을 놓치고, 사로잡았다고 생각한 순간에 실망을 안겨주는 하나의 환상—성공이라는 행복의 환상—을 추구한다.

만일 개인이 자발적인 활동으로 자아를 실현하여 자기 자신을 외부 세계와 연결시킨다면, 그는 고립된 원자는 아닌 것이다. 즉 그와 외부 세계는 전체를 구성하는 한 부분이 된다. 이렇게 정당한 지위를 획득함으로써 그 자신이나 인생의 의미에 대한 의혹이 소멸한다. 이러한 의혹은 분리와 생의 좌절에서 생긴 것으로, 강박적이거나 자동적이 아니라 자발적으로 살아갈 수 있을 때 사라진다. 그는 자신을 활동적·창조적인 개인으로 느껴 인생의 의미가 또 하나 있다는 것, 그것은 사는 행위 그 자체임을 인정한다.

만일 개인이 자기 자신이나 인생에 있어서의 자신의 위치에 대한 근본적인 회의를 극복한다면, 만일 그가 자발적인 행위를 통해서 세계를 포용하는 관계를 유지한다면, 그는 개인으로서 힘을 획득하여 안정을 얻는다. 그러나 이 안정은 외부 세계에 대한 새로운 관계가 제1차적 속박이 되듯이, 이전의 개인적 단계에서 특징적이었던 안정과는 다른 것이다. 새로운 안정은 개인이 외부의 보다 높은 힘으로부터 부여받는 것 같은 보호를 기초로 하지 않는다. 또한 생의 비극적인 성질이 배제된 것과 같은 안정도 아니다. 새로운 안정은 역동적이다.

그것은 보호에서가 아니라, 인간의 자발적인 활동에 기인하고 있다. 인간의 자발적인 활동으로 순간마다 획득되는 안정이다. 그것은 자유만이 줄 수 있으며, 환상을 필요로 하는 여러 조건을 배제하고 있기 때문에 아무런 환상을 필요로 하지 않는다.

자아의 실현으로 얻은 적극적인 자유는 개인의 독자성을 충분히 긍정한다. 인간은 평등하게 태어났지만 차별이 생긴다. 이 차이의 근거는 인생으로 출발할 때에 가지고 있는 생리적이고 정신적인 선천적 소질이며, 여기에 성장하면서 직면하는 특수한 환경이나 경험이 덧붙여진다. 인격의 이러한 개인적 기반은 두 개의 유기체가 육체적으로 결코 동일하지 않은 것과 마찬가지로, 다른 어떠한 사람과도 거의 일치하지 않는다. 자아의 순수한 성장은 항상 이러한 특수한 기반 위에 서 있다. 그것은 하나의 유기적인 성장이며, 이러한 한 사람의 인간에게만 또 그에게만 고유한 하나의 핵심 전개다. 자동적인 자아의 전개는 이에 반하여 유기적인 성장은 아니다. 거기서는 자아의 기반의 성장이 방해되어 거짓 자아가 그 위에 놓여 있다. 거짓의 자아란—이미 보았듯이—본질적으로 사고나 감정의 외부적인 형식을 받아들인 데 불과하다. 유기적인 성장은 자기 자신에 대해서와 마찬가지로 타인의 특수성에 대해 최고의 경의를 표할 때만 가능하다. 자아의 독자성에 대한 이러한 존경과 그 계발은 인간 문화의 가장 가치 있는 성과다. 그리고 오늘날 위기에 처해 있는 것은 바로 이 성과인 것이다.

자아의 독자성은 결코 평등의 원리와 모순되지 않는다. 인간은 태어나면서부터 평등하다는 명제의 의미는, 인간은 모두가 같은 근본적인 인간성을 부여받았고, 인간 존재의 근본적 운명을 나누어 가지며, 똑같이 자유와 평등을 희구하는 양도할 수 없는 요구를 가지고 있다는 것이다. 더욱이 인간의 관계는 연대성의 관계이지 지배·복종의 관계는 아님을 의미한다. 평등의 개념은 모든 인간이 비슷하다는 것을 뜻하지는 않는다. 이러한 평등 개념은 오늘날 개인이 그 경제적 활동에서 행하고 있는 역할에서 유래된다. 파는 사람과 사는 사람과의 관계에서는 인격의 구체적인 차이가 배제된다. 이러한 상황에서는 단 하나만이 중요하다. 즉, 전자가 파는 것을 가지고 있고 후자가 살 돈을 가지고 있다는 것이다. 경제생활에 있어서는 인간의 차별이 없다. 현실의 인간으로서 존재하며 그 독자성을 배양하는 것이 개성의 본질인 것이다.

적극적인 자유는 또한 다음과 같은 원리를 포함하고 있다. 즉 이러한 독자적인 개인적 자아보다 우월한 힘은 존재하지 않으며, 인간은 그 생활의 중심이자 목적이라는 것, 또 인간 개성의 성장과 현실과는 목적 그 자체로서, 설사 보다 큰 존엄을 가지는 것같이 여겨지는 목표에도 결코 종속하지 않는다는 것이다. 이러한 설명은 심각한 반발을 불러일으킬지도 모른다. 그것은 방자한 자기중심주의를 요청하지 않을까, 이상을 위한 희생이라는 관념의 부정이 아닐까, 그것의 용납은 무정부 상태로 이끌지는 않을까? 이에 대한 대답은 이미 이제까지의 의론에서 일부는 명백하게 또한 일부는 암암리에 제시되었다. 그러나 이런 문제는 대단히 중요하므로 한번 더 그 대답을 분명히 하여 오해를 피하기로 하자.

인간은 자기 자신보다 높은 무엇에도 종속되어서는 안 된다는 것은 이상의 존엄을 부정하는 것이 아니다. 오히려 이상을 가장 강하게 긍정하는 것이다. 그런데 이상이란 무엇인가? 오늘날 이상이란 일반적으로, 그 달성이 물질적 획득을 포함하지 않은 목표, 인간이 자기주의적인 목적을 자진해서 희생하여 추구하는 무엇으로 생각되기 쉽다. 이것은 이상에 대한 단순히 심리적인―또한 그러한 점에서 상대주의적인―개념이다. 이러한 주관주의적 견해에서는, 자기를 보다 높은 힘에 종속시키는 동시에 타인을 제압하려는 욕구에 쏠려 있는 파시스트도 인간의 평등과 자유를 위해서 싸우는 사람과 똑같이 하나의 이상을 가지고 있는 것이 된다. 따라서 이상(理想)의 문제는 결코 해결되지 않는다.

참된 이상과 가상적인 이상과의 차이를 똑바로 인식하자. 그것은 마치 진실과 허위와의 차이와 동일한 근본적인 차이다. 참된 이상에는 모두 하나의 공통된 것이 있다. 즉 그러한 것들은 아직 실현되지 않았다고 하더라도 개인의 성장과 행복이라는 목표에 있어 바람직한 것을 추구하려는 욕구를 표현하고 있다. 이러한 목표에 무엇이 도움이 되는가는 굳이 안다고 할 수 없을지도 모른다. 또한 저마다의 이상이 인간의 발전에 어떠한 기능을 하는가에 대한 의견이 일치되지 않는 일이 있을지도 모른다. 그러나 그렇다고 해서 무엇이 생명을 촉진하고 무엇이 방해하는가를 알 수 없다고 주장하는 상대주의를[4] 승인하는 것은

4) M. 오토(Max Otto), 《인간 기업(*The Human Enterprise*, T.S. Croft, New York, 1940, Chaps. IV, V.)》

아니다. 우리는 어떤 식량이 위생적이며, 어느 것이 그렇지 않은가를 꼭 알고 있지는 않다. 그런데도 독을 가려낼 방법이 없다고는 결론짓지 않는다. 마찬가지로 만일 바란다면 정신생활에 무엇이 해로운가를 알 수 있다. 우리는 가난, 협박, 고립은 삶에 반대되며, 자유에 봉사하고 자기 자신이 되고자 하는 용기와 힘을 촉진시키는 모든 것들은 생명에 유익함을 안다. 인간에 있어서 무엇이 선(善)이고 무엇이 악인가는 형이상학의 문제가 아니라, 인간성의 분석과 어떤 조건이 가져다주는 결과에 입각해서 대답할 수 있는 경험적인 문제다.

그러나 생명에 대해 결정적으로 대립하는 파시스트의 '이상'과 같은 것에 대해서는 어떠할까? 어떤 사람들이, 다른 사람들이 참된 이상에 따르고 있는 것과 같은 열성으로, 거짓 이상에 따르고 있다는 사실은 어떻게 이해할 수 있을까? 이러한 문제에 대한 대답은 심리적 고찰을 통해 얻을 수 있다. 마조히즘의 현상을 보면 인간이 고통이나 종속을 체험하려는 모습을 볼 수 있다. 고민이나 복종이나 자살이 생의 적극적인 목표에 대한 안티테제라는 데는 의심이 없다. 그런데도 이러한 목표는 주관적으로는 만족할 만한 매력적인 것으로서 경험될 수 있는 것이다. 생명에 해로운 것에 대한 이러한 유혹은 무엇보다도 병리학적인 도착(倒錯)이라고 이름 지을 수 있다. 많은 심리학자는 쾌락의 경험과 고통의 회피가 인간 행위를 이끄는 단 하나의 정당한 원리라고 주장했다. 그러나 역동적인 심리학이 알려주는 바에 따르면, 쾌락의 주관적 경험은 인간의 행복을 위한 어떤 행위의 가치를 충분히 나타내지 않는다. 마조히즘적인 현상의 분석이 그 좋은 예다.

이와 같은 분석을 통해 쾌락감은 병리학적인 도착의 결과로 나타날 수 있어서, 경험의 객관적인 의미를 조금도 실증하지 않았다는 것을 알 수 있다. 마치 독의 달콤한 맛이 그 유기체에 미치는 작용을 거의 실증하지 않는 것처럼 말이다.[5] 이리하여 우리는 참된 이상이란 자아의 성장·자유·행복을 촉진하는 모

---

5) 여기서 논의된 문제는 내가 적게나마 언급하고자 한 중대한 점으로 이끈다. 즉 윤리학의 문제가 역동적인 심리학을 통해 명확해질 수 있다는 것이다. 심리학자는 이와 같은 방향으로, 도덕적 문제가 인격을 이해하는 데 효과적이라는 점을 납득할 때에만 공헌할 수 있을 것이다. 이와 같은 문제를 쾌락의 원칙이라는 관점에서 취급한 심리학은 프로이트의 심리학까지도 포함해서 모두 인격의 중요한 하나의 부분을 이해할 수 없으며, 도덕에 관한 독단적이고 비경험적인 원리에 여지를 남기고 있다. 자애(自愛), 마조히즘적 희생, 또 이 책에서 제시된 것과 같은

든 목표이며, 가상적인 이상이란 주관적으로는 매혹적인 경험(복종에의 충동과 같이)이면서도 실제로는 생에 해로운 것 같은 강박적이고 비합리적인 목표라고 정의하기에 이른다. 일단 이와 같은 정의를 인정하면, 참된 이상이란 개인보다 우월한 어떤 가면을 쓴 힘이 아니라, 자아의 철저한 긍정의 분명한 표현이 된다. 이러한 긍정과 대립적인 이상은 모두가 바로 이러한 사실에 의해, 이상이 아니라 병적인 목표임이 명백하다.

다음으로 또 하나의 문제, 즉 희생의 문제로 들어간다. 우리의 정의에 따르면 자유란 보다 높은 어떠한 힘에도 불복종하는 것이지만, 이것이 생명의 희생까지 포함한 희생이라는 것을 배제할 수 있을까?

이러한 것은 파시즘이 자기희생을 가장 높은 덕으로서 요구하며 많은 사람들에게 그것이 이상주의적인 성격이라는 인상을 주고 있는 오늘날 특히 중요한 문제이다. 이 문제에 대한 대답은 이제까지 말해 온 것에서 논리적으로 귀결된다. 희생에는 전혀 다른 두 유형이 있다. 우리의 육체적인 자아의 요구와 우리의 정신적 자아의 목표가 대립 항쟁하는 일이 있다는 것, 즉 정신적 자아의 통일성을 확보하기 위해서 육체적 자아를 희생해야만 할 때가 있다는 것은 인생의 슬픈 사실 중 하나이다. 이러한 희생은 결코 그 비극적인 성질을 상실하지 않을 것이다. 죽음은 결코 감미로운 것이 아니다. 설사 최고의 이상을 위해서 참고 견디는 경우가 있더라도 죽음은 말할 수 없이 괴로운 것이다. 그러나 죽음은 우리 개성의 최고의 긍정일 때가 있다. 이와 같은 희생은 파시즘이 가르치는 '희생'과는 근본적으로 다르다. 파시즘의 희생은 인간이 자아를 확보하기 위해서 지불해야만 하는 최고의 대가가 아니라, 그 자체가 하나의 목적이다. 이러한 마조히즘적 희생은 생의 달성을 바로 생의 부정과 자아의 소멸 속에서 찾고 있다. 그것은 파시즘이 그 모든 면에 걸쳐서 지향하는 것—개인적 자아의 소멸과, 그보다 더 높은 힘에의 철저한 복종—의 최고의 표현에 불과하다. 자살이 생의 극단적인 도착인 것과 마찬가지로, 그것은 참된 희생의 도착이다. 참된 희생은 정신적인 통일성을 희구하는 비타협적인 소망을 전제로 한다. 그것을 상실한 인간의 희생은 단지 그 정신적인 파탄을 숨기고 있는 데 불과하다.

이상의 분석은 심리학과 윤리학이라는 장래의 발전이 약속되어 있는 이러한 영역에 대해 몇 가지 예증을 제공하고 있다.

마지막으로 또 하나의 반대는 다음과 같다. 만일 개인이 자발성의 의미에 있어서 자유롭게 행동할 것이 허락된다면, 또 자기 자신보다 더 높은 권위는 아무것도 인정하지 않는다면, 무정부 상태만이 불가피한 결과 아닐까? 무정부 상태라는 말이 경솔한 자기주의나 파괴성을 의미하는 이상 그것을 결정하는 요소는 인간의 본질을 이해하는 것에 달려 있다. 나는 도피의 메커니즘을 취급한 장(章)에서 지적한 것을 꺼낼 수 있을 뿐이다. 즉 인간은 선하지도 악하지도 않다는 것, 생명은 성장하고 신장하여 여러 능력을 표현하려는 내재적(內在的)인 경향이 있다는 것, 만일 생명이 방해받고 개인이 고독에 빠져 회의나 고독감이나 무력감에 짓눌리게 되면, 그때 그는 파괴성이나 권력 혹은 복종을 희구하는 충동으로 쏠리게 된다는 것이다. 만일 인간의 자유가 자유로서 확립된다면, 만일 인간이 그러한 자아를 충분한 타협 없이 실현할 수 있다면, 그의 사회적인 충동의 근본적인 위험성은 소멸되고 오직 병자와 비정상인 사람만이 위험하게 될 것이다.

이러한 자유는 인류 역사에서 일찍이 실현된 일이 없다. 또 그것이 때때로 미묘하게 비합리적인 형식으로 표현되었다고 하더라도, 그것은 인류가 고집해 온 하나의 이상이었다. 역사의 기록이 어째서 그토록 많은 잔인성과 파괴성을 보이는가를 의심할 여지는 없다. 만일 놀라운—그리고 힘을 북돋아 주는—무엇인가가 있다면, 그것은 인간에게 온갖 일들이 일어났는데도 불구하고, 역사의 모든 과정에 걸쳐 또한 오늘날 무수한 개인 속에서 찾아볼 수 있듯이 인류가 존엄·용기·품위·친절과 같은 성질을 보존했다는—나아가 발전시켰다는—사실이다.

만일 무정부 상태라는 것이, 개인이 어떠한 권위도 인정하지 않는 것을 뜻한다면, 그 대답은 합리적 권위와 비합리적 권위와의 차별에 관해 이야기한 곳에서 찾아볼 수 있을 것이다. 합리적 권위는—참된 이상과도 같이—개인의 성장과 발전이라는 목표를 가지고 있다. 그 때문에 원칙적으로 개인이나 그의 현실의 목표와 대립되는 일 없이 그의 병적인 목표와 충돌하는 것이다.

근대인에게 자유는 이중의 의미를 지닌다, 이것이 이 책의 주제였다. 즉 현대인은 전통적 권위에서 해방되어 '개인'이 되었지만, 그와 동시에 고독하고도 무력한 존재가 되어 자기 자신이나 타인으로부터 분리되었다. 외재적(外在的)인 목적의 도구가 되었다는 것, 이러한 상태는 더욱이 그의 자아를 뿌리에서부터 위태롭게 하고 그를 약화시키고 위협하여 새로운 속박으로 자진해서 복종하게끔 한다. 이에 반해 적극적인 자유는 능동적·자발적으로 생존하는 능력을 포함해서 개인의 여러 능력의 충분한 실현과 일치된다. 그런데 자유는 그 자체의 역동적인 운동 법칙에 따라 자유와 상반되는 것으로 전환하려는 위협을 받는 비판적 관점에 도달했다.

　민주주의의 미래는 르네상스 이후 근대 사상의 이데올로기적 목표였던 개인주의 실현에 달려 있다. 오늘날의 문화적·정치적 위기는 개인주의의 범람에 있는 것이 아니라 개인주의가 공허한 껍질이 되고 말았다는 데 그 원인이 있다. 개인의 성장과 행복이 문화의 목표이자 목적인 사회, 성공이나 그 밖의 어떠한 일에 있어서 아무런 변명도 필요치 않은 생활을 할 수 있는 사회, 또 개인이 국가이건 경제 기구이건 자기의 외부에 있는 어떤 힘에도 종속되지 않고 그러한 것에 농간되지도 않는 사회, 마지막으로 개인의 양심이나 이상이 외부적 요구의 내재화(內在化)가 아닌, 정녕 그의 것으로서 자아의 특수성에서 생겨나는 목표를 표현하는 사회의 방향으로 민주주의가 발전할 때에만 자유는 승리한다. 이러한 목표는 이제까지의 근대사의 어떠한 시대에도 충분히 실현될 수가 없었다. 즉 그러한 것은 다분히 이데올로기적인 목표로 머물 수밖에 없었다. 그 이유는 순수한 개인주의의 발전을 약속하는 물질적 기반이 없었기 때문이다. 자본주의는 이러한 전제를 창조해 냈다. 생산의 문제는—적어도 원칙적으로는—해결되었다. 그리고 우리는 경제적인 특권을 요구하는 투쟁이 더 이상 경제적 빈곤으로 재촉받지 않는 풍부한 미래를 상상할 수가 있다. 오늘날 우리가 직면한 문제는 인간—조직된 사회의 성원으로서의—이 사회적·경제적인 힘의 주인공이 되어 그 노예 상태를 종결시킬 수 있는 그러한 힘을 조직화하는 것이다.

　나는 자유의 심리적 측면을 강조했다. 그러나 또한 심리적 문제는 인간 존재의 물질적 기반이나 사회의 경제적·사회적·정치적 구조에서 분리시킬 수 없는 점을 나타내려고 했다. 이러한 전제에서 적극적인 자유나 개인주의의 실현 역시 개인이 자아의 실현이라는 뜻에서 자유로이 될 수 있게끔 하는 경제적·사회적 변혁에 결부되어 있다는 것을 알게 된다. 그러한 전제에서 귀결되는 경제적 문제를 취급하거나, 미래에 대한 경제적 표현을 그리는 것은 이 책의 목적이 아니다. 그러나 나는 해답이 존재한다고 생각되는 방향에 대해 사소한 의문도 남기고 싶지 않다.

우선 첫째로, 다음과 같은 것은 반드시 짚고 넘어가야 한다. 우리는 근대 민주주의의 근본적인 성과—대의(代議)정치, 즉 국민에 의해서 선출되어 국민에게 보답하는 정치라는 근본적인 성과이든 권리장전(權利章典)이 모든 시민에게 보장하는 어떠한 권리이든—를 조금도 상실할 수 없다는 것이다. 또한 우리는 보다 더 새로운 민주주의의 원리, 즉 어떠한 사람도 기아에 빠져서는 안 된다는 것, 사회가 그 모든 성원을 책임져야만 한다는 것, 또 어떠한 사람도 실업(失業)이나 굶주림의 공포로 말미암아 복종의 위협을 받거나 인간으로서의 자부심을 상실해서는 안 된다는 원리를 굳건히 지켜야 한다. 이러한 기본적 성과는 단지 유지될 뿐 아니라 강화되고 발전되어야만 한다.

민주주의의 이러한 기준은—완전에서는 훨씬 멀지만—실현되고 있다. 그러나 충분하지는 않다. 민주주의를 향한 진보는 단순히 어떤 개인적·정신적인 영역에서만이 아니라, 무엇보다도 먼저 모든 인간의 근본적인 활동인 '일'이라는 데 있어서 개인의 실제적인 자유·창의·자발성을 강화하게 된다.

그것에 대한 일반적인 조건은 무엇일까? 사회의 비합리적이고 무계획적인 성격은, 사회 그 자체의 계획되고 협정된 노력을 뜻하는 계획 경제로 대치되어야 한다. 또한 사회 문제를, 자유를 지배한 것과 같이 합리적으로 지배해야만 한다. 이에 대한 하나의 조건은, 소수이기는 하나 큰 경제력을 휘둘러 민중의 운명을 좌우하면서도 민중에 대해 어떤 책임도 지지 않는 그런 사람들의 숨은 지배력을 제거하는 일이다. 이러한 새로운 질서를 일컬어 '민주적 사회주의'라고 이름 붙일 수 있다. 그러나 중요한 것은 명칭이 아니다. 문제는 사람들의 목적에 봉사하는 합리적 경제조직을 확립하는 데 있다. 오늘날 대부분의 사람들은 경제 기구 전체를 지배하는 힘을 가지지 못했을 뿐만 아니라, 자기가 일하는 특수한 영역에서도 순수한 창의나 자발성을 발전시킬 기회가 거의 없다.

그들은 '고용되고' 있어, 명령대로 움직이는 일 이외에는 아무것도 그들에게 기대할 수 없다. 국가 전체가 경제적 사회적인 힘을 합리적으로 지배하는 계획 경제하에서만 개인은 책임감을 가지고 창조적인 지혜를 발휘할 수 있다. 문제는 순수한 활동의 기회가 개인에게 회복되는 것, 사회와 그 자신의 목적이 관념적이 아니라 현실적으로 일치되는 것, 또 그가 하는 일이 인간의 이상으로서 뜻과 목적을 지니기 때문에 책임을 느껴서 적극적으로 노력과 이성을 쏟는 일이다. 우리는 능동적이고 지적인 협동으로 인간의 능숙한 조종을 대치하여, 형식적인 정치적 영역에서 경제적 영역에 이르기까지 국민의, 국민에 의한, 국민을 위한 정부라는 원리를 발전시켜야만 한다.

경제적·정치적 조직이 인간의 자유를 촉진시키느냐 않느냐 하는 문제는 정치적·경제적 관점만으로는 대답할 수 없다. 자유 실현의 또 하나의 표식은 개인이 자신의 생활 및 사회생활의 결정에 적극적으로 참여하느냐 아니냐에 있는데, 이는 단지 투표라는 형식적인 행동으로만이 아니라 매일 행하는 일과 타인에 대한 관계에서도 이루어져야 한다. 근대의 정치적 민주주의는 만일 순수한 정치적인 영역에 한정된다면, 개인의 경제적 무력에서 나오는 여러 결과를 충분히 막을 수 없다. 그러나 생산 수단의 사회화라는 것과 같은 순수한 경제적인 개념 또한 충분하지는 않다. 나는 여기서 사회주의라는 말을 국가사회주의에—전략적인 방편을 위해—쓰인 것 같은 기만적인 의미로 쓰고 싶지는 않다. 또한 나는 사회주의가 기만적인 의미로 해석되는 러시아를 잊을 수 없다. 생산 수단의 사회화는 이미 실시되어 있지만 실제로는 강력한 관료제가 거대한 국민 대중을 조작하고 있기 때문이다. 이것은 필연적으로 설사 정부의 지배가 대다수 민중의 경제적 이익에 유효하더라도 자유나 개인주의의 발달을 방해한다.

오늘날처럼 언어가 진리를 숨기기 위해 오용된 일은 일찍이 없었다. 협조의 배반은 유화(宥和)로 불려지고, 군사적 침략은 공격에 대한 방어로 위장되고, 약소국가의 정복은 우호 조약의 명목으로 행해지며, 전 국민에 대한 잔인한 억압은 국가 사회주의의 명목 아래 자행된다. 민주주의, 자유, 개인주의라는 말 또한 이러한 악용의 대상이 된다. 민주주의와 파시즘과의 차이의 참된 뜻을 명백히 하는 한 가지 방법이 있다. 민주주의는 개인의 완전한 발전에 공헌하는 경제적·정치적 여러 조건을 창조해 내는 조직이다. 반면 파시즘은 어떠한 명목에서건 개인을 외적인 목적에 종속시켜 순수한 개성의 발전을 약화시키는 조직이다.

민주주의 실현의 조건을 확립하는 가장 큰 난관의 하나가 계획 경제와 각 개인의 적극적인 협동 사이의 모순에 있음은 분명하다. 대공업 조직과 같은 큰 범위의 계획 경제는 대규모의 중앙집권을 요구하고, 그 결과 이러한 집중화된 기구를 관리하는 관료제를 필요로 한다. 한편 각 개인과 모든 조직의 최소 단위에 의한 적극적인 관리와 협동은 대대적인 분권을 요구한다. 위로부터의 계획이 아래에서의 적극적인 참여와 융합되지 않는 한, 또 사회생활의 흐름이 줄곧 아래에서 위로 흐르지 않는 한, 계획경제는 다시 새로운 민중 조종으로 변할 것이다. 중앙집권과 지방분권의 결합이라는 이러한 문제를 해결하는 것이 사회의 주요한 일 가운데 하나이다. 그것은 분명히 우리가 이미 해결하여 우리에게 자연의 거의 완전한 지배를 가져다 준 기술적 문제와 같이 해결할 수 있다. 다만 우리가 그렇게 해야만 할 필요를 확실히 인식하고, 사람들을 믿으며, 인간 존재로서의 참된 이익에 주의를 기울이는 그들의 능력을 신뢰할 때에만 해결될 것이다.

　막상 그것은 또다시 우리가 당면하고 있는 개인적 창의의 문제이기도 하다. 이것은 자유적 자본주의 아래서 경제적 조직과 개인적 발전을 초래한 하나의 큰 자극이었다. 그러나 두 가지의 제한이 있었다. 즉 개인적 창의는 인간을 경제적 목적에 종속시켜 놓고 있으면서 인간의 선택된 일부의 성질, 즉 의지와 합리성만을 발달시켰다. 그것은 수많은 독립된 경제적 단위에 활동의 여지를 부여한, 자본주의의 고도로 개인화된 경쟁적인 형태에서 가장 잘 작용한 원리였다. 오늘날에는 이러한 영역이 좁혀졌다. 소수의 사람만이 개인적 창의를 행사할 뿐이다. 만일 오늘날 이러한 원리를 실현시키고 인격 전체가 자유롭게 될 수 있게끔 확대시키려 한다면, 그것은 사회 전체의 합리적이고 협조적인 노력의 위에 서서 그리고 조직의 최소 단위를 토대로 참되고 순수한 적극적 협동과 관리를 보장할 수 있는 많은 분권을 이룩함으로써만 가능할 것이다.

　인간이 사회를 지배하여 경제 기구를 인간의 행복의 목적에 종속시킬 때만, 또한 인간이 적극적으로 사회 과정에 참여할 때만, 인간은 현재의 절망—고독과 무력감—을 극복할 수 있다. 인간이 오늘날 고민하고 있는 것은 단지 빈곤이 아니다. 그보다는 오히려 큰 기계의 톱니나 자동인형이 되고 말았다는 사실과, 생활이 공허하게 되어 그 의미를 상실하고 말았다는 점이다. 모든 권위주의적 체계에 대한 승리는 민주주의가 후퇴하지 않고 공격적으로 나와서, 지난날 자유를 위해서 싸운 사람들이 마음속에 품었던 것과 같은 목표를 현실화하는 데까지 전진할 때에만 가능할 것이다. 민주주의는 인간 정신이 품을 수 있는 하나의 가장 강한 신념, 생명과 진리 그리고 개인적 자아의 적극적이며 자발적인 실현으로서의 자유에 대한 신념을 사람들에게 심어줄 때에만 니힐리즘의 힘을 이겨낼 수 있을 것이다.

부록
성격과 사회과정

　이 책에서 우리는 종교개혁 시대나 현대와 같은 어떤 역사적인 시기를 분석함으로써 사회 경제적·심리적·이데올로기적 여러 요인의 상호 관계를 다루어 왔다. 이와 같은 분석의 이론적 문제에 흥미가 있는 독자를 위해 나는 이 부록에서 그러한 구체적인 분석의 기준이 되는 일반적인 이론적 근거를 간단하게 말해 보려 한다.

　어떤 사회집단의 심리적 반응을 연구할 때 우리는 그 집단의 성원, 즉 개개인의 성격 구조를 다루고 있는 것이다. 그러나 우리가 흥미를 느끼는 부분은 인간이 서로 다르다는 그런 특수성이 아니라, 성원 저마다의 성격 구조에서 공통되는 면이다. 이와 같은 성격을 일컬어 '사회적 성격'이라고 하자. 사회적 성격은 그 때문에 필연적으로 개인적 성격보다도 일반적이다. 개인적 성격을 말하는 경우에는 저마다의 인격 구조를 독특한 것으로 하고 있는 모든 특성을 취급하게 된다. 사회적 성격은 개인이 지니고 있는 특성 속에서 어떤 것을 빼낸 것으로, 한 집단의 성원 대부분이 가지고 있는 성격 구조의 본질적인 핵심이며, 그 집단에 공통된 기본적 경험과 생활양식의 결과 발달된 것이다. 물론 전혀 다른 성격 구조를 가진 '예외'는 항상 존재하겠지만 그런 집단의 성원 대부분의 성격 구조는 이러한 핵심이 변화된 것으로, 이러한 변화는 저마다 다른 출생 조건이나 생활 경험의 우연적 요소의 결과에 불과하다. 만일 한 사람의 개인을 철저하게 이해하고자 한다면, 이러한 개인의 분화된 요소가 가장 중요한 것이 된다. 그러나 어떤 일정한 사회상에서 인간의 에너지가 하나의 생산적인 힘으로서 어떻게 형성되어 작용하는가를 이해하려고 하면, 그때에는 사회적 성격이 우리의 주요한 관심사가 된다.

　사회적 성격이라는 개념은 사회과정을 이해하기 위한 열쇠가 되는 개념이다.

성격이라는 것은 분석적 심리학의 동적인 뜻에서는 인간의 에너지가 일정한 사회의 특수한 존재 양식에 대해, 인간의 욕구가 동적으로 적응한 결과 형성되는 것이다. 그러나 성격은 반대로 개인의 의사나 감정이나 행동을 결정한다. 그것은 우리의 생각으로서는 이해하기 어려울지도 모른다. 왜냐하면 우리는 보통 사고란 전혀 지적인 행위이므로 인격의 심리적 구조와는 독립된 것이라고 믿기 때문이다. 그러나 실제로는 우리의 사상이 구체적인 대상을 오직 경험적으로 처리할 뿐만 아니라 윤리적·철학적·정치적·사회적인 여러 문제를 취급하기에 더욱더 그렇지 않다. 이와 같은 사상은 사고 작용 속에 내포되어 있는 순전히 논리적인 요소 외에 사고하는 인간의 인격 구조에 따라서도 크게 결정된다. 이러한 일은 사랑·정의·평등·희생이라는 단일의 개념뿐만 아니라, 하나의 교양이나 논리적 체계 전체에 대해서도 말할 수 있다. 이와 같은 개념이나 교리(敎理)는 저마다 하나의 감정적인 핵심을 내포하며, 그러한 감정적인 핵심은 개인의 성격 구조 속에 뿌리를 내리고 있다.

이러한 점에 대해서는 이제까지 많은 예를 제시했다. 교리에 대해서는 초기의 프로테스탄티즘과 현대의 권위주의 속에 있는 감정적인 근원을 보이려고 시도했다. 단일한 개념에 대해서는 다음과 같은 보기를 들었다. 가령 사도—마조히즘적인 성격에서 사랑이란 공서적(共棲的)인 의존이지 결코 평등 관계에 입각한 결합도 상호의 긍정도 아니라는 것, 희생이란 개인적 자아를 보다 더 높은 어떤 것에 철저하게 복종케 하는 것이지 정신적이고 도덕적인 자아를 주장하는 것은 아니라는 것, 차이란 힘의 차이로서 평등 위에 선 자아의 실현에 있어서의 차이는 아니라는 것, 정의란 각자가 저마다 받을 만한 가치가 있는 것을 받는 것으로 개인이 태어나면서부터의 양도하기 어려운 권리의 실현을 무조건 주장하는 것은 아니라는 것, 용기란 스스로 복종하거나 고통에 견디는 것으로서 권력에 대해 개성을 철저하게 주장하는 것은 아니라는 것 등을 보였다. 서로 다른 인격을 가진 두 사람이 가령 사랑에 관해서 이야기할 경우, 그 말은 같더라도 그 의미는 그들의 성격구조의 차이로 전혀 다르다. 사실 이러한 개념의 의미를 심리학적으로 올바르게 분석함으로써 많은 지적 혼란은 피하게 될 것이다. 왜냐하면 순수하게 이론적인 분류를 통해서는 어떠한 시도도 반드시 실패로 끝날 것이기 때문이다.

관념이 하나의 감정적인 핵심을 가지고 있다는 사실은 중요하다. 왜냐하면 그것은 어떤 문화의 정신을 이해하기 위한 열쇠이기 때문이다. 서로 다른 사회나 또한 같은 사회 속에서도 저마다 다른 계급은 각기 특수한 사회적 성격을 가지고 있으며, 그것에 따라 서로 다른 관념이 발달하여 강력해진다. 이렇듯 가령 일이나 성공이라는 것을 인생의 주요한 목적으로 삼는 생각은 현대인의 회의라는 기초에 서서 비로소 현대인에게 강력히 호소하게 된 것이다. 그러나 푸에블로인디언이나 멕시코의 농민에 대해 끊임없는 노력이나 성공의 추구라는 관념을 선전해도 그것은 완전히 실패할 것이다. 이러한 판이한 성격 구조를 가진 인간은 이와 같은 목표를 표방하는 인간이 무슨 이야기를 하는지 설사 그 말은 알아듣는다 해도 내용은 거의 이해하지 못할 것이다. 마찬가지로 히틀러나 그와 같은 성격 구조를 지닌 일부 독일인은, 전쟁을 없앨 수 있다고 생각하는 사람은 완전히 바보이거나 단순한 거짓말쟁이에 불과하다고 진지하게 느끼고 있다. 그러한 사회적 성격 때문에 그들에게는 고민이나 재난이 없는 생활 같은 것은 자유나 평등처럼 거의 이해가 안 되는 것이다.

사상이라는 것은 어떤 집단에 의식적으로는 받아들여지고 있더라도 그 집단의 특수한 사회적 성격 때문에 실제로는 받아들여지지 않는 일이 가끔 있다. 이와 같은 사상은 의식적인 신념으로 되어 있으나, 유사시(有事時)에는 그러한 사상에 따라서 행동할 수 없다. 이러한 예는 나치즘이 승리를 획득했던 시대에 등장했던 독일의 노동 운동에 명백하게 나타나 있다. 독일 노동자의 대부분은 히틀러가 세력을 획득할 때까지는 사회주의 혹은 공산주의의 정당에 투표하여, 이러한 정당의 사상을 믿고 있었다. 즉 노동자 계급 사이에서 이러한 사상은 매우 광범위하게 펼쳐져 있었던 것이다. 그러나 이러한 사상의 무게는 그 넓이에 전혀 비례하지 않았다. 나치즘은 공격을 개시했을 때 정치적인 적대자(敵對者)와 충돌하는 일이 없었다. 적대자의 대부분은 나치의 사상을 위해 자진해서 싸웠다. 좌익 정당의 많은 지지자들은 그들의 정당이 권위를 가지고 있는 동안은 그 정당의 정책을 신봉하고 있었으나, 한번 위기가 닥치자 쉽사리 그것을 버렸다. 독일의 노동자의 성격 구조를 면밀하게 분석해 보면 이러한 현상이 일어난 하나의 원인—물론 유일한 원인은 아니지만—이 명백해진다. 그들 대다수는 우리가 권위주의적 성격이라고 말한 것과 같은 많은 특성을 지닌 인격 유형에 속해 있다. 그들은 고립된 권위에 대해 뿌리 깊은 존경과 갈망을 가지고 있었다. 사회주의는 권위에 대해서는 개인의 독립을 강조하고, 개인적인 은퇴에 대해서는 연대성을 강조하는데, 그것은 이러한 노동자의 대다수가 그들의 인격 구조에 입각하여 정녕 희구하던 것은 아니었다. 급진적인 지도자가 저지른 과오 하나는 단순히 그러한 사상이 광범위하게 퍼져 있었다는 현상만으로 그 정당의 힘을 평가했다는 것, 그리고 그 사상에는 무게가 없었다는 점을 소홀히 보아 넘긴 것이다.

이에 반하여 우리가 프로테스탄트나 칼뱅이슴의 교리를 분석해서 밝혀낸 사실은, 이러한 사상이 새로운 종교의 추종자들 사이에서 강력한 힘이 되었다는 것이다. 또 그 사상이 그것을 가르친 사람들의 성격 구조 속에 존재하고 있었던 욕구나 불안에 호소했기 때문이라는 것이다. 다시 말해서 사상이 강력하게 될 수 있는 것은, 그것이 어떤 사회적 성격에서 현저하게 보이는 어떤 특수한 인간적 욕구에 응하는 한에 있어서이다.

단지 사고나 감정뿐만 아니라 행위 또한 인간의 성격 구조에 따라 결정된다. 이러한 점을 지적한 것은 프로이트의 업적이다. 이에 대한 그의 이론 구성이 설사 잘못되었더라도, 인간의 성격 구조에 있어서 지배적인 경향이 행동을 결정한다는 것은 신경증의 경우 명백하다. 집의 창문을 헤아리거나 보도블록의 수를 세려는 충동이 강박적인 어떤 충동에 기인하고 있는 것은 쉽사리 이해된다. 반면 정상적인 인간의 행위는 합리적인 사고나 현실의 필요만으로 결정되는 것처럼 보인다. 그러나 정신분석학이 제공하는 새로운 관찰 방법에 따르면, 이른바 합리적인 행동도 성격 구조에 따라 크게 좌우된다는 점을 알게 된다. 우리는 현대인에게 '일'이 어떠한 의미를 지니는가를 논했을 때, 이러한 점에 대해 설명했다. 우리는 끊임없는 활동을 희구하는 강력한 욕구가 고독과 불안에서 기인함을 보았다. 일에 대한 이러한 충동은 다른 문화에서 나타나는 일에 대한 태도와 다르다. 다른 문화에서 사람들은 필요한 만큼 일하며, 그들의 성격 구조 속에 있는 어떤 여분의 힘에 의해 움직이지 않았다.

오늘날 정상적인 사람은 모두가 일에 대해 똑같은 충동을 가지고 있기 때문에, 더구나 어쨌든 생존하고 싶다면 일에 대한 이와 같은 강력한 충동이 필요하기에, 이러한 특성에 포함되어 있는 비합리적인 요소는 자칫 보지 못하고 놓치기 쉽다. 이제 우리는 성격이라는 것이 개인이나 사회에서 어떠한 기능을 하는지를 문제 삼아야만 한다. 개인에 대한 기능에 관해서는 쉽사리 답할 수 있다. 만일 개인의 성격이 그 사회적 성격과 다소나마 밀접하게 일치된다면, 그는 인격의 지배적인 충동에 따라 그 문화가 지닌 특수한 사회적 조건 아래에서 필요로 하며 소망되기도 하는 일을 할 수가 있다. 가령, 돈을 모으고 싶다는 강력한 충동이 있고 사치스럽게 돈을 쓰는 것을 싫어하는 사람이라면—그가 작은 가게 주인이어서 경쟁에 이기기 위해서는 돈을 모아 검약해야 한다고 가정하면—그에게 이러한 충동은 크게 도움이 될 것이다. 성격의 특성은 이와 같은 경제적인 기능 외에 그에 못지않게 중요한 순수한 심리적 기능을 가지고 있다. 그러한 인격에서 돈을 모으고 싶다는 욕망을 가진 사람은 그와 같이 행동한다면 깊은 심리적 만족을 느낀다. 즉 그는 돈을 모을 때, 실제로 이익을 얻을 뿐만 아니라 동시에 심리적으로 만족을 느낀다. 이것은 다음 예를 보면 쉽게 납득할 수 있을 것이다. 하층 중산계급의 어떤 여성이 시장에서 물건을 사고 2센트를 절약했다. 이때 그녀는 다른 성격의 사람이 뭔가 관능적인 향락으로 맛본 것과 같은 행복을 느낀다.

이와 같은 심리적 만족은 성격 구조에서 흘러나오는 요구에 일치해서 행동을 할 때뿐 아니라 그에게 호소하는 사상을 읽거나 들을 때에도 동일한 이유에서 나타난다. 권위주의적 성격에 있어서는 우리가 복종해야만 하는 힘으로 자연을 묘사하는 이데올로기나 정치적 사건의 사디즘적인 모습을 자랑스럽게 말하는 연설 같은 것은 강한 매력이며, 그것을 읽거나 들으면 심리적으로도 만족하게 된다. 요컨대 정상적인 사람에 대한 성격과 주관적 기능은 그로 하여금 실제의 견지에서 필요한 일에 적응하여 행동케 하는 것이며 또한 그 행동에 의해 그에게 심리적인 만족을 부여한다는 것이다. 사회과정에서 어떠한 기능을 하는가 라는 관점에서 사회적 성격을 고찰하려면, 사회적 성격이 개인에 대해서 가지고 있는 기능에 관해 이미 말한 데서 출발해야만 한다. 즉 인간은 사회적 조건에 적응하는 동안에 그가 꼭 해야만 할 듯한 일을 바라게 하는 특성을 발달시킨다는 것이다. 만일 어떤 한 사회에 속한 구성원 대부분의 성격—즉 사회적 성격—이 이러한 사회에서 개인이 해야만 하는 객관적인 일에 적응한다면, 사람들의 에너지는 그 사회의 활동에 없어서는 안 될 생산적인 힘이 되게끔 형성된다. 다시 한번 '일'의 예를 생각해 보자. 근대적 산업 조직은 우리의 에너지 대부분이 일이라는 방향으로 돌려질 것을 요구한다. 만일 사람이 외부적인 필요에 따라서 일하는 것뿐이라면, 해야 할 일과 하고 싶은 일 사이에 많은 마찰이 생겨 능률이 저하될 것이다. 그러나 성격이 사회적 요구에 역동적으로 적응해 감으로써 인간의 에너지는 마찰을 일으키지 않고 일정한 형식으로 형성되어 특수한 경제적 요구에 응해 행동하게끔 이끌려 간다. 이로써 현대인은 외부의 강요를 받아 열심히 일하는 것이 아니라, 일에 대한 내적인 강제로 움직이고 있다. 그러한 내적 강제의 심리적인 의미에 대해서는 이미 분석한 그대로다. 또 현대인은 뚜렷한 외적인 권위에 복종하는 대신 내적 권위—양심이나 의무—를 만들어 냈다. 그러한 내적인 권위는 어떠한 외적 권위보다도 월등하게 그를 더욱 효과적으로 지배한다. 다시 말해서 사회적 성격은 외적인 필요를 내면화하고, 나아가서는 어느 일정한 경제적·사회적 조직의 과제를 수행하기 위해 인간의 에너지를 이용하는 것이다.

이미 본 바와 같이 한번 어떤 욕구가 성격 구조 속에 발달하면 이러한 욕구에 따른 행동은 어떠한 것이건, 심리적으로도 또한 물질적 성과라는 점에서 실제적으로도 동시에 만족을 얻게 된다. 사회가 개인에게 이러한 두 가지의 만족을 동시에 부여할 때 심리적인 힘이 사회 구조를 강화하는 상황이 발생한다. 그러나 조만간 하나의 차이가 생긴다. 새로운 경제적 조건이 이미 나타나 있는데도 전통적인 성격 구조가 남게 되며, 그것은 벌써 새로운 경제적 조건에 대해 무용지물이 된다. 사람들은 저마다의 성격에 따라 행동하려 한다. 그러나 이러한 행위는 경제적인 추구에 있어 실제로는 장애가 되거나 혹은 그들의 '본성' 그대로 행동할 수 있을 것 같은 위치를 좀처럼 발전하지 못하는 것이 실정이다. 우리가 오늘날 생각하고 있는 것은 옛날의 중산계급, 특히 독일처럼 계급 구별이 엄격한 나라들의 중산계급의 성격 구조에서 그 예를 볼 수 있다. 옛날 중산계급의 미덕—질서, 검약, 조심성, 의심성—은 창의나 모험심이나 투쟁성 등과 같은 새로운 미덕에 비해 가치가 내려가고 있었다.

이러한 낡은 미덕이 여전히 보배로서 남아 있다 해도—소규모 가게 주인에게처럼—이러한 사업의 입지는 몹시 좁아져서, 그러한 성격 특성을 경제적 추구에 교묘하게 '이용'할 수 있는 것은 옛날 중산계급의 극소수의 자식들뿐이었다. 그들은 지난날 그들 계급의 사회적 상황에 적응했었던 성격 특성을 발전시키긴 했지만, 경제적 발전은 성격의 발전을 뛰어넘고 말았다. 경제적 진화와 심리적 진화와의 이러한 차이 때문에 심리적 욕구는 이에 통상적인 경제적 활동으로는 채울 수 없는 상황을 자아냈다. 그러나 이러한 욕구는 여전히 존재하여, 다른 방법으로 만족을 구해야만 하게 되었다. 하층 중산계급의 특징이었던 자신만을 위한 편협한 자기중심적인 노력은 개인적인 측면에서 국민적인 측면으로 옮겨졌다. 사적인 싸움에 이용되어 온 사디즘적인 성격도 일부는 사회적·정치적인 측면으로 격이 오르고 또한 일부는 욕구불만으로 날카롭게 변했다. 이어 그들은 속박적 요소에서 해방되어 정치적 박해나 전쟁 속에서 만족을 구하려고 했다. 이렇듯 욕구를 만족시켜주지 않는 전체적인 상황 때문에 야기된 분노와 얽혀서, 심리적인 힘은 기존 사회 질서를 강화하는 대신, 민주주의 사회의 전통적인 정치·경제 기구를 파괴하려는 무리에게 이용되는 다이너마이트가 되었다.

교육 과정이 사회적 성격의 형성에서 어떠한 역할을 하는가는 아직 언급하지 않았다. 그러나 많은 심리학자가 젖먹이 어린이의 훈육 방법과 성장기 어린이에 대한 교육 기술을 성격 발달의 원인이라고 생각하는 사실로 미루어, 교육 과정의 역할에 대해 어느 정도 언급하는 것이 정당해 보인다. 첫째로, 우리 자신에게 교육이란 무엇을 뜻하는가를 묻지 않을 수 없다. 교육은 여러 가지로 정의할 수 있으나 사회 과정이란 각도에서 보면 대체로 다음과 같은 것이라고 생각된다. 교육의 사회적 기능은 개인에게 이제부터 사회에서 해야 할 역할을 다할 수 있도록 자질을 부여하는 일이다. 즉 개인의 성격을 사회적 성격으로 접근케 하여 그의 소망을 그의 사회적 역할에 필요한 것과 일치되게끔 형성하는 일이다. 어떠한 사회의 교육 조직도 이런 기능에 의해 결정되고 있다.

그 때문에 우리는 교육 과정을 통해 사회의 구조나 그 성원의 인격을 설명할 수는 없기 때문에 일정한 사회의 사회적·경제적 구조에서 유래되는 필요성에 의해 교육적 조직을 설명해야 한다. 그러나 교육의 방법은 개인이 요구되는 형식으로 형성되어 가는 메커니즘인 이상 지극히 중요하다. 교육 방법은 사회적 요구를 개인적 성질에 변형시키는 수단이라고 생각할 수 있다. 교육적 기술은 특정의 사회적 성격의 원인은 아니지만, 성격을 형성하는 하나의 메커니즘을 구성한다. 이런 뜻에서 교육 방법에 대한 지식과 이해는 활동하는 사회의 전체적 분석 속에서 하나의 중요한 부분이 된다.

지금 말한 일들은 교육 과정 전체의 하나의 특수한 부분인 가족에 대해서도 말할 수 있다. 프로이트는 어린 시절의 경험이 그 성격 구조 형성에 결정적인 영향을 준다고 지적했다. 만일 이것이 진실이라면 사회생활이라는 것을 거의 경험하지 못하는 아이들—적어도 우리 문화에서처럼—이 사회에 의해 성격이 형성된다는 것을 어떻게 이해해야 할까? 그 대답은 단지 부모가—어떤 개인적인 변수는 제외하더라도—그들이 살고 있는 사회의 교육 형식을 적용할 뿐만 아니라, 부모 자신들의 인격 속에 그 사회나 계급의 사회적 성격을 내포하기 때문이라는 것이다. 부모는 현재의 있는 그대로 어떤 사회의 심리적 환경이라든가 정신에 대해 말할 수 있는 것을 어린이에게 전한다. 요컨대 부모는 바로 이러한 사회정신의 대표자이다. 이리하여 가족은 사회의 심리적 대행자라고 볼 수 있다.

사회적 성격은 어느 일정한 사회의 존재 양식을 토대로 형성된다고 했으나, 제1장에서 역동적 적응이라는 문제에 대해서 말한 것을 상기해 주기 바란다. 인간이 사회의 경제적·사회적 구조의 필요에 따라 형성되는 것은 확실하지만, 그가 무한정으로 적응할 수 있는 것은 아니다. 어떻게 해서든 만족을 구해야만 한다는 생리적 요소가 존재할 뿐만 아니라 인간 고유의 심리적 성질도 있기 때문이다. 그것은 만족을 필요로 하며 만일 좌절되면 어떤 종류의 반대작용이 나타난다. 이러한 성질이란 무엇일까? 그중에서도 가장 중요한 것은 성장하려는 경향, 인간이 역사의 과정 속에서 발달시켜 온 여러 가지 능력—가령 창조적·비판적인 사고 능력이나 각양각색으로 다른 감정적·감각적인 경험의 능력—을 발전시켜 실현하려는 경향이다.

이러한 모두가 그 자체의 역학을 가지고 있다. 그러한 잠재력은 한번 진화의 과정에서 발달하면 표현되려고 한다. 이러한 경향은 억압되고 방해되는 일이 있으나, 그런 억압은 새로운 반작용을 가져오고 특히 파괴적인 충동이나 공생적인 충동을 형성한다. 이렇게 성장하려고 하는 일반적인 경향—그것은 성장하려고 하는 생물학적인 경향이다—은 자유를 바라는 소망이나 억압에 대한 증오와 같은 특수한 경향이 되는 것처럼 보인다. 왜냐하면 자유는 모든 성장의 근본적인 조건이기 때문이다. 또 자유를 바라는 소망은 억압될 수도 있고 개인의 의식에서 사라져 버릴 수도 있다. 그러나 그런 경우에도 그것은 하나의 잠재력으로서 존재하고 있다. 그리고 이와 같은 억압에 항상 따르는 의식적·무의식적인 혐오로 그 존재를 보여주고 있다.

또한 우리는 앞서 말한 바와 같이 정의나 진리를 바라는 경향—물론 그러한 경향은 자유를 바라는 경향과 마찬가지로 억압되어 옆길로 밀려나기도 하지만—을 선천적인 것이라고 가정할 이유도 가지고 있다. 그러나 이렇게 가정할 때 이론적으로는 위기에 서게 된다. 이와 같은 경향의 존재를 증명하는 데 있어 인간은 신(神)과 비슷하게 만들어졌다고 하는 신앙이나 자연법의 주장 같은 데 의지하여 종교적·철학적 가정으로 되돌아갈 수 있다면, 그것은 쉬운 일이다. 그러나 이와 같은 설명으로는 우리의 이론을 뒷받침할 수 없다. 우리의 의견으로는 정의나 진리를 바라는 이러한 경향을 설명하는 단 하나의 방법은 인간의 역사 전체를 사회적으로나 개인적으로 분석하는 일이다. 그러면 모든 무력한 인간에게는 정의와 진리가 자유와 발전을 바라는 싸움에서 가장 중요한 무기라는 사실을 알게 된다. 인류의 대부분은 그 역사를 통해서 그들을 압박하고 착취하는, 보다 더 강력한 집단에 대항해 자신을 지켜야 했을 뿐만 아니라 누구나가 어렸을 때 무력감을 특징으로 하는 시기를 겪는다. 이러한 무력한 상태에서 정의감이나 진리감 같은 특성이 발달하여 그것이 인간의 일반적인 능력이 된 듯 보인다. 그 때문에 우리는 다음과 같은 사실에 도달하게 된다.

즉 성격의 발달은 근본적인 생활 조건에 의해 형성되고 생물학적인 고정된 인간성이라는 것은 존재하지 않으나, 인간성은 그 자체가 하나의 역학을 가지고 있어 사회 과정의 진화에서 적극적인 요인을 형성하고 있다. 이러한 인간성의 역학이 어떤 정체의 것일까라는 문제를 심리학적인 용어로 뚜렷하게 말할 수는 아직 없다고 하더라도 우리는 그 존재를 인정해야만 한다. 생물학적 형이상학적인 개념의 잘못을 피하려다가, 인간은 사회적 환경이라는 실로 조종되는 인형에 불과하다고 생각하는 사회학적 상대주의에 빠져 또다시 똑같은 큰 잘못을 저질러서는 안 된다. 자유와 행복을 바라는 인간이 차지할 수 없는 권리는 인간이 태어나면서부터의 성질, 즉 살고자 하고 발전하고자 하는 경향이나 역사적 진화의 과정 속에서 그에게 발달된 능력을 표현하고자 하는 경향에 기인하고 있다.

여기서 우리는 이 책에서 시도한 심리학적 방법과 프로이트의 입장과의 차이점을 다시 한번 말할 수 있다. 그 첫째의 차이점은 제1장에서 상세히 취급했기에 여기서는 아주 간단하게 다루기만 해도 충분할 것이다.

우리는 생물학적 요인의 의미를 과소평가하는 것은 아니라, 인간성은 본질적·역사적으로 조건부라고 보고 있다. 그리고 문제를 문화 대(對) 생물학적 요인이라는 말로 올바르게 해결할 수는 없다고 믿고 있다. 둘째로 프로이트의 본질적인 원리에 따르면, 인간이란 자연에 의해 생물학적으로 조건 지어진 어떤 충격을 받게 된 하나의 완결체, 즉 폐쇄된 조직이다. 그리고 인간의 성격 발달을 이러한 생리학적인 충동의 만족, 불만족에 대한 반작용으로서 설명하고 있다. 이에 반하여 우리의 생각으로는 인격에 접근하는 근본적인 방법은 세계나, 타인이나, 자연이나, 또한 자기 자신에 대한 인간의 관계를 이해하는 일이다. 인간은 본래 사회적 존재이며, 프로이트의 가정처럼 본래는 자기 충족적인 존재로서 그 본능적 욕구를 채우기 위해 이차적으로만 타인을 필요로 하는 것은 아니라고 우리는 생각한다.

이러한 뜻에서 개인 심리학은 근본적으로는 사회 심리학이다. 심리학의 중심 문제는 외부 세계에 대한 개인의 특수한 관계의 문제이므로 단순한 본능적 욕구의 만족, 불만족의 문제가 아니다. 인간의 본능적 요구에 대해서 일어나는 문제는 인격 문제 그 자체로서가 아니라 인간의 외부 세계에 대한 관계라는 문제 전체의 일부로서 이해되어야 한다. 그 때문에 우리의 방법으로는 사랑·증오·인정·공서와 같이 타인에 대한 관계를 중심으로 하는 욕구나 소망이 근본적인 심리 현상이 되는 데 반하여, 프로이트에게 그러한 것은 본능적인 욕구의 만족·불만족에서 생기는 거의 이차적인 결과에 불과하다.

프로이트의 생물학적 방향과 우리의 사회적 방향과의 차이는 성격학의 문제에 관해 특히 중요하다. 프로이트 및 그의 발견의 기초에 선 아브라함, 존즈 등은 다음과 같은 것을 가정했다. 즉 어린이는 식사와 배설의 과정에 결부되어 이른바 성감대(性感帶—입과 항문)를 통해 쾌감을 느낀다는 것, 또한 이러한 성감대는 과도한 자극이나 욕구불만 혹은 체질적으로 강한 감수성 같은 것에 의해, 정상적인 발달 과정을 통해 생식기가 가장 중요해지는 나이에 이르기까지 그들의 리비도적 성격을 남긴다고 가정되었다. 또한 전(全)생식기적 수준에의 이러한 고정은 성격 구조의 일부가 되는 승화와 반작용의 형성을 이끄는 것이라고 가정되었다. 가령 어떤 사람이 돈이나 그 밖의 것을 모으려는 충동을 가지는 것은 대변을 모아 두고자 하는 무의식적인 욕구가 승화했기 때문이다. 혹은 어떤 사람이 자신의 노력이 아니라 다른 누군가를 통해 모든 것을 획득하려는 것은 식사를 주었으면 하는 무의식적인 소망에 충동되어 그것이 조력이나 지식 따위를 얻으려는 소망으로 승화되었기 때문이다.

프로이트의 관찰은 몹시 중요한 것이기는 했으나 한 가지 잘못된 설명을 했다. 그는 이러한 '구순적(口脣的)' 혹은 '항문적(肛門的)' 성격 특성의 격정적, 비합리적인 성질을 올바르게 꿰뚫어 보았다. 또한 이와 같은 욕구는 인격의 전 영역 즉 성적·감정적·지적인 생활에까지 침투하여 그의 모든 활동을 물들이고 있는 것을 간파했다. 그러나 그는 성감대와 성격 특성과의 인과관계를 사실과는 반대로 해석하는 과오를 범했다. 사랑, 보호, 지식, 물질적 사물 등 사람이 얻고자 하는 모든 것을 외부로부터 수동적으로 받아들이려고 하는 소망은 타인에게 대한 그의 경험의 반작용으로서 어린이들의 성격 속에 발달된다. 만일 타인과의 경험에서 공포심이 생겨 자기의 강한 감정이 약해진다면, 만일 창의와 자신이 마비된다면, 적개심이 발달하여 그것이 억압된다면, 또한 만일 동시에 아버지나 어머니가 절대복종이라는 조건 아래 애정이나 보호를 주게 된다면, 이러한 일련의 일들은 적극적으로 문제를 해결하는 태도를 상실케 한다.

그 결과 그의 모든 에너지는 모든 소망을 의외로 실현시켜주는 외적인 힘을 요구하게 된다. 이와 같은 태도는 몹시 격렬한 성질을 띠게 된다. 그것이 이러한 인간이 그 소망의 실현을 기대할 수 있는 또 하나의 길이기 때문이다. 이러한 사람들이 음식이나 젖을 얻는 꿈이나 환상을 때때로 갖는 것은, 입이 다른 기관보다도 이러한 수동적인 태도의 표현에 적합하다는 사실에 기인한다. 그러나 입과 입술의 감각이 이러한 태도의 원인은 아니다. 그것은 신체적 언어로써 외계에 대한 태도를 표현하는 것이다. 항문적 인간에 대해서도 같은 말을 할 수 있다. 그는 그런 특수한 경험에 의해 구순적 인간보다도 소극적이며, 자기 자신을 자급자족적 자기만족적인 조직으로 만듦으로써 안정감을 바라고, 사랑이나 외향적인 태도를 자신의 안정감을 위협하는 것으로 느낀다. 이러한 태도가 우선 식사, 배설과 관련해서 발달되는 것은 많은 실례가 보여주듯이 진실이다. 식사와 배설은 어릴 때에는 어린이의 주요한 활동이며, 부모 측에서는 사랑이나 억압, 아이 측에서는 친밀감이나 반항이 표현되는 주요한 무대이다. 그러나 성감대에 대한 자신의 과도한 자극이나 욕구불만이 인간의 성격 속에 이와 같은 태도를 고정시키는 것은 아니다. 어린이는 식사나 배설에 결부해서 어떤 쾌감을 맛보지만, 이러한 쾌감은 성격 구조 전체에 뿌리를 내린 태도를 육체적인 차원으로 표현하지 않는 한 성격의 발달의 중요한 바탕은 되지 않는다.

어머니의 절대적인 사랑을 믿고 있는 젖먹이는 갑자기 어머니의 젖을 먹지 못하게 되더라도 성격학적으로는 아무런 중대한 변화도 없을 것이다. 이에 반해 어머니의 애정을 신뢰하지 않는 젖먹이는 설사 젖을 먹는 일에 별로 방해를 받지 않더라도 '구순적' 성격이 될 것이다. 뒷날에야 나타나는 '구순적' 혹은 '항문적'인 환상이나 육체적 동요는 그러한 것이 가지고 있는 육체적 쾌락이나 그 쾌락의 이상스러운 승화 같은 점에서 중요한 것이 아니라, 그 밑바닥에 가로놓여 그것을 표현하고 있는 외부 세계에 대한 특수한 관계라는 점에서 중요한 것이다.

이렇게 생각할 때 비로소 프로이트의 성격학적인 발견이 사회 심리학에서 유익한 것이 될 수 있다. 가령 구라파의 하층 중산계급에서 전형적으로 볼 수 있는 항문적 성격이 유아 시대의 배설과 결부된 특수한 경험 때문이라고 한다면, 어째서 어떤 특수한 계급에만 항문적 성격이 나타나는가는 해석할 수 없다. 그러나 항문적 성격을 성격 구조에 뿌리박은 외부 세계와의 경험에서 생겨나는 대인 관계의 한 형식이라고 생각한다면, 하층 중산계급의 편협이라든가 고독이라든가 적개심이라든가 하는 생활양식 전체가 어째서 이와 같은 성격 구조를 발달시켰는가를 알 수 있는 열쇠를 쥐게 되는 것이다.[1]

셋째로 중요한 차이점은 첫째, 둘째의 것과 밀접하게 관련되어 있다. 프로이

---

1) F. 알렉산더는 프로이트의 성격학적 발견을 우리의 설명과 어느 점에서 비슷한 말로 서술했다 (Cf. F. Alexander, "The Influence of Psychological Factors upon Gastro Intestinul Disturbances", *Psychoanalytic Quarterly*, Vol XV, 1934) 그런 그의 견해는 프로이트보다 한 걸음 나아간 것이었다. 그러나 근본적으로 생물학적인 입장에서 탈피하지 못했으며, 인간의 상호 관계를 이러한 '전생식기적'인 충동의 기본이자 본질로서 충분히 인식하는 데 성공하지 못했다.

트는 본성을 기초로 생각하고 인간성의 악을 깊이 믿고 있었기에 인간 속의 '관념적인' 동기를 모두 그 어떤 '비속한' 것의 결과라고 설명하는 경향이 있다. 이 좋은 예는 그가 정의감을, 어린이가 유년기에 자기보다 우수한 것에 대해서 가지는 초기 단계적인 선망(羨望)의 결과라고 설명한다는 것이다. 이미 지적했듯이 우리는 진리·정의·자유 같은 이상은 물론, 단순한 말이나 합리화에 불과한 것도 흔히 있지만 순수한 추구일 때도 있으며, 또한 이와 같은 추구를 동적인 요소로서 취급하지 않는 분석은 모두가 잘못되었다고 믿고 있다. 이러한 이상은 결코 형이상학적인 성질의 것이 아니라, 인간 생활의 여러 조건에서 기인된 것이며, 그와 같은 것이라고 분석할 수 있다. 형이상학적인 혹은 관념적인 개념으로 전락하는 것을 두려워한 나머지 이와 같은 분석을 게을리해서는 안된다. 이상과 관계되는 도덕적 문제뿐만 아니라, 이상에서 동기를 연구하는 일, 또한 그로 인하여 이와 같은 문제에 대한 우리의 사색을 전통적인 사색으로 문제를 애매하게 만드는 비경험적 형이상학적인 요소에서 해방하는 일이 경험 과학으로서의 심리학의 일이다.

마지막으로 또 하나의 차이를 들어야겠다. 그것은 결핍의 심리학적 현상과 과잉의 심리학적 현상과의 구별에 대해서이다. 인간 존재의 초기 단계는 결핍의 단계이다. 거기에는 다른 무엇보다도 먼저 만족시켜야만 하는 어쩔 수 없는 욕구가 존재한다. 이와 같은 기본적 욕구를 만족시킨 토대 위에서 인간에게 시간과 에너지가 남겨졌을 때에만 문화는 발달하며, 그와 더불어 과잉 현상에 따른 노력도 발전할 수 있다. 자유로운(혹은 자발적인) 행위는 항상 과잉의 현상이다. 프로이트의 심리학은 결핍의 심리학이다. 그는 쾌락을 정의하여 고통스러운 긴장이 사라진 결과 생기는 만족이라고 말하고 있다. 사랑이라든가 상냥스럽다든가 하는 과잉의 현상은 실제로 그의 체계에서는 아무 역할도 못하고 있다. 그는 이와 같은 현상을 제외했을 뿐만 아니라 그 자신이 비상한 주의를 기울인 성의 현상에 대해서도 한정적으로밖에는 이해하지 못했다. 쾌락에 대한 그의 모든 정의에 따르면, 프로이트는 성 속에서 오직 생리적인 강제밖에는, 성적인 만족 속에서 고통스러운 긴장으로부터의 해방밖에는 보지 않았다. 과잉의 현상으로서의 성적 충동이나 자발적인 희열로서의 성적 쾌락—그러한 본질은 긴장으로부터의 해방이라는 식의 소극적인 것은 아니다—은 그의 심리학에는 전혀 나타나 있지 않다.

문화의 인간적 기반을 명백히 하기 위해 이 책이 적용한 설명 원리는 도대체 어떠한 것일까? 이 문제에 대답하기에 앞서 우리와는 다른 설명을 하는 주요한 입장을 상기하는 편이 효과적일 것이다.

첫째, 프로이트의 사고방식을 특징짓고 있는 '심리학적' 접근 방법. 이에 따르면, 문화적 현상은 본능적 충동에 유래하는 심리적 요인에 뿌리를 내리고 있다. 그러한 심리적 요인은 어느 정도의 억압에 있어서만 사회적인 영향을 받는 것이다. 이와 같은 설명의 선에 따라 프로이트파 학자들은 자본주의를 항문적 에로티시즘의 결과라고 설명하며, 원시 그리스도교의 발달을 아버지를 상상할 때의 호악(好惡) 양면의 태도의 결과라고 설명했다.[2]

둘째, 마르크스 역사관의 그릇된 적용 속에서 볼 수 있는 '경제학적' 접근 방법. 이 견해에 따르면 종교나 정치사상과 같은 문화적 현상의 원인은 주관적인 경제적 이해라고 한다. 이러한 사이비 마르크스적 견해에서는[3] 프로테스탄티즘도 단지 부르주아지의 경제적 욕구에 대한 대답으로서 설명될 뿐이다.

마지막으로, 막스 베버의 《프로테스탄트 윤리와 자본주의 정신》의 분석에 대표되는 '관념론적' 입장. 그는 새로운 종교적 사상은 새로운 형식의 경제적 행위와 새로운 문화 정신과의 발달에 공헌한 힘이 있다고 주장한다. 물론 그는 이러한 새로운 형식의 행위도 오직 종교적 교리에 의해서만 결정되는 것은 아니라는 점을 강조하고 있다.

이러한 설명에 대해서 우리는 일반적으로 이데올로기나 문화는 사회적 성격에 뿌리를 박고 있다는 것, 사회적 성격 그 자체는 어느 일정한 사회의 존재 양

---

2) 이 방법에 대한 더욱 충분한 이론은 나의 저서 《그리스도의 교리(*Zur Entstehung des Christus-Dogmas*, Psychoanalytischer Verlag, Wien, 1931)》 참조.

3) 내가 이러한 견해를 사이비 마르크스적이라고 부르는 이유는, 역사가 경제적 동기로 결정된다는 마르크스의 이론을 제대로 해석하지 않기 때문이다. 그가 말하는 경제적 동기란, 물질적 부의 추구가 아니라 마르크스가 실제로 의미했던 것과 같이 각양각색인 경제적 태도—물질적 부의 획득을 바라는 강렬한 소망은 극히 그 하나에 불과하다—를 결정지을 수 있는 객관적인 조건이다(이는 제1장에서 지적되었다). 이 문제에 대한 상세한 논의는 내가 쓴 《심리분석학의 방법과 과제에 대하여(*Über Methode und Aufgabe einer analytischen Sozialpsychologie*, Zeitschrift für Sozialforschung, Bd. I, 1932, p.28. ff.)》 속에서 볼 수 있다. 또한 린드(Robert S. Lynd)의 《무엇을 위한 지식인가?(*Knowledge for What?* Prinston University Press, Prinston, 1939, Chap. II)》도 참조하라.

식을 토대로 형성된다는 것, 또한 반대로 지배적인 성격이 사회 과정을 형성하는 생산적 힘이 된다는 것을 주장해 왔다. 프로테스탄티즘의 정신과 자본주의의 정신과의 문제에 대해서 나는 다음과 같은 것을 보여 주려고 했다. 즉 중세 사회의 붕괴는 중산계급을 위협했으며, 이러한 위협에서 무력한 고독감과 회의감이 생겼고, 이러한 심리적인 변화가 루터나 칼뱅의 교리의 호소를 받아들이는 데 힘이 되었다는 것, 또한 이러한 교리가 성격적인 변화를 강화하고 고정시켰으며 이렇게 해서 발달한 성격 특성이 다음에는 애당초 경제적·정치적 변화에서 생긴 자본주의를 촉진하는 데 생산적인 힘이 되었다는 점이다.

파시즘에 대해서도 동일한 설명 원리를 적용했다. 하층 중산계급은 가령 사도—마조히즘적인 충동과 같은 성격 특성을 강화하여, 발전하는 독점 회사의 힘과 전후(戰後)의 인플레이션과 같은 경제적 변화를 발달시켰다. 나치의 이데올로기는 이러한 특성에 호소하여 그것을 강화했다. 그리고 이 새로운 성격 특성이 뒤이어 독일 제국주의의 확대를 뒷받침하는 유효한 힘이 된 것이다. 어떠한 경우에도 어떤 사회 계급이 새로운 경제적 경향에 의해 위협을 받으면, 그 계급은 이에 대해 심리적으로 또한 이데올로기적으로 반응해 간다. 그리고 이와 같은 반응이 초래한 심리적 변화가 경제력의 발달을 촉진한다. 설사 그러한 힘이 그러한 계급의 경제적 이익과 모순되더라도 경제적·심리적·이데올로기적 여러 힘은 사회과정서 다음과 같은 방법으로 작용한다. 즉 인간은 외부 세계의 변화에 대해서 자기 자신을 변화시킴으로써 대처하고 그리고 이러한 심리적 요인이 이번에는 반대로 경제적·사회적인 과정의 형성을 조장한다. 경제적인 힘은 유력한 것이지만, 심리적 동기로서가 아니라 객관적인 조건으로서 이해되어야만 한다. 심리적인 힘도 유력한 것이지만, 역사적으로 조건 지어진 것으로서 이해되어야만 한다. 더욱이 사상도 유력한 것이기는 하지만, 사회 집단 성원의 성격 구조 전체에 뿌리박은 것으로서 이해되어야 한다. 경제적·심리적·이데올로기적인 모든 힘은 서로 의존하고 있음에도 불구하고 저마다 어떤 독립성을 가지고 있다.

이러한 것은 경제적인 발전에 관해서 특히 사실이다. 또한 자연의 생산력이라든가 기술이라든가 지리적 요소라든가 하는 객관적인 요소에 의존하여 그 자체의 법칙에 따라 일어난다. 심리적인 힘에 대해서도 동일하게 말할 수 있음을 우리는 지적했다. 즉 심리적인 힘은 생활의 외적 조건에 의해 형성되는 것이지만, 또한 그 자체의 역학을 가지고 있다. 즉 그것은 형태는 바뀌더라도 결코 근절할 수는 없는 인간적 욕구의 표현이다. 이데올로기의 분야에서도 논리적 법칙이나 역사의 과정 속에 획득된 전통적인 지식의 유기체에 뿌리를 내린 그 자체의 운동 법칙이 보인다.

우리는 이러한 원리를 사회적 성격이라는 말로 다시 설명할 수 있다. 사회적 성격은 사회 구조에 대해 인간성이 역동적으로 적응해 가는 결과로써 생긴다. 사회적 조건이 변화하면 사회적 성격이 변화하여 새로운 욕구와 소망이 생긴다. 이러한 새로운 욕구가 새로운 사상을 낳아서 사람들에게 저마다 그와 같은 사상을 쉽게 받아들일 수 있게 한다. 이와 같은 새로운 사상이 이번엔 새로운 사회적 성격을 고정화하고 강화하여 인간의 행동을 결정한다. 다시 말해서 사회적 조건은 성격이라는 매개체를 통해서 이데올로기적 현상에 영향을 준다. 한편 성격이란 사회적 조건에 대한 소극적인 결과가 아니라 인간성의 고유한 생물학적 요소에서 기인된, 혹은 역사적 진화의 결과로 내재적이 된 요소를 기초로 하는 역동적인 적응의 결과인 것이다.

에리히 프롬의 생애와 사상

I 인간 프롬

성장과 전쟁의 시대

상업도시 프랑크푸르트와 유대인

독일 남서부, 프랑스 국경 가까운 곳에 프랑크푸르트가 있다. 이 땅은, 베를린의 동쪽 오데르 강가의 프랑크푸르트와 구별하기 위해, 프랑크푸르트암마인(마인 강변의 프랑크푸르트)이라고 일컬어진다. 이 프랑크푸르트는 독일 도시 중에서도 가장 오래된 곳으로, 창설된 것은 8세기 끝무렵으로 거슬러 올라간다. 1152년 프리드리히 1세가 이 땅에서 신성로마제국의 황제로 추대된 이래, 독일 황제의 대관식은 이곳에서 거행되는 것이 관례가 되었다. 그 뒤 1848년 독일 최초의 의회인 프랑크푸르트 국민의회가 소집되어, 독일 통일과 헌법 제정이 의결되었다. 이처럼 이 도시는 정치상으로 뿐만 아니라 경제적으로도 요지였다. 그것은 교통의 요충지였기 때문이다. 시내를 흐르는 마인강은 라인강과 만나 네덜란드로 통하고, 서쪽으로 가면 프랑스, 남쪽으로 가면 스위스, 동남쪽으로 가면 오스트리아로 흘러갔다. 이렇게 해서 프랑크푸르트는 예부터 상업도시로서 번창한 것이다.

여기서 1900년 3월 23일, 유복한 유대인 상인의 외아들로 에리히 프롬(Erich Fromm)이 태어났다. 그는 철저한 유대교 분위기 속에서 자랐다.

1905년의 조사에 따르면 독일의 인구 6천 64만 명 중 프로테스탄트 3천 760만 명, 가톨릭교도 2천 200만 명, 유대교도는 60만 명으로 총인구의 약 100분의 1이었다. 그런데 프랑크푸르트에서는 같은 해의 조사로 인구 33만 명 중 프로테스탄트 20만 명, 가톨릭교도 10만 명, 유대교도 약 3만 명으로, 총인구의 10분의 1을 차지하여, 그 비율이 독일의 다른 도시에 비해 매우 높았다.

16세기 후반, 서유럽 여러 나라(독일·프랑스·이탈리아·폴란드)는 유대인이 그리스도교도와 함께 사는 것을 금지하여 그들을 도시의 일정한 지역으로 몰아넣었다. 이 일정한 거주 지역은 게토(ghetto) 또는 유덴가세(유대인 거리)라고 하여, 그 입구에는 튼튼한 문이 있었고, 그리스도교도 문지기나 병사가 망을 보고 있었다. 유대인은 게토 밖으로 나올 때는, 독일에서는 왼쪽 가슴에 원형의 노란 배지를 달아야만 했고, 밤에는 게토 밖으로 나가는 것이 금지되었다. 그리고 이를 어기는 것은 범죄로 여겨졌다. 게토 안은 좁은 골목이 미로처럼 나 있고 집들은 매우 높았다. 한정된 토지 안에 늘어나는 사람들을 수용하기 위해서는 위로 확장해야만 했기 때문이다.

게토로서 당시에 가장 컸던 것은, 프랑크푸르트의 유덴가세였다. 유대인은 성(姓)을 붙여서는 안 되었으므로, 프랑크푸르트에서는 각기 집에 문장(紋章)을 붙여, 그것을 성 대신 쓰고 있었다. '로토실트(로스차일드)가(家)', '아들러가', '시프가'라고 한 뒷날의 프랑크푸르트 부호의 이름은, '빨간 방패'(로토실트), '매'(아들러), '배'(시프)의 문장에서 온 것이다.

또 유대인은 직업이 엄중히 제한되어, 농업·공업·수공업에 종사하는 것은 금지되어 있었다. 그래서 유대인들은 고물상, 대금업, 전당포, 보석상, 양복점, 구둣방 따위를 운영했다. 프랑크푸르트에서는 유대인이 무기(武器), 비단, 과실 따위를 매매하는 것이 금지되어 있었다. 또 부동산을 갖는 것도 허용되지 않았다. 결혼도 엄중히 통제되어 죽은 사람의 수만큼만 허용되었다. 이것은 정부가 유대인의 인구 증가를 두려워하기 때문이었다. 프랑크푸르트에서는 유대인의 가족은 500세대 이하, 연간 결혼은 12쌍 이하라고 시의 조례(條例)로 정해져 있었다.

정부나 시는 이처럼 유대인에게 여러 가지 제약을 가하면서도 무거운 세금을 부과하고 있었다. 그 시절 독일은 몇 개의 작은 나라로 구성되어 있었는데, 나라나 도시에 유대인이 들어갈 때마다 입국세, 입시세(入市稅)를 물게 했다. 유대인은 게토 밖에서 가게를 내는 것이 허용되지 않았으므로 행상으로 나가는 사람이 많았다. 그래서 이 입국세가 유대인에게는 큰 부담이 되었다. 또 프랑크푸르트에서는 마인강을 건널 때 유대인만은 도하료(渡河料)를 지불해야 했다.

그러나 한편으로, 이렇게 유대인이 격리되었다는 것은, 유대인의 민족적 단결을 강화하고 유대 문화를 보존하는 데 기여했다. 게토 안에는 시나고그(유대인 회당)가 있어서, 유대인 생활 중심인 예배가 거행되었다. 또 시나고그 안이나 그 옆에 있는 학교는 헤브라이어 배움의 터전이었다. 이 학교는 유대인의 자발적인 기부로 운영되고 있었다. 게토의 유대인은 유대교의 예배와 헤브라이어 습득이라는 두 가지로 유대인으로서의 자각과 연대 의식을 강화했던 것이다.

프롬(1900~1980)

그러나 게토에 갇힌 생활은 바깥 세상으로 향하는 그들의 관심을 멀게 만들고, 육체를 쇠약하게 했다. 키는 작고, 등은 굽고, 성격은 활발하지 못하고 신경질적이어서 교활한 짓을 태연히 하게 되었다. 또 직업 제한 때문에 유대인의 경제생활은 악화되고 많은 빈민을 낳게 했다.

유대인의 이러한 억압된 상황을 단번에 뒤집은 것은 나폴레옹이었다. 나폴레옹의 군대가 진격하는 곳에서는 자유와 평등을 주창하는 인권선언이 실시되었다. 게토의 문은 파괴되고 유대인은 해방되어 갔다. 라인 지방에서도 프랑스군의 침입으로 유대인이 자유를 얻었다. 1811년 프랑크푸르트 시의회는 독일에서 처음으로 유대인의 시민권을 인정하여 유대인에 대한 불공평한 세제를 폐지했다. 그 뒤 독일에서는 유대인에게 평등한 시민권을 부여하는 곳이 많아졌다. 이에 따라 유대인은 상공업의 모든 분야에 진출해 갔다. 상업도시 프랑크푸르트에는 로토실트(로스차일드) 정도의 부호는 되지 않았지만 풍요로운 유대 상인이 많았다. 프롬과 그를 둘러싼 사람들의 아버지들은 모두 이러한 유대 상인이었다.

프롬은 많은 저서를 냈으나, 자기 아버지는 매우 신경질적이며, 경건한 유대교도였다는 것만 언급했을 뿐이다.

구약성서의 영향

프롬은 어렸을 때부터 구약성서와 가까이 지냈다. 열두세 살 무렵, 그를 특히 감동시킨 것은 이사야, 아모스, 호세아의 예언서였다. 무엇이 그를 그토록 매혹시켰을까? 그것은 가난한 자를 착취해서는 안 된다거나, 금은을 무턱대고 축재하는 것은 인생의 목적이 아니라거나, 의를 구하되 악을 구하지 말라거나, 도덕적 퇴폐에 빠져서는 안 된다는 타이름이나, 그러한 타이름에 따르지 않으면 유대인 전체에 재앙이 올 것이라는 예언이 아니었다. 바로 이 '종말의 날'에 실현될 세상이었다.

> '그때에 이리가 어린 양과 함께 살며, 표범이 어린 염소와 함께 누우며, 송아지와 어린 사자와 살진 짐승이 함께 있어 어린아이에게 끌리며, 암소와 곰이 함께 먹으며 그것들의 새끼가 함께 엎드리며, 사자가 소처럼 풀을 먹을 것이며, 젖 먹는 아이가 독사의 구멍에서 장난하며, 젖 뗀 어린아이가 독사의 굴에 손을 넣을 것이라. 내 거룩한 산 모든 곳에서 해 됨도 없고 상함도 없을 것이니 이는 물이 바다를 덮음 같이 여호와를 아는 지식이 세상에 충만할 것임이니라(이사야 11 : 6~9).'
>
> '그가 많은 민족들 사이의 일을 심판하시며 먼 곳 강한 이방 사람을 판결하시리니 무리가 그 칼을 쳐서 보습을 만들고 창을 쳐서 낫을 만들 것이며 이 나라와 저 나라가 다시는 칼을 들고 서로 치지 아니하며 다시는 전쟁을 연습하지 아니하고(미가 4 : 3).'

여기에서 말하고 있는 세계민족주의와 평화주의, 여기에 프롬은 감격한 것이다. 이러한 사상에 공명했다는 이유에 대해서는, 《의혹과 행동》에서 '그리스도교 사회에 살았던 유대의 한 소년으로서, 나는 유대주의 분규에 몇 번인가 말려들었고, 그 쌍방에 냉담·배타의 감정이 존재한다는 것을 보았기 때문이다'라고 말할 뿐 자세한 이야기는 하지 않고 있다.

이것은 아마도 테오도르 헤르츠르의 정치적 시오니즘(1896)과 아하드 하암의 문화적 시오니즘(1897)의 대립을 가리키는 것이 아닌가 여겨진다. 테오드르 헤르츠르는 유대인 문제를 근본적으로 해결하기 위해서는 팔레스타인 땅에

유대인의 국가를 건설할 수밖에 없다고 한 반면, 아하드 하암은 유대인 국가는 경제적 위력을 세계에 자랑하는 국가가 아니라 높은 도덕성으로 전 세계 유대인에게 정신적 자각과 긍지를 줄 수 있는 소규모적 이상사회여야 한다고 했다.

젊은 여성 화가의 죽음

열두 살(1912) 무렵, 그는 평생 잊을 수 없는 사건을 만났다. 그것은 그의 가족과 친하게 지내던 한 여성 화가에 관한 사건이었다. 스물다섯 살 정도 된 그녀는 매력적이고 아름다운 여인이었다. 한 차례 약혼을 했으나 파혼하고, 아내를 잃고 오랫동안 홀아비 생활을 하는 아버지에게 의지해 살고 있었다. 아버지는 별다른 특징이 없는 노인이었다. 그녀는 그림을 그리는 일과 아버지 이외에는 특별한 관심을 쏟지 않았다. 또한 그녀가 그린 아버지의 초상은 실물과는 별로 닮은 데가 없어 보였다.

어느 날, 늙은 아버지가 죽은 직후, 그녀는 아버지와 함께 매장해 달라는 유서를 남긴 채 자살했다. 소년 프롬은 아름답고 젊은 여성이 그림을 그리며 인생을 즐기는 대신 함께 매장되기를 바랄 정도로 아버지를 따른 이유는 무엇일까하고 생각했다. 그러나 해답은 없었다. 뒷날 프로이트의 학설을 읽고 오이디푸스 콤플렉스라는 것을 알았을 때, 바로 이것이 소년기에 체험한 사건의 핵심이라고 생각했다.

제1차 세계대전 발발

그로부터 2년 뒤인 1914년 7월 28일, 제1차 세계대전이 발발했다. 그때 프롬은 열네 살이었다. 이 나이의 소년은 전시의 흥분이나 승전의 환희, 아는 병사의 비극적인 죽음을 체험할 뿐, 전쟁 자체의 비인간성에 고뇌하는 일은 없는 법이다.

그런데 사태는 돌변했다. 그 계기는 교사들의 전쟁에 대한 태도였다. 그의 학교 라틴어 교사는 전쟁이 시작되기 2년 전까지 '평화를 위해서라면 싸울 각오를 하라'는 라틴어 격언을 즐겨 입에 올리곤 했다. 그런데 막상 전쟁이 시작되자 기쁨을 감추지 못했다. 프롬은 선생님의 평화에 대한 관심이 거짓임을 알고 충격을 받았다. 이제까지 평화의 유지에 관심을 기울였던 사람이 돌변하여 전쟁을 원하는 이유는 무엇일까? 소년 프롬은 생각했다.

그러나 그렇지 않은 선생님들도 있었다. 여름 방학 전 영어 시간에, 선생님이 영국 국가(國歌)를 암송(暗誦)하라는 숙제를 냈다. 그때는 전쟁이 아직 시작되지 않았다. 새 학기가 시작되었을 때 일반적으로 충만해 있던 히스테릭한 증오로 말미암아 학생들은 '가상의 적' 영국 국가를 공부한다는 것은 바람직하지 않다고 선생님에게 말했다. 그러나 선생님은, "터무니없는 소리 마라! 영국은 이제까지 한 번도 전쟁에서 진 적이 없어!" 하고 격하게 말하고는 비웃음을 짓는 것이었다. 프롬은 광기(狂氣)와 증오(憎惡)의 와중에서 이 선생님의 이성적인 말에 깊은 감명을 받았다.

해를 거듭할수록 전쟁에 대한 프롬의 의혹은 증대되었다. 몇 명의 친척과 상급생이 전사했다. 군 당국의 승리에 대한 대국민 성명은 믿을 수 없다는 것을 알았다. 독일 신문은 이 전쟁은 이웃 국가들이 독일 번영을 시기하여 일으켰으며, 노예와 압정의 상징인 러시아 황제에 대한 항거라고 썼다. 처음에는 이러한 주장이 그럴듯하게 들렸다. 그런데 그 뒤 이에 반대하는 소리가 들리자, 그의 신뢰는 흔들리기 시작했다. 의회에서는 사회민주당 의원이 늘어나고 전쟁 예산에 반대투표를 하고, 정부에 반대하는 태도를 보였다. 학교에서는 "나는 탄핵한다"는 팸플릿이 공공연히 배포되었다. 거기에는 독일 정부는 외부로부터 공격을 받은 죄 없는 희생자가 아니라 오스트리아, 헝가리와 함께 전쟁에 책임이 있다고 쓰여 있었다.

그러나 전쟁은 계속되었다. 그동안에 그는 소년에서 어른으로 성장했다. 또한 전쟁 자체에 대한 의문은 더욱 커졌다. 전쟁을 원한다고 말하는 사람은 아무도 없는데, 왜 전쟁이 일어나는가? 양 진영 모두 침략할 의도도 없고, 목적은 오로지 자국 영토의 보전뿐이라는데 왜 전쟁이 지속되고 있는가? 얼마 안 되는 영토와 극소수 지도자들 때문에 수백만 명의 병사가 희생되고 있는 사태는 어떻게 해서 일어났는가? 전쟁은 맹목적인 우발적 사건의 결과인가? 그렇지 않으면 일정한 사회적·정치적 발달의 결과로 자신의 법칙에 따르고 있는 것인가?

로젠츠바이크(1886~1929)

자유 유대학원의 설립

1918년 7월, 고교(김나지움)를 졸업하자 그는 전쟁은 왜 일어나는가, 즉 왜 인간의 집단행동은 비합리적인가를 이해하고 싶은 생각에 사로잡혔다. 그래서 신설된 지 얼마 되지 않은 프랑크푸르트 대학에서 사회학과 심리학을 공부하기로 결심했다.

그는 대학에서 레오 레벤타르(로웬탈)와 절친한 친구가 되었다. 프롬과 동갑내기인 레벤타르는 프랑크푸르트의 유대인 의사의 아들로 태어났으며, 유대교에 깊은 관심을 기울였다. 이처럼 태생도 환경도 신앙도 같았다는 것이 두 사람을 가깝게 만든 것 같다.

그 시절 프랑크푸르트에는 네헤미아 노벨이라고 하는 유명한 랍비(유대교의 율법박사)가 있어서, 그 주위로 프란츠 로젠츠바이크, 에른스트 지몬과 같은 유대의 지식인들이 모였다. 프롬은 로웬탈과 함께 이 모임에 들어가, 구약성서와 유대의 전승에 대해서 계통적인 교육을 받았다.

1966년, 예순여섯 살 때, 프롬은《너희도 신처럼 되리라》《휴머니즘의 재발견》

라는 구약성서의 훌륭한 해설서를 썼는데, 그 머리말에서 다음과 같이 말하고 있다.

'나는 성서학 분야의 전문가는 아니지만, 어렸을 때부터 줄곧 구약이나 탈무드를 배웠다. 이 책은 수년 동안에 걸친 성찰(省察)의 성과이다. 하지만 유대교의 위대한 율법학자인 여러 스승으로부터 헤브라이 성서나 유대교 전승에 대해서 기본적인 가르침을 받지 않았더라면 이러한 성서의 주석을 발간할 생각은 없었을 것이다. 이들 교사는 유대의 전통적인 휴머니즘의 일익을 대표하는 분들이자 유대교의 엄격한 신봉자들이었다. 하지만 그들 사이에서도 상당한 견해차가 있었다.

그중 한 사람인 루드비히 클로우제는 근대 사상 때문에 고민을 한 적이 없는 전통주의자였다. 다른 한 사람, 네헤미아 노벨은 신비주의자로, 서유럽의 휴머니즘 사상과 함께 유대적 신비주의에 깊이 매료된 사람이었다. 정신적 스승인 자르만 B. 라빈코우는 하시드파의 전통에 뿌리를 둔 사회주의자이자 근대파의 학자였다. 이들은 많은 기록을 남기지 않았으나 나치 대학살 이전의 독일에서는 가장 뛰어난 탈무드 학자로서 널리 알려져 있었다.'

많은 유대인이 그리스도교로 개종하는 와중에도 이를 단호히 거부하고 유대교도로서 젊은 나이에 죽은 로젠츠바이크(1886~1929)는, 그의 친구 마르틴 부버(1878~1965)와 함께 현대의 가장 뛰어난 유대 사상가였다. 그의 지론(持論)에 따르면, 독일계 유대인은 분명히 이제까지의 사회적 차별로부터 해방되어 기본적인 인권을 획득했다. 그런데 오히려 그 때문에 유대인의 뿌리, 즉 율법과 시나고그(유대 회당)에서의 유대교 전통 예배 그리고 유대의 독자적인 가풍을 잃고 말았다. 따라서 유대인의 결속을 강화하고 민족 의식 고취와 연대감을 조성하기 위하여, 유대인의 생활방식을 자유롭게 토론하고 유대인의 문화를 가르치는 성인 교육의 장(場)이 필요했다.

이 포부를 품고 로젠츠바이크는 네헤미아 노벨과 함께 1920년 가을, 프랑크푸르트에 '자유 유대학원'을 설립했다. 프롬과 로웬탈도 이 주장에 공감하여 학원 창립에 적극적으로 기여했다.

프롬은 1926년 유대교 신앙을 겉으로는 버렸지만, 신앙의 정신적 토대는 뒷날까지도 강하게 남아 그의 사상을 진하게 물들였다. 그는 친한 사람이 모인 자리에서는 유대 전통적인 노래를 즐겨 부르고 유대식 농담을 했다.

베를린 정신분석연구소에 들어가다

프롬은 프랑크푸르트대학과 뮌헨대학에서 심리학과 사회학을 이수했다. 그 뒤 하이델베르크대학으로 가서 막스 베버의 동생 알프레트 베버에게서 사회학을 배우고, 1922년 〈유대교 두 종파의 사회심리학적 연구〉라는 논문으로 철학박사 학위를 받았다. 이어 1923년 베를린 정신분석연구소에 훈련생으로 들어갔다.

베를린 정신분석연구소의 태동은, 1908년 베를린에 있는 정신분석가와 성(性)과학자들이 모여서 만든 '프로이트파의 저녁'이란 비공식적인 모임이었다고 한다. 당초 회원은 4명이었으나, 1910년에는 9명, 1912년에는 5명이 되었다. 최초의 회원은 프로이트의 제자 아브라함, 그리고 성과학자 브로호와 히르시펠트였다. 그 뒤 카렌 호나이나 아이틴곤이 여기에 가담했다. 성과학자가 참여한 것은, 그 시절 정신분석은 성을 연구하는 학문이라고 여겨졌기 때문이었다. 1918년, 부다페스트에서 국제정신분석학회가 열렸을 때, 프로이트는 다음과 같이 말했다.

'신경쇠약증은 결핵처럼 주민의 건강을 해치는데, 오늘날 가난한 신경증 환자는 방치되고 있다. 가난한 사람도 치료받을 권리가 있다. 하지만 전부가 그 책임을 자각하기까지는 상당한 시간이 걸릴 것이므로, 인도적·자선사업적 성격을 띤 진료소가 설치돼 그들을 무료로 치료하여야 한다.'

제1차 세계대전 뒤 베를린에 있는 분석의(分析醫)는, 프로이트의 이러한 소망을 실현하고자 했다. 아이틴곤은 문화장관의 도움으로 방이 여섯 딸린 큰 아파트를 빌릴 수가 있었다. 방은 곰팡이 냄새가 진동하고, 진료소로 사용하기에는 불편했다. 내부를 수리한 결과, 진료실 5개, 대기실 하나, 상주하는 의사를 위한 거실 하나가 생겼다. 1919년 여름부터 진료소의 조직과 운영 방법을 설정하여,

이듬해인 1920년 2월 14일, 베를린 정신분석진료소가 문을 열었다. 운영비는 아이틴곤이 냈다. 진료소는 그 뒤 정부가 베를린대학에 재정 후원을 요청했으나 성사되지 않았다.

진료소는 가난한 사람들에게 정신분석을 행하는 기관일뿐만 아니라 이 분야의 전공의를 배출하는 양성소이기도 했다. 여기에서 편성된 분석교육을 위한 커리큘럼―교육분석(분석의 지망자에게 선배 분석의가 정신분석을 행하는 일), 교육과정(정신분석 이론을 가르치는 일), 감독분석(선배 분석의사의 감독하에 환자를 분석하는 일)은 그 뒤 각지에 생긴 정신분석연구소에서 채택되었다.

최초의 진료소 근무자는 아이틴곤과 에른스트 지멜이었고, 비상근자는 호나이, 리버먼, 베엠, 뮐러 브라운슈바이크, 작스였다. 또 교육담당자는 여섯 사람으로, 아브라함이 정신분석 이론 입문, 지멜이 전쟁신경증, 아이틴곤이 임상에서의 정신분석 응용, 리버먼이 강박신경증, 작스가 꿈의 이론, 호나이가 정신분석 요법 강의를 했다. 기타 객원 강사도 가끔 다른 도시에서 와서 강의를 했다.

1921년 봄, 프란츠 알렉산더가 분석을 완료하고 최초의 졸업생으로서 진료소를 떠났다. 처음 2년 동안 분석을 완료한 사람은 25명이었다. 1923년 3월, 진료소는 베를린 정신분석연구소라고 이름을 바꾸었다. 프롬이 입소한 것은 이때였다. 그는 작스에게서 교육 분석을 받고, 1924년에 분석을 종료, 1926년부터 자신도 환자에게 정신분석 요법을 실시했다. 그는 말년에 이르러서까지도 계속 환자와 만났는데, 이러한 접촉은 그의 사변적(思辨的) 연구에 헤아릴 수 없는 자극을 주었다고 말했다.

라이히만과의 결혼

1926년 6월 16일, 프롬은 같은 연구소에 근무하던 프리다 라이히만과 결혼했다(그녀는 결혼한 뒤에도 옛 성을 버리지 않고 프리다 프롬 라이히만으로 지냈다). 프리다 라이히만은 1890년 케니히스베르크에서 태어났다. 그곳 대학에서 정신과를 공부한 후, 제1차 세계대전 중 프랑크푸르트 대학의 골드슈타인과 함께 두부 전상(戰傷)환자를 연구하여, 뒤에 드레스덴 정신병원에서 일했다. 1920년대 초, 베를린으로 와서 슐체(자율훈련법의 창시자) 아래에서 수학하고, 프롬과 비

슷하게 베를린 정신분석연구소로 들어
왔다. 두 사람은 결혼 후 하이델베르크
로 갔고, 그녀는 그곳에서 정신병원을
개업했다.

1926년 4월, 남서독일의 정신요법가들
이 모여서 일반의학적 정신요법협회라는
것을 만들었다. 베를린 정신분석연구소
출신으로는 프롬을 비롯해 호나이와 지
멜이 여기에 참여했다. 1927년 즈음, 이
모임 참석자 중 하이델베르크에 있는 정
신분석의가 불규칙적으로 프롬의 집에
모여 연구회를 열었다. 이것이 뒷날 남서
독일 정신분석연구 그룹이라고 일컬어진
것이다.

프리다 라이히만 1926년 프롬과 결혼하여
함께 정신병원을 세운다.

이 그룹의 회원 가운데 란다우어라고 하는 사람이 있었다. 1928년, 프랑크푸
르트 사회연구소의 직원인 호르크하이머는 개인적으로 정신분석에 취미가 있
고, 또 준비된 노트 없이 강의를 할 수 없다는 고민을 해결하기 위하여, 란다우
어로부터 정신분석을 사사했다. 1년의 분석으로 이 문제는 해결되었다. 이때 그
는 란다우어에게 프랑크푸르트에 정신분석연구소를 설립하도록 권고했다.

이렇게 해서 1929년 2월 16일에 프랑크푸르트 정신분석연구소가 문을 열었
다. 이 연구소는 간접적이기는 하지만 독일의 대학과 결부된 최초의 정신분석
연구소가 되었다. 프로이트도 호르크하이머 앞으로 감사의 편지 두 통을 썼다.
이 연구소는 또 프랑크푸르트 사회연구소와도 결연하여, 사회연구소의 '객원연
구소'라고 일컬어지고 있었다.

정신분석연구소 소장에는 란다우어가 임명되었다. 란다우어는 멩크와 프롬
내외를 불렀다. 그런데 사회연구소에는 프롬의 10년 지기 친구인 로웬탈이 있
었다. 프롬은 사회연구소 연구원도 겸하게 되었으며 그곳의 가장 중요한 멤버
가 되었다. 여기서 프롬이 재능을 발휘하는 데 발판이 되어 준 프랑크푸르트
사회연구소에 대해서 살펴보자.

페릭스 바일의 포부

제1차 세계대전이 끝났을 무렵, 프랑크푸르트에 페릭스 바일이라고 하는 인물이 있었다. 그는, 1890년 무렵 독일을 떠나 아르헨티나로 가서 유럽에 곡물을 수출하여 재산을 쌓은 헤르만 바일의 외아들이었다. 페릭스는 1898년 부에노스아이레스에서 태어나 아홉 살 때 프랑크푸르트로 보내졌다. 그곳에서 고등학교를 나온 후, 1914년 신설된 지 얼마 안 되는 프랑크푸르트대학에 진학했다. 그 뒤 1918년에는 튀빙겐대학에서 공부하고, 칼 코르슈의 영향으로 마르크스주의에 심취하게 되었다. 거기에서 그는 부모에게 상속받은 재산으로 급진적인 모험을 할 것을 결심했다.

그는 마르크스주의의 여러 파(派)와 철저히 토론하면 참다운 마르크스주의로 도달할 것이라고 생각하여, 그 기회를 만들기로 했다. 이렇게 해서 1922년 여름, 튀링겐의 이메르나우에 젊은 마르크스주의자들을 1주일 동안 집결시켜 토론을 벌이기로 했다. 이것이 바로 '제1회 마르크스주의 연구주간'으로, 여기에 모인 사람들 중에는 루카치, 포록, 비트포겔, 코르슈, 조르게 등 쟁쟁한 멤버들이 있었다. 이들은 모두 후세에 마르크스주의자로서 유명해졌다.

바일은 이 모임을 개최한 후, 이와 같은 짧은 기간의 모임이 아니라 좀 더 영구적인 연구소를 만들고 싶다고 생각하여 친구 포록과 상의했다.

포록은 프랑크푸르트의 유복한 유대인 실업가의 아들로 태어나 뮌헨, 프라이부르크, 프랑크푸르트의 여러 대학에서 경제학과 정치학을 전공하여 박사학위를 취득했다. 이 포록의 친구에, 앞서 든 호르크하이머가 있었다. 호르크하이머는 포록보다 한 살 아래로, 1895년 슈투트가르트의 유복한 유대인 실업가의 아들로 태어나 아버지의 뒤를 잇기 위해 포록과 함께 브뤼셀과 런던에서 경영기법을 익혔다. 그 뒤 제1차 세계대전에 참전하여 제대한 후 프랑크푸르트대학에 입학, 처음으로 게슈탈트 심리학자인 게르프 아래에서 심리학을 배웠다. 그러나 그가 하는 것과 같은 연구가 다른 대학에서도 이루어진다는 사실을 알고 철학으로 옮겨 칸트를 공부하여 학위를 받았다.

프랑크푸르트 사회연구소의 설립

호르크하이머는 포록으로부터 마르크스주의 연구소를 만들고 싶다는 바일의 이야기를 듣고 무조건 찬성했다. 그래서 페릭스 바일은 아버지 헤르만에게, 노동운동의 역사나 반유대주의와 같은, 독일의 대학에서는 경시되고 있는 문제를 다루는 연구소를 만들고 싶으니 자금을 대달라고 졸랐다. 그는 결국 12만 마르크를 얻어내는 데 성공했다.

연구소의 명칭은 처음에 '마르크스주의 연구소'라고 할 생각이었으나 그것은 너무 자극적이라 포기했고, 또 증여자를 기념하여 '페릭스 바일 사회연구소'로 명명하려는 생각도 있었으나 바일이 그것을 거절했다. 결국 명칭은 단순히 '사회연구소'로 결정되었다. 바일 등은 이 연구소를 지적으로나 재정적으로 독립된 단체로 만들려고 했다. 그러나 심사숙고 끝에 프랑크푸르트대학과 제휴를 맺기로 하고, 연구소 소장만은 정부로부터 급여를 받는 정교수의 지위를 달라고 교육부와 교섭을 벌였다(독일의 대학은 모두 국립이다). 타협은 성공하여 1923년 2월 3일 교육부령(令)에 따라 설립했다.

초대 소장에는 킬대학과 아헨공과대학의 경제학 교수를 역임한 쿨트 게르라하가 취임하기로 내정되었다. 그러나 그가 1922년 10월 서른여섯의 젊은 나이로 타계했기 때문에 대신 빈대학 교수 칼 그륀베르크가 초청받게 되었다. 그는 공공연한 마르크스주의자로 노동운동사를 전문으로 했으며, 1910년 이래 그륀베르크의 아르히프(잡지)라고 약칭되던 〈사회주의사와 노동운동〉지를 편집하고 있었다. 이렇게 해서 그륀베르크는 독일의 대학에서 교수직에 임명된 최초의 마르크스주의자가 되었다.

1924년 6월, 바일이 기부한 5층 건물이 완공되어 6월 22일 개소식이 거행되었다. 이때 그륀베르크는, (1) 독일의 대학은 체제에 봉사하는 만다린(지식을 가진 사람)을 양성하는 훈련학교이지만, 이 연구소는 순수한 학문적 연구를 진행하며, (2) 직원들의 독립은 보장되지만, 연구소 자금의 배분과 업무의 권한은 소장의 직권으로 이루어지고, (3) 마르크스주의가 지도 이념이 된다는 것을 강조했다. 직원으로는 호르크하이머, 포록, 비트포겔, 보르케나우, 그로스만, 조르게 등이 있었다.

이 시기 연구소의 경향은 고전적, 전통적인 마르크스주의였다. 이것은 랴자노프가 주제(主宰)하던 모스크바의 '마르크스 엥겔스 연구소'와의 긴밀한 제휴에서도 나타나 있었다. 연구소는 공개되지 않은 마르크스와 엥겔스의 초고를 사진으로 촬영해서 모스크바로 보냈다. 이것은 아드라키가 편집한 《마르크스 엥겔스 전집》(MEGA라고도 불린다)에 수록되었다.

프랑크푸르트 학파의 성립

1929년, 예순아홉 살의 그륀베르크는 건강상의 이유로 소장직을 사퇴하고, 1930년 6월, 서른다섯 살의 호르크하이머가 그 뒤를 이었다. 1931년 1월, 그는 소장에 취임할 때, 앞으로는 철학적·이론적인 연구와 앙케트 조사를 포함하는 실증적·경험적인 연구를 통합하고, 학제적(學際的)인 연구, 즉 '현실적인 철학적 문제를 포함하여 그것을 철학자·사회학자·경제학자·심리학자가 공동 연구한다'는 것을 강조했다.

이렇게 해서 연구소는 호르크하이머의 소장 취임과 더불어 그륀베르크 시대와는 다른 색채가 명백해졌다. 특히 다른 점은, 정신분석이 도입된 것이었다. 이것이 이 학파—후에 프랑크푸르트 학파라고 일컬어진다—의 커다란 특징이 되었다. 또 이제까지 발간되었던 〈사회주의사와 노동운동〉지가 폐간되고 새로 〈사회연구〉라는 연구지가 발간되었다.

프롬이 사회연구소에 초청된 이유는 로웬탈의 친구였기 때문만은 아닐 것이다. 연구소의 새로운 방침을 실행하기 위해서는 사회학과 정신분석을 배운 프롬과 같은 인물이 필요했기 때문이라고 여겨진다.

프롬은 1930년, 〈그리스도교 교의의 변천〉을 정신분석 전문지인 〈이마고〉에 발표했다. 이어 1932년 연구소 기관지인 〈사회연구〉에 〈분석적 사회심리학의 방법과 과제〉 및 〈정신분석적 성격학과 그 사회심리학과의 관계〉를 발표하여, 정신분석과 마르크스주의의 통합을 시도했다.

나치즘 일어나다

호르크하이머가 소장이 되기 전해인 1929년 10월 24일, 미국의 월가(街)에서 시작된 경제공황은 세계무역을 공황 상태로 빠뜨리고 말았다. 그 결과 수출에 의존하고 있던 독일 경제는 파탄에 빠지고 말았다. 실업자 수는 1930년 1월 150만 명, 같은 해 2월 250만 명, 1932년 중반기 무렵에는 무려 600만 명에 이르렀고, 중소기업의 도산은 빠른 속도로 증가했다. 1930년 7월 의회가 해산되고,

9월 14일에 선거가 실시되었다. 그 결과, 국가사회주의노동자당(나치)은 640만 표, 107의석을 얻어 사회민주당에 이어 제2당으로 약진했다(제3당은 공산당, 77 석). 이것은 지난번의 선거(1928년 5월)에서 81만 표, 12의석을 얻었을 때에 비하면 득표수로 8배, 의석수로 10배의 증가였다. 나치의 대두는 독일의 미래를 불안하게 했다.

한편 호르크하이머 소장은 앞으로 망명할 수밖에 없겠다는 사정을 예견했다. 그래서 연구소의 기금을 비밀리에 네덜란드로 옮기는 한편, 국제노동기관(ILO)의 사무국장 알버트 토마스의 제안을 받아들여 제네바에 연구소의 지소를 설치하기로 했다. 대외적인 명분은 자료를 수집하는 것으로 되어 있으나 실제로는 망명처 성격을 띠었다.

1932년 3월 11일, 독일공화국 대통령 선거가 실시되었다. 이때 나치 당수 히틀러는 대통령 후보로, 전 대통령 힌덴부르크 외 두 명과 경합을 하여 2위를 차지했다. 그러나 모두 과반수에 이르지 않았기 때문에 같은 해 4월 10일 결선 투표가 실시되었다. 결과는 힌덴부르크 1천 935만 표(53%), 히틀러 1천 341만 표(36%)를 얻어, 힌덴부르크가 대통령으로 확정되었다. 그러나 그 뒤 독일 정치는 불안정해져, 사회 분위기를 침울하게 만들었다. 연표로 적어 보면 다음과 같다.

1932년 4월 14일 나치의 쿠데타 음모 발각. 브뤼닝 총리(가톨릭중앙당수), 히틀러의 사병(私兵)돌격대(SA)의 해산을 명령.

5월 29일 힌덴부르크 대통령, 브뤼닝 총리 해임.

6월 1일 파펜(가톨릭중앙당원)을 총리로 임명.

6월 15일 파펜 총리, 돌격대 해산을 철회. 그 뒤 7월 중순까지 돌격대의 공산당원, 노동자에 대한 테러 행위가 빈발하여 내전 상태에 빠짐.

7월 20일 베를린에 계엄령 실시.

7월 31일 총선거. 나치 230, 사회민주당 133, 공산당 89, 가톨릭중앙당 73, 독일국민당 73석으로 나치가 제1당이 됨. 히틀러, 총리직을 요구했으나 대통령의 거부.

9월 12일 내각 불신임안 확정.

11월 6일 총선거. 나치 196, 사회민주당 121, 공산당 100, 가톨릭중앙당 70,

독일국민당 52. 히틀러, 재차 총리직 요구했으나 대통령의 거부.

　12월 2일　대통령, 파펜을 해임하고 측근인 슐라이허 육군 중장을 총리로 임명.

　1933년 1월 28일　슐라이허 내각 총사퇴.

　1월 30일　대통령, 히틀러를 총리로 임명.

　2월 24일　나치당원 게링 내무상, 공산당 본부의 가택 수색을 명령. 공산당원 망명 시작.

　2월 27일　국회의사당 화재.

　2월 28일　히틀러 내각, 언론·집회·결사의 자유를 정지. 공산당·사회민주당 기관지 발행을 중단하고 당원 체포.

　3월 5일　총선거. 나치 288, 사회민주당 84, 공산당 81석. 이것이 최후의 선거가 됨.

　3월 16일　공산당원 전원 체포.

　3월 23일　의회, 히틀러에 독재권 부여, 바이마르공화국의 종언.

사회연구소의 폐쇄

　나치가 제1당이 되자, 대부분이 유대인으로 구성된 사회연구소의 전망은 암담해졌다. 소장 호르크하이머는 1932년 거의 제네바에서 지냈는데, 이듬해 1월 프랑크푸르트로 돌아가 자택을 철수하고 프랑크푸르트 역 근처의 호텔에서 아내와 함께 머물렀다. 3월, 사회연구소가 '국가에 대해 적대적'이라는 이유로 폐쇄되려고 할 때, 그는 스위스 국경을 거쳐 제네바로 망명했다. 4월 7일, '직업관리제 부활법'이 공포되어, 유대인 관리의 해고가 결정되었다. 4월 13일 호르크하이머는 신학자 파울 티리히, 사회학자 칼 만하임 교수 등과 함께 프랑크푸르트대학으로부터 공식적으로 해임되었다. 또 연구소의 장서 6만 권은 압수되었다. 이렇게 해서 프랑크푸르트 사회연구소는 해체되어 직원들은 뿔뿔이 흩어졌다.

카렌 호나이의 도움

　이보다 앞선 1930년, 워싱턴에서 국제정신위생회의가 열려, 독일에서 알렉산

더, 도이쮸, 호나이, 랑크 등 9명의 정신분석가가 초청되었다(호나이는 사정상 불참했다). 이때 알렉산더는 설리번으로부터 시카고에 정신분석연구소를 만들라는 권고를 받았다. 이 연구소는 우여곡절 끝에 1932년에 설립되었다. 알렉산더는 혼자서는 역부족이라 생각하여 도이쮸를 참여시키려고 했다. 그러나 그녀가 거절하자 대신 호나이를 불렀다. 호나이는 1932년 9월 나치 정권 수립 전에 3년 계약 기간으로 미국에 왔다.

카렌 호나이(1885~1952)

카렌 호나이는 프롬보다도 15세 연상으로 금세기 초 프라이부르크, 괴팅겐, 베를린의 여러 대학에서 의학을 공부했다. 독일 의사의 선구자였다. 그 뒤, 앞서도 말한 바와 같이, 정신분석의 초창기인 1912년에 일찍이 정신분석의가 되었다. 베를린의 정신분석진료소의 개설에 협력하여, 그곳의 교사가 되었고, 프롬을 비롯한 후배들에게 정신분석법 강의를 했다. 그녀는 프롬을 아껴주었고, 프롬도 그녀를 어머니처럼 따랐다. 1928년 3월, 프롬은 베를린의 정신분석연구소의 회합에서 '하층 중산계급의 정신분석'이라는 강연을 했는데, 이것은 호나이의 추천에 의한 것이었다.

호나이는 1933년 여름휴가 때, 딸들(한 사람은 배우, 또 한 사람은 베를린대학 의학부 학생)을 만나기 위해 베를린으로 돌아왔으나, 히틀러 정권하의 정신분석의의 곤경을 직접 목격하고 독일에 혐오감을 느껴 미국에 정착할 결심을 했다(그녀는 유대인이 아니었다).

이때 아마도 호나이는 프롬을 만나, 프롬이 미국으로 망명하여 시카고 정신분석연구소에서 일할 수 있도록 주선했을 것이다. 프롬은 1933년 9월 시카고에 도착, 시카고 정신분석연구소에서 객원 강사로 일했다. 프롬처럼 이 무렵 대륙을 떠난 사람들은 살아났으나, 그의 상사 라아두아는 미처 해외로 빠져 나가지 못하고 나치에 붙들려 베르젠 강제수용소에서 살해되었다. 그가 사망한 연도조차도 알려지지 않았다.

사회조사연구소의 설립

한편, 프랑크푸르트에서 쫓겨난 사회연구소는 1933년 2월부터 제네바에서 활동하기 시작했다. 같은 해 파리와 런던에도 작은 규모의 지부가 생겼다.

1933년 5월, 스위스까지 파시즘 영향 아래 놓여 안주할 만한 땅이 못 되었다. 그래서 영국으로 망명하는 일이 검토되었다. 그러나 영국에는 독일에서 온 망명자가 넘쳐나, 거기에서 직업을 얻기란 하늘의 별따기였다. 그들은 마르크스주의자였으나 소련으로 망명할 생각은 없었다. 오래전부터 독일 공산당원이었던 비트포겔도 그러했다. 남은 것은 미국뿐이었다.

1934년 5월, 호르크하이머는 미국으로 가서 컬럼비아대학장 니콜라스 버틀러를 만났다. 버틀러는 사회연구소를 위하여 건물의 일부를 제공한다고 제의했다. 이렇게 해서 1920년대에 프랑크푸르트에 설립된 마르크스주의 색채가 짙은 사회연구소는 자본주의의 아성 뉴욕에서, '컬럼비아대학 사회조사연구소'라는 이름으로 부활하게 되었다. 프랑크푸르트 시대의 직원들도 대거 바다를 건너 연구소로 왔다. 프롬도 시카고에서 뉴욕으로 옮겨와 새 연구소에서 근무했다.

한편 연구소의 기관지 〈사회연구〉는 나치 정권 수립 뒤 더 이상 독일에서 출판을 할 수 없게 되었다. 그래서 1933년 9월부터는 프랑스의 유력 출판사 페릭스 아르캉사(현재의 PUF, 프랑스대학 출판사)를 통해 독일어로 발간되었다. 이 상황은 연구소가 뉴욕으로 옮기고 나서도 1939년까지 계속되었다. 프롬을 비롯하여 연구소 전원이 독일어로 논문을 발표한 이유는, 독일은 나치 일색이 아니라는 것을 나타내는 레지스탕스인 동시에 스스로 과거의 독일—휴머니즘과 나치 이후에 태어날 독일 문화의 가교가 되려는 포부에서였다.

신프로이트파의 발단

프롬은 1934년에 〈모권이론과 그 사회학적 의미〉를, 이듬해인 35년 〈정신분석 요법의 사회적 제약성〉을 〈사회연구〉지에 발표하여, 프로이트 정신분석에 대한 반대를 천명했다. 그러나 이것은 호르크하이머를 비롯한 사회조사연구소 사람들과의 의견 차이를 선명하게 나타내는 결과를 초래했다. 1937년 연구소 전원이 5년에 걸쳐 공동 연구한 끝에, 〈권위와 가족에 관한 연구〉가 간행되었다.

설리번(1892~1949)

프롬은 여기에 기고했으나, 그 뒤 연구소와의 관계는 차차 소원해져, 1939년 정식으로 연구소에서 탈퇴했다. 그리고 1941년 미국이 제2차 세계대전에 참전하기 직전, 그는 불후의 명저《자유에서의 도피 *Escape from Freedom*》를 출간했다.

그런데 1932년 이후 시카고 정신분석연구소에서 정신분석을 가르치고 있던 카렌 호나이가 이윽고 소장 알렉산더와 의견 대립을 일으켰다. 1934년 8월, 호나이는 이곳을 그만두고 뉴욕 정신분석연구소로 옮겨갔다. 그녀는 뉴욕에서 매주 월요일 밤, 설리번, 실버버크, 클라라 톰슨 세 사람과 사적인 모임을 가졌다.

이 모임은 설리번이 '12궁클럽'이라고 명명했다. 호나이가 물소, 설리번이 말, 실버버크가 영양, 톰슨이 고양이에 비유되었다. 가끔씩 프롬도 이 회합에 모습을 보였다. 그들은 정통적인 정신분석에 만족하지 않고 정신분석을 대인관계의 역동적(dynamic)인 관점에서 재해석하려 했다. 이것이 후에 '신프로이트파'라고 일컬어진 일파의 시초였다.

1941년 5월, 뉴욕 정신분석연구소에 소속된 정통적인 정신분석의는, 카렌 호나이 등의 새로운 학설은 정통도 고전도 아닌 편협한 것이라고 주장하며 호나이를 배척했다. 그러자 호나이는 실버버크, 톰슨 등과 함께 뉴욕 정신분석연구소를 그만두고, 미국 정신분석진흥협회와 분석의 양성기관으로서 미국 정신분석연구소를 설립했다. 프롬도 여기에 참여했다.

화이트연구소의 설립

이 조직은 처음 1년 반 동안은 유지가 잘 되었다. 그러나 이윽고 프롬과 호나이 사이에 갈등이 생겼다. 이것은 《자유에서의 도피》의 저자인 프롬의 명성이 높아 학생들 사이에서 인기가 많아지자, 이에 호나이가 위기감 또는 질투를 느꼈기 때문이라고 한다. 의사가 아닌 분석가(프롬도 그러했다)가 환자를 치료하는 것은 위법이라는, 정신분석 학계에서 가끔 일어나는 적대감이 다시 고개를 든 것이다.

1943년 가을, 호나이와 대립이 심해지자, 프롬은 톰슨(그녀는 미국의 명문 의과대학 존스 홉킨스대학을 졸업한 의사였다)과 함께 미국 정신분석연구소를 그만두었다. 그리고 설리번과 톰슨, 아내인 프리다 라이히만과 함께 윌리엄 앨런슨 화이트 정신의학연구소를 설립했다. 《잊힌 언어》(1951)는 이 연구소에서 발표한 강의 내용이다.

멕시코로 이주

1944년, 프롬은 프리다 라이히만과 이혼하고, 같은 해 7월 24일 헤니 가란드와 재혼한다. 프롬은 처음에는 미국 정신분석연구소, 뒤에는 화이트 정신의학연구소와 관계를 맺으면서, 1941년 이래 버몬트주의 베닝턴칼리지의 교수로 재직했다. 뒤에 뉴욕을 떠나 베닝턴에 집을 짓고 그곳을 보금자리로 정했다. 그러나 그의 새 아내가 관절염에 걸려 보행이 불편해지자 그녀를 배려하여 보다 따뜻한 지역으로 옮길 결심을 한다. 1949년 멕시코로 이주하여 1952년에 멕시코 국립대학 의학부의 정신분석 교수가 되었다. 그러나 멕시코로의 이주도 헛되이 아내의 병은 악화되다가 결국 다음해에 죽었다.

1953년 12월 18일, 프롬은 세 번째 아내 아니스 프리먼과 결혼했다. 클라라 톰슨은 프롬에게 뉴욕으로 돌아오도록 거듭 편지를 보냈으나, 프롬은 멕시코 시티의 열렬한 환영에 감격하여 돌아가지 않았다. 다만 1년에 한 번, 한두 달 화이트 정신의학연구소에서 집중강의를 하기 위해 뉴욕으로 갔다.

멕시코에 거주하는 동안 그는 차례로 저서를 냈다. 《건전한 사회 The Sane Society》(1955), 이 책에서는 독자의 이해를 돕기 위해 '사랑한다는 것'으로 번역한 《사랑의 기술 The Art of Loving》(1956), 《프로이트의 사명》(1959), 《선(禪)과 정신분석》(1960), 《인간은 우월한가》(1961), 《마르크스의 인간관》(1961), 《환상의 사슬을 넘어》(1962), 《인간의 마음》(1964) 등을 간행했다. 1965년 프롬은 멕시코 국립 대학을 정년퇴임했다.

대통령 선거운동 지원

1967년 11월 30일, 미네소타주 출신 민주당의원 유진 조세프 매카시는, 존슨 대통령의 베트남 정책에 반대하는 성명을 냈다(이 매카시는 '빨갱이 사냥(Red Purge)'으로 알려진 조세프 레이몬드 매카시(1909~1957)와는 다른 사람이다). 프롬은 그의 의견에 동조하여, 그와 뜻을 같이하는 많은 사람들과 함께, 그를 예비선거에 당선시키기 위해 동분서주했다. 1968년 3월 31일, 존슨 대통령이 차기 대통령 불출마를 천명했다. 그의 불출마 선언은 북폭(북베트남 공습) 중단, 베트남과의 평화교섭과 같은 매카시의 제안에 가까운 일들이 실행에 옮겨짐으로써 그의 선거운동이 타격을 받았기 때문이다. 6월 5일, 그의 강력한 경쟁 상대인 로버트 케네디가 돌연 캘리포니아 주 예비선거 직후 암살되었다. 매카시를 지지하는 젊은이나 지식인들은 이 사건으로 결속을 굳혔으나 결국 매카시는 부통령 험프리에 패배, 험프리가 민주당의 대통령 후보로 지명되었다(이듬해의 대통령 선거에서 험프리는 닉슨에게 패배했다).

패배했다고는 하지만, 매카시가 젊은 층으로부터 큰 지지를 받았다는 점에서 그의 입후보는 미국 선거운동사에서 특기할 만한 사건이 되었다. 프롬은 같은 해 《희망의 혁명》을 집필했고, 거기에서 이러한 '희망'을 표명했다.

그러나 이 '희망'에도 불구하고 현실은 폭력으로 가득 차 있었다. 케네디 형제의 암살, 베트남 전쟁의 계속, 소년범죄의 폭력화는 프롬의 마음을 어둡게 했다. 또 옛 동료 마르쿠제는 프롬이 인간을 너무 낙천적인 시각으로 본다고 비판했다. 이것이 계기가 되어 프롬은 노년기에 인간의 공격성과 파괴성 문제를 다루어 1973년 《인간 파괴성의 해부》를 간행했다. 이것이 그의 마지막 저서가 되었다.

프롬은 1980년 3월 18일, 스위스의 로카르노에 인접한 마조레 호반의 마을 무랄트에서 심장발작으로 숨을 거두었다. 여든 살 생일 5일 전이었다.

II 정신분석과 마르크스주의의 통합

분석적 사회심리학

마르크스와 프로이트

프롬은 독일혁명(11월혁명. 1918년 11월 3일의 킬 군항의 수병 반란에서 이듬해 1월의 스파르타쿠스단의 무장 봉기까지)이 한창일 때 대학에 들어가, 정치에 지대한 관심이 있었다. 그런 그가 마르크스주의에 많은 영향을 받았다고 상상하기란 어렵지 않다. 또 그가 배운 베를린 정신분석연구소에는 좌익 성향을 가진 사람이 많았다. 1926년대 초, 소장 아브라함이 죽은 후 2대 소장이 된 에른스트 지멜도 마르크스주의자로 알려져 있었고, 사회주의 의사협회 회장이기도 했다. 또한 회원인 지크프리트 베른펠트도 마르크스주의 신봉자였다. 연구소의 교사와 훈련생은 하루 수업이 끝난 뒤, 카페 그로센반(과대망상 카페)에서 한 잔의 커피를 마시면서, 교실에서는 나눌 수 없었던 잡담을 하는 일이 많았다. 이때 마르크스와 프로이트를 통합하는 시도가 진지하게 논의되었다고 한다. 프롬도 그러한 이야기를 열심히 듣고 논한 사람들 중 하나였을 것이다.

마르크스와 엥겔스에 따르면, 이데올로기적 상부구조는 경제적 하부구조에 의존한다. 즉, 이데올로기는 물질적 토대가 인간의 두뇌에 반영된 것이다. 그러나 마르크스와 엥겔스는 그것이 어떻게 반영되는가는 말하지 않았다. 예를 들어, 프란츠 메링이 〈독일사회민주당 역사〉(1897)에서 발표한, 메링에게 보낸 1893년 7월 14일자 엥겔스의 편지에는 다음과 같이 쓰여 있었다.

'우리는 모두 처음에는, 경제적인 기초 사실로부터 정치적, 법률적 기타 이데올로기적 관념이나, 이들 관념으로 매개되는 행위를 도출하는 데에 중점을 두었고, 또 두어야만 했습니다. 이때 우리는 내용적인 면에 정신이 팔려 형식

적인 면—이들의 관념이 생기는 방법—을 소홀히 했습니다.'

프롬은 엥겔스가 '소홀히 한 것'을 해명하는 일이야말로 정신분석이라고 생각했다. 그가 프랑크푸르트 사회연구소 시절에 발표한 논문은 모두 이 문제의 해명에 주력하고 있다. 호르크하이머가 소장이 된 이후의 사회연구소는, 마르크스주의와 정신분석의 통합을 중시하고 있었으므로, 이 문제를 푸는 것은 연구소의 방침과도 일치하는 것이었다.

이와 같은 시도의 최초의 것이, 정신분석 학계의 저명한 전문지 〈이마고〉에, 1930년에 게재된 〈그리스도교 교의의 변천〉이다. 이 논문은 유대—그리스도교에 대한 해박한 지식을 동원해서 자기 학설을 뒷받침하여 그의 특징을 유감없이 발휘한 논문이다.

팔레스티나의 세 계급

예수가 탄생할 무렵, 팔레스티나는 로마제국의 속령으로, 헤롯이 유대 왕이었다. 그는 냉혹하고 잔인하고 시의심(猜疑心)이 강하여 심지어는 자기 아나나 아이들마저 죽였다. 그러나 유능한 지배자로, 그의 통치 아래 오랫동안 평화가 지속되었다. 조세는 무거웠으나 국부(國富)와 인구는 증가하고 지중해 연안의 항구는 발전했다. 아울러 서방 세계와의 무역은 왕성해졌으며, 예루살렘에는 훌륭한 궁전이 건립되었다. 그러나 지방 주민들은 무거운 세금에 고통받아, 부채 때문에 노예가 되든가 또는 예루살렘으로 흘러들어 하층계급으로 전락했다. 이 상층계급과 하층계급 사이에 중산계급이 형성되었다. 그들은 로마로부터 핍박을 받고 있었지만 경제적으로는 안정되어 있었다. 이들 세 계급에 대응해서 종교적, 정치적 집단이 있었다. 바로 사두개파, 바리새파, 암 하레츠였다.

사두개파(정의의 사람)는 사제 차도크에서 유래한 이름으로, 부유한 상층계급을 대표하고 있었다. 그들은 여호와의 예배를 지키면서 그리스 철학을 받아들여 종교적으로는 관대했다. 이에 반해 분리파라고도 불리는 바리새파는 모세 율법의 엄격한 실천에 열중하여 광신적이고 고풍스러운 편견과 미신을 지키고, 외국에서 유입되는 모든 개혁에 반대했다. 중산층으로 대표되며, 궁색한 생활을 하고, 모든 일은 운명이 규정짓는 것이라고 생각했다. 최하층인 암 하레츠(땅의 백성)는 잃을 것이라고는 아무것도 없는 프롤레타리아였다. 그들은 바리새파를 미워하고 바리새파도 그들을 미워했다. 《탈무드》에는 '그는 암 하레츠의 무지한 인간의 딸과는 결혼하지 않는다. 왜냐하면 그녀는 모두가 싫어하는 사람이기 때문에'라고 쓰여 있다.

로마제국에의 반항

그러나 로마의 핍박이 강해짐에 따라서 바리새파 사이에서도 상층과 하층으로 분열이 생겼다. 이윽고 헤롯 왕의 죽음(BC 4) 직전과 직후에 하층민들이 로마인과 상층계급에 대한 반란을 일으켰다. BC 4년 로마는 이와 같은 반란분자 2천 명을 색출하여 극형에 처했다. 또 BC 6년 유대 왕이 폐위되고 팔레스티나가 로마의 속국이 되었을 때에도 폭동이 일어났다. 이때 바리새파의 중산계급은 로마와 타협하려고 했으나, 하층계급은 열심당(제로타이)을 조직하여 로마와 동조하는 세력들을 살해했다. 이후, 로마가 카이사르의 초상이나 독수리 문장을 예루살렘의 신전에 걸려고 할 때마다 소규모 폭동이 일어났다. 이어 기원 66년, 로마에 대한 민중의 반란이 대대적으로 일어났다. 초기 양상은 중산계급과 하층계급의 지지를 받았으나, 패색이 짙어지자 중산계급은 로마와 타협하는 것이 상책이라고 생각했다. 바리새파 지도자 요하난 벤 자카이는 로마에 항복했으나, 농민이나 직인(職人)들은 그 뒤 5개월에 걸쳐 로마군과 싸우다가 결국 패했다. 이때 죽은 유대인이 10만 명에 달했다.

집단 환상의 발생

이처럼 정치적·현실적인 개혁 욕구가 좌절됨에 따라 이 희망은 환상으로 나타났다. 그것은, 열심당의 무력투쟁과 마찬가지로 하층계급의 사회적·경제적 절망에서 생긴 현상이었다. 그 환상은 (1) 이 세상이 보지도 듣지도 못한 고난의 때가 오지만, 종말에는 구세주가 심판하기 위해 큰 영광과 광휘 속에서 구름을 타고 오실 것이며, (2) 부자는 심판날에 그 재물을 조금도 취할 수 없으리란 것이었다. 이것은 정신분석학적으로는 자기들을 도와주는 좋은 아버지에 대한 기대와, 자기들을 압박하고 고통 주는 나쁜 아버지(현대의 권력자)에 대한 증오를 나타내고 있다.

이와 같은 메시아(구세주) 사상은, 묵시문학(다니엘, 에녹)으로도 나타났지만,

세례 요한이나 예수의 설교를 통해서도 설파되었다. 요한은 '회개하라, 천국이 가까이 왔느니라'(마태복음 3 : 2)고 말하고, 예수는 '천국이 가까이 왔다'(마태복음 10 : 7)고 전파했다. 또한 예수는 '너희 가난한 자는 복이 있나니 하느님의 나라가 너희 것임이요, 지금 주린 자는 복이 있나니 너희가 배부름을 얻을 것임이요, 너희 지금 배부른 자여 너희는 배를 주리리로다. 낙타가 바늘귀로 들어가는 것이 부자가 하느님의 나라에 들어가는 것보다 쉬우니라'(누가복음 6 : 20, 21, 25. 18 : 25)라고 했다. 즉 현실에서 충족되지 않았던 그들의 소원—지배자의 몰락과 자기들의 지배—이 이 환상 속에서 충족되고 있었다.

예수를 둘러싼 '양자론'과 '동질론'

그렇다면 초대 그리스도교도들은 아버지인 하느님과 예수의 관계를 어떻게 생각했는가? 그것은 '하느님은 예수를 주와 그리스도가 되게 하셨느니라'(사도행전 2 : 36) 하는 구절에서 찾아볼 수 있다. 이를 일컬어 '양자론'이라고 한다. 즉 예수는 처음부터 하느님의 아들이었던 것이 아니라, 하느님의 의지에 의해 하느님의 아들이 된 것이다. 예수가 행한 갖가지 기적도 예수가 기적을 행한 것이 아니라 하느님이 예수를 통해서 한 것이다. 요컨대 초대 그리스도교 집단에서는, 하느님에게 들림을 받은 사람의 아들 예수가 심판을 하고, 고통받는 사람들에게 행복을 주고, 지배자를 벌하기 위하여 죽은 뒤에 다시 돌아오리라 믿었다. 그렇다면 왜 이 '양자론'은 당시 사람들의 마음을 사로잡았는가?

그들은 자기들을 압박하고 고통 주는 지배자를 증오하고, 무의식적으로는 이들 압박자들과 한 통속이 되어 자기들을 괴롭히도록 허락한 하느님을 미워하고 있었다. 그러나 현실적으로 지배자 타도란 불가능한 일이었으므로 의식적으로는 하느님을 비난할 수 없었다. 따라서 환상 속에서나마 소원을 추구하는 길밖에 없었다. 그래서 만약에 인간이 하느님이 된다면, 하느님은 사람의 손이 닿지 않는 특권적인 지위를 박탈당하게 될 것이다. 따라서 하느님이 된 인간은, 아버지인 하느님을 배제하고 싶은 사람들의 무의식적인 소원의 발로였다. 예수는 자기들과 같은 고통을 겪은 인간이었으므로, 예수와 자기들을 동일시하기가 쉬웠다. 이것이 무의식에서는, 십자가에 매달린 하느님은 자기 자신들이라는 것을 의미했던 것이다.

그로부터 시대가 흘러 2세기가 되면서, 이제까지 대다수 하층계급의 종교였던 그리스도교는 중상계급이나 상층계급 사이에서도 퍼져 나가게 되었다. 콘스탄티누스제(帝) 313년, 그리스도교는 공인되었다. 그 당시 로마는 엄격한 계급 질서를 기반으로 한 절대군주제의 국가였다.

3세기에 그리스도교는 변질되어, 종말론적 기대는 서서히 사라져 갔다. 하느님의 나라가 가까워졌다는 미래의 희망은 없어졌다. 그리스도교는 과거에 눈을 돌려 결정적인 일은 이미 일어났다고 생각했다. 예수 탄생 그 자체가 이미 기적으로 여겨졌다. 그래서 현실적인 구제의 희망은 예수 신앙으로 보증되는 영적 구제로 대체되었다. 또 교회는 사회국가를 부정하는 태도를 지양하고 국가를 유지하는 힘이 되었다.

이와 함께 예수관도 바뀌어, 인간이 하느님이 된 것이 아니라 하느님이 인간이 된 것으로 여겨졌다.

기원 325년, 콘스탄티누스 황제의 제창으로 니케아(현재 튀르키예의 이스탄불 남동에 있는 이즈니크)에서 종교회의가 열려, 하느님의 아들 예수는 모든 피조물에 앞선 아버지의 외아들이며, 아버지와 동질이라고 하는 아타나시우스파(뒷날의 로마 가톨릭 교회)의 동질론이 승리를 거두었다. 이것은 아버지와 아들의 조화이자, 아버지에 대한 아들의 적의(敵意)가 제거되었다는 의미였다. 로마제국의 지배하에서, 지배자를 추방하고 자기 계급의 승리를 바란다는 것은 절망적인 시도이므로, 사람들은 아버지에게 복종하고 아버지를 사랑하고 아버지로부터 사랑받는 예수와 자기들을 동일시했던 것이다.

마리아 숭배

그러나 미움이나 공격적인 충동은 사라지지 않았다. 지배자의 압박이 강했기 때문이다. 그렇다면, 그것은 어디로 갔는가? 그것은 권위로 향한 것이 아니라 자기에게로 향했다. 고통받는 까닭은 자기에게 죄가 있기 때문이라고 했다. 만약 자기가 불행하다면, 자기를 책망해야만 한다. 즉 끊임없이 자기 죄를 속죄하고 자학함으로써 하느님의 사랑과 용서를 받을 수 있다는 것이다. 또 지배계급은 하느님의 아들 예수의 수난이라는 생각으로, 대중을 압박하고 착취한다는 자기들의 죄책감을 완화시킬 수가 있었다. 왜냐하면, 하느님의 아들조차도 자진해서 고통받았으므로, 대중에게 있어 고통은 하느님의 자비라고 생각하여, 지배계급은 스스로를 위로할 수가 있었다. 그러나 동질론은 그뿐만이 아니라 다음과 같은 것도 의미했다. 즉 아들이 변화했을 뿐만 아니라, 아버지도 변화한 것이다. 아버지는 강한 권력자인 아버지에게서 자비로운 보호자인 어머니가 되었다. 아버지이신 하느님의 일부를 이루고 있는 무의식적인 모성애는 이윽고 마리아로서 상징화되어, 4세기 이래 마리아 숭배가 만연되었다. 어린 예수를 안고 있는 마리아는 중세 가톨릭의 상징이 되었고, 이는 사람이 유아로 퇴행했음을 의미했다. 이로써 아버지에 대한 반항은 감소되었다.

무의식적 소원의 충족

프롬이 여기서 보이려고 했던 것은, 사람들의 생활 조건(사회경제적 조건)이 하나의 특수한 집단에게 어떠한 감정적인 영향을 주는가(또는 정신적 변화를 생기게 하는가), 그리고 이 영향이 종교적 교의(또는 종교적 환상) 안에 어떻게 표현되는가 하는 데에 있었다. 그리고 프롬에 의하면, 꿈이 그러한 것처럼, 교의(教義)도 무의식적인 소원의 충족을 의미한다고 했다. 즉, 사회경제 상황 → 정서적 경향 → 종교적 교의가 된다. 이 도식을 위의 내용에 적용해 보면 다음과 같다.

(1) 유대 하층계급의 빈곤, 로마에 대한 반항의 패배 → 로마와 그 앞잡이인 상층계급에 대한 미움과 절망 → (이 정서의 무의식적인 충족으로서) 하느님이 되어 아버지인 하느님의 자리를 엿보는 인간 예수라는 양자론.

(2) 로마 말기, 신분제가 굳어지고 현실 변혁의 가망이 없어짐 → 영적 구제의 바람. 아버지인 하느님의 사랑과 자비를 받고 싶다는 소원 → 처음부터 하느님의 아들이고 아버지인 하느님으로부터 사랑받는 예수라고 하는 동질론, 예수를 사랑하는 성모 마리아.

프롬의 이 논문은 사회연구원이자 독일 공산당원이었던 프란츠 보르케나우로부터 마르크스주의와 정신분석을 통합하는 최초의 구체적인 시도라는 점에서 큰 칭찬을 받았다.

마르크스주의가 말하는 욕구

1932년, 프롬은 〈분석적 사회심리학의 방법과 과제〉를 〈사회연구〉지 창간호에 발표하여 이 점을 이론적·심층적으로 부각시켰다.

그는 버틀런드 러셀이나 헨드릭 드 만(프랑크푸르트 대학 심리학 교수)의 주장—사적 유물론은 경제심리학이라거나, 마르크스는 경제적 욕구나 이익추구 본능, 즉 영리심을 인간행동의 결정적인 동기라고 생각한다는 주장—에 반대했다. 마르크스는 그러한 것들이 인간의 본질적인 욕구라고는 생각지 않았다. 프롬에 의하면, 사적 유물론에는 심리학적 전제(前提) 같은 것은 거의 없다. 그것이 있다고 해도, 인간은 스스로의 역사를 만든다. 또 욕구가 인간 행동이나 감정을 유발하고 사회가 발전함에 따라 욕구가 늘어나며, 이 높아지는 욕구에 의해 경제활동은 더욱 활발해진다는 정도이다. 사적 유물론에서 경제가 논의될 경우 그것은 주관적·심리적인 동기로서의 경제를 말하는 것이 아니라, 인간활동에 대한 객관적인 조건으로서의 경제를 말하고 있는 것이다. 따라서 인간의 모든 활동, 모든 욕구의 충족은 자연적·경제적 조건의 특수한 상황에 좌우되고, 인간의 의식은 사회적 존재로부터, 즉 현실적인 지상생활에서 설명되어야만 한다. 즉 존재 → 의식 또는 경제적 하부구조 → 이데올로기이다.

정신분석에서 말하는 욕구

다음에 프롬은, 정신분석을 유물론적·자연과학적 심리학으로 보았다. 그 까닭은, 첫째, 인간행동의 배후에 있는 동기는 생리학적인 기반을 가진 본능(욕구)이라는 것을 정신분석이 발견했기 때문이며, 둘째, 의식된 정신활동은 정신생활의 극히 사소한 부분을 차지하는 데 지나지 않고, 정신활동의 많은 동인(動因)은 무의식이며, 개인이나 집단의 이데올로기는 본능에 뿌리박은 개개의 소원이나 욕구의 표현이라는 것을 폭로했기 때문이다.

그래서 그는 당시에 프로이트가 세웠던 삶의 본능과 죽음의 본능이라고 하는 본능의 2분법을 거부하고(죽음의 본능의 생리학적 기반은 알 수 없다), 프로이트의 낡은 본능의 2분법인 자기보존 본능과 성본능이라는 분류법을 채택했다.

프로이트에 의하면, 자기보존 본능이란 개체의 생명보존에 필수적인 신체기능과 결부된 본능으로, 대표적 예가 배고픔이다. 이에 비해 성본능이란 흔히 말하는 '성욕'보다 그 범위가 넓어, 갓난아기가 젖꼭지나 젖병 꼭지를 빨 때 혹은 배설 때의 쾌감을 얻고 싶다는 욕구 등도 포함하고 있다. 그런데 자기보존 본능의 충족은 연장할 수가 없는 것으로, 만약 이 본능이 충족되지 않고 연기되면 죽음을 초래할 수 있다. 이에 반해서, 성본능의 충족은 뒤로 미루는 일이 가능하고, 의식으로부터 퇴출되어 무의식의 세계에 갇히는 일도 있고(억압), 다른 대상으로 향하는 경우도 있다(예를 들어, 이성으로 가는 것이 아니라 고양이에게도 가는 일도 있다). 또 성본능이 사회적으로 가치가 있는 것(문화)으로 모습을 바꾸어서 나타나는 경우도 있다(승화). 요컨대, 성본능은 자기보존 본능에 비하면 훨씬 탄력적이고 유연성이 풍부하다. 이것은 성본능이 사회에 능동적 또는 수동적으로 적응할 수 있음을 의미한다.

분석적 사회심리학의 과제

프로이트는 성본능이 생리학적·생물학적인 것임을 충분히 인식하고 있었다. 그러나 한편으로는 성본능이 환경과 사회에 의해서 변질된다는 것도 인정하고 있었다. 특히 그는 아이의 가족 구성원과의 관계가 본능의 발달에 결정적인 영향을 준다고 생각했다. 그러나 프로이트는, 가족 전체가 그것을 둘러싸고 있는 사회적·계급적인 배경에 영향을 받는 점이나, 사회구조(부권제 사회, 자본주의사회 등)에 의해 규정되고 있다는 것을 간과했다. 즉 가족이란, 사회가 아이들이나 어른에게 심리적인 영향을 줄 때의 매개물—심리적 대리점—이라는 점을 무시했던 것이다. 이것은 프로이트가 본 환자가 중산계급이었다는 사실과, 그가 가부장제 가족(가부장이 가족 전체를 지배하고, 재산이 남자에서 남자로 상속되어 조상으로부터 전해 온 재산은 독점하고, 여자가 아버지, 남편, 아들의 후견하에 복종하는 가족)을 정상 상태로 보고, 그것을 줄곧 연구한 데서 비롯된 결과이다.

이것은 오이디푸스 콤플렉스(유아가 아버지를 미워하고, 어머니를 사랑하는 것)를 중요시하는 것에도 나타나 있다. 이 콤플렉스는 원래 가부장제 사회의 남성에게서만 볼 수 있는 것인데, 프로이트는 보통 사람들에게서 볼 수 있는 심리 상태라고 생각했다. 이것은 사회 체제가 다르면, 가족의 구조도 달라진다는 것을 고려하지 않았기 때문이다. 그러나 정신분석은 심리요법이었고, 또 심리요법은 현존하는 사회질서에 적응하도록 환자를 변화시키는 것을 목적으로 하므로, 사회 체제의 차이에 따른 사회경제 조건의 차이 등은 무시해도 지장이 없었다. 그러나 정신분석을 사회심리 현상의 해명에 응용할 때 그것은 치명적인 과오의 원인이 된다.

그래서 프롬은 다음과 같은 내용을 제창했다.

(1) 사회심리적인 현상은, 사회경제 상황에 대해서 본능이 능동적·수동적으로 적응하는 과정으로서 이해하여야만 한다.

(2) 본능의 작용은 변용 가능한 것이지만(즉 유연성이 있는 것이지만) 이것을 변용시키는 조건은 경제조건이다.

(3) 가족은 경제상황이 개인심리를 만드는 데 영향을 줄 때의 매개물이 된다.

따라서, 정신분석적 사회심리학의 과제는, 사회의 성원이 공유하고 있는 심리상태나 이데올로기를, 경제조건이 성본능(리비도)에 대해서 가하는 영향의 문제로서 설명하는 일이다. 이것은 마르크스주의와 정신분석의 연결을 의미한다. 따라서 경제적 하부구조 → 이데올로기라고 하는 위의 도식은 사회경제상황 → 성본능(또는 리비도) → 이데올로기(또는 사회심리 현상)가 된다.

프로이트의 성격이론

이 논문에 이어서 프롬은 〈정신분석적 성격학과 그 사회심리학과의 관계〉(1932)를 발표하여, 위에서 말한 도식을 더 구체적으로 제시했다.

정신분석은 원래 신경증(노이로제)의 치료법으로서 시작되었다. 신경증은 정신장해를 성에너지(리비도)와 관련지어 설명하기 위하여, 그 에너지가 가로막히거나 의식으로 떠오르는 것이 허용되지 않고 무의식 속에 억눌려 있거나(억압)할 때 나타나는 증상이라고 생각했다. 따라서 리비도 → 억압 → 증상이 된다. 그 뒤 정신분석은 환자에게나 건강한 사람에게서도 볼 수 있는 성격이라는 것이 어떻게 형성되는가를 연구하게 되었다. 여기에서도 신경증의 경우와 마찬가지로, 리비도 → 승화(또는 반동 형성) → 성격이라고 하는 인과(因果)의 연속으로 생각했다. 여기에서 승화라고 하는 것은, 성 에너지가 사회적으로 가치가 있는 방향으로 변하는 일이고, 반동 형성은 정반대 방향으로 변하는 일이다. 이

점을 좀더 자세히 설명해 보기로 하자.

갓난아기는 배가 차도 즐거운 듯이 젖꼭지, 젖병 꼭지 또는 손가락이나 옷을 쭉쭉 빤다. 즉 빠는 그 자체에 쾌감을 느끼고 있는 것처럼 보인다. 프로이트는 이 쾌감을 성적 쾌감이라고 생각하여, 입의 점막으로의 자극에서 쾌감을 얻도록 몰아세우는 힘을 구순(口脣)성욕, 구순성욕이 우세한 시기를 구순기(생후 18개월까지)라고 불렀다. 프로이트에 의하면, 구순성욕이 승화되면 지식욕이 왕성한 사람이 된다. 또 유아기에 구순성욕이 충족되지 않은 사람은 다른 사람의 물건을 훔치거나 잔인하고 적대적이며 질투심이 강한 사람이 된다. 이 두 가지 성격을 일컬어 구순성격이라고 한다.

구순기 다음에는 항문기(8개월~4세)가 온다. 이것은 항문 점막에 대한 자극으로부터 쾌감을 받는 시기이다. 배변 교육이 진행되면 하나의 변화가 나타난다. 바로 대변을 참거나 적절할 때에 배설하는 일에 쾌감을 느끼는 것이다. 이 항문성욕의 반동 형식으로서, 청결을 유지하는 성격이 형성되고, 또 그 승화로서 시간 엄수·꼼꼼함·소유욕·인색함 같은 성격 특성이 생기고, ('아침에 꼭 화장실에 가야 한다'해서) '○○은 절대 하면 안 된다'는 의무감이 생긴다. 구순기에는 울거나 하면 젖병이 주어졌다. 그러나 항문기에, 어머니는 배변 훈련을 하기 위하여 배설하는 방법에 따라 꾸짖기도 하고 칭찬하기도 하기 때문에 반드시 좋은 사람으로 인식되지 않는다. 또 배설 훈육은 자기의 사적인 생활 영역에 대한 남의 개입이므로, 유아는 여기에 화를 내고 반항, 고집으로 반응한다. 이 성격 특성은 어른이 될 때까지 지속되는 경우도 있다. 이것이 항문성격이다.

항문기 다음에 성기기(性器期)가 온다. 그리고 그것에 따라 성기성격이 형성되는데, 프로이트는 그것에 대한 구체적인 언급은 하지 않았다.

리비도의 구조와 자본주의 정신

지금까지 프로이트가 말한 것은 개개인의 서로 다른 성격이었다. 그런데 프롬이 관심이 있던 분야는 사회심리학이었으므로, 그는 사회 대다수의 성원에서 공통으로 볼 수 있는 성격은 어떻게 형성되는가를 문제삼았다. 그는 각 사회에 독자적인 경제구조·문화구조가 있는 것처럼, 독자적인 리비도 구조가 있다고 생각했다. 이것은 공통된 사회경제 상황이 개개인의 리비도에 가한 영향의 산물이다. 바꾸어 말하자면 개개인의 리비도가 공통된 사회경제 상황에 적응한 결과 생긴 것이다. 예를 들어, 어떤 사회인이 사회경제상황에 적응한 결과, 구순, 항문, 성기의 세 성욕 중에서 구순성욕이 다수인에게 일률적으로 강화되었다고 하자. 그러면 그 사회의 리비도 구조는 구순성욕으로, 그 사회의 대부분의 구성원들에게서 볼 수 있는 성격은 구순성격이라는 것이 된다. 그 실례로서, 프롬은 19세기 자본주의사회의 정신(즉, 대다수의 사람들에게서 볼 수 있는 성격)은 항문성격이라는 것을 입증했다.

그에 의하면, 19세기 자본주의의 정신은 자본주의 이전의 정신, 즉 중세의 정신과는 현격한 차이가 있었다. 아름다운 그림, 장엄한 건축, 여러 날 계속되는 화려한 축제, 그리고 교회가 대중에게 약속한 복음에서도 알 수 있듯이, 중세에서는 인간은 태어나면서부터 행복·복음·쾌락을 얻을 권리가 있다고 여겨져, 이것을 얻는 일이 인생의 목표로 여겨졌었다. 그런데 자본주의 정신은 이 목표를 버리고, 인생에 주어진 천직에 한결같이 종사하는 일을 최고의 가치로 삼았다. 즉, 행복의 추구 대신 자기의 직업에 최선을 다하는 것이 중요시되었다. 부르주아는 쾌락을 얻거나 쾌적한 생활을 영위하는 것보다는 오히려 부를 축적하기 위해 돈을 벌었다. 그리고 재산을 증식하는 것 자체가 윤리적 규범이 되고, 낭비는 기피해야 할 일이 되었다. 시간 낭비도 또한 배척되어, 아침에 일어났을 때 그날의 스케줄을 세우는 일이 장려되었다. 또 자본주의 사회는 경쟁 사회이므로 개인 간의 동정은 금물이었다. 따라서 연민의 정이 없어도 비도덕적이라고는 여겨지지 않았다.

이와 같이 19세기 자본주의 정신의 근간은 (1) 쾌락의 억제, (2) 소유·저축의 중요시, (3) 의무의 수행, (4) 꼼꼼함의 강조, (5) 연민의 정 금지 등으로 성격지을 수 있다.

이것은 앞서 언급한 항문성격과 겹치고 있다. 따라서 항문성격은 자본주의의 요청에 대한 적응으로서 발달한 성격이라고 말할 수 있고, 반대로 이 성격이 자본주의를 발달시키는 원동력의 하나가 되었다고 할 수 있다.

결국 사회경제 상황 → 성본능(또는 리비도) → 이데올로기(또는 사회심리 현상)라는 도식은 다음과 같이 바꿀 수 있다. 사회경제 상황 → 리비도 구조 → 사회의 성원에 공통적으로 불 수 있는 성격→이데올로기.

그런데 프롬에 따르면, 리비도 구조는 관성(慣性)을 가지고 있기 때문에 공통적으로 볼 수 있는 성격도 안정되어 있다. 따라서 경제상황이 변화해도 성격, 더 나아가서 이데올로기까지 변화하는 데에는 오랜 시간이 걸린다. 그러나 사회 내부의 객관적인 모순이나 갈등이 생겨서 사회가 혼란에 빠지면 사회의 리비도 구조에 변화가 나타나, 그 에너지는 체제 유지에는 소용이 없고 새로운 사회의 형성에 공헌하게 된다. '그것은 시멘트이기를 그만두고 다이너마이트로 변환한다'고 프롬은 말했다.

모권과 부권

바흐오펜의 부활

마르크스와 엥겔스에게 주목받은 이래 오랫동안 잊혔던 스위스의 법률가 바흐오펜의 저서《모성의 권리》(1861)가, 1920년대 말에 와서 갑자기 각광을 받았다. 이것은 알프레트 보임러나 슈테판 게오르게와 같은 신낭만주의 사상가나 시인의 공명(共鳴)에 힘입은 바가 컸다. 신낭만주의는 형이상학이나 영혼, 신비주의, 신화와 같은 비합리적인 것에 주목했으며, 죽음의 찬미와 같은 염세주의적인 풍조를 다분히 내포하고 있었다. 이 공명 덕택으로 1926년 이 책이 반세기만에 복간되었다. 프롬은 이 책을 읽고 크게 감동했다. 바흐오펜이야말로 프롬의 사상 궤도를 수정시킨 장본인이었다.

바흐오펜이 그의 저서에서 주장한 바는, 고대사회가 모권제였다는 것이다. 그는 고전문학을 검토한 결과, 그리스·소아시아·이집트의 고대사회에서는 여성이 그 후의 시대에는 주어지지 않았던 높은 지위를 차지하여, 사회적·정치적으로 권력을 휘둘렀다는 사실을 발견했다. 여성이 이처럼 존경을 받은 까닭은, 고대사회에서는 성관계가 난혼적(亂婚的)이었기 때문에 어머니는 자기를 낳아준 사람이라는 것을 알 수 있었지만 아버지는 누군지 몰랐기 때문이다. 그러나 경제적 발전 과정에서 남성은 여성을 정복하여 사회의 지배자가 되었고, 여기에서 부권(가부장제) 사회가 성립했다. 즉, 바흐오펜은 현존하는 사회 체제의 상대성을 지적한 것이다. 이것이 마르크스와 엥겔스가 공명한 이유였다.

모권사회의 특징

모권사회는 민주제이며 사유재산은 인정되지 않았다. 성은 억압되지 않았으며 모성애·평등·연민이 지배적인 도덕이었다. 또한 망자(亡者)나 조상 숭배가 중요시되고, 혈연의 연계나 대지(大地)에의 연관이 강조되어, 정신적·문화적·합리적인 것에 가치를 두고 있지 않았다. 과거에 유토피아를 구하려고 했던 신낭만주의자를 매료시킨 것이 바로 이 점이었다.

이에 반해, 부권사회는 인간이 만든 법률을 중요시하고, 이성적인 사고(思考)의 우월을 인정하며, 자연을 변화시키는 인간의 노력을 높이 평가했다. 바흐오펜은 다음과 같이 말한다.

'모든 문화, 모든 미덕, 인간 존재의 모든 숭고한 면의 발단이 되는 관계는 어머니와 아들의 관계이다. 이 관계는 폭력에 찬 인생에서 사랑, 통일, 평화의 원리로서 작용한다. 여성은 어린것을 돌보기 위해, 남성보다도 일찍, 자아의 한계를 넘어 남에게까지 애정이 깃든 배려를 하는 법을 배우고, 또 남의 생존 유지와 미화(美化)를 위해 그녀 정신의 모든 재능을 사용하는 것을 배운다. 문화의 모든 발전, 인생의 모든 선행, 모든 헌신, 모든 양육, 모든 망자의 애도는 여성에게서 흘러나온다. ……모성애는 따뜻하고 헌신적일 뿐만 아니라, 보다 더 일반적이어서 널리 전파된다. 부성의 원리에는 제한이 있지만 모성의 원리는 보편성이 그 원리이다. 전자는 보다 더 좁은 범위에의 제한이 따르지만, 후자는 아무런 제한이 없다. 인간은 모두 형제라는 사상은 모성의 원리에서 온 것이다. 그러나 이 의식은 부성의 발달과 함께 소멸한다.'

브리폴트의 모성애설

1920년대의 후반, 오랫동안 파묻혀 있던 모권이론이 고전으로부터 되살아난 시대일 뿐만 아니라, 새로운 연구가 이루어져 모권이론이 전성기에 도달한 시대이기도 했다. 1927년에는 영국의 인류학자 말리노프스키의 《미개사회에서의 성과 억압》이, 1928년에는 영국의 의사이자 인류학자인 브리폴트의 《어머니》가, 1931년에는 말리노프스키의 연구에 자극받은 라이히의 《성도덕의 출현》이 잇따라 간행되었다.

1933년 프롬은 위에 든 브리폴트의 역작인 《어머니, 정조와 제도의 기원에 대한 한 연구》(전3권)를 소개하는 논문을 썼다. 브리폴트는 (1) 인간 여성은 다른 포유동물에 비해서 임신 기간이 길고, (2) 인간의 아이는 미성숙한 채 태어나며, (3) 이 때문에 어머니는 아이를 오래 돌봐야 한다는 것, 이 세 가지 조건에서 모성애가 생긴다고 했다. 따라서 모성애는 이타적인 것이라 할 수 있고 이에 반해서, 성욕은 이기적인 것이다. 모성애는 성욕과 같은 것이 아니다. 프로이트에 의하면 사랑은 성(性)에서 생기지만, 브리폴트에 의하면, 모든 사랑은 모성애에서 생긴다고 말했다. 또한 애정이나 정애(情愛)뿐만 아니라 동정, 관용, 친절, 요컨대 이타적인 감정은 모두 모성애에 그 근원이 있다고 설파했다. 다음에 브리폴트는, 동물의 무리는 본능에 입각해서 성립되지만, 인간의 가족은 모성애의 작용에서 생겨났다고 했다. 그리고 어머니와 아들의 결합으로 이루어진 가족이 연대해서, 어머니를 중심으로 하는 미개사회가 성립된다. 브리폴트는 또 모권제 가족의 마지막 관습—남편이 아내가 있는 집으로 들어가는 데릴사위제가 지구상에서 얼마나 많이 행해지는가를 지적했다.

모성 중심 콤플렉스

그 이듬해인 1934년, 프롬은 〈모권이론과 그 사회학적 의미〉라는 논문을 발표했다. 그가 모권이론에 관심을 보인 것은, 모권사회가 실제로 있었는가 하는 역사적 흥미에서가 아니었다. 중요한 것은, 모권사회의 문화를 연구하면, 우리 사회에서 보는 것과는 다른 정신구조가 있음을 배울 수 있을 뿐만 아니라, 동시대에 살고 있는 사람의 정신구조에도 영향을 미칠 수가 있을 것이기 때문이었다. 그는 비록 모권사회가 존재하지 않았어도 모성 중심적인 사회는 있다고 생각하고, 그와 같은 사회에서 발달하는 정신구조를 '모성 중심적 콤플렉스'라고 불렀다. 이는 바흐오펜이나 브리폴트가 말한 것과 같은 것이었다. 즉, 무조건적인(보답을 바라지 않는) 모성애에서 볼 수 있는 것과 같은 낙천적인 신뢰감, 성적 구속이 없기 때문에 죄악감이 적다는 것, 양심(초자아)의 힘이 약하고, 쾌락이나 행복을 추구하고 싶은 욕망이 강하다는 것, 약자나 도움을 필요로 하는 사람에게는 모성애적인 공감이나 애정을 쏟아야만 한다는 이상(理想)이 강하게 발달하고 있다는 것 등이다. 프롬은 이것을 중세사회, 오늘날에는 남유럽의 가톨릭 여러 나라에서 볼 수 있다고 생각하고, 가톨릭 교회에서 예수를 안은 성모 마리아상은 '모성 중심적 콤플렉스'의 상징이라고 보았다.

부성 중심 콤플렉스

이와 대립하는 것이 부성 중심적인 사회에서 발달하는 '부성 중심 콤플렉스'이다. 프롬은 이것이 프로이트가 말하는 오이디푸스 콤플렉스라고 생각했다. 프로이트에 의하면, 사내아이는 성충동을 최초 사랑의 대상인 어머니로 돌린다. 그 결과 아버지를 라이벌로 보고 미워하게 된다. 이것이 오이디푸스 콤플렉스이다. 그러나 가족 내에서는 아버지가 절대적인 권력을 가지고 있으므로, 사내아이가 자기 소원을 달성할 수는 없다. 그래서 그는 아버지처럼 되기 위해 아버지의 도덕적인 명령이나 규범을 도입한다. 이렇게 해서 도입된 것이, 초자아(양심)를 형성하는 데 기반이 된다. 그러나 이 도입은 부분적으로밖에 성공하지 않으므로, 아버지와의 라이벌 관계는 사랑과 미움이 공존하는 감정을 낳는다. 즉, 그는 아버지로부터 사랑받고 싶다고 생각하면서도 아버지를 미워한다.

그러나 '부성 중심 콤플렉스'는, 프롬에 의하면, 아들에 대한 아버지의 태도에도 영향을 받는다. 아버지는 아들에 비하면 생명이 짧다는 것과, 사회적인 의무가 무겁기 때문에, 아들을 은근히 질투한다. 또 아들을 교육하는 것도 아들 자신의 행복을 지향해서가 아니라, 자기의 사회적 위상을 높이기 위해서나 자기가 이루지 못했던 소원을 아들을 통해서 대리만족하기 위해서이다. 그래서 아버지는, 아들이 자기의 자기중심적인 기대를 채워 주는 한 아들을 사랑하지만, 그렇지 않으면 아들을 학대하거나 멸시한다. 즉, 부성애는 조건이 붙은 사랑이다. 따라서 대가를 바라지 않는 모성애와는 다르다. 이와 같이 부성애는 조건부 사랑이기 때문에, 아들은 의무를 수행하는 것이 사랑의 최소한의 보증이 된다고 생각하여, 의무 이행을 위해 많은 노력을 한다. 그러나 인간의 행위는 이상(理想)에 미치지 않으므로, 최선을 다해서 의무를 수행해도 죄악감이 생기게 된다.

요컨대, '부성 중심 콤플렉스'의 특징은 엄격한 초자아, 심한 죄악감, 부성적 권위에의 순종과 애착, 약자를 지배하는 기쁨, 자기의 죄를 감수하려는 태도, 행복을 향락하는 능력의 결여 등이다. 프롬은 '부성 중심 콤플렉스'는 프로테스탄트 사회에서 우세하다고 보고 그것을 자본주의 발전의 원동력의 하나라고 생각했다.

프로이트는 어느 사회, 어느 시대의 인간에게서도 오이디푸스 콤플렉스를 똑같이 볼 수 있다고 했다. 그러나 프롬은 그것을 부성 중심적인 사회의 성원에게서만 볼 수 있다고 했다. 즉, 그는 오이디푸스 콤플렉스의 보편성을 부정한 것이다.

오이디푸스 신화

오이디푸스 콤플렉스의 바탕이 된 것은 오이디푸스 신화인데, 프롬은 위의 논문을 발표한 지 17년 후인 1951년에 출간한 《잊힌 언어》(일명 : 꿈의 정신분석)에서 이 신화를 다시 해석했다.

프로이트가 자기 학설의 근거로 삼은 것은, 그리스의 비극작가 소포클레스의 《오이디푸스 왕》이었다. 그 내용은 다음과 같다.

테베 왕 라이오스와 그의 아내 이오카스테에 아들이 태어나면, 그 아이는 아버지를 죽이고 어머니와 결혼할 것이라는 신탁(神託)이 내린다. 그래서 아들이 태어났을 때 라이오스는 신탁이 실현되는 것을 두려워하여, 발에 구멍을 내어 키타이론 산에 버리게 했다. 그러나 이 아들은 코린트의 왕 폴리보스의 양치기에게 발견되었다. 발이 부어 있었기 때문에 오이디푸스(오이다=붓다)라는 이름이 붙여져서 폴리보스의 양자로서 양육되었다. 그런데 어느 날, 주연 석상에서 한 남자에게 그가 폴리보스의 친자식이 아니라는 모욕을 당했다. 그래서 그는 신탁을 받으러 델피로 여행을 떠났다. 그런데 델피의 신탁은, 그가 아버지를 죽이고 어머니와 결혼하여 차마 볼 수 없는 자손을 남긴다는 것이었다. 그래서 그는 코린트로 돌아가지 않고 신탁이 실현될 염려가 없는 땅으로 갔다. 그 도중 그는 말다툼 끝에, 그러한 사정을 알지 못했던 친아버지 라이오스와 그의 마부를 죽이고 말았다. 마침 그 무렵, 괴물 스핑크스가 테베 근처에 나타나 그곳 사람들을 괴롭히고 있었다. 이 괴물은 바위에 앉아, 지나가는 사람들에게 수수께끼를 내어, 그것을 풀지 못하는 사람은 죽였다. 그 때문에 "스핑크스로부터 이 나라를 구하는 자는 테베 왕이 되어 이오카스테를 왕비로 삼아야 한다"고 선포되었다. 오이디푸스가 가까이 가자, 스핑크스가 "처음에는 네 발로 걷고, 그리고 두 발, 마지막으로 세 발로 걷는 것은 무엇인가?"라고 물었다. 오이디푸스는 바로 "인간"이라고 대답했다. 스핑크스는 수수께끼가 풀린 것이 수치스러워 바위에서 떨어져 죽었다. 이제 오이디푸스는 테베의 왕이 되어 친어머니 이오카스테를 아내로 삼는 몸이 되었다. 이윽고 테베에 병이 퍼졌다. 이번에는 라이오스의 살해자를 추방하라는 신탁이 내렸다. 오이디푸스가 이 신탁을 실행하려고 애쓸 때 예언자가 나타나 오이디푸스 당신이 아버지를 죽인 범인이자 어머니의 남편이라고 알렸다. 이 말을 들은 이오카스테는 자살하고, 오이디푸스는 스스로 눈을 도려내고 맹인이 되었다.

《콜로노스의 오이디푸스》

여기서 프롬은 테베를 구할 정도의 오이디푸스가, 당시 사람들의 눈에 무섭게 비쳐지는 죄를 범한 인간으로 묘사되고 있다는 것은 도저히 이해할 수 없다고 말했다. 그래서 이 수수께끼를 풀기 위해서는 비극의 3부작인 다른 두 작품 《콜로노스의 오이디푸스》와 《안티고네》를 보아야만 한다고 생각했다.

《콜로노스의 오이디푸스》에서는, 맹인이 된 오이디푸스가 테베에서 추방되어 딸 안티고네와 이스메네의 손을 잡고 아테네 근교의 콜로노스의 여신의 숲에 도착한다. 마을 사람들은, 자기들도 발을 들여놓은 일도 없고, 성역이라 여겨지는 무서운 여신의 숲에 누군가가 들어왔다는 사실을 알고는 오이디푸스에게 누구냐고 묻는다. 그가 이름을 대자 마을사람들은 여기서 떠나라고 외친다. 그러자 오이디푸스는, 나의 이름이 무서워 나를 추방하려느냐고 묻고, "나의 소행은 내 뜻에 의한 것이 아니다. 오히려 내 쪽이 피해자이다. 제발 나를 도와 마지막까지 지켜봐 다오. 나는 이 나라 사람들에게 번영을 가져오기 위해서 온 것이다"라고 애원한다. 그는 아테네 왕 테세우스에게도 탄원한다. 왕은 그의 소원을 받아들인다. 이 무렵 테베에서는, 오이디푸스를 추방한 후, 오이디푸스의 두 아들이 왕좌를 둘러싸고 다투었는데, 동생인 에테오클레스가 형 폴리네이케스를 이긴다. 형은 아버지 오이디푸스에게 의지하기 위해 아테네로 와서 아버지에게 도움을 청한다. 이때 오이디푸스는 아들에게 말한다.

"바로 너다, 나를 이 고통의 벗으로 만든 것은. 바로 너다, 나를 추방한 것은. 너 때문에 방랑하면서, 그날의 양식을 남에게 구걸하고 있는 것이다. 만약에 이 딸들이 나를 돌보지 않았더라면 나는 지금 살아 있지 않았을 것이다. 지금 이 두 사람이 나의 생명을 지탱해 주고 있다. 두 사람은 나와 고생을 같이한 나의 딸들이다. 그런데 너희들은 나의 아들이

스핑크스의 수수께끼를 푸는 오이디푸스

아니라 남의 자식이다. 떠나라, 나의 미움을 받은 아비 없는 자식, 악의 화신이여. 바로 내가 너에게 퍼붓는 저주를 품고, 너를 추방한 자를 죽이거라. 그리고 너는 동생의 손에 죽거라. 이것이 나의 저주다."

이윽고 오이디푸스에 죽음이 찾아온다. 그는 여신의 숲에서 죽어 아테네의 수호자가 된다.

《안티고네》

제3의 작품 《안티고네》의 줄거리는 다음과 같다. 오이디푸스의 딸 안티고네는 아버지가 죽은 후 테베로 돌아온다. 테베에서는 오이디푸스의 두 아들, 앞에서 든 동생 에테오클레스와 형 폴리네이케스가 서로 다투다 두 사람 모두 죽고, 큰아버지인 크레온이 오이디푸스의 왕위에 오른다. 크레온은 아래의 포고령을 내린다. '폴리네이케스는 망명자로, 조상의 나라에 불을 지른 자이다. 따라서 그 시체를 까마귀나 들개가 뜯어먹을 수 있도록 벌판에 내버리고, 장례식도 거행하지 말라. 이를 위반하는 자는 사형에 처한다." 안티고네는 법을 위반하고서라도 장례를 치르겠다고 하여 여동생 이스메네에게 도움을 청한다. 그러자 이스메네는 말한다.

"그보다는 잘 생각해야 해요. 우선 먼저, 우리가 여자라고 하는 것, 그래서 남자와 다투도록 태어나지 않았다는 것을. 그리고 힘이 센 사람의 지배를 받고

있다는 것도. 그러므로 복종해야 해요. 나는 권력을 쥔 자가 시키는 대로 하겠어요. 그럴 수밖에 없어요. 떠들어 봤자 낭패만 볼 뿐이에요."

그러나 안티고네는 동생의 충고도 듣지 않고 오빠의 유해를 거두어 장사지낸다. 후에 이것이 발각되어 안티고네는 크레온 앞으로 끌려간다. 크레온은 그녀에게 "왜 법을 지키지 않았느냐"고 묻는다. 그녀는 "비록 기록이 되어 있지 않다 해도, 신들이 정한 규정을 깰 수는 없습니다. 이 규정은 언제까지나 살아 있는 것으로, 언제 그것이 이루어졌는지 아는 사람조차도 없습니다"라고 말한다. 왕은, "비록 내 조카라 할지라도 벌은 면할 수 없으니 사형이다. 악인도 선인도 같은 취급을 받는다는 것은 바람직하지 않다"고 말한다. 이에 대해 그녀는 "나는 미움을 나누는 것이 아니라 사랑을 나누도록 태어났습니다"라고 말한다. 그때, 크레온의 아들이자 안티고네의 약혼자인 하이몬이 나타난다. 크레온은 아들에게 "약혼녀에 대한 판결을 듣고 흥분하지는 않겠지?" 하고 묻는다. 하이몬은 아버지의 결정에 승복하겠다고 말한다. 이에 대해 크레온은 말한다.

"그러한 마음가짐이 중요한 것이다. 매사에 있어서 아버지의 의견에 따라야 함을 명심해 두는 것. 이 나라에서 이 아이만이 내가 사형에 처할 수밖에 없다. ……집에서 의무를 다하는 사람은 국가를 위해서도 정의의 행동을 할 것이다. 이에 반해서 규정을 어기고 폭력을 일삼는 자, 지시한 명령을 거부하는 자! 비록 조카라 할지라도 나라의 기강을 바로잡기 위해서는 이와 같은 자를 나는 도저히 묵과할 수 없다. 일단 나라가 지배자를 골랐다면, 사안의 대소를 막론하고, 또 옳든 그르든 이에 복종하는 것이 당연지사이다. 이와 같이 복종을 따르는 백성이야말로 훌륭한 통치자가 될 수 있고, 화살이 빗발치는 전쟁터에서도 용감하게 싸우며, 많은 전우를 보살필 수 있다. 질서를 지키지 않는 것보다 더한 악행은 없다. 그 때문에 많은 나라가 망하기도 하고 그 때문에 많은 집도 황폐해진다. ……따라서, 우리는 정해진 법을 소중이 지켜서 결코 여자들로 하여금 좌지우지하게 해서는 안 된다. 불가피하다면, 남자의 손에 당하는 것이 낫다. 여자보다 못하다는 말을 듣지 않아도 좋으니까 말이다."

이에 대해 아들인 하이몬은, 백성들이 오라비의 장례를 치른 안티고네를 훌륭한 일을 해냈다며 칭찬하고 있으니, 아버지께서도 고집을 꺾으시고 남의 의견을 경청해 달라고 말한다. 그러나 크레온은 이를 무시하고 부하에게 안티고네를 감옥에 넣어 죽이라고 지시한다. 안티고네가 감옥에 들어간 뒤 예언자가 나타나 크레온에게 죄를 깨닫게 한다. 크레온은 공포에 사로잡혀, 안티고네를 구하려고 감옥에 들어간다. 그러나 안티고네는 이미 목을 매어 죽었고, 아들 하이몬이 그녀의 시체를 부둥켜 안고 울고 있었다. 그는 아버지가 온 것을 알고 칼을 뽑아 아버지를 죽이려고 한다. 아버지가 순간적으로 몸을 피하자 하이몬은 칼을 자기 가슴에 찌르고 죽는다. 크레온의 아내도 자기의 아들이 죽었다는 소식을 듣고 자결한다.

부권제와 모권제의 상극

프롬은 이 3부작에서 일관되게 흐르고 있는 것이 부자지간의 상극이라고 생각했다. 《오이디푸스 왕》에서 아버지인 라이오스는 아들을 죽이려 하다가 마지막에 아들에게 살해된다. 《콜로노스의 오이디푸스》에서는, 아버지 오이디푸스는 아들을 미워하고 아들에게 저주의 말을 한다. 《안티고네》에서는 아버지와 아들의 논쟁이 있었고, 아들은 아버지를 죽이려고 한다. 근친상간은 《오이디푸스 왕》에서만 언급되는데, 이 작품에서도 어머니의 매력에 사로잡혔다고는 말하고 있지 않다. 《콜로노스의 오이디푸스》에서는 분명히 '나의 소행은 내 뜻에 의한 것이 아니다. 내 쪽이 피해자인 것이다', '내가 하고 싶어서 한 것이 아니다', '저 여자를 좋아서 아내로 삼은 것은 아니다'라고 말하고 있다. 그러면, 오이디푸스의 신화에서는 아버지의 권위에 대한 아들의 반항 또는 아버지에 대한 아들의 미움이 주요 테마이고, 어머니와의 결혼은 부수적인 것이라는 점을 알 수가 있다. 어머니와의 결혼은 왕위에 부속된 것에 지나지 않는다. 따라서 《오이디푸스 왕》에 대한 프로이트의 해석은 그릇되다고 말할 수 있다.

여기에서 프롬은 바흐오펜의 모권이론을 끄집어낸다. 앞서 말한 바와 같이, 모권사회는 대지와의 연관, 혈연, 망자에의 애도, 모성애를 중요시하고, 부권사회는 법과 권위에의 복종을 강조한다. 안티고네가 오빠의 장례를 법을 어겨서까지 치르고, '나는 미움을 나누는 것이 아니라, 사랑을 나누도록 태어난 것입니다'라고 한 것은 모권제의 원리이다.

한편, 이스메네나 크레온이 복종을 말하고, 법을 지킬 것을 타이르는 것은 부권제의 원리이다. 또 오이디푸스가 여신의 숲에서 죽고, 안티고네나 하이몬이 지하 감옥에서 죽는 것은(대지와의 연관) 모권제의 원리를 나타내고 있다.

프롬은 스핑크스의 수수께끼가 테베 왕이 된다는 보상에 비해 너무나 쉽다는 것에 주목했다. 그래서 여기에 프로이트가 말하는 '대체'의 메커니즘이 작용하고 있다고 생각했다. 즉 겉보기에는 수수께끼를 푸는 것이 중요한 듯 보이지만, 실제로는 '인간'이라고 하는 답 자체가 중요한 것이다. 다시 말해 스핑크스의 수수께끼는, 그 무엇보다도 인간이 중요함을 나타내고 있는 것이다. 그리고 인간을 중요시하는 것이야말로 모권제의 원리였다.

따라서 오이디푸스 신화의 핵심은 근친상간이 아니라 모권제의 원리와 부권제 원리의 상극이라 할 수 있다. 《안티고네》끝 대목에서 크레온은 아들과 아내의 죽음을 알고 외친다.

"데려가! 이 쓸모없는 인간을 다른 곳으로. 오, 아들아, 너를 마음에도 없이 죽여 버린 나. 그리고 당신도 말이다. 거기에 엎드려 있는 왕비여. 얼마나 비참한 나인가. 모든 것이 어긋났다. 나의 머리 위에 견딜 수 없는 운명의 철퇴가 내리친 것이다."

이리하여 부권제 원리의 화신인 크레온은 패배한다. 바꾸어 말하면 권위주의, 남성 우월, 아들에 대한 아버지의 우위, 백성에 대한 독재자의 우위는 패배한다. 그런데 《오이디푸스 왕》에서는 모권제의 원리를 나타내는 이오카스테와 오이디푸스는 패배하고 있다. 이것은 다른 작품과 모순되고 있다. 프롬은 이것을 다음과 같이 생각했다. '이오카스테는 남편이 아들을 죽이는 일에 가담한다. 이것은 부권제의 원리에서 보면 옳지만 아낌없이 모성애를 베푸는 모권제의 원리에서 보자면 옳지 않다. 이오카스테는 이와 같이 옳지 않은 일을 했기 때문에 스스로 파멸했을 뿐만 아니라 자기 아들이나 남편까지도 화를 미쳤다는 것을 작자인 소포클레스는 말하고 있는 것이다. 즉, 소포클레스는 모권제의 원리를 관철하고, 어머니의 숭고한 의무를 다하지 않으면 파멸이 온다고 경고하는 것이다. 따라서 이 작품도 다른 두 작품의 사상과 결코 모순되지 않는다.'

정신분석 요법의 특징

프롬은 바흐오펜의 사상으로 기울어짐에 따라 프로이트에 대한 열의가 식어 갔다. 1935년, 그는 〈정신분석 요법의 사회적 제약성〉을 통해 프로이트에게 환멸을 느끼게 된 동기를 설명했다.

신경증 증상은 무의식적인 경향(또는 충동)과 이를 억압하는 경향 사이의 갈등에서 일어난다. 그리고 정신분석 요법의 목적은 이 무의식적인(즉, 억압된) 경향을 의식으로 떠올리게 하는 일이다. 이 경우 자유연상이 사용된다. 즉, 환자는 마음에 떠오른 현상을 숨김없이 보고해야만 한다. 그런데 환자는 억압된 것에 접근하면 아무것도 생각해 낼 수가 없어, 의사에게 화를 내거나 이런 방법은 불합리하다고 분개하기도 한다. 프로이트는 이것을 저항이라고 불렀다. 그러나 저항이라고 해도 환자가 일부러 또는 의지적으로 말하지 않는 것이 아니라 무의식적으로 그렇게 하는 것이다.

그런데 어떤 사람이 다른 사람에게 자기의 잘못을 인정하고 꾸밈없이 솔직하게 고백하는 상황은 이 세상에서는 극히 드문 일이다. 따라서 이러한 상황을 만들었다는 것은 프로이트의 커다란 공적이다. 이 상태에서 환자는 정직해야 되고, 한편으로 의사는 안정된 감정을 가지고 공평한 태도를 취하여, 환자가 말한 것을 평가하지 않고 객관적이고 편견 없이 중립적으로 상대를 배려하는 태도로 경청해야 한다. 프로이트는 거듭 환자에 대한 분석 의사의 태도를 '관용'이라고 불렀다. 예를 들어, 이렇게 말하고 있다. "환자가 버릇없는 관능적인 욕구를 자연현상으로서 시인하도록 하기 위해서는 관용을 환기시켜야만 한다." 요컨대, 프로이트는 분석요법에서 안정된 감정이나 공평과 더불어 관용을 말했다.

관용의 본질

프롬은 '관용'에 대해서 연구했다. 그에 따르면, 관용 '모든 것을 이해함은 모든 것을 용서함이다'와 '만인을 그 사람의 방식에 따라 행복하게 해 주어야 한다'라는 격언에 표현되어 있다. 전자는 판단의 관대함을 의미한다. 즉, 사람은 인간의 약점을 용서해야 하며, 판단을 내려서는 안된다는 것이다. 후자는 모든 평가를 회피하는 일이다. 평가 자체가 비관용이다. 프랑스 혁명 때 국민의회의 포고(1793)와 같이, 유대교든 그리스도교든 회교든, 유교 신봉자든 라마교도든 모두 동등하다는 것이다.

18세기까지 '관용'은, 정해진 한 가지 외에는 다른 것을 믿거나 표현해서는 안

된다고 한 국가나 교회에 대한 시민계급의 투쟁의 산물이었다. 그러나 시민계급이 승리를 거두고 지배계급이 되어 감에 따라 관용의 의미는 변화하여, 억압에 반대하고 자유를 구하는 의미보다는 지적·도덕적 자유방임이 되었다. 즉 관용은, 위에서 말한 바와 같이, 유대교도도 그리스도교도도 모두 같다고 한 가치의 상대주의가 되었다. 가치 자체는 다른 사람을 가까이 오지 못하게 하는 개인의 소유물이 되었다. 그러나 현존하는 사회질서를 위협하거나 사회의 터부를 침해하는 것은 허용되지 않아 거기에는 저절로 한계선이 그어졌다.

요컨대, 19세기에 발달한 자유주의적 관용은 그 자체가 모순에 찬 것이었다. 사람들은 형법을 개정함으로써, 복역자의 처우를 개선하여, 범죄인은 그렇게 나쁜 사람은 아니라고 했다. 그러나 자기 딸이 교도소에 들어간 적이 있는 사기꾼과 결혼하고 싶다고 하자, 여러 가지 이유를 들어 이에 반대했다. 또 칸트에 의하면, 자유란 학자가 생각하는 것을 쓰고 말하는 학자의 자유로서, 행위와는 관계가 없고, 또 시민은 입법 당국에 무제한으로 복종해야 하는 것이다. 즉, 의식에서는 모든 가치에 대한 상대주의가 지배하고, 무의식에서는 터부의 침해에 대한 엄격한 비난이 있는 것이 시민사회 관용의 특징이다.

프로이트가 말하는 관용

프롬은 프로이트에게서도 이러한 모순된 관용을 볼 수 있다고 했다. 예를 들어 프로이트는, 일부일처제로는 충분한 만족을 얻을 수 없어 신경증이 늘어나고 있으므로 일부일처제라고 하는 성도덕을 완화해야 한다고 말한다. 그런데 침이 채 마르기도 전에 현재(20세기 초두)의 피임법은 유해하며, 성의 향락을 방해하고 신경증을 유발시킨다고 말하고 있다(20세기 초두에는 오늘날 쓰는 것과 같은 피임법은 알려져 있지 않고 오직 중절 성교만이 유일한 방법이었다. 그런데 이것을 사용하면 신경증이 되기 쉬웠다. 프로이트의 말은 이것을 가리킨다). 그렇다면 혼전이나 혼외의 성교섭 행위는 할 수 없게 된다. 즉, 의식적으로 또는 말로는 성도덕을 완화하라고 관대한 태도를 취하지만, 막상 그것이 행동으로 나타날 기미가 보이면, 사기꾼과 결혼하고 싶다는 딸에 반대하는 부모처럼 여러 가지 이유를 들어 관용을 베풀지 않는 것이다. 프롬은 이러한 프로이트의 태도에 환멸을 느꼈다.

프로이트에 대한 환멸

프롬이 프로이트에 환멸을 느낀 두 번째 이유는 다음과 같은 것이었다. 프로이트는 정신분석 요법의 목표를 노동능력과 향락능력의 회복에 두었다. 프롬에 따르면, 이것은 지배계급의 이상을 충족시키고, 금기를 존경하는 것을 의미했다. 프로이트는 환자가 병이나 그 밖의 이유로 분석을 쉴 때에도 분석비용을 받으라고 말하고 있다. 환자가 쉬었기 때문에 분석의도 자유 시간을 누린다고는 할 수 없으며, 돈을 버는 사람으로서 돈을 받지 않는다는 것은 수치스러운 일이라는 이유에서였다. 프롬은, 이것이 자본가적 태도를 나타내는 것이라고 생각했다.

프로이트의 이론이 아버지와 아들의 갈등으로 이루어져 있다는 것, 사랑은 성에 부수되는 감정이라고 여겨져, 성과 관계없는 인류애는 그의 심리학에서는 연구 대상이 아니라는 것, 그가 제자들에게 절대복종을 요구했다는 것 등등은 프로이트의 가부장 중심적인 성격을 나타낸다고 프롬은 생각했다. 정신분석 요법에서는 행복을 바란다는 환자의 욕구를 충족시키기 위해서는 그 무엇에 못지않게 그 욕구를 긍정할 분위기가 조성되어야 한다. 그러한 분위기만이 분석 때의 저항감을 줄인다. 그런데 가부장 중심적인 성격의 분석의는 그러한 분위기를 만들지 않는다. 이런 점에서 가부장적인 태도는 분석에는 불리하게 작용한다.

페렌치 찬미

이와 같이 프롬은 프로이트를 비판하고 나서, 프로이트에 대체될 인물로서 페렌치를 들고 그를 극찬했다. 특히 페렌치가 "의사가 학교 교사나 권위자처럼 행동하는 것은 분석치료에 전혀 도움이 안 된다. 의사는 환자에 대해서 겸손해야 하고, 의사가 하는 말은 명령조의 성격을 띠어서는 안 된다"고 말한 것에 공명했다.

또 프롬은, 페렌치가 돈을 지불할 수 없는 환자를 치료했다는 일이나, 프로이트와 같이 환자에게 냉정하지 않고 우호적이고 친절한 태도를 취한 데에 찬사를 보냈다. 따라서 페렌치와 프로이트의 사이가 나빠진 것은 원칙의 대립에서였다. 즉, 환자의 행복을 무조건 긍정하는 인간적이고 인도주의적인 태도와 가부장 중심적이고 권위주의적인 태도와의 대립인 것이다.

이 논문을 쓰고 나서 40년 뒤에도, 프롬은 페렌치에게 높은 찬사를 보냈다. 특히 어니스트 존스가 그의 《프로이트의 생애와 업적》(1953~8)에서, 페렌치는 말년에 정신병자였다고 쓴 것에 몹시 화를 냈다. 그는, 페렌치가 정신병자가 아니었다는 증거로, 1932년부터 그가 죽을 때(1933년 5월 24일)까지 페렌치와 함께 있었던 클라라 톰슨의 말을 인용하고 있다.

'그의 육체적인 병(악성 빈혈)의 증상을 제외하면, 그의 정신 상태에는 내가 관찰한 바 아무런 이상도 없었다. 나는 자주 그를 방문하여 그와 이야기를 나누었다. 그러나 기억장애를 제외하고는 존스가 그린 페렌치의 정신병이나 살인 기색과 같은 것의 실체를 이루는 사건을 한 번도 본 일이 없었다.'

스탈린주의자가 공산당 탈당자나 제명자를 배반자 또는 자본주의의 충견이라고 부름으로써 '소연방 공산당 역사'를 왜곡한 것처럼, 존스는 페렌치나 랭크와 같은 정신분석에서 이탈한 옛 동료를 정신병자로 만들어 정신분석의 역사를 왜곡했다고 주장하며, 프롬은 페렌치의 명예를 회복하려고 했다.

프롬은 또 프로이트의 오랜 동료였으나 후에 프로이트로부터 이탈한 알프레드 아들러가 1937년 5월 28일 죽었을 때 한 다음과 같은 말에는, 프로이트라고 하는 사람의 애정 결핍과 미움이 철저하게 반영되어 있다고 말했다.

'빈 교외 출신인 유대인이 스코틀랜드 애버딘에서 죽었다는 것은, 그 자체가 전대미문의 출세이자 그가 얼마나 잘 처세했는가를 극명하게 나타내는 증거입니다.

(아널드 츠바이크에게 보낸 1937년 6월 22일자 편지)'

여하튼 〈정신분석 요법의 사회적 제약성〉은 프로이트에 대한 결별서였다.

권위의 심리학

아버지 권위를 잃다

앞서 말한 바와 같이, 1931년 1월, 호르크하이머는 소장이 되자마자, 학제적 (學際的) 테마를 공동 연구할 것을 연구소의 최우선 방침으로 삼고, 우선 '권위와 가족'을 그 테마로 골랐다. 그리고 이 연구는 1932년부터 사회연구소 직원 전원이 시작했다.

이 테마가 채택된 것은 다음과 같은 이유에서였다. 17, 8세기에 가족은 생산 공동체였으므로, 아버지는 가족 전원의 부양자로서 절대적인 권위를 가지고 모든 가족 위에 군림할 수 있었다. 그런데 자본주의가 발달함에 따라 가족은 소비 공동체가 되어, 극단적으로 말하면, 가족은 성을 충족시키는 기능밖에 하지 못하게 됨으로써 아버지의 권위는 한층 실추되었다. 즉 공업의 발달로 가족 또는 아버지의 역할과 기능은 변하고 말았다. 그렇다면 17, 8세기에 아버지가 했던 기능을 오늘날 누가 하고 있는가? 이를 밝히는 것이 이 연구의 목적이었다.

독일 노동자의 성격

1932년, 프롬은 샤하텔, 라잘스펠트 등과 함께 이 공동 연구의 일환으로 노동자의 의식조사를 실시했다. 그들은 약 3천 매의 질문지를 노동자들에게 나누어 주고, 아이의 교육, 새로운 전쟁을 피할 가능성, 국가 권력의 참다운 존재 양식에 대해 다각도로 질문을 했다. 그 결과 586매가 회수되었다. 다음에는 회답을 보내온 사람들을 면접하여 그 답을 정신분석적인 기법으로 분석했다(프롬은 이 방법을 해석적 질문지법이라고 불렀다). 그 결과, 공언(公言)된 그들의 이데올로기와 그들의 성격에 차질이 있다는 것을 알았다. 프롬은 그들의 성격을 세 가지로 나누었다. 586명 중 10%는 '권위주의적' 성격이라고 일컬어지는 것을 나타냈고, 15%는 반권위주의적인 목표에 정서적으로 가담하고 있었다. 그들은 이 것은 '혁명적' 성격이라고 불렀다. 나머지 75%는, 이 두 가지를 섞은 것 같은 양가적(兩價的)인 성격을 가지고 있었다. 그래서 프롬은 독일 노동자계급은, 그 전투적인 이데올로기에도 불구하고, 나치의 권력 쟁취에 저항하지 않을 것이라는 결론을 내렸다. 이 결론은 선견지명이 있었다. 그러나 이 연구의 자세한 내용은 더 이상 발표되지 않았다. 이것은, 프랑크푸르트 망명 때 연구 데이터가 없어졌기 때문이라는 말도 있고, 호르크하이머가 이 조사에 그다지 비중을 두지 않았기 때문이라고도 했다. 여하튼 이 조사는 그 뒤 프롬의 이론 형성에 상당한 영향을 주었다.

초자아(超自我)는 내화(內化)된 권위이다

1936년, 5년에 걸친 협동연구의 성과가 열매를 맺어, 파리의 페릭스 아르캉사(社)로부터 독일어로 《권위와 가족에 관한 연구》가 간행되었다. 제1부는 호르크하이머의 '총론', 프롬의 '사회심리편', 마르쿠제의 '사상편'의 이론적 연구로 되어 있고, 제2부는 위에서 말한 프롬 등의 조사에 대한 개략, 제3부는 비트포겔, 샤하텔, 쿠르트 골드슈타인(프랑크푸르트대학 정신과 교수) 등 16명의 연구 논문으로 이루어져 있었다.

이 '사회심리편'에서 프롬은 권위의 심리학을 다루었다. 우선, 권위관계는 소농(小農)인 아버지와 아들, 사관과 병사, 의사와 간호사, 사제와 신자, 대학 교수와 학생과 같은 위아래 사람의 감정적인 결부인데, 거기에 포함된 감정은 외경·두려움·경탄·사랑·찬미·시인·존경·미움 등 여러 가지이므로 권위를 일률적으로 정의할 수 없다고 했다. 그 대신에 그는 (1) 권위에 대한 태도는 어떻게 형성되는가, (2) 권위는 심리학적으로 어떤 기능이 있는가, (3) 권위에 심취한 사람은 어떠한 성격인가를 검토했다.

그는, 권위의 문제를 심리학적으로 다룬 사람은 이제까지 프로이트밖에 없다고 하고 우선 프로이트의 학설을 소개했다.

프로이트는, 마음(그의 말로는 심적 장치)을 초자아, 자아, 에스(이드)의 셋으로 나누었다. 에스는 본능(예를 들면 성본능)의 저장고이고, 자아는 에스가 외계(外界)의 영향을 받아 변화한 부분으로, 이성과 분별과 운동기능을 맡아 억제를 행한다. 초자아는 보통 양심이라고 하는 것으로 자기관찰과 이상의 형성을 맡는다. 초자아는 처음에는 부모의 금지기능—무엇을 해서는 안 된다, 무엇을 해야 한다—을 안으로 받아들이는 것에서 생기고, 발달 과정에서 교사나 모범이 되는 사람의 영향을 받아 형성된다.

여기에서 프롬은, 사회를 지배하고 있는 권력이 그토록 영향력을 미칠 수가 있는 까닭은 무엇인가 하는 의문을 제기했다. 대중이 권위에 굴복하고 금지사항에 복종하는 것은 폭력이나 강제수단에 대한 공포나 불안 때문만은 아니다. 물론 그러한 물리적 행사로 복종을 강요할 수는 있을 것이다. 그러나 그것만으로 사람을 복종시키려고 하면, 공권력 기관인 경찰이나 교도소가 많이 필요하게 되고 예산과 사회불안이 증폭되어, 그 결과 사회의 생산성은 떨어지고 말 것이다. 여기에서 프로이트가 말하는 초자아가 문제가 된다. 즉, 외부의 권력은 초자아에 둘러싸여, 내부의 권력으로 바뀐다. 여기서 개인은 외부 권력으로부터 처벌을 받는다는 두려움에서뿐만 아니라, 그 자신의 마음속에 수립된 초자아로부터 처벌된다는 두려움에서 명령과 금지에 복종하게 된다.

　가족 안에서 자라는 아이에게 최초의 외부적인 권력은 아버지이다. 위에서 말한 바와 같이, 이 아버지의 명령과 금지가 내부로 도입되어 초자아가 되고, 도덕과 권력이라는 실체로 덮인다. 그러나 일단 초자아가 수립되면 이번에는 반대로 시회를 지배하고 있는 권위를 가진 자에게 초자아가 투사된다. 즉, 현실의 권위를 자신의 초자아로 덮으려는 일이 일어난다. 그 때문에 현실의 권위가 실제로 도덕적으로나 지적으로 뛰어나지 않은데도 뛰어난 것으로 변화되고 만다. 그리고 뛰어난 것이 된 이 권위가 다시 초자아에 도입된다. 프롬은 초자아와 권위의 이 관계를 변증법적이라고 했다. 요컨대, '초자아는 내화된 권위이고, 권위는 인격화된 초자아이다.'

권위의 기능

　다음에, 권위와 초자아는 어떤 기능을 다하고 있는가. 그것은 위험한 충동과 원망(願望)을 무의식 속으로 가두어 버리는 일이다. 여기에서 위험한 충동을 억누르는 것은, 그 충동을 발동시키면 벌을 받는다고 하는 불안으로 충분한가 하는 의문이 생긴다. 예를 들어, 형벌을 받는 것이 무섭다고 해서, 도둑질이나 사기를 치지 않는(즉 도둑질이나 사기를 치고 싶다는 충동을 발동하지 않는) 사람은 세상에 얼마든지 있다. 그런데 권위 또는 초자아가 위험한 충동을 억제할 때에는 그 원망은 의식에 나타나는 일조차도 없고 이성에 호소할 필요는 없이, 또 억압이 자동적으로 철저하게 이루어진다는 이점이 있다. 프롬은 이 경우와 앞서의 경우(형벌이 불안한 경우)의 차이를 다음과 같은 예를 들어 설명했다.

여기에 두 딸이 있다. 한 사람은 퓨리턴적으로 양육되어, 부모에 대해서는 애정이 넘치고 외경에 찬 관계를 맺고 있는 여성이다. 그녀의 부모는 혼전 성교나 성적인 욕망도 허락되지 않는다고 가르친다. 그녀는 이 도덕관을 가진 부모를 초자아로서 마음속에 세운다. 다른 한 여성은, 혼전 성교를 비도덕적이라고 생각하지 않고 자란 여성이다. 이 두 여성이 성적 욕망을 일으키는 남성을 만났다고 하자. 전자의 경우, 성적인 욕망은 이내 억압되어 의식에 떠오르지도 않는다. 억제가 불충분하게 이루어졌을 경우에는 얼굴이 붉어질 뿐이다. 후자의 경우, 성적인 욕망은 의식되지만, 어떤 조건하에서는, 그 욕망을 채운다는 것은 그녀에게 위험한 일이 된다. 예를 들어, 퇴사당하거나 뒤에서 손가락질을 당할지도 모른다. 그래서 그녀는 이 욕망을 채우는 것을 단념한다. 이 두 여성의 경우, 불안이 있다고 해도, 전자의 경우는 막연한 불안이지만 후자의 경우는 구체적인 형태를 가진 불안이다. 또 후자의 경우는 이성에 호소해서 행동을 자제하지만, 전자의 경우는 이성에 호소됨이 없이 행동은 자동적으로 중지되어 있다.

유사최면 상태

그런데 생산기계가 대규모적인 것이 되고, 인간이 더욱더 자연을 정복하게 되면, 즉 외계를 변혁할 수 있게 되면, 자아의 능력과 강력한 자아가 늘어난다. 약한 자아는 초자아나 권위의 도움을 받아 위험한 충동이나 욕망을 억제하지만, 강한 자아는 자주적으로 그 일을 할 수 있다. 이것이, 프로이트가 '유죄 판결'이라고 말한 것이다. '유죄 판결'에서는 이성적인 사고가 커다란 역할을 하고 있다.

지배계급은 그 전성시대에는 자아가 가장 발달되어 있다. 그런데 사회에서의 계급대립이 깊어지고 지배계급이 합리적·진보적 기능을 다할 수 없게 되면, 그 계급의 자아도 발달하지 않게 된다.

한편, 자아가 활동을 중지한 상태는 자아의 해체이다. 이것은 수면상태이거나 술에 취한 자, 정신병자에게서 볼 수가 있다. 자아의 해체를 연구하는 데 가장 적당한 것은 최면이다. 최면술에 걸리면, 그 사람의 판단능력이나 의지능력은 소멸하고 최면술사가 지시하는 대로 행동을 한다. 예를 들어, 생감자를 내놓고 이것은 달콤한 파인애플이라고 하면, 최면 걸린 사람은 그렇게 믿고 먹는다. 또한 최면 걸린 사람은, 의지가 없이, 어른에게 복종하는 유아처럼 행동한다. 한편, 최면술사는 아버지나 어머니 같은 역할을 하여, 상대에게 위협적인 상황이나 또는 애정이 깃든 보호적인 상황을 만드는 방법을 안다고 할 수 있다. 타인과의 싸움에서 이길 가망이 없고 복종하는 편이 좋다고 생각할수록, 상대가 강하고 위험하거나 자신이 활동할 필요가 없다고 느낄수록, 타인의 애정이 깃들어 보호적이 되고, 자아를 행사는 일은 덤이 되어 자아는 소멸하고 만다.

최면은 자기해체가 극단적으로 진행된 경우인데, 자기해체가 그다지 극단적이 되지 않는 경우가 권위관계이다. 권위에 복종하는 사람은—최면술사를 대하는 것처럼—권위는 힘이 세다는 감탄의 마음을 가지고 있으므로, 권위를 거슬러 자아를 행사할 수가 없다. 또 권위는 개인을 보호한다고 하는 사명을 맡고 있으므로, 개인은 자아를 행사할 필요도 없다. 따라서 권위에 대한 관계는 최면과 비슷한 상태, 즉 유사최면 상태라 할 수 있다.

권위주의적 성격

그러나 유사최면 상태라고 하는 말로는, 권위가 주는 독특한 만족, 즉 복종과 종속의 쾌감을 설명할 수 없다. 영국의 심리학자 맥두걸이나 독일의 사회학자 피어칸트는 이 쾌감을 설명하기 위해 태어나면서부터 복종 본능이 있다는 설을 세웠는데, 프롬은, 이것은 인간이 인간을 지배하는 필요성을 정당화하는 일이 되므로 납득할 수 없다고 말했다.

그 대신 그는, 복종하는 쾌감, 종속하는 쾌감, 자기 인격을 포기하는 쾌감 및 절대적 의존은 마조히즘의 특징이라고 말했다. 마조히즘이란 본래 고통을 당함으로써 성적 만족을 얻는 성향인데, 프롬은 여기에서 성적인 뜻을 박탈했다.

그런데 프로이트에 의하면, 마조히즘과 사디즘은 따로 존재하는 것이 아니라, 동전의 앞뒷면처럼 한 사람이 모두 지니고 있다. 프로이트는 '사디스트는 항상 마조히스트이다'라고 말했다. 그렇다면 권위에 복종하는 사람은 마조히즘적 성격이 아니라 사도—마조히즘적 성격이라고 해야 옳다. 프롬은 이것을 '권위주의적 성격'이라고 불렀다.

앞서 말한 바와 같이, 성격이라고 하는 것은 일정한 사회·경제 상황에 욕구가 적응해서 생긴 것인데, 개인이 어떤 성격을 건전하게 유지하는 것은 그 성격에 의해 요구가 충족되고 있기 때문이다. 그래서 프롬은 사도—마조히즘적 성격인 사람은 권위주의 사회로부터 욕구를 충족시킨다고 생각했다.

권위주의 사회에서는, 모든 사람은 상하 계층으로 나뉘어 있다. 그래서 사도—마조히즘적 성격인 사람은, 자신의 개성과 행복을 단념한 채 권력에 몸을 바쳐, 여기에 동화되고 육체적인 고통받을 정도가 되는 이 헌신에 쾌감을 느끼며 만족한다. 그러나 한편, 그는 자기보다 아래에 있는 사람, 약자·여자·아이·포로·소수민족·동물에 명령을 내려 고통을 주고 괴롭혀서 쾌감을 느낀다. 그들은 상대가 권력이 있다고 느끼면 자동적으로 숭배하고 사랑하고 찬미한다. 반면 상대가 약하다고 여겨지면, 멸시하고 미워하고 공격한다. 그 사회의 우두머리는 이론상으로는 그 어떤 명령에도 따르지 않는 유일한 사람이지만, 그도 신의 명령이나 운명에 따르고 있다고 생각하며 만족감을 느낀다.

사도—마조히즘적 성격인 사람의 기본적 태도는, 이와 같이 권위에 대한 관계에서뿐만 아니라 세계관에서도 나타난다. 그들은 도망갈 수 없는 운명의 입장에서 세계를 본다. 영세한 상인이 운명으로서 복종하는 것은 경제 법칙이다. 경제공황과 번영은 인간이 어떻게 할 수 없는, 감수할 수밖에 없는 것이다. 그것은 인간이 개입해서 바꿀 수 있는 사회현상이 아니라 보다 높은 자의 지배의 표현이다. 전쟁도 피할 수 없는 운명이다. 운명은 자연의 법칙, 신의 의지, 도덕적인 의무로서 이유가 부여(합리화)된다.

무력감

이와 같이 사도—마조히즘적 성격인 사람은 개인이나 개인의 의지 밖에 있는 힘에 지배당한다고 생각하므로 무력감을 느낀다. 인간의 무력감이야말로 마조히즘 철학의 기본적인 테마이다. 나치 철학의 아버지인 묄러 판 덴 브루크는 이렇게 말했다.

'보수적인 인간은 훨씬 회의적이다. 이성이 요구하는 것 같은 진보를 위한 진보를 믿지 않는다. 오히려 그는 파국을 피하는 인간의 무력감, 역사를 전개시키는 강제적인 힘을, 배반된 낙관론자의 무서운 환멸을 믿는다. 보수적인 인간은 은총의 힘과 은총 선택의 힘만을 의지하는데, 이 힘은 개개인에게 배분되어 있다. 또 그들이 그들의 문제로 성공하기 위해서는 인간, 민족, 시대가 숙명적으로 은총의 별 아래에 있어야만 한다.'

무력감에 젖어 있다는 것은 용기나 활동성이 없다는 의미가 아니다. 권위의 명령이 있으면, 또 신·과거·자연의 추세·의무라는 명목이 있으면 활동성을 발휘할 수가 있다. 그들에게 최고의 덕은 운명 또는 그 구상화(具象化)인 지도자가 부과한 고통을 한탄하지 않고 견디는 것이다. "운명에 따르는 일이 마조히스트의 영웅적 행위이며, 운명을 바꾸는 일이 혁명가의 영웅적 행위이다"라고 프롬은 말했다.

지금까지 말한 바와 같이 권위주의 사회는, 사도―마조히즘적 성격 토대 위에 생기는 욕구를 충족시켜 준다. 즉 마조히즘적인 인간이 보다 높이, 보다 강하게 권위에 예속하는 이유는 그 아래에서 불안이 감소되기 때문이다.

그는 앞을 내다볼 수 없고 지배하지 못하는 세계에 직면하여 어쩔 줄을 모른다. 이때 그가 강한 자에 의지하여 그 지도를 받으면 안정을 느낄 수 있다. 또 권위와 하나가 되어 자기 자신이라고 하는 인간을 포기하면 힘이 넘치는 놀라운 권위적 인격의 몫을 받을 수 있다. 그러나 다른 한편으로는, 그는 자주적으로 결단을 할 수가 없게 된다. 아니 결단할 필요가 없다. 계획적·적극적으로 행동하여 결단하는 것은 자아의 특징이지만, 권위주의적인 사람은 자기를 파기하고 자아가 약해져서 결단을 내릴 수가 없다.

권위의 특징

이제까지는 권위에 복종하는 쪽에서만 말해 왔다. 이제 권위 쪽에서 말하자면, 권위는 사회를 혼돈과 붕괴로부터 구할 수 있고, 정복하기 어려우며, 자기는 두려운 존재라는 인상을 주어야만 한다. 즉, 형법만으로 대중을 무서워하게 만들지 못할 때에는 공포정치를 실시해야 하고, 사형이나 거세(去勢)와 같은 처벌을 가한다고 협박해야만 하는 것이다. 또 권위는 대중을 굴복시키기 위해 대중과 거리를 두어, 자기는 대중과 다른 인간임을 확실히 못 박아 두어야 한다. 왜냐하면 대중은, 권위자가 자기와 비슷한 사람이라면 감동을 줄 리가 없다고 생각하기 때문이다. 그래서 권위자는, 자기는 특별한 가문의 출신이라든가, 태어나면서부터 지도자라든가, 신으로부터 계시를 받은 자라는 등 특별한 호칭과 존경하는 마음을 불러일으키는 의복을 입는다.

권위자는 강력하고 공포를 줄 뿐만 아니라, 도덕적인 모범이고 고결하며, 사리사욕이 없다는 모습도 보여야 한다. 그러나 비록 권위자가 그렇지 않다고 해도, 소박한 사람은, 자기들의 지배자는 그 자신을 위해서는 아무것도 바라지 않고 남을 위한다든가, 아침 일찍 일어나서 밤늦게까지 일을 한다고 믿고 있다. 아이들은, 부모들이 거짓말을 하지 않고, 이기적인 목표를 추구하지 않고, 도덕적이라고 믿으며, 부모도 또한 아이들에게 부모는 그러한 사람들이라고 가르치고 있다. 그 결과, 권위와 도덕적인 성질 사이에 연결이 생겨, 부모 이외의 권위도 도덕적인 성질을 가지고 있는 것처럼 생각하게 된다. 권위주의적 성격을 만드는 데 가족이 큰 역할을 하고 있는 것이다.

권위에 대한 반역

사람이 제아무리 권위와 굳게 연결되어 있어도, 개인과 사회의 역사는 반역의 역사이다. 프롬은 권위에 대한 반역에는 다음 두 가지 타입이 있다고 했다.

(1) 혁명. 자아가 마조히즘적 의존이 필요 없게 되어 권위주의적 성격을 버릴 경우.

(2) 반란. 권위주의적 성격을 버리지 않고 권위로부터 이탈할 경우.

이 '반란'에는 두 가지 유형이 있다. 하나는, 권위에 대해 억제되어 있던 적의(敵意)가 분출하여 이제까지의 권위가 미워지는 경우이다. 이때는 다른 권위가 나타나지 않아도, 또 어떠한 권위가 나와도 자동적으로 반역한다. 이것은 이제까지 말해 온 권위주의적 성격의 음화(陰畵)이므로 '마이너스 권위주의적 성격'이라고 말할 수 있다. 그러나 그의 반역은 표면적인 것으로, 실제로는 힘이 있는 사람을 사랑하고 싶다고 생각하고 있다. 그는 부당한 대우를 받았거나 냉혹한 처사를 당했기 때문에 반역하고 있는 것이다. 따라서 공평과 사랑의 조건이 채워지기만 하면 그는 권위에 항복할 각오를 하고 있다. 아나키스트 타입은 이런 유형에 속한다.

또 하나는 이제까지의 권위를 버리고 새로운 권위로 향하는 것이다. 이 경우

적의는 이제까지의 권위에 향하고, 사랑과 경탄은 새로운 권위로 향한다. 이것은 '혁명'이라고 하는 형태를 취하는 경우가 많은데, 권위주의적 정신구조는 변하지 않으므로 '반란'의 폭발이라고 할 수 있다. 그리고 이윽고 새로운 권위가 확립되고 낡은 권위는 그 지위를 잃고 만다.

민주주의적 권위

이제까지 프롬이 말한 것은 전제주의적인 권위였으나, 마지막에 그는 그것과 민주주의적인 권위와의 차이를 말했다. 앞서도 말한 바와 같이, 전제주의적인 권위구조에서는, 권위자와 대중 사이에는 넘을 수 없는 거리가 있다. 명령하는 사람과 명령을 받는 사람 사이에는 선천적인 차이가 있다. 이에 반해 민주주의적인 권위구조에서는, 권위자와 대중 사이에 넘을 수 없는 도랑이 있다고는 생각되지 않는다. 권위자가 이룩한 업적은 만인이 달성할 수 있는 것이다. 따라서 권위자는 사람들이 이룩하려고 생각한 것을 이룩한 인물로서 사랑받고 숭배된다. 그러나 권위 사이에 거리가 없다는 것이나, 충분히 노력하면 같은 업적을 달성할 수 있다고 하는 생각은 겉치레에 지나지 않는다. 실제로는 일정한 계층에 속한 사람만이 출세할 수 있으며, 성공하는 개인의 수는 매우 한정되어 있기 때문이다. 그러나 권위에 오를 수 있고 가까이 갈 수 있다는 신앙을 경제상황이 타파하지 않는 한, 이 환상과 민주주위적인 권위구조는 계속된다. 그런데 주민 대다수의 경제적 궁핍이 심화되고, 겉치레의 기반이 없어질 때, 전체주의적인 권위구조가 나타난다고 프롬은 결론지었다.

프롬은 여기에서 분명히 민주주의적인 바이마르공화국의 붕괴와 히틀러의 권력 장악을 염두에 두고 말하는 것이다. 하지만 이 논문에서는 전체주의적인 권위구조의 출현에 대해 주민의 '경제적 궁핍'과 성공하고 승진할 수 있다는 '기반 소멸'―구체적으로 말하면, 나는 이 회사에서 얼마 후 임원으로 승진할 수 있다고 기대했는데 경제공황 때문에 회사가 도산하여 그와 같은 환상이 깨진 것과 같은 상황―을 들고 있을 뿐이다.

무력감을 나타내는 꿈

〈권위와 가족에 관한 연구〉가 출판된 이듬해인 1937년, 프롬은 이 '연구'에서 재차 언급한 무력감에 대해 논했다.

시민계급은 무력감에 젖어 있는데, 그들은 그것을 의식하지 않는다. 이 때문에 이것은 심리학적으로 연구되지 않았다. 그래서 프롬은 그것을 강하게 인정할 수 있는 신경증의 분석에서 출발했다. 신경증자의 무력감은 그 인격구조의 중핵을 이루고 있다. 그들은, "나는 아무런 영향을 줄 수 없고, 아무것도 움직일 수 없고, 나의 의지로 외부 세계나 나 자신 안에 있는 그 무엇인가를 바꿀 수가 없다. 또 다른 사람들도 나를 진지하게 받아들이지 않는다"고 말한다. 어떤 신경증 환자가 본 다음과 같은 꿈은 이 무력감을 잘 나타내고 있다.

'그녀는 한 가게에서 무엇인가를 마시고, 10달러 지폐로 계산을 치렀다. 그리고 거스름돈을 요구했다. 점원은 "아까 드렸잖아요. 지갑을 잘 살펴보셔요. 그러면 나올 거예요" 하고 대답했다. 그녀는 소지품을 모두 뒤졌다. 물론 거스름돈은 발견되지 않았다. 점원은 냉담한 태도로 말했다. "그 돈이 없다고 해도 그건 내 책임이 아니에요. 나는 이 일에 더 이상 관여하고 싶지 않아요." 그녀는 몹시 화가 나서 경찰을 부르기 위해 거리로 나갔다. 그녀는 한 여자 경관을 만나 사건을 이야기했다. 이 경관은 가게로 가서 점원과 이야기했다. 여자 경관은 돌아와서 그녀에게 "당신이 돈을 받은 것은 분명합니다. 잘 찾아보세요"라고 말했다. 그녀의 화는 더욱 고조되었다. 그녀는 다른 경관에게로 달려가서 사건의 해결을 부탁했다. 이 경관은 그녀가 하는 말에 귀 기울이지 않고 "그런 일은 내가 알 바가 아니에요"라고 거만하게 대답했다. 그녀는 할 수 없이 가게로 돌아왔다. 그때 점원은 의자에 앉아 빙글빙글 웃으면서 마음이 가라앉았느냐고 물었다. 그녀는 무력한 노여움으로 빠져들었다.'

무력감을 일으키는 대상

무력감과 관련이 있는 대상은 여러 가지이다. 첫째로, 그것은 인간과 관계가 있다. 어떤 사람은 자신이 남을 감독하거나 다른 누군가에게 지시를 내리지 못한다고 여긴다. 그는 자기가 한 말이 남의 마음에 상처를 주리라고는 전혀 생각하지 않는다. 그래서 자기 때문에 상대가 감정이 상한 것을 알면 매우 놀란다. 이는 자기가 다른 사람들에게 진지하게 받아들여지지 않는다고 확신하기 때문이다. 또 그는 자기에게 결점이 있거나, 사랑을 얻는 데에 필요한 성품이 없기 때문에, 다른 사람의 사랑이나 공감을 얻지 못한다고 믿는다. 그러나 실제로는 남의 사랑을 얻기 위해 적극적으로 행동하지 않은 데에 그 원인이 있다.

무력감에 빠진 사람은 남의 비판이나 공격으로부터 자기를 지킬 수가 없다. 그는, 남이 자기에게 돌린 비판을 정당하든 그렇지 않든 간에 그것을 간단히 받아들여 반론을 제기하지 않는다. 그러나 몇 시간, 며칠이 지나면 그 비판을 부당한 것으로 생각하여, 반박할 수 있는 여러 수단들을 떠올린다. 그러나 막상 때가 되면 반박하지 못한 채 무력하게 되어 버린다.

둘째로, 무력감은 자기 자신에 대한 관계에서도 나타난다. 그는 자기의 충동이나 불안을 억제할 수 있다거나 자기 성격을 바꿀 수 있다고는 생각하지 않는다.

요컨대, 무력감에 젖은 사람은, 자기 소원을 관철하여 자주적으로 무엇인가를 달성할 수 있다고 믿지 않는다. 무엇인가를 바라거나 요구하는 일을 단념할 정도이다. '이 일을 하면 아내가 화를 내겠지, 그 일을 하면 아버지한테 야단을 맞겠지' 하고 생각한다. 그 결과 피해의식에 시달리게 된다.

무력감의 합리화

무력감에 따르는 불안이나 괴로운 감정을 벗어나는 길은 합리화(동기 부여)이다. 예를 들어, 무력감에 빠진 것은 육체적인 결함 때문이다, 병 때문이다, 어렸을 때 어떤 경험을 했기 때문이다, 실연(失戀)당했기 때문이다 하고 이유를 붙인다. 프롬은 이와 같은 동기 부여를 '설명적 합리화'라고 불렀다. 또 다음과 같은 생각으로도 자기 자신을 위로한다. 외적인 환경이 변하면—연애나 이사를 하면, 새해가 오면—갑자기 무력감이 없어지고 성공과 행복이 다가올 것이다(기적 신앙). 또는 시간이 모든 것을 해결해 주리라 믿고 어떤 결단도 노력도 하지 않는다(시간 신앙). 프롬은 이와 같은 동기 부여를 '위자적(慰藉的) 합리화'라고 불렀다.

무력감을 얼버무리는 제3의 길은, 옆에서 보기에는 활동적이고 근면한 것처럼 보일 정도로 무턱대고 움직이는 일이다. 예를 들어 그가 학술논문을 써야만 할 때, 책상 앞에 앉아 있지 않고, 도서관에서 수십 권의 책을 빌려오기도 하고, 여러 분야의 전문가를 만나 이야기를 듣거나 여행을 떠나기도 하면서, 기대되는 일은 할 수 있을 것 같지 않다는 예상으로부터 탈출하는 것이다.

프롬은 이상과 같이 말한 것을, 제1차 세계대전 후의 독일의 사회심리에 적용했다. 즉 평화조약을 체결한 후, 1년은 정치적·사회적인 활동이 왕성해졌다. 새로운 헌법, 국기, 법률이 제정 공포되었다. 특히 새로 선출된 지도자는 활동적이었다. 그들은 '실제로 일을 하고, 현실을 변화시킨 것은 자기들이다'라고 천명했다. 그러나 근본을 뒤흔들 만한 일은 아무것도 일어나지 않았다. 이윽고 무력감이 생기고, 노력한 보람이 없는 이유는 너무 빨리 결과를 기대했기 때문이라는 '시간 신앙'을 낳았다. 사람들은 참고, 서두르지 않으면, 큰 변화가 일어날 것이라고 자신을 위로했다. 그러나 '시간 신앙'에 집착하기 때문에, 실제로 일어나고 있는 일은 보이지 않게 되고, 그 대신에 '기적 신앙'이 나타났다. 사람들은 인간의 노력으로는 사물을 바꿀 수 없다고 생각하고, '신의 은총을 받은' 지도자와, 상태 변화를 기대했다. 사람들은 무엇을 변화시키고 싶은가, 어떻게 변화해야 할 것인가를 알길 포기한 채 그 어떤 격변은 없는 것보다 낫고, 자신들의 노력으로는 할 수 없었던 일을 완성시켜 주리라 믿었다. 특히 중산계급은 전후 경제적 지위가 현저히 저하했기 때문에 무력감이 강했다. 그리고 그만큼 '기적 신앙'—지도자의 출현과 변혁의 기대—도 강했다. 격변을 구하는 이 희망이야말로 권위주의 국가를 탄생시킨 한 요인이었다.

여하튼 이 시기에 프롬이 가장 관심을 보였던 문제는 왜 독일에서 파시즘(나치즘)—당시 프롬은 이 말을 쓰지 않고 '권위주의 국가' 또는 '전체주의 국가', '극단적인 권위주의'라고 불렀다—이 승리를 거두었는가 하는 것이었다. 이 관심은 《자유에서의 도피》의 집필로 이어졌다.

III 신프로이트파의 형성

《자유에서의 도피 *Escape from Freedom*》

연구소의 열기

프롬은 앞서 말한 《권위와 가족에 관한 연구》(1936)의 '사회심리편'과 〈무력감에 대하여〉(1937)를 파시즘을 해명하고 싶다는 의도로 썼는데, 이 시기(1930년 말부터 1940대 초)에 컬럼비아대학 사회조사연구소에 충만했던 열기를 같은 연구소의 비서 앨리스 마이어는 다음과 같이 말하고 있다.

'우리는 모두 히틀러와 파시즘에 철퇴를 내리쳐야 한다는 생각에 사로잡혀 있었습니다. 그러한 요인이 우리를 결집시켰습니다. 우리 모두에게는 사명감이 있었습니다. 비서들도 연구소에 오는 사람들도, 또 거기서 일하는 사람들도 모두 그러했습니다. 이 사명감이 우리에게 충성과 연대감을 심어 주었습니다.'

프롬은 1939년 사회조사연구소를 그만둔 뒤에도 이 사명을 잊을 수가 없었다. 1941년, 미국이 제2차 세계대전에 참전하기 직전, 프롬은 《자유에서의 도피》를 간행했는데, 이 책은 '파시즘과 싸우기 위해서는 파시즘을 이해해야만 한다'는 신념에 입각해서 쓰인 것이다. 한편, 그에게 이 책은 〈분석적인 사회심리학의 방법과 과제〉(1932)에서 〈무력감에 대하여〉(1937)에 이르는 사상 편력의 집대성이었다. 그런 점에서, 그의 사상을 초기부터 더듬어 온 사람에게는 이 책의 내용이 결코 새롭지 않았다. 그러나 이것이 초기 논문과 다른 점은, 그가 정신분석적인 입장을 버리고, 실존적인 입장을 취했다는 점이다. 그런 의미에서 이 책은 프롬의 새로운 출발점이었다.

이제까지 말한 것과 중복되는 내용은 될 수 있는 대로 피하고 이 책에 담긴 그의 사상을 살펴보기로 한다.

'제1차적 속박'으로부터의 분리

우리는 태어나면 어머니의 육체로부터 분리되어 성장한다. 그러나 이 분리도 처음에는 완전한 것이 아니고, 유아는 여전히 어머니의 일부가 되어 여러 가지 돌봄을 받는다. 그 뒤 유아가 성장함에 따라서 서서히 독립된 존재가 된다. 프롬은 이와 같이 개인이 독립한 존재가 되기까지 매어 있는 유대를 '제1차적 속박'이라 하고, 이 유대로부터 차차 분리하는 과정을 '개성화'라고 했다. 1차적 속박이 단절됨에 따라 아이의 마음에 자유를 바라고 독립을 갈망하는 마음이 생긴다. 그 결과, 아이는 육체적으로나 정신적으로 강해져서 의지와 이성에 의해 이끌리는 하나의 구조, 즉 자아가 발달한다. 그러나 다른 한편으로, 자기는 고독하며, 모든 타인으로부터 동떨어진 존재라는 것을 자각하여 무력감과 불안감을 갖는다. 이것을 극복하기 위해, 아이는 권위(부모)에 복종하든가(그 결과 불안, 적의(敵意), 반항이 생긴다), 그렇지 않으면 인간과 자연에 대해서 자발적인 관계를 맺는다. 즉, 애정을 품거나 생산적인 일에 종사한다(이 경우 인격은 통일성을 지녀 역동적이다).

개성화의 과정은 한 개인의 역사에서 볼 수 있을 뿐만 아니라, 인간의 계통발생의 역사에서도 볼 수가 있다. 즉, 원시인은 자연과 밀접하게 맺어진 자연의 일부였다. 그들은 살고 있는 토지, 태양, 별, 달, 나무, 꽃, 동물과 일체라고 느꼈고, 혈연으로 맺어진 집단(씨족)과 한 몸이었다. 원시종교는 인간이 품고 있던 이와 같은 일체감을 나타내고 있다. 이들 1차적 속박은, 인간이 고독에 빠지는 것을 막고 안정감을 주지만, 다른 한편으로는 자유롭고 자율적이고 생산적인 존재로 발달하는 것을 방해한다. 그러나 인간이 1차적 속박을 단절하고 개성화를 추진하여 자유로워짐에 따라, 개인은 고독이나 불안, 무력의 위협을 받아, 자유를 획득하기 어려운 무거운 짐으로 느끼게 된다. 이때 이와 같은 자유에서 도망쳐서 불안으로부터 구제해 주는 인간이나 외부세계에 복종하려는 강한 경향이 나타나게 된다.

프롬은 이 점을 역사에 구체적으로 부딪침으로써 자세히 검토했다. 〈그리스도교의 교의의 변천〉의 경우도 그러했지만, 이 경우도 역사와 부딪쳐 자기의 이론을 체크한 것이 프롬의 커다란 특징이자 그가 성공한 큰 이유였다. 프롬은 우선 중세의 역사를 들추었다.

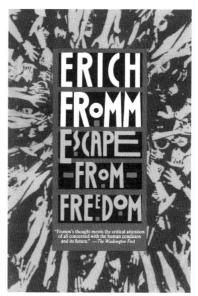

《자유에서의 도피》(1941) 표지

중세사회의 '자유'와 '개인'

근대사회에 비해 자유가 없었다는 것이 중세사회의 특색이었다. 중세 시민은 한 계급에서 다른 계급으로 옮기는 일도, 한 지역에서 다른 곳으로 이동하는 것도 불가능했다. 극히 드문 예외를 제외하고는, 그들은 태어난 땅에서 평생을 살아가야만 했다. 또 중세 사람들은 태어나면서부터 부여된 확고한 지위를 가지고 있었다. 그들은 나면서부터 농민이고, 장인(匠人)이고, 기사(騎士)였으며, 우연히 그러한 직업을 가진 사람으로는 여기지 않았다. 요컨대, 중세 사람은 1차적 속박으로 세계에 단단하게 묶여 있었다. 스위스의 미술사가 야콥 부르크하르트는, 중세 사람은 '민족, 인민, 단체, 가족 또는 길드의 성원으로서만—즉 어떤 일반적인 카테고리를 통해서만—자기를 의식할 뿐이었다'고 말하고 있다.

이와 같이 중세에는 근대적인 의미로서의 자유는 없었으나 그들은 고독하지도, 고립되어 있지도 않았다. 사회질서—그것은 자연의 질서로 여겨졌는데—속에서 분명한 역할을 다하면 안정감과 귀속감을 얻을 수가 있었다.

그러나 중세 말기가 되자, 사회구조가 변화하기 시작하여, 차츰 사람의 성격도 바뀌기 시작했다. 이 흐름은 먼저 이탈리아에서 시작되었다. 그곳이 출발선이 된 데에는 경제적인 이유가 있었다. 이탈리아는 유럽의 중요한 무역 루트였고, 동양에서 가까워 견직물 등 중요한 공업기술이 유럽의 다른 지방보다 빨리 그곳으로 유입되었기 때문이었다. 그 결과, 강력한 유산계급이 형성됐고, 가문의 혈통보다는 부(富)가 존중받게 되었다. 그들은 자기의 경제활동과 부에 의해서, 자유 감정과 개인으로서의 자각을 가졌다. 여기에서 근대적인 뜻에서의 개인이 처음으로 나타났다. 부르크하르트는 이렇게 말했다.

'국가나 이 세상의 모든 것을 객관적으로 다룰 수 있게 되었다. 그와 동시에 주관적인 면도 동시에 강조되었다. 인간은 정신을 가진 개인이 되고 또 자기를 이와 같은 시각에서 인식하게 되었다.'

즉 1차적 속박으로부터 개인이 탈출하여, 자기나 타인을 분리된 존재(개인)로서 인식하고, 또 자연을 자기로부터 분리된 것(정복해야 할 존재나 그 아름다움을 추구해야 하는 것)으로 인식하게 되었다.

개인주의와 힘과 부(富)에의 욕망이 끝없이 늘어남에 따라, 중세사회가 공유하고 있던 안정감과 귀속감은 상실되었다. 이웃과의 유대관계는 서먹해지고, 서로 이해관계를 따질 뿐만 아니라, 고독과 불안 속에서 절망의 나날을 보냈다. 사람들은 자기 이름이 당대뿐 아니라 후세에도 알려지길 원했다. 이것은 중세에서는 없었던 일이다. 예를 들어, 중세 고딕 사원의 건축가들은 대부분 이름이 알려지지 않았으나, 르네상스시대 건축가는 자기 이름을 후대에까지 남기고 싶어 했다. 불안을 해소하는 이 방법은 명성을 얻는 수단이 있는 계층에만 허용되고, 무기력한 대중에게는 불가능한 방법이었다.

중앙 유럽사회의 특색

지금까지는 이탈리아에 대해서 살펴보았다. 그런데 중부 유럽에서는 어떠했는가? 중세사회에서 장인(匠人)들은 길드(동업조합)로 하나가 되었다. 길드의 성원은 좋은 의자, 좋은 구두, 좋은 빵을 만들면, 그것만으로도 전통적으로 정해진 생활수준을 유지할 수가 있었다. 길드는 성원 간의 격렬한 경쟁을 금하고, 원료의 구매·생산기술·제품의 가격에 대해서 서로 협조할 것을 규정했다. 그러나 이 상태는 중세 말기가 되자 완전히 붕괴되었다. 길드의 성원 중에는 도제(徒弟)를 한두 명이 아니라 여럿 둔 사람이 나타나고, 독점적인 지위를 이용해서 모든 이익을 차지하는 사람이 생겨났으며, 길드에 따라서는 자본을 가진 자만을 인정하는 곳도 생겼다. 이렇게 해서 길드의 대부분 성원은 가난해지고 또 그 도제의 지위는 추락했다. 한 사람의 우두머리 아래에서 일하는 도제 수가 늘어났기 때문에, 우두머리가 되는 일이 점차 어려워지고 더 많은 자본이 필요하게 되었다. 그들의 불만은 증대해 갔다. 또 중세의 상업은 주로 도시 간의 교역이 성행했으나 15, 6세기가 되자 활발한 국제무역이 촉진되어, 교역을 총괄하는 종합상사의 성격을 띤 회사가 생겼다. 그것은 뛰어난 자본력으로 영세한 상인이나 소비자에게 위협을 가했다.

1524년 루터는 〈상업과 고리대금에 대해서〉라고 하는 팸플릿에서 '그들은 모든 상품을 그 지배하에 두고, 모든 음모를 공공연하게 자행하여 제멋대로 가격을 올리거나 내리거나 해서 영세한 상인들을 협박, 파멸케 하고 있다'고 말하고 있다. 또 광산 길드의 성원도 중세에는 자기가 한 일에 대한 응분의 몫을 받았으나, 15세기에는 몫의 대부분을 자본가에게 착취당했다. 농민의 상태도 이와 다르지 않았다. 16세기 초에는 자기가 경작할 땅을 가진 자영농은 얼마 되지 않았고, 그 밖의 농민들은 세금이나 부역의 중압에 짓눌려 노예와 다를 바 없었다.

자본주의가 발전함에 따라서 심리적 분위기에도 현저한 변화가 일어났다. 불안한 기분이 생활을 뒤덮게 되었다. 시간관념이 발달하고, 일분일초가 가치 있는 것이 되었다. 이를 잘 나타내 주는 것이 뉘른베르크의 시계가 15분마다 종을 치게 되었다는 사실이다. 또 자본이 결정적으로 중요하게 되었다는 현실은 경제나 인간의 운명이 초인간적인 힘으로 결정된다는 것을 의미했다. 영국의 경제학자 토니는 "자본은 하인이기를 그만두고 주인이 되었다"고 말한다.

또 경쟁의 역할이 증대하여, 중세의 경제조직을 지배한 협동 원리가 상실되어 갔다. 누구나가 스스로 걷고 스스로 운명을 개척해야만 했다. 타인은 함께 힘을 모아 일하는 동료가 아니라 경쟁상대가 되고, 사람들은 치열한 생존경쟁의 기로에 서게 되었다.

15, 6세기의 사회적·경제적 변화에 의해서 개인은 정치적·경제적 속박으로부터 자유롭게 되고, 부(富)를 손에 넣는 것도, 개인적 창의를 발휘하는 것도 가능하게 되었다. 그러나 무산계급인 중산계급·장인·노동자·빈민은 자본주의 경제발전에 의해서 더욱 착취되고 가난해졌다. 그들은 봉건적 속박으로부터 자유롭게 되었으나, 중세사회가 갖고 있던 안정감과 귀속감을 잃고, 그들의 힘으

로써는 어떻게도 할 수 없는 자본과 시장의 힘의 위협을 받아 무력감이나 고독감을 맛보았다. 세계는 공포에 찬 것이 되고, 동료와의 관계에도 경쟁심이 도사려, 적의에 찬 서먹한 것이 되었다. 그들은 끝없는 공포의 세계에 혼자서 팽개쳐진 이방인과 같은 기분이 되었다. 이와 같은 때 나타난 것이 루터주의와 칼뱅주의였다.

루터주의

프롬은, 종교적 교의나 정치적 원리의 심리학적 분석을 할 때에는 그 원리가 진리인가의 여부에 대한 판단은 포함되지 않는다고 말했다. 심리학적 분석은, (1) 새로운 교의를 창조한 개인의 어떠한 성격 특성이 그 사상의 독특한 경향을 낳았는가, (2) 어떤 교의(또는 어떤 사상)가 그것을 받는 쪽의 어떤 욕구에 호소했는가를 해명하는 것을 지향한다. 받아들이는 쪽의 힘찬 욕구에 응할 수 없는 사상은 그 사람의 행동이나 생활에 거의 영향을 미치지 않는다고 프롬은 주장했다.

종교개혁 이전에, 가톨릭교에는 다음과 같은 사고가 만연했다. 인간 본성은 아담의 죄로 인해서 타락했으나, 원래는 선을 구했고, 또 선을 구하는 자유의지를 가지고 있다. 인간의 노력은 구제에 쓸모가 있고, 또 교회 의식(세례, 성체, 회개 등)을 통해 죄인은 구제받는다. 또 인간은 신과 같이 될 수도 있으며, 신과 비슷하다는 점에서 평등한 형제라고 생각했다.

이에 대해 루터는 인간 본성은 태어나면서 악하고 배덕적(背德的)이어서, 선을 선택할 자유가 결여되어 있다고 주장했다. 인간은 자기 노력으로는 어떠한 선도 이룩할 수 없는 무력한 자이다. 신이 옮겨 타면 신의 의지대로 움직이고, 악마가 옮겨 타면 악마의 의지대로 움직이는 말이다. 어느 쪽으로 가느냐를 결정하는 의지의 자유는 인간에게는 없다. 그것은 옮겨 타는 기수가 결정할 문제이다. 따라서 인간은 신의 의지에 대해서도, 악마의 의지에 대해서도, 사로잡힌 몸이요 노예요 하인이다. 그러나 이처럼 본인은 자신의 노력으로는 그 어떤 선도 이룰 수가 없으며, 부패하고 무력한 자라고 확신하는 일이 신의 은총이 성립되는 본질적인 조건이었다. 즉, 자신을 꾸짖고, 개인적인 의지와 교만을 버릴 때, 또는 자기를 멸각(滅却)하고 신에게 완전히 복종할 때 구제가 주어진다. 이는 국가나 지도자에게 절대적으로 복종하면 구제된다는 원리와 공통점을 가지고 있다.

가톨릭 교회에서는, 교회를 개인과 신을 연계 짓는 매개물이라고 생각했다. 그런데 루터는 교회의 권위를 부정하고 개인을 직접 신 앞에 내세웠다. 즉 사람들을 교회라는 권위로부터 해방하여, 그 대신 신이라고 하는 보다 더 전제적인 권위에 종속시켰다. 루터가 권위를 미워하는 동시에 사랑했다고 하는 것은 그의 정치사상에도 나타나 있다. 그는 황제에 대한 찬양을 표명했다. 그는 '권위자가 비록 악하고 신앙이 없다 해도 그 권위와 힘은 신으로부터 주어진 것으로 선하다', '군주는 제아무리 폭군이라 해도 여전히 군주여야 한다. 군주는 때로는 소수의 인간을 죽여야만 할 때도 있다'고 말했다. 한편, 그는 무력한 대중을 혐오하고 멸시했다. 특히 대중이 한도를 넘어 혁명적 의도로 나왔을 때는 더욱 그러했다. '신은, 비록 제아무리 정당한 것이라도 군중에게 폭동을 허락하는 것보다, 아무리 나쁘다 해도 지배를 존속시키는 편을 선택할 것이다.' 권위에 대한 애착과 무력한 인간에 대한 증오가 동시에 존재하는 것이 '권위주의적 성격'의 특징으로, 루터는 이의 전형(典型)이었다. 인간의 노력의 유효성을 강조한 중세 가톨릭 신학은, 자신의 경제적 지위의 향상으로 힘과 독립적인 감정을 가진 사회계층의 정신을 반영하고 있었다. 이에 반해 루터 신학은 교회의 권위에 반항하여 새로운 유산계급에 노여움을 느끼고, 자본주의의 발흥(勃興)에 무력감을 느끼고 있었으나, 하층계급과는 달라서 무기력한 사회를 바라지 않았던 중산계급의 감정을 나타내고 있었다. 따라서 루터의 교의는 중앙 유럽의 중산계급의 지지를 받은 것이다.

칼뱅주의

칼뱅도 루터처럼 교회의 권위를 맹목적으로 받아들이는 것에 반대하여, 자아를 부정하는 것이 신의 힘에 의지하는 수단이라고 주장했다.

'우리는 우리 자신의 것이 아니다. ……우리는 신의 것이다. 그러니 신을 위해 살고 신을 위해 죽자. ……만약에 인간이 스스로 행동한다면, 그것은 인간을 파멸시키는 가장 무서운 해악이다. 그러므로 자신이 무엇인가를 알거나

욕구하는 일 없이 신의 인도를 받는 것만이 구제의 유일한 길이다.'

　칼뱅은 또, 신은 어떤 사람에게는 은총을 주고, 다른 사람에게는 영겁(永劫)의 벌을 주기로 예정했다는 예정설을 주장했다. 그리고 구원이냐 벌이냐는, 사람이 이 세상에서 선행을 쌓았는가 악행을 행했는가의 결과가 아니라, 이미 사람이 태어나기 전에 신에 의해 예정되어 있다고 했다. 신이 어떤 사람을 고르고 고르지 않고는 인간이 살펴서는 안 되는 영역이다. 이 예정설은, 개인의 무의미함과 무력함, 인간의 의지와 노력의 무가치함, 인간의 불평등, 그리고 신의 전횡(專橫)과 잔혹함을 나타내고 있다. 따라서 칼뱅주의자는, 자기들은 선택된 자들이고 다른 사람들은 신의 벌을 받은 자라고 생각했다. 이 신앙은 선택되지 않은 인간에 대한 멸시와 증오를 나타내는 것이 분명하다.
　칼뱅은 루터와는 달라서 도덕생활을 강조했다. 인간은 끊임없이 신의 말씀에 따라 생활하려는 노력을 게을리해서는 안 된다. 이것은 인간의 노력은 구제역할은 하지 않는다는 교의와 모순되는 것처럼 보인다. 오히려 아무런 노력도 하지 않는 편이 어울리는 듯 보인다. 그러나 심리학적으로 보면 그렇지가 않다. 불안감과 무력감으로부터 빠져나올 유일한 길은, 무엇인가를 하는 것이다. 즉, 무력감을 극복하기 위해 활동하는 것이다. 그것은 불안으로부터의 탈출이다. 이 노력은 처음에는 도덕적인 노력이었으나, 후에는 직업윤리의 성패에 중점을 두게 되었다. 그리하여 성공은 신의 은총이 되고 실패는 징벌의 표시가 되었다.
　노력이나 일 자체를 목적으로 삼는다는 것은 중세 이후에 나타난 것이다. 옛날에는 일은 노예들이 했고 자유인이 하는 것은 아니었다. 중세에서는 일상의 양식을 얻기 위해 일을 하고, 생활수준을 유지하는 이상으로 일을 하지는 않았다. 외적인 강제보다도 내적인 강제에 의해서 일하는 것이야말로 증기(蒸氣)나 전기에 못지않게 자본주의적 생산을 추진시킨 원동력이었다.
　개인의 무력감을 강조한 칼뱅의 가르침은, 루터의 가르침과 마찬가지로, 불안이나 무력감을 가지고 있던 중산계급에게 호소했다. 그러나 그들은 이 적의를 하층계급 사람들처럼 직접 표현할 수 없었다. 하층계급은 자기들을 착취하는 부자를 미워하고 그들의 권력을 무력화시키려고 했으나, 중산계급은 보수적이었기 때문에 사회를 전복시킬 마음은커녕 사회가 안정되기를 원했다. 그들은 경제발전의 덕을 보려고 기대했기 때문에 적의가 억제되었다. 그러나 억제되었다고 해서 소멸된 것은 아니며, 단지 의식하지 못했을 뿐이다.

루터와 칼뱅은 인간에게 절대적인 권력을 휘둘러, 인간에게 복종과 비하(卑下)를 요구하는 절대적인 신을 그렸는데, 이것은 중산계급의 적의와 반감이 투사된 것이었다. 칼뱅은 1539년부터 약 30년 동안 제네바에서 시정(市政) 전반의 개혁을 지도했는데, 그것은 만인의 만인에 대한 시의(猜疑)와 적의로 특징을 이루는, 사랑이나 동포의 정신은 거의 볼 수 없는 것이었다. 그는 주정꾼, 무희, 신성모독자를 징벌하고, 벌금에 처하고, 감옥에 투옥하고, 이단자를 사형에 처했다. 그 결과 1542년부터 4년에 걸쳐 58명이 처형되고 76명이 추방되었다. 또 부모를 폭행한 패륜아는 목이 잘렸다. 칼뱅은 빈민에 대해서 조금도 연민의 정을 가지지 않고 그들을 태만하다고 비난했다.

적의(敵意)는 신에게 투사되거나 타인에게 향할 뿐만 아니라 자기 자신에게로도 향했다. 위에서 말한 바와 같이 루터나 칼뱅은 인간의 죄악성을 강조하고 극도의 자기비하를 주장했으나, 이것은 자기에게 향한 적의의 표시였다. 그래서 사람들은 이 죄업(罪業)을 속죄하기 위해 쾌락이나 행복을 단념하고 끊임없는 노력을 해야 한다고 여겼다. 즉, 세속적인 금욕주의와 의무감이 강조되었던 것이다.

'……로부터의 자유'와 '……에의 자유'

요컨대 중세의 봉건주의가 붕괴되었을 때, 사람들은 자유를 찾았으나 한편으로는 고독과 불안에 휩싸였다. 자본주의의 발달은 중산계급에 가장 큰 타격을 주었다. 그들은 무력감과 개인의 무의미감에 빠짐과 동시에 상류계급의 사치와 권력에 대해서 미움을 품었다. 프로테스탄트는 중산계급의 감정을 표현했을 뿐만 아니라 그것을 체계화했다. 그 때문에 중산계급의 사람들에게 호소한 것이다. 프로테스탄트는 인간의 무력함을 강조하고, 신에게 완전히 복종함으로써 구제된다고 말했다. 한편, 이 교의에 의해서 그들에게는 일에의 충동, 초개인적인 목적을 위한 도구가 되려는 경향, 금욕주의, 의무감이라고 하는 성격의 특성이 생겨나, 이것이 자본주의적 생산을 추진하는 원동력의 하나가 된 것이다.

프롬은 1차적 속박으로부터 단절되는 일을 '……로부터의 자유' 또는 소극적 자유라고 불렀다. 이것이 진전되면 위에서 말한 바와 같이, 사람은 무력한 원자가 되어 무력감과 고독감에 괴롭힘당한다. 이것을 이기는 방법은 두 가지가 있다. 하나는, '……에의 자유', 즉 적극적인 자유로 나아가는 일이다. 다시 말해, 애정이나 일에 의해 자기와 바깥세계를 결부시키는 일이다. 이렇게 해서 사람은 다시 외부세계나 자연과 하나가 될 수가 있다. 다른 하나는, 견딜 수 없는 세상으로부터 도피하는 일이다. 그것은 공포나 불안을 면하게 해 주지만 자아 동일성을 상실하게 한다는 결점이 있다. 프롬은 이 도피의 메커니즘으로서 (1) 권위주의, (2) 파괴성, (3) 자동인형적 동조성의 세 가지를 들었다.

권위주의

권위주의라고 하는 것은 자아의 독립성을 버리고 자기를 외부에 있는 힘, 타인들, 제도 등과 융합시키는 일이다. 다시 말하면, 1차적 속박 대신 2차적 속박을 구하는 일이다. 이 메커니즘은 복종과 지배, 마조히즘과 사디즘이라는 형태로 나타난다.

앞서의 논문《권위와 가족에 관한 연구》에서 프롬은, 마조히즘을 권위에 헌신하는 일에 만족과 쾌감을 느끼는 것으로, 사디즘을 남을 괴롭히고 고통과 관계가 있는 감정을 유발시키는 일에 쾌감을 느끼는 것으로 정의했다. 다시 말해, 쾌감에 중점을 두었다. 그러나 이 논문에서는, 마조히즘은 자기 자신을 축소하여 사물을 지배하지 않도록 하는 일, 또는 자기를 무력하고 중요하지 않은 것으로 보고 자기 외에 있는 강력한 것에 의존하려는 성향인 반면, 사디즘은 남을 지배하여 마음대로 조종하는 것, 또는 타인을 말살하여 안전을 획득하는 성향이라고 정의했다. 즉 쾌감의 요소를 삭제했다. 쾌감을 삭제하고 정의했다.

사디즘과 마조히즘은 언뜻 보기에 정반대의 개념처럼 보이지만, 근본적으로는 동일한 표현이다. 둘 모두 개인으로는 견딜 수 없는 고독감이나 무력감으로부터 빠져나오려고 하는 경향의 발로이다. 그리고 사디즘과 마조히즘의 목적은 타인과의 공생, 즉 타인과 하나가 되는 일이다. 바꾸어 말하면, 그들은 고독감이나 무력감을 치유하기 위하여 상대방과 하나가 되어, 독립된 개인으로서는 결여되었던 힘을 얻으려고 한다. 이처럼 사디즘과 마조히즘은 동일한 요구에 뿌리를 박고 있으므로, 한 사람이 어떤 때는 사디즘 또 어떤 때는 마조히즘을 나타내는 것이다. 프롬은 사도―마조히즘적인 경향이 우세한 성격을 앞서의 논문에서와 마찬가지로 '권위주의적 성격'이라고 불렀다.

여기서 권위라고 하는 것은, 어떤 사람이 다른 사람을 자기보다 우월하다고 올려다보는 인간관계를 말한다. 프롬은 앞서의 논문에서는 민주주의적인 권위와 전체주의적인 권위의 둘로 나누었는데, 이번에는 합리적(촉진적) 권위와 비합리적(금지적) 권위의 둘로 나누었다. 전자는 교사와 학생의 관계와 같이 이해가 일치하고(교사도 학생도 우수한 성적을 노린다) 또 시간이 지남에 따라 둘 사이의 차이가 줄어드는(학생이 배우면 배울수록 교사의 학력에 접근한다) 관계를 가리키고, 후자는 지배자와 피지배자같이 이해가 달라서(한쪽은 착취하고 다른 한쪽은 착취를 당하지 않으려고 하는) 관계가 오래 지탱될수록 둘 사이의 차이가 확대되는 관계를 말한다. 또 전자에서는, 그 바탕에 있는 감정은 사랑·찬양·감사이고 후자에서는 반감·적의이다. 그러나 후자에서는, 이 반감과 적의가 찬양으로 바뀌는 일이 많다. 자신을 지배하는 인간이 찬양할 만한 완전한 인물이라면, 그에게 복종하는 데 창피를 느낄 필요가 없기 때문이다. 지금까지 말한 것으로 알 수 있는 바와 같이 합리적 권위주의는 민주주의적 권위에, 비합리적 권위는 전체주의적 권위에 해당한다.

권위주의적 성격은 다음과 같은 특징을 나타낸다.

㈎ 권위주의적 성격인 사람은, 세계를 권력을 가진 것(사람, 제도)과 권력을 가지지 않는 것, 우월과 열등의 이분법으로 생각한다. 여기서 권력이란 지배하는 능력과 그것을 실행하는 능력을 말한다. 그들은 힘을 가진 자에게는 복종하고 그것을 찬미하지만, 힘이 없는 사람을 보면 공격하고, 지배하고, 패배시키고 싶어진다. 그들은 상대방이 무력해질수록 힘이 솟는다. 그러나 그 어떤 권위에 대해서도 도전하고 그것에 반감을 가지는 사람도 있다. 이것은 권위와 싸움으로써 자기의 무력감을 극복하려는 시도이다. 프롬은 앞서의 논문에서는 이러한 성격을 '마이너스 권위주의적 성격'이라고 했는데 이 논문에서는 반역자라고 불러 권위주의적 성격의 일종으로 생각했다.

㈏ 권위주의적 성격인 사람은 운명에 복종하는 것을 좋아한다. 이 운명은 자연, 신의 의지, 의무로서 합리화된다. 이에 대해서는 '권위의 성격'에서 말한

바 있다.

(다) 권위주의적 성격인 사람은 행동이나 용기가 결여된 것이 아니다. 그들은 태어나지 않는 것, 힘이 없는 것을 위해 행동하진 않지만, 신, 자연, 의무의 이름으로는 행동한다. 또한 용기는 지도자가 결정한 일을 불평하지 않고 참고 견디는 일이다('권위의 성격' 참조).

파괴성

이것은 사도—마조히즘과 같이 대상과의 공생이 아니라, 대상을 배제하는 일이다. 이 성향 또한 외부세계에 대한 무력감이나 고독감에 근거하고 있다. 이러한 감정은 외부세계를 파괴하면 치유될 수가 있다. 파괴는 외부세계의 공포를 제거하는 자포자기적인 최후의 시도이다. 그러나 파괴성에는, 자기나 타인의 생명 또는 자기와 일체가 되어 있는 사상이 공격을 받았을 때, 그에 대한 반응으로써 발동되는 것도 있다. 이 파괴성은 자연적이고 필연적인 것이므로 여기에서는 논하지 않는다. 여기서 문제가 되는 것은 인간 안에 내재되어 있다가 기회가 있으면 튀어나오는 하나의 격정(激情)이다. 이것은 의무, 양심, 애국심으로서 변질되는 일이 많다. 또 그 어떤 대상으로 향하며, 그 대상이 선택되는 이유는 그다지 중요하지가 않다. 만약에 타인이 대상이 되지 않으면 파괴성은 자기에게로 향하여 병을 유발하거나 자살을 시도하게 한다. 파괴성은 민족이나 사회 계층에 따라서도 다르다. 예를 들어, 유럽에서 하층 중산계급의 파괴성은, 노동자계급이나 상층계급보다도 강하다. 칼뱅이 그린 무자비한 신은, 중산계층의 이 파괴성의 투사였다고 하는 것은 앞에서 말한 바가 있다.

자동인형적 동조성

다른 사람과 전적으로 동일한 상태, 또는 다른 사람이 자기에게 기대하는 상태를 말한다. 즉 개인이 자기 자신임을 그만두는 것이다. 이것은 동물의 보호색과 비슷하다. 자기를 버리고 자동인형이 되어 주위 사람들과 아주 닮아 버리면, 그라는 사실을 모르게 되기 때문이다. 주위의 수백만 명의 사람들과 똑같아진 사람은 고독감이나 불안감을 느끼지 않아도 된다.

인간은 자유를 만끽하고 또 그 혜택을 입고 있다고 생각한다. 그러나 자기의 생각은 타인의 생각을 그대로 옮긴 것이고, 자기의 감정은 그 자리를 임기응변식으로 수습하는 것이며, 자기의 결단은 외부로부터 시사된 것이다. 그의 사고·감정·의지는 그의 것이 아니고, 외부로부터 주어진 것이다. 이와 같이 본래의 행동이 가짜 행동으로 대체되면 마침내는 본래의 자기가 가짜 자기로 대체되고 만다. 본래의 자기는 정신적인 여러 활동의 창조자이지만, 가짜 자기는 남이 기대하고 있는 역할을 자기 이름으로 행하는 대리인에 지나지 않는다. 이렇게 해서 상실감을 불러일으키게 된다. 요컨대, 사람은 외부 세계에 동조해서 고독감이나 무력감을 임시로 달래는 데에 성공한다. 그러나 동조의 결과 자기를 상실하고, 무력감과 불안감이 증대한다. 이를 극복하기 위해서 그는 새로운 권위에 종속하여 안정감을 추구하려고 한다.

나치즘의 연구

프롬은 도피의 메커니즘을 말하고 나서 나치즘의 심리적 해명으로 향했다. 그는 이 해명에 있어서, 심리학은 나치즘과 같은 정치·경제적인 문제를 해명할 수 없다고 하는 설이나, 반대로 나치즘은 주로 심리학의 문제라고 하는 설에 반대했다. 제1의 설에 따르면, 나치즘은 독일 제국주의 팽창 결과이거나 또는 실업가와 융커(대토지 귀족층)의 지원을 받은 한 정당에 의한 국가 권력의 탈취라고 일컬어졌다. 요컨대 다수의 민중에 대한 소수자의 강압 결과라고 여겨졌다. 제2의 설에 의하면, 나치즘은 심리학이나 정신 병리학으로밖에 설명되지 않는다 하여, 히틀러와 그의 추종자를 미친 사람이나 신경증 환자로 여겼다. 프롬은 이 두 가지 다 옳지 않다고 주장한 것이다.

그는 나치즘은 심리학적인 문제이지만, 심리적 요인 자체는 사회·경제적 요인으로 형성된 것이며, 또 나치즘은 정치·경제적인 문제이지만, 그것이 사람들의 마음을 사로잡은 것은 심리적 기반으로부터 설명되어야 한다고 했다. 그래서 그는 (1) 나치즘이 호소한 사람들의 성격이나 (2) 그토록 사람들에게 호소한 나치즘의 심리적 특징을 해명했다.

중산계급의 성격

나치의 이데올로기에 가장 공감한 것은 상점주인, 장인(匠人), 화이트컬러로 이루어진 하층 중산계급이었다. 왜 그들이 나치의 이데올로기에 매료되었는가? 그것은 그들이 공유했던 성격(사회적 성격)에서만 구할 수 있다. 그들의 성격은 귀족계급, 상류층, 노동자계급의 그것과는 달랐다. 하층 중산계급의 성격의 특징은 강자에의 사랑, 약자에 대한 혐오, 소심, 적의, 돈에 인색함과 금욕주의였다. 이러한 성격을 노동자계급에서도 볼 수 없었던 것은 아니지만, 그러한 일은 극히 드물었다. 권위에의 사랑이나 금전에 인색하다는 것은 노동자계급에서도 뚜렷하지는 않지만 볼 수가 있었다.

하층 중산계급의 사회적 성격은, 제1차 세계대전 전부터 변함이 없었으나, 복종의 욕망과 권력의 갈망은 전후의 사건으로 강화되었다. 전쟁 전, 군주제는 확고한 것이었다. 하층 중산계급은 그것에 의지하여, 그것과 일체가 되어 안정감을 얻었다. 또 종교나 도덕의 권위 그리고 가족 간 유대도 건실했고, 그것은 적의에 찬 세계 안에서 안전한 피난 장소였다. 현존하는 권위에 복종과 충성함으로써 그들의 마조히즘적 충동은 만족되었던 것이다.

그러나 제1차 세계대전 후, 상황은 크게 변했다. 우선, 하층 중산계급의 경제적 지위는 저하했다. 특히 1923년 정점에 이른 인플레이션(1920년대 1달러는 4마르크, 21년 여름 75마르크, 22년 400마르크, 23년 1월 1만 8000마르크, 7월 16만 마르크, 8월 100만 마르크, 11월 40억 마르크)과, 1929년에 시작된 공황으로 그들의 경제적 지위는 심한 타격을 받았다.

군주제와 국가는 그들을 지탱하고 유지하는 정신적 지주였으나, 그 붕괴는 그들의 생활기반을 뒤흔들고 말았다. 황제가 공공연하게 매도되고, 사관(士官)이 공격당했을 때, 또 국가가 형태를 바꾸고, '붉은 선동자'가 각료가 되고 마구사(馬具師) 에베르트가 대통령이 되었을 때 시민들은 아무것도 신뢰할 수가 없었다. 인플레 영향은 국가의 권위를 뒤흔들고, 그들이 중요시했던 검약정신에 큰 타격을 주었다. 오랜 시일에 걸쳐 모은 돈이 빵 한 근, 당근 한 다발도 살 수 없을 정도의 화폐가격이 되었을 때(1920년 1달러 4마르크, 23년 1달러 40억 마르크가 그 후에는 몇 조 마르크가 되었다), 그들은 누구도 신뢰할 수가 없었다. 가족도 해체되었다. 하층 중산계급의 경제 상태는 파탄났기 때문에 부모는 아이들을 양육할 수 없게 되었다. 그 결과, 부모는 가정 안에서 권위를 상실했다. 또 부모가 존경하도록 가르친 권위가 약체(弱體)라는 것이 폭로되었을 때, 부모의 위신과 권위도 함께 추락했다. 젊은 세대는 멋대로 행동하고, 자기들의 행동을 부모가 승인하느냐의 여부는 안중에 두지 않았다.

이렇게 해서 하층 중산계급의 원한, 분노, 무력감, 불안감은 증대되었다. 이 사회적 불만은 외부로 확산되어 베르사유 평화조약은 불평등하다는 원성으로 변했다. 평화조약에 대한 분노는 하층 중산계급에는 강했지만 노동계급에서는 강하지 않았다. 그것이 노동자계급의 정치적·사회적 지위를 향상시켰기 때문이다. 노동자계급의 지위가 향상되자 하층 중산계급의 위상은 상대적으로 저하되었다. 이 결과, 그들은 하층민으로 전락했다. 이것이 그들의 불만을 증대시켰다.

이상과 같은 심리적 조건은 나치 발흥의 원인은 아니었으나, 나치 존립의 없어서는 안 될 기반이었다. 나치의 출현과 승리를 전면적으로 분석하려고 한다면 정치·경제적인 여러 조건도 분석해야 한다. 그러나 그는 그 부분에 대해서는 실업가와 융커의 역할을 지적하는 데 그쳤다.

나치 이데올로기에서의 사디즘

다음에, 그는 하층 중산계급의 마음을 매료시킨 나치 이데올로기의 심리적 특징을, 앞서 프로테스탄트의 교의를 분석한 것과 마찬가지로 분석했다. 분석의 자료로서 그는 히틀러의 자서전 《나의 투쟁》(1925~27)을 참고했다. 그것은 나치 연구의 일급 자료였기 때문이었다.

히틀러는 권위주의적 성격의 극단적인 형태를 보여 준다. 이것은 위에서 말한 바와 같이 사디즘적 충동과 마조히즘적 충동의 동시적 존재이다. 사디즘적 경향은 《나의 투쟁》의 여러 곳에서 볼 수 있다. 그는 대중을 사디스트적으로 멸시했다.

'대중이 요구하는 것은 강자의 승리와 약자의 섬멸, 혹은 무조건 항복이다. ……약한 남자를 지배하기보다는 강한 남자에게 복종하려는 여자와 같이 대중은 탄원자보다도 지배자를 사랑하고, 자유를 부여받기보다도 어떠한 적대자(敵對者)도 용서치 않는 교리(敎理) 쪽에 마음속으로는 훨씬 만족을 느끼고 있다. 대중은 수시로 어떻게 해야 할지 갈피를 잡지 못하여, 쉽사리 자기들은 버림을 받았다고 느낀다. 대중은 잘못된 원리도 모르기에 자기들에게 대한

정신적 폭행의 파렴치함도, 자기들의 인간적 자유의 악랄한 삭감도 깨닫지 못한다.'

히틀러의 정권 획득에 큰 역할을 하고, 후에 나치 독일의 선전 장관으로서 수완을 발휘한 괴벨스는 자전적 소설 《미카엘》에서 "민중은 고상하게 지배되는 것 외에는 아무것도 바라지 않는다"고 말했고 또 독일 노동전선의 지도자 레이는 "우리는 지배하는 것을 바라며 지배를 향락하려고 한다"고 말했다. 앞서 말한 바와 같이 타인을 완전히 지배하고 그 절대적 지배자가 된다는 것은 사디즘이므로, 이상과 같은 말들은 히틀러와 나치 지도자의 사디즘적 경향을 나타내고 있다.

그러나 대중도 사디즘적 만족을 박탈당했던 것은 아니다. 나치 독일의 지도자가 독일의 대중을 지배하는 것처럼, 이들 대중은 다른 국민을 지배하도록 운명 지워지고 있었다. 히틀러는 말한다.

'인류 최초의 문화는 분명 길들여진 동물보다는 오히려 열등한 인간의 사역에 의존하고 있었다. 정복된 인종의 노예화 후에 비로소 같은 운명이 동물에도 찾아온 것이고, 많은 사람들이 믿고 싶어 하듯이, 그 반대는 아니었다. ……따라서 아리아 인종이, 보다 더 뒤떨어진 민족과 조우해서 그들을 정복하고 자기 의지에 복종시킨 점령지에 최초의 문화가 생긴 것은 조금도 우연이 아니다. ……아리아 인종이 지배자의 지위를 단호히 고집하는 한, 지배자로서 머물렀을 뿐만 아니라 문화의 소유자, 추진자의 지위를 계속 유지했다. ……아리아 인종은 그들의 피의 순수성을 포기함과 동시에, 삶의 터전을 잃었다. 그들은 인종의 혼혈에 의해 몰락하고, 서서히 자기의 문화 능력을 잃으며, 마침내 정신적·육체적으로도 자기의 조상을 닮는 것보다는 오히려 피정복자나 원주민에 동화되기 시작했다. ……혼혈과 그것으로 야기되는 인종 수준의 저하는 모든 문화의 사멸의 원인이다. ……이 지구상에서 우수한 인종이 아닌 것은 쓰레기이다.'

히틀러가 여기서 말하는 '쓰레기'는 유대인과 슬라브인이었다. 따라서 독일 대중은 이와 같은 '쓰레기'를 지배할 수 있고 또 지배해야 한다. 히틀러는 《나의 투쟁》의 맺는말로 이렇게 부르짖었다.

"인종적으로 혼탁한 시대에 자신의 최선의 인종적 요소를 보존하는 데 헌신하는 국가는 언젠가는 세계의 주인이 될 것이 틀림없다."

히틀러는 바이마르공화국은

열광적인 환영을 받으며 주데텐을 방문하는 히틀러 (1938)

약체이기 때문에 혐오하고, 실업계나 군대의 지도자는 권력이 있기 때문에 존경했다. 한편, 그는 힘이 없는 자는 경멸했다. 예를 들어, 그는 강력한 영국을 감히 공격하려고 했던 인도의 혁명가를 멸시했다.

'나는 아시아의 몇몇 탁발승, 혹은 인도의 몇몇 참된 '자유를 위한 투사'를 기억하고 있다. 그들은 유럽 각지를 돌아다니면서 인도를 그의 초석(礎石)으로 삼는 대영제국이 바야흐로 붕괴에 직면했다는 고정관념을—그 밖의 점에서는 어떻든 간에—지적인 사람들에게 불어 넣으려고 노력하고 있었다. 그러나 인도의 반항은 결코 성공하지 못할 것이다. 절름발이의 연합이 강력한 국가를 덮친다는 것은 전혀 불가능한 일이다. 그들의 인종적 열등성을 잘 알고 있기 때문에 나는 내 나라의 운명을 이러한 소위 '피압박 민족'의 운명과 결부시킬 수 없다.'

히틀러는 영국을 강력하다고 느끼는 동안에는 영국을 사랑하고 동경했다. 그런데 1938년 9월 뮌헨 회담에서, 당시의 영국 수상 체임벌린이 스웨텐 지방(체코의 일부)을 독일에 넘기는 것을 인정하고 대독유화책을 취하자 영국의 국력이 쇠퇴한 것으로 오판했다. 히틀러의 영국 찬양은 그때부터 혐오와 공격성으로 변했다. 히틀러의 권위주의적 성격이 유감없이 발휘된 대목이다.

히틀러는 1919년 나치당 전신인 독일노동자당이라는 뮌헨의 사소한 정당에 가입했을 때의 일을 풍자를 섞어 쓰고 있다. "무서운 일이다. 최악의, 수준 이하의 클럽이었다. 이 클럽이 내가 가담하려던 것인가?" 그는 이틀을 생각한 후 결국 이 당에 가입하여 번호 7이라고 쓴 당원증을 받았다.

나치 이데올로기에서의 마조히즘

사디즘의 측면인 마조히즘도 나치의 이데올로기에서 볼 수 있다. 대중은, 개인이란 시시한 존재이고, 개인은 자기의 무의미함을 인정하여 자기를 보다 더 높은 힘 속으로 투입함으로써 더욱 이상적이고 영광스러운 대열에 참여하는 것을 자랑으로 삼아야 한다는 말을 반복적으로 듣게 되었다. 히틀러는 "이상주의만이, 모든 사람들에게 굳센 힘의 특권을 자발적으로 승인하게끔 하며 또한 모든 사람들을 우주를 형성하는 그 질서 속의 한 점 티끌로 만든다"고 말했다. 개인을 희생시켜 한낱 먼지 또는 미분자로 만든다는 것은 개인적인 의견·이익·행복을 주장할 권리를 포기시킴을 의미한다. 따라서 사람들은 "어렸을 때부터 고통이나 모욕도 말없이 참고 견뎌야 한다"는 것이었다. 히틀러는 또 "사람들이 개나 말이나 고양이를 보다 잘 사육하는 것이 아니라, 인류 그 자체의 향상에 신경을 쓰는 보다 고귀한 시대를, 즉 어떤 자는 알면서도 잠자코 단념하며 또 다른 자는 즐거이 모든 것을 주어서 기꺼이 희생할 수 있는 시대를 마침내 이룩하는 데 성공해야 한다"고 강조했다.

히틀러는 마조히즘의 기조를 이루는 무력감이나 고독감을 날카롭게 꿰뚫어 보고 그것을 자진해서 이용하려고 했다.

"새로운 운동의 추종자가 되려 할 때 개인은 고립감이 들어 자기 혼자가 아닌가 하는 공포에 사로잡히기 쉽다. 그러나 대중 집회에서 비로소 보다 큰 동지의 모임을 보고 대개의 사람을 고무하고 격려하는 힘을 얻게 된다. 이와 같은 이유만으로도 대중 집회는 필요하다."

마조히즘에의 동경은 히틀러 자신에게서도 볼 수가 있다. 피라미드의 정점에 있는 히틀러가 복종해야 할 힘은, 신·운명·필연·역사·자연이었다. 그는 《나의 투쟁》 첫머리에서 "운명이 나의 출생지로서 라인 강변의 브라우나우를 지정한 것은 행운이었다." 또 다른 민족과 혼혈한다는 것은 "영원의 창조자 의지에 위배되는 죄를 범하는 일이다"고 말하고 있다.

제1차 세계대전 후, 도즈 안(案)(미국의 정치가 도즈가 작성한 독일의 배상금 지불안)이나 로카르노 조약(독일—프랑스, 독일—벨기에 간의 부전(不戰) 조약)을 성공으로 간주하는 분위기가 조성되었다. 그러나 "하늘을 매수하는 일은 불가능했다. 하늘의 축복은 오지 않았다. 그 뒤 궁핍과 불안이 우리 민족의 변하지 않는 동반자가 되었다"고 쓰는 히틀러는 '하늘'의 소리에 두려움을 느꼈다. '운명'이나 '하늘'보다도 히틀러에게 감명을 준 것은 '자연'이었다. 인간이 자연을 정복했다는 것이 역사의 흐름인데 그는 자연은 정복할 수 없다고 강조했다.

　"인간이 자연을 정복한 일은 없다. 기껏해야 자연의 영원한 수수께끼와 비밀을 덮고 있는 엄청나고 거대한 베일의 이쪽 끝, 저쪽 끝을 잡고 들어 올리는 데에 지나지 않는다. ……인간은 자연을 지배하는 것이 아니라, 자연의 법칙과 비밀을 약간 알게 됨으로써 이 지식이 없는 다른 생물의 주인 자리에 오른 것이다." 즉, 자연은 우리가 복종해야만 하는 위대한 힘으로 간주되고 있다.

　이상에서 말한 것으로 보아, 히틀러는 약자를 지배하고 싶다는 욕망과 압도적으로 강한 외부의 힘에 복종하고 싶다는 마음을 동시에 품었음을 알 수 있다. 이것은 또한 나치의 이데올로기이기도 했다. 이 이데올로기는 히틀러의 성격구조로부터 온 것이다. 또한 이 이데올로기가 하층 중산계급 사람들에게 먹혀들어간 것은 그들이 히틀러와 성격이 같았기 때문이다. 그러나 하층 중산계급 사람들을 만족시킨 것은 나치의 이데올로기뿐만이 아니었다. 나치의 정치는 이데올로기가 약속한 것을 실현해 나아갔다. 하나의 계층제도가 만들어지고, 모든 사람들이 자기 위에 복종해야 할 인간을 받드는 동시에 아래로는 지배할 수 있는 인간을 둘 수 있게 되었다. 대중에게는 복종해야 할 것으로 위로는 총통(히틀러)이 있고, 지배할 수 있는 것으로는 열등민족(유대인 등)이 있다. 한편 피라미드 정점에 있는, 즉 총통은 복종해야 할 운명·신의 섭리·역사·자연을 가졌고, 지배하는 것으로는 대중을 가졌다. 이리하여 나치의 이데올로기는 일부 대중을 지배하고 싶다는 욕망을 채우고, 또 지배나 복종을 기뻐하지는 않았으나, 인생이나 자기의 결단을 비롯한 모든 면에서 자신을 잃고 있었던 사람들에게는 지침을 준 것이다.

　요컨대 국가·가족이라고 하는 1차적인 속박을 잃고, 자유의 몸이 되어 무력감과 고독감을 맛본 하층 중산계급은, 자유를 버리고 히틀러 총통이라고 하는 새로운 권위에 복종하여, 그것과 하나가 되는 것이다.

지금까지 말한 것을 도식적으로 나타내면 이렇다. 1차적 속박의 상실 → 한편으로는 자유, 다른 한편으로는 고독감, 무력감, 불안감 →(이것을 치유하기 위하여) 새로운 권위에의 복종, 외부세계 파괴, 주위 사람과의 동조.

프로이트 이론의 수정

기계론적 유물론

프롬은 《자유에서의 도피》에서 이제까지의 프로이트적인 입장을 버리고 독자적인 입장을 내걸었다. 이것과 프로이트의 입장(또는 이제까지의 프롬의 입장)의 차이점은 다음과 같다.

프로이트는, 개인을 타인과의 관계에서 파악했다. 즉 인간은 사회적 존재이다. 인간이 사회적 존재라고 하는 것은, 자기보존 본능과 성본능—프로이트는 특히 이 후자를 인간을 움직이게 하는 기본적인 동인(動因)이라고 생각했다—을 채우는 데에는 타인이 필요하기 때문이다. 인간은 충족을 필요로 하는 생리학적 욕구를 몸에 지니고 나타나 이 욕구를 서로 채우기 위해 타인과의 관계를 갖는다. 따라서 프로이트에 따르면 타인은 자기 목적을 달성하기 위해 2차적으로 필요한 것에 지나지 않는다. 프로이트가 그리는 이와 같은 인간관계는 시장에서의 인간관계와 비슷하다. 개인은 타인을 손님으로서, 사용인으로서, 고용주로서 필요로 한다. 사람은 팔고, 사고, 주고, 받아서 서로 경제적 이득을 챙긴다. 그리고 이 관계를 조정하는 것이 시장—상품시장이건 노동시장이건—이다. 이 경우 타인은 자기 목적을 위한 수단에 지나지 않는다. 프롬은, 프로이트가 생각한 성적 인간(호모 섹슈얼리스)은 경제인의(호모 이코노믹스)의 한 변종이라고 생각했다.

프로이트가 생리학적 욕구를 중요시한 것은, 19세의 기계론적 유물론에 의한 바가 크다고 프롬은 생각했다. 여기에서 기계론적이라고 하는 것은, 생체에는 물리학적·화학적인 힘 이외의 어떠한 힘도 작용하지 않는다는 점을 말한다. 이 생각은, 19세기에 확립된 에너지 보존 법칙을 생리학 분야에도 적용하여, 그 이전의 세기에 널리 퍼졌던 '생명력'이라는 개념을 배제하려는 견해이다.

이 기계론적 유물론의 생각을 정신형상 분야에 적용하면, 정신현상이란 그 어떤 생리학적 과정의 발로이고, 이 생리학적 과정이 해명되면 정신현상도 해명되게 된다. 프로이트는 정신장애를 연구하여, 그 바탕에 성 에너지(리비도)의 흐름에 이상이 있음을 발견했다. 이것은 기계론적 유물론의 생각과도 합치하고 있었다. 따라서 프로이트가 성이라고 하는 생리학적 욕구를 중요시한 것은 그로서는 당연한 일이었다.

실존적 견지

이에 대해 프롬은 심리학의 중심문제는 생리학적인 욕구가 채워진다거나 채워지지 않는다는 것이 아니라, 개인과 외부세계와의 관계라고 했다. 이것은 프로이트의 생물학적 지향, 즉 리비도 이론을 버린다는 것을 의미했고, 욕구라고 하는 차원에서 인간을 파악할 수 없다는 것을 의미했다. 그 대신 그는 실존이라고 하는 차원에서 인간의 심리를 파악하려고 했다. 여기서 실존이란 이 세상에서의 인간의 존재, 인격 전체를 말하는데, 인간 존재의 특징은 죽는다는 사실을 안다는 것, 고독하다는 것, 무력하다는 것, 불안하다는 것이다. 인간의 이러한 특유한 존재 양식 때문에, 개인은 다른 개인이나 외부세계와의 관계를 가지려고 한다. 프롬의 심리학에서는 무력감이 중심적인 주제였다.

프롬이 무력감을 중요시한 배경에는 초기 마르크스의 소외의 개념이 있었다. 이 개념은 1932년 러키가 감수한 《마르크스 엥겔스 전집》의 제3권에 수록된 〈경제학 철학 초고〉에서 유래되었는데, 그 시절의 정통 마르크스주의자로부터는 경시(輕視)되었으나 프롬의 동료 마르쿠제가 크게 주목한 개념이었다. 1937년, 프롬은 〈무력감에 대하여〉에서 처음으로 이 개념을 다루면서 이렇게 말하고 있다.

'시민계급 사람들은 이제까지 알려지지 않은 규모로 자연을 정복하여……풍요를 만들어내어……물질적 욕구를 채울 수 있는 가능성을 만들었다. 그러나 그 자신이 만든 창조물은 서먹하고 위협하듯이 그를 대한다. 그것이 일단 만들어지면, 그는 그의 주인이라고는 이미 생각하지 않고, 그 사용인이라고 느낀다. 물질 세계 전체는 그의 생활과 방향과 템포를 규정하는 거대 기계의 괴물이 된다. 그에게 봉사하고 그를 행복하게 하도록 정해진 그의 손에서 그를 소외시키는 세계가 태어나 이 세계에 그는 온순하고 무력하게 복종한다. 그는 사회적·정치적 조직이나 기관에 대해서도 동일한 무력감을 갖는다.'

신프로이트파

세 번째로 프롬이 프로이트와 다른 점은, 이제까지 말한 바와 같이 경제구조나 사회구조가 개인에 미치는 영향을 중요시했다는 점이다. 그가 본래 노린 것은 경제적 하부구조 → 상부구조라고 하는 마르크스주의 도식을 정신분석으로 보완하는 일이었는데, 정신분석 쪽에서 보자면 정신분석을 마르크스주의로 보완하는 것이 되었다.

요컨대 프롬은 (1) 프로이트의 리비도 이론의 폐기, (2) 인간과 인간과의 관계의 중요시, (3) 사회적·경제적 인자가 개인에 미치는 영향의 중요성이라고 하는 점에서 정통 프로이트파와는 달랐다. 이러한 입장을 취한 사람으로는 프롬 외에도 설리번, 호나이, 카디너와 같은 사람이 있었다. 이들은 보통 신프로이트파라고 일컬어진다. 영국의 정신과 의사 제임스 브라운은 신프로이트파를 '프로이트 좌파', 메라니 크라인 학파를 '프로이트 우파'라고 불렀다. 그런데 후에 미국의 역사가 폴 로빈슨은 프로이트 학파를 첨예화해서 성의 억압을 정치의 중요한 기능이라고 간주한 사람들, 즉 라이히 로하임, 마르쿠제를 '프로이트 좌파'로 일괄했으며, 프롬은 성의 중요성을 인정하지 않았다고 해서 그가 말하는 '프로이트 좌파'에 넣지 않았다. 이처럼 '프로이트 좌파'라는 용어는 사람에 따라 여러 가지로 사용되므로 이 책에서는 쓰지 않기로 한다.

신프로이트파 사람들 중에서도 프롬은 호나이나 설리번만큼 '문화'를 중요시하지 않았다. 여기서 말하는 '문화'란 문화재, 문화 국가와 같이 무엇인가 가치가 있는 것이 아니라, 어떤 사회의 생활양식을 가리킨다. 예를 들어, 젓가락만으로 식사를 하는 것은 일본의 문화이다. 프롬은 '문화'보다 사회·계급·경제를 중요시했다.

프롬은 《자유에서의 도피》 이후, 위에 적은 노선에 따라 초기의 이론을 변경했다. 이 장에서는 그중 몇 가지만 살펴보고자 한다.

프롬의 성격 이론

프로이트는, 리비도가 승화되거나, 반동형성을 일으켜서 성격이 만들어진다고 보았다. 그러나 프롬은 성격의 기반을 이루는 것은 리비도가 아니라 세계에 대한 인간의 특수한 관계를 맺는 방법에 있다고 생각했다. 이 관계 방법에는 (1) 동화(同化)—물건을 획득하거나 사들이는 것, (2) 사회화—남과 관계를 맺는 것, 이렇게 두 가지가 있다. 그리고 동화에는 물건이 주어진다(얻는다)·힘을 빼앗는다·저축한다·교환한다·물건을 생산한다의 다섯 가지, 사회화에는 복종한다·지배한다·파괴한다·비웃다·사랑한다의 다섯 가지가 있다.

인간이 어떠한 방법으로 동화하는가, 사회화하는가는 각 개인에 따라 대개 일정하다. 이 일정한 형식이 성격이다. 즉, 성격이란 동화와 사회화의 과정에서 인간 에너지가 흘러가는 비교적 영속적인 형식이다. 프롬은, 성격에는 다섯 가지 타입이 있다고 하고 이것을 '자세'(오리엔테이션)라고 불렀다.

수용적인 자세……이러한 성격의 사람은 물건이든, 사랑이든, 지식이든, 쾌락이든 가지가 원하는 것은 외부에 있고 외부로부터 주어진다고 믿는다. 그들은 누구에게나 의존하고, 누군가의 도움 없이는 살아갈 수가 없다. 낙천적이고, 친해지기 쉽고, 타인에게 따뜻하고, 정중하고, 매력적이다. 그러나 다른 한편으로는 쉽게 믿고 쉽게 속으며, 주체성이나 정견(定見)이 없고 비굴하다. 또 그들은 먹거나 마시는 것을 좋아하여 입은 항상 열려 있다. 이 타입은 프로이트가 말하는 구순성격의 수동형에 해당한다.

착취적인 자세……이 성격의 사람은 원하는 것은 무엇이든지 외부로부터 힘과 책략을 써서 빼앗아야 한다고 생각한다. 그들은 이용하고 착취할 수 있으면 아무에게서나 쥐어짜려고 한다. 지식의 분야에서도 마찬가지어서, 창조를 하지 않고 남의 것을 표절한다. 그들은 거만하고 자기주장이 강하며 자신이 있고 공격적인 질투가 많고 충격적이다. 또한 물어뜯을 것 같은 입으로 물어뜯는 것 같은 말을 한다. 이것은 프로이트가 말하는 구순성격의 공격형에 해당된다.

저장적(貯藏的) 자세……이 타입의 사람은 외부세계에서 들어오는 것은 아무것도 신용하지 않고, 검약과 저축을 중요시하며, 소비에는 위협을 느낀다. 또한 타인과의 교제를 피하고, 감상적으로 과거를 훌륭한 것이라고 생각하고, 추억에 잠기는 것을 즐긴다. 그들은 꼼꼼하고, 물건이 있어야 할 곳에 있지 않으면 마음에 안 들고, 완고하고 참을성이 강하다. 수용적 자세의 사람이 '노'라고 할 수 없는 데 반해, 이런 자세의 사람은 항상 '노'라고 말한다. 그들은 입을 항상 굳게 다물고 있다. 이것은 프로이트가 말하는 항문성격에 해당한다.

시장적 자세……이 타입은 현대 시장의 기능에 대응해서 생긴 것으로 전세기에는 없었던 것이다. 현대 자본주의 사회에서 상품 가격은 수요와 공급의 법칙에 의해 결정된다. 예를 들어, 구두 한 켤레의 사용가치가 제아무리 비싸도 공급이 과잉상태가 되면 가치가 없는 것과 마찬가지이다. 시장에서 가격은 상용가치보다도 교환가치로 결정된다. 이러한 사회에서는 자기 자신을 상품으로 보고 자기 가치를 교환가치로서 체험하는 자세가 발달한다.

이 자세는 인격을 팔고 있는 사람, 예를 들어 사무원, 세일즈맨, 실업가, 의사, 법률가, 예술가 등에서 볼 수 있다. 이와 같은 사람은 각기의 직업에서 특히 필요로 하는 기능이나 정직, 성실, 친절과 같은 자질(속성)은 물론이요(이것들은 사용가치에 해당된다), 자기를 잘 팔 수 있도록 포장해야만 한다. 즉, 쾌활하게 보인다든가, 어떤 헤어스타일을 연출한다든가, 어떤 클럽에 속해 있다든가, 옷차림이 산뜻하다든가, 연줄이 되는 사람을 잘 안다든가 하는 사람들이다.

이처럼 자기는 상품이자 판매자이므로 자기를 파는 데에 성공하면 자기는 가치 있는 사람이 되고, 파는 데에 성공하지 못하면 무가치한 사람이 된다. 외부의 힘에 자기의 가치가 좌우되므로 불안감을 갖는다. 또 독립된 실체로서의 자기 자신이라고 하는 느낌, 즉 자기동일성도 불안정하게 된다. 왜냐하면 자신이란 상품을 타인이 판단하고 사용하는 동안에는, 자기는 자신과는 다른 것, 자기 자신으로부터 유리(遊離)된 것이기 때문이다. 자기를 상품으로써 체험하는 것과 마찬가지로 타인도 상품으로써 체험된다. 타인도 그들 자신을 보이고 있는 것이 아니라 팔 수 있는 부분만을 보이고 있다. 이렇게 해서 개성은 상실되고, 인간관계는 표면적인 것이 되어 무관심이 인간관계의 특징을 형성하게 된다. 사고(思考)도 이 자세에 의해서 결정되고 현상의 본질에 가까운 지식이 아니라 표면적인 지식이 중요시된다. ○×식 테스트가 그것을 잘 나타내고 있다. 또 지식이나 교육도 교환가치를 높이는 하나의 수단이 된다.

시장적 자세인 사람은 한결같지 않고 변하기 쉬우며, 기회주의적·무원칙적·무방침(無方針)적이다. 그러나 한편으로는 사교적·순응적으로 기지가 풍부하고 선심(善心)이 크다. 그들은 사고면에서는 표면적인 것 이외에 현상 뒤에 있는 진실에는 관심을 가지지 않는다.

프롬은 이상 네 가지 자세를 '비생산적인 자세'로 한데 묶어서 다음의 '생산적 자세'와 대립시키고 있다.

생산적 자세……프롬은 이 '생산적'이란 말을 창조성—참다운 예술가에게서 볼 수 있는 창조성—의 뜻으로 사용했는데 '비생산적인' 유형을 열거하여 '생산적'이라는 말을 설명하려고 했다.

비생산적인 유형의 첫째는, 최면술에 걸린 사람이다. 그는 무엇인가를 하고는 있지만 최면술사의 암시로 행동하므로 비생산적이다. 둘째, 권위(여론도 포함)에 따라서 행동하는 사람은 비자발적이므로 비생산적이다. 셋째로, 선망(羨望)이나 질투에 쫓겨 행동하는 사람은 자유롭고 합리적이고 유연하게 행동하고 있지 않으므로 비생산적이다. 넷째, 사진처럼 외부세계를 충실하게 기록하는 태도(리얼리즘)는 숨어 있는 본질은 외면한 채 표면에만 주목하므로 비생산적이다. 다섯째, 광기(狂氣)는 외부세계와는 관계가 없는 세계를 정신 내부에 만들어내어 그것을 절대적으로 확신하는 상태이므로 비생산적이다. 따라서 생산적인 자세란 외부의 힘이 아니라 자신의 힘(이성)으로 느끼고, 생각하고, 행동하여, 정신적인 힘의 자발적인 활동으로 체험한 재료에 생명을 불어넣어 새로운 것을 창조할 수 있는 성격, 또는 자기에게 갖추어져 있는 가능성을 실현하여 타인과 사랑의 접촉을 할 수 있는 성격이다. 이것은 프로이트의 성기성격에 해당한다.

사회화

이상의 자세는 동화(同化), 즉 사물과의 관계였으나, 이것과 사회화, 즉 타인과의 관계는 다음과 같이 대응한다.

수용적 자세……마조히즘적

착취적 자세……사디즘적

저장적 자세……파괴적

시장적 자세……무관심적

생산적 자세……사랑, 이성

수용적 자세인 사람의 대인관계는 마조히즘적, 복종적이다. 그가 강자에 복종하면 강자는 그에게 필요한 모든 것을 준다. 착취적 자세인 사람은 힘으로 타인으로부터 빼앗으므로 사디즘적이다. 저장적 자세인 사람은 물건을 소비하지 않고 자급자족하므로 타인과는 소원하다. 또 타인과 접촉하면 사물이 줄어든다고 생각하므로 다른 사람들과는 어울리지 않은 채 집에 틀어박힌다. 그러나 만약에 타인이 큰 위협이 되면 타인을 파괴하려는 충동이 생긴다. 시장적 자세인 사람의 대인관계는 친밀성에 차 있지만 피상적이고 정서적으로 겉돌며 무관심적인 편이다.

사회적 성격

앞서 사회의 리비도 구조로부터 사회(또는 사회 계층)의 다수 성원에게서 공통적으로 볼 수 있는 성격이 생긴다고 말했는데, 프롬은 《자유에서의 도피》에서 이 공통적으로 볼 수 있는 성격을 사회적 성격이라고 부르고 리비도 구조라는 생각을 그만두었다.

어떤 사회의 성원이 의무를 기꺼이 행하고, 그 사회의 요청에 따른 행동을 하는 것에 만족을 느끼는 이유는 사회적 성격 때문이다. 바꾸어 말하면, 일정한 사회에서의 인간의 에너지를 그 사회가 지속되는 방향으로 향하게 하는 것이 사회적 성격의 기능이다. 만약에 어떤 사회에 사는 대다수 사람의 에너지가 같은 방향으로 향한다면 그것은 이 사회를 추진시키는 생산력이 될 것이다.

앞서 말한 바와 같이, 19세기 자본주의 정신은, 쾌락의 억제, 검약(儉約)의 중시, 의무의 수행, 꼼꼼함, 즉 항문성격(저장적 자세)이었다. 19세기 자본주의 사회의 많은 사람들이 사회에 적응한 결과 이 성격을 형성하고, 또 기꺼이 검약을 하고 의무를 수행했기 때문에, 그러한 방향으로 에너지를 쏟았기 때문에, 자본주의는 추진되었다. 이러한 유형이 19세기 자본주의 사회에서는 성공하기도 했다. 따라서 19세기 자본주의 사회의 사회적 성격은 항문성격이라고 할 수 있다.

오늘날의 자본주의는 전세기의 자본주의와는 달라서 대량소비와 대량판매를 바탕으로 하고 있다. 따라서 만약에 사람들이 수입의 대부분을 소비하지 않고 절약한다면 경제는 중대한 위기에 빠질 것이다. 그래서 기업은 광고를 내보내서 더욱더 소비하도록 호소하고, 사람들은 월부로 물건을 사고 있다. 이렇게 해서 탐식, 과소비, 탐욕, 경쟁, 질투를 특징으로 하는 사회적 성격(구순성격)이 형성된다. 전세기의 사회적 성격을 가진 사람의 입장에서 보자면 이 사회적 성격을 가진 사람은 물건을 아끼지 않는 괘씸한 낭비자이지만, 이 사회적 성격 때문에 현대의 자본주의는 기능을 유지하고 존속하는 것이다.

지금까지 말한 바와 같이, 행동이 사회적 성격에 의해 결정되는 것처럼, 사고나 감정도 사회적 성격에 의해서 결정된다. 프롬은, 사상이란 어떤 집단에 의식적으로 받아들여진다고 해도, 그 집단의 사회적 성격 때문에 실제로는 받아들여지지 않는 일도 있다고 강조했다. 이런 사상은 의식적인 신념으로서는 남지만, 결정적인 순간에는 그 사상에 따라 행동할 수가 없다.

히틀러가 권력을 획득할 때까지 독일의 노동자 대부분은 사회민주당이나 공산당에 투표하고, 이들의 정당 사상을 믿고 있었다. 그런데 일단 위기가 찾아오자, 그들은 손쉽게 그 사상을 버렸다. 그 이유는, 권위에 대해서 개인의 독립성을 강조하는 사회주의 사상은, 권위에 대하여 열렬한 존경과 동경을 갖는 그들의 사회적 성격, 즉 권위주의적 성격에 받아들여지지 않았거나 적합하지 않았기 때문이다. 따라서 어떤 사상이 강력해지는 경우는 그것이 일정한 사회적 성격 안에 있는 욕구를 충족시켰을 때뿐이다.

사회적 성격은 사회경제 구조에 적응한 결과 생긴 것인데, 이번에는 이 사회적 성격으로부터 이상이나 이념(이데올로기)이 형성된다. 예를 들어, 이전 세기의 사회적 성격, 즉 항문성격으로부터는 물건을 소중히 하고, 절약하고, 규율을 잘 지키고, 의무를 수행한다는 이상이나 이념이 생긴다. 그리고 이 이상, 이념은 학교나 가정의 교육을 통해서 교육되어 사회적 성격은 강화된다. 또 이 사회적 성격 때문에 전차는 1분 1초의 차질도 없이 운전되고, 회사는 정시에 문을 열고 활동을 시작하는 것이다. 즉, 만들어진 이념은 다시 사회적 성격에 영향을 끼쳐, 간접적으로 사회의 경제구조에 영향을 끼친다. 요컨대 경제적 토대↔사회적 성격↔이상·이념이 된다. 이리하여 프롬이 젊었을 때부터 추구해 온 경제적 하부구조와 이데올로기적 상부구조 사이에 빠졌던 고리를 메우는 과제가 완성된 것이다.

소외

위에서 말했듯이, '소외'는 마르크스의 개념이다. 마르크스에 의하면 소외란 인간의 생산물이 인간과의 내적인 연결을 잃고, 서먹한 타자(他者)로서 인간과 대립, 인간을 지배하게 된다는 것을 의미한다. 프롬은 이에 따라 소외를 다음과 같이 정의했다. 인간이 자신을 세계의 중심이라든가 자기 행위의 창조자로서 경험하는 것이 아니라, 그의 행위와 그 결과가 주인공이 되어 인간은 여기에 복종하든가 그것을 숭배하지 않을 수 없다는 것을 말한다. 그는 이 소외를 구약성서의 예언자들이 우상숭배에 대해 한 말에서 볼 수 있다고 했다.

이사야는 우상숭배에 대해서 이렇게 말하고 있다.

'사람들의 주머니에서 금을 쏟아 내며 은을 저울에 달아 도금장이에게 주고 그것을 신을 만들게 하고 그것에게 엎드려 경배하며(이사야 46 : 6).'

또 우상숭배를 이렇게 비꼬았다.

'그는 자기를 위하여 백향목을 베며 디르사 나무와 상수리나무를 취하며 숲의 나무들 가운데에서 자기를 위하여 한 나무를 정하면 나무를 삼고 비를 맞고 자라게도 하느니라. 이 나무는 사람이 땔감을 삼는 것이거늘 그가 그것을 가지고 자기 몸을 덥게도 하고 불을 피워 떡을 굽기도 하고 신상(神像)을 만들어 경배하며 우상을 만들고 그 앞에 엎드리기도 하는구나(이사야 44 : 14~15).'

우상숭배의 본체는 인간이 자기 안에 있는 일부 성질을 외부의 것에 투사하여 하느님으로 삼고, 그것에 머리 숙여 경배하며 자기가 투사한 것을 얼마만이라도 되돌려달라고 부탁하는 일이다.

현대사회에서는 이것을 거의 모든 영역에서 볼 수가 있다. 프롬은 그 하나로서 익명(匿名)의 권위를 들었다.

앞서 합리적 권위와 비합리적 권위에 대해서 말했는데, 이들은 아버지, 선생, 지도자, 상관, 목사 등등과 같이 눈에 보이는 분명한 권위였다. 사람들은 이들 권위와 싸울 수가 있었고, 또 권위와 싸움으로써 개인의 독립성과 용기가 발달했다. 그러나 오늘날, 권위는 그 성격을 바꾸고 말았다. 그것은 눈에 보이지 않는 권위가 되었다. 그것은 상식이며 여론이며, 사람이 행하거나 생각하거나 느끼는 것들이다.

익명의 권위가 작용하는 메커니즘은 동조(同調)이다. 나는 남과 다르면 안 되니까 누구나가 하고 있는 일을 해야 한다. 나는 내가 옳은가 그른가가 아니라 남과 다르지 않는가의 여부를 자문해야만 한다.

이 경우, 상식이나 여론처럼 사람이 만든 것이 서먹한 타자(他者)로서 인간에 대립하여, 인간을 지배하고 있다. 이런 점에서 볼 때 익명의 권위는 소외된 권위이다. 또 시장적 자세인 사람은 시장에서의 교환가치, 즉 타자에 지배되어 자기를 행위의 주체, 인간적인 힘의 담당자로서 경험하지 못하므로 소외된 사람이라 할 수 있다.

윤리와 양심

프롬은, 정신분석은 인간에 대한 지식은 심회시켰으나 인간이 어떻게 살아야 할 것인가, 어떻게 행동해야 할 것인가에 대한 지식은 조금도 심회시키기 못했다고 주장했다. 프로이트가 자연과학으로서의 심리학을 수립하려고 했을 때, 심리학을 윤리학으로부터 분리시킨 것은 불가피한 일이었다. 그러나 정신장애를 이해하기 위해서는 도덕적 갈등의 성질을 알아야만 하므로, 윤리를 논하는 것 또한 중요하다. 그래서 프롬은 윤리를 권위주의적 윤리와 인도주의적 윤리의 둘로 나누었다.

권위주의적 윤리는, 인간에게는 선악을 구별할 능력은 없고, 규범을 주는 것은 개인을 초월한 권위(신, 국가 등)라고 생각한다. 이 윤리에서는, 권위에 온순하면 선이고 그렇지 않으면 악이다. 예를 들어, '착한 아이'는 선생님의 말을 잘 듣고 온순한 아이이다. 따라서 이 윤리에 의하면 비록 사람이 악을 범해도 벌을 달게 받고 죄악감을 가지면(즉, 권위에 온순하면) 선으로 돌아갈 수가 있다.

이에 반해서, 인도주의적 윤리는 덕과 죄, 성과 악을 결정하는 기준이 인간을 초월한 권위가 아니라 바로 인간 자신이라고 생각한다. 이 윤리에 의하면, 선이란 인간에게 유익한 것, 즉 생명의 긍정, 행복의 증진, 인간의 힘의 전개(展

開)이고, 악이란 인간에게 해로운 것, 인간의 파괴이다. 그러나 프롬은, 인간에게 유익한 것이라 할지라도 자기중심주의는 바람직하지 못하다고 강조했다. 왜냐하면 인간은 인간끼리의 관계와 단결에 의해서 그 목적을 달성하고 행복을 잡을 수가 있기 때문이다.

프롬은 양심에도 권위주의적 양심과 인도주의적 양심의 두 가지가 있다고 했다. 그가 이렇게 구별한 까닭은 침략전쟁이나 잔학행위를 한 자도 양심에 따라서 행동했다고 언명했기 때문이다.

권위주의적 양심이란 국가, 부모, 지도자와 같은 외부의 권위가 내면화되어 나오는 소리이다. 이것은 프로이트가 말하는 초자아에 해당된다. 따라서 권위주의적 양심에 있어서의 선이란 도입된 권위에 대한 복종이고, 악은 불복종이다. 히틀러 신봉자가 인간성에 반하는 행위를 했을 경우에도 '양심에 따랐다'고 하는 것은 이 때문이다.

인도주의적 권위는 내면화된 권위의 목소리가 아니라, 우리를 본래의 자기로 되돌아오게 하는 우리 자신의 목소리이다. 즉 권위주의적 양심이 타율적인 양심임에 반하여, 이것은 자율적인 양심이다. 생명과 성장을 표현하는 인격 전체의 목소리이다. 인도주의적 양심에 있어서의 선이란 생명을 조장하는 모든 것이며, 악이란 생명을 저해하고 질식시키는 것들이다. 이 양심을 가진 사람은 내면화된 권위에 억지로 따르는 것과 같은 방법으로 올바른 행위를 하는 것이 아니라, 올바른 행동을 하는 것이 즐겁기 때문에 그것을 행한다.

종교

프로이트는 종교에 대해서 이렇게 생각했다. 인간은 어른이 되면 큰 힘을 가지고 있다는 것을 깨닫고, 위험에 대한 지식도 늘어난다. 그러나 결국, 자기는 어린아이 때와 마찬가지로 무력하고 보호를 받지 못하고 있다고 생각한다, 그래서 그는 어렸을 때 아버지로부터 받은 비호(庇護)를 생각하여, 외부세계의 힘에 아버지 모습의 특징을 부여하고 신으로까지 높이고 거기에 자기의 보호를 맡긴다. 이것이 종교이다. 그러기 때문에 프로이트에 의하면 종교는 어린아이 같은 성격을 가지고 있다. 즉 그것은, 우리가 살고 있는 세계를 소원(所願)의 세계로 극복하려는 시도이다. 따라서 프로이트에 의하면 종교는 환상이었다.

프롬은, 프로이트의 이와 같은 생각에는 찬성했으나, 프로이트의 종교관은 한쪽으로 치우친 것이라고 생각했다. 그래서 그는 종교를 권위주의적 종교와 인도주의적 종교의 둘로 나누었다.

　권위주의적 종교는 인간 밖에 인간을 초월한 힘이 있는데, 이 힘에 복종하면 선이고 복종하지 않으면 죄라고 보는 종교이다. 이 종교형태에서는 신은 전지전능이며 인간은 무력하고 천한 것으로 여겨진다. 그리고 인간은 이 신에 굴복하여 신의 은총과 도움을 얻어서 비로소 자기가 강함을 느낄 수가 있다. 따라서 신에의 복종은 고독감이나 무력감으로부터 빠져나오는 하나의 수단이다. 앞서 말한 칼뱅의 신학이 그것이다.

　이에 반해, 인도주의적 종교에서는, 인간은 여러 가지 한계와 가능성의 쌍방에 대해서 진실을 알고, 자기와 타인을 위해 사랑의 힘을 발전시켜야 한다고 말한다. 또 그것은 인간의 목적은 인간의 무력함을 아는 것이 아니라 최대의 힘을 발휘하는 일이라고 말한다. 미덕은 복종이 아니라 자기실현이다. 신앙은 제창자의 주장을 그대로 받아들여 그것에 따르는 것이 아니라 자기의 사상과 감정의 체험을 바탕으로 한 확신이다.

　프롬은 인도주의적 종교의 대표는 초기의 불교라고 생각했다.

　'부처는 위대한 교사이며, 인간 존재의 진리를 깨달은 "각자(覺者)"이다. 그는 초자연적인 힘의 이름에 의해서가 아니라 이성의 이름으로 이야기했다. 또한 단지 최초의 발견자에 지나지 않았던 자기가 찾은 진리를, 각자가 자기 이성을 사용해서 깨달으라고 모든 사람에게 호소한다. 일단 진리의 첫걸음을 내디딘 사람은, 모든 중생을 위하여 그 이성과 사람의 힘을 발전시키도록 노력을 기울여야만 한다. 사람들이 이러한 삶을 성취하는 정도가 바로 불합리한 번뇌의 속박으로부터 벗어나는 정도인 것이다. 불교의 가르침에 따르면, 사람은 자기의 한계를 깨닫는 한편, 자기 안에 있는 힘도 자각해야만 한다. 열반(涅槃)은 완전히 깨달은 사람이 도착할 수 있는 마음의 상태로, 무력과 굴종이 아니라, 그와는 반대로 인간이 가지고 있는 최고의 힘을 발전시킨 상태이다.'

　권위주의적 종교에서는 비애와 죄악감이 농후하지만, 인도주위적인 종교에서는 기쁨의 감정이 뚜렷하다. 또 인도주의적 종교에서는, 신은 인간의 보다 높은 자기의 모습이며, 인간의 가능한 모습 또는 되어야 할 모습의 상징이지만,

권위주의적 종교에서는 신만을 이성과 사랑을 소유한 존재로 본다. 그러나 신이 소유하고 있다고 여겨지는 이성이나 사랑도 본래는 인간이 소유하고 있던 것으로, 신에 투사된 것이다. 즉, 인간은 자기가 가지고 있는 것을 모두 신에게 주고 자기는 빈곤해져서, 신에게 예배하여 본래 자기 소유였던 것을 얼마만이라도 돌려달라고 신에게 부탁하고 있는 것이다. 인간은 좋은 것을 모두 신에게 주었기 때문에 당연히 '죄인'이라고 느낀다. 그리고 신의 은총과 자비에 의해서 참다운 인간으로 만들어 주는 것을 다시 손에 넣는 것이다. 따라서 권위주의적 종교는 소외된 종교라고 할 수 있다.

프롬이 선(禪)에 깊은 공감을 나타냈다. 1957년 8월 멕시코대학에서 '선과 정신분석'의 심포지엄을 연 것도 선과 정신분석이 친근성이 있었기 때문만이 아니라 선이 반권위주의 종교라고 생각했기 때문이다.

프롬은 유대적 그리스도교에는 권위주의적 요소와 인도주의적 요소가 공존한다고 생각했다. 신이, 지혜의 열매를 먹었다는 이유로 아담과 이브를 낙원에서 추방하는 이야기, 노아 이외의 모든 인간을 홍수로 멸망시키는 이야기, 신에의 사랑의 증거로서 아브라함에게 아들 이삭을 희생으로 바칠 것을 요구하는 이야기는 유대적 그리스도교적 측면을 나타내고 있다. 그러나 노아의 방주 이야기 이후 신은 변질된다. 신은 노아 이외의 사람들을 멸망시킨 자기 결정을 후회하고, 노아와 그 가족 그리고 그의 모든 자손과 무지개를 증표 삼아 계약을 맺는다. 신은 말한다. '내가 너희와 언약을 세우리니 다시는 모든 생물을 홍수로 멸하지 아니할 것이라 땅을 멸할 홍수가 다시 있지 아니하리라.'(창세기 9 : 11)

계약의 체결과 함께, 신은 절대적인 지배자의 자리에서 내려온다. 신은 전제군주에서 입헌군주가 된다. 또 소돔과 고모라 사람들의 이야기에서는 아브라함이 정의의 이름으로 신과 담판하여 신을 양보하게 하는 장면이 그려져 있다.

프롬은, 소수의 권력자가 지배하는 사회에서는 개인이 공포에 사로잡혀 힘과 독립을 느끼지 못하므로 권위주의적 종교가 발달하는 반면, 개인이 자기 운명에 대해서 자유와 책임을 느끼는 사회에서는 인도주의적인 종교가 발달한다고 보았다.

인도주의적 정신분석

프롬은 신프로이트파라고 일컬어지기도 한다고 앞서 말한 바가 있는데, 그는 이렇게 불리는 것에 강한 반대를 나타냈다. 그는 어느 때에는 그렇게 불리는 것이 '행복하지 않다'고 말하고, 어떤 때에는 '만족스럽지 않다'고 말했다. 호나이와 설리번과 같은 신프로이트파는 프로이트의 중요한 발견을 버렸으나, 자기는 프로이트의 이론을 발전시켰으므로 신프로이트파가 아니라는 것이 그의 해명이었다. 그 대신 그는 자기 체계를 '인도주의적 정신분석'이라고 불렀다.

위에서 말한 것으로 미루어, 인도주의적이란 말은 생명을 존중하고, 행복을 증진시키고, 사랑을 중요시하고, 권위주의적이 아니란 뜻이다. 따라서 인도주의적인 정신분석이라고 하는 것은 그러한 입장에 선 정신분석이 될 것이다. 그리고 이 말은, 프로이트의 정신분석을 권위주위적인 것으로 보고 그에 대비되는 것으로 이렇게 이름을 붙였을 것이다.

프롬은 1971년 5월, 캘리포니아대학의 역사가 마틴 제이에게 다음과 같은 편지를 썼다.

'프로이트를 리비도 이론으로만 생각할 수 없는 한, 나는 결코 프로이트주의를 떠나지 않았다. ……나는 프로이트의 기본적인 업적은 무의식, 신경증, 꿈, 저항, 그리고 성격에 관한 역동적인 사고방식이라고 생각한다. 이들 사고방식은 나의 모든 저작에서 나에게 근본적인 중요성을 계속 유지해 주었다. 그리고 내가 리비도 이론을 버렸기 때문에 프로이트주의를 버렸다고 하는 것은 정통파 프로이트주의의 관점에서만 말할 수 있는 매우 지나친 표현이다. 여하간 나는 정신분석을 버리지는 않았다. 나는 나의 학파를 만들 생각은 없었다. 나는 국제정신분석학회로부터 제명되었으나 지금도 프로이트주의에 입각한 워싱턴 정신분석학회의 회원이다. 나는 항상 프로이트주의의 정통파와 프로이트주의 국제기관의 관료주의적인 방식을 비판해 왔는데, 나의 전체 이론적 업적은 메타 심리를 제외하고는 프로이트의 가장 중요한 발견이라고 생각하는 것에 입각하고 있다.'

《사랑한다는 것 *The Art of Loving*》

사랑의 이론

인간 존재의 한 가지 특징은 무엇일까? 프롬에 따르면, 그것은 독립하길 원하면서도 고독과 무력을 견딜 수 없어, 외부 사람이나 물건에 의존하고 관계 맺고 싶다고 생각하는 것이다. 그는 이 모순을 실존적 이분법이라고 부르고, 시간이 주어지면 해결되는 모순, 즉 역사적 이분법(선진국에서는 비만이 사회문제인데 반해, 발전도상국에서는 굶주림으로 고통당하는 것 등)과 대립시켰다. 이 실존적 이분법을 해결하는 한 수단으로써, 그는 《자유에서의 도피》에서 사도—마조히즘을 거론했다. 이 반대 극에 있는 것이 사랑이다.

프롬은 이제까지 그의 저서 여기저기에서 사랑에 대해 이야기했는데, 이것을 자세히 논하지는 않았다. 그러다 1956년 《사랑한다는 것》을 써서 처음으로 사랑을 일괄적으로 거론했다.

프롬은 사도—마조히즘이 공생적 합일의 일종이라고 했다. 공생적 합일이란 어머니와 태아의 관계처럼 함께 살고, 서로를 필요로 하는 관계이다. 공생적 합일의 수동형은 복종 또는 마조히즘이고, 능동형은 지배 또는 사디즘이다. 사디스트와 마조히스트는 상대방 없이는 살아갈 수가 없다.

사랑은, 공생적 합일과 달라서, 본래의 전체성과 개성을 가진 채로 합일하는 일이다. 사랑은 인간 안의 활동적인 힘이고, 둘 사이를 가로막고 있는 벽을 파괴하는 힘이며, 인간을 타인과 맺어주는 힘이다. 그래서 사랑하면 두 사람이 하나가 되면서도 둘인 채로 머무르는 모순이 일어난다.

이러한 생각은 뉘앙스는 약간 다르지만, 에스파냐의 철학자 오르테가가 주장했다. 그는 1923년 연애의 발생에 대해서 이렇게 말했다.

'이 연애 과정이 시작되자마자, 사랑하는 사람은 자기의 개성을 상대방의 개성에 녹여 넣으려고 하든가, 그 반대로 애인의 개성을 자기 개성 속으로 흡수하려고 하는 특이한 욕구를 느낀다. 불가사의한 소원이다! 보통 우리는 개인적 존재의 경계를 다른 인간에게 침범당하는 것을 끔찍이도 싫어하는데, 사랑하는 사람은 마치 형이상학적인 의미로 투명해져서 오직 애인과의 융합에서만, 말하자면 '이분된 하나의 개성'에서만 만족을 발견하게 되고 여기에서 연애의 감미로움이 성립되는 것이다.'

흔히 사랑에 '빠진다'는 말처럼, 사랑은 보통 수동적인 것으로 여겨진다. 그러나 프롬에 의하면, 사랑은 수동적인 것이 아니라 참가하는 것이고, 받는 것이 아니라 주는 것이다. 그렇다면 준다는 것은 무슨 뜻인가? 준다고 하면 빼앗기거나, 희생해야 한다고 여겨진다. 그러나 사랑을 이러한 견지에서밖에 보지 않는 사람은, 앞서 말한 수용적인 자세의 사람, 착취적인 자세의

《사랑한다는 것》(1956) 표지 일명 '사랑의 기술'

사람, 저장적인 자세의 사람들이다. 또 시장적인 자세인 사람에게 있어 준다고 하는 것은 받는 것을 전제로 하는 교환밖에 되지 않는다. 그러나 생산적인 자세의 사람에게는 준다고 하는 것은 잠재력의 최고의 표현이다. 그는 줌으로써 부(富)와 힘을 경험하고 기쁨을 느낀다. 준다는 행위 안에는 생명이 약동하고 있으므로 주는 것은 받는 것보다 즐거운 일이다.

주는 행위가 받는 행위보다 즐겁다는 것은, 성적인 현상을 보면 잘 알 수 있다. 남성의 성 기능의 정점은 주는 데에 있다. 남성은 여성에게 자기 자신, 즉 성기를 통해 오르가슴 순간에 정액을 준다. 정력이 있으면 주지 않을 수 없는 것이다. 만약에 그가 주지 않는다면 그는 성적 불능자이다. 여성도 이와 다르지 않다. 여성도 그녀 자신을 주어 여성으로서의 중심부를 열어 준다. 만약에 그녀가 받는 것뿐이라면 그녀는 냉감증이다. 준다고 하는 것은 어머니의 기능에서도 볼 수가 있다. 그녀는 젖과 따뜻함을 아기에게 준다.

준다고 하는 요소 외에도 사랑에는 배려·책임·존경·지식이라는 요소가 포함되어 있다. 사랑에 배려가 포함되어 있다고 하는 것은, 아이에 대한 어머니의

사랑에서 볼 수 있다. 어머니는 아이에게 젖을 주고, 더운물로 목욕시켜서 기분을 좋게 해 준다. 만약에 그녀가 이 배려를 게을리한다면 제아무리 입으로 사랑을 한다고 말해도 실제로는 사랑하지 않는 것이다. 만약에 꽃을 사랑한다고 말하던 어떤 사람이 꽃에 물 주기를 잊는다면 꽃을 사랑하는 마음을 의심해 보아야 한다. 사랑이란 사랑하는 것의 생명과 성장에 적극적으로 관여하는 행위이다.

이것은, 구약성서의 요나에 아름답게 묘사되어 있다. 아시리아의 수도 니네베(니느웨)의 부패에 대하여 화를 낸 하느님은 요나를 보내어, 그들이 나쁜 행동을 고치지 않는다면 도시를 파괴할 것이라고 경고하도록 명령했다. 그런데 요나는, 니네베 사람들이 회개를 하고 하느님이 그들을 용서하는 것을 두려워하여 그 사명으로부터 도피한다. 그는 율법에는 강했을지 모르나, 사랑이 없는 사람이었다. 그는 지중해 연안의 욥바로 가서 다시스행 배를 탄다. 배는 도중에 폭풍을 만나 침몰 직전에 놓인다. 요나는 선원들에게 "이 폭풍은 나 때문에 당신들에게 닥친 것이므로 나를 바다로 던져주시오" 하고 부탁, 자기 몸을 바다에 던지게 했다. 그런데 하느님이 큰 고기를 준비하여 요나를 삼키고 육지에 토하게 했다. 그리고 다시 요나에게 니네베로 가서 경고를 주라고 명령했다.

그는 니네베로 가서 하느님의 말씀을 주민에게 알렸다. 그들이 회개하매, 하느님의 용서를 받고 도시는 파괴를 면했다. 요나가 두려워하던 바로 그 일이 일어났던 것이다. 그는 자비가 아니라 정의가 실행되길 원했다. 그는 심사가 나서 하느님에게 말했다. "주여, 제발 제 목숨을 거두어 주십시오. 저는 사는 것보다 죽는 것이 좋습니다."

요나는 도시를 나와, 도시 동쪽에 초막을 짓고 거기에 앉아 도시 안에서 무슨 일이 일어나는가 보려고 했다. 그러자 하느님은 박덩굴을 우거지게 하여 뜨거운 태양을 막아 요나의 화를 가라앉히려고 했다. 요나는 이 박덩굴을 매우 기쁘게 생각했다. 그런데 이튿날 새벽 하느님이 벌레 한 마리를 준비하여 박덩굴을 갉아먹게 하자, 박덩굴은 시들고 말았다. 뜨거운 햇볕이 요나의 머리 위에 내리쬐었다. 요나는 화가 났다. 그러자 하느님은 요나에게 말했다. "너는 이 박덩굴 때문에 마치 당연하다는 듯이 화를 내는구나." 요나는 대답했다. "제가 화를 내는 것은 당연합니다." 하느님은 말했다. "너는 스스로 수고하지 않고, 기르지도 않고 하룻밤 사이에 자라서 하룻밤 사이에 시든 박덩굴을 아까워하고 있다. 하물며 내가 이 큰 도시 니네베를 어찌 아까워하지 않을 수 있겠느냐. 거기에는 좌우를 분변치 못하는 12만 이상의 인간과 가축이 있지 않느냐"

여기서 하느님은 사랑의 본질에 대하여 말하고 있다. 그것은 바로 사랑의 대상을 위하여 수고하고, 성장시키는 것이다. 사랑과 노동은 불가분하다. 사람은 수고한 것을 사랑하고, 사랑하는 사람을 위해 수고하는 것이다.

어떤 사람을 위해 배려하고 수고한다는 것은 그 사람을 책임진다는 뜻이다. 따라서 사랑은 책임과 떼어놓을 수가 없다.

사랑의 제3요소는 존경이다. 존경한다(respect)는 어원적으로 respicere, 즉 '바라본다'는 뜻이다. 그러기 때문에 상대를 존경한다는 것은 그를 있는 그대로 보고 그 특이한 개성을 아는 것, 또는 상대방이 나름대로 성장하고 발달해 주기를 원하는 일이다. 즉 착취하지 않음을 의미한다.

사랑의 제4요소는 지식(또는 아는 것)이다. 사랑하는 사람은 상대의 표면뿐만 아니라, 그의 내면, 비밀, 깊은 뜻을 알고 싶다고 생각한다. 즉, 대상에 대한 지식을 얻고 싶다고 생각한다.

상대의 비밀을 아는 첫째 방법은, 상대방을 지배하고 고통을 주는 것, 즉 사디즘적인 행위이다. 상대방은 고통스러운 나머지 비밀을 토로할지도 모른다. 두 번째 방법은 사랑이다. 즉, 합일이라고 하는 행위, 다른 인간에게 침입하는 행위, 자기 자신을 주는 행위에 의해, 나는 나 자신을 알고 상대방을 알고 인간을 아는 것이다(오르테가는 이것을, 위에서 말한 바와 같이 '형이상학적인 의미에서 투명해진다'고 표현했다).

성(性)이란 무엇인가

지금까지 말한 실존적인 합일의 욕구 위에 남성과 여성이라고 하는 극(極)을 합일시키고 싶다는 생물학적인 욕구가 생긴다. 이 극성(極性)의 사상은, 남녀란 원래 일체였으나 후에 그것이 단절되어 남성과 여성이 되었는데, 그 이후 각자가 다시 합체를 하려고 다른 한쪽을 구하게(이 힘이 에로스) 되었다고 하는 신화(플라톤《향연》)에 나온다. 이 극성은, 마이크로의 세계에서는 정자와 난자로서 나타나고, 극성(極性)의 합체는 정자의 난자에의 침입, 즉 수정으로 나타나 있다.

프로이트는 성본능을 체내에 화학적으로 만들어진 긴장이라고 보고, 이 긴장이 고통 불쾌감을 낳아 방출을 구하는 것이라고 생각했다. 따라서 성적 만족은 방출을 통해 얻어진다. 이 생각에 따르면 자위(自慰)가 가장 이상적인 성적 만족이 될 것이다. 그런데 자위는 결코 완전한 만족을 주지 못하고 공허감을 남긴다. 자위가 반복되기 쉬운 것은 이 때문이다. 그러므로 프로이트의 생각은 잘못되어 있다고 할 수 있다.

프로이트가 무시한 것은 남성과 여성이라는 극성과, 남성과 여성의 합일이다. 그가 이것을 잊은 이유는 그가 극단적인 가부장주의자였기 때문이다. 그에 의하면 성은 본질적으로 남성적인 것이고, 여성은 특유의 성 없이 거세된 남성에 지나지 않았다.

예컨대, 남녀 양성의 성적인 견인력은, 프로이트가 말하는 것처럼, 성적 긴장을 제거하려는 욕구가 아니라 이성과 합일하려고 하는 욕구에 입각하고 있다. 프로이트는 성을 과대평가했다고 자주 거론된다. 그러나 그의 문제는 심리학적·생물학적·실존적인 차원은 무시한 채 생리학적인 차원만 고려했다는 것이었다. 그는 성을 충분이 이해하지 못했다고 말할 수 있다.

사랑의 대상

사랑은 사랑하는 능력이 아니라 대상에 의해서 성립된다고 많은 사람들이 믿는다. 예를 들어, 나에게는 사랑할 수 있는 사람이 이 세상에 한 사람밖에 없다거나, 사랑하는 사람이 나타나면 사랑할 수 있다고 생각한다. 그러나 이것은 잘못이다. 사랑은 활동적인 힘이요, 세계와의 관계를 설정하는 태도이기 때문이다. 따라서 미국의 심리학자 윌리엄 제임스가 말했듯이, '분업(分業)'과 같은 사랑, 즉 자신의 가족 외에 낯선 사람에게는 사랑을 느끼지 못하는 것은 사랑을 할 능력이 없다는 증거이다. 만약에 내가 한 사람을 사랑한다고 하면, 나는 모든 사람을, 세계를 그리고 생명을 사랑하는 것이다. 또 '네 이웃을 네 몸과 같이 사랑하라'는 성서의 구절은 자신을 사랑하고 이해한다는 것은 타인을 사랑하고 이해한다는 것과 떼려야 뗄 수 없는 관계임을 나타내고 있다.

그런데 에로틱한 사랑의 특징은 배타적이다. 우리는 서로 사랑하고 있지만 다른 사람에게는 사랑을 느끼지 않는다고 말하는 두 남녀를 자주 보게 된다. 그러나 이와 같은 사랑은 '두 사람의 자기중심주의'지 사랑이 아니다. 에로틱한 사랑은, 성적 결합과 두 사람이 인생의 모든 면에서 서로 관련을 맺는다는 뜻에서는 타인에 대한 사랑을 배제하지만, 형제애까지 제외시키는 것은 아니다. 여기서 형제애란 형제에 대한 사랑이 아니라, 도움이 필요한 사람, 위험에 처한 사람, 약한 사람, 이방인에 대한 사랑이다. '너희는 나그네를 사랑하라. 전에 너희도 애굽 땅에서 나그네 되었음이니라'(신명기 10 : 19)라고 할 때의 사랑이다.

사랑의 붕괴

제1차 세계대전 직후에는, 서로의 성적 만족이 만족한 사랑, 특히 행복한 결혼의 바탕이라고 여겨지고, 불행한 결혼은 결혼 상대가 성적으로 적응하고 있지 못하기 때문이라고 여겨졌었다. 그리고 실패의 원인은, 올바른 성행위의 지식과 기술을 모르는 데 있다고 생각했다. 그래서 많은 결혼 입문서는 성의 테크닉을 가르쳐서 서로 사랑할 수 없는 부부를 도우려고 했다. 이와 같은 생각의 바탕에는 사랑은 성적 쾌감의 아들이고, 두 사람이 성적으로 만족하면 서로 사랑하게 된다는 생각이 가로놓여 있었다. 또 이 생각은, 올바른 기술을 사용하면 공업 생산상의 문제가 해결된다는 이 시대의 일반적인 환상과도 합치되고 있었다.

이 생각은 프로이트의 이론으로부터도 큰 영향을 받았다. 프로이트에 의하면 사랑은 근본적으로 성적 현상이었다. 그는 이렇게 말했다.

"인간은 성애(성기적인 사랑)가 가장 강한 만족감을 주고, 또 그것이 모든 행복의 원형이라는 사실을 알았다. 그래서 인생의 행복을 성관계에서 구하여 성기적 사랑을 삶의 중심에 두게 되었음이 틀림없다."

이에 대해 프롬은, 사랑은 성적 만족의 결과가 아니라, 반대로 성적 만족이 사랑의 결과라고 주장했다. 이것은 정신분석적 경험에서 실증된다고 말했다. 여성의 냉감증과 남성의 심리적 불능증을 연구해 보면, 그 원인은 테크닉이 모자라기 때문이 아니라 사랑하는 것을 불가능하게 하는 제지(制止)에 있음을 알 수 있다는 것이다. 즉, 이성에 대한 두려움이나 미움이 그 바닥에 있고, 이것이 신체적 접합 행위에서 자기 자신을 완전히 주고, 자발적으로 행동하고, 상대방을 신뢰하는 것을 방해한다. 그래서 두려움이나 미움에서 벗어나면, 즉 사랑할수 있게 되면 그 사람의 성적인 문제는 해결되는 것이다.

그런데 자본주의가 발달함에 따라 자본은 한곳에 집중되고, 큰 기업은 더욱더 커지는 반면 작은 기업은 착취되었다. 또 이들 기업에 투자한 자본의 소유권은 자본을 관리하는 기능에서 분리되어 강대한 관리기구가 생겼다. 이와 병행하여 노동운동이 발달함으로써 노동자는 큰 노동조합에 결합되었다. 이렇게해서 자본 분야에서나 노동 분야에서나 주도권은 개인에서 조직으로 이동했다. 그 결과, 개인은 개성을 잃고 기계의 톱니바퀴와 같은 존재가 되었다. 오늘의 자본주의가 필요로 하는 인물은 많은 사람들과 협동할 줄 알고, 자유롭게독립해 있으면서 기꺼이 명령에 따르고 자신에게 기대되는 일을 하며, 마찰 없이 사회기구에 순응해 가는 사람이다. 이와 같은 인간관은 결혼관에도 나타났다. 행복한 결혼, 이상적인 결혼이라고 하는 것은 원활하게, 협력적으로 기능하는 팀이라고 여겨졌다. 즉, 부부는 각기 독립적이되 협조적으로 서로 이해하고돕지만, 마음속으로는 연결되는 일 없이 평생 타인인 채로 남는 두 인간 사이의 관계이다.

사랑과 결혼에 대한 이와 같은 생각에서 강조되는 점, 견딜 수 없는 고독감으로부터의 피난처를 사랑에서 구한다는 것, 두 사람이 동맹해서 적의에 찬,서먹한 세계를 향하여 나아간다는 것이다. 그것은 '두 사람이 이루는 자기중심주의'에 불과하다.

프롬에 의하면, 사랑이란 사람과 사람 사이의 합일(合一)의 달성이었다. 따라서 성적 만족이나 팀 워크로서의 사랑은 참사랑처럼 보이지만 가짜 사랑이고,현대 사회에 만연한 사랑의 붕괴를 나타내는 것이라고 프롬은 단정했다. 이리하여 그는 사랑의 기술의 실천 문제로 옮아갔다.

사랑의 실천

사람이 기술(건축, 의료, 자동차 운전 기술 등)을 습득할 때는 (1) 단련—매일 일정 시간 동안 연습한다, (2) 정신통일—여러 가지 일을 동시에 하지 않는 일, 예를 들어, 먹고 마시고 라디오를 듣고, 담배를 피우면서 하지 않는다, (3) 인내—빨리 성과가 오르리라 기대하지 않는다, (4) 기술 습득에 관심을 갖는 일 등 네

가지 조건이 필요하다. 프롬은, 사랑은 기술이라는 입장에서 사랑의 기술을 습득할 경우에도 이 네 가지 조건이 필요하다고 했다.

단련에 대해서는, 일정한 시간에 일어나서 명상, 독서, 음악 감상, 산보와 같은 활동에 하루의 일정한 시간을 보내고, 영화를 보거나 추리소설을 읽는 것 같은 도피활동에 빠지지 말 것을 들고, 정신통일에 대해서는 독서, 라디오 청취, 흡연, 음주를 하지 않고 혼자 있는 버릇을 들이며, 하루 20분 정도 편안한 자세로 눈을 감고 있을 것을 권고했다.

이상은 사랑의 기술을 습득하는 데 필요한 일반적인 마음가짐이지만, 사랑의 기술에 한정된 특별한 마음가짐으로서 프롬은 다음과 같은 점을 들었다. 그 첫째는 나르시시즘의 극복이다. 나르시시즘이란 거울에 비친 자기 모습에 반하는 것처럼 자기의 일에만 관심을 쏟고, 자기 일만을 현실로서 체험하고, 외부세계나 남에 대한 일은 생각하지 않으며, 자기에게 위험한가 유익한가만을 고려하는 태도이다.

그 결과, 나르시시즘적인 사람은 현실을 객관적으로 볼 수 없게 된다. 바꿔 말하면, 나르시시즘을 극복한다는 것은 외부세계를 객관적으로 봄을 의미한다. 그것은 자기 욕망이나 공포에 의해 일그러진 대상의 모습과 객관적인 대상의 모습을 구별할 수 있다는 것을 말한다. 또 객관적으로 생각하는 능력은 이성이며, 이성의 배후에 있는 정동적(情動的) 태도는 겸허(謙虛)이다. 그렇기 때문에 사랑에는 이성, 객관성, 겸허의 발달이 필요하다. 이상하게 들릴지 모르나, 이것은 나치 정권하에서―유대인을 인간 이하로 보고 학살했던 시대에―살았던 그가 직접 체험한 데서 온 결론일 것이다. 그 시절 유대인을 사랑하고 옹호하며 배려해 준 사람은, 아리아 민족만이 인간이라는 독단적인 생각에 빠지지 않은, 이성적이고 겸허하며 객관적인 시각을 갖춘 인물이었을 테니 말이다.

또 그는, 사랑하는 능력을 발달시키기 위해서는 어머니에 대한 근친상간적 고착을 탈피해야만 한다고 말했다. 어른이 되어서도 어머니에게 심리적으로 매달려 있으면 남을 사랑할 수가 없기 때문이다.

자본주의 사회의 원리는 각자가 자기의 이익을 추구하는 일이다. 이와 같은 사회의 원리와 사랑의 원리는 양립되지 않는다. 따라서 오늘날 사랑을 말한다는 것은 기만이라는 사람도 있고, 현대사회에서 사랑할 수 있는 사람은 정신이

상자와 순교자뿐이라고 말하는 사람도 있다. 그러나 자본주의 사회의 구조는 복잡하고 예외자를 인정한다. 따라서 이 사회에서도 사랑은 실천할 수 있는 것이다. 현대사회에서 사랑은 역시 예외적인 현상이다. 하지만 인간의 실존 문제에 대한 유일한 합리적인 해답으로서의 사랑의 문제를 진지하게 다루는 사람이, 사랑이라는 것이 개인적·예외적인 현상이 아니라, 사회적·일반적인 현상이라고 생각한다면, 현대의 사회구조를 철저하게 바꿔야 한다고밖에는 생각할 수 없을 것이다─고 하는 것이 프롬의 결론이었다.

악─공격성과 파괴성

죽음의 본능을 둘러싼 논쟁

프롬이 1939년 사회조사연구소를 그만두었을 때, 그와 연구소의 유력한 직원 사이에 프로이트의 이론, 특히 죽음의 본능의 평가에 대한 의견에 큰 차이가 있었다.

죽음의 본능은, 프로이트가 《쾌락 원칙을 넘어서》(1920)에서 처음으로 내놓은 개념이다. 생체를 보존하고 그것을 보다 더 큰 단위로 결합시키려는 본능, 즉 생의 본능(에로스)과는 반대로, 이들 단위를 해체하고 최초의 무기물 상태로 환원시키려고 하는 본능을 말한다. 죽음의 본능은 외부로 향해서 공격성이 되지만, 이 공격성이 강력한 장해를 만나면 그것은 되돌아와서 자기파괴를 일으킨다. 따라서 이 본능은 (1) 무기물 상태(즉, 죽음)로 되돌아가려고 하는 육체의 경향과 (2) 자기 또는 타인을 파괴하려고 하는 경향의 두 가지로 구성되어 있다. 한편, 생의 본능은 프로이트 초기의 이론인 리비도와 자기보존 본능을 합친 것이었다.

프롬은, 이 죽음의 본능은 리비도와 자기보존 본능에 비하면 사변적(思辨的)이고 경험적이 아니라고 해서 이를 배격했다. 연구소 소장 호르크하이머도 처음에는, 죽음의 본능이라는 개념에는 체념관(諦念觀)이 포함되어 있고, 프로이트의 생각은, 악을 가공(架空)의 악마 탓이라고 하는 중세의 생각과 같다고 해서 반대했었다. 그런데 1939년 즈음, 호르크하이머는 이 생각을 바꾸어 죽음의 본능이라는 생각은 현대인의 격렬한 파괴충동을 나타낸다고 말하며 이에 대한 찬성의 뜻을 나타냈다. 아도르노도 이 무렵, 인간성 안에 있는 악의 염세적 절대화는 사랑을 강조하는 프롬의 낙관적인 이론보다도 훨씬 현실을 잘 반영한다고 말했다.

1956년, 프롬의 옛 친구이자 동료였던 마르쿠제는 《에로스적 문명》을 썼다. 그 속에서, 죽음의 본능은 문명에 남겨진 수수께끼의 하나를 풀었다며, 프로이트가 제1차 세계대전이 한창일 때 《정신분석 입문》에서 말한 다음의 문장을 특히 인용하여, 그것이 현대 사회에 깃들어 있는 파괴 충동의 격렬함에 대한 프로이트의 날카로운 감각을 상징적으로 나타내고 있다고 말했다.

'개인으로부터 눈을 돌려 유럽을, 지금도 파괴를 하고 있는 이 대전쟁(제1차 세계대전)을 바라본다면, 수많은 야만·잔학·기만이 지금 문명국에 만연된 채로 방치되어 있음을 알 수 있을 것이다. 선동을 받은 수만 명의 사람들은, 모두가 같은 죄라고는 할 수 없으나, 한 줌의 양심 없는 야심가와 선동가가 이들 모든 사악한 정신을 풀어놓는 데에 성공했다고 여러분은 믿지 않은가.'

그리고 마르쿠제는, 프롬 등이 진보를 암묵적으로 믿고 지나치게 낙천적이라며 비판했다. 이와 같은 비판에 대해서 프롬은 반박과 더불어 인간 속에 깃들어 있는 악에 눈을 돌릴 필요도 느꼈다. 또 1963년 11월 22일에 일어난 케네디 대통령의 암살과, 소년 범죄의 폭력화 경향은 그에게 큰 충격을 주었다. 이렇게 해서 그는 1960년대에는 악, 파괴성, 폭력 문제에 주목하게 되었다.

1964년, 그는 《인간의 마음》, 이어 6년이란 세월이 소요된 대저 《인간 파괴성의 해부》(1973)를 발표했다. 《인간의 마음》에서 그는 오랜 친구와 동료들에게 해명함으로써 그들의 오해를 풀려고 했다.

'인간 마음속의 악의 가능성을 과소평가한다고 자주 오해를 받은 사람으로서, 이러한 감상적 낙천주의는 내 정서에 맞지 않는다. 정신분석가로서 오랫동안 임상적 경험을 해 온 사람은, 인간 안의 파괴적인 힘을 경시하기란 곤란하다. ……이와 마찬가지로 제1차 세계대전 초부터 악과 파괴성의 폭발적인

발로를 목격해 온 사람이 인간의 파괴성 힘과 강력함을 보지 못한다는 것은 잘못된 일이다.'

프롬은, 공격성에는 양성(良性)인 것과 악성인 것이 있다고 보았다. 양성의 공격은 생물학적으로 적응하고, 생명 등의 위협에 대한 반응에서 동물과 인간에 공통되며, 방어적이고 위협을 제거하는 것을 목표로 하고 있다. 이에 반해서 악성인 공격성은 인간만의 특징으로 위협에 대한 방위가 아니라 생물학적으로 유해하며, 쾌락에 차 있다. 이것은 결코 본능이 아니다. 악성적인 공격으로서 프롬은 '(1) 네크로필리아(죽은 자에 대한 사랑), (2) 나르시시즘(자기에 대한 사랑), (3) 근친상간적 고착'의 세 가지를 들었다.

네크로필리아

네크로필리아, 즉 죽은 자에 대한 사랑이란 말은 이제까지 다음 두 가지 현상을 나타내는 데에 사용되었다.

(1) 성적 네크로필리아 : 여성의 시체와 성적 접촉을 하고 싶다는 남성의 생각.

(2) 비성적(非性的) 네크로필리아 : 시체에 접촉하거나, 시체 옆에 있거나, 시체를 바라보거나, 시체를 토막 내고 싶다는 생각.

프롬은 이와 같은 도착행위로써의 네크로필리아가 아니라, 네크로필리아적인 성격상의 특성이 있다고 생각했다. 이런 뜻으로 이 말을 처음으로 사용한 사람은 에스파냐의 철학자 우나무노였다.

1936년, 에스파냐 시민전쟁이 시작되었을 무렵, 프랑코파의 미란 아스토레 장군이 사라만카 대학에서 강연을 했다. 장군이 좋아하는 말은 '죽음이여, 만세!'였다 그의 신봉자 한 사람이 강당 뒤에서 그렇게 외쳤다. 장군의 강연이 끝났을 때 그 대학의 학장이었던 우나무도는 일어서서 말했다.

'방금 나는 "죽음이여, 만세!"라고 외치는 소리를 들었습니다. 나는, 이해할 수 없는 노여움을 타인에게 불러일으키는 역설을 평생 동안 주장해 온 사람인데, 권위 있는 전문가로서 지금의 기괴한 역설에는 반발을 느낀다고 말하지 않을 수가 없습니다. 미란 아스토레 장군은 불구자입니다. 이것은 모욕을 주기 위한 저의를 가지고 하는 말은 아닙니다. 그는 상이군인입니다. 세르반테스도 그러했습니다. 불행하게도 오늘날 에스파냐에는 불구자가 너무 많습니다. 만약에 신의 가호가 없으면 그 수는 더 늘어날 것입니다. 미란 아스토레 장군이 대중심리의 견본을 보였다고 생각하면 가슴이 아픕니다. 위대한 정신의 소유자 세르반테스와 같지 않은 불구자는 자기 주위에 있는 사람들을 불구로 만드는 데에 불길한 구원의 손길을 뻗기가 쉽습니다(여기에서 미란 아스토레 장군은 이제 자신을 억제할 수가 없었다. "지성이여, 뻗어라!" 하고 그는 외쳤다. "죽음이여, 만세!" 그를 지지하는 당원으로부터 맹렬한 고함소리가 일어났다. 그러나 우나무노는 말을 계속했다). 여기는 지성의 성역입니다. 그리고 나는 이곳의 책임자입니다. 이 성역을 더럽히고 있는 것은 여러분입니다. 여러분은 승리를 거둘 것입니다. 야만적인 힘을 충분히 가지고 있기 때문입니다. 그러나 여러분은 납득시킬 수는 없습니다. 납득시키기 위해서는 설득이 필요하기 때문입니다. 그리고 설득을 하기 위해서는 여러분에게 결여되어 있는 것이 필요합니다. 그것은 싸움에 있어서의 이성과 정의입니다. 여러분에게 에스파냐에 대해서 생각하도록 권유해도 소용이 없을 것입니다. 이것으로 끝입니다.'

네크로필리아적 성격이 강한 사람은 죽은 것, 부패한 것, 배설물, 혐오스러운 냄새에 이끌린다. 그들은 병이나 죽음에 대해서 말할 때 활기찬 표정을 짓는다. 아이의 병밖에는 관심이 없는 어머니가 그 예이다. 또 그들은 신문을 보아도 사망 기사나 부고란을 맨 먼저 본다. 그리고 죽은 제도, 법률, 재산, 전통, 소유물을 중요시한다. 다시 말하면 그들에게는 과거가 신성(神聖)한 것이고, 또 과거가 현재의 것으로 체험되고, 현재나 미래는 없다. 색도 밝고 화려한 색이 아니라 검은색이나 갈색을 좋아한다. 또 어둠을 선호하며 배설물이나 화장실과 관계가 있는 말을 즐겨 쓴다.

그들은 죽은 것을 사랑할 뿐만 아니라 죽이는 데에도 기쁨을 느낀다. 죽이기 위해서는 힘이 필요하다. 따라서 네크로필리아적 성격인 사람은 필연적으로 힘을 사랑한다. 그들에게는 두 가지 성별(性別)밖에 없다. 즉, 힘이 센 자와 무력한 자, 죽이는 사람과 죽음당하는 사람이다. 그들은 죽이는 사람을 사랑하고 죽음당하는 사람을 멸시한다. 따라서 생명이 있는 자를 생명이 없는 자로 바꾸고 싶은 열망을 가지고 있다. 또 정치적으로는 군사력의 증대, 반대자의 억압, 폭도의 엄격한 단속, 경찰력의 강화에 찬성한다.

기계도 또한 죽은 것이다. 따라서 그들은 자기의 아내보다도 자기 자동차에게 상냥하고 큰 관심을 기울이며, 그것을 자랑으로 삼고 꼼꼼하게 씻고 닦는다. 네크로필리아적 성격인 사람은 살해, 유혈, 시체, 두개골, 기계와 같은 동작을 하는 사람의 꿈을 자주 꾼다.

프롬은 이러한 사람의 한 예로서 스위스의 뛰어난 정신과 의사 융을 들었다. 1927년 8월, 융이 취리히 근처 보링겐의 자기 집을 증축하는 중에 프랑스 병사의 시체가 지하 2.2미터에서 발굴되었다. 1799년 나폴레옹이 스위스에 침공하여 오스트리아군과 싸웠을 때, 오스트리아군이 폭파한 다리에서 떨어져 익사한 프랑스 병사의 시체였다. 융은 그 시체를 사진으로 찍어 1927년 8월 22일이라고 발견 날짜를 기입하여 벽에 걸었고, 또 묘 앞에서 군대식으로 세 발의 조포(弔砲)를 쏘고 시체를 매장했다. 이 행위는 겉으로는 아무런 뜻이 없는 듯 보이지만 그의 심층심리를 나타내는 것이었다.

1909년, 융과 프로이트는 미국의 클라크 대학 창립 20주년 기념식전에서 있을 강연을 의뢰받아 미국으로 건너가게 되었다. 두 사람은 8월 20일, 브레멘에서 만나 배를 타기로 했다. 융은 브레멘에 머무는 동안 북독일의 이탄지(泥炭地)에서 발굴되는 시체 이야기에 열을 올렸다. 그것은 늪의 물이 부식산(腐蝕酸)을 포함하고 있기 때문에 뼈를 무르게 하고 피부를 무두질해, 피부와 모발이 완전히 남은 미라처럼 된다는 이야기였다.

프로이트는 "어째서 당신은 시체에 대해서 그렇게 관심을 갖는 것입니까?" 하고 묻고 대화 중에 갑자기 실신, 발작을 일으켰다. 뒤에 프로이트는 융에게 "당신은 내가 적대하는 죽음의 소원을 가지고 있어" 하고 말했다.

그로부터 5년 뒤인 1913년 12월 12일, 융은 다음과 같은 꿈을 꾸었다. 그는 어둠 속에 있었다. 앞에 동굴 입구가 있고, 미라 같은 자그마한 사람이 홀로 서 있었다. 그는 그 입구로 들어가 건너편 출구로 나갔다. 거기에는 바위 위로 빨간 수정(水晶)이 돌출하여 있었다. 그것을 들어 올리자 그 아래에 구멍이 있었다. 거기에는 물이 흐르고 젊은 사람의 시체가 떠 있었다. 그 뒤를 이어 투구벌

레가 떠내려 왔다. 그리고 깊은 물 속에서 빨간 태양이 떠올랐다. 눈이 부셔 그는 수정을 제자리에 놓았다. 그러자 무엇인가가 솟아올랐다. 잘 보니 그것은 피였다. 피의 분출은 견딜 수 없을 정도로 오래 계속되었다.

그로부터 6일 후인 12월 18일, 융은 다음과 같은 꿈을 꾸었다. 그는 피부가 갈색인 한 미개인과 적적한 바위산에 있었다. 마침 해뜨기 전이었다. 그때 지크프리트의 뿔피리 소리가 들렸다. 지크프리트를 죽여야 한다고 생각한 그는 라이플을 가지고 지크프리트를 기다리고 있었다. 그러자 솟아오르는 태양빛 속에서 지크프리트가 산꼭대기에 모습을 나타냈다. 그는 지크프리트를 사살했다. 그러고 나니 살인 사실을 들키지나 않을까 하는 공포에 사로잡혔다. 그때, 억수 같은 비가 내려 범죄 흔적을 씻어 주었다. 그러나 그는 격렬한 죄악감에 빠졌다. 그는 잠이 깨고 나서 이 꿈이 풀리지 않으면 자살해야 한다고 생각했다. 마침내 그는 지크프리트라는 영웅이 구현한 태도가 그에게는 적절하지 않았기 때문에 사살했다는 해석에 이르렀다. 그러나 프롬은 지크프리트는 바로 지그문트 프로이트라고 해석하여, 꿈의 전문가인 융이 그런 사실도 몰랐던 것은 그의 네크로필리아적인 성향이 강하게 억압되어 있기 때문이라고 생각했다.

그러나 융은 매우 창조력이 풍부한 사람이었다. 때문에 파괴력을 치료 능력과 균형을 이루게 하여 과거·죽음·파괴에의 관심을 사색의 대상으로 삼아 마음속의 갈등을 해결한 것이다.

네크로필리아적 성격의 전형은 히틀러였다. 그가 바르샤바 폭격의 뉴스 영화를 보았을 때 그의 흥분상태를 측근 한 사람이 이렇게 말하고 있다. "영화는 영국 제도의 약도를 향하여 비행기가 급강하하는 애니메이션으로 끝났다. 불길이 솟아오르고 섬이 산산조각이 나서 흩어졌다. 히틀러는 열광하여 뛰어오르면서 외쳤다. '저것이 놈들의 운명이다. 저렇게 전멸시켜야 해!'"

히틀러는 유대인의 절멸을 꾀했을 뿐만 아니라, 독일의 패색이 짙어졌을 때, 독일의 초토작전을 명령했다. 즉, 그는 생활을 유지하기 위해서 필요한 모든 것, 배급·혼인·주민등록·은행 예금 서류 소각, 농장·가축·식량의 파괴와 소각, 폭격을 면한 건물이나 예술품, 즉 궁전·성·교회·극장의 파괴를 명했다. 히틀러가 베를린, 빈, 뮌헨의 도시계획 입안자이자 건설자였다는 것을 생각하면 그는 파괴하기 위해 건설했다고 말할 수 있다.

항문성격은, 앞서도 말한 바와 같이, 정연한 규율, 검약, 고집스러운 성격과 더불어 사디즘과 파괴성의 특징을 지닌다. 또 프롬의 연구에 의하면 이 성격의 사람은 배설물에도 큰 관심을 갖는다. 이러한 점으로 미루어 프롬은 네크로필리아적 성격인 사람은 항문성격 중에서도 악성형이라고 보았다.

삶의 멸시, 힘의 강조, 기계적인 것의 상찬(賞讚) 사이에 관련이 있다고 하는 것은 최근 수십 년 동안에 명백해진 일이다. 하지만 이것은 일찍이 1909년 이탈리아의 시인 마리네티의 '미래파 선언' 안에 간결하게 표현되어 있다. 그 일부를 들어 보면 다음과 같다.

(1) 우리 시(詩)의 본질은 용기, 대담, 반역이어야 한다.

(2) 이제까지의 문학은 사려 깊은 부동성, 황홀, 잠을 찬미해 왔다. 그러나 우리는 공격적 운동, 열에 들뜬 불면, 퀵 스텝, 공중제비, 상호구타 등을 찬미하자.

(3) 세계는 새로운 미(美), 스피드의 미로 풍요로워졌다고 우리는 선언한다. 레이싱 카, 폭발적인 숨을 토해내는 뱀처럼 큰 파이프로 장식된 골격 ……산탄(霰彈)을 타고 달리는 것처럼 보이는 포효(咆哮)하는 자동차.

(4) 다툼 이상으로 아름다운 것은 없다. 공격 없이 걸작은 탄생하지 않는다.

(5) 우리는 전쟁―세계의 유일한 건강의 원천―군국주의, 애국주의, 아나키스트의 파괴적인 팔, 죽임의 미적 관념, 여성 멸시를 찬미한다.

(6) 우리는 박물관, 도서관을 파괴하고 도덕주의, 페미니즘, 모든 기회주의적, 공리주의적 비열함에 대항한다.

(7) 우리는 다음과 같은 노래를 부른다. 노동이나 쾌락이나 반역으로 흥분하고 있는 군중. 현대 도시에서의 다채롭고 소란스러운 혁명의 파도. 찬란한 전기 아래에 도사린 병기창, 공장의 밤의 진동. 연기를 토하며 뱀을 삼키는 탐욕스러운 정류장. 연기의 끈으로 구름에 매달린 공장. 태양으로 빛나는 강의 흉포(凶暴)한 칼날을 운동가처럼 뛰어넘는 다리. 수평선 냄새를 맡고 나아가는 모험적인 정기선. 레일 위를 의기양양하게 나아가는 넓은 가슴의 기관차. 프로펠러 소리가, 깃발이 나부끼는 소리와 열광한 군중의 갈채를 닮아 활주로를 비상하는 비행기.

네크로필리아적 성격에 대립하는 것이 바이오필리아적 성격이다. 그것은 생명을 존중하고, 생명·성장·발전을 촉진시키려 하며, 낡은 것에 확증을 발견하고 안심하기보다는 새로운 것을 보길 좋아하고, 확실성보다 모험적인 생활을 하고, 사람을 물건처럼 관리하지 않고 사랑과 이성으로 영향을 주려고 하고, 삶에 대한 기여를 선으로 간주하는 태도이다. 프롬은 '자유로운 사람은 무엇보다도 죽음에 대해서 가장 적게 생각한다. 그의 지혜는 죽음에 대한 성찰이 아니라 삶에 대한 성찰이다'라는 스피노자의 《에티카》에 나오는 말이야말로 바이오필리아적 윤리를 단적으로 나타내는 것이라고 생각했다.

프롬은 네크로필리아에 관련해서, 죽음의 본능을 비판했다. 그는 이에 반대하는 이유 두 가지를 들었다. (1) 대개의 생물은 살기 위해 집요하게 싸운다. 자기파괴(자살, 자해)는 예외적이다. (2) 파괴성에는 개인차가 있는데, 이 개인차는 죽음의 본능이 안으로 향했는가 밖으로 향했는가로 설명할 수 없다. 타인에 대한 파괴성이 매우 적은 사람은 자기 파괴나 마조히즘의 경향 역시 옅기 때문이다.

그래서 그는 죽음의 본능, 삶의 본능이라고 하는 이원성은, 죽음의 본능이 마지막으로 승리를 거둘 때까지 끊임없이 싸운 생물학적인 두 가지 본능의 이원성이 아니라, 생명을 보존하고 싶다는 일차적이고 가장 근본적인 생명의 경향과, 그 목표에 실패했을 때 생기는 그 모순(생명의 부정) 사이의 이원성이라고 생각했다. 즉 죽음의 본능은, 삶의 본능이 성장하지 못했을 때 이에 대체되는 악성적인 현상이다. 따라서 죽음의 본능은 정신병리학에서 다룰 문제이지, 프로이트의 견해처럼 정상적인 생물학에서는 다룰 수 없는 것이다. 삶의 본능이 일차적인 잠재력이고, 죽음의 본능은 이차적인 잠재력이다. 적당한 온도나 습도가 주어지면 씨앗이 자라는 것처럼, 삶에 적당한 조건이 주어지면 바이오필리아적인 경향이 발달하고, 그렇지 않으면 네크로필리아적인 경향이 발달한다고 프롬은 생각했다.

나르시시즘

나르시시즘은, 프로이트의 의미로는 리비도가 자기에게 쏠리는 일인데, 프롬은 이것을 다시 해석해서, 자기는 완전하고 남보다 뛰어나다고 주관적으로 믿는 것이라고 했다. 즉, 나 또는 나의 것(나의 몸, 재능, 재산, 아이들 등)이기 때문에 가치가 있다(좋다, 아름답다, 현명하다, 뛰어나다)고 판단을 내리는 일이다. 그러나 이와 같은 사람은 반대로 자기 이외의 사람이나 사물은 열등하고 위험하고 부도덕하다고 생각한다. 즉, 자기와 자기 것은 과대 평가되고, 그 이외의 모든 것은 과소 평가된다. 이렇게 해서 이성과 객관성은 상실되고 만다.

나르시시즘적인 사람은 자기나 자기 것에 상처를 입으면(예를 들어, 멸시를 당하면) 화를 내어, 자기에게 상처를 입힌 상대방에게 복수심을 품거나 또는 자아가 붕괴되어 억울(抑鬱) 상태로 빠진다. 즉, 기가 죽고 만다.

나르시시즘의 대상이 개인이 아니라 자기가 속하는 집단인 경우를, 프롬은 집단(사회적)나르시시즘이라고 불렀다. 즉, 나의 나라, 우리 국민, 내가 믿는 종교, 내가 속한 정당은 문화적이고 강력하며 평화를 애호한다는 식으로 생각하는 일이다.

집단 나르시시즘은 다음과 같은 기능을 갖는다. 첫째, 집단은, 집단 구성원의 나르시시즘—에너지가 주어지지 않으면, 즉 구성원이 자기 집단을 자기 생명과 같을 정도로 소중하게 생각하고, 자기 집단은 다른 집단에 비해 옳다고 생각하지 않으면, 살아남을 수가 없다. 둘째, 사회에서 가장 천하고 존경을 받지 못하는 사람이라도, '나는 세계에서 가장 뛰어난 집단의 일원이다. 사실은 하찮은 내가 이 집단에 들어와 있기 때문에 거인이 될 수 있는 것이다'고 느끼면 자기의 비참한 상태는 보상받게 된다. 즉, 집단 나르시시즘은 별다른 자랑이나 가치를 느끼지 못하는 사람에게 만족감을 준다. 따라서 집단 나르시시즘의 정도는, 인생에서의 실제의 만족과 반비례한다. 인생을 보다 더 즐기고 있는 사회계급은, 하층 중산계급처럼 경제적·문화적인 분야에서 결핍을 맛보고 따분한 생활을 보내고 있는 계급에 비하면, 집단 나르시시즘의 정도가 적고 광신적이 아니다.

집단 나르시시즘을 가진 사람은 집단에 의해 가해진 위해나 모욕에 대해 광기에 가까운 노여움으로 반응한다. 한편, 다른 집단은 악당이고, 무자비하고, 잔혹하고, 평화애호자가 아닌 것으로 간주된다. 또 집단 나르시시즘의 상징—깃발, 황제, 대통령 등—이 더럽힘을 당하면 광기에 가까운 화를 낸다. 국기에 대한 불경 행위, 자기들의 신이나 황제에 대한 모욕이 집단의 격렬한 복수심을 일으켜, 전쟁의 계기가 되는 일도 있다. 요컨대, 집단 나르시시즘도 개인 나르시시즘과 같이 객관성과 합리적 판단이 결여된다.

근친상간적 고착

프로이트는, 사내아이는 유아기에 어머니에 대해서는 애착을 품고, 아버지에 대해서는 미움을 품는다는 것(오이디푸스 콤플렉스)을 관찰하여, 이 현상은 사내아이의 성욕 때문에 일어나는 것이라고 생각했다. 그러나 성적인 경쟁자인 아버지의 힘이 강하기 때문에 유아는 어머니에 대한 근친상간적인 요구를 억압한다. 허지만 이 욕구는 무의식적으로 계속 살아서 독립심을 잃게 하거나 신경증을 일으키는 원인이 된다.

후에 프로이트는, 여자아이의 오이디푸스 콤플렉스(이 경우는 어머니를 미워하고 아버지에게 애착을 갖는다)를 연구하는 중에, 여자아이에게는, 아버지에게 애착을 품는 시기(오이디푸스기) 이전에 어머니에게 애착을 품는 시기가 있다는 것을 간과한 사실을 알았다. 그래서 그는, 그것은 그리스 문명(BC 8~BC 1세기) 이전에 미노스(크레타) 문명(BC 20세기)이나 미케네 문명(BC 15~BC 13세기)이 있다는 것을 발견했을 때의 놀라움에 필적한다고 말했다. 요컨대, 프로이트에 의하면, 전(前)오이디푸스기(생후 4, 5세까지)에는 사내아이나 여자아이도 어머니에게 애착을 느끼고 있다.

프롬은, 어머니에 대한 전(前)오이디푸스기의 이 애착—근친상간적 고착—은 어머니에 대한 사내아이의 오이디푸스적인 애착과는 질적으로 다른 것이고, 리비도와는 관계가 없으며, 인간에게 존재하는 가장 기본적인 욕구를 충족시키는 것이라고 생각했다. 즉, 그것은 자기가 태어난 곳에 결부되고 싶다는 바람, 보호받고 싶다는 소원, 자유롭게 될 두려움이나 책임에 따른 두려움으로부터 벗어나고 싶다는 갈망, 무조건적인 사랑의 절망 등을 충족시켜 준다. 이러한 소원은 보통 유아기에 있으며 어머니가 그것을 충족시켜 준다. 만약에 어머니가 충족시켜 주지 않는다면 유아는 생존할 수 없을 것이다. 이 역할을 다하는 사람이 없다면 어머니 대신이 될 인물, 예를 들어, 할머니나 큰어머니가 그 일을 대신하게 될 것이다.

그러나 무력하고, 보호를 구하고 있는 것은 유아뿐만 아니라 어른도 마찬가지이다. 어른은 유아 이상으로 인생의 위험—예측할 수 없는 사고, 병, 죽음 등—을 알고 있다. 따라서 어른도 보호와 애정을 열광적으로 구하는 것도 당연하다. 그것은 어머니를 구하는 마음이 반복되기 때문이 아니라, 유아로 하여금 어머니를 구하게 하는 것과 마찬가지 조건이, 차원은 다르지만 어른에게도 계속 존재하고 있기 때문이다. 만약에 사람이 생애 동안에 어머니에 해당하는 사람을 발견할 수가 있으면 평안이 주어지고 비극으로부터 벗어날 수가 있을 것이다.

어머니는 보호와 안심감을 주는 힘의 최초의 인격화(人格化)이지만, 아이가 커감에 따라 그녀는 가족, 혈족 또는 같은 땅에서 태어난 사람으로 대치된다. 그것은 다음과 같은 이점이 있다. 첫째, 어머니는 아이보다도 빨리 죽으므로 불멸의 모성상(母性像)이 필요하다. 둘째로, 한 인간으로서의 어머니에 고착되어 있으면 다른 어머니를 가진 사람으로부터 고립되고 만다. 그러나 혈족, 국민, 민족, 종교, 신이 공통적인 어머니가 되면 어머니 숭배는 개인을 넘어 동일한 어머니상을 숭배하는 모든 사람을 결집시키고, 또 자기 어머니를 우상시하는 일에 당혹감을 느끼지 않아도 된다. 마리아 숭배, 민족주의, 애국주의는 이러한 공통된 '어머니'의 숭배이다.

요컨대, 근친상간적 고착은 어머니 또는 어머니 대리에 대한 비합리적인 의존이다. 여기에는 양성형(良性型) 어머니 고착과 악성형 근친상간적 공생의 두 가지가 있다.

양성형에서 흔히 볼 수 있는 것은, 자기를 사랑하고 위로하고 칭찬해 주는 여성에게 고착하는 일이다. 그는 그 여성이 어머니가 해 주었던 대로 자기를 돌볼 것을 바란다. 이것을 얻지 못하면 가벼운 불안이나 억울함을 느낀다. 이것보다 약간 중증인 것은 독립심이 잘못 발달한 경우이다. 예를 들어, 어머니처럼 돌봐 주는 사람이나 무조건 의지할 수 있는 사람에게 고착하는 일, 즉 어머니와 똑같은 사람을 아내로 고르는 일이다. 후자의 경우, 그는 아내가 화내지나 않을까 항상 두려워한다. 무의식에서는 반역하고 죄악감을 느끼면서도 한층 순하게 복종한다. 이 반역은 바람기, 억울함, 발작적인 노여움, 심신증의 증상, 성적 불능증, 동성애로 나타난다.

이상의 어머니 고착보다 악성인 것이 근친상간적 공생이다. 공생이라고 하는

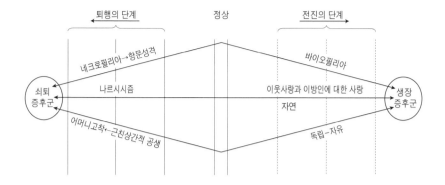

것은 앞서 말한 바와 같이 상대와 일체가 되어, 상대 없이는 아무것도 해나갈 수 없는 상태를 말한다. 공생의 정도가 강해질수록 상대방과 분리되어 있다는 실감이 적어진다. 여기서 공생과 의존의 차이가 문제가 되는데, 의존은 두 사람 사이에 분리가 있고, 명확한 구분이 있는 것을 말하며, 공생은 구분이 없고 두 사람이 분리하기 어려운 존재로 느끼고 있는 것을 말한다.

근친상간적 고착의 양성형은, 위에서 말한 바와 같이, 여성에게 계속 의지한다거나 여성 공포 정도로는 별 것이 아니지만, 악성형이 되면 의존과 두려움은 강해져서, 상대는 신성하여 비판해서는 안 되는 존재가 된다.

따라서 근친상간적 고착의 악성형은 이성이나 객관성과 충돌한다. 만약에 고착의 대상이 가족, 정당, 국가, 민족이 되면 이들에 대한 고착은 원래 미덕이라고 여겨지므로 편견이나 왜곡이 따른 판단이 생기기 쉽다.

둘째, 근친상간적 고착의 악성형에서는, 혈통이나 땅을 같이 하는 사람만이 인간으로 여겨지고 이방인은 야만인으로 간주된다. 즉, 근친상간적 고착은 사랑하는 능력이 훼손된다.

셋째, 근친상간적 고착의 악성형은, 독립심이나 성실성과도 갈등을 일으킨다. 어머니나 종족에 결부되어 있는 사람은 자기 자신의 신념을 가질 수가 없고, 세계에 대해서 흉금을 터놓을 수가 없다. 그가 근친상간적 고착으로부터 해방됨으로써 비로소 완전히 이 세상에 태어나 자유로 전진하고 자기 자신이 될 수가 있다.

그러나 근친상간적 고착은 이성적으로 보이도록 합리화(이유부여)되는 일이 많다. 예를 들면, 어머니를 섬기는 일은 나의 의무라거나, 지금의 나의 생활은 어머니 덕택이라거나, 어머니는 고생을 많이 하셨다는 등의 이유가 부여된다. 대상이 어머니가 아니라 국가, 민족, 정당 등의 경우도 마찬가지이다. 이렇게 해서 국가에 충성을 다할 의무가 있다거나 국가는 훌륭한 것이라는 생각이 생겨난다.

여기에서 이제까지 말해 온 네크로필리아, 나르시시즘, 근친상간적 고착의 자세를 비교해 보자. 어떤 사람은 이들 세 자세 중 하나만을 가지되 다른 두 가지는 가지고 있지 않은 경우가 많다. 그런데 위의 세 가지 자세가 악성이 되면 될수록 하나로 집중하게 된다. 특히 근친상간적 고착과 나르시시즘은 관계가 깊다. 개개인이 어머니의 자궁이나 유방으로부터 분리되지 않는 동안에는 그와 그의 어머니는 일체이므로 그와 그의 어머니는 나르시시즘의 대상이다. 개인 나르시시즘이 집단 나르시시즘이 되면 그것과 근친상간적 고착과의 관계는 더욱 뚜렷해진다. 나의 국가(또는 민족, 종교, 정당, 회사)에 대한 상찬(賞讚)과 나의 국가와의 일체화 또는 합일은 평행으로 진행된다. 여기에 나의 국가 이외의 국가(또는 민족, 종교, 정당 등)는 사악(邪惡)하므로 파괴해 버리라는 생각, 즉 네크로필리아적인 소원이 결부된다. 프롬은, 이 세 가지 자세가 결합한 것을 쇠퇴증후군이라고 하고 악의 전형으로 보았다. 즉, 그것은 죽음과 파괴를 사랑하고 독립을 두려워하고 자기가 속하는 집단의 요구만이 진실이라고 생각하는 것이다. 그리고 자기의 자세를 애국심, 의무, 명예라는 말로 합리화한다. 이에 대립되는 것이 생장증후군으로, 사랑과 독립과 자유로 특징지어지는 것이다. 프롬은 쇠퇴증후군의 극단적인 예로서 히틀러를 들고, 그의 폭력, 증오, 인종차별, 극단적인 민족주의는 그 발로라고 했다.

권태와 공격성

프롬은, 이상 세 가지 악성의 공격성 외에, 현대사회에서는 권태가 악성적인 공격성을 낳는 데에 큰 역할을 하고 있다고 말했다.

권태라고 하는 것은 자극을 받아도 흥분하지 않는 상태이다. 물론 권태가 경증인 경우에는 자극이 바뀌면 흥분이 일어나 가라앉는다. 그러나 중증인 경우에는 제아무리 자극을 가해도 흥분하지 않는다. 기계에 지배당하는 현대사회에는 권태가 사회 전반에 충만하고 있다. 그러나 권태 정도는 각 계급에 따라 다르고, 노동자계급이 권태를 가장 많이 느끼고 있다. 왜냐하면, 그들에게는 계획 입안에 참가하거나, 창조적·지적인 능력을 발휘하는―즉, 생산적으로 사는―일이 허용되지 않기 때문이다. 그런데 사람들은 권태를 얼버무리기 위해서 강렬한 자극, 스릴, 섹스, 서스펜스를 구한다. 자동차 폭주, 그룹 섹스, 마약 사용, 유혈이나 살인을 다룬 TV 프로를 보는 것은 권태로부터의 도피 수단이다. '권태로부터의 도피'야말로 현대인의 주요한 목적이다.

프롬은, 그 어떤 자극을 가해도 흥분하지 않는 중증 권태를 억울성(抑鬱性) 권태라고 했다. 이와 같은 사람은 감정이 얼어붙어 있어서 슬픔도 고통도 느끼지 않는다. 또한 세상은 잿빛이고 하늘은 푸르지 않으며 인생에 욕망을 가질 수 없고 살아 있는 것보다 죽은 것이 낫다고 생각한다. 그는, 이와 같은 사람은 내인성(內因性) 울병과 비슷하지만, 죄악감이 없다는 울병 특유의 표정을 하고 있지 않다는 점으로 보아 내인성(內因性) 울병이 아닌가 하고 생각했다. 이와 같은 사람은 이유 없는 충동적인 살인을 하는 일이 있다. 그들에게는 죽인다는 행위가 자신이 존재하며 타인에게 영향을 미칠 수 있음을 아는 유일한 방법인 것이다.

그는, 현대사회는 생명을 사랑하는 기분이 희박하므로 이와 같은 악성 공격이 만연될 것이라는 비관적인 결론을 내렸다.

《소유냐 삶이냐 *To Have or To Be*》

두 가지 실존양식

이 책의 주제는 인간 실존의 두 가지 양식― '소유양식(having mode)'과 '존재양식(being mode)'―의 차이에 대한 분석이며, 그러한 인식 위에서 새로운 인간과 새로운 사회의 가능성을 추구하는 것이다. '소유양식'은 현대사회의 기본적인 실존양식이다. 우리는 물건을 갖는 것을 자기의 가치나 존재의 증거로 삼는 데 익숙해지고 말았다. 이러한 관계는 물질적인 것만이 아니라 인간이며 지식이며 관념이며 신 및 나아가서는 건강과 질병에 이르기까지 광범위하다. 그것은 주체나 객체를 모두 물질로 환원시키기 때문에, 거기에 있는 것은 산 관계가 아니고 죽은 관계인 것이다. 게다가 그것은 끝없는 생산과 끝없는 소비라는 악순환을 낳아, 우리를 만성적인 굶주림으로 빠뜨린다.

이에 반해 '존재양식'은 그 어느 것에도 집착하지 않고 속박당하지 않으며, 변화를 두려워하지 않고 계속 성장하는 것이다. 그것은 하나의 고정된 형태가 아니라 유동하는 과정이다. 다른 사람과의 관계에 있어서는 서로 주고 나눠 가지며 관심을 함께하는 산 관계가 된다. 그것은 산다는 것의 긍정이며, 프롬이 즐겨 쓰는 비유를 든다면 '함께 삶의 무도회에 참가하는 것'이다. 여기에 프롬이 《자유에서의 도피》 이후로 일관되게 주장해 온 생명의 철학이 있다.

이 책에서 프롬은 불타와 예수, 마이스터 에크하르트, 카를 마르크스, 슈바이처를 비롯한 많은 선인들에 대하여 언급하는데, 모두 같은 생명관에 바탕을 두고 있다. 다시 말해서 프롬은 인도주의자인 것이다. 그것도 심리학·생물학·사회학·신경생리학 등 모든 면에서 인간을 관찰하고 연구하여, 그 비극적인 한계를 밝혀낸 위에, 다시 삶을 긍정하는 것으로서 원점으로 돌아간다는 말 그대로의 의미에서 '극단적'인 인도주의자인 것이다.

그러한 프롬에게 이들 선인은 사람에게 삶의 의미와 용기를 가져다 준 인생의 스승인 것이다. 이들 스승에 대한 프롬의 존경과 사랑은 한 인간에 대한 총체적인 신뢰라는 것을 우리로 하여금 새삼 생각하게 해 준다. 그것은 우리가 일찍이 알고 있었지만 지금은 거의 잊고 만 것이다. 그것은 곧 인간 전체에 대한 신뢰로 연결되는 것으로, 거기까지 우리를 이끄는 것이 프롬이 지닌 매력이 아닐까?

두 가지 실존양식에 대하여 말한 뒤에 프롬은 현실적인 변혁의 수단으로 눈을 돌린다. '신프로이트파'로 불리는 사회심리학자로서 당연한 일이지만, 프롬은 언제나 인간의 의식과 사회구조의 관계를 중요시했다. 그런데 이 책에서는 사회와 경제체제 변혁의 필요성을 강조하고 있다.

프롬 제안의 핵심은 '참가민주주의'이다. 그 기본정신은 각 개인이 능동적으로 참가하고, 중앙집권화를 배제하며, 각 개인이 충분하고 완전한 정보를 얻는 것 등이다. 여기서 말하는 내용은 《건전한 사회》(1955)와 《희망의 혁명》(1968)의 주장과 같은 바탕 위에 있으므로 특별하게 새로운 바는 없겠지만, 그만큼 되풀

이해 말할 가치가 있다고 할 수 있으리라. 특히 관료제도와 '정보'의 성질에 대한 발언은 오늘날 우리 사회에 좋은 참고가 될 것이다.

이 책은 모두 세 편으로 나뉘고, 각 편은 다시 세 장으로 나뉜다. 앞에서 잠시 언급했듯이 제1편에서는 두 가지 실존양식에 대한 대체적인 이해를 돕는다. 제1장에서 그 중요성과 용어의 기원 및 철학적인 개념을 간단히 설명하고, 제2장에서 일상경험을 통한 보다 구체적인 설명을 계속하며, 제3장에서 구약성서와 신약성서를 비롯해 많은 선인들의 말을 인용하여 소유와 삶에 대한 역사적인 설명을 더하고 있다.

《소유냐 삶이냐》(1976) 표지

제2편은 두 가지 실존양식의 기본적인 차이점을 분석한다. 첫 장에선 소유양식에 대한 기본적인 설명을, 둘째 장에서는 존재양식이란 무엇이냐를 설명하며, 결론적으로 보면 존재양식이란 서로 주고 나눠 갖고 희생을 치르는 능동적인 의지를 말하는 것이 된다. 마지막 장에서는 이 소유양식과 존재양식의 새로운 측면을 밝혀냄으로써, 이를 계기로 한 인류의 자구책이라고도 말할 수 있는 새로운 인간과 새로운 사회의 출현이 불가피하다는 결론을 이끌어 낸다.

제3편은 프롬의 인도주의가 오늘을 사는 우리 개개인과 인류의 장래를 위해 부르짖는 구체적인 내용을 담고 있다. 이 부분은 우리나라의 현 실정에 많은 교훈을 준다. 간단한 내용을 여기에 간추려 보면 다음과 같다.

제3편 제8장에서 프롬은 '새로운 인간'이라는 표제 아래, '새로운 사회의 기능은 새로운 인간의 출현을 촉진시키는 일이며, 새로운 인간이란 다음에 드는 자질을 보여 주는 성격구조를 가진 존재'라고 전제하고 모두 21개 항을 들고 있다. 그중 몇 항만을 추리면 다음과 같다.

(1) 완전하게 '존재'하기 위해 모든 소유형태를 스스로 포기하려는 의지가 있다.

(3) 자기 이외의 어떠한 인간이나 사물도 자신의 인생에 의미를 부여하지 못함을 안다. 철저히 독립하고 사물에 집착하지 않는 것이 동정과 나눔에 헌신하는 가장 완전한 능동성의 조건이 된다는 사실을 인정한다.

(5) 저축과 착취하는 일에서가 아니라 주고 나누는 데서 기쁨을 얻는다.

(11) 자기와 이웃의 완전한 성장을 인생 최고의 목적으로 삼는다.

(13) 또한 어떠한 성장도 그것이 구조 속에서 이루어져야만 건전함을 안다. 아울러 생명의 속성이 되는 '구조'와 비생명(no-life), 즉 죽은 것의 속성이 되는 '질서'와의 차이도 알게 된다.

(15) 다른 사람을 속이지 않는다. 그리고 다른 사람에게 속지도 않는다. 천진하다는 말은 몰라도 단순하다는 말은 어울리지 않는다.

(16) 자기 자신을 안다. 자신이 알고 있는 자기뿐만 아니라 자신이 모르는 자기까지도—자신이 모르는 것에 대해서는 막연하게 알겠지만.

(17) 자신이 모든 생명체와 하나임을 인식한다. 그렇게 함으로써 자연을 정복하고 지배하고 착취하고 약탈하고 파괴한다는 목표를 포기하고, 오히려 자연을 이해하고 자연과 협력하도록 노력한다.

(19) 사악함과 파괴성은 성장에 실패함으로써 나타나는 필연적인 결과임을 안다.

(21) 어디까지 도달할 수 있느냐는 운명에 맡기고 항상 성장하는 삶의 과정에서 행복을 찾아낸다. 그 이유는 최선을 다해 완전하게 산다는 것은 자기가 무엇을 달성할 수 있느냐 하는 걱정을 할 필요가 없을 정도로 만족감을 주기 때문이다.

다음으로 마지막 장인 제9장에서는 새로운 사회의 특색을 설명하고 있다. 여기서 그는 '새로운 사회의 건설을 위해서 해결해야 할 난점 중 몇 가지'로 8개 항을 들고 있다.

(1) 산업적 생산양식을 지속함에 있어 다음 문제를 해결해야만 한다. 어떻게 하면 전적인 집중화를 피할 수 있느냐, 즉 어떻게 하면 낡은 형(型)의 파시

즘, 아니 일어날 가능성이 더 큰 과학기술에 의한 '미소 짓는 파시즘'으로 전락하지 않아도 되느냐?

⑵ 종합적인 계획을 고도의 분권화(分權化)와 연결시키고, 지금은 거의 허구가 되어 버린 자유 시장 경제를 버려야만 한다.

⑶ 경제적 파탄의 위험에서 벗어나기 위해, 무한한 성장의 목적을 버리고 선택적인 성장을 추구해야만 한다.

⑷ 물질적 이익이 아니라 다른 정신적인 만족이 효과적인 동기가 되는 노동조건과 풍조를 만들어 내야 한다.

⑸ 과학적 진보를 촉진함과 동시에, 이 진보가 실제로 응용될 때 인류를 위험에 빠뜨리지 않도록 해야 한다.

⑹ 사람들이 최대한의 쾌락을 추구하는 욕망의 충족이 아니라 복리와 기쁨을 맛볼 수 있는 조건을 만들어야 한다.

⑺ 개인에게 기본적인 안정감을 제공하는 한편 그들이 관료제에 의존하여 살아가는 일이 없도록 해야 한다.

⑻ 노동에서의 개인의 창의(어차피 그것은 이미 거의 존재하지 않지만)가 아니라 생활 속에서 개인의 창의를 회복해야 한다.

그는 이의 어려운 점을 전제하고 다음과 같이 덧붙이고 있다.

존재의 기초가 될 새로운 사회를 건설하기 위해서는 많은 기획, 모델, 연구, 그리고 실험을 통해 '필요한 것과 가능한 것 사이의 간격을 메우기 시작해야 한다.' 이것은 결국 대규모의 장기 계획이자 그 첫 단계의 단기적인 안이 될 것이다. 문제는 이 일에 종사하는 사람들의 의지와 휴머니즘적인 정신이다. 사람들이 미래의 비전을 보는 동시에 그것을 달성하기 위한 구체적 방법으로서 어떠한 일이 단계적으로 행해질 수 있다는 점을 알게 되면, 공포 대신 용기와 열의를 발휘하게 될 것이다.

그는 또 국가의 기능에 대해 다음과 같이 말하고 있다. '국가의 기능은 병적이고 쓸데없는 소비에 반하는 건강한 소비 규범을 확립하는 것이다. 이는 원칙적으로 가능하다.' 그러고는 미국 식품의약국을 좋은 예로 들고 있다.

그는 끝으로 '참가민주주의'의 원리를 주장한다. 그 한 예로서 소비자의 단결을 호소하고 있다. 돈벌이를 위한 산업구조를 소비자의 참다운 복리를 위한 산업구조로 바꾸기 위한 가장 근본적이고 확실한 수단은, 소비자들이 자신의 삶에 대한 자각으로 기업가들을 이끌고 나가는 것이라고 한다. 그 가장 좋은 무기로 그는 불매운동을 꼽고 있다.

'건전한 소비, 대기업의 주주나 경영자가 기업의 이익과 발전에만 입각하여 생산을 결정하는 권리를 우리가 대폭 제한할 수 있을 때 비로소 실현된다. 이런 변혁은 서유럽 민주주의의 조직을 바꾸지 않더라도 법률을 통해 실현시킬 수 있다(이미 공공의 복지를 위해 재산권을 제한하는 많은 법률이 있다). 문제는 생산의 방향을 결정하는 힘이지 자본의 소유권이 아니다. 일단 광고의 암시력에 종지부가 찍히면 결국 소비자의 기호가 무엇을 생산해야 되는가를 결정할 것이다. 새로운 요청을 충족시키기 위해서는 현존하는 기업이 시설을 바꾸어야 하는데, 그것이 불가능할 때에는 정부가 필요한 자본을 투자해 새로운 생산품과 사업을 만들어야만 한다.……불매동맹의 커다란 이점은 정부의 어떤 조치도 필요 없으며, 이에 대항하기가 어렵고(정부가 시민에게 사고 싶지도 않은 물건을 사도록 강요하지 않는 한), 정부의 조례에 따라 실시하기 위해서 시민 51%의 찬성을 기다릴 필요도 없다는 점이다. 그 이유는 단지 20%의 소수일지라도 변혁을 일으키는 데는 매우 강력한 힘을 행사하기 때문이다.'

프롬은 이런 모든 것들을 가리켜 '참가민주주의'라고 부른다. 그리고 그것만이 새로운 사회의 구현을 가능케 한다고 우리에게 호소하고 있다.

에리히 프롬 연보

1900년   3월 23일, 독일 프랑크푸르트암마인의 유대인 집안에서 태어남. 유대적 신앙과 전통에 충실한 가정환경에서 자라났음. 가까운 친척 중에는 율법학자가 많아, 어렸을 때 그들에게 큰 영향을 받음. 구약성서 속의 〈예언서〉에서 깊은 감화를 받음.

1918년(18세) 프랑크푸르트대학과 하이델베르크 및 뮌헨대학에서 심리학과 사회학 및 철학을 공부.

1920년(20세) 자유 유대학원 설립에 협력함.

1922년(22세) 학업을 마치고 하이델베르크대학에서 〈유대교의 두 종파의 사회심리학적 연구〉로 철학 박사 학위를 취득.

1923년(23세) 베를린 정신분석연구소에서 정신분석학을 연구함.

1925년(25세) 뮌헨대학에서 다시 정신의학과 심리학을 배움. 이 무렵 불전(佛典)을 접함.

1926년(26세) 6월 프리다 라이히만과 결혼, 하이델베르크로 이주.

1927년(27세) 남서독일 정신분석연구 그룹 결성. 〈이마고〉에 〈안식일〉을 발표.

1929년(29세) 칼 란다우어, 프리다 라이히만과 프랑크푸르트 정신분석연구소 설립, 프랑크푸르트 사회연구소와 결연하여 연구활동 시작. 노벨을 중심으로 하는 유대계 지식인 클럽에 가담, 부버, 로웬탈 등과 더불어 활동함. 라이히만과 공동으로 〈정신분석학적 충동론〉을 〈정신분석학적 교육학〉에 발표. 〈정신분석학과 사회학〉을 같은 잡지에 발표.

1930년(30세) 〈교육하는 자로서의 국가―형벌의 심리학〉을 〈정신분석학적 교육학〉에 발표. 〈그리스도교 교의의 변천〉을 〈이마고〉지에 발표.

1931년(31세) 베를린 정신분석연구소의 연구원이 됨. 친구 로웬탈의 추천으로, 정신분석연구소 소장 란다웰 등과 함께 프랑크푸르트 사회연구소의 일원이 됨. 사회연구소에 정신분석학을 도입하는 데 힘씀. 〈범죄자 및 처벌하는 사회의 심리학〉을 〈이마고〉에 발표. 〈정치와 정신분석학〉을 〈정신분석 운동〉에 발표.

1932년(32세) 〈분석적 사회심리학의 방법과 과제〉 〈정신분석학적 성격학과 그 사회심리학과의 관계〉를 〈사회연구〉지 창간호에 발표. 프랑크푸르트 학파의 중심인물 가운데 한 사람이 됨. 그 당시 연구소의 일원으로는 마르쿠제, 아도르노, 호르크하이머 등이 있었음.

1933년(33세) 미국 시카고 정신분석연구소에 초빙됨. 〈정신분석학적 성격론과 그 사회심리학적 의의〉를 〈사회연구〉지에, 〈모권제 이론의 사회심리학적 의의〉를 같은 연구지에 발표함. 프로이트의 오이디푸스 콤플렉스 이론에 의문을 품음. 프랑크푸르트 정신분석연구소와 사회연구소는 나치의 압력으로 문을 닫고 학자들은 각지로 흩어짐. 소장인 호르크하이머 등과 더불어 국제사회연구협회를 설립,

1934년(34세) 유대인 박해를 피해 뉴욕으로 옮겨 정신분석 치료에 종사함. 미국 이주를 결심. 프랑크푸르트 학파의 중진으로서 국제사회연구협회의 회장 후보자에 지명됨. 〈모권이론과 그 사회심리학적 의미〉를 〈사회연구〉지에 발표.

1935년(35세) 〈정신분석 요법의 사회적 제약성〉을 〈사회연구〉지에 발표. 컬럼비아대학부속 사회조사연구소 객원교수로 부임.

1936년(36세) 《권위와 가족에 관한 연구》에 〈사회심리편〉을 발표.

1937년(37세) 〈권력과 가족에 관한 이론적 소묘〉를 《권위와 가족에 관한 연구》에 기고. 〈무력감에 대하여〉를 〈사회연구〉지에 발표.

1938년(38세) 뉴 스쿨 사회연구소 연구원으로 부임.

1939년(39세) 〈이른바 의지요법의 사회 철학〉을 〈정신의학〉에 발표. 〈이기주의와 자기애〉를 같은 잡지에 발표. 컬럼비아대학을 사직함. 사회조사연구소 사임.

1941년(41세) 베닝턴대학 교수로 취임. 예일대학 강사가 됨. 《자유에서의 도피》를 출간. 카렌 호나이와 함께 미국 정신분석연구소 설립.

1943년(43세) 〈독일에 대해 우리는 무엇을 해야 하는가〉를 〈토요 문학 평론〉
에, 〈독일 국민성의 문제〉를 〈뉴욕 과학 아카데미 기요〉에, 〈성과
성격〉을 〈정신의학〉에 발표. 뉴욕에 윌리엄 앨런슨 화이트 정신
의학연구소 설립.

1944년(44세) 프리다 라이히만과 이혼, 헤니 가란드와 결혼함. 〈신경증의 개인
적 및 사회적 기원〉을 〈미국 사회학 평론〉에 발표.

1946년(46세) 윌리엄 앨런슨 화이트 연구소 이사, 교육위원회 의장으로 취임.

1947년(47세) 《자기 지향적 인간》 출간.

1948년(48세) 예일대학 객원교수가 됨. 사회인류학자 린튼 교수와 더불어 〈인
류학 및 사회적 성격에 관하여〉라는 표제의 세미나를 담당함.
〈오이디푸스—신화와 콤플렉스〉를 머래이편 《정신분석학 이론
의 비평》에 게재.

1949년(49세) 예일대학의 테일리 기념강연으로 〈정신분석과 종교〉를 강연함.
1937년(20세)의 같은 강연에는 융이 같은 테마로 강연. 부인 헤
니의 건강 때문에 멕시코로 옮김. 〈오이디푸스—신화와 콤플렉
스〉를 《가족—그 기능과 운명》에 수록. 〈정신분석학적 성격론과
문화 이해를 위한 적용〉을 《문화와 퍼스낼리티》에 수록.

1950년(50세) 뉴욕대학 교수로 취임. 정신분석학과 사회정신의학을 강의. 〈프
로이트와 융〉을 〈목회심리학〉에 발표. 《정신분석학과 종교》를 출
간. 예일대학에서의 테일리 강연이 그 내용으로 되어 있음.

1951년(51세) 《잊힌 언어》를 출간. 꿈·신화 등 상징성의 문제를 다룸.

1952년(52세) 멕시코 국립대학 의학부 정신분석학 교수로 취임. 이후 이 대학
안에 정신분석연구소를 개설했고, 많은 멕시코 정신분석가들을
교육함.

1953년(53세) 아내 헤니 죽음. 세 번째 아내 아니스 프리먼과 결혼.

1955년(55세) 《건전한 사회》 출간.

1956년(56세) 〈이기심, 자기애, 자기에 대한 관심〉이 무스테카편 《자기》에 수록
됨. 《사랑한다는 것》 출간. 마르쿠제에게 비판당함. 〈자유연상법
의 문제〉를 〈정신의학 연구 리포트〉에, 〈사랑과 그 붕괴〉를 〈목

회심리학〉에 발표.

1957년(57세)　미시간 주립대학 심리학 교수 겸임. 〈상징적 언어와 꿈〉이 앤셴편 《언어》에 수록됨.

1959년(59세)　〈가치, 심리학, 인간 존재〉가 매슬로편 〈인간의 가치에 관한 새로운 견해〉에 수록됨. 《프로이트의 사명》 출간.

1960년(60세)　《선(禪)과 정신분석》을 스즈키, 마르티노와 공저로 출간.

1961년(61세)　《인간의 승리를 찾아서》, 《마르크스의 인간 개념》 출간.

1962년(62세)　뉴욕대학 대학원 심리학 교수로 취임. 〈서민적 방위의 문제에 관한 토론〉을 〈코멘터리〉에 발표. 《환상의 사슬을 넘어서》 출간.

1963년(63세)　〈심리적 및 도덕적 문제로서의 불복종〉이 올콰르토편 《인생의 문제》에 수록됨. 〈무의식의 예언자 융〉을 〈사이언티픽 아메리칸〉에 발표. 〈인도주의적 정신분석의 마르크스 이론에의 적용〉을 〈사회주의적 인도주의〉에 수록. 논문집 《그리스도의 교의》 출간. 이 책에는 그리스도론, 그 밖에 문화론·종교론·심리학적 문제 등의 에세이가 수록됨.

1964년(64세)　《인간의 마음》 출간.

1965년(65세)　멕시코 국립대학 정년(20세)퇴임, 명예 교수가 됨. 《사회주의적 인도주의》 편집.

1966년(66세)　《너희도 신처럼 되리라》 출간.

1967년(67세)　〈예언자와 설교자〉가 쇤먼편 《버트란드 러셀 박사 기념논문집》에 수록됨.

1968년(68세)　〈정신분석학의 위기〉를 지멜편 《골드스타인 기념논문집》에 수록. 《인간의 본성》(지로우와 공편), 《희망의 혁명》 출간.

1970년(70세)　《정신분석의 위기─프로이트, 마르크스 및 사회심리학》에 관한 에세이를 발표. 《한 멕시코 마을의 사회적 성격》(멕코비와 공저) 출간.

1973년(73세)　《인간 파괴성의 해부》 출간.

1976년(76세)　《소유냐 삶이냐》 출간.

1980년(80세)　3월 18일, 스위스의 무랄트에서 심장발작으로 세상을 떠남.

고영복

서울대 문리대 사회학과 졸업. 문학박사(서울대). 이화여대 문리대 교수 및 서울대 사회학과 교수를 지냈고, 한국사회학회장·현대사회연구소장을 역임. 현재 사회문화연구소장. 국민훈장 목련장 수상. 지은책에 《현대사회학》《현대사회문제》《세계의 사상》《철학사상과 사회과학의 만남》《사회학설사》《사회심리학 개론》《사회와 양심》 외 다수가 있다. 옮긴책에 프롬의 《자유에서의 도피》《사랑한다는 것》《정신분석학과 선불교》, 해밀턴의 《사회구조와 사회의식》 등이 있다.

이철범

동국대 영문학과를 거쳐 동국대대학원 졸업. 1953년 《연합신문》에 평론 〈현실과 부조리문학〉을 발표해 등단, 1957년 동인지 《현대의 온도》에 모더니즘 시를 발표했다. 《문학》《문학평론》 주간, 경향신문·서울신문 논설위원 및 《문예중앙》 편집인을 역임했다. 지은책에 평론집 《한국신문학대계》《이 어두운 분열의 시대》《이데올로기의 시대, 문학과 자유》《고난의 시대 문학은 무엇인가》 등과, 시집 《로스앤젤레스의 진달래》《현대의 묵시록》 등이 있다.

세계사상전집047

Erich Fromm

TO HAVE OR TO BE
THE ART OF LOVING
ESCAPE FROM FREEDOM

소유냐 삶이냐/사랑한다는 것/자유에서의 도피

에리히 프롬/고영복·이철범 옮김

1판 1쇄 발행/1978. 6. 10
2판 1쇄 발행/2008. 1. 25
3판 1쇄 발행/2016. 9. 9
3판 3쇄 발행/2023. 10. 1
발행인 고윤주
발행처 동서문화사

창업 1956. 12. 12. 등록 16-3799
서울 중구 마른내로 144(쌍림동)
☎ 546-0331~2 Fax. 545-0331
www.dongsuhbook.com
＊

ISBN 978-89-497-1455-4 04080
ISBN 978-89-497-1408-0 (세트)